汉语方言入声韵尾演变研究

栗华益 ◎ 著

商务印书馆
创于1897 The Commercial Press

图书在版编目（CIP）数据

汉语方言入声韵尾演变研究 / 栗华益著. --北京：商务印书馆，2024. -- ISBN 978-7-100-24208-0

Ⅰ. H17

中国国家版本馆CIP数据核字第2024EU7905号

汉语方言入声韵尾演变研究

栗华益 著

商 务 印 书 馆 出 版

（北京王府井大街36号 邮政编码100710）

商 务 印 书 馆 发 行

三河市春园印刷有限公司印刷

ISBN 978-7-100-24208-0

2024年9月第1版　　开本 787×1092 1/16

2024年9月第1次印刷　　印张 21½

定价：99.00元

序

栗华益是2008年考取北京语言大学博士研究生的。那时《汉语方言地图集》已基本完成，即将出版。那几届学生多以《汉语方言地图集》的材料为基础撰写学位论文，而且都取得了优秀的成绩。栗华益的《汉语方言入声韵尾演变研究》主要也是基于"汉语方言地图集数据库"写成的，这篇论文获得了北京语言大学优秀博士学位论文奖。

入声韵尾演变问题是汉语方言学、音韵学研究领域的重要课题。以往受材料所限，很难从整体上对汉语方言的入声韵尾进行全面研究。栗华益利用"汉语方言地图集"课题调查所得的资料，并结合其他材料，对汉语方言的入声韵尾情况做了全面系统的整理，把入声韵尾的演变归纳为合并、弱化、消失三大类型，这三大类型也可以说是入声韵尾演变的三个阶段。由于汉语方言的入声韵尾正处于消失的过程之中，所以在各方言里呈现出来的状况极为复杂多样，要把各地各种情况理出头绪，分门别类，并指出相互之间的关系，殊为不易。本书花费很大的精力和篇幅梳理了合并、弱化、消失当中的各种类型及其地理分布、演变情况，对一些比较特殊的现象，例如韵尾边音化、鼻音化等，做了比较细致的描写和分析。在此基础上，本书还对入声韵尾演变的原因和过程进行了深入的探讨：着重从语音、音系和语言外部三方面对演变原因进行了分析，指出影响韵尾演变的最重要因素是入声韵的主元音；演变过程区分为从南向北发展的非闽语型和从北向南发展的闽语型两类。

从总体上看，这是一个相当大的课题。栗华益以初生牛犊不怕虎的精神出色地完成了这项研究任务，现在看来，也确实不容易。我历来认为读博阶段的主要任务，甚至可以说唯一任务，就是利用这三年时间去做好学位论文这一件事。栗华益以及那个时期的学生基本上都是这样做的。

栗华益是一个肯用功、有韧劲、善钻研的人，是一个脚踏实地做事情的人。博士毕业后，他回到家乡的安徽大学工作，近年来已承担了多项国家科研项目，在重要学术刊物上发表了多篇论文，出版了《中国语言文化典藏·寿县》，还作为语保工程安徽省的首席专家承担了语保工程的大量任务。他在安徽方言的调查研究领域正发挥着重要的作用。

2009年李花盛开的初春，我和栗华益、张勇生、贾坤、文静等一起到贵州省贵定县做苗语的田野调查实习。有一天，我们从县城去发音人的老家谷撒苗寨访问调查。谷撒位于高山之巅，那天完全被浓雾笼罩，而且还夹杂着毛毛细雨，我们每个人都冻得瑟瑟发抖。是发音人家火塘间那只火焰熊熊的铁炉子使我们倍感温暖，不过更为热烈的则是主人的热情。席间无休止的唱歌敬酒大大超出了我们能够承受的范围，我不会喝酒，但被“逼”着吃了四五碗饭，至今记忆犹新。

谷撒让我们进入一种纯粹的境界，并使我们从事语言研究的初心得以呈现。我希望栗华益能够一直保持这种初心，在语言研究的道路上坚实地前行。

是为序。

曹志耘

2021年5月10日

于浙江师范大学

目　录

图 目 录

表 目 录

第一章　绪论

第一节　入声韵尾概说

一　入声韵尾的概念

1.1 先秦汉语有二十九韵部，分为阴声韵、阳声韵和入声韵；阴声韵以元音 *i、*u 作韵尾或无韵尾，阳声韵有鼻音尾 *-m、*-n、*-ŋ，入声韵缉盍两部有 *-p 尾、物质月三部有 *-t 尾、职锡铎屋沃觉六部有 *-k 尾。（方孝岳 1979：29—32）到了中古《切韵》时期，上古十一个入声韵部分化为三十四个。《经史正音切韵指南》把《广韵》二百零六韵分成十六摄，三十四入声韵部分别归入咸深、山臻、宕江曾梗通九摄，咸深摄入声韵韵尾是双唇 -p 尾、山臻摄入声韵韵尾是舌尖 -t 尾、宕江曾梗通摄入声韵韵尾是舌根 -k 尾。

入声韵尾从《切韵》时期至今有复杂变化，演变过程暂且不论，单是 -p、-t、-k 韵尾在现代汉语方言中的演变形式就已很复杂。根据《汉语方言地图集·语音卷》（曹志耘主编 2008）第 123 图"入声韵尾的演变"，现代汉语方言有 -p、-t、-k、-ʔ、-l、-lʔ、-nʔ、-m 等辅音韵尾。

1.2　本书研究对象为现代汉语方言咸深、山臻、宕江曾梗通摄入声韵尾。

汉语方言保留入声辅音韵尾的方言区是晋语、江淮官话、吴语、徽语、赣语、客家话、闽语、粤语和平话，官话（江淮官话除外）和湘语入声已无辅音韵尾。研究语音单位的演变，最好是考察正在进行的变化。因此，本书研究范围限定为现代汉语中入声尚保留辅音韵尾的各方言区，即晋语、江淮官话、吴语、徽语、赣语、客家话、闽语、粤语和平话。在这些方言区中，咸深、山臻、宕江曾梗通摄入声有独立入声调和独立入声韵、入声韵有辅音韵尾的方言，在本书讨论范围之内；部分方言没有入声辅音韵尾，入声调并入舒声调，甚至没有独立入声韵（已变为开尾或元音尾，并入阴声韵），如赣语吉茶片、洞绥片等，从考察入声韵尾演变连贯性角度出发，也在本书研究范围之内。官话（江淮官话除外）和湘语虽有部分方言尚保持独立入声韵或独立入声调，或二者兼有，但由于其入声辅音韵尾已完全消失，本书暂不考察。此外，本书还考察了少数土话及畲话。

二 韵尾演变的研究价值

汉语从上古发展到中古，再至近代、现代，入声韵尾不断变化。王力（1980：65、102—103）认为上古舒促两调中长入由于元音是长元音，在发展过程中逐渐失去 -t、-k 尾，并入去声，短入保持 -t、-k 尾；带 -p 尾韵因为没有元音长短之分，故保持 -p 尾。方孝岳（1979：125—126）认为从上古到中古，*-p、*-t、*-k 表现出不同演变趋势：上古韵文中 *-k 尾韵常和阴声韵通押，*-k 尾的偏旁和阴声韵的偏旁关系密切；虽然有些 *-p 尾音节在上古大概受合口韵头影响异化为 *-t，如“軜、葉”（*-p）与“内、世”的关系，但毕竟与阴声韵无关，因而 *-p、*-t 保持得比较稳定；入声韵尾是唯闭音的特点决定了其消失趋势。

入声韵尾因自身特点决定了它们不断变化，且 -p、-t、-k 的演变趋势或者演变方式自古以来就不一致。汉语方言入声韵尾类型是历时演变的结果，研究韵尾演变类型及其演变原因、演变过程等具有重要价值。

2.1 独特的音系地位推动韵尾演变

《切韵》的入声韵与阴声韵、阳声韵在声调拼合方面存在差别。阴声韵和阳声韵能拼平上去三调、不拼入声调，入声韵只拼入声调，从而形成不平衡的音系格局，请看表 1-1。

表 1-1 《切韵》音系的声韵拼合关系

	平声	上声	去声	入声
无韵尾或收元音尾的阴声韵	+	+	+	–
收 -m、-n、-ŋ 尾的阳声韵	+	+	+	–
收 -p、-t、-k 尾的入声韵	–	–	–	+

结构不平衡性促使汉语进行自我调节活动，使得结构趋于平衡。（徐通锵 1990）入声具有辅音韵尾和音高双重区别特征。一个语言单位具有多重区别特征，必然要有一种成为主要的、其他变为次要的，并朝着区别特征单一化角度发展。从上古到现代，伴随着入声调演变，入声辅音韵尾一直在变化，从入声韵主要区别特征变为次要的，继而走向消失。历时演变过程中各方言选择的演变方向不同，入声韵尾的演变呈现出丰富、复杂的局面。

2.2 韵尾演变对音系产生重大影响

音系结构中各组成成分关系密切、相互牵制，某个成分出现变化就可能对其他成分产生影响。入声韵尾的演变影响着音系中其他音位乃至音系结构，从而推动汉语发展。入声韵尾演变对音系的影响有两点：

一是对调类、调值的影响。辅音韵尾消失后入声韵调值变化，造成调类增减。江西客赣方言因入声韵尾不同而发生入声调分化，吴徽语以入声韵尾存失为条件而发生入声调分化。（曹志耘 2004）“在元音分长短的语言（如藏语和壮侗语族诸语言），调位和元音音位的配合一般不受任何限制，只在以塞音收尾的闭音节，有时才出现调位分配的现象（例如汉语广州方言阴入分化为二）。”（袁家骅 1981）

二是对元音的影响。“元音数目跟韵尾数目的多少有连带关系：韵尾数目减少，元音数目就会增加，这个变化规律可以说是‘互相补偿’。……吴方言的元音数目比较多，多半起于韵尾的消变。”（袁家骅等 2001：314）从本书第二、三、四章的分析来看，这一观察极其敏锐。元音数量的增减对音系结构的变化有着显著影响。

2.3 影响作用决定研究价值

入声韵尾演变对音系结构及音系单位产生的影响作用彰显了其重要性。厘清入声韵尾演变过程，有助于进一步深入把握汉语语音发展史，有助于汉语音韵学揭示历史上某一时段或某一区域方言音系特点，有助于解释方言特点，推动汉语方言深入研究。

从粤语、平话、闽语到赣语、客家话、吴语、徽语，再到晋语、北方官话，入声韵尾演变类型共时地理分布特点在一定程度上反映了入声韵尾历时演变过程，对汉语语音史研究有一定参考价值。如唐五代时期西北沙洲地区入声韵尾由不爆破清塞音 *-p、*-t、*-k 慢慢弱化成浊塞音或近音 *-b、*-ɹ、*-g。（罗常培 1933：59—68，167—168）这些弱化类型的部分音类存在于今天的赣语和江淮官话。考察赣语和江淮官话入声韵尾的演变有助于厘清 *-p、*-t、*-k 在唐五代西北方言里的演变过程，并进一步分析当时的音系特点。

入声韵尾演变是方言分区的一个重要分区标准。丁邦新（1998a：168）提出把“古塞音韵尾 -p、-t、-k 的演变”作为方言分区的普遍条件。《中国语言地图集》（1987）把古入声字的演变和古全浊音声母字的演变作为划分主要方言区的两个重要标准，张振兴（1997：245）认为这两个标准“完全可以作为汉语方言大区和区这两级的划分的基本标准”。李荣（1985）以有无入声把晋语从周边官话方言分出来。客家话与赣语的系属关系目前还有争议，李如龙、张双庆（1996：323）从韵尾读音类型角度发现“客方言保存古音特征较多，赣方言则变异更大”，这为分区提供了参考依据。而用包括入声韵尾在内的若干条因素就可把闽南方言与闽北方言截然分开，丝毫不需怀疑这两片的分歧。（张振兴 2000：10）现有方言分区主要参考了入声韵尾读音类型。相同的读音类型可能是同系属方言的共性，也可能是不同演变途径达到的相同结果。相对于读音类型，演变类型更能反映同系属方言的共性或不同系属方言的差异。因为隐藏于表面音值差异下的音变规律才是判断方言属性的重要标准。“方言是语言分化的产物，宜用音变规律来考察汉语方言的历史分层和现实方言的分区。……用音变规律来考察汉语方言的形成，这就可以使方言的分区呈现出不同的历史层次，从动态的角度考察现实方言的差异。”（徐通锵 2004）因此，厘清入声韵尾演变类型，透过演变类型观察各方言的共性与个性，有助于深化汉语方言分区工作。

第二节 入声韵尾演变研究述评

显著的研究价值使得入声韵尾的演变成为语音史、音韵学和方言学的重要研究课题。

“衡量一种学术成果的价值，要看它是否总结和发展了在此之前的研究成就，是否提出了以往未曾有过的论题，引导学术研究的深入发展，是否在继承和创新方面作出了贡献。”（熊正辉、张振兴 2008）从二十世纪初至今，具有现代意义的汉语方言调查揭示了复杂的入声韵尾情况。研究入声韵尾的成果丰硕，总结这些研究有助于探讨入声韵尾的演变。现有研究主要有四方面：从宏观角度研究汉语方言入声韵尾演变，从微观角度研究方言区或方言点的入声韵尾演变，特殊入声韵尾专题研究，讨论影响入声韵尾演变的因素。

一　宏观分析

宏观分析有两个角度：纵向分析历代韵书，考察韵尾的历时演变；横向分析现代汉语各方言韵尾情况，推测入声韵尾的演变。这两个角度经常一起使用，考察历代韵书时会参考现代方言，考察现代方言韵尾演变时会拿历代韵书做佐证。

1.1 分析历代韵书，考察韵尾演变

《汉语语音史》（王力 1985：505—515）第十章“历代语音发展总表”依据各时代的韵书和韵文，排列了各时代入声韵尾情况。根据此表，上古时期的长入到了南北朝时期塞尾消失，变读去声；短入保持 -p、-t、-k，直到宋代开始合并，曾梗摄开合口三四等 -k 尾变成了 -t，合并后的 -p、-t、-k 尾到了元代就全部消失了；塞尾消失后，部分入声韵主元音变化，有的增加了元音尾，有的保持主元音不变。但入声韵不是直接变成了阴声韵，“入声韵尾 -p、-t、-k 的消失，大约经过合并为韵尾 -ʔ 的阶段。我们设想，合并为 -ʔ 之后，大约还在经过短入变长入的阶段，然后由于元音延长，导致后面辅音 -ʔ 的脱落”。（王力 1985：542）此观点后被许多文献在谈及入声韵尾演变时引用。但有三点需进一步讨论：-p、-t、-k 尾在宋元之际以何种方式变成 -ʔ？变成 -ʔ 是不是 -p、-t、-k 尾演变的唯一出路？这种演变过程是适用于整个汉语方言，还是仅适用于北方方言从古至今的演变？

罗常培（1933：68）认为入声韵尾演变呈现南北差异：从上古到中古再到现代，-p、-t、-k 仍保持在大多数南方方言里，吴语变为喉塞尾；北方方言在中古时期 -p、-t、-k 弱化为浊塞音 -b、-d(-r)、-g，继而弱化为浊擦音 -β、-ð、-ɣ，最后辅音韵尾消失，与阴声韵从上古到中古的演变过程相同。如下：

上古音		中古音		近代音
-b-d*-g　>*-β*-ð*-ɣ >		无收声之阴韵	→	→全国方言
	→	-p -t -k	→	→广州、客家、汕头、厦门
-p-t*-k　>			→	→吴语 -ʔ
	→	-b -d(-r) -g　>-β -ð -ɣ		→官话、西南方言等

此观点有启发性。北方方言入声韵尾的演变过程是不同于南方方言，还是经过了南方方言正在走的演变过程？南方方言的演变过程或途径能否解释北方方言韵尾的演变过程？此外，文中指出入声韵尾演变的一条重要途径——-t 弱化为 -r。早在 1933 年，此观点就被提出，但很久以后才引起注意。今天赣语和江淮官话部分方言的鼻音韵尾或边音韵尾可证实入声韵尾演变的“另一个方向是弱化、浊音

化以致转化为发音部位相同或相近的鼻音韵或元音尾韵。这是沿着原来的发音部位改变发音方法的纵向递变”。（李如龙、张双庆 1996：318）

《宋代汴洛语音考》（周祖谟 1966）认为北宋汴洛方音中咸深摄部分音节保持 -p 尾而山臻、宕江曾梗通摄塞尾消失，即 -p、-t、-k 分别变成 -p、-Ǿ、-Ǿ；入声韵失去塞尾后与阴声韵相承，“是入声字之收尾久已失去，以其元音与所配之阴声相近或相同，故列为一贯耳”；“然其声调当较短较促，自与平上去不同”，但还保持着入声调。黄艾榕等（1999）认为中古音系 -p、-t、-k 尾在十一世纪西北方言中变成了 -p、-r、-ɣ，该文联系宋代汴洛方音 -p、-Ǿ、-Ǿ 韵尾演变类型，认为入声韵尾可走另一条演变过程：-p、-t、-k>-p、-r、-ɣ>-p、-Ǿ、-Ǿ>-Ǿ。此文对入声韵尾演变的思考与王力、罗常培等观点不同。

1.2 从汉语方言考察韵尾演变

从汉语方言入声韵尾今读情况来考察韵尾的历时演变，会因所见方言材料不同而得出不同结论。但科学研究本来就是不断进步的，每一阶段基于当时条件的研究成果都为后续研究做好了阶梯。

《论入声》（许宝华 1984）对入声调、入声韵尾做了多方面分析，其中关于韵尾演变的论点较多，尽管部分是从历代韵书研究中得到的，但对于现代方言的韵尾演变研究很有启发性。第一，文章敏锐地注意到从上古到中古部分入声韵尾发生了转化，转化条件与入声韵主元音类型关系密切：①受圆唇后元音的异化作用 -p>-t，②在前元音 i 的影响下 -k>-t，③在前元音 i 的影响下 -p>-t，在低元音 a 后面也有 -p>-t 的现象。第二，文章在分析了入声韵尾从中古发展到《中原音韵》的情况后，考察了汉语方言中各种韵尾演变的类型，分析了入声韵塞尾消失后入声调的演变。第三，文章指出“从语言地理学的角度来考察，无疑可以看出汉语入声的消失过程，大致是由点到面、由北而南地进行的”，提出了入声韵尾演变序列，如下：

```
                  ↗ -k、-t、-ʔ → -k、-ʔ ↘
-p、-t、-k                                  -ʔ → -Ǿ
                  ↘ -p、-k、-ʔ → -p、-ʔ ↗
```

此外，文章指出韵尾演变过程中可能经过变成 -r 或 -l 的较为特殊过程，如湖北通城话。这可看作是对罗常培（1933）观点的继承和发展。

李永明（1986）依次考察了粤语广州话、客家梅县话、闽语厦门话、赣语南昌话、闽语潮安话、闽语澄海话、闽语福州话、吴语苏州话、湘语长沙话的韵尾情况，讨论了各方言韵尾的演变情况，分析了 -k>-t、闽南话部分 -p、-t、-k>-ʔ 等现象，其中提到的诸如阳声韵鼻音尾与入声韵塞音尾同步演变的观点等很有见地。文章最后总结了韵尾演变的七种类型，摘录如下：

中古 广州 / 梅县	厦门	南昌	潮安	澄海	福州 / 苏州	长沙 / 北京
-p	-p	—	-p	—	—	—
-t	-t	-t	—	—	—	—
-k	-k	-k	-k	-k	—	—
—	-ʔ	—	-ʔ	-ʔ	-ʔ	—

《跨方言比较——案例研究和理论思考》（Cross-dialectal comparison: A case study and some theoretical considerations）（Chen 1973）和《汉语方言入声音节的生理特征——兼论入声韵尾的历时变化》（岩田礼 1992）两篇文章关于韵尾演变的观点具有一定的连贯性，但也有差异。Chen 文认为中古 -p、-t、-k 演变的最早一步是部分 -t 并入 -k，然后 -p 并入 -t，而 -p、-t 合并后不久都并入 -k，来自 -p、-t、-k 的 -k 最终变为 -ʔ。可能是限于所见材料，此观点有很大的讨论空间。岩田文比较谨慎，只指出 -p、-t、-k 最终都要弱化为 -ʔ，认为具体弱化过程还须再讨论。如下：

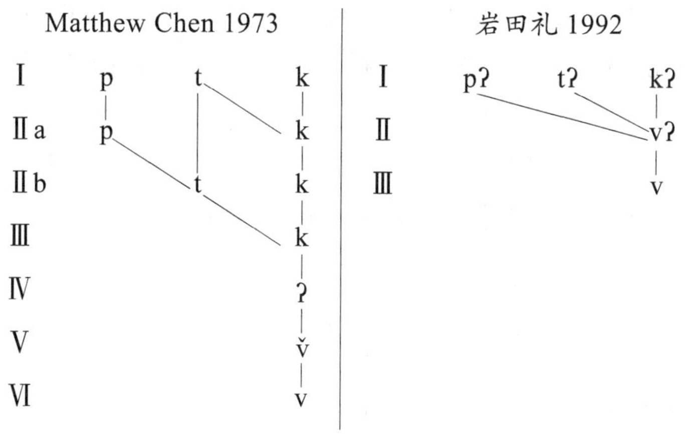

《入声演化三途》（朱晓农等 2008）从演化音系学的角度分析认为汉语入声演变有三种途径：开化路，指塞音韵尾先开音节化，再长化，即短 P > 短 ʔ > 短开 > 中开 > 长开；长化路，指入声韵先长化，再开音节化，即短 P > 中 P > 长 P > 长 ʔ > 长开；变声路。

随着方言材料日益丰富，入声韵尾演变的研究空间越来越大，研究角度相应增加了地理语言学等。《中国入声之地理研究》（后藤朝太郎 1931）较早做了尝试，文中所画“入声 -k，-t，-p 分布现状图”大致展示了当时汉语方言入声韵尾的分布情况。邹珣（2007）分析广东澄海方言咸深摄入声韵尾的演变，并预测其演变方向，结论有说服力。但目前从这种角度研究韵尾演变的文献很少。

限于本书对文献的收集范围，暂时未见以某个言语社区为对象、从社会语言学角度研究入声韵尾演变的文章。从社会语言学角度考察入声韵尾演变是一条重要研究途径，共时层面的演变现象能反映历时的演变过程。

1.3 参考汉藏语及海外译音考察韵尾演变

民族语言研究者在探讨民族语塞音韵尾时会参考汉语方言入声韵尾的演变情况，也有学者把汉藏语的塞尾放在一起对比、考察，代表性研究有《试论汉藏语系辅音韵尾的消失趋势》（李敬忠 1989）、《论汉藏语系语言塞音韵尾的发展演变》（石林、黄勇 1997）。前文把汉藏语系中鼻音韵尾的演变与塞音韵尾的演变放在一起，从二者演变同步性角度考察韵尾演变。后文讨论汉藏语系塞音韵尾演变的共性与差异，分析塞音韵尾的结构特点、演变规律、发展方向和演变原因，涉及元音长短对韵尾的影响、塞音韵尾弱化为鼻音、边音等问题。

汉语历史上不同时代流入海外的译音对语音史研究非常重要。（高本汉 1923）较早拿日语译音来比证汉语入声韵尾的是外国学者查尔默。（罗莘田 1933）分析比较细致的是《从日本译音研究入声韵尾的变化》。（张世禄 1929）该文利用日译汉音、吴音对比分析，指出中古《切韵》时期入声韵尾为清塞音而不是浊塞音，并认为所谓的入声韵尾弱化为浊塞音 -b、-d、-g 纯属中古以后北方的一种方音现象；文中还讨论了演变过程中韵尾与主元音、介音等的同化、异化作用及韵尾消失后出现的 i、u 韵尾。这些观察在今天看来都很有创意。

二　分区研究

“如何判断大的趋势，如何决定哪一种演变更具普遍性，恐怕不能以少数个别的方言点为根据，而要以各大方言为单位来讨论。”（丁邦新 1998b：227）入声韵尾研究更需如此。汉语各大方言由于历史来源、形成过程、演变层次不同，入声韵尾的演变情况也不同。官话区除江淮官话外，其他区方言入声韵尾已消失、入声调并入舒声。晋语入声有喉塞尾，独立于周围的官话。除湘语外，东南方言中粤、平、闽、客赣、吴徽等方言不同程度地保留着入声韵尾，但韵尾读音类型不同，即使韵尾读音类型相同，来源也不相同。辛世彪（2004）讨论东南方言声调演变时，列举了粤、客赣和闽等方言入声韵尾读音类型，提出了相关方言的韵尾演变过程，可参看。

具有科学意义的汉语方言调查与研究最早可追溯到 1918 年北京大学的歌谣采集工作。随后汉语方言的调查得到很大发展，尤其是 1949 年后各种调查报告陆续出现，为方言研究提供了材料基础。（刘坚主编 1998：507—536）对入声韵尾的演变研究也因此有了较大发展。总结各方言区韵尾演变情况，有助于从宏观角度考察汉语方言入声韵尾的演变。

2.1 粤语

粤语被认为是 -p、-t、-k 韵尾保存最好的方言（胡适 1929），-p、-t、-k 的音值和《切韵》一样都是唯闭清塞音。近年来单点粤方言和粤语整体的韵尾演变情况得以研究，可知粤语入声韵尾已经变化。

学界很早就关注粤语代表方言广州话的入声，如《关于广州话入声的讨论》（罗常培 1932）。早在 1928 年赵元任先生为高本汉《上古中国音当中的几个问题》做译注时，就指出当时广州话 -p、-t、-k 出现读音近似同部位鼻音的现象：“去年我记广州音时，有好些人把‘笃’tuk，‘谷’kuk，‘得’tak 等字读成 tug，kug，tag 等。旁边有一位外省人听着说：‘他们广东人怎把屋韵字念成东韵了？’由此可见 -ng 与 -g 尾音之近似。”李敬忠（1990）认为现代广州话 -p、-t、-k 不但已弱化成浊音，且大有与 -m、-n、-ŋ 合并的趋势，尤其与短元音结合时更加明显，如：十 $\int ɐp^{33} \rightarrow \int ɐmʔ^{33}$ ｜笔 $pɐt^{55} \rightarrow pɐnʔ^{55}$ ｜局 $kok^{35} \rightarrow koŋʔ^{35}$。黄家教（1984）认为广州话中入的主元音拉长、韵尾逐渐弱化，-k 已似 -ʔ。侯兴泉（2005）证明了广州话 œk、ɛk 两组的大部分入声字弱化或脱落 -k 尾。两文相距 20 年，说明广州话入声韵尾的演变速度很快。除了 -k 尾的演变，罗伟豪（2000）也对广州话 -p>-t 的现象做了分析。

其他粤语的韵尾变化也引起了注意。陈晓锦（1987、1993）详细描写了粤语莞城话、宝安沙井话部分来自清入、韵母主元音为低或半低元音的中入塞尾消失产生新的调类（莞城话的变入）或归入舒声调（沙井话的归入阴平）的现象。陈晓锦（1999）报告了广西玉林白话宕开三、梗摄二等主元音为低或半低元音的入声韵塞尾消失但保持入声调的现象，与莞城话、沙井话有同有异。陈文报告的韵尾演变现象与汉语语音史的韵尾演变过程不同。陈文指出这些演变现象具有重要价值，是韵尾演变的另一种途径。此外陈世饶（2005）也对玉林方言做了讨论。

整体上粤语入声韵尾在变化。陈晓锦（2001）考察了广东粤语44个点的辅音韵尾，指出包括入声韵尾在内的辅音韵尾“出现了程度不等、多寡不一的变化，甚至还有丢失辅音韵尾、鼻音韵和入声韵转化为元音韵的现象”；就涉及的摄来说，44个点的咸摄均发生变化，主要是合口三等 -p 尾，说明唇音最容易发生变化，-k 尾地位较稳定，表现在 -p、-t 尾变成 -k，以及 -k 尾自身很少有变化；就演变途径来说，粤语入声韵尾的主要演变途径是“顺势变化”：-p>-t>-k>-ʔ>-Ǿ，但部分粤语如番禺、南海、顺德、台山、开平、仁化、乐昌、云浮、新兴等曾梗摄发生 -k>-t 以及部分方言山摄部分字发生 -t>-p 的“逆势变化”。《粤方言阳声韵尾及入声韵尾的分化模式及成因初探》（邵慧君 2003）进一步细分了韵尾读音类型，根据类型的不同划为四个不同的演变区域。但该文更多的是探讨韵尾演变的内外条件，本节4.1小节将讨论。杨蔚（2003）、孙玉卿（2003）也分别讨论了粤语入声韵尾的演变，分析角度略有不同。

2.2 闽语

闽语入声韵尾的演变有相当强的复杂性。《论闽方言内部的主要差异》（李如龙、陈章太 1985）列举闽语入声韵尾读音类型：闽东多数方言只有 -ʔ 尾，少数点还有 -t、-k 和 -p 尾；闽南多数方言有 -p、-t、-k、-ʔ，少数点只有 -ʔ 尾；莆仙方言多数字有 -ʔ 尾，少数字无塞尾；闽北、闽中没有塞音韵尾。具体到各方言片则更为复杂。《汉语方言概要》（袁家骅等 2001：263）指出，厦门话保存了韵尾 -p、-t、-k，口语有 -ʔ；潮州话保存 -p、-k，没有 -t 尾，山臻摄读为 -k，此外还多出了一个 -ʔ；澄海一带 -p 尾失落，山臻摄读为 -k 尾；海南文昌有 -p、-t、-k 韵尾，万宁一带无 -p 而有 -t、-k、-ʔ 尾。袁家骅等（2001：263）已注意到闽南话文读层和白读层（口语）入声韵尾的不同。王育德（1968：809—821，转引自远藤光晓 1994）指出闽南话文读层一律保持 -p、-t、-k，在白读层里内转诸摄保持中古的韵尾系统（但曾摄变为 -t），外转诸摄韵尾的发音部位对立消失，一律弱化为 -ʔ。单点方言中，文白读在入声韵尾演变方面的差异非常突出，如福建漳平永福方言（张振兴 1982、1989b、1989c、1990）。

部分闽语的韵尾演变比较特殊。潘家懿（1996）指出闽南潮汕片海丰话山臻摄 -t 尾正渐变为 -k，低元音 a 后面的 -t 尾较易消失，高元音，尤其是后高元音 u 后的 -t 尾较为稳定。相关研究证实了此文的观察。吴芳（2009）分析了粤东12个县市 -n、-t 韵尾朝着 -ŋ、-k 演变的情况，指出带 -n、-t 尾的阳声韵和入声韵中，主元音是 a、e 的最早变化，主元音是 i、u 等的变化较迟。此外，潘家懿（1998）将粤东闽语的韵尾演变分为四个类型：惠东型、海陆型、潮汕型和澄海型。四个类型呈现了粤东闽语入声韵尾以元音为条件逐步变为 -k 的过程：-p、-t、-k>-p、-k>-k。吴瑞文、林英津（2007）考察 1883 年版《汕头音义字典》与 100 年后汕头方言的入声韵尾类型，从历时角度证明了汕头方言 -p、-t、-k>-p、-k 的演变过程。

梁猷刚（1983）发现海南府城话主元音开口度较大的入声韵辅音韵尾易脱落，且开口呼入声韵的辅音韵尾较易脱落（臻摄除外）。冯爱珍（1993）指出当时福州话入声韵尾处在 -k>-ʔ 的过程。文章从连读变调入手，结合福清方言及早期韵书等材料分析，认为早期福州话入声韵尾从 -p、-t、-k 发展到只有 -k 尾，而后主要是来自宕江曾梗通摄白读层的 -k 尾以主元音是低元音为条件弱化，深江曾梗通等摄的 ik、uk、yk 韵因主元音是高元音而保持 -k 尾。两篇文章深入分析了入声韵主元音对韵尾演变的作用。

汉语方言中地位比较特殊的闽语，在入声韵尾演变方面有着很多其他汉语方言中所没有的特点。现有文献对闽语读音类型下面隐藏的演变规律挖掘较少，但为数不多的研究已揭开了冰山一角，如梁猷刚（1983）。

2.3 客赣方言

鉴于客家话与赣语的系属关系，诸多文献把客家话与赣语放在一起讨论，因此本书把关于二者的韵尾演变研究放在一起分析。

客赣方言是入声韵尾类型较为丰富、演变较为复杂的两大方言。关于它们韵尾演变的描写多见于各种调查报告，如《临川音系》（罗常培 1941，转引自罗常培 1999：402）记录了当时临川话咸深摄部分 -p 尾 >-t 或 -ʔ、宕江曾梗通摄 -k>-ʔ 的情况。袁家骅等（2001：151）很早就注意到梅县客家话曾梗摄 -k 尾因入声韵主元音变化而变成 -t 尾的情况，"梗曾摄各韵原收 -ŋ 尾和 -k 尾，但主要元音如果变成了 i、e、ə，韵尾也就跟着变成了 -n 和 -t"。黄雪贞（1997）指出 -p、-t、-k 在客家话中不同程度的分化和演变，受入声韵主元音影响很大："[-ŋ -k] 韵尾逢低元音后元音不变，逢前元音央元音变 [-n -t]。"

以方言区、方言片为单位考察客赣方言入声韵尾演变的文献较少，可见文献有《客赣方言的入声韵和入声调》（李如龙、张双庆 1996）、《闽西客家方言》（蓝小玲 1999）、《客赣方言的声调系统综述》（刘伦鑫 2000）、《江西赣方言语音研究》（孙宜志 2007）等。其中《客赣方言的入声韵和入声调》以当时 36 个方言点的第一手材料，全面、详细地分析了客赣方言入声韵及入声调演变情况，所述创新观点很多。该文分三部分，第一、二部分讨论客赣方言入声韵、入声调的演变情况，第三部分从入声韵和入声调的演变来看客赣方言的分区。主要看第一部分。文章首先根据韵尾读音类型把 36 个方言点分为 2 大类、4 小类共 11 种类型，以此归纳了入声韵尾的演变方向和演变途径。客赣方言入声韵尾朝着两种方向演变：横向的塞尾简化，先合并后脱落；纵向递变，塞尾改变发音方法，或弱化或浊音化，以至转化为发音部位相同或相近的鼻音韵尾或元音韵尾。文章认为：在简化过程中，三种塞尾中首先受到冲击的是 -p 尾，其动向是先混入 -t，后混入 -ʔ；其次是 -k 尾，其主要动向是混入 -ʔ，在高、前元音的条件下部分也先混入 -t，后混入 -ʔ，从 -ʔ 尾再往前走便是脱落塞尾混为阴声韵。文章给出了咸深、山臻、宕江、曾、梗和通摄的韵尾演变路线，如下：

咸深摄　-p　→　-t(-l、-t^{n})　→　-ʔ　→　-Ǿ

山臻摄　-t　→　-l、-t^{n}　→　-ʔ　→　-Ǿ

宕江摄　-k　→　-k^{ŋ}　→　-ʔ　→　-Ǿ

　　　　　　　　　　-t　　　-t
曾摄　-k　→　-t、　　→　-k^{ŋ}　→　-ʔ　→　-Ǿ
　　　　　　　　　　-k　　　-ʔ

　　　　　　　　　　　　　　-ʔ
梗摄　-k　→　-t、-k　→　-k^{ŋ}　→　-ʔ　→　-Ǿ
　　　　　　　　　　　　　　-t

通摄　-k　→　-k^{ŋ}　→　-ʔ　→　-Ǿ

以上反映了作者对入声韵尾演变过程的思考。不过，关于余干方言 -t^{n}、-k^{ŋ} 尾将弱化成喉塞尾的观点还有待进一步考察。第二个方向即弱化，文章认为“和简化合并的横向递变相比，这个演变方向只是一条并不宽广的小道，但却很具特色”，并画出演变路线，如下：

　　↗ -m → -n
-p
　　↘ -i

　　↗ -t^{n}、-l
-t
　　↘ -i

　　↗ -k^{ŋ}
-k
　　↘ -u

可看出作者认为塞尾弱化有三个方向或三种类型，即弱化为边音或鼻音、弱化为余干方言的塞音加鼻音形式、转化为元音 i 和 u。客赣方言中还有比较特殊的塞尾变成边音、鼻音现象，将在后文“专题讨论”中介绍。

2.4 吴徽语

“徽语跟吴语关系密切。……徽语脱胎于吴语，此后二者又长久保持着密切的联系。”（赵日新 2008）因此本书把吴语和徽语的韵尾研究文献放在一起讨论。吴语、徽语位于北方方言与东南方言的过渡地带，从考察入声韵尾演变的角度看，它们的地位极其重要。

《现代吴语的研究》（赵元任 1956：68）指出，现代吴语古入声韵尾都已变为喉塞尾，喉塞尾在单字音里还可以听到，一进入语流中就消失，只剩下短促的入声音节。袁家骅等（2001：57）基本持此观点。但赵元任当时调查的主要是北部吴语，很少涉及南部吴语。《中国语言地图集》（1987）指出部分南部吴语入声韵尾已消失，但还保持着入声调，极少数方言韵尾消失后入声调归入舒声。许宝华（1998）持相同观点，并指出瓯江片绝大部分方言入声都已失去喉塞尾，婺州片部分方言也有类似现象。

徽语由于其特殊的方言特点而一直系属不定，相关研究不多，尤其表现在入声韵尾方面。直到《中国语言地图集》（1987）将之独立为汉语十大方言区之一，这种情况才得以改变。《严州方言研究》（曹志耘 1996：13）在分析徽语严州片方言共同特点和内部差异时，总括了严州四县入声韵尾演变情况：“古入声韵，淳安全部带喉塞音尾，遂安全部失去塞音尾读开尾或元音尾，建德、寿昌白读部分带喉塞音尾，部分失去塞音尾读作开尾或元音尾，文读全部带喉塞音尾。”《徽州方言研究》（平田昌司主编 1998：23）介绍了徽语徽州片入声韵尾特点，指出浊入韵尾先消失的演变趋势：“绩溪、歙县（古清声母字）、休宁五城（古清声母字）、黟县（古清声母字）等保留喉塞音尾；屯溪古清声母字保留不太明显的喉塞音尾；休宁有独立的阴阳入，但无喉塞音尾；祁门古清声母字在连读中快读时会读成短促调，并伴随一定的紧喉现象；婺源入声跟去声相混。”《现代汉语方言概论》（侯精一主编 2002：96）总结了徽语入声韵尾演变特点：“古入声字有保留喉塞尾及不保留两种，读舒声的占多数，只绩溪、旌德、淳安全有 -ʔ，歙县、屯溪、休宁的五城、黟县古清入字有 -ʔ，建德、寿昌咸山摄白读以外的字有 -ʔ 尾。祁门只在连读中出现清入字短促紧喉现象。”

吴徽语中北部吴语喉塞尾保存较为完整，南部吴语和徽语出现消失现象。产生这种差异的原因值得分析，因为北部吴语紧靠韵尾早已消失的北方方言而南部吴语远离北方方言。更为重要的是吴徽语入声韵尾以什么方式消失？许宝华（1998）略有提及。《吴徽语入声演变的方式》（曹志耘 2002b）从宏观（整个南部吴语和徽语）和微观（如遂安一县 18 点）两个角度考察了南部吴语和徽语的入声演变方式，并将其放在汉语方言入声韵尾发展的高度与北方方言做对比分析。吴徽语入声的变化表现为短促特征消失，即喉塞尾消失、调值拉长，然后入声并入其他舒声调类。"由于吴徽语各地方言之间调值系统差别很大，而在南部吴语和徽语地区，都不存在一个对各地方言有较大影响力和制约力的强势方言，所以，在入声演变的过程中，各地方言各自为政，各行其道。"（曹志耘 2002b）与官话方言相比，吴徽语入声呈现了截然不同的演变取向，为考察汉语方言入声演变过程提供了新的观察切入点。

上述研究文献主要分析了吴徽语入声韵尾的共时情况。吴徽语入声韵是怎样从古 -p、-t、-k 尾演变成现在的喉塞尾的？从共时吴语方言材料中很难找到演变痕迹，因此有学者结合历史文献来考证。目前研究最多的是上海话的韵尾演变过程。

陈忠敏（1995）、游汝杰（1997、1998）先后拿《上海话口语语法》（*A Grammar of Colloquial Chinese as Exhibited in the Shanghai Dialect*）（Edkins 1853）等西方传教士著作来分析一百多年前上海话入声韵尾情况。结果主要有：①十九世纪上海话有 -k、-ʔ 两类塞尾，②带 -k 尾的宕江曾梗通摄入声韵主元音大多是低元音 a 或后元音 o，③ -k 尾正处在变成 -ʔ 的过程中，④上海话 -k>-ʔ 的年代下限是十九世纪末至二十世纪初。（游汝杰 1998：112）这一发现非常重要。十九世纪上海话咸深摄 -p 尾、山臻摄 -t 尾和部分宕江曾梗通摄的 -k 尾变成 -ʔ，主元音为后低元音的宕江曾梗通入声韵还读 -k 尾，这一演变类型在现代汉语方言中很少见。

《南部吴语语音研究》（曹志耘 2002a：90—91）发现泰顺莒江话深臻曾梗通摄入声收 -k 尾而咸山宕江及曾摄一等、通摄韵尾变为 -ʔ，由此联系金华等方言韵尾情况，可以认为南部吴语 -p、-t、-k 尾以元音开口度大小为条件进行合并或弱化，而不是一步弱化成 -ʔ 尾的。陈贵麟（2006）采用"致病基因"概念分析音韵结构和特征，指出南部吴语缙云西乡方言韵尾演变过程基本符合曹志耘（2002b）的分析。朱蕾（2007）指出宣州片泾县吴语在清乾隆年间咸山摄与深臻曾梗通摄的入声韵尾不同。《切韵》咸山摄入声韵主元音都是低元音（开口度大）而深臻曾梗通摄则是以高元音为主（开口度小）。可见泾县方言入声韵尾历史上也经历过以元音开口度大小为条件的演变。南部吴语和宣州片吴语以元音为条件的韵尾演变和北部吴语上海话一致，显示了吴语在韵尾演变类型上有一定程度的共性。

2.5 晋语

晋语指山西省及其毗邻地区有入声的方言。李荣（1985）、刘文炳（1941）较早分析了山西境内方言入声的地理分布情况及太原盆地方言的入声韵类："吾侪在正太铁路横过太行时，在寿阳之东境，观山中之水东流者已入国音之无入声区。西流者入入声区，可云北方入声区。此事实上之分水岭也。"对晋语的入声，晋语研究学者做了大量且非常有价值的研究工作，可分为三个部分。

2.5.1 晋语入声的特点。在讨论划分晋语区所依据的语言特征时，《晋语的分区（稿）》（侯精一 1986）、《晋语入声韵母的区别性特征与晋语区的分立》（侯精一 1999）和《晋语的"分立"与汉语方言分区问题》（温端政 2000）先后提出多达八条入声特点。李如龙（2001b：42）对它们进行总结，充分说明了入声在晋语里并没有弱化的趋势，反而在强化、繁化。张振兴（1997）认为晋语入声不同于江淮官话，和吴、闽、粤等南方方言入声性质相同。对于方言之间的类似现象，应抓住本质性区别。

2.5.2 晋语入声的共时演变现象。有三个角度：入声韵类型、入声韵尾演变及入声调分合。入声韵类型和入声调分合与入声韵尾演变有重要关系。

（1）入声韵类型。讨论晋语入声韵的文献主要有两篇。《入声韵在山西方言中的演变》（王洪君 1990）以山西 26 点入声韵讨论主元音舌位高低、前后的变化对入声韵归并、分化的影响，得出山西话入声韵类型及特点。此文使用了中原官话汾河片 4 点材料，因此对于晋语入声韵的总体把握还有拓展空间。《山西晋语的入声韵研究》（沈明 1995）以山西 76 点材料全面讨论晋语入声韵类型和特点。文章从宏观角度分析、对比晋语与东南方言和官话的入声韵类型异同；从摄的角度爬梳整理入声韵类型及其地理分布，为考察晋语入声特点及晋语分区提供了重要依据；指出山西晋语入声韵的重要特点是韵类的合并和保留喉塞尾，而官话是丢失喉塞尾、保持韵类独立。如果以该文提出的入声韵分析模式考察汉语方言入声韵演变类型，会有助于得到汉语入声的演变过程。

（2）入声韵尾演变。处在官话包围之中，晋语入声韵尾舒化、消失是必然的，诸多文献对此做了大量描写与分析。单点描写如太原（赵秉璇 1963）、清涧（刘勋宁 1983）、大同（马文忠 1984，田希诚 1989）、介休（张益梅 1986）、左权（王希哲 1996）、阳泉（曹瑞芳 1996）、五台（孙小花 2004）、定襄（范慧琴 2004）、甘泉和延长（邢向东、孟万春 2006）等，《山西方言志丛书》（温端政主编 1982—1995）也分别描写、分析各方言点入声韵尾舒化、消失现象。

随着大规模调查成果出现，以晋语区或某一片入声为对象的研究展示了晋语入声韵尾演变的多样性。温端政（1986）认为晋语入声喉塞尾的消失具有阶段性：保持喉塞尾、喉塞尾消失但保持独立入声韵、完全舒化。杨述祖（1982：133）指出晋南方言入声韵尾消失后有保持独立入声韵和入声韵瓦解与舒声韵合并两阶段。定襄（范慧琴 2004）和晋城（焦妮娜 2007）就属于"喉塞尾消失但保持独立入声韵"类型。孙玉卿（2005）认为晋语入声喉塞尾的消失具有很强的渐变性和多样性，渐变性表现在各点入声韵尾消失以部分摄为单位各自为政，消失的字数不多且不成系统，呈离散性消失。王利（2008：37）考察晋东南晋语各摄入声喉塞尾消失的速度，结论是曾梗通 > 宕江或咸山 > 深臻（>，快于），且"曾梗通摄入声舒化字数量相对较多、深臻摄入声字舒化数量相对较少在整个山西晋语中可以算是比较普遍的现象"。晋语入声韵尾演变的多样性还体现在不同方言片和方言点的喉塞尾消失各有特点。如晋东南晋语的入声消失途径是先次浊声母或清声母，最后是全浊声母，这"与左权、介休、太原等晋语腹地方言的'先次浊入、再清入、最后全浊入'的入声消失方式不尽一致"；而晋北地区大同、代县等方言全浊、次浊声母入声舒化的比例差别不大，河北北部晋语则是先次浊入、再全浊入，最后是清入。（王利 2008：36）

讨论晋语韵尾演变时需抓住晋语存在性质不同的入声字的本质性问题。不抓住本质而只是从量变角度分析，所得结论不具有说服力。《晋东南晋语入声调的演变》（沈明 2005）把《方言调查字表》里古入声字分成四类。这四类在晋语中，第一类是根本不用的，第二类是另有舒声来源或由于其他原因早已说成舒声的，第三类是虽然口语里说但是从书上或跟着新事物学来的，第四类是口语中常说的。前述相关研究所分析的晋语入声舒化现象往往与第一、二类字有很大关系。因此沈明（2005）主要讨论了晋东南晋语第四、三类（分别是文中所说的甲类和乙类）入声字的韵尾演变方式，主要结论是：①晋东南晋语入声舒化方式与入声儿化连调相同，一律丢失喉塞尾、短调拉长，第四类和部分第三类入声字舒化后一律归到调值相同或相近的舒声调，即按调值舒化，属方言自身演变。这一入声韵尾演变方式与东南方言（如吴语）是一致的。②部分乙类字受外方言影响，按官话方言的调类进行舒化。③入声舒化有两种情形——类变和音变。类变是晋东南晋语的普遍类型。还有一种舒化类型和音类、音值都有关系。从文中提供的材料来看，是以入声韵主元音高低为条件发生的按摄（咸山宕江摄与深臻曾梗通摄）分调现象。沈明（2007）指出五台片入声韵尾的舒化方式也和入声儿化连调相同，喉塞尾丢失、短调拉长，归阳平。这在一定程度上与晋东南晋语一致。

（3）入声调的分合。晋语入声只有一个喉塞尾，其演变趋势对于考察官话方言入声韵尾演变过程具有参考价值。入声发展到这个阶段，其韵尾舒化、消失往往和入声调的演变有很大关系。沈明（2005、2007）抓住入声喉塞尾与入声儿化连调的密切关系，分别探讨五台片晋语、晋东南晋语入声调的演变过程。如晋东南晋语入声调的合并过程是次浊入或和清入合流成为阴入，或和全浊入合流成为阳入，之后阴入和阳入合流为一个入声，合流方向各方言几乎各自为政。

2.5.3 入声韵尾的历时演变过程。结合历史文献及晋语入声情况，《晋方言语音史研究》（乔全生 2008：233—236）认为晋语古韵尾 -p、-t、-k 从中古至今走了两条演变路线：一条是在唐五代时期 -p、-t、-k 就合并、弱化为 -ʔ 尾，直到宋金时代完成演变并保持至今，并州等片入声韵尾属于此类；另一条是 -p、-t、-k 在唐五代时期弱化为浊音或消失，宋以后就完全消失，这一类型保存在今中原官话汾河片。具体情况如下：

《切韵》		唐五代		宋（西夏）		金		现代	方言点
-p、-t、-k	→	-ʔ	→	-ʔ	→	-ʔ	→	-ʔ	并州等片
↘									
		-b、-r、-g/-Ǿ	→	-Ǿ	→	-Ǿ	→	-Ǿ	汾河片

乔全生（2008：238）认为，与古入声 -p、-t 尾先合并后弱化的情况相似，晋语还是原收 -p、-t 尾的入声字先丢失 -ʔ 尾。晋语 -p、-t、-k 尾合并、弱化为 -ʔ 的过程需以晋语现有入声韵分化合并类型为基础，结合古文献材料，参证东南方言韵尾演变类型做分析。

2.6 江淮官话

历史上江淮之间的方言本属吴语，但受北方方言强大影响，吴语逐渐由淮河边退缩至江南武进、常熟一线，但这一带的官话方言具有吴语的底层。（鲁国尧 1988：205）因此，江淮官话被看成南方非官话方言区和北方官话方言区的过渡地带，其入声是吴语等南方方言入声的延续。（张振兴 1997：246）从这个角度来看，江淮官话入声的演变是观察汉语入声韵尾从东南方言类型向北方方言类型发展的重要窗口。孙宜志（2006）和石绍浪（2007）以第一手调查材料为基础，分别对各自调查的江淮官话入声做了较为详细的描写。石绍浪（2007）对江淮官话各种入声韵尾类型做了描写，具有一定价值。

江淮官话在 -p、-t、-k 尾弱化为喉塞尾 -ʔ 后（淮阴话似乎还存在 -k 尾，见陈旻（2000）），入声韵以何种方式逐步丢失韵尾、入声调以何种方式并入舒声调，这是研究重点。《江淮官话入声发展演变的轨迹》（伍巍 2006）根据入声韵和入声调实际情况把江淮官话分为三类：甲类，有两类独立的入声调，一般都保留入声韵（有喉塞尾）；乙类，只有一类入声调，保留入声韵；丙类，无入声韵，仅存一类入声调，或为短调或为舒调。甲乙丙三类又据实际情况各分 A、B 两类，以此讨论江淮官话入声韵尾演变途径。

途径一：在清、浊入只有一个入声调情况下，入声逐渐丢失喉塞尾、拉长调值，入声调最后或保持独立，或并入舒声调。如下：

乙 A		丙 A		丙 B
合肥	→	桐城	→	安庆
ʔ5 喉塞尾	→	5 短调	→	55 舒调

途径二：入声分阴阳，浊入先丢失喉塞尾、拉长调值并入舒声后，阴入逐渐丢失喉塞尾、拉长调值，最后或保持独立入声调，或入声调并入舒声调。如下：

乙 B				丙 A		丙 B
庐江		望江		宿松高岭		宿松
阴入 ʔ5	→	阴入 ʔ5 紧喉	→	阴入 5	→	阴入 55
浊入 11 归阳平	→	浊入 324 归阳去	→	浊入 324 归阳去	→	浊入 324 归阳去

途径三：入声分阴阳，阴入和阳入保持促调和喉塞尾，但阳入以文白读为条件归并：文读并入阴入，白读保持阳入。因此有两条路线，一是阳入在权威方言影响下最终全部并入阴入，然后走途径一的路线；二是归到阴入的阳入文读和阴入继续保持喉塞尾，而后保持喉塞尾的阳入白读逐渐丢失塞尾、拉长调值，最后或保持独立入声调，或入声调并入舒声调，如下：

甲 A			甲 A		甲 B		乙 B
泰兴			泰州		枞阳义津		桐城练潭
阴入 ʔ4		→	阴入 ʔ3	→	阴入 ʔ5	→	阴入 ʔ5
阳入 ʔ5	文读	↗		↗		↗	
	白读	→	阳入 ʔ5	→	阳入 43	→	全浊入 33 归阴平

据此文，江淮官话入声韵尾演变有两条规律，一是浊入尤其是全浊入先丢失喉塞尾，二是入声韵丢失喉塞尾后会逐渐拉长调值，最后并入相关舒声韵。江淮官话入声韵尾的演变受文白异读的影响很明显。不过此文关于江淮官话入声韵尾演变途径二的论述有很大的讨论空间，因为文中所列的望江、宿松等方言属于赣语怀岳片。此外，文中分析了部分江淮官话在入声韵尾消失后保持独立的入声调逐渐并入舒声调的过程，提出调类合并的三种模式。在此方面，颜景常等（1988）从词汇扩散、同一言语社区内不同年龄层次等角度分析了江苏北部泗洪至连云港之间两百多公里边界上江淮官话的入声字演变。

三　专题讨论

3.1 塞音韵尾音值分析

3.1.1 口塞音韵尾

-p、-t、-k 的成阻位置在口腔，与喉塞尾不同，本书称之为“口塞音韵尾”。口塞音韵尾的音值有两方面需要关注：一，是否爆破或者除阻；二，构成成分是否单一。

（1）塞音发声有三阶段：成阻（形成阻碍，即闭合期）、持阻（保持阻碍）、除阻（解除阻碍，即破裂期）。关于入声韵尾 -p、-t、-k 有几个发声阶段存在分歧。王力先生（1980：102）认为从上古汉语至现代汉语还保存着入声的方言里“入声字的尾音 -p、-t、-k 都是一种唯闭音”。即 -p、-t、-k 有成阻、持阻阶段，无除阻的破裂期，与做声母的 p-、t-、k- 不同。（罗常培、王均 1981：78）高本汉（1940：169）认为入声塞尾虽不爆破但有除阻的动程。冉启斌（2008：15—16）赞同高氏观点，且认为入声塞尾解除阻碍的过程不以剧烈的方式进行。两种观点可能是在对不同方言入声韵尾的感知基础上形成的。不同方言的塞尾音值类型可能反映了入声塞尾音值变化的不同阶段。

广东肇庆怀集怀城粤语 -p、-t、-k 尾有除阻动程，在解除阻碍时部分音节有轻微爆破，-k 尾甚至有爆破后的气流。图 1–1 显示，“踏 [tap^{325}]” 的 -p 在双唇成阻后持续一段时间后解除阻塞，在离音节尾约 170ms 处出现一条较弱的冲直条，那是紧闭双唇打开时产生的痕迹；“益 [Ǿiᴇk^{55}]” 的 -k 在成阻后持续一段时间（180—200ms）后舌根部位松动轻微爆破，冲直条之后还有气流产生的高频乱纹，这是“踏 [tap^{325}]” 的 -p 轻微爆破后所没有的。

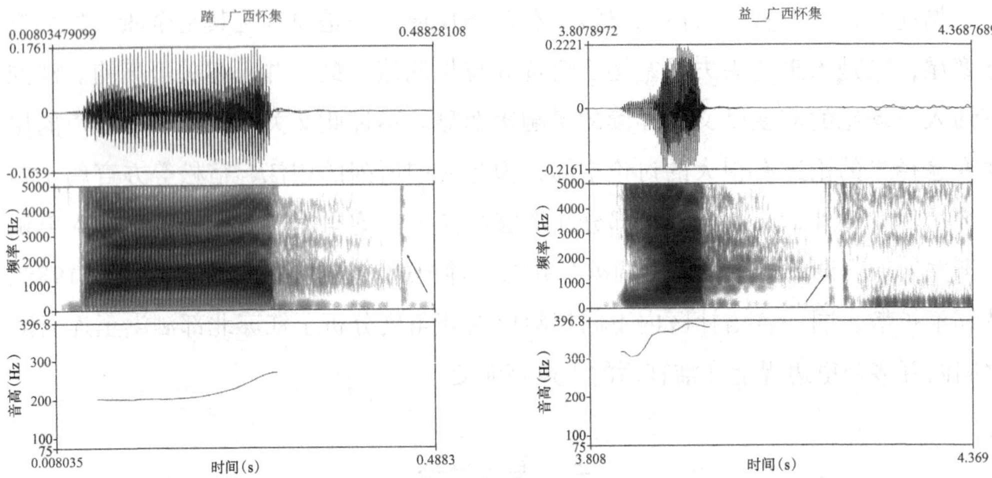

图 1-1　粤语怀集怀城方言踏 [tap^{325}] 左、益 [Øiɛk^{55}] 右宽带语图①

怀集怀城的塞尾爆破现象不是孤立的。崔振华（1997）指出湖南桂东客家话入声喉塞尾“有除阻阶段，除阻后仍有少量气流呼出，听起来象带个小尾巴”，与怀集怀城 -k 尾的爆破在听感上一致。朱晓农（2010）报告香港粤语也出现此类现象，汉藏语其他民族语言中也有塞音韵尾爆破现象（沈向荣、刘博 2010）。这种现象在粤语里是个案还是共性，需更多的调查来核实。② 如果是共性，可以今证古推测《切韵》时期 -p、-t、-k 是否有解除阻碍的动程；如果是个案，则以王力等先生的观点为准。

（2）赵元任等指出“中国有 -p、-t、-k 尾的方言，例如广州，大都同时带一点喉头塞音 ʔ 的作用”，即 -p^{ʔ}、-t^{ʔ}、-k^{ʔ}。（见高本汉 1940：170 脚注）此观察极其敏锐。岩田礼（1992）采用光纤维镜和肌电分析了粤语香港话、闽南方言台湾话、吴语苏州话、晋语太谷话入声音节发声时的喉头动作，结论是：①在 -ʔ 尾的发音动作中，假声带的内转动作从韵母开头部分就开始了，说明发带 -ʔ 尾音节时，“不仅是韵尾部分而且是整个入声韵母都发生‘喉化’（glottalized）”；②汉语方言 -p、-t、-k 尾带有紧喉运动，与带 -ʔ 尾的音节元音部分明显喉化不同的是，-p、-t、-k 尾音节的紧喉运动在塞尾成阻前不显著，只是在塞尾成阻后喉化才显著；③舒声调音节在音节首段和中段没有紧喉运动，在音节尾往往出现声门上面的紧

① 语料由广西贺州学院杨璧菀教授 2010 年提供。

② 有学者指出怀集怀城粤语 -p、-t、-k 尾的除阻类型“不算非常特殊”。笔者限于材料和自身调查经验，这里不多讨论。

喉运动；④汉语方言带 -ʔ 尾音节中，紧喉运动是停止声带颤动、产生短促音节的一种手段，而喉塞音本身不起区别作用；在闽南等方言入声音节里有“短促性”或“喉化”这类特征，-p、-t、-k 与 -ʔ 的区别在于口腔内封闭的有无而不在于发音部位的不同。

此文深化了入声韵尾音值的研究，对入声韵尾的演变研究具有启发意义。首先，人们总是把喉塞尾与紧促调联系在一起，有 -ʔ 尾的音节声调必然短促。实际上汉语中有方言带 -ʔ 尾声调却不短促，这种现象与整个入声韵是否“喉化”应有密切关系。那些带 -ʔ 尾、声调却不短促的音节应是没有“喉化”或“喉化”消失。其次，根据 -p、-t、-k 尾成阻后有喉化这一结论，岩田文把 -p、-t、-k 描写为 -pʔ、-tʔ、-kʔ，与前述赵元任等的观察一致。这为证实 -p、-t、-k 弱化为 -ʔ 的过程提供了依据，韵尾 -pʔ、-tʔ、-kʔ 弱化为 -ʔ 是发音部位和发音方法共同变化的结果。此外作者还指出“-p、-t、-k 与 -ʔ 的区别在于口腔内封闭的有无而不在于发音部位的不同”，抓住了喉塞尾在音系结构中的地位特点。

-p、-t、-k 的作用在于堵住气流使音节短促，达到目的后它们在语流中不可能持续很长时间，否则就妨碍继续发音，因此它们必然以某种方式除阻，释放被堵气流。气流释放的方式理论上可有三种：①成阻部位除阻让气流从口腔释放，②软腭下垂让气流从鼻腔释放，③气流同时从口腔和鼻腔释放。入声塞尾以何种方式除阻会影响其演变方式，从而产生不同的韵尾类型，后文 3.2 小节将讨论。

3.1.2 喉塞音韵尾

入声 -ʔ 尾与作声母的 ʔ- 发声不同。声母 ʔ- 是声门先闭，然后突然打开紧接着发元音，使音节有突发的感觉；作韵尾的 -ʔ 则是发元音时突然关闭声门，使这个音有中断的感觉。（吴宗济、林茂灿主编 1989：115）岩田礼（1992）认为汉语方言喉塞尾的产生方式是声带肌等喉内肌的活动明显增强，促使声门紧闭，与此同时假声带向内转动、声门上面明显紧缩。

相关研究对 -ʔ 尾音值的分析提供了重要信息。一是桂东方言 -ʔ 尾，“念单字时，其喉塞音……有除阻阶段，除阻后仍有少量气流呼出，听起来象带个小尾巴”（崔振华 1997）。桂东方言有除阻段的 -ʔ 尾具有重要的类型意义，说明入声塞尾演变到一定阶段会有爆破除阻阶段，包括喉塞尾。徐越等（2011）采用语音实验手段发现喉塞尾弱化导致声门关闭不严而引起漏气，漏气产生的拖音段随着喉塞尾的一点一点弱化逐渐变为整个声调的一部分，入声韵的调长一点一点地增长并走向舒化。二是冯爱珍（1993）指出福州话两字连读时后字声母以前字韵尾为条件产生变化：后字声母 p、pʰ、t、tʰ、s、l、ʦ、ʦʰ、k、kʰ、h、Ǿ 在前字鼻音尾韵后分别变读为 m、n、ʒ、ŋ，在前字元音尾韵和 -ʔ 尾韵分别变读为 β、l、ʒ、Ǿ，但前字为 -k 尾韵时不变。这说明其 -ʔ 尾已具有响音性质，从而把后接的清辅音声母同化为浊音，而 -k 尾不具备这种性质。三是潮阳方言 -ʔ 尾可以拼口元音和鼻化元音而 -p、-k 尾只拼口元音不拼鼻化元音。（张盛裕 1981）-ʔ 尾能和鼻化元音相拼说明其响音性质已很明显。四是宋益丹（2009）分析苏州话入声 -ʔ 尾时发现其语图上有被动爆破产生的冲直条，连续多条冲直条之间有共振峰，证实了 -ʔ 尾在部分方言中具有响音性质。这是韵尾 -ʔ 与声母 ʔ- 的重要区别。

3.2 入声边音、鼻音韵尾的研究

3.2.1 边音韵尾

入声边音韵尾很早就出现在汉语里。罗常培（1933：60—62）发现梵文用 -r 对应汉语山臻摄入声韵 -t 尾，这种现象在西藏译音和高丽译音里都有。罗常培（1949：46）认为“至于高丽译音及湖北江西一部分方言由 [-t] 变来之 [-l] 尾，则与唐末西北方言中之‘-r’尾相近，盖古代方音歧义之遗迹也”。汉语方言中赣语湖南平江三墩（杨时逢 1974，1935 年董同龢调查）、湖北通城十里市（赵元任等 1948，1936 年吴宗济调查）最早被发现入声有 -l 尾。随后发现江淮官话有边音尾，如安徽枞阳（鲍时详《枞阳方言》，转引自董绍克 1985 附录）、桐城（邢公畹 1962：19 页脚注）等。相关研究除了分析边音尾音值，重点是边音尾的形成过程。

边音 l 的声学性质很复杂。它不是典型的破裂音，也不同于一般浊擦音；其共振峰一般和鼻音 n 的共振峰相似；其发音常因后接元音不同而有各种变体；其长度与鼻音声母的长度比较相似。（吴宗济、林茂灿主编 1989：151）作为入声韵尾的边音在汉语方言中有比较复杂的音值类型。江淮官话桐城方言边音尾是舌根化的 -ɫ，不短促但也不像舒声音节那样舒缓，其音长比一般舒声音节略短，且有三个变体 -ɫ、-ʎ、-ɣ。（杨自翔 1989：363）枞阳汤沟、青阳九华、庐江盛桥等方言边音尾也是舌根化的 -ɫ。（石绍浪 2007：103）平江、修水边音尾是“典型的 -l 韵尾，舌尖略微卷起，与上颚形成较松的接触，与此同时，声带振动，气流经舌头两边流出，发出一个清晰的 -l。从旁观察，可以明显看到舌尖的卷曲动作；猛然听去，甚至会有一种特殊‘儿化’的感觉”。（董为光 1987：50）通城麦市入声 -lʔ 尾是有紧喉色彩的边音尾。（曹志耘 2011）

李方桂（1971）借助贵州独山台语侧面印证中古汉语 -t 尾可能会先变成浊卷

舌音，然后再进一步弱化为边音，为研究入声边音韵尾演变过程提供了新角度。文中指出，“独山话中，长短韵腹之后也保存着舌尖塞音韵尾，但它的发音发生了变化，舌尖塞音变成了卷舌塞音。如果后面不是紧跟着另一个音节，因而没有除阻的话，这个塞音韵尾很难区分是舌尖塞音还是卷舌塞音。然后，如果后面紧跟着另一个音节，并且除阻，就会听到塞音后面有一个清晰的卷舌滑音”。董为光（1987）分析湘鄂赣三界方言边音韵尾的产生过程，认为首先是卷舌化破坏了较严的闭塞，随之导致了其他发音方法的相应改变。文章强调，湘鄂赣三界方言和台语独山话 -t 尾各自独立而趋于一致的发展，说明卷舌作用导致 -t 尾的改变绝非偶然。两篇文章抓住了边音韵尾产生的关键性步骤，推动了边音韵尾演变过程的研究，但都没论及 -t 尾为什么会出现发音方法的变化。此外董文讨论的是赣语区边音尾现象，江淮官话存在同样现象但表现形式不一样，值得关注。

杨自翔（1989）描写了桐城方言边音韵尾 -ɬ 的三种变体实际音值及分布，结合周边地区若干有边音尾的赣语讨论桐城边音尾的形成过程是：-p、-t、-k>-t、-k>-t、-l、-k、-ɣ>-l、-ʔ>-ɬ、-Ǿ，即在 -p、-t 合并为 -t 后主元音为较高元音的入声韵 -t、-k 尾形成 -l 和 -ɣ，最后 -l 和 -ɣ 合并为 -ɬ；主元音为较低元音的入声韵 -t、-k 尾分别变为 -ʔ，最后消失。文章抓住了韵尾演变的元音条件，解释了通摄韵尾 -k>-ɣ>-ɬ 的演变过程。吴波（2007）基本赞同杨文观点，进一步分析认为在入声韵舒化为阴声韵的过程中，短促消失造成的音节空档得到了元音的“形容性成分”补充，结果之一就是韵尾“通音化”成为边音。不过需要解释所谓的元音“形容性成分”在入声塞尾消失后如何确定发音部位而填补空档成为边音的。

申东月（2004）从汉韩对音角度探讨汉语山臻摄塞音韵尾变为边音尾的原因，认为汉韩对音中来自汉语的 -t 尾在古韩语尚未闭音节化时夹在两个元音之间容易被元音同化为 r。韩语的闭音节是多音节短化元音脱落而来，尾音节的元音脱落而使本为开音节的语音变成了闭音节。汉字音的转写演变可归纳为规则：汉语 CVt—附加元音→韩语 CVtV → CVrV 音节末元音脱落→ CVr。此观点虽抓住了元音影响韵尾演变的重要性，但无法圆满解释为什么韩语中固有词没有全部实现这种演变。朴万圭（1999：301）则认为汉韩对音中的 -l 尾是直接从汉语借过来的。

3.2.2 鼻音韵尾

入声读鼻音韵尾的现象在汉语方言中很特殊，表现复杂。根据《湖北方言调查报告》（赵元任等 1948），湖北武昌、汉口、汉阳、汉川、沔阳、天门、京山、荆门等通摄明母入声韵读 -ŋ 尾。此类现象与特定的鼻音声母有一定关系。（丁邦新 1998b：234）闽语福建南安溪美有 -ŋʔ 尾，如：物 mŋʔ³ ｜□犹豫 ʦʰŋʔ³ ｜□手捏 kŋʔ³ 等。（李如龙 2001a）汉语方言中，表现比较突出的是闽语福建邵武和光泽方言、赣语江西余干方言及湖北通城方言的入声鼻音韵尾，相关研究较多。

（1）《光泽、邵武话里的古入声字》（熊正辉 1960）报告了福建闽西北邵武、光泽方言山臻、宕江曾梗通摄入声 -t、-k 尾消失而咸深摄 -p 尾分别变为 -n 和 -m，如“鸭”邵武说 [an꜆]、光泽说 [am꜆]。随后潘茂鼎等（1963）、罗杰瑞（1982）、陈章太（1983）相继介绍了邵武和光泽方言入声鼻尾的情况。根据陈章太（1991：235），邵武城关咸深摄入声读 -n 尾，光泽杭川咸深摄入声读 -m 尾。

张光宇（1984）推测邵武 -n 尾的演变是：古 -k 和 -t 尾很早就变成 -ʔ 尾，形成 -p、-ʔ 并立，后来 -ʔ 尾消失，-p 变成 -t 尾，结果只有 -t 尾；阳声韵中 -m>-n，成为 -n、-ŋ 并立，此时来自咸深摄 -p 尾的 -t 尾，以音近关系及结构均衡需求并入发音部位相同的 -n。这一推测有个问题需解决：在山臻摄 -t 尾已弱化为 -ʔ 的前提下，咸深摄 -p 尾为什么要变成 -t？本书材料中，-p>-t 一般都是音系内山臻摄还有 -t 尾，才能吸引 -p 尾改变发音部位并入。李如龙、张双庆（1996：319）认为邵武方言入声 -n 尾的演变过程是咸深摄的 -p 先变成 -m，邵武邻县光泽方言处在这一阶段，然后 -m 变成 -n。但没有论证。

（2）由于性质很特殊，关于余干方言入声韵尾本质的观点是仁者见仁、智者见智。颜森（1986）描写余干入声韵尾为：“无论阴入、阳入，单字调可以说都是一个同样的短促低调，但事实上入声字总不单说，后面紧跟着一个 [n] 或 [ŋ]，这个 [n] 或 [ŋ] 在阴入后面读得高，在阳入后面读得低，阴入、阳入就靠这个后缀的鼻音的高低来区别，如：‘八 pa˩ n˥ ｜拔 pʻa˩ n˧ ｜百 pa˩ ŋ˥ ｜白 pʻa˩ ŋ˧ ｜叔 ʃu˩ ŋ˥ ｜熟 ʃu˩ ŋ˧’。说快了入声字和后缀连在一起就像一个音节。”颜文把余干入声韵尾记为 [n] 和 [ŋ]。陈昌仪（1991：76）描写了余干韵尾音值，“入声韵在发了塞音尾之后，经过短暂的停顿，然后又有一个同部位的鼻音，也就是说在 [t] 韵尾之后还有一个 [n]，在 [k] 韵尾之后还有一个 [ŋ]”，认为余干方言入声韵尾是 [t···n] 和 [k···ŋ]，后又撰文（陈昌仪 1992）认为这是一种声调的不连续成分。李如龙、张双庆（1992：15，198）把余干方言的入声韵尾处理为 -tn 和 -kŋ，指出 -tn 和 -kŋ 有的发音人逢阳入字已脱落，在连读前字位置则脱离，脱落后有的发音人阴阳入字混同，有的发音人则用声调加以区别，认为这是塞音韵尾弱化现象。余干方言入声塞音带鼻音成分韵尾的语音性质和音系地位都有待进一步考察。

（3）通城方言入声韵尾的演变极具创新性。吴宗济 1936 年调查通城十里市方言时发现其咸深山臻摄及少数曾梗摄三四等入声韵尾弱化为 -l 尾。（赵元任等 1948）50 年后，邓晓华（1986）、陈有恒（1987）分别报告通城东南部的黄袍乡和县城方言咸深山臻四摄等入声字读 -nʔ（黄袍）或 -ʔn（县城）。《汉语方言地图集》（曹志耘主编 2008）对通城麦市方言作重点调查，结果是咸深山臻摄入声字读 -nʔ、-lʔ 或 -ʔ 等韵尾。关于通城入声韵尾有两个问题，一是其鼻音韵尾的实际音值如何？二是为什么会在短期内出现如此复杂的演变类型，演变过程又是如何？

邓晓华（1986）说"黄袍部分入声字念鼻音 n 尾韵，保留入声调，及由此而生的喉塞辅音尾，即形成了一种双辅音尾 nʔ"。陈有恒（1987）认为"有些入声与收前鼻辅音的舒声韵相配，在元音与鼻音之间夹带喉塞，形成复辅音〔-ʔn〕"。两种描写有很大差别。这种差别是方言之间的实际差异还是处理方法的不同？分别处在 n 前或后的喉塞尾本质如何，是否相同？曹志耘（2011）指出靠近黄袍的麦市入声韵"[l n] 尾后的 [ʔ] 表示一种紧张色彩，不是独立的喉塞音"，结合韵尾的地理分布和年龄层次分析，指出通城方言入声以咸深山臻摄为主流的字，塞尾先合并为 [t]，再弱化为 [lʔ]，在此阶段可能像石板铺和县城那样先全部变为 [nʔ]，然后再逐渐脱落鼻音变为 [ʔ]；也可能像麦市那样低元音韵母保留 [lʔ]，高元音韵母变为 [nʔ]，然后再脱落边音或鼻音变为 [ʔ]。

四　演变原因

找出引起不同类型的韵尾演变的原因有助于分析韵尾演变过程。现有文献从语音、词汇和音系结构等角度解释了入声韵尾的演变原因。

4.1 语音因素

影响韵尾演变的语音因素理论上有多种。邵慧君（2003）指出有：入声韵元音开口度大小、舌位的前后高低与韵尾之间的协调，唇音声母对唇音韵尾的异化作用等。当前的研究集中于入声韵主元音对韵尾的影响作用。许宝华（1984：437—439）指出前谐声时代至原始汉藏语时代入声有韵尾交替表现，具体形式有：① -p 尾受圆唇后元音异化作用变作 -t，② -k 尾在前元音 i 的影响下变作 -t，③ -p 尾在前元音 i 影响下变作 -t，在低元音 a 后面也有 -p>-t 的现象。发展到现代汉语方言，主元音类型对韵尾的影响更为明显。张世禄（1929）注意到了客家话中 -k 变为 -t 与入声韵较高元音之间的关系。黄家教（1984：428）注意到广州话中入

的 -k 尾已近似 -ʔ，杨蔚（2003）进一步指出粤语下阴入及下阳入先行舒化是一种趋势。两文都注意到粤语上阴入与下阴入因主元音舌位高低差异而在韵尾演变方面存在差异，主元音为偏低元音的下阴入因韵母时长较长而促使韵尾渐趋模糊并最终消失。

元音影响韵尾演变的机制适用于各种方言。潘家懿（1984：431）指出，与吴闽方言入声 -ʔ 尾比较，晋语交城方言 -ʔ 尾显得较弱，尤其当 -ʔ 出现在低元音 a 后面时喉塞音色更为模糊。这种观察得到了证实：元音舌位越低，塞尾越易脱落。（王洪君 1990）因为“从音理上说，在低元音后发喉塞尾比在舌位高、后的元音后发喉塞尾动程大，因此相对容易失落塞尾”。（邢向东、孟万春 2006）前述研究注意到了舌位偏低的元音影响韵尾弱化、消失，黄雪贞（1997）则发现前元音和央元音对韵尾演变的作用：客家话中 -k 尾逢低元音后元音不变，逢前元音央元音变为 -t。

除了入声韵主元音类型，声母对入声韵尾演变也有影响。如咸摄合口三等唇音声母对双唇韵尾 -p 的异化作用，使之改变发音部位变为 -t。（李如龙 1996：25，李新魁 1994：75）此外，在韵尾演变的不同阶段影响韵尾演变的语音因素不同。贺巍（1995）结合官话及东南方言详细分析了连读变调、儿化、变音及合音等音变对入声韵尾的影响，指出在连读变调等音变发生时入声韵从调值和韵尾两方面不同程度地向舒声韵靠拢或合并，是影响汉语官话入声韵尾演变的重要因素。许宝华（1998：276—277）认为影响吴语入声韵尾消失的因素可能有入声字儿化、连读变调、浊音清化等。

4.2 音系因素

语音单位的演变受音系结构因素制约。汉语语音发展过程中，摄、等、开合等汉语独有的音系结构单位对语音单位的发展起到了重要作用。刘勋宁（1983）指出晋语陕西清涧方言入声韵尾的演变与粤语广州话入声韵尾的演变有着“奇特而又严格的对应关系”，本质是汉语咸山宕江梗二等摄和深臻曾梗三四等摄之间的外转与内转区别。音系结构的简化和重新整合推动入声韵尾的演变（邵慧君 2003：271），整合过程中如果出现音位不对称性，韵尾易变化，如因音系中无与之匹配的韵母而广州话 œk 韵最易舒化（侯兴泉 2005）。结构上不平衡、不对称的单位最易发生变异，音系结构的不平衡性是语言变异之源。（徐通锵 1990）

杨信川（1997）认为汉语的音节组织特性导致了入声韵尾消失：汉语的音段序列严格按照语音的响度峰组织，每个音节以元音为中心，其周围辅音必须围绕元音中心形成一个响亮的音节，在元音与辅音之间不允许再插入别的辅音；语流中前音节的塞音韵尾和后音节的塞音声母形成了“复辅音”，但这种结构不被汉语的音节结构所接受，必须消失一个辅音，从而导致入声塞音韵尾的消失。

张吉生（2007）认为入声韵尾的演变是塞音韵尾历时磨损引起的非口腔化结果，作为韵母成分的塞音韵尾所具有的“非响音性”标记性决定了塞音韵尾消失的音系理据：有标记性的容易消失。不过塞音韵尾的消失会有一定的限度。李小平（1998）从音系中辅音含量平衡性角度考察晋语入声韵尾保留的原因，认为制约晋语入声喉塞尾不易进一步消失的一个重要因素就是晋语辅音韵尾减少到了不能再无条件脱落任何一个辅音韵尾的地步。

李永明（1986：44）指出音系内部如果有文白读，不同层次的入声韵尾会有不同的演变表现；文读因和汉字紧紧结合在一起，一般发展变化较慢（但也有相反情况，如果文读音是由于移民从中原地区带来的，可能它的发展变化比南方口语还要跑到前面去，如客家话）；口语是不管文字的，因此发展变化较快。贺巍（1995）认为文白读的分立可能是入声舒化的一种重要方式。文白读对入声韵尾演变的影响之一在于当文读系统经过一定时间完全替换了白读系统后，方言入声韵尾的正常演变被中断，从而造成演变类型的异样。

4.3 词汇因素

贺巍（1995）指出，汉语发展过程中词尾的产生和发展引起了语音变化；促使入声向舒声转化最重要的因素是儿尾和子尾；在官话方言里名词词尾和动词词尾大都读轻声，前字如果读入声，受后字轻读影响入声 -p、-t、-k 韵尾减弱，而逐渐丢失向舒声过渡。《从非音节性词尾看入声韵尾 [ʔ] 的脱落》（周磊 2003）进一步指出非音节性词尾的出现是入声韵 -ʔ 尾脱落的主要原因，东南方言的音节性词尾则没有引起 -ʔ 尾脱落。此外，贺文指出“复音词增多”“词义分化”“语法功用的不同”等因素都推动了入声舒化；认为入声消失是词汇发展变化到一定阶段引起语音变化的产物，即词尾的产生和发展促使入声向舒声转化：单音词变为多音词，由于连读、构词等语法功能的参与，入声韵尾的作用减弱，其区别意义的功能转由多音词承担而逐渐引起入声韵尾的转换（-p、-t、-k 变为 -ʔ）或消失，短调变长调向舒声分化。贺文认为汉语词汇的发展变化可能是促使入声向舒声转化的最重要条件，从汉语发展的宏观角度探讨了入声韵尾演变的原因。

以上从四个角度分析总结了入声韵尾的研究情况。四个角度的研究取得了显著成就，为入声韵尾演变的深入研究奠定了很好的基础。在此基础上可从三个方面继续深入探讨：一，在统一的、具有可比性的田野调查材料基础上，从宏观角度全面分析汉语方言入声韵尾的演变类型，探讨汉语从古至今的韵尾演变过程；二，进一步深入分析入声韵尾演变的内部和外部因素；三，对特殊的入声韵尾作跟踪调查，分析其韵尾演变类型和音值的本质。

第三节 研究目的、方法和材料

一 目的

入声韵尾演变是汉语方言学和汉语语音史持续关注的重要问题。汉语方言的入声韵尾是历时演变在共时空间里的具体表现。本书拟以共时层面的各种入声韵尾演变类型探讨汉语入声韵尾的历时演变过程。

首先深入分析、对比，归纳出入声韵尾的各种演变类型，整理出各种演变类型所反映的韵尾演变大方向。在此基础上，分析韵尾演变的条件和原因，探讨韵尾演变背后的语音因素和音系因素及其相互关系；分析语言或方言之间的接触对韵尾演变的影响作用。最后结合各种韵尾演变类型及其空间分布特点、演变原因等探讨入声韵尾演变的时间序列，推测汉语方言入声韵尾的具体演变过程。

入声韵尾的演变与汉语发展息息相关。希望通过对入声韵尾演变的描写与分析，为汉语音韵学、汉语语音史、普通语音学、历史语言学等相关领域的研究提供有一定价值的参考材料和思考切入点。

二 方法

本书的研究方法有描写、归纳、田野调查和语音分析等。

“在科学研究中，彻底检查每一棵树当然是件很重要的事，这不必说。不过我们相信，同时鸟瞰森林也同样地重要。这好像是一个车子的两个车轮，应该平行进行。”（桥本万太郎 1982）本书利用“汉语方言地图集数据库”（后文简称“地图集数据库”）及相关公开发表的材料，从韵尾演变的宏观角度对全国 859 个方言点的入声韵材料进行全面、详细的观察，整理并充分描写入声韵尾的具体演变类型，归纳出入声韵尾的演变方向，充分解释韵尾演变类型的产生动因和机制。分析、描写韵尾演变类型时，适当绘制方言特征图，直观地反映韵尾演变类型的空间地理分布，以便从宏观角度观察入声韵尾的演变过程。

现有材料提供了较多的韵尾演变类型，但是某些方言入声韵尾发展的新方向值得深入探究。本书对重点方言做了较大范围的田野调查，力求获得反映韵尾演变方向的最新的、第一手材料。

在对一些特殊的韵尾演变类型进行重点调查、描写与分析时，根据实际情况采用语音实验方法对类型特殊的韵尾进行分析、描写，力求描写清楚。

三　材料

3.1 材料构成

本书考虑到部分入声字在汉语各方言中的使用差异，根据《方言调查字表》（商务印书馆，2006 年修订本）设计出“528 个入声字”表，见表 1–2。这 528 个入声字涵盖了“地图集数据库”一般调查点的 83 个入声字（表中黑体字）。本书在讨论各方言点入声韵尾时只涉及这 528 个入声字。事实证明这 528 个入声字能反映入声韵的基本情况。

表 1–2　528 个入声字

摄 / 等	字数	例字
咸开一	18	答 **搭** **踏** 沓 纳 **拉** 杂 合十合一升 鸽 喝喝酒 合 **盒**烟盒 **塔** 榻 塌 腊 蜡 磕
咸开二	18	扎用扎葪 眨眨眼 **插** 闸 煠用油炸 夹 夹夹衣 恰 掐 狭 峡 洽 甲 胛肩胛 匣箱匣 **鸭** 押 压
咸开三	16	聂姓 蹑蹑脚走 猎 **接** 妾 捷 折折叠 褶褶子 摄 涉 **叶** 页 劫 怯畏怯 业 胁
咸开四	8	**跌** 帖请帖 **贴** 叠 碟 蝶 夹夹菜 协
咸合三	2	**法**方法，法子 乏
深摄	21	**立** 笠 粒 缉缉鞋口 集 习 袭 蛰惊蛰 涩 执 汁 湿 **十** 拾拾起来 入 **急** 级 泣 及 吸 揖作揖
山开一	10	獭水獭 达 捺撇捺 **辣** 擦 撒撒种 萨 **割** 渴 喝喝彩，吆喝
山开二	11	八 拔 抹抹布，抹桌子 札 察 **杀** 擖用刀刮 轧被车轧，轧棉花 铡铡刀 瞎 辖管辖
山开三	25	别区别 鳖 别离别 灭 列 烈 裂 薛 泄泄漏 哲 蜇蝎子蜇人 彻 撤 辙 折折断 浙 **舌** 设 折弄折了 **热** 杰 孽 揭 **歇** 蝎
山开四	12	憋 撇撇捺，撇开 篾竹篾 铁 捏 **节** **切**切开 截 屑木屑 **结** 洁 噎噎住

续表

摄 / 等	字数	例字
山合一	16	钵 **拨** 泼 钹 末 沫 抹 掇拾掇 **脱** 夺 捋捋袖 撮一撮米 括包括 阔 豁豁嘴，豁口 **活**
山合二	5	滑 猾狡猾 挖 **刷** **刮**
山合三	17	劣 绝 **雪** 拙 说说话 悦 阅 发毛发 发发财 伐 筏 **罚** 袜 掘 **月** 越 粤
山合四	5	决 诀 缺 **血** 穴
臻开三	24	**笔** 毕 必 匹一匹布，一匹马 密 蜜 栗 **七** 漆 疾 悉 膝 侄 秩 虱 质 实 失 室 日 吉 乙 **一** 乞
臻合一	10	不 勃 没没有，沉没 突 卒兵卒 猝仓猝 **骨**骨头 窟窟窿 忽 核
臻合三	18	律 率速率 黢黢黑 戌 恤 率率领 蟀 **出** 术 述 秫 **橘** 佛仿佛 佛 物 屈 掘 倔倔强
宕开一	30	博 泊梁山泊 薄 莫 膜 幕 摸 托委托 **托**手承物 铎 踱 诺 落 烙 骆 洛 络 乐 作作坊，工作 错错杂 凿 昨 索绳索 各 阁 搁 胳胳膊 鄂 鹤 **恶**善恶
宕开三	22	略 掠 雀麻雀 鹊喜鹊 嚼 **削** 着着衣 着睡着 酌 绰宽绰 勺勺子 芍芍药 若 弱 脚 却 疟 虐虐疾 约 **药** 钥钥匙 跃
宕合一	5	**郭** 廓 扩扩充 霍 镬锅
宕合三	2	缚 镢镢头，大锄
江摄	22	**剥** 朴朴素 雹 桌 琢 啄 戳 浊 捉 镯镯子 朔 觉知觉 **角** 饺饺子 确 推 **壳** 嶽 岳 乐音乐 **学** 握
曾开一	14	**北** **墨** 默 得 德 特 肋 勒 则 **贼** 塞 **刻**时刻 克 黑
曾开三	28	逼 匿 **力** 即 鲫 息 熄 媳 **直** 值 **侧** 测 **色** 啬吝啬 **织** 职 食 蚀 识 式 饰 殖 植 极 忆 亿 抑 翼
曾合一	3	**国** 或 惑
曾合三	1	域
梗开二	29	**百** 伯 迫 **拍** 魄 **白** 陌陌生 **拆**拆开 泽 择择菜 宅 窄 格 **客** 额 吓恐吓 擘用手擘开 **麦** 脉 **摘** 责 **策** 册 革 隔 核审核 核果子核 扼 轭
梗开三	29	碧 剧戏剧 逆逆风 璧 僻 辟 积 迹 脊 籍 惜 昔 席 夕 掷 只 炙 赤 斥 **尺** 射 适 释 石 益 译 易交易 液 腋
梗开四	21	**壁** 劈 觅 的目的 滴 踢 剔 笛 敌 籴 溺溺死 历经历 历农历 绩 戚 寂 **锡** 析 击 激 吃喫
梗合二	2	获 划计划
梗合三	2	疫 役
通合一	25	卜 扑 仆倒 仆 曝 瀑瀑 **木** 秃 独 读 犊牛犊 鹿 禄 族 速 **穀** 谷 **哭** 斛 屋 笃 督 **毒** 酷 沃
通合三	57	福 幅 蝠蝙蝠 複 腹 复反复 服 伏 复复原 目 穆 牧 **六** 陆 肃 **宿** **竹** 筑 畜畜牲 逐 轴 缩 祝 粥 叔 熟煮熟，熟悉 淑 **肉** **菊** 掬一掬，一捧 麴酒麯 畜畜牧 蓄储蓄 郁 育 **绿** 录 **足** 促 粟 俗 续 **烛** 嘱 触 赎 束 蜀 属 辱 褥 曲歌曲 **局** 玉 狱 欲 浴

3.2 材料来源

本书使用的材料由三部分组成:“汉语方言地图集数据库”579点、现有文献280点、田野调查的20点材料。

3.2.1 “地图集数据库”材料

本书采用了“地图集数据库”930点中的579点(涉及567个县市,其中12县市有2点材料)入声韵尾材料。579点包含了晋语、江淮官话、吴语、徽语、赣语、客家话、闽语、粤语和平话等方言区,详细情况可参看《汉语方言地图集》(曹志耘主编 2008)“附录”。本书附录一、二提供了非“地图集数据库”材料的详细情况,因此参照附录即可判定出属于“地图集数据库”材料的具体方言点。

3.2.2 已公开发表的材料

“地图集数据库”提供的579点方言入声韵尾材料非常丰富,是本书观察入声韵尾演变的基石。但汉语方言种类繁多、分布广泛,尤其是过渡地带的方言现象异常复杂。为了能较为全面反映入声韵尾的演变类型,细致考察入声韵尾的演变过程,本书在“地图集数据库”材料基础上努力扩大观察范围,尤其关注过渡地区的方言。二十世纪八十年代以来,经过前修时贤的努力,汉语方言的调查与研究成果甚丰,这为本书扩大观察范围、丰富材料、提炼入声韵尾演变类型提供了良好条件。本书主要引用了已经公开发表的、有辅音韵尾的280点材料,请看附录一。正文中引用材料时一般不随文注出,详细出处以附录一为准。

280点材料中,增加了53个“地图集数据库”没有涵盖(47点)或者方言属性不同的方言点(6点),47个点是江淮官话和晋语方言点,安徽宁国、广东乐昌、连州、曲江、仁化、韶关6点“地图集数据库”调查的分别是官话和土语,本书采用了6点的吴语或粤语材料。需要说明,由于使用的材料不完全一致,本书中部分方言点的韵尾特征与《汉语方言地图集·语音卷》(曹志耘主编 2008)第123图“入声韵尾的演变”不一致。

3.2.3 田野调查的材料

本书针对入声韵尾类型特殊的方言做了田野调查,计五县20点方言。2009年7月至8月第一次调查,调查点为:湖北通城石板铺旧称十里市、北港、四庄和麦市,江西余干玉亭、杨埠,江西都昌土塘。2010年7月至8月第二次调查,调查点为:湖北通城石南、沙堆、关刀、塘湖、马港、隽水,福建邵武沿山、和平、拿口,福建光泽寨里,江西余干黄金埠、白马桥、古埠、三塘、瑞洪。详细情况请看附录二。田野调查的第一手材料主要用于韵尾鼻音化及边音化的专题讨论。

3.2.4 几点说明

（1）本书引用的材料一般忠实于原著。但对有疑问的单字，一般找寻原著中相应的词语作对照，单字音与词语中的音不同时以词语音为准。由于各种材料处理入声调值的原则不一致，如有喉塞尾的入声调值一般较短促，有的材料记录调值时在调值下加横线，如 55；有的材料认为喉塞尾已表示入声韵短促而不在调值下加横线，如 55；有的材料则以单调值表示，如 5。对此本书不做统一处理。

（2）本书所引材料的方言性属一般以原著为准，不涉及方言性属问题的讨论。但如果某方言的性属与《汉语方言地图集》（曹志耘主编 2008）所认定的不同，则以后者为准。关于方言分区标准，本书主要参考《中国语言地图集》（1987）的分区成果。

（3）类型分布举例时，本书一般用五号字给出县市名，再用六号字给出乡镇名，如连南三江。但有的材料没有给出某分布点具体的乡镇名，只能给出县市名，如连南。同一县市内分布点有无乡镇名同样提供区别信息。因行政区划变更，在引用的材料中，部分方言点名称与现在的名称不同，本书以截至 2011 年 1 月的名称为准。详情请看附录一。

3.3 关于文白异读

文白异读是一个复杂、重要、引人入胜的问题。汉语方言中文白异读现象以客赣方言、闽语为甚，其中闽语的文白异读最为复杂。本书使用的材料主要来自"地图集数据库"，该数据库在有文白异读的情况下注重记录白读音，故文读层材料较少。而本书引用的其他来源材料在文白异读方面也存在多少不均的情况。在这种条件下，本书分析入声韵尾演变类型时，如果某点有文白异读则主要讨论白读层的类型；对只有一种读音的材料，暂不考证其是文读还是白读。在讨论影响韵尾演变因素时，将分析、讨论文白异读的影响作用。

第二章　合并

呼十却为石，唤针将作真。忽然云雨至，总道是天因。——胡曾《戏妻族语不正》

胡曾是唐末湖南邵阳人。此诗反映胡妻口音的变化：“十”“石”同音说明深摄 -p 尾与梗摄三等 -k 尾合并；“针”与“真”、“阴”与“因”同音说明深摄阳声韵 -m 尾与臻开三阳声韵 -n 尾合并。胡妻口音入声韵尾 -p、-k 变成了 -t，即深摄 -p 尾和梗摄三等 -k 尾变成 -t，从而“十”“石”同音。-p 变成 -k 与梗摄合流的可能性不大，因为暂时无法解释深摄入声韵 -p 尾变成 -k 而阳声韵 -m 尾却变成 -n。汉语方言中阳声韵一般和入声韵同步发生变化。（曹志耘 2002a：91—96）当然如果阳入不同变，则深摄 -p 尾可能变成 -k 而与梗摄合流。

语音单位由发音部位和发音方法决定。韵尾 -p、-t、-k 改变发音部位或发音方法才能变化，因此可从这两个角度考察入声韵尾的演变。汉语方言入声韵尾的演变可分为三个阶段：改变发音部位塞音韵尾合并、改变发音方法塞音韵尾弱化、韵尾消失。“合并”是就音类层面说的，“弱化”是就音值层面说的、“消失”则兼有音类和音值两个层面。如下所示：

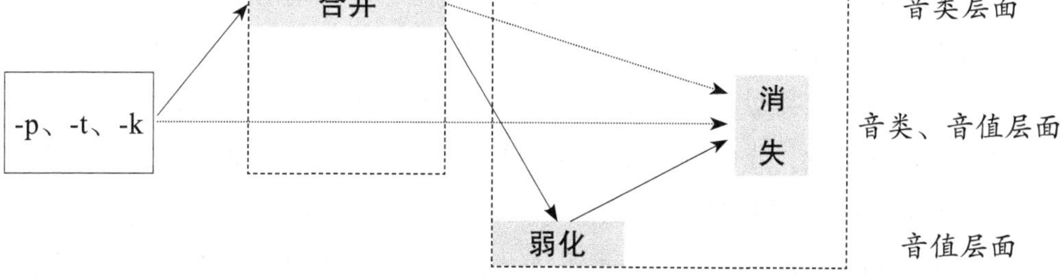

本书把入声韵尾演变过程中韵尾合并类型所体现的演变方向称为“合并方向”，把韵尾弱化类型所体现的演变方向称为“弱化方向”，把韵尾消失类型所体现的演变方向称为“消失方向”。

-p、-t、-k 尾的演变一般从改变发音部位开始，即 -p 或 -t 或 -k 改变发音部位变成三者中的一种韵尾。汉语从上古到中古已出现此类现象。目前保存 -p、-t、-k 三类韵尾的粤语、平话、客家话、赣语及闽语等方言，异常复杂的 -p、-t、-k 合并表象下隐藏着数量有限的类型，整理这些合并类型可发现韵尾的合并方向。本章将从上述角度分析韵尾合并及相关问题。讨论之前先明确“合并”及文中与之相关的概念、本章中所讨论的合并范围。

韵尾 -p、-t、-k 的合并过程较为复杂，在合并前有的方言还要先分化为不同韵尾，如咸摄 -p 尾分化为 -p 和 -t。讨论韵尾合并前必须厘清分化与合并的关系。

分化（Split，又叫裂变）有两种，次要分化（Secondary Split）和主要分化（Primary Split）。（Lyle Campbell 1999：22—26）次要分化指音位的一个变体因产生变体的条件消失而造成这个音位变体与其他音位变体成为对立的音位。如早期英语的 n 后接 k 或 g 时 /n/ 就会产生变体 /ŋ/，但后来 g 丢失了，原本是音位变体的 /n/ 和 /ŋ/ 成为对立的音位。主要分化指一个音位的某些变体放弃最初的音位而与别的音位合并，如早期拉丁语 /s/ 在两个元音之间变为 /r/，而其他条件下的 /s/ 没变，后来这个由 /s/ 变来的 /r/ 就与已有的 /r/ 合并。次要分化与主要分化的区别在于次要分化产生新的音位，而主要分化使现有音位合并。

《切韵》时期，咸深、山臻、宕江曾梗通九摄入声韵依靠 *-p、*-t、*-k 区别。随着汉语发展，各摄韵尾根据一定条件分化成不同韵尾，如粤语新兴方言曾梗摄三四等韵尾由 -k 分化为 -k 和 -t，-t、-k 互补（陈晓锦 2001：175）。这种分化的结果是造成原有 -p、-t、-k 以摄为条件的三足鼎立消失，-p、-t、-k 跨越摄的区别从而合并。入声韵尾的分化是主要分化，分化的结果造成韵尾合并。

“语言的变化有时候似乎很快，那是因为各种创新经过了一个很长的准备时期的原故。变化的实现，在许多中语言里面，不过是一个长期的准备工作的结果罢了。”（梅耶 1957：38）由于入声韵尾处在演变过程中，这种合并前的分化很普遍。分析、描写分化类型对于研究入声韵尾演变至关重要。但这种分化本质上是合并过程的前一阶段，分化出来的韵尾与已有韵尾合并，属于部分合并。因此只从演变结果出发考察韵尾的合并类型。

合并（merger）分为两类，一类是 A、B>B 型，一类是 A、B>C 型。（Lyle

Campbell 1999：20）入声韵尾的合并属于前一类，即合并为已有的塞音韵尾而没有产生新的塞音韵尾。

理论上合并类型根据合并后韵尾发音部位可分为三类：双唇塞音化、舌尖塞音化和舌根塞音化，简称为“韵尾 -p 化”“韵尾 -t 化”和“韵尾 -k 化”。但汉语方言实际演变中，“韵尾 -p 化”极少见，本书材料中只有“韵尾 -t 化”和“韵尾 -k 化”两个类型。

此外，有的方言韵尾合并、弱化、消失等几种演变同时存在，异常复杂。本章讨论韵尾合并时，一般只涵盖单纯合并演变的方言。有些方言除了合并外还有弱化或消失等演变，则放在后文第三章或第四章讨论。这些方言的合并类型如果与本章讨论的类型相同，本章不作说明和举例；如果是新的类型，则明确交代。

第一节　韵尾 -t 化

韵尾 -t 化，咸深摄 -p 尾、宕江曾梗通摄 -k 尾在一定条件下变成 -t，与山臻摄韵尾相同。

韵尾 -t 化在汉语发展过程中较早出现。上古至中古阶段就有些 *-p 尾字大概受合口介音影响异化为 *-t。（方孝岳 1979：125—126）自《切韵》后这种变化以摄为单位进行。“历代语音发展总表”（王力 1985：505—515）指出五代至宋阶段曾梗摄三四等入声韵 -k 尾并入了 -t 尾。成书于 1292 年黄公绍等编著的《古今韵会》保存着 -t、-k 韵尾，咸深摄入声已并入到收 -t 尾的山臻摄。（王力 1980：134）

咸深、曾梗摄 -p、-k 尾如何变成山臻摄的 -t？暂时从汉语史材料中还看不出来。汉语方言韵尾 -t 化的类型丰富多样，可为汉语语音史研究 -p、-k 并入山臻摄 -t 的演变过程提供参考材料。

需要说明，本书在讨论韵尾合并时只说明出现变化的摄、等，未提及的摄、等则默认其入声韵仍读原有的 -p、-t 或 -k。如说某方言咸摄三四等韵尾 -t 化，则它的咸摄一二等和深摄还保持着 -p 尾、山臻摄保持 -t 尾、宕江曾梗通摄保持 -k 尾。这一原则适用于后文“弱化”“消失”演变类型的分析和讨论。本书从韵尾宏观演变角度对方言材料进行分类。分类过程中如果某方言某摄出现了某种类型，如曾摄一等韵尾 -t 化，但并不是所有曾摄一等入声字都变化了。出现这种现象，可能是演变正处在词汇渐变阶段。对于这类现象，由于类型本身具有展示韵尾演变方向的作用，仍将其作为一类。

一　咸深摄韵尾 -t 化

从整个汉语入声演变情况来看，咸摄合口三等是咸深摄最早发生合并的，但出现此类合并的方言最大程度保持了咸深、山臻、宕江曾梗通九摄 -p、-t、-k 韵尾三分格局，可以说是“最存古”的类型。咸合三韵尾 -t 化后，咸摄开口及深摄从量变到质变逐步改变韵尾，最后改变音系的 -p、-t、-k 三分格局。因此将咸深摄韵尾 -t 化分成两类：咸合三韵尾 -t 化和咸深摄韵尾 -t 化。具体类型请看表 2-1。

表 2-1　咸深摄 -t 化类型

	深	咸开		咸合	山		臻	曾		梗		宕江	通	代表点
		一二	三四		一二	三四		一	三	三四	二			
1	-p	-p		-t	-t			-k						珠海前山
2	-p	-p	-t		-t			-k						广宁南街
3	-p	-p	-t		-t			-k						广宁东乡
4	-t	-p	-t		-t			-k						韶关市区
5	-t				-t			-k						连山布田

1.1 咸合三韵尾 -t 化

咸摄合口三等 -p 尾并入山臻摄读 -t，而咸摄开口、深摄入声韵仍读 -p。如珠海前山：法咸合三＝髮山合三 fat^{33} ｜答咸开一 tap^{33} ≠达山开一 tat^{33} ｜插咸开二 ʦʰap^{33} ≠察山开二 ʦʰat^{33} ｜贴咸开四 tʰip^{33} ≠铁山开四 tʰit^{33} ｜揖深开三 Øiɐp^{55} ≠一臻开三 Øiɐt^{55}。

1.1.1 本书材料中，咸合三入声韵只有“法、乏”两字，-p>-t 采取了词汇渐变方式，“乏”先变而“法”后变，如融水县城：法 fap^{52} ｜乏 fat^{35}；也有“法”先变“乏”后变的，如梅县：法 fat^{5} ｜乏 fap^{1}；即：法 -p/ 乏 -p> 法 -p/ 乏 -t ‖ 法 -t/ 乏 -p> 法 -t/ 乏 -t。“法”仍读 -p 的方言主要分布在广西的粤语、平话和客家话里。

咸合三韵尾 -t 化的方言是当前汉语方言中入声韵尾保持最为完整的方言，主要分布在粤语和平话，客家话、闽语及少量广西土话。粤语区主要分布在广府、勾漏、四邑、钦廉、高阳五片，邕浔、桂南、香山三片有少数分布；平话主要分布在桂南平话，桂北平话分布很少。分布点如下：

粤语	广东	电白羊角	高州宝光	化州平定	茂名新坡	阳春潭水	阳东雅韶
		德庆城关	德庆高良	封开罗懂	封开南丰	罗定船步	罗定罗城
		阳西儒洞	郁南平台	郁南千官	佛冈汤塘	佛冈县城	高明明城
		高明西安	高要白土	高要县城	广州市区	花都北兴	花都花山
		龙门王坪	龙门龙潭	南海九江	三水芦苞	三水西南	顺德陈村
		斗门斗门	斗门莲溪	斗门上横	恩平君堂	恩平牛江	鹤山雅瑶
		新会会城	中山石岐	珠海前山			
	广西	北流民安	北流唐僚	博白水鸣	苍梧龙圩	岑溪南渡	容县自良
		藤县塘步	昭平木格	百色市内	横州市内	北海市内	北海西街
		灵山县城	灵山新圩	钦州长滩	钦州市内	桂平江口	桂平县城
		南宁	宁明县城	梧州城中			
	澳门	澳门			香港	香港九龙	
平话	广西	贺州桂岭	柳城古砦	罗城小长安	三江程村	宾阳新桥	崇左四排
		扶绥龙头	横州市内	来宾小平阳	蒙山西河	南宁	平南大安
		融水香粉	上林白圩	宜州德胜	邕宁四塘		
客家	广东	博罗横河	广西	博白新田	台湾	新竹县竹东	
闽语	福建	建宁里心					
土话	广西	融水县城					

此类中部分方言咸开二有零星韵尾 -t 化现象，多为“鸭、押、压”三字，如百色市内：鸭 Øap^{33} ｜押 Øat^{33} ｜压 Øat^{33}。钟奇（2003：285）分析了此现象。

咸合三韵尾 -t 化现象分布广泛，在本章讨论的韵尾 -t 化类型、混合型以及后文第三章弱化类型、第四章消失类型中涉及合并演变的方言中都有表现，区别只在于并入程度不同。当然也有方言咸合三入声读 -k 尾，此类中有的是咸合三韵尾 -t 化再随着山臻摄相关 -t 尾入声韵一起变成 -k，有的是咸合三在一定条件下直接变成 -k。简明起见，后文的类型名称不再把咸合三韵尾 -t 化的情况标示出来，如“咸三四韵尾 -t 化”它也包括咸合三韵尾 -t 化的演变。如果某类型中咸合三韵尾有特殊演变，会标示出来。

1.1.2 在上文分布点中，不少粤语、平话方言存在阴入和阳入声调再分化现象。整体上看，下阴入一般分布在主元音舌位较低的咸山宕江梗五摄清入，上阴入一般分布在主元音舌位较高的深臻曾通四摄清入。如粤语电白羊角：

	咸开	咸合	山一二	山三四	宕江	梗低	梗高	曾三	曾一	通	臻	深
主元音	i a	a	i a o u		a ɔ	a	e	e a	a ɐ ɔ	u	ɐ	ɐ
韵尾	-p	-t			-k		-k				-t	-p
清	下阴入 [3]						上阴入 [5]					
浊	阳入 [2]											

咸山宕江梗高清入：塔 tʰap^{3} ｜插 ʧʰap^{3} ｜接 ʧip^{3} ｜法 fat^{3} ｜杀 ʃat^{3} ｜节 ʧit^{3} ｜血 hit^{3} ｜托委托 tʰɔk^{3} ｜削 ɬiak^{3} ｜剥 mɔk^{3} ｜客 hak^{3} ｜摘 ʧak^{3} ｜尺 ʧʰiak^{3}，深臻曾梗低通清入：急 kɐp^{5} ｜七 ʧʰɐt^{5} ｜骨 kuɐt^{5} ｜北 pɐk^{5} ｜织 ʧek^{5} ｜锡 ɬek^{5} ｜毂 kuk^{5} ｜烛 ʧuk^{5}；浊入：盒 hap^{2} ｜叶 jip^{2} ｜立 lɐp^{2} ｜十 ʃɐp^{2} ｜辣 lat^{2} ｜舌 ʃit^{2} ｜月 ȵit^{2} ｜药 jiak^{2} ｜学 hɔk^{2} ｜贼 ʧʰak^{2} ｜力 lek^{2} ｜白 pak^{2} ｜木 muk^{2} ｜局 kʰuk^{2}。

梗摄四等主元音为较高元音、读上阴入，与二三等不同。梗摄三四等清入读上阴入还是下阴入取决于韵母主元音高低，主元音为低元音读下阴入、为高元音读上阴入。

平话宾阳新桥以咸山宕江梗二和深臻曾梗三四通为条件分化，清入和浊入都分上下，如下：

	咸开	咸合	山一二	山三四	宕江	梗二	梗三四	曾三	曾一	通	臻	深
主元音	i ø a	a	i ø a u		ᴇ ø a	a	ɪ	ɪ ɐ	ɐ	ɔ	ɐ	ə
韵尾	-p		-t		-k		-k				-t	-p
清	下阴入 [3]						上阴入 [5]					
浊	下阳入 [42]						上阳入 [1]					

深臻曾梗三四通清入：急 ʦəp^{5} ｜七 ʦʰɐt^{5} ｜骨 kwɐt^{5} ｜北 pɐk^{5} ｜织 ʦɪk^{5} ｜尺 ʦʰɪk^{5} ｜锡 ɬɪk^{5} ｜毂 kɔk^{5} ｜烛 ʦɔk^{5}，咸山宕江梗二清入：塔 tʰap^{3} ｜插 ʦʰap^{3} ｜接 ʦip^{3} ｜法 fap^{3} ｜杀 sat^{3} ｜节 ʦit^{3} ｜血 Øiut^{3} ｜托委托 tʰøk^{3} ｜削 ɬᴇk^{3} ｜剥 pak^{3} ｜客 hak^{3} ｜摘 ʦak^{3}；深臻曾梗三四通浊入：立 ləp^{1} ｜十 səp^{1} ｜贼 ʦɐk^{1} ｜力 lɪk^{1} ｜木 mɔk^{1} ｜局 kɔk^{1}，咸山宕江梗二浊入：叶 Øip^{42} ｜辣 lat^{42} ｜舌 sit^{42} ｜月 ȵut^{42} ｜药 Øiᴇk^{42} ｜学 hak^{42} ｜白 pak^{42} ｜麦 mak^{42}。

贺州桂岭全浊入今读阳入 [223]，清入以一二等和三四等为条件分化，来自咸山摄三四等、深臻、曾通及梗摄三四等的今读上阴入 [5]，来自咸山摄一二等、宕江摄及梗摄二等的今读下阴入 [35]，次浊入并进清入后今读下阴入。如下：

	咸一二	咸合	山一二	宕江	梗二	梗三四	曾	通	山三四	臻	咸三四	深
主元音	a ɔ	a	a œ u	a œ	a	e	e a	o ɔ u	i a u y	ɐ	i	ɐ
韵尾	-p	-t		-k		-k			-t		-p	
清	下阴入 [35]					上阴入 [5]						
次浊	下阴入 [35]											
全浊	阳入 [223]											

咸山三四、深臻、曾梗三四通清入：接 tip^{5} ｜贴 t^{h}ip^{5} ｜急 ʦɐp^{5} ｜节 tit^{5} ｜雪 sut^{5} ｜七 t^{h}wɐt^{5} ｜骨 kuɐt^{5} ｜出 ʦ^{h}uɐt^{5} ｜北 pak^{5} ｜织 ʦek^{5} ｜尺 ʦ^{h}ek^{5} ｜锡 sek^{5} ｜榖 kuk^{5} ｜烛 ʦok^{5}，咸山一二、宕江梗二清入：塔 t^{h}ap$^{\underline{35}}$ ｜插 ʦ^{h}ap$^{\underline{35}}$ ｜割 kœt$^{\underline{35}}$ ｜刮 kuat$^{\underline{35}}$ ｜托委托 t^{h}œk$^{\underline{35}}$ ｜削 sœk$^{\underline{35}}$ ｜剥 pœk$^{\underline{35}}$ ｜百 pak$^{\underline{35}}$ ｜拍 p^{h}ak$^{\underline{35}}$ ｜拆 ʦ^{h}ak$^{\underline{35}}$ ｜客 hak$^{\underline{35}}$ ｜摘 ʦak$^{\underline{35}}$；次浊入：叶 Øip$^{\underline{35}}$ ｜立 lɐp$^{\underline{35}}$ ｜辣 lat$^{\underline{35}}$ ｜月 ȵyt$^{\underline{35}}$ ｜药 Øiak$^{\underline{35}}$ ｜墨 mak$^{\underline{35}}$ ｜力 lek$^{\underline{35}}$ ｜麦 mak$^{\underline{35}}$ ｜木 mɔk$^{\underline{35}}$ ｜绿 lɔk$^{\underline{35}}$；全浊入：十 sɐp$^{\underline{223}}$ ｜舌 sit$^{\underline{223}}$ ｜活 Øut$^{\underline{223}}$ ｜罚 pat$^{\underline{223}}$ ｜学 Øœk$^{\underline{223}}$ ｜贼 sak$^{\underline{223}}$ ｜直 ʦek$^{\underline{223}}$ ｜白 pak$^{\underline{223}}$。全浊入中咸摄和通摄有字读下阴入[35]，如：盒 Øɔp$^{\underline{35}}$ ｜毒 tɔk$^{\underline{35}}$ ｜局 kɔk$^{\underline{35}}$。限于材料，如咸摄字只有“盒”，无法判断是规律还是例外。

粤语和平话存在的清浊入分上下现象在韵尾演变中起着重要作用，部分方言韵尾的合并、弱化或消失与其有一定关系，后文分析。

1.2 咸深摄韵尾 -t 化

1.2.1 咸三四韵尾 -t 化

咸摄在合口三等 -t 化后，开口三四等在一定条件下并入山臻摄读 -t。“咸三四韵尾 -t 化”主要分布在粤西，数量不多，如下：

粤语　广东　广宁南街　四会石狗　四会四会　阳山阳城　广西　贵港南江
土话　广西　宜州德胜

广宁南街咸合三已 -t 化，咸摄一二等保持 -p 尾，主元音为高元音 i、e 的开口三四等入声韵尾 -t 化并入山摄，如下：

	咸一二	咸三四	咸合	山一二	山三四	宕江	梗二	梗三四	曾	通	臻	深
主元音	a	i e	a	i e a o u y		ɔ ø	a	ɐ	ɐ	o	ɐ	ɐ
韵尾	-p	-t				-k			-k		-t	-p
清	下阴入 [3]								上阴入 [5]			
浊	阳入 [2]											

咸深摄：盒 hap^{2} ｜塔 tʰap^{3} ｜鸭 Øap^{3} ｜法 fat^{3} ｜接 ʦit^{3} ｜贴 tʰet^{3}，立 lɐp^{2} ｜十 sɐp^{2} ｜急 kɐp^{5}；山摄：八 pet^{3} ｜杀 set^{3} ｜舌 sit^{2} ｜热 ȵit^{2} ｜歇 hit^{3} ｜罚 fat^{2} ｜切 ʦʰit^{3} ｜结 kit^{3}。

二十世纪九十年代的阳山阳城（詹伯慧、张日昇 1994）只是咸摄三四等出现韵尾 -t 化，曾摄三等没变，如：力 lɐk^{22} ｜直 ʦɐk^{22} ｜侧 ʦɐk^{55} ｜色 sɐk^{55} ｜织 ʦɐk^{55}；二十年后"地图集数据库"材料显示其曾摄三等庄章组部分字已韵尾 -t 化，如：力 lɐk^{2} ｜直 ʧɐk^{2} ｜侧 ʧʰɐk^{5} ｜色 ʃet^{5} ｜织 ʧet^{5}。综合考虑，仍将阳山阳城归入此类。

从"咸合三韵尾 -t 化"型到"咸三四韵尾 -t 化"型存在过渡情况。部分"咸合三韵尾 -t 化"型方言咸开三部分字 -p 尾在 i 等较高元音后面变成 -t，多是叶韵舌尖音声母字，但字数少、分布分散，请看表 2–2。

表 2–2　咸合三 -t 化类型中的过渡情况

	封开南丰	北流唐僚	花都花山	德庆城关	蒙山西河	灵山县城	桂平县城	崇左四排
聂叶泥	nep^{22}	niɛp^{22}	nit^{22}	nip^{22}	nip^{55}	nip^{22}	nip^{22}	nip^{22}
猎叶来	lep^{22}	lɛp^{22}	lip^{22}	lip^{22}	lip^{22}	lap^{22}	lip^{22}	lit^{22}
捷叶从	ʦet^{22}	tɛt^{33}	ʦit^{22}	ʦip^{22}	ɬit^{22}	ʧʰit^{22}	ʧit^{33}	ʧit^{24}
涉叶书	sit^{43}	ʃip^{55}	sit^{33}	sit^{33}	ʃip^{55}	ʃip^{55}	ʃip^{33}	ʃip^{24}
怯业溪	hip^{43}	kʰip^{55}	kip^{33}	hip^{33}	kip^{55}	hip^{55}	kʰit^{33}	kʰip^{24}

1.2.2 咸二三四韵尾 -t 化

"咸三四韵尾 -t 化"型把演变扩展到了主元音为较低元音的二等，就形成"咸二三四韵尾 -t 化"型。这是咸摄走向全部 -t 化的过渡类型。粤北粤语广宁东乡、怀集怀城、怀集甘洒 3 点属此类。材料显示此类是在三四等完成 -t 化基础上咸开二 -p 尾以词汇渐变方式逐步变成 -t 尾。广宁东乡咸开三四韵尾 -t 化已完成，二等韵主元音有 e、a 两类，主元音为 e 的韵尾 -t 化、主元音为 a 的保持 -p 尾，主元音为 a 的一等韵保持 -p 尾，如下：

<table>
<tr><td></td><td colspan="2">咸一二</td><td>咸三四</td><td>咸合</td><td>山一二</td><td>山三四</td><td>宕江</td><td>梗二</td><td>梗三四</td><td>曾</td><td>通</td><td>臻</td><td>深</td></tr>
<tr><td>主元音</td><td>a</td><td>e</td><td>i e</td><td>a</td><td colspan="2">i e a ɐ o u y</td><td>o ɔ ø</td><td colspan="2">e a ɐ</td><td>ɐ ɔ</td><td>o</td><td>ɐ</td><td>ɐ</td></tr>
<tr><td>韵尾</td><td>-p</td><td colspan="5">-t</td><td colspan="3">-k</td><td colspan="2">-k</td><td>-t</td><td>-p</td></tr>
<tr><td>清</td><td colspan="9">下阴入 [33]</td><td colspan="4">上阴入 [55]</td></tr>
<tr><td>浊</td><td colspan="9">下阳入 [214]</td><td colspan="4">上阳入 [22]</td></tr>
</table>

咸摄一二：盒 hap^{214} ｜塔 tʰap^{33} ｜腊 lap^{214} ｜磕 hap^{55}，劄 ʦap^{33} ｜插 ʦʰap^{33} ｜裌 kap^{22} ｜峡 hap^{214} ｜恰 hap^{55} ｜匣 hap^{214} ｜鸭 Øap^{33}、夹 ket^{33} ｜掐 het^{33} ｜甲 ket^{33} ｜胛 ket^{33} ；咸摄三四：接 ʦit^{33} ｜叶 hit^{214} ｜贴 tʰet^{33} ｜法 fat^{33}。

赣语江西崇仁桃源、资溪乌石咸深摄中只有咸摄一等（非见系字）韵尾 -t 化，咸摄二三四等及深摄仍读 -p 尾。但它们的宕江曾梗通摄韵尾 -ʔ 化，将其放在弱化类型中讨论，见第三章第三节 2.1.1 小节。

咸摄韵尾 -t 化的演变逐渐从三四等推及到二等、继而一等，实现咸摄韵尾全部 -t 化。但目前尚未见到咸摄韵尾全部 -t 化而深摄韵尾不变的类型，说明咸摄韵尾演变到一定程度就会影响音系结构中的深摄。深摄只有开口三等，在一定条件下跟随咸摄三四等一起变化。

1.2.3 咸三四、深摄韵尾 -t 化

咸摄三四等及深摄 -p 尾入声韵并入山臻摄读 -t。暂时仅粤北粤语韶关市区 1 点，如下：

	咸一二	咸三四	咸合	山	宕江、梗低	曾通、梗高	臻	深
主元音	a ɐ o	i	a ɐ	i a ɐ o u y	a œ ɐ o ɔ	e ɐ o ɔ	i œ ɐ o u y	a ɐ
韵尾	-p	-t			-k	-k	-t	
清	下阴入 [33]					上阴入 [55]		
浊	阳入 [22]							

韶关市区咸合三已完成 -t 化，但开口三四等韵尾 -t 化处在词汇渐变中，一部分保持 -p 尾，一部分在主元音相同的情况下有 -p、-t 两读，一部分则完成演变并入山臻摄。深摄主要是精组章组韵尾 -t 化，-p、-t 两读和完成韵尾 -t 化的入声韵声母主要是舌尖音，请看表 2−3。

表 2−3　韶关市区咸深摄 -t 化情况

	韵尾不变	变化中	韵尾 -t 化
咸开三	聂蹑 nip^{22} ｜猎 lip^{22} ｜摄涉 sip^{33} ｜叶页业 jip^{22} ｜劫 kip^{33} ｜胁 hip^{33}	摺褶 ʦip^{33}/ʦit^{33} ｜怯 hip^{33}/hit^{33}	接捷 ʦit^{33} ｜妾 ʦʰit^{33}
咸开四	挟 kap^{33} ｜协 hip^{33}	帖贴 tʰip^{33}/tʰit^{33}	叠碟蝶 tit^{22}
咸合三			法 fat^{33} ｜乏 fɐt^{22}
深三等	立 lap^{33} ｜笠粒 lɐp^{55} ｜汁 ʦɐp^{55} ｜湿 sɐp^{55} ｜十 sɐp^{22} ｜入 jiɐp^{22} ｜急 kɐp^{55} ｜级吸 kʰɐp^{55} ｜泣揖 jiɐp^{55} ｜及 kɐp^{22}	习袭 ʦap^{22}/ʦat^{22}	缉 ʦʰat^{33} ｜集 ʦat^{33} ｜执 ʦɐt^{55} ｜拾 sɐt^{22}

1.2.4 咸、深摄韵尾 -t 化

完成“咸三四、深摄韵尾 -t 化”这一重要阶段，随着咸摄一二等完成韵尾 -t 化后，咸深摄入声韵 -p 尾就全部变为 -t 尾，即“咸、深摄韵尾 -t 化”。如连山布田：

	咸一二咸合山一二	宕一梗二江	宕三梗三四曾通	咸三四山三四	深臻
主元音	a ø u	a ø ɔ	ɛ a o ɔ	i a u y	i ɐ ɔ u y
韵尾	-t	-k	-k	-t	
清	下阴入 [13]		上阴入 [55]		
浊	阳入 [214]				

咸深摄：盒 Ǿøt²¹⁴ ｜塔 tʰat¹³ ｜插 ʧʰat⁵⁵ ｜叶 jit²¹⁴ ｜贴 tʰit⁵⁵ ｜法 fat¹³，立 lɔt²¹⁴ ｜十 ʃuɐt²¹⁴ ｜急 ʧuɐt⁵⁵；山臻摄：辣 lat²¹⁴ ｜舌 ʃit²¹⁴ ｜刮 kuat¹³ ｜血 hyt⁵⁵ ｜笔 buɐt⁵⁵ ｜骨 kuɐt⁵⁵。少数浊入并入了上阴入，如：页 jit⁵⁵ ｜协 hit⁵⁵ ｜粒 lɔt⁵⁵ ｜袭 ɬit⁵⁵ ｜捏 nit⁵⁵ ｜捋 lut⁵⁵ ｜劣 lut⁵⁵ ｜倔 kʰuɐt⁵⁵ ｜钥 jiak⁵⁵ ｜剧 kʰɛk⁵⁵ ｜溺 nɛk⁵⁵ ｜仆 bok⁵⁵ ｜育 jiok⁵⁵，主要是三四等字。

此类有粤北粤语连山布田、连山禾洞、连州清水和赣南宁都县城客家话 4 点。4 点都有少数 -p、-t 尾并入 -k 尾现象，如连州清水山摄合口三四等有五字 -k 化：悦阅越粤穴 jiœk²²，咸摄有两字：磕 kʰœk³³ ｜狭 tʂiak³³；宁都县城有四字：拔 pʰak² ｜铡 tsak² ｜舌 sak⁵ ｜歇 siak²。字数少、分布分散，不影响此类的成立。

二　曾梗摄韵尾 -t 化

曾梗摄入声韵 -k 尾在一定条件下改变舌根塞音的发音部位变成舌尖音 -t 尾，并入山臻摄。曾摄和梗摄的关系从《切韵》之后逐步密切并在发展中表现出某种一致性。就韵尾演变来说，一个方言可以曾摄变而梗摄不变或曾梗摄同变，但尚未发现梗摄变而曾摄不变的类型。曾摄和梗摄在韵尾 -t 化方面存在的类型差异反映了方言系属的差异。请看表 2-4。

表 2-4　曾梗摄 -t 化类型

	深	咸开		咸合	山		臻	曾		梗		宕江	通	代表点
		一二	三四		一二	三四		一	三	三四	二			
1	-p			-t	-t			-k	-t	-k				信宜钱排
2	-p			-t	-t			-t	-k					云安六都
3	-p			-t	-t			-t		-k				英德浛洸
4	-p			-t	-t			-k	-t		-k			平果马头
5	-p			-t	-t			-t			-k			从化吕田

曾梗摄韵尾演变过程中，有方言合口字与其开口字演变不同。曾梗摄合口字少且各种材料在曾梗摄合口收字方面存在差异，无法做相对整齐的比较，因此本书暂不考察。

2.1　曾摄韵尾 -t 化

2.1.1　曾摄 -t 化类型有“曾三韵尾 -t 化”“曾一韵尾 -t 化”和一三等都 -t 化的“曾摄韵尾 -t 化”。“曾一韵尾 -t 化”涉及的方言点很少。一般情况下曾摄一等和梗摄二等一起发生变化，单独演变的较少。曾摄韵尾 -t 化的类型主要分布在两广客家话粤台片、粤中片及粤北、粤西和惠州片有少数分布点，粤语有 4 点，如下：

曾三韵尾 -t 化

客家　广东　信宜钱排　惠州沥林　　广西　象州石龙

粤语　广东　新会司前　开平赤坎

曾一韵尾 -t 化

粤语　广东　云安六都　　广西　兴业石南

客家　广西　兴业高峰

曾摄韵尾 -t 化

客家　广东　大埔百侯　丰顺建桥　惠东白花　惠阳淡水　陆河河田　梅州三角
清新禾云　五华安流　新丰丰城　紫金义容　东源骆湖　和平大坝
连平隆街　龙川佗城　廉江石角　英德浛洸　揭西灰寨

广西　北流西埌　贵港桥圩　合浦公馆　柳江拉堡　陆川乌石　防城港华石

香港　新界西贡北

（1）信宜钱排咸合三韵尾 -t 化，曾摄三等韵尾 -t 化与一等韵尾有别，如下：

<table>
<tr><td colspan="2"></td><td>深</td><td>咸开</td><td>咸合</td><td>山一二</td><td>山三四</td><td>臻</td><td>曾三</td><td>曾一</td><td>梗三四</td><td>梗二</td><td>宕江</td><td>通</td></tr>
<tr><td colspan="2">主元音</td><td>i</td><td>a</td><td>a</td><td>a o</td><td>a</td><td>i u</td><td>i ə</td><td>ə</td><td>a</td><td>a</td><td>ɔ</td><td>o</td></tr>
<tr><td colspan="2">韵尾</td><td colspan="2">-p</td><td colspan="5">-t</td><td colspan="5">-k</td></tr>
<tr><td rowspan="2">次浊</td><td>清</td><td colspan="12">阴入 [32]</td></tr>
<tr><td>全浊</td><td colspan="12">阳入 [54]</td></tr>
</table>

曾摄：北 pək^{32} ｜贼 ʦʰək^{54} ｜刻 kʰək^{32}、力 lit^{54} ｜直 ʦʰit^{54} ｜侧 ʦʰət^{32} ｜色 sət^{32} ｜织 ʦit^{32}。

（2）云安六都咸合三韵尾 -t 化，曾摄一等韵尾 -t 化，与曾摄三等及宕江梗通摄韵尾有别，但主元音为低元音 a 的一等见系没有变化。如下：

	咸开	咸合	山一二	山三四	宕江	梗二	梗三四	通	曾三	曾一		臻	深
主元音	iaɐ	a	yau	yiɐ	œɔ	aɐ	ᴇ	o	eɐ	a	ɐ	ɐ	ɐ
韵尾	-p	-t			-k			-k			-t		-p
清	下阴入 [3]							上阴入 [5]					
浊	阳入 [2]												

曾摄：北 pɐt^{5} ｜墨 mɐt^{2} ｜贼 tsʰɐt^{2} ｜刻 hak^{5}，力 lek^{2} ｜直 tsek^{2} ｜侧 tsɐk^{5} ｜色 sek^{5} ｜织 tsek^{5}。

（3）英德浛洸咸合三韵尾 -t 化，曾摄韵尾 -t 化，与宕江梗通摄韵尾有别，如下：

		深	咸开	咸合	山一二	山三四	臻	曾一	曾三	梗三四	梗二	宕江	通
主元音		i	a	a	aɔ	ɛa	iu	ɛ	iɛ	a	a	ɔ	u
韵尾		-p		-t						-k			
次浊	清	阴入 [2]											
	全浊	阳入 [4]											

曾摄：北 pɛt^{2} ｜贼 tsʰɛt^{4} ｜刻 kʰɛt^{2}，力 lit^{4} ｜直 tʃʰit^{4} ｜侧 tsɛt^{2} ｜色 sɛt^{2} ｜织 tʃit^{2}。

2.1.2 闽语曾摄韵尾 -t 化的表现与非闽语不同。在本书材料中，尚未发现闽语有像信宜钱排等在保持 -p、-t、-k 三分格局前提下出现曾摄 -t 化的，即曾摄韵尾 -t 化的闽语分属于弱化或消失类型，如：宁德洋中曾三韵尾 -t 化、其他摄韵尾弱化，见第三章第三节 2.1.2 小节；分布在福建与台湾的闽南话“曾摄韵尾 -t 化、部分咸山宕江梗韵尾 -ʔ 化”类型中曾摄出现 -t 化，类型比较特殊，见第三章第三节 2.1.5 小节。除少数有与前文粤语、客家话及后文属于弱化类型的赣语中类型相同的“曾三韵尾 -t 化”外，部分闽南方言的曾摄打破一三等的区别，在主元音相同的情况下主元音为低元音的一等部分 -t 化或主元音为高元音的三等部分没有 -t 化而不限于庄组。将此类归入“曾摄韵尾 -t 化”不再细分。请看表 2-5。

闽语入声韵尾的表现与文白层次有关，限于材料本书不做多讨论。

表 2-5 闽语曾摄 -t 化类型字音举例（一）

	咸合三	曾摄一等				曾摄三等				
	法	北	墨	贼	刻	力	直	侧	色	织
安溪蓬莱	huat^{5}	pak^{5}	bak$^{\underline{24}}$	tsʰat$^{\underline{24}}$	kʰik^{5}	lik$^{\underline{24}}$	tit$^{\underline{24}}$	tsik^{5}	sik^{5}	tsit^{5}
惠安螺城	huat$^{\underline{54}}$	pak$^{\underline{54}}$	bak^{34}	tsʰat^{34}	kʰat$^{\underline{54}}$	lat^{34}	tet^{34}	tsʰiak$^{\underline{54}}$	siak$^{\underline{54}}$	tset$^{\underline{54}}$
长泰岩溪	huat^{32}	pak^{32}	bak^{12}	tsʰat^{12}	kʰet^{32}	lat^{12}	tet^{12}	tsʰet^{32}	set^{32}	tset^{32}

续表

	咸合三	曾摄一等				曾摄三等				
	法	北	墨	贼	刻	力	直	侧	色	织
高雄县凤山	huat^{3}	pak^{3}	bak^{5}	tsʰat^{5}	kʰik^{3}	lik^{5}	tit^{5}	tɕʰik^{3}	ɕik^{3}	tɕit^{3}
台中县大里	huat$^{\underline{21}}$	pat$^{\underline{21}}$	bat^{3}	tsʰat^{3}	kʰik$^{\underline{21}}$	lik^{3}	tit^{3}	tɕʰit$^{\underline{21}}$	ɕik$^{\underline{21}}$	tɕit$^{\underline{21}}$
平和霞寨	huat^{42}	pak^{42}	bak^{121}	tsʰat^{121}	kʰiɛk^{42}	lat^{121}	tit^{121}	tsʰik^{42}	sik^{42}	tsit^{42}
台东台东	huat^{4}	pak^{2}	bak^{4}	tsʰat^{4}	kʰik^{2}	lat^{4}	tit^{4}	tɕʰik^{2}	ɕik^{2}	tɕik^{2}
永春五里	huat^{54}	pak^{54}	bak^{24}	tsʰat^{24}	kʰat^{54}	lat^{24}	tit^{24}	tsʰak^{54}	sik^{54}	tsit^{54}

2.2 曾梗摄韵尾 -t 化

韵尾 -t 化过程中曾摄与梗摄往往分成一二等与三四等两个层次逐步演变，一般是先从三四等开始，再向一二等发展。

2.2.1 曾梗三四韵尾 -t 化

曾摄三等和梗摄三四等 -k 尾并入山臻摄读 -t 尾，而曾摄一等和梗摄二等 -k 尾不变。此类主要分布在平话桂南片，粤语四邑、广府两片有少数点，客家话宁龙片有 1 点，如下：

平话	广西	巴马澄江	百色那毕	崇左濑湍	都安澄江	龙州上龙	隆安城厢
		马山乔利	宁明海渊	平果马头	田东临逢	田阳田州	武鸣府城
粤语	广东	台山四九	台山台城	番禺市桥	顺德大良	新兴县城	
客家	江西	石城观下					

平果马头曾摄三等和梗摄三四等主元音为 ə 的韵尾 -t 化，曾摄三等主元音为 ɐ 的入声韵和主元音舌位较低的梗摄二等保持 -k 尾，韵尾以主元音高低为条件分化，如下：

<table>
<tr><td></td><td>深</td><td>咸开</td><td>咸合</td><td>山一二</td><td>山三四</td><td>臻</td><td colspan="2">曾三</td><td>梗三四</td><td>曾一</td><td>梗二</td><td>宕江</td><td>通</td></tr>
<tr><td>主元音</td><td>ɐ</td><td>i a</td><td>a</td><td>ɛ a u</td><td>i a ɐ</td><td>ɐ</td><td>ɐ</td><td>ə</td><td>ə</td><td>ɐ</td><td>ɛ</td><td>a ɐ ɔ u</td><td>ɔ</td></tr>
<tr><td>韵尾</td><td colspan="3">-p</td><td colspan="3">-t</td><td>-k</td><td colspan="2">-t</td><td colspan="4">-k</td></tr>
<tr><td>清</td><td colspan="13">阴入 [3]</td></tr>
<tr><td>次浊</td><td colspan="13">次阳入 [$\underline{13}$]</td></tr>
<tr><td>全浊</td><td colspan="13">全阳入 [2]</td></tr>
</table>

曾摄：北 pɐk^{3} ｜墨 mɐk$^{\underline{13}}$ ｜贼 tsʰɐk^{2} ｜刻 kʰɐk^{3}，力 lət$^{\underline{13}}$ ｜直 tsət^{2} ｜侧 tsʰək^{3} ｜色 sɐk^{2} ｜织 tsət^{3}；梗摄：白 pɛk^{2} ｜客 hɛk^{3} ｜麦 mɛk$^{\underline{13}}$ ｜策 tsʰɛk^{3}，尺 tsʰət^{3} ｜壁 pət^{3} ｜锡 ɬət^{3}。

顺德大良咸合三韵尾 -t 化，曾梗摄主元音为低元音 a 的一二等 -k 尾不变，三四等韵尾以主元音高低为条件分化：主元音为 ε 和 a 的 -k 尾不变、主元音为 e 的韵尾 -t 化。如下：

<table>
<tr><td></td><td>咸开</td><td>咸合</td><td>山</td><td>宕江</td><td>曾一梗二</td><td colspan="2">曾三梗三四</td><td>臻</td><td>通</td><td>深</td></tr>
<tr><td>主元音</td><td>iɐao</td><td>a</td><td>iɛɐaɔuy</td><td>aœoɔ</td><td>a</td><td>εa</td><td>e</td><td>ieɐœuy</td><td>o</td><td>iɐa</td></tr>
<tr><td>韵尾</td><td>-p</td><td colspan="2">-t</td><td colspan="3">-k</td><td colspan="2">-t</td><td>-k</td><td>-p</td></tr>
<tr><td>清</td><td colspan="6">下阴入 [33]</td><td colspan="4">上阴入 [55]</td></tr>
<tr><td>浊</td><td colspan="10">阳入 [21]</td></tr>
</table>

曾摄：北 pak^{55} ｜墨 mak^{21} ｜贼 tsʰak^{21} ｜黑 hak^{55}，力 let^{21} ｜直 tset^{21} ｜色 set^{55} ｜织 set^{55}、侧 tsak^{55} ｜测 tsʰak^{55}；梗摄：白 pak^{21} ｜客 hak^{33} ｜麦 mak^{21} ｜摘 tsak^{21}，璧 pet^{55} ｜积 tset^{55} ｜斥 tsʰet^{55} ｜易 Øiet^{21} ｜敌 tet^{21} ｜绩 tset^{55} ｜击 ket^{55}、只 tsεk^{33} ｜石 sεk^{21} ｜笛 tεk^{21}。

本书掌握的 38 个平话点材料中，桂北片以消失类型为主，桂南片以合并类型为主。桂南片有“咸合三韵尾 -t 化”和“曾梗三四韵尾 -t 化”两类，以“宜州—清秀—扶绥”为界把桂南片分成东西两片。西片属“曾梗三四韵尾 -t 化”类，东片属“咸合三韵尾 -t 化”类。

2.2.2 曾、梗三四韵尾 -t 化

（1）曾摄一三等和梗摄三四等入声韵 -k 尾变成山臻摄的 -t 尾。主要分布在两广客家话粤台粤西两片，粤中片有 1 点，广西客家话方言岛有 3 点，如下：

客家　广东　从化吕田　东莞清溪　惠阳　梅县　五华横陂　河源河源
电白沙琅　高州新垌　化州新安　廉江青平　阳春三甲　阳西塘口
中山南蓢
广西　北流塘岸　陆川横山　马山片联　容县县底　玉林新桥

从化吕田曾摄 -k 尾全部变为 -t，梗摄韵尾以主元音高低为条件分化，主元音为低元音 a 的 -k 尾不变、梗摄三四等主元音为高元音 i 的韵尾 -t 化，如下：

<table>
<tr><td colspan="2"></td><td>深</td><td>咸开</td><td>咸合</td><td>山一二</td><td>山三四</td><td>臻</td><td>曾一</td><td>曾三</td><td colspan="2">梗三四</td><td>梗二</td><td>宕江</td><td>通</td></tr>
<tr><td colspan="2">主元音</td><td>i</td><td>a</td><td>a</td><td colspan="3">ieɵaəɔu</td><td>ə</td><td>iə</td><td>i</td><td>a</td><td>a</td><td>ɔ</td><td>u</td></tr>
<tr><td colspan="2">韵尾</td><td colspan="2">-p</td><td colspan="7">-t</td><td colspan="4">-k</td></tr>
<tr><td rowspan="2">次浊</td><td>清</td><td colspan="13">阴入 [22]</td></tr>
<tr><td>全浊</td><td colspan="13">阳入 [55]</td></tr>
</table>

曾摄：北 pət^{22} ｜墨 mət^{55} ｜贼 ʦʰət^{55} ｜刻 hət^{22}，力 lit^{55} ｜直 ʦit^{55} ｜色 sət^{22} ｜织 ʦit^{22}；梗摄：百 pak^{22} ｜客 kʰak^{22} ｜麦 mak^{55} ｜摘 ʦak^{22}，碧 pit^{22} ｜斥 ʦʰit^{22} ｜敌 tʰit^{55} ｜绩 ʦit^{22} ｜激 kit^{22}、尺 ʦʰak^{22} ｜壁 piak^{22} ｜锡 siak^{22}。

此类中部分方言在“曾摄韵尾 -t 化”基础上逐渐出现梗摄三四等韵尾 -t 化，且有方言先从梗摄四等开始变化，三等变得少。

（2）曾摄和梗摄 -k 尾全部变成 -t 尾的“曾、梗摄韵尾 -t 化”类型在合并方向的方言中还没发现，在弱化方向中有方言曾梗摄大部分变成 -t 尾，如赣语江西奉新冯川，见第三章第三节 2.1.2 小节。上述“曾、梗三四韵尾 -t 化”类型中，五华横陂梗摄以主元音高低为条件分化，主元音为低元音 a 的保持 -k 尾而为高元音 i、e 的韵尾 -t 化，涉及二三四等，反映了梗摄韵尾 -t 化的演变趋势。如下：

	深	咸开	咸合	山一二	山三四	臻	曾一	曾三	梗三四	梗二		宕江通
主元音	i	a	a	i e a o u			e	i e	i e	e	a	ə o u
韵尾	-p			-t							-k	
浊　清	阴入 [1]											
浊　浊	阳入 [5]											

咸摄：盒 hap^{5} ｜插 ʦʰap^{1} ｜叶 Ǿiap^{5} ｜贴 tiap^{1} ｜法 fap^{1}，乏 fat^{5}；曾摄：北 pet^{1} ｜贼 ʦʰet^{5} ｜刻 kʰet^{1} ｜力 lit^{5} ｜直 tʂʰit^{5} ｜色 set^{1} ｜织 tʂit^{1}；梗摄：百 pak^{1} ｜客 kʰak^{1} ｜麦 mak^{5} ｜摘 ʦak^{1}，陌 met^{1} ｜择 ʦʰet^{5} ｜策 ʦʰet^{1} ｜革 ket^{1}，昔 sit^{1} ｜斥 tʂʰit^{1} ｜易 Ǿit^{5} ｜踢 tʰet^{1} ｜历农历 lit^{5} ｜戚 ʦʰit^{1} ｜击 kit^{1}。梗摄三四等有少数主元音为 a 的 -k 尾没变，如：尺 tʂʰak^{1} ｜壁 piak^{1}。

马山片联与奉新冯川相同。由于处在“曾、梗三四韵尾 -t 化”向“曾、梗摄韵尾 -t 化”发展的中间阶段且二等韵尾 -t 化的字不占优势，故不将它们立为新类。

三　咸深曾梗摄韵尾 -t 化

咸深摄入声韵 -p 尾和曾梗摄入声韵 -k 尾都有变成山臻 -t 尾的现象。这是前面两大类的融合，不是简单的相加。此大类主要分布在江西和粤北的客家话，涉及宁龙、粤台、于桂、粤北、铜鼓五片，还有赣语江西武宁礼溪、粤语广东乐昌县城 2 点。分三类：“深曾摄韵尾 -t 化”“咸深、曾摄韵尾 -t 化”“咸深、曾梗摄韵尾 -t 化”。请看表 2-6。

表 2-6　咸深曾梗摄 -t 化类型

<table>
<tr><th rowspan="2"></th><th rowspan="2">深</th><th colspan="2">咸开</th><th rowspan="2">咸合</th><th colspan="2">山</th><th rowspan="2">臻</th><th colspan="2">曾</th><th colspan="2">梗</th><th rowspan="2">宕江</th><th rowspan="2">通</th><th rowspan="2">代表点</th></tr>
<tr><th>一二</th><th>三四</th><th>一二</th><th>三四</th><th>一</th><th>三</th><th>三四</th><th>二</th></tr>
<tr><td>1</td><td>-t</td><td colspan="2">-p</td><td>-t</td><td colspan="3">-t</td><td>-k</td><td>-t</td><td colspan="4">-k</td><td>定南历市</td></tr>
<tr><td>2</td><td>-t</td><td colspan="3">-p</td><td colspan="3">-t</td><td colspan="2">-t</td><td colspan="4">-k</td><td>平远差干</td></tr>
<tr><td>3</td><td colspan="4">-t</td><td colspan="3">-t</td><td colspan="2">-t</td><td colspan="4">-k</td><td>乳源侯公渡</td></tr>
<tr><td>4</td><td colspan="4">-t</td><td colspan="3">-t</td><td>-k</td><td colspan="2">-t</td><td colspan="3">-k</td><td>铜鼓丰田</td></tr>
<tr><td>5</td><td colspan="4">-t</td><td colspan="3">-t</td><td>-t</td><td colspan="2">-k</td><td>-t</td><td colspan="2">-k</td><td>乐昌县城</td></tr>
<tr><td>6</td><td colspan="4">-t</td><td colspan="3">-t</td><td colspan="3">-t</td><td colspan="3">-k</td><td>连南</td></tr>
<tr><td>7</td><td colspan="4">-t</td><td colspan="3">-t</td><td colspan="4">-t</td><td colspan="2">-k</td><td>武宁礼溪</td></tr>
</table>

3.1 深曾摄韵尾 -t 化

深摄 -p 尾和曾摄 -k 尾并入山臻摄读 -t 尾。李荣（1956）构拟入声韵深摄为 *iəp，曾摄一等为 *ək、三等为 *iək，主元音都是 ə。两摄在韵尾演变过程中采取较一致的演变有音理可循。

3.1.1 深、曾三韵尾 -t 化

客家话江西定南历市深摄 -p 尾和曾摄三等 -k 尾变成山臻摄的 -t 尾，如下：

<table>
<tr><th colspan="2"></th><th>咸开</th><th>深</th><th>咸合</th><th>山一二</th><th>山三四</th><th>臻</th><th colspan="2">曾三</th><th>曾一</th><th>梗三四</th><th>梗二</th><th>宕江</th><th>通</th></tr>
<tr><td colspan="2">主元音</td><td>a</td><td>i</td><td>a</td><td colspan="2">ɛ a ɤ ɔ</td><td>i ɤ</td><td>i</td><td>ɛ</td><td>ɛ</td><td>a</td><td>ɛ a ɔ</td><td>ɔ</td><td>o</td></tr>
<tr><td colspan="2">韵尾</td><td colspan="2">-p</td><td colspan="5">-t</td><td colspan="6">-k</td></tr>
<tr><td rowspan="2">次浊</td><td>清</td><td colspan="13">阴入 [32]</td></tr>
<tr><td>全浊</td><td colspan="7">短阳入 [5]</td><td colspan="6">长阳入 [45]</td></tr>
</table>

咸深摄：塔 tʰap^{32} ｜盒 xap^{5} ｜叶 Ǿiap^{5} ｜贴 tʰiap^{32} ｜法 fait^{32}，立 lit^{5} ｜十 ɕip^{5} ｜急 tɕit^{32}；曾摄：北 pɛk^{32} ｜刻 kʰɛk^{45} ｜力 lit^{45} ｜直 tɕʰit^{45} ｜色 sɛk^{32} ｜织 tɕit^{32}。部分次浊入读阴入，如：木 mok^{32} ｜肉 niok^{32}。与曾三全部 -t 化（不包括音韵地位特殊的庄组）相比，深摄 -t 化还在进行，部分 -p 尾没变，说明深摄 -t 化是在曾三 -t 化完成后进行的。如果二者同时 -t 化，一是需要解释 -p、-k 为何同步演变，二是需要解释为何曾三完成得这么快。

定南历市有韵尾分调现象。部分次浊入并到阴入后，由全浊入和部分次浊入构成的阳入调值以韵尾为条件分化，今读 -p、-t 尾的浊入读短阳入 [5]，又如山摄：辣 lait^{5} ｜舌 sɤt^{5} ｜热 ȵiɛt^{5} ｜罚 fait^{5}；今读 -k 尾的浊入读长阳入 [45]，又如宕江梗通摄：药 Ǿiɔk^{45} ｜学 xɔk^{45} ｜白 pʰak^{45} ｜麦 mak^{45} ｜毒 tʰok^{45} ｜绿 lok^{45} ｜局

tɕʰiok^{45}，-k 尾如果略舒就会弱化成 -ʔ。不过有反例，曾三韵尾 -t 化后读长阳入 [45] 而少数 -t 尾山摄字也读长阳入 [45]，如：力 lit^{45} ｜直 tɕʰit^{45}、活 fait^{45} ｜月 ȵiɔit^{45}。曾三可能是在韵尾 -t 化前就变读长阳入 [45]，而山摄少数字读长阳入 [45] 似可说明这种调值拉长的演变在扩散。

3.1.2 深、曾摄韵尾 -t 化

比定南历市的演变更进一步，客家话广东平远差干、蕉岭文福曾摄一等 -k 尾也变成 -t 尾，这样深摄 -p 尾、曾摄 -k 尾入声韵全部并入山臻摄读 -t 尾，如平远差干：

		咸开	咸合	深	山一二	山三四	臻	曾三	曾一	梗三四	梗二	宕江	通
主元音		a	a	i ə	a ɔ	ɛ a	i ə u	i ɛ ə	ɛ	a	ɛ a ɔ	ɔ	u
韵尾		-p		-t						-k			
次浊	清	阴入 [2]											
	全浊	阳入 [5]											

深摄：立 lit^{5} ｜十 sət^{5} ｜急 kit^{2}；曾摄：北 pɛt^{2} ｜贼 tsʰɛt^{5} ｜刻 kʰɛt^{2} ｜力 lit^{5} ｜直 tsʰət^{5} ｜色 sɛt^{2} ｜织 tsət^{2}。部分次浊入归阴入，限于材料只举通摄：木 muk^{2} ｜六 liuk^{2}。

前文 1.1 节指出深摄的韵尾演变一般随咸摄走。分析咸深摄韵尾共同演变的类型发现，咸深摄一起演变的原因是它们的主元音类型相同或相近。而考察“深曾摄韵尾 -t 化”的分布点，发现它们深摄与咸摄的主元音呈现整齐的 i：a 高低对比，所以深摄先于咸摄韵尾 -t 化。

3.2 咸深、曾摄韵尾 -t 化

曾摄韵尾 -t 化有曾摄三等韵尾 -t 化、曾摄一等韵尾 -t 化、曾摄韵尾 -t 化三类，因此理论上咸深摄和曾摄发生韵尾 -t 化的类型可能有三类：咸深、曾摄三等韵尾 -t 化，咸深、曾摄一等韵尾 -t 化，咸深、曾摄韵尾 -t 化。咸深、曾摄三等韵尾 -t 化一类出现属于弱化类型的赣语里，请看第三章第三节 2.1.3 小节。目前尚未发现咸深、曾摄一等韵尾 -t 化类型的材料。合并类型中目前只有咸深、曾摄韵尾 -t 化一类，有客家话江西宁都竹笮、广东乳源侯公渡 2 点，如乳源侯公渡：

		深	咸开	咸合	山一二	山三四	臻	曾三	曾一	梗三四	梗二	宕江	通
主元音		i	ɛ A	A	A ɔ	ɛ A	i u	i ɛ	ɛ	A		ɔ	u
韵尾		-t								-k			
次浊	清	阴入 [2]											
	全浊	阳入 [5]											

咸深摄：盒 hᴀt^{5} | 塔 tʰᴀt^{2} | 插 ʦʰᴀt^{2} | 接 ʦiɛt^{2} | 贴 tʰiɛt^{2} | 法 fᴀt^{2}，立 lit^{5} | 十 ʃit^{5} | 急 kit^{2}；曾摄：北 pɛt^{2} | 贼 ʦʰɛt^{5} | 刻 kʰɛt^{2} | 力 lit^{5} | 直 ʧʰit^{5} | 侧 ʦɛt^{2} | 色 sɛt^{2} | 织 ʧit^{2}。部分次浊入归到阴入，如：木 buk^{2} | 六 luk^{2}。

3.3 咸深、曾梗摄韵尾 -t 化

咸深摄 -p 尾和曾梗摄 -k 尾变成山臻摄 -t 尾。此类主要根据曾摄和梗摄的 -t 化情况分类。

3.3.1 咸深、曾梗三四韵尾 -t 化

客家话江西井冈山黄坳、铜鼓丰田属于此类。铜鼓丰田咸深摄 -p 尾变成 -t 尾；曾摄三等主元音是 i、ə 的韵尾 -t 化，庄组与曾摄一等主元音同为 ɛ 故保持 -k 尾；梗摄三四等主要是声母为舌尖音、主元音为高元音 i 的韵尾 -t 化，主元音为 a 的保持 -k 尾。如下：

	深	咸开	咸合	山一二	山三四	臻	曾三梗三四			曾一	梗二	宕江	通
主元音	i ə	ɛ a ɔ	a	a ɔ	ɛ a ɔ	ʅ i ə	ʅ i ə	ɛ	a	ɛ	a	ɔ	u
韵尾	-t							-k					
次浊 清	阴入 [2]												
次浊 全浊	阳入 [5]												

咸深摄：答 tait^{2} | 鸽 kɔit^{2} | 塔 tʰait^{2} | 插 ʦʰait^{2} | 鸭 Ǿait^{2} | 接 ʦiɛt^{2} | 叶 Ǿiɛt^{5} | 帖 tʰiɛt^{2} | 法 fait^{2}，粒 lit^{5} | 集 ʦʰit^{5} | 十 ʂət^{5} | 急 ʨit^{2}；曾摄：北 pɛk^{2} | 贼 ʦʰɛk^{5} | 刻 kʰiɛk^{2}，力 lit^{5} | 直 tʂʰʅt^{5} | 色 sɛk^{2} | 织 tʂət^{2} | 食 ʂət^{5} | 极 ʨʰit^{5}；梗摄：白 pʰak^{5} | 客 kʰak^{2} | 摘 ʦak^{2} | 尺 tʂʰak^{2} | 锡 siak^{2}，脊 ʦit^{2} | 滴 tit^{2} | 踢 tʰit^{2} | 笛 tʰit^{5}。

3.3.2 咸深、曾梗一二韵尾 -t 化

粤语广东乐昌县城咸深摄韵尾全部 -t 化，曾摄一等与梗摄二等韵尾 -t 化，主元音分别为低元音 ɐ 和 a，曾梗摄三四等主元音为高元音 e 仍读 -k 尾，如下：

	咸	山一二	山三四	梗二	宕江	梗三四	深	臻	曾一	曾三	通
主元音	i a	y a ɔ u	y i a u	a	œ ɔ	e	ɐ	y i ɐ u	ɐ	e	o
韵尾	-t				-k		-t			-k	
清	下阴入 [33]					上阴入 [55]					
浊	阳入 [22]										

咸深摄：盒 hat^{22} | 插 ʦʰat^{33} | 叶 Ǿit^{22} | 贴 tʰit^{33} | 法 fat^{33}，立 lɐt^{22} | 十 sɐt^{22} | 急 kɐt^{55}；曾梗摄：北 pɐt^{55} | 特 tɐt^{22} | 黑 hɐt^{55} | 力 lek^{22} | 直 ʦek^{22} | 色 sek^{55}，白

pat^{22} ｜客 hat^{33} ｜摘 ʦat^{33} ｜迹 ʦek^{55} ｜尺 ʦʰek^{33} ｜历农历 lek^{22} ｜锡 sek^{33}。

与从高元音向低元音发展的韵尾 -t 化趋势相比，此类特殊。曾梗摄一二等之所以 -t 化，与其主元音类型与山臻摄主元音类型一致有关。曾梗摄一二等主元音分别是 ɐ 和 a，与咸深山臻摄的相同，因此韵尾 -t 化；三四等主元音是 e，而咸深山臻摄没有 e，故韵尾没有 -t 化。

3.3.3 咸深、曾、梗三四韵尾 -t 化

客家话江西井冈山下七、广东连南、广西贺州莲塘和荔浦青山属于此类，但具体类型不同。

（1）贺州莲塘在曾摄及梗摄三四等 -t 化的同时深摄 -p 尾也在变成 -t 尾，如下：

		咸开	咸合	深	山一二	山三四	臻	曾一	曾三	梗三四		梗二	宕江	通
主元音		a	a	i	a o	e a	i u	e	i e	i	a	a	ɔ u	u
韵尾		-p		-t							-k			
浊	清	阴入 [1]												
	浊	阳入 [5]												

深摄、曾摄、梗摄的一致性在于都有三等韵，《切韵》三等韵主元音舌位都比较高。与其他客家话部分次浊入归阴入不同，贺州莲塘部分全浊入也归到阴入。深摄和梗摄三四等的韵尾 -t 化都处在词汇渐变过程中，但二者性质不同。深摄是在主元音相同条件下以音变方式进行 -t 化扩散，梗摄是在主元音不同的条件下以层次竞争方式进行 -t 化。请看表 2-7。

表 2-7　贺州莲塘深曾梗摄韵尾演变情况

	韵尾不变	变化中	韵尾 -t 化
深摄	立粒 lip^{5} ｜集习 sip^{5} ｜汁 ʧip^{1} ｜湿 ʃip^{1} ｜入 ʃip^{5} ｜级吸 kʰip^{1} ｜及 kʰip^{5} ｜揖 jip^{1}	急 kip^{1} / kit^{1}	笠 lit^{1} ｜缉 ʦit^{1} ｜袭 sit^{1} ｜执 ʧit^{1}
曾摄	织 ʦʰiak^{1}		北 pet^{1} ｜特 tʰet^{5} ｜贼 ʦʰet^{5} ｜黑 het^{1}、逼 pit^{1} ｜力 lit^{5} ｜熄 sit^{1} ｜直 ʧʰit^{5} ｜色 set^{1} ｜食 ʃit^{5}
梗三四	迹脊 ʦiak^{1} ｜炙 ʧak^{1} ｜赤尺 ʧʰak^{1}、壁 piak^{1} ｜劈 pʰiak^{1} ｜踢 tʰiak^{1} ｜笛 tʰak^{5} ｜历农历 lak^{5} ｜锡 siak^{1}	惜 siak^{1} / sit^{1} ｜只 ʧak^{1} / ʧit^{1} ｜席 ʦʰiak^{5} / ʦʰit^{5} ｜历 lak^{5} / let^{5}	碧璧 pit^{1} ｜僻辟 pʰit^{1} ｜积籍 ʦit^{1} ｜昔释 sit^{1} ｜适 ʃit^{1}、的 tit^{1} ｜滴 tit^{1}/tit^{5} ｜敌 tʰit^{5} ｜析 sit^{1} ｜击激 kit^{1} ｜戚 ʦʰit^{1}

（2）与贺州莲塘不同，荔浦青山咸摄开口一二等及咸合三韵尾 -t 化但开口三四等保持 -p 尾，曾摄、梗摄三四等韵尾 -t 化，如下：

		咸三四	咸一二	咸合	深	山一二	山三四	臻	曾	梗三四		梗二	宕江	通
主元音		a	a	a	i	aɔ	ɛa	iu	iɛ	i	a	a	ɔ	u
韵尾		-p	-t								-k			
浊	清	阴入 [2]												
	浊	阳入 [5]												

咸深摄：搭 tat^{2} ｜盒 hap^{5} ｜塔 tʰat^{2} ｜插 ʦʰat^{2} ｜鸭 Ǿap^{2} ｜接 ʦiap^{2} ｜叶 Ǿiap^{5} ｜贴 tʰiap^{2} ｜法 fat^{2}，立 lit^{5} ｜十 ʃit^{5} ｜急 kit^{2}；曾梗摄：北 pɛt^{2} ｜贼 ʦʰɛt^{5} ｜力 lit^{5} ｜直 ʧʰit^{5} ｜色 sɛt^{2} ｜织 ʦit^{2}，白 pʰak^{5} ｜客 kʰak^{2}/hak^{2} ｜摘 ʦak^{2} ｜尺 ʧʰak^{2} ｜壁 pit^{2}。咸摄一二等见系保持 -p 尾，梗摄三四等部分还保持 -k 尾。韵尾演变过程中咸摄一二等见系往往与其他声类字的表现不同。

贺州莲塘、荔浦青山可看作“曾、梗三四韵尾 -t 化”向“咸深、曾、梗三四韵尾 -t 化”发展的过渡类型。

（3）连南曾摄韵尾 -t 化，主元音是元音 i、ɛ；梗摄三四等以舌尖音声母、主元音 i 为条件 -t 化，主元音为 a 的入声韵和二等韵保持 -k 尾不变；咸深摄韵尾 -t 化。如下：

		深	咸开	咸合	山一二	山三四	臻	曾一	曾三	梗三四		梗二	宕江	通
主元音		i	ɛa	a	aɔ	ɛa	iɔ	ɛ	iɛ	i	a	a	ɔ	o
韵尾		-t									-k			
浊	清	阴入 [2]												
	浊	阳入 [5]												

咸深摄：搭 tat^{2} ｜插 ʦʰat^{2} ｜鸭 Ǿat^{2} ｜接 ʦiɛt^{2} ｜叶 Ǿiɛt^{5} ｜贴 tʰiɛt^{2} ｜法 fat^{5}，十 ʃit^{5} ｜急 kit^{2}；曾摄：北 pɛt^{2} ｜贼 ʦʰɛt^{5} ｜刻 kʰɛt^{2} ｜力 lit^{5} ｜直 ʧʰit^{5} ｜色 sɛt^{2} ｜织 ʧit^{2}；梗摄：白 pʰak^{5} ｜拆 ʦʰak^{2} ｜客 kʰak^{2} ｜摘 ʦak^{2} ｜尺 ʧʰak^{2} ｜壁 piak^{2} ｜锡 siak^{2}，逆 nit^{5} ｜惜 sit^{2} ｜滴 tit^{2} ｜敌 tʰit^{2}。

3.3.4 咸深、曾梗摄韵尾 -t 化

本书材料中没有出现咸深曾梗四摄韵尾全部 -t 化现象。但是赣语江西武宁礼溪咸深摄与曾摄韵尾 -t 化，梗摄三四等大部分韵尾已并入 -t 尾，二等有过半韵尾 -t 化，如下：

	深	咸开	咸合	山一二	山三四	臻	曾	梗三四		梗二		宕江	通
主元音	i	ɛ æ œ	æ	æ œ	ɛ æ	y i œ	i ɛ œ	a	i	ɛ œ	a	ɔ	u
韵尾	-t							-k	-t		-k		
清、次浊	阴入 [$\underline{54}$]												
全浊	阳入 [2]												

咸深摄：盒 xœt^{2} ｜塔 tʰæt$^{\underline{54}}$ ｜插 tsʰæt$^{\underline{54}}$ ｜接 tɕiɛt$^{\underline{54}}$ ｜贴 tʰiɛt$^{\underline{54}}$ ｜法 fæt$^{\underline{54}}$，立 lit$^{\underline{54}}$ ｜十 ɕit^{2} ｜急 kit$^{\underline{54}}$；曾摄：北 pœt$^{\underline{54}}$ ｜贼 tɕʰiɛt^{2} ｜刻 kʰiɛt$^{\underline{54}}$ ｜力 lit$^{\underline{54}}$ ｜直 tɕʰit^{2} ｜侧 tɕiɛt$^{\underline{54}}$ ｜色 ɕiɛt$^{\underline{54}}$ ｜织 tɕit$^{\underline{54}}$；梗摄：白 pʰak^{2} ｜客 kʰak$^{\underline{54}}$ ｜麦 mak^{2} ｜摘 tsak$^{\underline{54}}$ ｜尺 tɕʰiak$^{\underline{54}}$ ｜锡 ɕiak$^{\underline{54}}$，陌 mœt$^{\underline{54}}$ ｜脉 miɛt$^{\underline{54}}$ ｜策 tɕʰiɛt$^{\underline{54}}$ ｜革 kiɛt$^{\underline{54}}$ ｜壁 pit$^{\underline{54}}$ ｜惜 ɕit$^{\underline{54}}$ ｜赤 tɕʰit$^{\underline{54}}$ ｜劈 pʰit$^{\underline{54}}$ ｜踢 tʰit$^{\underline{54}}$ ｜敌 tʰit^{2} ｜激 kit$^{\underline{54}}$。

武宁礼溪梗摄的变化说明了曾梗摄韵尾从三四等向一二等变化的过程，因此将它独立为一类。韵尾合并后，武宁礼溪入声韵主元音类型呈现出整齐的前高元音与后低元音的对立。

第二节　韵尾 -k 化

韵尾 -k 化，咸深摄 -p 尾和山臻摄 -t 尾分别变成 -k，与宕江曾梗通摄韵尾相同。韵尾 -k 化的方言，包括后文弱化、消失方向中出现的韵尾 -k 化类型，主要分布在闽语及其周边与之关系密切的粤语、客家话和极少数吴语、平话。从涉及的方言数量来看（46 点，一县 2 点的算 2 点），韵尾 -k 化没有韵尾 -t 化普遍。韵尾 -k 化在汉藏语系其他语言中也有表现。如布依语肝 [tap^{7}]、十 [ɕip^{8}] 在平塘话中韵尾 -t 化变读 [tat^{7}]、[ɕit^{8}]，在安龙、兴仁、镇宁等地变成 -k：安龙 [tak^{7}]、[ɕik^{8}]，兴仁 [tak^{7}]、[ɕik^{8}]，镇宁 [tak^{7}]、[tɕik^{8}]。（石林、黄勇 1997：42）

咸深、山臻、宕江曾梗通九摄中，能发生韵尾 -k 化的只有咸深山臻摄，因此韵尾 -k 化分三大类：咸深摄韵尾 -k 化、山臻摄韵尾 -k 化、咸深山臻摄韵尾 -k 化，每大类有若干小类。

一　咸深摄韵尾 -k 化

咸深摄入声韵 -p 尾在一定条件下变成 -k 尾，并入宕江曾梗通摄。

双唇清塞音 p 与舌根清塞音 k 的发音部位相距很远，两者能发生变化而趋同似乎很难理解。桥本万太郎（1985：80—82）认为：从声学语音学角度看，双唇音和舌根音（原文用“软腭音”）共同点是第二共振峰紧紧逼近其他共振峰，不同点是双唇音的共振峰是作为整体而分散的“散音”而舌根音是统一与中心的“密音”，因此使得 p 与 k 的关系和 p 与 t 的关系一样密切。桥本指出 p ＞ k 分布于世界各种语言中，不仅出现在韵尾，还出现在韵首，如下：

日本长崎方言	k^{w}'aːroŋ ← paːroŋ 飞龙或白龙
印欧语	拉丁语 quattuor：日耳曼语 petwor：印欧祖语 kwetwer 4
台语	泰语 kha：临高话 ba 脚
闽语	厦门方言 tik：遂溪方言 tip
朝鲜语	庆山方言 ggwe-yaŋ：金海方言 gge-yam 柿的一种
东干语	phu ~ kfu 猪

上面提到了闽语入声韵 -p 尾韵尾 -k 化的现象。但本书材料中尚无纯粹的咸深摄韵尾 -k 化类型，一般都伴随着韵尾 -t 化或其他演变，即后文的混合型。为完整展示韵尾 -k 化过程，将混合型中的咸深摄韵尾 -k 化类型提到此节，请看表 2–8。

表 2–8　韵尾 -k 化类型

<table>
<tr><th rowspan="2"></th><th rowspan="2">深</th><th colspan="2">咸开</th><th rowspan="2">咸合</th><th colspan="2">山</th><th rowspan="2">臻</th><th colspan="2">曾</th><th colspan="2">梗</th><th rowspan="2">宕江</th><th rowspan="2">通</th><th rowspan="2">代表点</th></tr>
<tr><th>一二</th><th>三四</th><th>一二</th><th>三四</th><th>一</th><th>三</th><th>三四</th><th>二</th></tr>
<tr><td>1</td><td>-t</td><td>-k</td><td colspan="2">-t</td><td colspan="3">-t</td><td>-t</td><td colspan="5">-k</td><td>曲江马壩</td></tr>
<tr><td>2</td><td>-t</td><td colspan="3">-k</td><td colspan="3">-t</td><td colspan="2">-t</td><td colspan="4">-k</td><td>翁源新江</td></tr>
<tr><td>3</td><td colspan="4">-k</td><td colspan="3">-t</td><td colspan="2">-t</td><td colspan="4">-k</td><td>兴宁大坪</td></tr>
<tr><td>4</td><td colspan="3">-p</td><td>-t</td><td>-k</td><td colspan="2">-t</td><td colspan="6">-k</td><td>鹤山古劳</td></tr>
<tr><td>5</td><td colspan="3">-p</td><td>-t</td><td colspan="2">-k</td><td>-t</td><td colspan="6">-k</td><td>南海沙头</td></tr>
<tr><td>6</td><td colspan="3">-p</td><td colspan="2">-k</td><td>-t</td><td>-k</td><td colspan="6">-k</td><td>遂溪北坡</td></tr>
<tr><td>7</td><td colspan="3">-p</td><td colspan="4">-k</td><td colspan="6">-k</td><td>增城县城</td></tr>
<tr><td>8</td><td>-t</td><td>-k</td><td>-t</td><td colspan="2">-k</td><td colspan="2">-t</td><td colspan="6">-k</td><td>仁化县城</td></tr>
<tr><td>9</td><td>-p</td><td colspan="4">-k</td><td colspan="2">-t</td><td>-t</td><td colspan="5">-k</td><td>中山三角</td></tr>
<tr><td>10</td><td colspan="2">-p</td><td colspan="5">-k</td><td colspan="6">-k</td><td>新界锦田</td></tr>
<tr><td>11</td><td colspan="7">-k</td><td colspan="6">-k</td><td>连江苔菉</td></tr>
<tr><td>12</td><td>-k</td><td colspan="5">-ʔ</td><td>-k</td><td>-ʔ</td><td>-k</td><td colspan="3">-ʔ</td><td>-k</td><td>泰顺新浦</td></tr>
</table>

根据表 2–8 第 1—3 类，咸深摄韵尾 -k 化有三小类：咸一二韵尾 -k 化、咸摄韵尾 -k 化、咸深摄韵尾 -k 化，三小类呈现了韵尾 -k 化从咸深摄一二等推及三四

等的过程，例字请看表 2-9。表 2-9 中 3 点都在广东省，具体演变情况分析请看本章第三节。

表 2-9 咸深摄 -k 化字音举例

	咸摄一二等				咸摄三四等			深摄		
	搭	盒	塔	插	叶	贴	法	立	十	急
曲江马壩	tak^{33}	hɐt^{22}	tʰak^{33}	ʦʰak^{33}	jit^{22}	tʰit^{33}	fat^{33}	lɐt^{22}	sɐt^{22}	kɐt^{55}
翁源新江	tak^{2}	hak^{5}	tʰak^{2}	ʦʰak^{2}	Ǿiak^{5}	tiak^{2}	fak^{2}	lit^{5}	ʃit^{5}	kit^{2}
兴宁大坪	tak^{3}	hak^{5}	tʰak^{3}	ʦʰak^{3}	ʐak^{5}	tiak^{3}	fak^{3}	liuk^{5}	ʂuk^{5}	kiuk^{3}

二 山臻摄韵尾 -k 化

山臻摄 -t 尾在一定条件下变成 -k 尾，并入宕江曾梗通摄。此类主要分布于广东粤语广府片，四邑片、高阳片和吴化片以及客家话惠州片各有少数分布点。具体类型请看表 2-8 的第 4—7 类。第 4、5 类归入“山摄韵尾 -k 化”一类，第 6、7 类归入“山臻摄韵尾 -k 化”一类。表 2-8 显示山臻摄韵尾 -k 化与咸深摄韵尾 -k 化一致，都是从《切韵》主元音是低元音的一二等向主元音为高元音的三四等推进，从主元音舌位较低的山摄向舌位较高的臻摄推进。

2.1 山摄韵尾 -k 化

2.1.1 山一二韵尾 -k 化

此类分布点有：粤语广东鹤山古劳、番禺万顷沙、从化神岗、从化城内，客家话广东惠州市区。

（1）番禺万顷沙山摄开口一二等、合口二等主元音为 a、ɔ 的韵尾变成 -k 尾，合口一等和三四等主元音是高元音 i、u、y 及 ɐ 的仍读 -t 尾。如下：

<table>
<tr><td></td><td>咸开</td><td>山三四、合一</td><td>山开一二、合二</td><td>咸合</td><td>宕江</td><td>梗二三</td><td>梗四</td><td>曾</td><td>通</td><td>臻</td><td>深</td></tr>
<tr><td>主元音</td><td>ɐ a</td><td>i ɐ u y</td><td>a ɔ</td><td>a</td><td>ɔ</td><td>ɛ a</td><td>e</td><td>e ɐ a</td><td>o</td><td>ø ɐ</td><td>ɐ</td></tr>
<tr><td>韵尾</td><td>-p</td><td>-t</td><td colspan="4">-k</td><td colspan="3">-k</td><td>-t</td><td>-p</td></tr>
<tr><td>清</td><td colspan="6">下阴入 [3]</td><td colspan="5">上阴入 [5]</td></tr>
<tr><td>浊</td><td colspan="11">阳入 [2]</td></tr>
</table>

山摄：辣 lak^{2} ｜割 kɔk^{3} ｜八 pak^{3} ｜杀 sak^{3} ｜刷 ʦʰak^{3} ｜刮 kwak^{3}，脱 tʰyt^{3} ｜活 wut^{2} ｜舌 sit^{3} ｜节 ʦit^{3} ｜结 kit^{3} ｜罚 fɐt^{2} ｜血 hyt^{3}；臻摄：笔 pɐt^{5} ｜七 ʦʰɐt^{5} ｜

骨 kwɐt^{5} ｜出 ʦʰøt^{5}。咸合三因较早韵尾 -t 化并入山摄而赶上韵尾 -k 化，如：法 fak^{3}。

（2）与番禺万顷沙不同，惠州市区以声类为主要条件，山摄主元音是 a、ə、ɔ 的合口一二等帮组见系及开口二等少数帮组见系韵尾 -k 化，开口一二等和合口一等端组仍读 -t 尾。如下：

<table>
<tr><td colspan="2"></td><td>深</td><td>咸开</td><td>咸合</td><td>臻</td><td>山三四</td><td>山开一二</td><td>山合一二</td><td>曾梗</td><td>宕江</td><td>通</td></tr>
<tr><td colspan="2">主元音</td><td>i a</td><td>a</td><td>a</td><td>i e ə ɔ u</td><td>e a</td><td>a ɔ</td><td>a ə ɔ</td><td>a ə</td><td>ə ɔ</td><td>ə ɔ</td></tr>
<tr><td colspan="2">韵尾</td><td>-p</td><td>-p</td><td colspan="4">-t</td><td colspan="4">-k</td></tr>
<tr><td rowspan="2">浊</td><td>清</td><td colspan="10">阴入 [35]</td></tr>
<tr><td>浊</td><td colspan="10">阳入 [31]</td></tr>
</table>

山开一二：抹 mak^{35} ｜瞎 hak^{31}、辣 lat^{31} ｜擦 ʦʰat^{35} ｜渴 hɔt^{35} ｜八 pat^{35} ｜杀 sat^{35}，山合一二：泼 pʰɔk^{35} ｜钹 pʰak^{31} ｜末 mɔk^{31} ｜括 kak^{35} ｜豁 kək^{35} ｜活 vək^{31} ｜滑 vak^{31} ｜挖 vak^{35} ｜刷 sak^{35} ｜刮 kak^{35}、掇 tʰyet^{35} ｜脱 tʰɔt^{35} ｜夺 tʰɔt^{31} ｜阔 fɔt^{35}，山三四：舌 set^{31} ｜热 ŋet^{31} ｜切 ʦʰet^{35} ｜结 ket^{35} ｜雪 syet^{35} ｜罚 fat^{31} ｜月 ɲyet^{31} ｜血 hyet^{35}。咸合三 -t 化后没有变成 -k 尾：法 fat^{35} ｜乏 fat^{31}。

（3）从化城内山摄开口一二等、合口二等主元音为低元音 a 的入声韵及合口三等非组变成 -k 尾，主元音非 a 的和三四等仍读 -t 尾，如下：

<table>
<tr><td></td><td>咸开</td><td>咸合</td><td colspan="2">山开三四、合一四</td><td colspan="2">山开一二、合二三</td><td>宕江</td><td>梗低</td><td>梗高</td><td>曾</td><td>通</td><td>臻</td><td>深</td></tr>
<tr><td>主元音</td><td>i a ɐ</td><td>a</td><td>i</td><td>u y</td><td>ɐ o u y</td><td>a</td><td>œ ɔ</td><td>ɛ a</td><td>e</td><td>e a ə</td><td>o</td><td colspan="2">i ɐ u y</td></tr>
<tr><td>韵尾</td><td>-p</td><td colspan="4">-t</td><td colspan="3">-k</td><td colspan="3">-k</td><td>-t</td><td>-p</td></tr>
<tr><td>清</td><td colspan="8">下阴入 [23]</td><td colspan="5">上阴入 [55]</td></tr>
<tr><td>浊</td><td colspan="13">阳入 [22]</td></tr>
</table>

山开一二：达 tak^{22} ｜辣 lak^{22} ｜擦 ʦʰak^{23} ｜撒 sak^{23} ｜八 pak^{23} ｜察 ʦʰak^{23} ｜杀 sak^{23}、割 kot^{23} ｜渴 hot^{23} ｜拔 pɐt^{22} ｜抹 mut^{23} ｜瞎 hɐt^{22}，山合一二：滑 wuak^{22} ｜挖 wuak^{23} ｜刷 ʦʰak^{23} ｜刮 kuak^{23}、夺 tyt^{22} ｜撮 ʦʰyt^{23} ｜活 wut^{22}，山开三四：灭 mit^{22} ｜舌 sit^{22} ｜热 jit^{22} ｜揭 kit^{23} ｜铁 tʰit^{23} ｜切 ʦʰit^{23} ｜结 kit^{23}，山合三四：发 fak^{23} ｜罚 fak^{22}、劣 lyt^{23} ｜雪 syt^{23} ｜说 syt^{23} ｜袜 mɐt^{22} ｜掘 kuɐt^{22} ｜月 jyt^{22} ｜缺 kʰyt^{23} ｜血 hyt^{23}。咸合三韵尾 -t 化但未进一步 -k 化：法 fat^{23} ｜乏 fat^{22}。臻开三极少数主元音为 a 的字 -k 化，如：七漆 ʦʰak^{55}。

2.1.2 山摄韵尾 -k 化

南海沙头山摄一二等以主元音为条件，主元音是 e、o、ɔ 的韵尾 -k 化，主元音是 y、u、ɐ 的保持 -t 尾；三四等开口 -k 化、合口保持 -t 尾，分化原因是主元音类型差异：主元音是 y、ɐ、œ 的保持 -t 尾而主元音是 i、e 的韵尾 -k 化，如下：

	咸开	咸合	山				宕江	梗低	梗高	曾	通	臻	深
			合三四	一二		开三四							
主元音	i ɛ ɐ o	ɐ	ɐ œ y	y u ɐ	e o ɔ	i e	œ ɔ	ɛ a	e	e a	o	i ɐ œ u y	ɐ
韵尾	-p	-t			-k				-k			-t	-p
清	下阴入 [33]								上阴入 [55]				
浊	阳入 [22]												

山一二：割 kok^{33} ｜渴 hok^{33} ｜拨 pɔk^{22} ｜八 pek^{33} ｜抹抹布 mɔk^{33} ｜滑 wuek^{22} ｜挖 wuek^{33} ｜刮 kuek^{33}，达 tɐt^{22} ｜辣 lɐt^{22} ｜擦 ʦʰɐt^{33} ｜末 myt^{22} ｜脱 tʰyt^{33} ｜夺 tyt^{22} ｜撮 tʰyt^{33} ｜括 kʰut^{33} ｜活 fut^{22} ｜拔 pɐt^{22} ｜杀 sɐt^{33} ｜瞎 hɐt^{22} ｜刷 ʦʰɐt^{33}；山三四：灭 mik^{22} ｜舌 ʦʰik^{22} ｜热 jik^{22} ｜揭 kʰik^{33} ｜篾 mek^{22} ｜铁 tʰik^{33} ｜切 ʦʰik^{33} ｜结 kik^{33}，雪 syt^{33} ｜阅 hœt^{22} ｜髮 pʰɐt^{33} ｜掘 kuɐt^{22} ｜月 jyt^{22} ｜粤 hœt^{22} ｜血 hyt^{33} ｜穴 hyt^{22}。咸合三韵尾 -t 化后与山合三一起保持 -t 尾，如：法 pʰɐt^{33} ｜乏 pʰɐt^{22}。南海沙头山摄只是部分韵尾 -k 化，但涉及了开合口、一二三四等，故将其归为“山摄韵尾 -k 化”类。

2.2 山臻摄韵尾 -k 化

2.2.1 山一二、臻摄韵尾 -k 化

遂溪北坡山摄一二等及合口三等非组主元音为 a 的 -t 尾变成 -k，主元音为高元音 i、u 的入声韵仍读 -t；臻摄 -t 尾全部变成 -k，主元音是 ɐ。如下：

	咸开	山一二		山三四	咸合	宕江	梗低	梗高	曾	通	臻	深
主元音	i ɐ a	i u	a	i u	a	ɔ	ɛ a	e	e a ɐ	o	ɐ	ɐ
韵尾	-p	-t	-k	-t	-k			-k				-p
清	下阴入 [3]							上阴入 [5]				
浊	阳入 [2]											

山摄：辣 lak^{2} ｜八 pak^{3} ｜杀 sak^{3} ｜刷 ʦʰak^{3} ｜刮 kuak^{3} ｜罚 fak^{2}，割 kut^{3} ｜舌 sit^{2} ｜歇 hit^{3} ｜结 kit^{3} ｜拨 put^{2} ｜脱 tʰit^{3} ｜活 Øut^{2} ｜雪 ɬit^{3} ｜月 ȵit^{2} ｜血 hit^{3}；臻摄：笔 pɐk^{5} ｜七 ʦʰɐk^{5} ｜一 Øiɐk^{5} ｜骨 kuɐk^{5} ｜出 ʦʰɐk^{5} ｜橘 kuɐk^{5}。咸合三韵尾 -t 化后跟随主元音相同的山合三一起变成 -k，如：法 fak^{3}。

2.2.2 山、臻摄韵尾 -k 化

根据本书材料，合并方向里山摄和臻摄都出现韵尾 -k 化的只有增城县城 1 点。但在弱化方向里以潮汕片为主的闽语山臻摄部分入声韵出现 -k 化。

（1）增城县城山臻摄以主元音高低为条件分化，来自一二三四等的主元音是低、较低元音 a、œ、ɐ、ɛ 的入声韵韵尾变成 -k，来自开口三四等、合口一三等的主元音是高元音 i、u 的入声韵仍读 -t 尾，如下：

	咸开	山		咸合	宕江	梗低	梗高	曾	通	臻		深
主元音	i ɐ a	i u	ɛ ɐ a œ	a	ɔ œ	ɛ a	e	e ɐ a	o	e ɐ œ	i	ɐ a
韵尾	-p	-t	-k				-k				-t	-p
清	下阴入 [33]						上阴入 [55]					
浊	阳入 [22]											

山摄：辣 lak²² ｜割 kœk³³ ｜八 pak³³ ｜瞎 hak²² ｜刷 ʦʰak³³ ｜薛 sɛk³³ ｜揭 kʰœk³³ ｜雪 sœk³³ ｜罚 fak²² ｜切 ʦʰɛk³³ ｜缺 kʰœk³³ ｜穴 hœk²²，末 mut²² ｜活 wut²² ｜别 pit²² ｜热 jit²² ｜杰 kit²² ｜说 sit³³ ｜月 jit²² ｜篾 mit²² ｜铁 tʰit³³；臻摄：笔 pɐk⁵⁵ ｜膝 sek⁵⁵ ｜一 jiɐk⁵⁵ ｜勃 pœk²² ｜骨 kuɐk⁵⁵ ｜出 ʦʰɐk⁵⁵，必 pit⁵⁵ ｜乙 jit²²。咸合三 -p 尾并入山摄后跟随主元音相同的山摄字变成 -k：法 fak³³。

增城县城山臻摄主元音为 i、u 的入声韵 -t 尾如何演变，有待以后观察。麦耘（2011：82—93）指出黄阁话主元音为非后元音的入声韵 -k 尾有 -k、-t 自由变体，但以舌面中塞音 -c 最为常见；小虎话的 iːt、yːt 两韵中的 -t 为实为 -c。从麦文音系例字看，这两个方言的入声韵尾反映了 -t>-c>-k 的演变过程，如下：

小虎话	深	咸	山			臻	曾	梗	宕江	通
主元音	ɐ	aː	ɔː aː	uː	iː yː	ɐ	e	e ɛː aː	ɔː œː	o
韵尾	-p	-k		-t	-c	-t	-k			

黄阁话	深	咸	山臻		曾	梗	宕江	通
主元音	iː ɐ		ɔː uː	iː yː aː ɐ	e ɐ	e ɛː ɐ aː	ɔː	o
韵尾	-ʊʔ		-k	-k / -c			-k	

（2）闽语广东潮州意溪山摄主元音为 ɛ、a、u 的韵尾 -k 化；臻摄主元音为 i、u，韵尾全部 -k 化；咸摄山摄与宕江梗摄部分韵尾 -ʔ 化，来自清入的主要对应粤语广宁东乡的下阴入，来自浊入的主要对应其下阳入。如下：

<table>
<tr><td colspan="2"></td><td>咸</td><td>山</td><td>宕</td><td>江</td><td>梗</td><td>深</td><td>臻</td><td>曾</td><td>通</td><td rowspan="2">广宁东乡</td></tr>
<tr><td colspan="2">主元音</td><td colspan="2">iɛaɔu</td><td>ɛaɔ</td><td>aɔ</td><td>ɛa</td><td>ia</td><td>iu</td><td>iɛa</td><td>ɛaɔ</td></tr>
<tr><td rowspan="2">清</td><td rowspan="2">阴入 [2]</td><td>-p</td><td colspan="4">-k</td><td>-p</td><td colspan="3">-k</td><td>上阴入 [55]</td></tr>
<tr><td colspan="5" rowspan="2">-ʔ, [i ɛ a ɔ]</td><td colspan="4" rowspan="2">—</td><td>下阴入 [33]</td></tr>
<tr><td rowspan="2">浊</td><td rowspan="2">阳入 [5]</td><td>下阳入 [214]</td></tr>
<tr><td>-p</td><td colspan="4">-k</td><td>-p</td><td colspan="3">-k</td><td>上阳入 [22]</td></tr>
</table>

山摄：切 ʦʰiɛk^{2} ｜结 kak^{2} ｜拨 pʰuak^{2} ｜脱 tʰuk^{2} ｜罚 xuɛk^{5}，辣 luaʔ^{2} ｜八 pɔiʔ^{2} ｜舌 ʦiʔ^{5} ｜热 dzuaʔ^{5} ｜节 ʦɔiʔ^{2} ｜活 Øuaʔ^{5} ｜刮 kuaʔ^{2} ｜雪 sɔʔ^{2} ｜月 ŋguɛʔ^{5} ｜血 xuɛʔ^{2}；臻摄：笔 pik^{2} ｜一 Øik^{2} ｜骨 kuk^{2} ｜出 ʦʰuk^{2} ｜橘 kik^{2}。

三　咸深山臻摄韵尾 -k 化

根据本书材料，咸深山臻四摄韵尾 -k 化类型有表 2-8 中的第 8—12 五类，它们显示了咸深山臻摄逐步从一二等向三四等推进的 -k 化过程。表中第 8、9、12 类分属合并混合型和弱化类型，详见本章第三节和第三章第三节。本小节只看第 10、11 类的演变情况。

3.1 咸三四、山臻摄韵尾 -k 化

粤语香港新界锦田咸摄三四等和山臻摄韵尾 -k 化，咸摄一二等和深摄 -p 尾不变。如下：

	深	咸一二	咸三四	咸合	山一二	山三四	臻	曾	梗	宕江	通
主元音	ə	ᴀ ə	i	æ	y æ ə ʊ	y i æ	ə ʊ	æ ə	ɛ æ ə	œ o ɔ	o
韵尾	-p		-k								
清	阴入 [35]										
浊	阳入 [22]										

咸深摄：搭 tᴀp^{35} ｜盒 həp^{22} ｜塔 tʰᴀp^{35} ｜插 ʦʰᴀp^{35} ｜鸭 Øᴀp^{35}、叶 jik^{22} ｜贴 tʰik^{35} ｜法 fæk^{35}，立 ləp^{22} ｜十 səp^{22} ｜急 kəp^{35}；山臻摄：辣 læk^{22} ｜割 kʊk^{35} ｜八 pæk^{35} ｜舌 sik^{22} ｜热 ŋik^{22} ｜切 ʦʰik^{35} ｜结 kik^{35} ｜脱 tʰyk^{35} ｜活 wʊk^{22} ｜刮 kuæk^{35} ｜罚 fæk^{22} ｜月 jyk^{22} ｜血 hyk^{35}，笔 pək^{35} ｜七 ʦʰək^{35} ｜一 jiək^{35} ｜骨 kuək^{35} ｜出 ʦʰək^{35} ｜橘 kuək^{35}。不过，咸摄三四等有 6 个字保持 -p 尾：猎 lip^{22} ｜接 tsip^{35} ｜妾 tsʰip^{35} ｜摺褶 tsip^{35} ｜协 hip^{22}；山摄 -t 尾有 7 个字变读 -p 尾：彻 tsʰip^{35} ｜撤 tsʰip^{35} ｜掇 tsyp^{35} ｜劣 lyp^{35} ｜绝 tsyp^{22} ｜雪 syp^{35} ｜拙 tsyp^{35}。所占比例

不高，咸摄三四等和山臻摄韵尾 -k 化的入声音节有 63 个。咸摄三四等保持 -p 尾的原因可能是这几个字在韵尾 -t 化的词汇渐变过程中没有变化，自然没有韵尾 -k 化。而山摄 -t 尾有 7 个字变读 -p 尾的原因可能是文白读，如：撮 tsyk^{35}白/tsʰip^{35}文。（詹伯慧、张日昇 1987）

新界锦田韵尾 -k 化与前几类不同。前几类韵尾 -k 化都与入声韵主元音高低密切相关，新界锦田山臻摄主元音有 i、y、ʊ、æ、ə，高低前后元音都有。这似可说明韵尾 -k 化从低元音入声韵推及了高元音入声韵。但为何咸摄一二等和深摄的低元音和央元音入声韵没有韵尾 -k 化，反而三四等高元音入声韵韵尾 -k 化了？可能的原因是：新界锦田的咸摄合口三等与开口三四等同时或先后韵尾 -t 化，之后再跟随山臻摄一起发生韵尾 -k 化；咸摄开口一二等虽然主元音较低，但因保持着 -p 尾而没有韵尾 -t 化，之后就无法跟随山臻摄一起韵尾 -k 化。新界锦田的咸摄开口三四等与山摄开口三四等主元音是 i 的入声韵韵尾演变过程可能是：-t>-c>-k。

3.2 咸深、山臻摄韵尾 -k 化

咸深摄 -p 尾和山臻摄 -t 尾入声韵并入宕江曾梗通摄读 -k。在本书材料中只有闽语福建宁德城区、连江苔菉 2 点属于此类。

3.2.1 宁德城区咸摄一等不变，咸摄二三四等和深摄部分字保持 -p、部分变成 -k，即使入声韵主元音相同；山臻摄韵尾全部 -k 化，如下：

<table>
<tr><td></td><td>咸开一</td><td colspan="2">咸开二三四咸合</td><td colspan="2">深</td><td>山臻</td><td>宕江曾梗通</td></tr>
<tr><td>主元音</td><td>a</td><td colspan="2">y i ɛ a o</td><td colspan="2">i e ɛ a</td><td>y i e ɛ a œ o ɔ u</td><td>y i e ɛ a ø œ o ɔ u</td></tr>
<tr><td>韵尾</td><td colspan="2">-p</td><td colspan="2">-k</td><td>-p</td><td colspan="2">-k</td></tr>
<tr><td>清</td><td colspan="7">阴入 [4]</td></tr>
<tr><td>浊</td><td colspan="7">阳入 [5]</td></tr>
</table>

咸摄：盒 Øap^{5} | 塔 tʰap^{4} | 磕 kʰɔuk^{4} | 插 ʦʰap^{4} | 煠 ʦak^{4} | 夹 kɛp^{4}白/kak^{4}文 | 鸭 Øap^{4} | 聂 niɛk^{4} | 接 ʦip^{4} | 涉 sɛk^{5} | 叶 Øɛp^{5} | 怯 kʰyk^{4} | 业 ŋɛp^{5} | 胁 hɛk^{5}白/hiɛk^{4} | 贴 tʰɛp^{4} | 法 huok^{4}；深摄：立 lik^{5} | 集 ʦip^{5} | 习 sip^{5}白/sik^{5}文 | 执 ʦik^{4} | 汁 ʦɛp^{4} | 十 sɛp^{5} | 急 kek^{4} | 级 ŋep^{4}；山摄：辣 lak^{5} | 八 pɛk^{4} | 薛 sik^{4} | 舌 sɛk^{5} | 歇 hyk^{4} | 节 ʦɛk^{4}白/ʦik^{4}文 | 结 kɛk^{4}白/kik^{4}文 | 夺 tœk^{5} | 活 Øuak^{5} | 刮 kuok^{4} | 雪 suk^{4} | 罚 huak^{5} | 月 ŋɔuk^{5} | 血 hɛk^{4}；臻摄：笔 pek^{4} | 侄 tik^{5} | 一 Øek^{4} | 不 puk^{4} | 骨 kɔuk^{4}。

宁德城区咸深摄保持 -p 尾的入声韵是否朝着韵尾 -k 化方向发展，还需后续观察。不过，连江苔菉咸深摄和山臻摄不论主元音类型全部 -k 化，如下：

	深	咸开	咸合	山一二	山三四	臻	曾一	曾三	梗三四	梗二	宕江	通
主元音	i e	ɛ a	a	a	ɛ a ɔ	e ɒ o	e a ɔ	i ɛ a	ɛ a ø	ɛ a	ø ɒ ɔ	ø ɔ u
韵尾	-k											
清	阴入 [24]											
浊	阳入 [5]											

咸深摄：塔 t^{h}ak^{24} ｜插 ʦ^{h}iak^{24} ｜接 ʦiɛk^{24} ｜叶 Øiɛk^{5} ｜贴 t^{h}aik^{24}，立 nik^{5} ｜十 seik^{5} ｜急 keik^{24}；山臻摄：辣 nak^{5} ｜杀 sak^{24} ｜舌 siɛk^{5} ｜节 ʦaik^{24} ｜活 Øuak^{5} ｜雪 suɔk^{24} ｜月 ŋuɔk^{5}，七 ʦ^{h}eik^{24} ｜骨 kɒuk^{24} ｜出 ʦ^{h}ouk^{24}。

3.2.2 关于客家话江西会昌县城方言，《江西省志·方言志》（2005）报告会昌县城咸深山臻四摄全部韵尾 -k 化，与“地图集数据库”的会昌文武坝不同。会昌文武坝九摄韵尾 -ʔ 化，但文武坝离县城仅 2 千米。产生类型差异的原因可能有两个：一是韵尾演变的地域、年龄差异，即会昌县城九摄韵尾都是 -k 尾，而周边方言的九摄韵尾经过一定演变过程后弱化为 -ʔ；二是材料处理方法不同。本书仅列举会昌县城的类型，会昌方言以会昌文武坝为代表点。

第三节　合并混合型

合并混合型指韵尾同时出现韵尾 -t 化和 -k 化两种合并现象。因方言自身所具有的合并类型不同、施受影响不同、演变起点不同，故产生了不同的混合类型。从现有材料来看此类没有固定类型，各自为政且只出现在广东省的粤语和客家话。暂且以方言点名称来命名具体小类，具体的混合情况请看表 2-10，该表显示客家话与粤语在合并混合类型上存在不同。

表 2-10　韵尾合并混合型

<table>
<tr><th rowspan="2"></th><th rowspan="2">深</th><th colspan="2">咸开</th><th rowspan="2">咸合</th><th colspan="2">山</th><th rowspan="2">臻</th><th colspan="2">曾</th><th colspan="2">梗</th><th rowspan="2">宕江</th><th rowspan="2">通</th><th rowspan="2">代表点</th></tr>
<tr><th>一二</th><th>三四</th><th>一二</th><th>三四</th><th>一</th><th>三</th><th>三四</th><th>二</th></tr>
<tr><td>1</td><td>-t</td><td colspan="3">-k</td><td colspan="3">-t</td><td colspan="2">-t</td><td colspan="4">-k</td><td>翁源新江</td></tr>
<tr><td>2</td><td colspan="4">-k</td><td colspan="3">-t</td><td colspan="2">-t</td><td colspan="4">-k</td><td>兴宁大坪</td></tr>
<tr><td>3</td><td>-t</td><td>-k</td><td colspan="2">-t</td><td colspan="3">-t</td><td>-t</td><td colspan="5">-k</td><td>曲江马壩</td></tr>
<tr><td>4</td><td>-t</td><td>-k</td><td>-t</td><td colspan="2">-k</td><td colspan="2">-t</td><td colspan="2">-k</td><td>-t</td><td colspan="3">-k</td><td>仁化县城</td></tr>
<tr><td>5</td><td colspan="2">-p</td><td>-t</td><td colspan="2">-k</td><td colspan="2">-t</td><td colspan="7">-k</td><td>云浮云城</td></tr>
<tr><td>6</td><td>-p</td><td colspan="2">-k</td><td colspan="2">-k</td><td colspan="2">-t</td><td>-t</td><td colspan="5">-k</td><td>中山三角</td></tr>
<tr><td>7</td><td colspan="3">-p</td><td colspan="4">-k</td><td>-k</td><td colspan="2">-t</td><td colspan="3">-k</td><td>吴川吴阳</td></tr>
</table>

一　客家型

1.1 翁源型

广东翁源新江咸摄韵尾 -k 化并入梗摄，其主元音是低元音 a；深摄、曾摄韵尾 -t 化并入山臻摄。如下：

		咸开	咸合	梗二	梗三四	宕江	通	山一二	山三四	曾三	曾一	臻	深
主元音		a	a	a	a	o	u	a o	e a	i e	e	i u	i
韵尾		-k						-t					
次浊	清	阴入 [2]											
	全浊	阳入 [5]											

咸摄：盒 hak^{5} ｜塔 tʰak^{2} ｜插 ʦʰak^{2} ｜鸭 Øak^{2} ｜接 ʦiak^{2} ｜叶 Øiak^{5} ｜贴 tiak^{2} ｜法 fak^{2}；深摄：立 lit^{5} ｜十 ʃit^{5} ｜急 kit^{2}；曾摄：北 pet^{2} ｜贼 ʦʰet^{5} ｜刻 kʰet^{2} ｜力 lit^{5} ｜直 ʧʰit^{5} ｜色 set^{2} ｜织 ʧit^{2}。咸摄应该是直接从 -p 尾变成 -k 的。如果咸摄先韵尾 -t 化再 -k 化，就无法解释主元音同为 a 的山摄部分入声韵 -t 尾为什么没有 -k 化。

1.2 兴宁型

广东兴宁大坪咸深摄韵尾 -k 化并入梗摄和通摄，深摄入声韵主元音是后高元音 u，与通摄相同；曾摄韵尾 -t 化并入山臻摄。如下：

		咸开	咸合	梗二	梗三四	宕江	通	深	山一二	山三四	曾三	曾一	臻
主元音		a	a	a	a	ɔ	u	u	a ɔ	i ɛ a	i ɛ	ɛ	i
韵尾		-k							-t				
次浊	清	阴入 [3]											
	全浊	阳入 [5]											

咸深摄：盒 hak^{5} ｜塔 tʰak^{3} ｜插 ʦʰak^{3} ｜鸭 Øak^{3} ｜接 ʦiak^{3} ｜叶 ʐak^{5} ｜贴 tiak^{3}/tʰiak^{3} ｜法 fak^{3}、立 liuk^{5} ｜十 ʂuk^{5} ｜急 kiuk^{3}；曾摄：北 piɛt^{3} ｜贼 ʦʰiɛt^{5} ｜刻 kʰiɛt^{3} ｜力 lit^{5} ｜直 tʂʰit^{5} ｜色 siɛt^{3} ｜织 tʂit^{3}。咸深摄 -p 尾是直接变成 -k 尾的，理由与翁源新江的一致。从主元音类型看，咸摄为低元音 a 而深摄为高元音 u，深摄韵尾 -k 化应该是因其主元音和通摄相同发生类推演变形成的。

二　粤语型

广东粤语有 5 点出现混合型，曲江马壩、仁化县城在粤北，云浮云城、中山三角在珠江三角洲地区，吴川吴阳在靠近雷州半岛的粤西。

2.1 曲江型

曲江马壩咸摄一二等主元音为 a 的韵尾 -k 化，主元音为 ɐ 的见系字韵尾 -t 化；咸摄三四等和深摄韵尾 -t 化。曾摄一等韵尾 -t 化，但主元音相同的入声韵有的变有的没变，变的多为端组舌尖音。咸摄三四等、深摄和曾摄一等韵尾 -t 化的主元音是高元音 i 和 ɐ。如下：

	宕江	梗低通低		咸一二		咸三四	咸合	山	深	臻	曾一		曾三	梗高通高	
主元音	œ o ɔ	a	ɔ	a	ɐ	i	a	i u y a ɐ ɔ	i ɐ a œ u		ɐ	a	e a ɐ	e	o
韵尾	-k				-t							-k			
清	下阴入 [33]								上阴入 [55]						
浊	阳入 [22]														

咸摄：搭 tak^{33} ｜ 杂 ʦak^{22} ｜ 鸽 kak^{33} ｜ 腊 lak^{22} ｜ 插 ʦʰak^{33} ｜ 甲 kak^{33} ｜ 鸭 ŋak^{33}、盒 hɐt^{22} ｜恰 hɐt^{55}，猎 lit^{22} ｜摺 ʦit^{33} ｜叶 jit^{22} ｜胁 hit^{33} ｜叠 tit^{22} ｜协 hit^{33} ｜ 法 fat^{33} ｜ 乏 fat^{22}；深摄：粒 lɐt^{55} ｜ 集 ʦat^{22} ｜ 习 ʦat^{22} ｜ 蛰 ʦat^{22} ｜ 十 sɐt^{22} ｜ 入 jiɐt^{22} ｜ 泣 jiɐt^{55} ｜ 吸 kʰɐt^{55}；曾摄：北 pɐk^{55} ｜ 德 tɐt^{55} ｜ 特 tɐt^{22} ｜ 贼 ʦʰak^{22} ｜ 塞 sɐt^{55} ｜黑 hɐk^{55}，力 lek^{22} ｜直 ʦek^{22} ｜侧 ʦɐk^{55} ｜色 sek^{55} ｜织 ʦek^{55}。咸摄一二等没有韵尾 -t 化，它们是直接从 -p 尾变成 -k 尾。如果一二等先韵尾 -t 化，主元音与之相同的山摄入声韵应该变为 -k 尾。

2.2 仁化型

仁化县城咸摄开口一二等合口三等、山摄开口一二等合口二等及三等非组以主元音 a 为条件韵尾 -k 化，咸摄开口三四等和深摄韵尾 -t 化。如下：

	咸开三四	咸开一二、合三	山开一二合二三	山其他	梗低	宕江	梗高	曾	通	臻	深
主元音	i	a	a	i ɔ u	a	œ ɔ	ɛ	ɛ ɐ	o	i ɐ œ u	
韵尾	-t	-k		-t	-k		-k			-t	
清	阳入 [22]						上阴入 [55]				
浊	阳入 [22]										

咸摄：盒 hak^{22} ｜ 塔 tʰak^{22} ｜ 插 ʦʰak^{22} ｜ 鸭 Øak^{22}，接 ʦit^{22} ｜ 叶 Øit^{22} ｜ 贴 tʰit^{22} ｜ 法 fak^{22}；山摄：辣 lak^{22} ｜ 八 pak^{22} ｜ 杀 sak^{22} ｜ 刷 ʦʰak^{22} ｜ 刮 kʰuak^{55} ｜ 罚 fak^{22}，割 kɔt^{55} ｜ 舌 sit^{22} ｜ 热 Øit^{22} ｜ 结 kit^{55} ｜ 脱 tʰit^{22} ｜ 活 Øut^{22} ｜ 月 Øit^{22} ｜ 血 hit^{22}；深臻摄：立 lɐt^{22} ｜ 十 sɐt^{22} ｜ 急 kɐt^{55}，笔 pɐt^{55} ｜ 七 ʦʰɐt^{55} ｜ 骨 kuɐt^{55} ｜ 出

ʦʰœt^{55} ｜橘 kit^{55}。

仁化县城入声调的合并值得关注。粤语一般有上、下阴入，仁化县城的下阴入绝大部分已归到阳入，仅极少数读下阴入 [33]，如：鸽 kak^{33} ｜错 ʦʰɔk^{33} ｜郭 kɔk^{33}。这是在清浊分调、元音分调基础上以调值相近为条件的进一步调类合并。

2.3 云浮型

云浮云城咸摄开口三四等韵尾 -t 化，主元音为高元音 i；一二等保持 -p 尾。山摄开口一二等合口二等及三等非组以主元音 a 为条件韵尾 -k 化，其他主元音非 a 的韵尾不变。如下：

	咸一二	咸三四	咸合		山一二		山三四	宕江	梗低	梗高	曾	通	臻	深
主元音	a ɐ	i	ɐ	a	u y ɐ	a	i y ɐ	a ɐ	a ᴇ	e	e a	o	i u y ɐ	a ɐ
韵尾	-p	-t		-k	-t	-k	-t	-k		-k			-t	-p
清	下阴入 [33]									上阴入 [55]				
浊	阳入 [22]													

咸摄：盒 hɐp^{22} ｜塔 tʰap^{33} ｜插 ʦʰap^{33} ｜鸭 Øap^{33}，接 ʦit^{33} ｜叶 jit^{22} ｜贴 tʰit^{33} ｜法 fak^{33}；山摄：辣 lak^{22} ｜八 pak^{33} ｜杀 sak^{33} ｜铡 ʦak^{22} ｜挖 wuak^{33} ｜刷 ʦʰak^{33} ｜刮 kuak^{33} ｜髮 fak^{33}，割 kut^{33} ｜舌 sit^{22} ｜热 jit^{22} ｜结 kit^{33} ｜脱 tʰyt^{33} ｜活 wut^{22} ｜雪 syt^{33} ｜月 jyt^{22} ｜血 hyt^{33}。山合三非组部分字有 -k 和 -t 两读，读 -k 尾的主元音为 a、读 -t 尾的主元音为 ɐ，如：伐 fak^{22}/fɐt^{22} ｜筏 fak^{22}/fɐt^{22} ｜罚 fak^{22}/fɐt^{22}。咸合三因主元音不同有两种表现：法 fak^{33} ｜乏 fɐt^{22}，可能是以主元音为条件分化为 -k 或 -t，但无法解释咸摄开口一二等为何不变。

2.4 中山型

中山三角咸摄（一等见系除外）、主元音为 ε 的山摄一二等及合口三等非组韵尾 -k 化，山摄主元音为高元音 i、u、ø 的 -t 尾不变。深摄和臻摄入声韵主元音都是 ɐ，分别保持 -p、-t 不变。曾摄一等及三等庄组主元音为 ɐ 的韵尾 -t 化，并入主元音类型相同的臻摄。如下：

	咸开		咸合	山一二		山三四	宕江	梗低	梗高	通	曾		臻	深
主元音	ɐ	i a	ε	ε	i ø u	ε	ø ɔ	ε	ə	o	ə ε	ɐ	ɐ	ɐ
韵尾	-p	-k			-t	-k			-k			-t		-p
清	下阴入 [23]								上阴入 [5]					
浊	阳入 [3]													

咸摄：盒 hɐp^{3} ｜塔 tʰak$^{\underline{23}}$ ｜插 ʦʰak$^{\underline{23}}$ ｜鸭 ŋak$^{\underline{23}}$ ｜接 ʦik$^{\underline{23}}$ ｜叶 jik^{3} ｜贴 tʰik$^{\underline{23}}$ ｜法 ʃiɛk$^{\underline{23}}$；深摄：立 lɐp^{3} ｜十 sɐp^{3} ｜急 kɐp^{5}；山摄：辣 liɛk^{3} ｜八 piɛk$^{\underline{23}}$ ｜杀 siɛk$^{\underline{23}}$ ｜刷 ʦʰiɛk$^{\underline{23}}$ ｜刮 kwiɛk$^{\underline{23}}$ ｜罚 fiɛk^{3}，割 kut$^{\underline{23}}$ ｜热 jit^{3} ｜结 kit$^{\underline{23}}$ ｜脱 tʰøt$^{\underline{23}}$ ｜活 wut^{3} ｜月 jøt^{3}/jøt^{5} ｜血 høt$^{\underline{23}}$；臻摄：笔 pɐt^{5} ｜七 ʦʰɐt^{5} ｜骨 kwɐt^{5} ｜出 ʦʰɐt^{5} ｜橘 kwɐt^{5}；曾摄：北 pɐt^{5} ｜墨 mɐt^{3}/mɐt^{5} ｜贼 ʦʰiɛk^{3} ｜刻 hɐt^{5}，力 lək^{3} ｜直 ʦək^{3} ｜色 sək^{5} ｜织 ʦək^{5}。

2.5 吴川型

吴川吴阳山臻摄韵尾 -k 化，主元音为 u 的山摄韵尾不变；曾梗摄三四等韵尾 -t 化，但曾三庄组不变。如果不考虑咸深摄主元音情况，吴川吴阳的山臻摄和曾梗摄韵尾正在进行以主元音类型为条件演变。虽然还有 -p、-t、-k 三类韵尾，但各自涵盖的摄已有很大变化。如下：

	咸开	山		咸合	宕江	梗低	通	臻	曾		梗高	深
主元音	i a o	u	i a ɐ	a	a	a	o ɔ	ɐ	a ɐ	ə	ə	ɐ
韵尾	-p	-t	-k				-k			-t		-p
清	下阴入 [1]						上阴入 [4]					
浊	阳入 [2]											

山摄：辣 lak^{2} ｜八 ʔbak^{1} ｜杀 sak^{1} ｜热 ŋik^{2} ｜歇 hik^{1} ｜节 tik^{1} ｜刷 siak^{1} ｜刮 kwak^{1} ｜罚 fɐk^{2} ｜月 vik^{2} ｜血 fik^{1}，切 ʦʰut^{1} ｜拨 ʔbut^{1} ｜脱 tʰut^{1} ｜活 vut^{2} ｜雪 ɬut^{1}；臻摄：笔 ʔbɐk^{4} ｜七 tʰɐk^{4} ｜一 jɐk^{4} ｜骨橘 kwɐk^{4} ｜出 ʦʰɐk^{4}；曾摄：北 ʔbɐk^{4} ｜贼 tʰak^{2} ｜刻 hɐk^{4}，力 lət^{2} ｜直 ʦʰət^{2} ｜侧 ʦɐk^{4} ｜色 sak^{4} ｜织 ʦət^{4}；梗摄：白 pʰak^{2} ｜拆 ʦʰak^{1} ｜客 hak^{1} ｜麦 mak^{2} ｜摘 ʦak^{1}，尺 ʦʰət^{4} ｜壁 ʔbət^{4} ｜锡 ɬət^{4}。

第四节 小结

一 地理分布特点

根据前文分析，合并类型主要分布在两广地区的粤语、平话和客家话，与广东接壤的江西、福建有少数客家话、赣语、闽语分布点，其中江西以客家话为主。不同类型的地理分布呈现出层次性，有基本层、飞来层和感染层，具有一定的立体感。

1.1 基本层

前文讨论“咸合三韵尾 -t 化”时指出，属于此类的方言只是咸摄合口三等发生了变化，咸摄开口、深摄、山臻摄及宕江曾梗通摄仍是 -p、-t、-k 尾，基本保持了《切韵》时期入声韵尾的原貌。此类主要分布在粤语广府、勾漏、四邑、钦廉、高阳五片和平话桂南片大部分地区，粤语邕浔、桂南、香山三片分布较少，基本涵盖了珠江三角洲、粤西、粤西北以及广西“宜州—清秀—扶绥”一线以东的桂东南地区。这一大片区域是韵尾演变的基本层。

在基本层边缘，两广交界北段靠近湘南的粤西北粤语勾漏片、广府片若干点，在咸合三韵尾 -t 化基础上咸摄开口韵尾 -t 化，而靠近边界线的连山布田、连山禾洞、连州清水甚至深摄也出现韵尾 -t 化。边界地带的方言容易发生变化，这种变化对基本层来说属正常。

1.2 飞来层

根据《中国语言地图集》（1987）B14、B15 图，广东东部、北部分布着客家话粤台、粤北、粤中及惠州四片；珠江三角洲及粤西等粤语腹地有客家方言岛，广西钦州等地及桂西大部分地区有客家话零星分布。这与客家人在两广地区的移民有关。

据袁家骅等（2001：145—146）总结《客家研究导论》（罗香林 1933）中客家人迁徙路线和时间，客家人历史上有五次大迁徙：第一次，东晋至隋唐期间因匈奴等外族入侵，客家人从并司豫三州迁至颍淮汝三水之间乃至江西中部；第二次，唐末至宋为躲避黄巢战乱，客家人从河南西南部、江西中部北部及安徽南部迁徙，远者到达循州、惠州、韶州，近者到达福建宁化、汀州、上杭、永定，更近者到达江西中部和南部；第三次，宋末明初客家人因蒙元南侵大迁徙，从闽西、赣南迁移到广东东部和北部；第四次，清康熙中叶至乾嘉之际，因人多地少客家人又从广东东部、北部和江西南部迁徙到珠江三角洲（原文称粤中）及粤西；第五次，乾嘉以后因土客械斗，客家人又从珠江三角洲向粤西高州、廉江等地迁徙并进入广西钦州等地甚至海南岛。前三次迁徙是形成客家话的重要社会历史原因。后三次移民形成了客家话在两广的分布格局，并对两广其他方言的韵尾演变产生了重要影响。

本章第一节指出，“曾摄韵尾 -t 化”和“曾、梗三四韵尾 -t 化”两类主要分布于客家话。与客家移民史和客家话在两广地区的分布相对应，客家话的韵尾类型也呈现了以广东东部、北部为基地向珠江三角洲、粤西乃至桂东南呈下弦月状弧形扩散分布。前文指出客家人分时段向广东东部、北部、珠江三角洲、粤西、桂东南移民，因此这些地区的客家话韵尾类型也不同。如下：

	地理位置	韵尾类型	客家话	
北	广东东部、北部	曾摄韵尾 -t 化	粤台、粤中片	↓
中	广东中东部、西部	曾、梗三四韵尾 -t 化	粤台、粤西片	↓
西	广西东南部	曾、梗三四韵尾 -t 化	未分片的客家话	

除了在广东东部、北部呈块状分布，属于“曾摄韵尾 -t 化”和“曾、梗三四韵尾 -t 化”的客家话在基本层的粤语区都是点状分布。由于它们是移民带来的，故称之为飞来层。在这两类分布点中，少数客家话已快变成“曾、梗摄韵尾 -t 化”，接近完成“曾摄韵尾 -t 化→曾、梗三四韵尾 -t 化→曾、梗摄韵尾 -t 化”的演变过程。客家话韵尾类型的共时空间分布序列一定程度反映了历时演变过程。

1.3 感染层

感染，指一个地区的方言在发展变化过程中，受到邻近方言的影响，从而朝着邻近方言的特征变化；感染是由于长期与邻近方言接触交流，对邻近方言耳濡目染，不知不觉当中受到邻近方言的影响，从而造成了跟邻近方言相同相近的变化结果。（曹志耘 2002a：199）

根据《中国语言地图集》（1987）B13、B14 图，从使用人口来说，粤语、闽语、客家话分别是广东第一、第二和第三大方言，粤语、西南官话、客家话、平话分别是广西第一、第二、第三和第四大方言。西南官话对桂北平话的影响体现在韵尾消失类型上，后文有分析。而历史上发生的客家话和闽语在两广地区的迁徙过程对基本层粤语和平话产生了一定影响，使它们受到感染而出现了客家话和闽语的韵尾演变类型特征。

1.3.1 客家话对粤语平话的影响

（1）前文指出，客家话的韵尾演变类型整体上不同于粤语和桂南平话，“曾摄韵尾 -t 化”和“曾、梗三四韵尾 -t 化”这两大类型主要分布在客家话而“咸合三韵尾 -t 化”主要分布在粤语及桂南平话。但是，在基本层粤语珠江三角洲地带，粤语广府片番禺市桥、顺德大良、新兴县城、云安六都 4 点和四邑片开平赤坎、台山四九、台山台城、新会司前 4 点却出现了“曾梗三四韵尾 -t 化”类型。这一类型还越过桂东南出现在广西“宜州—清秀—扶绥”一线以西桂西南地区的桂南平话里，分布相当整齐。

结合客家话在两广的分布状况，本书初步认为上述粤语、平话受客家话影响感染了其韵尾演变特点，但不是完全采用而是折合成自己的韵尾合并类型。番禺市桥等8点正好处在粤东、粤北客家话和粤西客家话之间，粤东、粤北的客家人迁移至广东西部要经过这里。这两地的客家话韵尾类型分别是"曾摄韵尾-t化"和"曾、梗三四韵尾-t化"，番禺市桥等8点受这两大类型影响产生"曾梗三四韵尾-t化"类型的可能性比较大。

如果说番禺市桥等8点受客家话影响产生新类型，那么广西"宜州—清秀—扶绥"一线以西桂西南地区的桂南平话产生"曾梗三四韵尾-t化"类型似乎无法从接触角度解释，因为那一地区只有桂南平话。本书只有桂西南地区平话材料。根据《中国语言地图集》(1987)B14图，桂西南地区还分布着大量的客家话方言岛、甚至连成小片，而且"广西客家话大多数都有入声，辅音韵尾[-m -n -ŋ]和[-p -t -k]形成整齐的对应，这些特点和广东梅县一带的客家话比较相近。"梅县客家话属于"曾、梗三四韵尾-t化"类型。因此当地客家话与平话接触产生影响也是可能的。

(2)客家话不是只对粤语施加影响，它也会受粤语的影响。在粤北及赣南交界地区，少数客家话出现了"咸深、曾梗摄韵尾-t化"。与这些客家话相邻的粤西北粤语勾漏片、广府片若干点属于"咸深摄韵尾-t化"。在客家话主体为"曾摄韵尾-t化"和"曾、梗三四韵尾-t化"两大类型的情况下，少数客家话受周边粤语影响出现"咸深、曾梗摄韵尾-t化"类型是可能的。当然不排除是自身演变的结果，毕竟韵尾演变的趋势是合并乃至消失。

1.3.2 闽语对粤语等的影响

在属于合并类型基本层的粤语大本营珠三角，广州周边的从化神岗/城内、番禺万顷沙、南海沙头、增城县城、鹤山古劳、新界锦田、云浮云城、中山三角及韶关地区的曲江马壩、仁化县城及雷州半岛上的遂溪北坡、吴川吴阳韵尾-k化，再加上属于弱化类型的东莞麻涌、属于消失类型的增城朱村、东莞莞城、湛江坡头，那么在珠三角和雷州半岛地区有属于基本层的17点粤语(包括1县2点的情况)有韵尾-k化现象。本书材料中，除了这两个地区，其他地区的粤语没有韵尾-k化现象。这可能是闽语的韵尾-k化感染了周边的粤语等方言，使为数不多的粤语等方言出现了韵尾-k化。具体分析请看第六章第二节1.2.2小节。

二 合并规律

下面结合前文对各种韵尾合并类型的分析，归纳韵尾合并的一般性规律，并讨论相关的两个问题。

2.1 韵尾合并的一般性规律

汉语方言中，韵尾 -t 化有 3 类 17 种具体演变类型，韵尾 -k 化有 3 类 9 种具体演变类型，请看表 2-11。本书中韵尾弱化、消失方向中出现的合并类型没有超出表 2-11 中的类型。

总结韵尾合并的一般性规律，得出如下两条：

合并规律一：韵尾 -t 化一般是从咸深摄、曾梗摄主元音为高元音的三四等入声韵开始，在一定条件下逐步向主元音为低元音的一二等入声韵发展。韵尾 -t 化与音系中元音舌位高低变化有密切关系，从共时角度看演变条件是入声韵的今读元音。韵尾 -t 化受摄的限制，只涉及咸深摄和曾梗摄，极少涉及宕江通三摄。

合并规律二：韵尾 -k 化涉及咸深摄和山臻摄，一般是从主元音为低元音的一二等入声韵向主元音为高元音的三四等入声韵推进。

表 2-11　韵尾合并类型

	中类	小类	具体演变类型	代表点
1	咸深摄韵尾 -t 化	咸合三韵尾 -t 化		珠海前山
2		咸深摄韵尾 -t 化	咸三四韵尾 -t 化	广宁南街
3			咸二三四韵尾 -t 化	广宁东乡
4			咸三四、深摄韵尾 -t 化	韶关市区
5			咸、深摄韵尾 -t 化	连山布田
6	曾梗摄韵尾 -t 化	曾摄韵尾 -t 化	曾三韵尾 -t 化	信宜钱排
7			曾一韵尾 -t 化	云安六都
8			曾摄韵尾 -t 化	英德浛洸
9		曾梗摄韵尾 -t 化	曾梗三四韵尾 -t 化	平果马头
10			曾、梗三四韵尾 -t 化	从化吕田
11	咸深曾梗摄韵尾 -t 化	深曾摄韵尾 -t 化	深、曾三韵尾 -t 化	定南历市
12			深、曾摄韵尾 -t 化	平远差干
13		咸深、曾摄韵尾 -t 化		乳源侯公渡
14		咸深、曾梗韵尾 -t 化	咸深、曾梗三四韵尾 -t 化	铜鼓丰田
15			咸深、曾梗一二韵尾 -t 化	乐昌县城
16			咸深、曾、梗三四韵尾 -t 化	连南
17			咸深、曾梗摄韵尾 -t 化	武宁礼溪
18	咸深摄韵尾 -k 化		咸一二韵尾 -k 化	曲江马坝
19			咸摄韵尾 -k 化	翁源新江
20			咸深摄韵尾 -k 化	兴宁大坪

续表

	中类	小类	具体演变类型	代表点
21	山臻摄韵尾 -k 化	山摄韵尾 -k 化	山一二韵尾 -k 化	番禺万顷沙
22			山摄韵尾 -k 化	南海沙头
23		山臻摄韵尾 -k 化	山一二、臻摄韵尾 -k 化	遂溪北坡
24			山、臻摄韵尾 -k 化	增城县城
25	咸深山臻摄韵尾 -k 化		咸三四、山臻摄韵尾 -k 化	新界锦田
26			咸深、山臻摄韵尾 -k 化	连江苔菉

2.2 相关问题

以上基于本书材料归纳了韵尾合并类型，但汉语方言应该存在着本书没有发现的类型。这些类型或是正在进行的最新式演变或是发生过而被覆盖的演变。

2.2.1 韵尾 -t 化的发展空间

前文指出，宕江通摄极少出现韵尾 -t 化。但有调查报告指出宕江通摄有韵尾 -t 化的现象。张洪年（2002）描写了香港年轻人“懒话”音系，指出新香港粤语入声韵尾 -p、-t、-k 正朝着 -p、-t 演变。张文提供的例字显示韵尾 -t 化涉及了宕江曾梗四摄，如：略宕开三 lœk → lœt ｜壳江开二 hɔk → hɔt= 渴山开一 hɔt ｜克曾开一 hɐk → hɐt= 乞臻开三 hɐt ｜册梗开二 ʦʰak → ʦʰat= 擦山开一 ʦʰat ｜笛梗开四 tɛk → tɛt= □软 tɛt（例字的音韵地位为本书所加）。杨时逢（1971：413—414）记录了 1935 年的余干县黄金埠音系，文中提供的入声调例字里有“木 mut˥”，入声没有分化。

曾梗摄韵尾 -t 化在汉语方言中多有分布，罕见宕江摄 -k 尾发生 -t 化现象。诚如张洪年（2002）所说，“一般来说，三分韵尾中最先消失的是 -m/-p，留下 -n：-ŋ/-t：-k 的对比。粤语简化的过程另辟蹊径，值得注意。”此外，在闽语台湾台中县大里也发现了宕江摄部分入声韵韵尾 -t 化现象，如：削 ɕiat^{21} ｜角 kat^{21} ｜壳 kʰat^{21}，例字很少。这是否预示着韵尾 -t 化在未来的演变中会出现在宕江通三摄，还待继续观察。

2.2.2 韵尾 -p 化的痕迹

本书材料中韵尾合并以 -t 化和 -k 化两类为主，其中又以韵尾 -t 化最为普遍；很少或极少有方言发生山臻摄 -t 尾或宕江曾梗通摄 -k 尾变成咸深摄 -p 尾的，即韵尾 -p 化。理论上有韵尾 -p 化，但本书现有材料显示其在汉语方言中极少见。粤语、平话、闽语及客赣方言中少数方言山臻、宕江曾梗通摄有极少数字读 -p 尾，都是不常用的字，零星分布，其本字、读音来源有待确定。对于考察韵尾合并类型来说，这种情况可暂且不管。以摄为单位韵尾 -p 化的目前发现有 2 点，一是前文第二节中发生韵尾 -k 化的新界锦田，这里不再讨论；一是赣语江西宜丰新昌，其山摄部分主元音为 a（占大多数）、ɑ、ɛ、o 的入声韵今读 -p 尾，但除咸合三保持 -p 尾外咸深摄和曾梗摄三四等部分字一起韵尾 -t 化，其宕江曾梗通摄除了韵尾 -t 化的曾梗摄三四等部分字外韵尾 -ʔ 化，具体请看第三章第三节 2.3.1 小节。汉语方言中咸摄合口三等是最早发生变化并入山摄合口三等的。宜丰新昌咸摄字除了咸合三都已韵尾 -t 化，这在汉语中可以说是少见的。不过宜丰新昌的材料至少可以说汉语方言中可以发生韵尾 -p 化。

韵尾 -p 化可能在历史上某个时期发生过，但因某种原因而很少留下痕迹。对此，张世禄（1929）的分析可以参考："k、t、p 这三种爆发声：k 是舌根阻，t 是舌尖阻，p 是双唇阻；所以从口腔的位置说，k、t 是内部爆发声，p 是外部爆发声。大部韵母，无论舌前韵和舌后韵，大都着重内部作用，发音部位自然和 k、t 比较的接近。这样看来，收 p 的音，乃是最不容易保存的了。"

第三章　弱化

“弱化”是一种音变现象。英语有三种写法：lenition、reduction、weakening。（R. L. 特拉斯克 2000：368）相关文献关于“弱化”的定义一般是从音系学角度作出的，内延和外涵都比较模糊，如：

①“弱化（lenition）是一个比较宽松的概念，只要一个音从发音的角度来说变得比原来的音较弱了就称之为弱化。弱化主要包括这几种音变：塞音或塞擦音变成擦音，两个辅音变成一个辅音，辅音变成半元音，清辅音变成浊辅音等等。”（Lyle Campbell 1999：44）

②“减弱（lenition）指一个音的总体强度减弱，不管是历时还是共时意义上的；与增强（fortition）对立。典型的减弱例子有：塞音变为擦音，塞擦音变为无擦通音，不带声音变为带声音，或一个音减弱到零。”（戴维·克里斯特尔 2007：201）

上述关于“弱化”的定义一运用到汉语方言入声韵尾上就出现问题了。已知的入声韵尾有口塞音 -p、-t、-k，喉塞音 -ʔ、边音韵尾、鼻音韵尾等。边音韵尾、鼻音韵尾因发音时声带振动具有响音性，将此类韵尾演变归入到“韵尾弱化”没有问题。但同是清塞音，如果说 -p、-t、-k 变为 -ʔ 是弱化，单从语音角度解释难免牵强。

《什么是弱化？》（What is lenition?）（Laurie Bauer 1988）讨论了“弱化”的各种音系学定义及它们的缺陷。文章指出，从音变的持续性（consistency in shifts）、语音的消失步骤（steps towards deletion）、语音单位所处音节位置的功能角度（a function of position）定义“弱化”都有不足和无法解决的矛盾。作者认为，“弱化”的定义必须带有一些语音方面的特征，即从音系和语音两个角度综合考虑“弱化”的定义。“弱化”是音系中的音变现象，它不仅指音系角度的弱化，也包括语音角度的弱化。因此，本书采用下面的定义：

“弱化（weakening），由发音原因引起的语音变化过程。它导致语音弱化，甚至音段消失。经常出现于容易同化的、或音节及词的结构上较弱的部位（如尾音、非重读音节）。可分为（a）辅音弱化，包括辅音强度上的弱化（通过减弱送气和肌肉紧张度以及增强响音性直至整个音段的消失，如……[p]>[b]>[β] 的演变过程；（b）元音弱化：所有为加强元音集中化而消减发音动作以至消减整个元音的过程都属于此列。如德语语言史中的尾音节弱化，或是共时存在的交替形式，如 /leben/ 在 [leːbən]>[leːbn]>[leːbm]>[leːm] 的弱化过程中，全元音消弱成央元音，央元音又消失，直至最后词干尾辅音与词终辅音相融。”（哈杜默德·布斯曼 2007：468）

从目前汉语方言入声韵尾的演变情况看，塞尾 -p、-t、-k 在发音方法上的变化有两种：塞音变成边音、塞音变成鼻音，都是弱化。塞尾在发音部位上的变化是从口塞音 -p、-t、-k 变成喉塞音 -ʔ。本书将其归入弱化一类。

首先，辅音 -p、-t、-k 和 -ʔ 的成阻部位不一样，-p 和 -t 的部位靠前，-k 靠后，-ʔ 的部位是声门。冲破阻碍需要气流，而 -p 和 -t 的阻碍点因为靠前所以就会有较多的气流聚集到紧闭的双唇或舌尖与齿龈后的口腔里；而 -k 的阻碍点在舌根与软腭，离声门不远，因此聚集的气流较少。三者共同点是气流都是被阻在声门上，从而形成高于口腔外大气压力的声门上压力。-ʔ 形成阻碍的部位是声门，紧闭的声门堵住了来自肺部的气流，声门下压力和声门上压力在瞬时间内是一样的，这样除阻时不会有较强的气流冲出，因此音强比 -p、-t、-k 较弱。当然如果持阻时间较长的话，则声门下压力大于声门上压力，-ʔ 则比较强。作为韵尾的 -p、-t、-k 和 -ʔ 在成阻阶段形成的气流压力不一样，发音器官肌肉紧张度不一样，故强度不一样。其次，第一章 3.1.2 小节分别从语音性质和音系地位角度分析说明苏州话和福州话、潮阳话的入声韵尾 -ʔ 具有响音的性质，与入声韵尾 -p、-t、-k 相比音强较弱；而藏语拉萨话古塞音韵尾 -b、-d、-g 演变为喉塞音后，韵尾与元音混为一体，使韵母元音变长，因为其喉塞尾已不体现为辅音性而是具有紧元音性（谭克让等 1991）。再次，从汉语方言入声韵尾的演变趋势来看，入声韵尾发展到 -ʔ 后就进一步走向消失，从音系角度看属于弱化。因此，入声韵尾 -p、-t、-k 发展到 -ʔ 是弱化音变。

根据韵尾弱化后具体音类的不同，我们将汉语方言入声韵尾弱化分为“韵尾边音化”“韵尾鼻音化”“韵尾喉塞化”三种类型分节讨论。

第一节 韵尾边音化

韵尾边音化，指入声塞音韵尾 -p、-t、-k，在一定条件下、经过相关演变过程弱化成边音韵尾。边音化是塞音韵尾的一种弱化类型。本节基于现有材料描写边音化的演变类型和地理分布，分析边音化的演变机制和演变过程。边音化的演变机制在于低元音降低舌尖高度，改变原本形成 -t 尾的发音器官的成阻方式，产生边音 -l；入声韵的低调值以同样机制使 -t 尾变成边音尾。韵尾边音化先从低元音入声韵开始，逐渐推及主元音为其他类型的 -t 尾入声韵。地理分布显示，在音系结构中相关入声韵完成边音化后，由于音节时长补偿机制产生作用，低长元音入声韵率先消失韵尾的边音成分，之后音系中只剩下高短元音入声韵保留韵尾的边音成分。

一 演变类型及地理分布

1.1 演变类型

韵尾边音化本质上与 -t 尾有着密切关系，其类型取决于所在方言曾经出现的韵尾 -t 化类型。根据韵尾边音化涉及的摄不同，边音化分为四类。

1.1.1 山臻摄韵尾边音化

山臻摄 -t 尾弱化成 -l，其他摄或保持 -p、-k 尾或韵尾 -ʔ 化或韵尾消失。罗常培（1933）提供的梵汉对音材料显示，出现韵尾边音化的唐五代西北方言只限于山臻摄。唐五代西北方言边音化涉及山臻摄一二三四等、开合口，演变较为彻底。（朴万圭 1999：292—299）赣语江西奉新赤岸咸深摄开口韵 -p 尾不变，山臻摄 -t 尾弱化为 -l，宕江曾梗通摄韵尾 -ʔ 化，如下：

	深	咸开	咸合	山一二	山三四	臻	曾	梗	宕江	通
主元音	i ə	ɛ a ɔ	a	ɛ a ɔ	ɛ	i ə u	i ɛ ɵ	ɛ a	ɔ	u
韵尾	-p		-l				-ʔ			
清、次浊	阴入 [5]									
全浊	阳入 [1]									

咸深摄：盒 hɔp^{1}｜插 t^{h}ap^{5}｜接 tɕiɛp^{5}｜法 Øual^{5}，立 lip^{5}｜十 səp^{1}｜急 tɕip^{5}；山臻摄：八 pal^{5}｜舌 sɛl^{1}｜结 tɕiɛl^{5}｜脱 t^{h}ɔl^{5}｜罚 Øual^{5}｜血 ɕiɛl^{5}，笔 pil^{5}｜

骨 kul^{5} ｜出 tʰəl^{5}；宕通等摄：托 tʰɔʔ^{5} ｜学 hɔʔ^{1} ｜北 pɛʔ^{5} ｜力 liʔ^{5} ｜直 tʰiɵʔ^{1} ｜色 sɛʔ^{5} ｜白 pʰaʔ^{1} ｜客 kʰaʔ^{5} ｜尺 tʰaʔ^{5} ｜锡 ɕiaʔ^{5} ｜縠 kuʔ^{5} ｜烛 tuʔ^{5}。山摄有一个字没有弱化为 -l：辣 lat^{5}。咸合三其 -p 尾先韵尾 -t 化后跟随山臻摄一起边音化，即 -p → -t → -l。

赣语江西南城株良属此类。其臻摄合口韵尾为紧喉 -lʔ 尾，如：骨 = 橘 kulʔ^{5} ≠ 縠 kuʔ^{5} ｜出 tʰulʔ^{5} ≠ 毒 tʰuʔ^{5}，但臻摄开口及咸深、山、宕江曾梗通摄韵尾 -ʔ 化。这可能是山臻摄韵尾边音化后进一步弱化的结果，即 -t → -lʔ → -ʔ/-lʔ，边音尾保留条件是韵母主元音 u，见后文分析。

1.1.2 咸深山臻摄韵尾边音化

咸深摄和山臻摄韵尾弱化成 -l，宕江曾梗通摄 -k 尾或保持或 -ʔ 化或消失。此类中，咸深摄 -p 尾先韵尾 -t 化并入山臻摄，然后跟随山臻摄一起边音化。有赣语江西都昌蔡岭、都昌县城、都昌阳峰及广昌赤水、修水义宁、南丰琴城 6 点，其中都昌 3 点的宕江曾梗通摄 -k 尾不变，广昌赤水、修水义宁则韵尾 -ʔ 化。如广昌赤水：

	深	咸开	咸合	山一二	山三四	臻	曾一	曾三	梗三四	梗二	宕江	通
主元音	i ə	a o	a	a o	ᴇ a	i u	ᴇ	i ᴇ	a	ᴇ a	o	u
韵尾	-l						-ʔ					
清	阴入 [5]											
浊	阳入 [24]											

咸深摄：盒 xol^{24} ｜插 tʰal^{5} ｜接 tial^{5} ｜法 fal^{5}，立 lil^{5} ｜十 səl^{24} ｜急 tɕil^{5}；山臻摄：八 pal^{5} ｜舌 sᴇl^{24} ｜结 tɕiᴇl^{5} ｜脱 xol^{5} ｜刮 kual^{5} ｜罚 fal^{24} ｜血 fiᴇl^{5}，笔 pil^{5} ｜骨 kul^{5}；宕通等摄：托 xoʔ^{5} ｜学 xioʔ^{24} ｜北 pᴇʔ^{5} ｜贼 tʰᴇʔ^{24} ｜力 liʔ^{24} ｜直 tɕʰiʔ^{24} ｜色 sᴇʔ^{5} ｜白 pʰᴇʔ^{24} ｜客 kʰaʔ^{5} ｜尺 tsʰaʔ^{5} ｜锡 ɕiaʔ^{5} ｜縠 kʰuʔ^{5} ｜烛 tɕiuʔ^{5}。咸深摄应是先韵尾 -t 化，再与山臻摄一起边音化。从南丰琴城的演变情况看，-p 直接弱化为 -l 的可能性较小。

南丰琴城山臻摄韵尾边音化、宕江曾梗通摄韵尾 -ʔ 化。咸深摄部分保持 -p 尾、部分韵尾边音化，如：搭 tap^{23} ｜盒 hop^{23} ｜塔 hap^{23} ｜插 tʰap^{23} ｜鸭 Øap^{23} ｜接 tɕiap^{23} ｜叶 Øiap^{23} ｜贴 hiap^{23} ｜立 ldip^{23} ｜十 ɕip^{23} ｜急 tɕip^{23}、踏 tʰal^{23} ｜纳 nal^{23} ｜杂 tʰal^{23} ｜喝 hol^{23} ｜劄 tal^{23} ｜压 ŋal^{23} ｜劫 tɕʰiᴇl^{23} ｜怯 tɕʰiᴇl^{23} ｜帖 tʰiᴇl^{23} ｜法 fal^{23}、集 tɕʰil^{23} ｜执 tɕil^{23} ｜入 luol^{23} ｜级 tɕil^{23} ｜及 tɕʰil^{23}白 /tɕil^{23}文，无 -p 和 -l 两读现象。南丰琴城入声韵尾的演变过程推测如下：

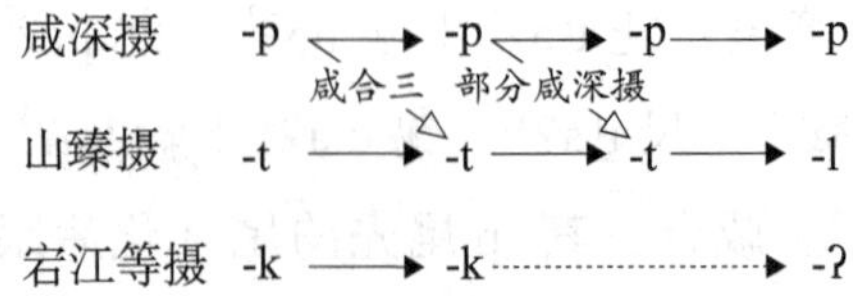

图 3-1 南丰琴城方言韵尾演变过程

即在咸深摄韵尾 -t 化进行过程中山臻摄 -t 尾开始了边音化，这时韵尾已经 -t 化的部分咸深摄字跟着一起边音化，而还没来得及 -t 化的部分咸深摄入声韵仍读 -p 尾，否则无法解释主元音相同的其他入声韵 -p 尾为什么没有边音化。

1.1.3 咸深山臻曾梗摄韵尾边音化

咸深、山臻、曾梗摄韵尾弱化为 -l，其他摄、等或保持塞尾或韵尾 -ʔ 化或韵尾消失。赣语江西修水黄港、峡江水边、高安县城、湖北通城十里市和江淮官话安徽庐江盛桥、江苏宝应望直港属于此类。每点情况各异，取决于曾梗摄韵尾的演变。

（1）峡江水边咸深山臻及曾摄三等（非庄组）韵尾边音化，宕江梗通及曾摄一等、三等庄组韵尾消失，如下：

	深	咸开	咸合	山一二	山三四	臻	曾三		曾一	梗三四	梗二	宕江	通
主元音	ʅ i	ε a o	a	a o	ε a o	i u	ʅ i	ε	ε	a	ε a	o	u
韵尾	-l							-Ø					
清、浊	入声 [24]												

咸深摄：盒 hol^{24} ｜插 tʰal^{24} ｜接 ʦiεl^{24} ｜法 fal^{24}，立 lil^{24} ｜十 ʂʅl^{24} ｜急 ʨil^{24}；山臻摄：八 pal^{24} ｜舌 ʂεl^{24} ｜结 ʨiεl^{24} ｜脱 tʰol^{24} ｜刮 kual^{24} ｜血 ɕiol^{24}，笔 pil^{24} ｜骨 kul^{24}；曾摄：北 pε^{24} ｜贼 tʰε^{24} ｜力 lil^{24} ｜直 tʂʰʅl^{24} ｜色 sε^{24} ｜织 tʂʅl^{24}；宕江梗通摄：托 tʰo^{24} ｜学 ho^{24} ｜白 pʰa^{24} ｜客 kʰa^{24} ｜尺 tʂʰa^{24} ｜锡 sia^{24} ｜毂 ku^{24} ｜烛 tʂu^{24}。

咸深摄和曾摄三等应是先 -t 化，然后和山臻摄 -t 尾一起弱化为 -l。韵尾没有 -t 化的曾摄一等及三等庄组最后和宕江梗通摄一起消失 -k 尾，过程可能是 -k → -ʔ → -Ø 或是 -k → -Ø。从周边新干金川等方言韵尾 -ʔ 化的情况看（见本章第三节 2.1.3 小节），前一种的可能性较大。

（2）与峡江水边相比，高安县城咸深山臻摄及曾摄韵尾边音化，梗摄以主元音高低为条件分化：主元音为高、半低元音 i、ε 的韵尾边音化而主元音为低元音 a 的韵尾 -ʔ 化。如下：

<table>
<tr><td colspan="2"></td><td>深</td><td>咸开</td><td>咸合</td><td>山一二</td><td>山三四</td><td>臻</td><td>曾一</td><td>曾三</td><td>梗高</td><td>梗低</td><td>宕江</td><td>通</td></tr>
<tr><td colspan="2">主元音</td><td>i ø</td><td>ɛ a o</td><td>a</td><td>ɛ a o</td><td>ɛ a o</td><td>i ø</td><td>ɛ</td><td>i ɛ ø</td><td>i ɛ</td><td>a</td><td>o</td><td>u</td></tr>
<tr><td colspan="2">韵尾</td><td colspan="9">-l</td><td colspan="3">-ʔ</td></tr>
<tr><td rowspan="2">次浊</td><td>清</td><td colspan="12">阴入 [4]</td></tr>
<tr><td>全浊</td><td colspan="12">阳入 [1]</td></tr>
</table>

咸深摄：合 hol^{1} ｜插 ʦʰal^{4} ｜接 ʦiɛl^{4} ｜法 fal^{4}，粒 lil^{4} ｜十 søl^{1} ｜急 ʨil^{4}；山臻、曾、梗高摄：八 pal^{4} ｜舌 sɛl^{1} ｜结 ʨiɛl^{4} ｜脱 hol^{4} ｜罚 fal^{1} ｜血 ɕiol^{4}，笔 pil^{4} ｜骨 kuøl^{4}，北 pɛl^{4} ｜贼 ʦʰɛl^{1} ｜力 lil^{4} ｜直 tʰøl^{1} ｜色 sɛl^{4}，麦 mɛl^{1} ｜惜 sil^{4} ｜笛 tʰil^{1}；宕江通、梗低摄：托 tʰoʔ^{4} ｜学 hoʔ^{1} ｜榖 kuʔ^{4} ｜烛 tuʔ^{4}，白 pʰaʔ^{1} ｜客 kʰaʔ^{4} ｜尺 tʰaʔ^{4} ｜锡 siaʔ^{4}。

从周边赣语的韵尾合并类型看，高安县城是在合并类型“咸深、曾梗摄韵尾 -t 化”基础上韵尾边音化：曾摄及主元音为 i、ɛ 的梗摄 -k 尾和咸深摄 -p 尾先后 -t 化并入山臻摄，然后 -t 尾弱化为 -l，即 -p、-k → -t → -l；梗摄主元音为 a 的入声韵 -k 尾不变，最后和宕江通摄 -k 尾一起 -ʔ 化。

1936 年调查时通城十里市（赵元任等 1948，吴宗济调查，现名石板铺）的边音化类型与高安县城相同，但现在其部分入声韵韵尾已鼻音化，请看本章第二节第一小节分析。

（3）与赣语有所不同，江淮官话庐江盛桥的边音尾是舌根化的 -ɫ。边音化虽涉及咸深山臻曾梗摄，但边音尾只存在于这六摄主元音为高元音 i 的三四等部分入声韵里，如下：

<table>
<tr><td></td><td colspan="2">咸三四深、山三四臻三、曾三梗三四</td><td>咸一二、山一二臻一、曾一梗二</td><td>宕江通</td></tr>
<tr><td>主元音</td><td>i</td><td>ʮ y i ɛ ə u</td><td>i ɛ ə u</td><td>y ɛ ə</td></tr>
<tr><td>韵尾</td><td>-ɫ</td><td colspan="3">-ʔ/-Ǿ</td></tr>
<tr><td>清、次浊</td><td colspan="4" rowspan="2">入声 [5]</td></tr>
<tr><td rowspan="2">全浊</td></tr>
<tr><td colspan="4">阳平 [11]，-Ǿ</td></tr>
</table>

-ɫ 尾：接 ʨiɫ^{5} ｜叶 Ǿiɫ^{5}、立 l^{d}iɫ^{5} ｜急 ʨiɫ^{5}，歇 ɕiɫ^{5} ｜结 ʨiɫ^{5}、笔 piɫ^{5} ｜七 ʨʰiɫ^{5}，力 l^{d}iɫ^{5}、壁 piɫ^{5} ｜锡 ɕiɫ^{5}；-ʔ 尾：搭 tiɛʔ^{5} ｜插 ʧʰiɛʔ^{5} ｜法 fiɛʔ^{5}，割 kiʔ^{5} ｜八 piɛʔ^{5} ｜刮 kuɛʔ^{5} ｜罚 fiɛʔ^{5} ｜骨 kuʔ^{5} ｜出 ʧʰuʔ^{5}，恶 Ǿuəʔ^{5} ｜壳 kʰuəʔ^{5}，刻 kʰiʔ^{5} ｜侧 ʦʰəʔ^{5} ｜客 kʰiʔ^{5}，榖 kuəʔ^{5} ｜六 ləʔ^{5} ｜烛 ʧuəʔ^{5}。

主要来自山摄合口、宕江及曾梗一二等的清入、次浊入部分入声韵增加元音

尾 i，辅音尾消失但保留短促入声调，如：热 ʐuəi⁵ | 拨 pəi⁵ | 月 Øyi⁵ | 血 ɕyi⁵ | 药 Øyi⁵ | 剥 pəi⁵ | 北 pəi⁵ | 百 pəi⁵ | 拆 tsʰəi⁵ | 麦 məi⁵ | 摘 tsəi⁵。部分全浊入归入阳平 [11]、韵尾消失，如：盒 xi¹¹ | 十 ʃə¹¹ | 活 xuə¹¹ | 学 ɕy¹¹ | 贼 tsei¹¹ | 直 ʧə¹¹ | 白 pəi¹¹ | 毒 tə¹¹。全浊入韵尾的演变与浊音声母的演变情况关系密切，这里暂不多论。

咸深山臻曾梗六摄以一二等和三四等为条件韵尾分化，说明这六摄的韵尾是在相同基础上进一步分化的。从本书分析的现有类型来看，六摄应该是在 -t 尾基础上边音化的。即咸深和曾梗三四等韵尾 -t 化后，与山臻摄一起边音化，后又以一二等和三四等为条件进一步分化。一二等的 -ɬ 尾先弱化为 -ʔ，三四等以主元音为条件逐步弱化，主元音为高元音 i 的部分入声韵保持 -ɬ 尾。

1.1.4 深臻曾梗摄韵尾边音化

深、臻、曾梗摄韵尾边音化，其他摄、等或保持塞尾或 -ʔ 化或韵尾消失。江淮官话安徽枞阳汤沟、青阳九华、桐城范岗及江苏涟水红窑、灌南新安属于此类。此类以相关摄、等的主元音为条件边音化，主元音类型不同则韵尾不同。

（1）青阳九华深臻摄和曾梗摄三四等主元音为高元音 i 的韵尾边音化，主元音非 i 的入声韵和咸山宕江通五摄及曾梗一二等韵尾 -ʔ 化。如下：

	深臻		曾三梗三四	咸山	曾一梗二	宕江通
主元音	y æ ə u	i	e ə	e æ a ɔ o u	æ ə	y ɔ o u
韵尾	-ʔ	-ɬ	-ʔ			
清、浊	入声 [5]					

深臻、曾梗三四摄：立 liɬ⁵ | 十 səʔ⁵ | 急 tɕiɬ⁵，笔 piɬ⁵ | 七 tɕʰiɬ⁵ | 骨 kuʔ⁵ | 律 liɬ⁵，力 liɬ⁵ | 直 tsəʔ⁵ | 色 səʔ⁵，惜 ɕiɬ⁵ | 尺 tsʰəʔ⁵ | 笛 tiɬ⁵；咸山、曾梗一二摄：盒 xuəʔ⁵ | 插 tsʰaʔ⁵ | 接 tɕieʔ⁵ | 法 faʔ⁵，八 paʔ⁵ | 舌 səʔ⁵ | 结 tɕieʔ⁵ | 脱 tʰuəʔ⁵ | 刮 kuaʔ⁵ | 罚 faʔ⁵ | 血 ɕieʔ⁵，北 pæʔ⁵ | 黑 xəʔ⁴，白 pæʔ⁵ | 客 kʰəʔ⁵ | 摘 tsæʔ⁵；宕江通摄：托 tʰuəʔ⁵ | 学 ɕyoʔ⁵，縠 kuʔ⁵ | 烛 tɕyʔ⁵。

枞阳汤沟与青阳九华同类，不过其主元音非 i 的曾梗摄三四等和咸山宕江通五摄及曾梗一二等入声韵或韵尾 -ʔ 化或消失。根据《江苏省志·方言志》（1998：73）提供的 38 个入声字材料，灌南新安深臻曾梗摄韵尾 -l 化而咸山、宕江通摄韵尾消失，-l 化例字有 12 个：急七益踢 [il]、克直色格 [əl]、入骨忽出 [uəl]。

（2）涟水红窑和桐城范岗是以央元音与非央元音的主元音类型差异为条件分化

韵尾。

涟水红窑深臻摄韵尾边音化，主元音为 ə。曾梗摄主元音为 ə 的韵尾为 -l，主元音为 ɔ 的入声韵和咸山通摄韵尾 -ʔ 化。与青阳九华不同，其主元音为央元音 ɐ 的宕江摄韵尾读 -l。如下：

	宕江	深	臻	曾梗	通	咸	山
主元音	ɐ	ə			ɔ	e æ o	
韵尾	-l				-ʔ		
清、浊	入声 [34]						

深臻摄、曾梗 ə 类：立 liəl^{34} ｜十 səl^{34} ｜急 tɕiəl^{34}，笔 piəl^{34} ｜骨 kuəl^{34}，贼 tsəlʔ^{34} ｜力 liəlʔ^{34} ｜直 tsəlʔ^{34} ｜色 səlʔ^{34}，客 kʰəl^{34} ｜尺 tsʰəl^{34} ｜锡 ɕiəl^{34}；宕江摄：托 tʰɐl^{34} ｜恶 ɣɐl^{34} ｜削 ɕiɐl^{34} ｜药 Øiɐl^{34}，剥 pɐl^{34} ｜角 kɐl^{34} ｜壳 kʰɐl^{34} ｜学 ɕiɐl^{34}；咸山摄：盒 xoʔ^{34} ｜插 tsʰæʔ^{34} ｜接 tɕieʔ^{34} ｜法 fæʔ^{34}，八 pæʔ^{34} ｜舌 ɕieʔ^{34} ｜结 tɕieʔ^{34} ｜脱 tʰoʔ^{34} ｜刮 kuæʔ^{34} ｜罚 fæʔ^{34} ｜血 ɕyeʔ^{34}；曾梗 ɔ 类、通摄：北 pɔʔ^{34} ｜墨 mɔʔ^{34} ｜拍 pʰɔʔ^{34} ｜白 pɔʔ^{34} ｜麦 mɔʔ^{34}，縠 kɔʔ^{34} ｜烛 tsɔʔ^{34}。

涟水红窑宕江摄韵尾演变过程如果是 -k → -t → -l 的话，那么它就是汉语方言宕江摄 -k 尾 -t 化的又一例证。不过，涟水红窑宕江摄 -l 尾与桐城通摄的性质一致，没有经过韵尾 -t 化而是来自 -k 尾，见后文分析。

1.1.5 以上分析显示，赣语与江淮官话的边音化类型存在差异。赣语以摄、等为条件，涉及咸深摄、山臻摄及曾梗摄三四等，这与其韵尾 -t 化类型有很整齐的对应关系。江淮官话以主元音类型为条件，边音尾主要分布在相关摄主元音为高、较高元音的三四等。

1.2 地理分布

韵尾边音化类型主要分布在江西赣江中下游、抚河流域及鄱阳湖地区的赣语昌靖片、抚广片等和江苏北部洪泽湖、安徽中西部（巢湖西边）的江淮官话洪巢片，涉及赣鄂苏皖四省，其中安徽境内的四点方言受赣语怀岳片影响较大。目前未见其他方言区报告有韵尾边音化现象，如与赣语关系密切的客家话。

二　边音化的原因

塞音韵尾 -p、-t、-k 有成阻、持阻而无除阻，是不爆破的唯闭音。以辣 [*lɑt] 为例。当说 [*lɑt] 时，软腭上升堵住连接鼻腔的通道，元音 ɑ 发声，发完后舌尖迅速前伸、抬高抵住齿龈形成唯闭 -t 尾，这时气流被堵在口腔及咽腔以下。语流的连续性决定了必须释放这股气流。释放口腔气流的方式一般有两种，一是打开成阻器官让气流从口腔出去，二是降下软腭让气流从鼻腔流出。选择何种方式决定了 -t 尾的演变方向。当舌头下降让紧抵齿龈形成阻塞的舌尖放松、两侧的舌叶打开形成缝隙让气流出去时，就形成了边音尾。两边舌叶松弛打开需要整个舌体放松、下降后缩，这样紧贴龈腭的舌叶才能松开，让气流从口腔流出。那是什么因素促使舌头放松下降后缩、打开舌叶产生边音尾呢？前述四类中有些方言处在边音化的不同阶段，为考察边音化原因提供了条件。

2.1 低元音

2.1.1 前文分析类型时指出，修水方言韵尾边音化。在本书材料中，修水三方言呈现了 -t 尾变 -l 的过程。三点是：修水，取自《客赣方言调查报告》（李如龙、张双庆主编 1992），本书称之“修水1992”；修水义宁，取自《客赣方言比较研究》（刘纶鑫主编 1999）；修水黄港，取自“地图集数据库”。三点韵尾演变情况请看图 3-2。

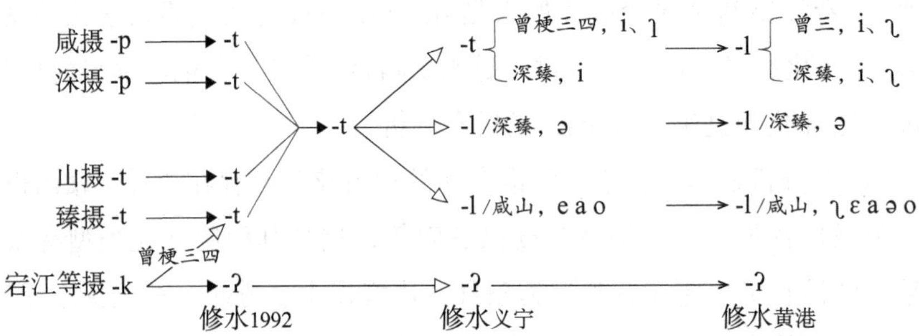

图 3-2 修水三点方言入声韵尾演变过程

修水1992曾梗摄除三四等少数主元音为 i 的和咸深摄同样韵尾 -t 化外，大部分和宕江通摄 -k 尾一起 -ʔ 化。修水义宁咸深摄韵尾 -t 化后，咸摄和山摄韵尾全部边音化；深臻摄韵尾以主元音为条件分化，主元音为 ə 的边音化，主元音为高元音 i 的大部分保持 -t 尾，仅“乞 [dzil^{42}]、橘 [kuil^{42}]、屈 [guil^{42}]”三个臻摄字边音化，说明边音化正从主元音为 ə 的入声韵向主元音为 i 的入声韵推进；但推进速度较慢，因为曾梗摄三四等主元音为 i、ɿ 的韵尾 -t 化后，没有进一步弱化；主元音为 e 的曾三庄组和主元音为 a 的部分梗摄三四等与曾梗摄一二等韵尾 -ʔ 化。修水黄港边音化进程比修水义宁快，其深臻摄和主元音为高元音 i、ʅ 的曾摄三等已边音化；曾三庄组跟随曾一及宕江梗通摄韵尾 -ʔ 化。例字请看表 3-1。

表 3-1　修水三点方言入声韵例字

例字	修水 1992	修水义宁	修水黄港	例字	修水 1992	修水义宁	修水黄港
盒咸	hɔt$^{\underline{32}}$	hol$^{\underline{32}}$	hol$^{\underline{13}}$	北曾	pɛʔ$^{\underline{32}}$	peʔ$^{\underline{42}}$	pɛʔ$^{\underline{42}}$
插	dzʰat$^{\underline{32}}$	dzal$^{\underline{42}}$	dzal$^{\underline{13}}$	刻	hɛʔ$^{\underline{32}}$	heʔ$^{\underline{42}}$	hɛʔ$^{\underline{13}}$
接	ʨiɛt$^{\underline{32}}$	ʨiel$^{\underline{42}}$	ʦiɛl$^{\underline{42}}$	力	dʰiʔ$^{\underline{32}}$	dit$^{\underline{42}}$	dil$^{\underline{42}}$
法	fat$^{\underline{32}}$	fal$^{\underline{42}}$	fal$^{\underline{42}}$	直	dʰɤʔ$^{\underline{32}}$	dzɿt$^{\underline{32}}$	dʐʅl$^{\underline{13}}$
立深	dʰit$^{\underline{32}}$ 粒	dit$^{\underline{42}}$ 粒	dil$^{\underline{42}}$	色	sɛʔ$^{\underline{32}}$	seʔ$^{\underline{42}}$	sɛʔ$^{\underline{42}}$
十	sɤt$^{\underline{32}}$	səl$^{\underline{32}}$	ʂəl$^{\underline{42}}$	织	ʦɤʔ$^{\underline{32}}$	ʦeʔ$^{\underline{42}}$	tʂʅl$^{\underline{42}}$
急	ʨit$^{\underline{32}}$	ʨit$^{\underline{42}}$	kil$^{\underline{42}}$	白梗	bʰaʔ$^{\underline{32}}$	baʔ$^{\underline{32}}$	baʔ$^{\underline{13}}$
八山	pat$^{\underline{32}}$	pal$^{\underline{42}}$	pal$^{\underline{42}}$	客	hɛʔ$^{\underline{32}}$	haʔ$^{\underline{32}}$	hɛʔ$^{\underline{13}}$
舌	sɛt$^{\underline{32}}$	sel$^{\underline{32}}$	ʂʅl$^{\underline{42}}$	摘	ʦaʔ$^{\underline{32}}$	ʦaʔ$^{\underline{42}}$	ʦaʔ$^{\underline{42}}$
脱	dʰɔt$^{\underline{32}}$	dol$^{\underline{42}}$	dol$^{\underline{13}}$	尺	dʰaʔ$^{\underline{32}}$	daʔ$^{\underline{42}}$	daʔ$^{\underline{13}}$
罚	fat$^{\underline{32}}$	fal$^{\underline{32}}$	fal$^{\underline{42}}$	惜	ɕit$^{\underline{32}}$	ɕit$^{\underline{42}}$	—
血	fiɛt$^{\underline{32}}$	fiel$^{\underline{42}}$	fiɛl$^{\underline{42}}$	笛	tiaʔ$^{\underline{32}}$/tiʔ$^{\underline{32}}$ 文	dit$^{\underline{32}}$	—
笔臻	pit$^{\underline{32}}$	pit$^{\underline{42}}$	pil$^{\underline{42}}$	锡	ɕiaʔ$^{\underline{32}}$	ɕit$^{\underline{42}}$	siaʔ$^{\underline{42}}$/siʔ$^{\underline{42}}$ 文
七	dʑʰit$^{\underline{32}}$	dʑit$^{\underline{42}}$	dzil$^{\underline{13}}$	恶宕	ŋɔʔ$^{\underline{32}}$	ŋoʔ$^{\underline{42}}$	ŋoʔ$^{\underline{42}}$
一	Ǿit$^{\underline{32}}$	Ǿit$^{\underline{42}}$	Ǿil$^{\underline{42}}$	削	ɕiɔʔ$^{\underline{32}}$	ɕioʔ$^{\underline{42}}$	sioʔ$^{\underline{42}}$
骨	kvɤt$^{\underline{32}}$	kuəl$^{\underline{42}}$	kuəl$^{\underline{42}}$	剥江	pɔʔ$^{\underline{32}}$	poʔ$^{\underline{42}}$	poʔ$^{\underline{42}}$
出	dʰɤt$^{\underline{32}}$	dəl$^{\underline{42}}$	dʐʅl$^{\underline{13}}$	縠通	kuʔ$^{\underline{32}}$ 谷	kuʔ$^{\underline{42}}$ 谷	kuʔ$^{\underline{42}}$
橘	ʨit$^{\underline{32}}$	kuil$^{\underline{42}}$	kil$^{\underline{42}}$	烛	tuʔ$^{\underline{32}}$	tuʔ$^{\underline{42}}$	tuʔ$^{\underline{42}}$

2.1.2 以上分析显示，修水三点韵尾边音化最早从主元音为低、较低元音的入声韵开始，当低元音入声韵韵尾边音化完成后，在一定条件下会将演变推进到较高元音入声韵，高元音入声韵最后完成边音化。这说明，主元音的舌位高低对 -t 尾边音化起着重要作用。

发 -t 尾时，舌尖抵住齿龈形成阻塞，这时舌头非常紧张。想让舌尖两侧的舌叶松动则舌头必须放松，舌尖不再紧抵齿龈不动而是略微往后收缩一点，舌叶与齿龈之间就会有缝隙，从而让气体流出产生边音。为了发边音，舌头要放松、下降后缩，而舌头的活动与舌骨有关，舌骨的活动与下颌有关，下颌的活动与元音高低有密切关系。

据研究，颌骨的开度与元音直接有关，通常认为闭元音 [i y ʉ u] 以小的颌骨开度为特征，而开元音 [ɑ a æ] 有较大的颌骨开度。（Lindblom 1971，转引自吴宗济、林茂灿主编 1989：80）普通话中，高元音（闭元音）颌骨开度小而低元音 a 具有最大的颌骨开度。（吴宗济、林茂灿主编 1989：80）因此入声韵中低元音对塞尾 -t 弱化成边音尾起着重要作用。

以修水义宁的八 [pal^{42}] 为例。八 [pal^{42}] 的前身是 [pat^{42}]，发 a 时舌根要下降后缩、整个口腔都要打开，下颌开度达到最大，然后接着发 -t。但是发音的连贯性使得发音器官不可能等发完 a 后再去重新组织发 t，发音器官必须在发前面的音时为下一个音作准备。因此当舌根下降后缩发 a 时，舌尖已经开始朝齿龈运动为发 -t 作准备。这时发低元音 a 的动作就对发 -t 的舌尖产生牵制作用，使得舌尖不再紧抵龈颚，改变发音器官的成阻方式产生边音 -l。音系内部出现了边音化这一演变后，就逐步把它推及到相关摄主元音为较高元音的入声韵，使得边音化全部完成。

2.2 低调值

改变形成 -t 尾的发音器官的成阻方式而产生边音 -l，这种语音机制在其他方面也有表现。在一定条件下，低调值也可以使 -t 尾边音化。

据陈昌仪（1991：55—56），都昌土塘入声有阴入 [5]、低入 [1] 和阳入 [3] 三调，阴入来自全清入和部分次浊入，低入来自次清入，即清入气流分调，阳入来自全浊入和部分次浊入。咸深山臻摄读 -t 尾，宕江曾梗通摄读 -k 尾，-t 尾和 -k 尾分别有自由变体 -l 尾，主要分布在咸山摄和宕江摄的低入和阳入。

前文指出都昌蔡岭、都昌县城、都昌阳峰咸深山臻摄韵尾已全部边音化，而二十世纪九十年代的都昌土塘只是部分摄的低入 [1] 和阳入 [3] 韵尾边音化，说明都昌方言边音化是从低调值入声韵开始的。2009 年本书实地调查了土塘镇万老屋村和土塘街两点，获得了最新材料，以此为基础再结合前述材料来分析都昌土塘边音尾的形成机制。本书把陈昌仪（1991）的材料称为土塘 1991，本书调查的称为土塘 2009。

土塘 2009 入声调的分化与土塘 1991 相同，调值有差异：全阴入 [45]、次阴入 [312] 和阳入 [23]。咸深摄韵尾 -t 化后，音系内的 -t 尾继续演变。次阴入的 -t 尾基本弱化为 -l，来自阳入的部分边音化，而全阴入大部分读 -t 尾，少数读 -l；曾梗摄三四等主元音为高元音 ɿ、i 的部分韵尾 -t 化，部分和宕江通以及主元音非 ɿ、i 的曾梗摄入声韵一起韵尾 -ʔ 化。宕江摄读边音尾的极少，仅有“托手承物托委托＝脱 lol^{312}”，不讨论。如下：

<table>
<tr><td colspan="3"></td><td>咸深</td><td>山臻</td><td colspan="2">曾梗三四</td><td>曾梗一二</td><td>宕江通</td></tr>
<tr><td colspan="3">主元音</td><td colspan="2">ɿ i e ɛ a o u</td><td colspan="2">ɿ i</td><td>e a ə</td><td>o u</td></tr>
<tr><td colspan="2">次清</td><td>次阴入 [312]</td><td colspan="2" rowspan="2">-l/-t</td><td rowspan="3">-t</td><td colspan="3" rowspan="3">-ʔ</td></tr>
<tr><td rowspan="2">次浊</td><td>全浊</td><td>阳入 [23]</td></tr>
<tr><td>全清</td><td>全阴入 [45]</td><td colspan="2">-t/-l</td></tr>
</table>

次阴入：磕 gol$^{\underline{312}}$ ｜插 dzal$^{\underline{312}}$ ｜妾 dʑiel$^{\underline{312}}$ ｜贴 diel$^{\underline{312}}$、渴 gol$^{\underline{312}}$ ｜察 dzal$^{\underline{312}}$ ｜撤 dʐəl$^{\underline{312}}$ ｜铁 diel$^{\underline{312}}$ ｜阔 guol$^{\underline{312}}$/Ǿuol$^{\underline{312}}$、七 dzil$^{\underline{312}}$ ｜窟 gul$^{\underline{312}}$ ｜出 dʐəl$^{\underline{312}}$，怯 dʑit$^{\underline{312}}$/ʑit$^{\underline{312}}$、漆 dzit$^{\underline{312}}$ ｜屈 dʑit$^{\underline{312}}$；阳入：盒 hol$^{\underline{23}}$ ｜捷 dʑiel$^{\underline{23}}$ ｜乏 ɸual$^{\underline{23}}$，十 ʂʅl$^{\underline{23}}$、达 lal$^{\underline{23}}$ ｜辖 hal$^{\underline{23}}$ ｜舌 ʂəl$^{\underline{23}}$ ｜截 dziel$^{\underline{23}}$ ｜夺 lol$^{\underline{23}}$ ｜活 ɸuot$^{\underline{23}}$ ｜罚 ɸual$^{\underline{23}}$ ｜穴 ɕiel$^{\underline{23}}$、实 ʂʅl$^{\underline{23}}$ ｜核 hel$^{\underline{23}}$ ｜佛 ɸul$^{\underline{23}}$ ｜掘 dʑit$^{\underline{23}}$，狭 hat$^{\underline{23}}$ ｜碟 diet$^{\underline{23}}$、习 dzit$^{\underline{23}}$、折 ʂət$^{\underline{23}}$ ｜篾 miet$^{\underline{23}}$ ｜绝 dʑiet$^{\underline{23}}$、侄 dʐʅt$^{\underline{23}}$ ｜述 ʂʅt$^{\underline{23}}$；全阴入：入 ləl$^{\underline{45}}$ ｜急 ʨil$^{\underline{45}}$、辣 lal$^{\underline{45}}$、骨 kul$^{\underline{45}}$ ｜物 Ǿul$^{\underline{45}}$，鸽 kot$^{\underline{45}}$ ｜鸭 ŋat$^{\underline{45}}$ ｜接 ʨiet$^{\underline{45}}$ ｜法 ɸuat$^{\underline{45}}$、立 dit$^{\underline{45}}$ ｜湿 ʂat$^{\underline{45}}$、割 kot$^{\underline{45}}$ ｜杀 sat$^{\underline{45}}$ ｜灭 miet$^{\underline{45}}$ ｜浙 tʂət$^{\underline{45}}$ ｜节 ʦiet$^{\underline{45}}$ ｜末 mot$^{\underline{45}}$ ｜刮 kuat$^{\underline{45}}$ ｜发 ɸuat$^{\underline{45}}$ ｜血 ɕiet$^{\underline{45}}$、笔 pit$^{\underline{45}}$ ｜质 tʂʅt$^{\underline{45}}$ ｜不 pet$^{\underline{45}}$ ｜橘 ʨit$^{\underline{45}}$。

以上仅举咸深山臻摄例字。对比发现，边音化从土塘 1991 的咸山摄扩展到了土塘 2009 的咸深山臻摄；不再限于低调值的次阴入和阳入，高调值的全阴入也有，呈现出从全阴入到阳入再到次阴入逐渐增多的趋势。这说明，产生边音尾的因素是低调值，是低调值协同发音造成的。

次阴入 [$\underline{312}$] 最低点是 1 度。发低调时喉头须下降，连接喉头的舌骨因喉头下降也下降，舌骨下降就带动了舌头变化。这样不管舌头在发什么元音，它都会受舌骨影响而有下降后移动程，改变形成 -t 尾的发音器官的成阻方式而产生边音 -l。在土塘调查时，土塘街发音人说发 [l] 尾时舌尖抵到硬腭前部，然后向硬腭后部滑动。低调值影响韵尾边音化的机制与低元音基本一致，都是使舌骨下降拉动舌头松动从而使紧贴着龈颚的舌尖松动、让气流溢出。

三　相关问题

前文分析了低元音、低调值对韵尾边音化的影响作用。但江淮官话方言主要是主元音为高、较高元音的深臻摄及曾梗摄三四等入声韵有边音尾，低元音入声韵韵尾或 -ʔ 化或消失，如青阳九华；此外赣语南城株良臻摄只有主元音为高元音 u 的入声韵有边音尾。这些现象似与前文分析矛盾。此外，本书在第二章分析韵尾 -t 化合并类型时指出，宕江通三摄极少出现韵尾 -t 化。而前述边音化类型中，江淮官话有方言宕江通三摄出现边音尾，似乎说明存在 -k → -t → -l 的演变过程。

在前文类型分析基础上，下面尝试从语言发展的角度分析上述问题。

3.1 高元音入声韵的边音尾

关于江淮官话部分方言仅有高元音入声韵有边音尾，杨自翔（1989）考察桐城方言边音尾 -ɫ 的形成过程，认为高元音是边音尾 -ɫ 形成的主要条件。吴波（2007）基本赞同，并进一步分析高元音的“形容性成分”在江淮官话入声边音尾形成中的作用。

结合周边方言韵尾演变特点分析，青阳九华等方言高、较高元音入声韵韵尾边音化而低、较低元音入声韵韵尾或 -ʔ 化或消失，可能反映了韵尾完成边音化后的进一步演变。即音系内部相关摄、等完成边音化后，低元音入声韵的韵尾会继续弱化从而消失边音成分，高、较高元音入声韵在一定条件下还保留边音尾。产生这种现象的主要原因是音节时长补偿机制，这种机制使低元音入声韵韵尾的边音成分先消失。

（1）音节时长补偿机制

根据冯隆（1985：161—164）的分析、统计，北京话单韵母（即无介音、无元音韵尾、无鼻音韵尾的韵母）中元音 a、o、e、u、i 的平均时长依次是：131、128、115、108、101ms，从低元音到高元音时长依次变短；不管声母与韵母组合成什么类型的单韵母音节，这些音节都具有时长基本一致的特点。因此音节内单韵母时长与声母时长形成补偿关系：声母长，单韵母就短，声母短，单韵母就长。

根据林茂灿等（1994）对普通话带鼻尾零声母音节的分析，[a ia ua ya] 后面的 n 或 ŋ 尾的时长明显比 [ə i u y] 后面的 n 或 ŋ 尾短。即在开口度大的主元音 a 后面的鼻尾时长，比在开口度不大的较高元音后面的短。这说明，在音节时长基本一致的前提下，主元音为低元音的韵母鼻尾要比主元音为较高元音的韵母鼻尾短。原因是，在音节时长基本一致的前提下，低元音的绝对时长要比高元音的长，主元音较长则音节中的鼻尾时长就得相应缩短，确保音节时长与其他类型的音节时长保持一致。

以上两种关于北京话和普通话的音节分析都说明音节成分之间存在时长补偿机制。边音尾与鼻音尾都属响音，二者的性质较为接近，也可用音节时长补偿机制来分析江淮官话的边音尾演变原因。

（2）现有的调查报告在描写入声韵尾时一般只是记为 -p、-t、-k、-l 等，同时用短调表示入声韵短促。但赵元任等认为“中国有 -p、-t、-k 尾的方言，例如广州，大都同时带一点喉头塞音 ʔ 的作用”，即 -pˀ、-tˀ、-kˀ。（见高本汉 1940：170 脚注）岩田礼（1992）分析了粤语、闽南话、吴语、晋语等入声音节发声时的喉头动作，认为汉语方言韵尾 -p、-t、-k 带有紧喉运动，可分别描写为 -pʔ、-tʔ、-kʔ。入声韵尾带有紧喉不仅存在于塞音韵尾，曹志耘（2011）指出通城麦市入声韵边音尾和鼻音尾带有紧喉色彩，是 -lʔ、-nʔ。这些研究为 -p、-t、-k、-l、-n 等韵尾进一步弱化为喉塞尾提供了证据。韵尾 -p、-t、-k 弱化为 -ʔ，实为 -pʔ、-tʔ、-kʔ>-ʔ，即是发音部位和发音方法共同变化的结果；-l、-n 等弱化为 -ʔ，实为 -lʔ、-nʔ>-ʔ，即是消失边音或鼻音成分、形成喉塞的结果。

就强度而言，喉塞音比鼻音、边音更弱。音段响度可分为六个等级：低元音（如：a）> 滑音 / 高元音（如：j，w，i，u）> 流音（如：l，r）> 鼻音（如：m，n，ŋ）> 摩擦音（如：s，z）> 塞音（如：p，t，k）。（Harris 1994：56，转引自张吉生 2007）即低元音的响度最高、塞音的响度最低，鼻音和边音的响度处在中间。至于喉塞尾的性质，Chomsky 等音系学家认为包括 ʔ 在内的声门音 ʔ、h、ɦ 由于发音没有口腔部位的作用，故将它们归类为半元音（滑音）。（Chomsky & Halle 1968：307，转引自张吉生 2007）。半元音的响度仅次于响度最高的低元音。这样汉语方言现有入声韵尾的响度从低到高依次是：-p、-t、-k < -m、-n、-ŋ < -l < -ʔ < -i、-u。

（3）"深臻曾梗摄韵尾边音化"类型中的青阳九华、枞阳汤沟、桐城范岗、涟水红窑、灌南新安 5 点，虽然边音化入声韵的主元音今读类型不同，如枞阳汤沟和青阳九华的为高元音 [i]、涟水红窑的为央元音 [ə]、桐城范岗的为 [ɤ]、灌南新安则 [i ə] 都有，但基本来源都是中古《切韵》主元音为 *ə、*e、*ɛ 等较高元音的深臻、曾梗三四等韵。与《切韵》咸山梗摄一二等的低、较低主元音 *a、*ɐ、*ɒ、*ɑ 等相比，深臻、曾梗三四等的 *ə、*e、*ɛ 时长相对较短。

从边音化类型发展的角度出发，暂时认为青阳九华最初的边音化类型与赣语高安县城等可能是一致的，都是咸深山臻及曾梗摄三四等韵尾边音化，涉及高、低主元音。但是，由于低元音时长比高元音的长，在音节时长相对一致的情况下，低元音入声韵的边音尾较短，高元音入声韵的边音尾较长。从音素磨损角度看，音节中较短的音素容易变化或丢失，较长的音素容易保持不变。因此在边音化入声韵中，主元音为低长元音的边音尾较短，容易消失边音成分进一步弱化为 -ʔ 尾继而消失韵尾，当然也可能直接消失韵尾；反之，主元音为高短元音的边音尾时长相对较长，故保持不变，请看图 3-3。图 3-3 中，从①至②以修水三方言为例，从②至⑤以宝应方言为例。

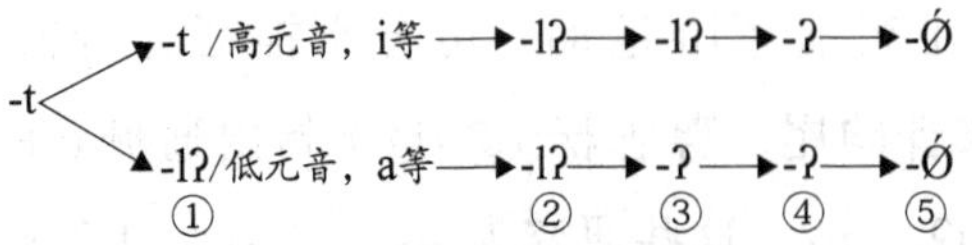

图 3-3 边音韵尾演变过程之一

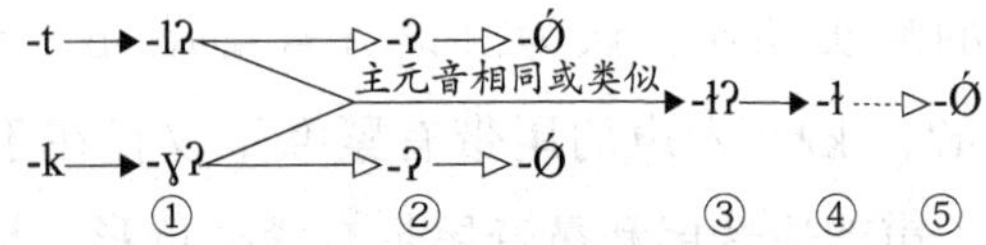

图 3-4 边音韵尾演变过程之二

（4）宝应方言韵尾演变类型复杂。王世华（1992）提供的材料显示，其调查的宝应方言点深臻曾梗摄主元音为 ə 的入声韵韵尾 -l 化、咸山宕江通摄韵尾 -ʔ 化。最新调查的宝应望直港是：咸山摄主元音为 ə、ʊ 的韵尾 -l 化，主元音为 i、ɪ、æ 的韵尾 -ʔ 化，但是主元音为 æ 的也有韵尾 -l 化的；深臻摄韵尾 -l 化，主元音为 ə；曾梗摄主元音为 ə 的韵尾 -l 化，主元音为 ɔ 的则与宕江通摄部分入声韵同样消失韵尾。如下：

<table>
<tr><td></td><td colspan="4">咸山</td><td>深臻</td><td colspan="2">曾梗</td><td>通</td><td colspan="2">宕江</td></tr>
<tr><td>主元音</td><td>i ɪ</td><td colspan="2">æ</td><td>ə ʊ</td><td colspan="2">ə</td><td colspan="2">ɔ</td><td>ɑ</td><td>ɔ ᴇ</td></tr>
<tr><td>韵尾</td><td colspan="2">-ʔ</td><td colspan="4">-l</td><td colspan="3">-Ó</td><td>-ʔ</td></tr>
<tr><td>清、浊</td><td colspan="10">入声 [23]</td></tr>
</table>

咸山摄：搭 tæʔ^{23} ｜插 tsʰæʔ^{23} ｜接 tɕiʔ^{23} ｜贴 tʰiʔ^{23} ｜法 fæʔ^{23}、辣 læʔ^{23} ｜八 pæʔ^{23} ｜热 liʔ^{23} ｜节 tɕiɪʔ^{23} ｜血 ɕyɪʔ^{23}，盒 xʊl^{23} ｜割 kuəl^{23} ｜拨 pʊl^{23} ｜脱 tʰʊl^{23} ｜活 xʊl^{23} ｜刮 kuæl^{23} ｜罚 fæl^{23}；深臻摄：立 liəl^{23} ｜十 səl^{23} ｜急 tɕiəl^{23}，笔 piəl^{23} ｜一 Óiəl^{23} ｜骨 kuəl^{23} ｜出 ʧʰuəl^{23} ｜橘 tɕyəl^{23}；曾梗摄：北 pɔ^{23} ｜墨 mɔ^{23}、百 pɔ^{23} ｜麦 mɔ^{23}，贼 tsəl^{23} ｜刻 kʰəl^{23} ｜力 liəl^{23} ｜直 tsəl^{23} ｜色 səl^{23} ｜织 tsəl^{23}、拆 tsʰəl^{23} ｜客 kʰəl^{23} ｜摘 tsəl^{23} ｜尺 tsʰəl^{23} ｜壁 piəl^{23} ｜锡 ɕiəl^{23}；宕江通摄：托委托 tʰɑ^{23} ｜学 ɕiᴇ^{23} ｜榖 kɔ^{23} ｜毒 tɔ^{23} ｜局 tɕiɔ^{23}，药 ÓiᴇʔL^{23} ｜剥 pɔʔ^{23}。

主元音为 æ 的山摄合口入声韵部分读 -l 尾，说明山摄甚至咸摄低元音入声韵曾经发生过边音化。但是低元音入声韵的边音尾大部分因为时长相对较短而进一步弱化为 -ʔ 尾，现有少数字的边音尾是 -lʔ>-ʔ 后留下的痕迹。主元音为较高元音 ə 的深臻摄及曾梗摄三四等的 -l 尾因时长相对较长而保持不变。主元音为 ə、ʊ 的咸山摄一二等入声韵其主元音在《切韵》时都是低元音，今天的 ə、ʊ 是元音变化（包括高化）的结果，故保持 -l 尾。

这里需要解释主要来自咸山摄三四等、主元音为 i、ɪ 的入声韵为什么没有边音化而是变成了喉塞尾。原因可能是：边音化从咸山摄一二等开始，然后逐步向主元音为高元音的三四等推进，但由于周边方言韵尾 -ʔ 化速度较快，受之影响，咸山摄三四等还没来得及边音化就直接从 -t 弱化成 -ʔ。

（5）南城株良山臻摄入声韵在较早阶段不管主元音高低韵尾都边音化，但之后韵尾继续演变，主元音为低元音的入声韵 -lʔ 尾因为低元音时长较长而相应变短、继而容易先失去边音成分而弱化为 -ʔ；主元音为高元音 i 或 u 的入声韵 -lʔ 尾因为高元音时长较短而相应变长，在音系中地位比较稳定故没有弱化为 -ʔ。但是随着韵尾进一步演变，主元音为高元音 i 或 u 的部分入声韵 -lʔ 尾进一步弱化，从而形成 -lʔ、-ʔ 互补分布，南城株良正处在图 3–3 中的第③阶段。王世华（1992）的调查显示，宝应老派方言中的 -l 尾在年轻人口语中正逐步变成 -ʔ，即走向图 3–3 中的第④阶段。

3.2 宕江通摄的边音尾

与赣语不同，江淮官话涟水红窑的宕江摄和桐城范岗的通摄韵尾边音化。如桐城范岗深臻、曾梗三四等（不含曾三庄组字）及通摄韵尾读 -l，主元音为 ɤ；咸山、宕江、曾梗一二等韵尾消失。如下：

<table>
<tr><td></td><td>深臻</td><td>通</td><td>梗三四</td><td colspan="2">曾三</td><td>曾一</td><td>梗二</td><td>宕江</td><td>咸山</td></tr>
<tr><td>主元音</td><td colspan="5">ɤ</td><td colspan="3">e</td><td>o</td><td>a e o</td></tr>
<tr><td>韵尾</td><td colspan="5">-l</td><td colspan="5">-Ø</td></tr>
<tr><td>清、浊</td><td colspan="9">入声 [55]</td></tr>
</table>

深臻、曾梗三四、通：立 ndiɤl^{55} ｜十 ʃɤl^{55} ｜急 tɕiɤl^{55}，笔 piɤl^{55} ｜骨 kuɤl^{55}，力 ndiɤl^{55} ｜直 ʧɤl^{55}，尺 ʧʰɤl^{55} ｜锡 ɕiɤl^{55}，縠 kuɤl^{55} ｜烛 ʧʮɤl^{55}；咸山、宕江、曾梗一二：盒 xo^{21} ｜插 ʧʰa^{55} ｜接 tɕie^{55} ｜法 fa^{55}，八 pa^{55} ｜舌 ʃe^{55} ｜脱 tʰo^{55} ｜刮 kua^{55} ｜罚 fa^{55} ｜血 ɕie^{55}，托 tʰo^{55} ｜学 ɕio^{55}，北 pe^{55} ｜贼 tse^{21} ｜色 se^{55}，白 pe^{55} ｜客 kʰe^{55} ｜摘 ʧe^{55}。

考察它们的边音尾本质对于考察汉语方言韵尾演变过程极其重要。因为如果认为宕江、通摄的边音尾是从 -t → -l 来的，那么就得认为汉语方言宕江、通摄的 -k 尾历史上曾发生过韵尾 -t 化。但是现代方言中却鲜有这样的演变，见第二章第一节。

要分析江淮官话宕江、通摄边音尾的来源，首先须分析其边音尾的音值。前文材料显示，江淮官话边音尾音值与赣语有所不同，除了有舌尖边音 -l，还有舌根化的 -ɫ 等。杨自翔（1989）指出，桐城方言的 -ɫ 尾有舌面边音 [ʎ]、近似舌根浊擦音 [ɣ] 等音位变体，其调查的一对老年夫妇彼此感觉不到 -ɫ 和 -ɣ 的差异。杨文认为，桐城方言的 -ɫ 可能是由 -t 和 -k 分别弱化来的 -l 和 -ɣ 结合的产物。在杨文基础上，以桐城范岗为例，本书尝试结合历时和共时材料推测宕江、通摄边音尾的产生过程，请看图 3-4。

桐城范岗方言早期经过合并演变（咸深摄 -p 尾、曾梗摄三四等 -k 尾韵尾 -t 化）的 -t 尾弱化为 -lʔ，宕江摄、曾梗摄一二等及通摄的 -k 尾在北方方言塞音韵尾弱化的大趋势下也弱化，但不是韵尾 -ʔ 化，而是弱化为同部位的浊擦音 -ɣʔ，紧喉色彩明显，即图 3-4 中的第①步。-ɣʔ 尾有个间接参照，即罗常培（1933：68）指出的，中古时期北方方言的 -p、-t、-k 弱化为浊塞音 -b、-d(-r)、-g，继而弱化为浊擦音 -β、-ð、-ɣ，最后消失辅音韵尾。

完成第①步之后，桐城范岗方言入声韵有 -lʔ 和 -ɣʔ 两类韵尾，-lʔ 和 -ɣʔ 都属于浊音韵尾。随着入声韵尾的进一步弱化，主元音为低、较低元音的咸山、宕江及曾梗摄一二等因元音补偿机制而率先消失边音或浊擦音成分，只剩下喉塞尾；而深臻、曾梗摄三四等及通摄由于主元音为高、较高元音，-lʔ 和 -ɣʔ 韵尾相对时长较长而得以保留，即第②步。但是，由于 -lʔ 和 -ɣʔ 尾入声韵的主元音相同或类似，且 -lʔ 和 -ɣʔ 都为浊音尾，因此 -lʔ 和 -ɣʔ 逐步混合发音部位，从音位对立变成音位互补，从而产生舌根化的 -ɫʔ，即第③步。需要指出，第②步到第③步过程中，通摄和深臻、曾梗摄三四等虽然主元音都为高、较高元音，但毕竟有差异，因此可能有主元音的混同过程。-ɫʔ 尾逐渐消失紧喉色彩变为 -ɫ，同时入声调值舒化拉长，由 [5] 变为 [55]，即第④步。至于 -ɫ 尾会不会继续弱化、消失，即第⑤步，以后可以观察。

涟水红窑宕江摄的边音尾演变过程同样可以这样分析。宕江摄出现边音韵尾，与其主元音 ɐ 和深臻摄的 ə 舌位相同且高度相差不大有很大关系，容易以此为条件发生韵尾融合。

第二节　韵尾鼻音化

韵尾鼻音化，塞音韵尾 -p、-t、-k 经过一定的演变过程后弱化为具有响音性质的鼻音。

汉藏语系其他语言中有塞音韵尾鼻音化现象。藏语安多方言 * -p、* -m>-m，塞尾鼻音化后与阳声韵尾合并。（瞿霭堂 1991：240）侗台语支武定、绿春傣语部分入声韵读鼻音尾，同时并入舒声调；李树侗语入声韵消失 -p、-t 塞尾后，特定的入声韵今读 -n 尾；管团侗语古 -k 尾在短元音 a 后变为 -n。（石林等 1997：41—43）如下：

	蚂蚁	鸟	洗		连接	七	菜
版纳	mot^{8}	nok^{8}	sak^{8}	版纳	sɯp^{9}	ʦet^{7}	pʰak^{7}
武定	meŋ^{4}	noŋ^{4}	saŋ^{4}	绿春	suɛŋ^{5}	ʦiŋ^{3}	pʰaŋ^{3}
	捉	十	笔		湿	睡	偷
章鲁	sap^{7}	ɕəp^{8}	pjət^{7}	章鲁	jak^{7}	nak^{7}	ljak^{8}
李树	sən^{5}	ɕən^{6}	tjen^{5}	管团	jan^{1}	nhan^{5}	ljan^{6}

本节讨论汉语方言入声韵塞音韵尾鼻音化现象。相对于韵尾喉塞化、边音化，鼻音化是零星分布的。以江西为中心，靠近赣西北有赣语湖北通城方言入声紧喉鼻尾、赣语核心区有余干方言喉塞鼻尾及都昌方言入声鼻尾、靠近赣东南有福建邵武光泽方言入声鼻尾。此外，赣语周边的吴徽语有入声小称鼻尾现象，湘语有次浊入鼻尾现象。

一 通城方言入声鼻尾

湖北咸宁市通城县，位于湘鄂赣三省交界处幕阜山北麓，东西南三面环山，北面平坦开阔。境内有东西、南北两条公路贯穿，形成十字型交通网，见图 3-5。以十字型交通网为参照，通城方言呈田字型分布：以县城隽水镇为中心，东至十善桥、南至五里镇、西至石泉村、北至铁柱港、沙堆方向至曹蒲港这一地区属于老城关方言；东南关刀、麦市、塘湖三镇以麦市话为代表；东北沙堆镇、四庄乡受崇阳方言影响很大，以沙堆话为代表；南面马港镇由老马港和老九岭合并，以老马港话为代表；西面石南镇、北港镇、大坪乡以北港话为代表，其中大坪乡西与临湘交界的村落土话近临湘方言、北与崇阳交界的村落土话近崇阳方言，只有靠近石南、北港的来苏、草鞋、曾家及小岭、联合等村土话同北港话。

由于特殊的地理位置及历史，通城方言入声韵尾很有特色。1936 年的十里市方言（即今五里镇锡山村石板铺，在县城隽水镇南 10 华里处）入声韵尾已变为 -l 和 -ʔ（赵元任等 1948，吴宗济调查）。材料显示十里市方言韵尾是先合并后弱化，即咸深摄韵尾 -t 化后与山臻摄 -t 尾一起弱化为 -l，宕江曾梗通摄 -k 尾弱化为 -ʔ；其中曾梗摄三四等有少数韵韵尾 -t 化后随咸深山臻的 -t 一起边音化为 -l，深臻摄三等部分入声韵韵尾 -ʔ 化。关于通城入声鼻尾的实际音值，曹志耘（2011）指出“[l n] 尾后的 [ʔ] 表示一种紧张色彩，不是独立的喉塞音”。本书暂称 -nʔ 为紧喉鼻尾，区别于阳声韵鼻尾。本书以实地调查的第一手材料讨论通城各方言入声韵尾读音类型、演变类型及其分布和紧喉鼻尾的演变过程。

1.1 韵尾音值

通城北港、五里、马港、石南、隽水、关刀、塘湖、麦市及沙堆、四庄 10 点方言韵尾类型差异很大、分布不同，请看表 3-2。由于 10 点宕江通及曾梗摄一二等的 -k 尾均已 -ʔ 化，表中只列举咸深山臻摄及曾梗摄三四等例字。通城境内方言异常复杂，村与村之间都有不同，本书讨论的韵尾以所选代表点村级单位为准。通城方言古全浊声母并入古次清声母今逢塞音、塞擦音读浊音，声母送气不送气是自由变体；部分浊塞擦音弱化为浊擦音，浊塞擦音与浊擦音是自由变体，如北港“锄 [dzʱɿ^{22}/zɿ^{22}]”。举例时自由变体不做统一处理。

表 3-2　通城 10 点入声韵字音举例

	十里	隽水	马港	五里	关刀	塘湖	麦市	石南	北港	沙堆	四庄
搭咸	tal^{5}	tat^{55} tanʔ^{55}	tãlʔ^{55}	tanʔ^{55}	tat^{55}	tælʔ^{55} tænʔ^{55}	talʔ^{55}	tɛʔ^{55}	tɛiʔ^{55}	tɛʔ^{55}	tɛʔ^{55}
纳	nal^{5}	nat^{55}	nœnʔ^{55}	nœnʔ^{55}	nɑʔ^{55}	nɵlʔ^{55}	nælʔ^{55}	næt^{35}	nɛiʔ^{55}	nælʔ^{55}	naʔ^{55}
杂	dzʰal^{5}	dzæt^{45}	dzʱænʔ^{35}	dzʱanʔ^{45}	zɑʔ^{35}	zɑʔ^{35}	dzælʔ^{35}	dzʱæt^{35}	dzʱænʔ^{45}	zælʔ^{45}	zaʔ^{45}
鸽	kol^{5}	kœt^{55}	kænʔ^{55}	kœnʔ^{55}	kæt^{55}	kɵlʔ^{55}	kælʔ^{55}	kæt^{55}	kœnʔ^{55}	kælʔ^{55}	kɵʔ^{55}
盒	hol^{5} 合	hœt^{55}	hælʔ^{55}	hœnʔ^{55}	hæt^{55}	hɵlʔ^{55}	hælʔ^{55}	hæt^{55}	hœnʔ^{55}	hælʔ^{55}	hɵʔ^{55}
腊	nal^{5}	nat^{55} nanʔ^{45}	nælʔ^{55}	nanʔ^{55}	nat^{55} nanʔ^{55}	nælʔ^{55} nænʔ^{55}	nalʔ^{55}	nɛʔ^{55}	nɛiʔ^{55}	nɛʔ^{55}	nɛʔ^{55}
插	dzʰal^{5}	dzat^{45} dzanʔ^{45}	dzʱænʔ^{35}	dzʱanʔ^{45}	zat^{35}	zælʔ^{35} zænʔ^{35}	dzalʔ^{35}	dzʱɛʔ^{35}	dzʱɛiʔ^{45}	zɛʔ^{45}	zɛʔ^{45}
甲	kal^{5}	tɕiɑʔ^{55}	kɑʔ^{55}	tɕienʔ^{55}	tɕieʔ^{55}	tɕiɑʔ^{55}	kalʔ^{55}	tɕiẽt^{55}	tɕiaʔ^{55}	kɛʔ^{55}	kɛʔ^{55}
鸭	ŋal^{5} Ǿiel^{5}	ŋat^{55}	ŋanʔ^{55} ŋalʔ^{55}	ŋanʔ^{55}	ŋat^{55} ŋanʔ^{55}	ŋælʔ^{55} ŋænʔ^{55}	ŋalʔ^{55}	ŋɛʔ^{55}	ŋɛiʔ^{55}	ŋɛʔ^{55}	ŋɛʔ^{55}
聂	ȵiel^{5}	ȵiᴇt^{55}	ȵienʔ^{55}	ȵienʔ^{55}	ȵieʔ^{55}	ȵiẽʔ^{55}	ȵiᴇʔ^{55}	ȵiet^{55}	nienʔ^{55}	Ǿieʔ^{55}	Ǿieʔ^{55}
猎	—	diᴇt^{45}	dʱiẽʔ^{35}	dʱienʔ^{45}	nat^{55}	diẽʔ^{35}	diᴇʔ^{35}	dʱiet^{35}	dʱeʔ^{45}	dʱieʔ^{45}	dʱieʔ^{45}
接	tɕiel^{5}	tɕiᴇt^{55} tɕiᴇʔ^{55}	tɕienʔ^{55}	tɕiẽʔ^{55}	tɕiẽʔ^{55}	tɕiẽʔ^{55}	tɕiᴇʔ^{55}	tɕiet^{55} tɕienʔ^{55}	tɕienʔ^{55}	tɕieʔ^{55}	tɕieʔ^{55}
摄	seʔ^{5} 涉	ȵiᴇt^{55}	ȵienʔ^{55}	ȵienʔ^{55}	ȵieʔ^{55}	səlʔ^{55}	sælʔ^{55}	ȵiet^{55}	nienʔ^{55}	seʔ^{55}	—
叶	Øiel^{5}	Ǿiᴇt^{55}	Ǿienʔ^{55}	Ǿienʔ^{55}	Ǿieʔ^{55}	Ǿieʔ^{55}	Ǿiᴇʔ^{55}	Ǿieʔ^{55}	Ǿienʔ^{55}	Ǿieʔ^{55}	Ǿieʔ^{55}
胁	ɕiel^{5}	ɕiᴇt^{55}	ɕienʔ^{55}	ɕieʔ^{55}	ɕieʔ^{55}	ɕiẽʔ^{55}	ɕiᴇʔ^{55}	ɕiet^{55}	ɕienʔ^{55}	ɕieʔ^{55}	ɕieʔ^{55}

续表

	十里	隽水	马港	五里	关刀	塘湖	麦市	石南	北港	沙堆	四庄
帖	dʰel^{5}	diᴇt^{45}	dʱienʔ^{35}	dʱienʔ^{45}	dʱieʔ^{35}	dʱiẽʔ^{35}	diᴇʔ^{35}	dʱieʔ^{35}	dʱeʔ^{45}	dʱieʔ^{45}	dʱieʔ^{45}
协	ɕiel^{5}	ɕiᴇt^{55}	ɕienʔ^{55}	ɕienʔ^{55}	ɕieʔ^{55}	ɕiẽʔ^{55}	ɕiᴇʔ^{55}	ɕiet^{55}	ɕienʔ^{55}	ɕieʔ^{55}	ɕieʔ^{55}
法	fal^{5}	fat^{55} fanʔ^{55}	fanʔ^{55}	fanʔ^{55}	fat^{55}	fælʔ^{55} fænʔ^{55}	falʔ^{55}	fɛʔ^{55}	fɛiʔ^{55}	fɛʔ^{55}	fɛʔ^{55}
立深	dʰil^{5}	dit^{45} dinʔ^{45}	dʱinʔ^{35}	dʱinʔ^{45}	dʱit^{35}	dʱinʔ^{35}	dinʔ^{35}	dʱiʔ^{35}	dʱiʔ^{45}	dʱiʔ^{45}	dʱiʔ^{45}
集	ɕiʔ^{5}	ɕiʔ^{55}	ɕiʔ^{55}	ɕiʔ^{5}	ʑiʔ^{35}	ʑiʔ^{35}	dʑiʔ^{35}	dʑʱiʔ^{35}	dʑʱiʔ^{45}	ʑiʔ^{45}	ʑiʔ^{45}
涩	—	—	sənʔ^{55}	—	seʔ^{55}	seʔ^{55}	sᴇʔ^{55}	seʔ^{55}	sɛiʔ^{55}	tɕieʔ^{55}	—
十	səl^{5}	sənʔ^{55}	sənʔ^{55}	sənʔ^{55}	sənʔ^{55}	sənʔ^{55}	sənʔ^{55}	sənʔ^{55}	sənʔ^{55}	sənʔ^{55}	səʔ^{55}
入	Ǿyl^{5}	ɥənʔ^{55}	Ǿᶣʏənʔ^{55}	Ǿʏənʔ^{55}	Ǿuənʔ^{55}	Ǿyənʔ^{55}	Ǿynʔ^{55}	ɥənʔ^{55} ɥət^{55}	Ǿyənʔ^{55}	ɥənʔ^{55}	Ǿəʔ^{55}
急	tɕil^{5}	tɕinʔ^{55}	tɕiʔ^{55}	tɕiʔ^{55}	tɕinʔ^{55} tɕiʔ^{55}	tɕinʔ^{55} tɕiʔ^{55}	tɕinʔ^{55} tɕiʔ^{55}	tɕiʔ^{55}	tɕinʔ^{55} tɕiʔ^{55}	tɕiʔ^{55}	tɕiʔ^{55}
达山	dʰal^{5}	dat^{45}	dʱanʔ^{35}	dʱãʔ^{45}	dʱæt^{35}	dælʔ^{35} dænʔ^{35}	dalʔ^{35}	dʱɛʔ^{35}	dʱɛiʔ^{45}	dʱɛʔ^{45}	dʱɛʔ^{45}
辣	nal^{5}	nat^{55} nanʔ^{55}	nanʔ^{55}	nanʔ^{55}	nat^{55}	nælʔ^{55}	nalʔ^{55}	nɛʔ^{55}	nɛiʔ^{55}	nɛʔ^{55}	nɛʔ^{55}
萨	sal^{5} 撒	sat^{55}	sanʔ^{55}	sanʔ^{55}	sat^{55}	sænʔ^{55}	salʔ^{55}	sɛʔ^{35}	sɛiʔ^{45}	sɛʔ^{55}	sɑ^{33}
割	kol^{5}	kœt^{55} kœnʔ^{55}	kænʔ^{55} kælʔ^{55}	kœnʔ^{55}	kæt^{55}	kɵlʔ^{55}	kælʔ^{55}	kæt^{55}	kœnʔ^{55}	kælʔ^{55}	kɵʔ^{55}
八	pal^{5}	pat^{55}	panʔ^{55} palʔ^{55}	panʔ^{55}	pat^{55}	pælʔ^{55} pænʔ^{55}	palʔ^{55}	pɛʔ^{55}	pɛiʔ^{55}	pɛʔ^{55}	pɛʔ^{55}
杀	sal^{5}	sat^{55}	sanʔ^{55}	sanʔ^{55}	sat^{55}	sælʔ^{55} sænʔ^{55}	salʔ^{55}	sɛʔ^{55}	sɛiʔ^{55}	sɛʔ^{55}	sɛʔ^{55}
瞎	hal^{5}	hat^{55}	hanʔ^{55}	hanʔ^{55}	hat^{55}	hælʔ^{55}	halʔ^{55}	hɛʔ^{55}	hɛiʔ^{55}	hɛʔ^{55}	hɛʔ^{55}
灭	mel^{5}	mᴇt^{55}	meʔ^{55}	meʔ^{55}	mieʔ^{55}	miẽʔ^{55}	miᴇʔ^{55}	meʔ^{55}	meʔ^{55}	meʔ^{55}	meʔ^{55}
列	dʰel^{5}	diᴇt^{45}	dʱienʔ^{35}	dʱieʔ^{45}	dʱieʔ^{35}	dʱiẽʔ^{35}	diᴇʔ^{35}	dʱieʔ^{35}	dʱeʔ^{45}	dʱieʔ^{45}	dʱeʔ^{45}
薛	—	ɕiᴇt^{55}	ɕienʔ^{55}	ɕienʔ^{55}	ɕiẽʔ^{55}	ɕiẽʔ^{55}	ɕiᴇʔ^{55}	ɕiet^{55}	ɕienʔ^{55}	ɕieʔ^{55}	ɕieʔ^{55}
彻	dʑʰyel^{5}	dʑiᴇt^{45}	dʑʱienʔ^{35}	dzʱenʔ^{45}	ʑieʔ^{35}	dʱɵlʔ^{35}	dælʔ^{35}	dʑʱɥet^{35}	dzʱeʔ^{45}	dʱælʔ^{45}	zieʔ^{45}
浙	ɕyel^{5} 设	tsᴇt^{55}	tsænʔ^{55}	tsenʔ^{55}	teʔ^{55}	tɵlʔ^{55}	tælʔ^{55}	tɕɥet^{55}	tseʔ^{55}	tælʔ^{55}	təʔ^{55}
热	Ǿyel^{5}	ȵiᴇt^{55}	ȵienʔ^{55} ȵielʔ^{55}	ȵienʔ^{55} Ǿyanʔ^{55}	ȵieʔ^{55}	ȵiẽʔ^{55} Ǿyeʔ^{55}	ȵiᴇʔ^{55}	ȵienʔ^{55} niet^{55}	nienʔ^{55}	ȵieʔ^{55}	ȵieʔ^{55} Ǿyɛʔ^{55}
杰	dʑʰiel^{5}	dʑiᴇt^{45}	dʑʱienʔ^{35}	dʑʱienʔ^{45}	ʑieʔ^{35}	dʑʱiẽʔ^{35}	dʑiᴇʔ^{35}	dʑʱiet^{35}	dʑʱienʔ^{45}	dʑʱieʔ^{45}	ʑieʔ^{45}
歇	—	ɕiᴇt^{55} ɕiᴇnʔ^{55}	ɕienʔ^{55}	ɕieʔ^{55}	ɕieʔ^{55}	ɕiẽʔ^{55}	ɕiᴇʔ^{55}	ɕiet^{55}	ɕienʔ^{55}	ɕieʔ^{55}	ɕieʔ^{55}
撇	bʰel^{5}	bᴇt^{45}	bʱeʔ^{35}	bʱeʔ^{45}	bʱieʔ^{35}	bʱiẽʔ^{35}	biᴇʔ^{35}	bʱieʔ^{35}	bʱeʔ^{45}	bʱeʔ^{45}	meʔ^{55}篾

续表

	十里	隽水	马港	五里	关刀	塘湖	麦市	石南	北港	沙堆	四庄
铁	dʰel^{5}	diɛt^{45}	dʱieʔ^{35}	dʱieʔ^{45}	dʱieʔ^{35}	dʱiẽʔ^{35}	diᴇʔ^{35}	dʱieʔ^{35}	dʱeʔ^{45}	dʱieʔ^{45}	dʱieʔ^{45}
捏	—	ȵiᴇt^{55}	ȵienʔ^{55}	ȵieʔ^{55}	ȵieʔ^{55}	ȵiẽʔ^{55}	ȵiᴇʔ^{55}	ȵiet^{55}	nienʔ^{55}	ȵieʔ^{55}	ȵieʔ^{55}
节	tɕiel^{5}	tɕiᴇt^{55} tɕiᴇʔ^{55}	tɕienʔ^{55}	tɕieʔ^{55}	tɕieʔ^{55}	tɕiẽʔ^{55}	tɕiᴇʔ^{55}	tɕiet^{55}	tɕienʔ^{55}	tɕieʔ^{55}	tɕieʔ^{55}
结	tɕiel^{5}	tɕiᴇt^{55}	tɕienʔ^{55}	tɕiẽʔ^{55}	tɕieʔ^{55}	tɕiẽʔ^{55}	tɕiᴇʔ^{55}	tɕiẽt^{55}	tɕienʔ^{55}	tɕieʔ^{55}	tɕieʔ^{55}
钵	mol^{5} 末	pœt^{55}	pænʔ^{55}	pœnʔ^{55}	pæt^{55}	pɵlʔ^{55}	pælʔ^{55}	pœnʔ^{55}	pœnʔ^{55}	pælʔ^{55}	mɘʔ^{55} 末
脱	dʰol^{5}	dœt^{45}	dʱænʔ^{35} dʱælʔ^{35}	dʱuœnʔ^{45}	dʱæt^{35}	dʱɵlʔ^{35}	dælʔ^{35}	dʱœt^{35}	dʱœnʔ^{45}	dʱælʔ^{45}	dʱɘʔ^{45}
撮	—	tsœt^{55}	tsuænʔ^{55}	tsuœnʔ^{55}	tsæt^{55}	dzʱɵlʔ^{35}	tsælʔ^{55}	dzʱœt^{35}	tsœnʔ^{55}	—	tsɘʔ^{55}
阔	gʰuol^{5}	Øuat^{55}	Øuænʔ^{55}	Øuœnʔ^{55}	Øuæt^{55}	Øuɵlʔ^{55}	Øuælʔ^{55}	gʱuæt^{35}	gʱuænʔ^{45}	Øuælʔ^{55}	Øuɛʔ^{55}
挖	Øual^{5}	Øuat^{55}	Øuanʔ^{55}	Øuɑ^{313}	Øuanʔ^{55}	Øuɑ^{312}	Øualʔ^{55}	Øuɛʔ^{55}	Øuɛiʔ^{55}	Øuɑ^{22}	Øuɛʔ^{55}
刷	sol^{5}	suæt^{55}	suanʔ^{55} sualʔ^{55}	suœnʔ^{55}	suæt^{55}	sɘlʔ^{55}	sælʔ^{55}	suænʔ^{55} suæt^{55}	sœnʔ^{55}	suælʔ^{55}	sɘʔ^{55}
刮	kual^{5}	kuat^{55}	kuanʔ^{55}	kuœnʔ^{55}	kuat^{55}	kuælʔ^{55} kuænʔ^{55}	kualʔ^{55} kuælʔ^{55}	kuɛʔ^{55}	kuɛiʔ^{55}	kuaʔ^{55}	kuɛʔ^{55}
劣	dʰel^{5}	diᴇt^{45}	dʱienʔ^{35}	dieʔ^{45}	dʱieʔ^{35}	dʱienʔ^{35}	diᴇʔ^{35}	dʱieʔ^{35}	dʱeʔ^{45}	dʱieʔ^{45}	dʱieʔ^{45}
雪	—	ɕiᴇt^{55}	ɕienʔ^{55}	ɕieʔ^{55}	ɕieʔ^{55}	ɕiẽʔ^{55}	ɕiᴇʔ^{55}	ɕienʔ^{55}	ɕienʔ^{55}	ɕieʔ^{55}	ɕieʔ^{55}
说	ɕyel^{5}	sæt^{55} sænʔ^{55}	fᶣʏenʔ^{55}	senʔ^{55}	seʔ^{55}	sɘlʔ^{55}	sælʔ^{55}	ɕɥet^{55}	feʔ^{55}	sælʔ^{55}	sɘʔ^{55}
阅	Øyel^{5}	Øyᴇt^{55}	Øyanʔ^{55}	Øyeʔ^{55}	ɥeʔ^{55}	Øyeʔ^{55}	Øyᴇʔ^{55}	ɥet^{55}	Øyenʔ^{55}	Øyeʔ^{55}	Øueʔ^{55}
发	fal^{5}	fat^{55} fanʔ^{55}	fanʔ^{55}	ɸuanʔ^{55}	fat^{55}	fælʔ^{55} fænʔ^{55}	falʔ^{55}	fɛʔ^{55}	fɛiʔ^{55}	fɛʔ^{55}	fɛʔ^{55}
月	ȵyel^{5}	næt^{55} nᴇʔ^{55}	nelʔ^{55} nælʔ^{55}	nenʔ^{55} nɛʔ^{55}	neʔ^{55}	ȵiẽnʔ^{55} Øyeʔ^{55}	ȵiᴇʔ^{55}	net^{55} nenʔ^{55}	nienʔ^{55}	ɲeʔ^{55}	ŋeʔ^{55}
决	tɕyel^{5}	tsᴇt^{55}	tsenʔ^{55}	tsenʔ^{55}	teʔ^{55}	kyeʔ^{55}	kyᴇʔ^{55}	tɕɥet^{55}	tseʔ^{55}	kyeʔ^{55}	kueʔ^{55}
血	seʔ^{5}	sæt^{55}	fᶣʏenʔ^{55} senʔ^{55}	senʔ^{55} sɛʔ^{5}	seʔ^{55}	fieʔ^{55}	fyᴇʔ^{55}	ɕɥet^{55}	fyænʔ^{55}	fieʔ^{55}	feʔ^{55}
毕臻	piʔ^{5}	piʔ^{55}	piʔ^{55}	piʔ^{55}	piʔ^{55}	piʔ^{55}	piʔ^{55}	piʔ^{55}	piʔ^{55}	piʔ^{55}	pɪiʔ^{55}
蜜	—	mit^{55} minʔ^{55}	minʔ^{55}	miʔ^{55}	minʔ^{55}	minʔ^{55}	minʔ^{55}	minʔ^{55} miʔ^{55}	miʔ^{55}	miʔ^{55}	mɪiʔ^{55}
栗	dʰil^{5}	dinʔ^{45} diʔ^{45}	dʱinʔ^{35}	dʱinʔ^{45}	dʱit^{35}	dʱinʔ^{35} dʱiʔ^{35}	diʔ^{35}	dʱiʔ^{35}	dʱiʔ^{45}	dʱiʔ^{45}	dʱɪiʔ^{45}
七	dʑʰiʔ^{5}	dʑit^{45}	ʑiɑʔ^{35}	dʑiʔ^{45}	ʑiʔ^{35}	ᵈʑiʔ^{35}	dʑiʔ^{35}	ʑiʔ^{35}	dʑʱiʔ^{45}	ʑiʔ^{45}	ʑiʔ^{45}
侄	dzʰʅʔ^{5}	dzʅʔ^{45}	zʅʔ^{35}	zʅʔ^{45}	zʅʔ^{35}	zʅʔ^{35}	dyʔ^{35}	zʅʔ^{35}	dzʱʅʔ^{45}	zʅʔ^{45}	ɕieʔ^{55}
质	sɘl^{5} 实	tsɘnʔ^{55}	tsɘnʔ^{55}	tsɘnʔ^{55}	tsɘnʔ^{55}	tsɘnʔ^{55}	tɘnʔ^{55}	tsɘnʔ^{55}	tsɘnʔ^{55}	tsɘnʔ^{55}	tsʅʔ^{55}

续表

	十里	隽水	马港	五里	关刀	塘湖	麦市	石南	北港	沙堆	四庄
日	Ǿyl^{5}	ɥən^{ʔ55} ɥət^{55}	ȵiənʔ^{55}	Ǿᶣʏlʔ^{55}	Ǿuənʔ^{55}	Ǿyənʔ^{55}	ȵinʔ^{55}	ɥənʔ^{55}	ninʔ^{55}	ɥənʔ^{55}	Ǿɘʔ^{55}
吉	tɕil^{5}	tɕit^{55}	tɕiʔ^{55}	tɕiʔ^{55}	tɕinʔ^{55}	tɕinʔ^{55}	tɕinʔ^{55}	tɕiʔ^{55}	tɕiʔ^{55}	tɕiʔ^{55}	tɕiʔ^{55}
一	Ǿiʔ^{5}	Ǿit^{55}	Ǿiʔ^{55}	Ǿiʔ^{55}	Ǿit^{55}	Ǿiʔ^{55}	Ǿinʔ^{55}	Ǿiʔ^{55}	Ǿiʔ^{55}	Ǿiʔ^{55}	Ǿiʔ^{55}
不	pəl^{5}	pənʔ^{55}	pənʔ^{55}	pənʔ^{55}	pənʔ^{55}	pənʔ^{55}	pənʔ^{55}	pənʔ^{55}	pənʔ^{55}	pənʔ^{55}	pɘʔ^{55}
突	dʰəl^{5}	dənʔ^{45}	dʱənʔ^{35}	dʱənʔ^{45}	dʱənʔ^{35}	dʱənʔ^{35}	dənʔ^{35}	dʱənʔ^{35}	dʱənʔ^{45}	dʱənʔ^{45}	dʱɘʔ^{45}
卒	tsəl^{5}	tsənʔ^{55}	tsənʔ^{55}	tsənʔ^{55}	tsənʔ^{55}	tsənʔ^{55}	tsənʔ^{55}	tsənʔ^{55}	tsənʔ^{55}	tsənʔ^{55}	tsɘʔ^{55}
骨	kuəl^{5}	kuənʔ^{55}	kuənʔ^{55}	kuənʔ^{55}	kuət^{55}	kuənʔ^{55}	kunʔ^{55}	kuənʔ^{55}	kuənʔ^{55}	kuənʔ^{55}	kuɘʔ^{55}
律	dʰil^{5}	dinʔ^{45}	dʱinʔ^{35}	dʱinʔ^{45}	dʱit^{35}	dʱiʔ^{35}	dinʔ^{35}	dʱiʔ^{35}	dʱiʔ^{45}	dʱiʔ^{45}	dʱiʔ^{45}
恤	ɕiʔ^{5}	sæt^{55}	—	—	ɕiʔ^{55}	ɕiʔ^{55}	ɕiʔ^{55}	ɕiʔ^{55}	ɕiʔ^{55}	ɕiʔ^{55}	ɕiʔ^{55}
出	dʑyl^{5}	dzənʔ^{45}	zənʔ^{35}	dzʱənʔ^{45}	dʱənʔ^{35}	dʱənʔ^{35}	dənʔ^{35}	dʑʱɥənʔ^{35}	dzʱənʔ^{45}	dʱənʔ^{45}	dʱɘʔ^{45}
术	—	sənʔ^{55}	sənʔ^{55}	sənʔ^{55}	sənʔ^{55}	sənʔ^{55}	sənʔ^{55}	sənʔ^{55}	fᶣʏʔ^{55}	sənʔ^{55}	sɘʔ^{55}
橘	tɕyl^{5}	tsənʔ^{55}	tsənʔ^{55}	tsənʔ^{55}	tsənʔ^{55}	kyənʔ^{55}	kynʔ^{55}	tsənʔ^{55}	tsənʔ^{55}	ɥənʔ^{55}屈	Ǿueʔ^{55}屈
物	Ǿuəl^{5}	Ǿuənʔ^{55}	Ǿuənʔ^{55}	Ǿuənʔ^{55}	fənʔ^{55}	Ǿuənʔ^{55}	Ǿunʔ^{55}	Ǿuənʔ^{55}	Ǿuənʔ^{55}	Ǿuənʔ^{55}	Ǿuɘʔ^{55}
逼曾	piʔ^{5}	piʔ^{55}	piʔ^{55}	piʔ^{55}	piʔ^{55}	piʔ^{55}	piʔ^{55}	piʔ^{55}	piʔ^{55}	piʔ^{55}	piʔ^{55}
力	dʰil^{5}	dit^{45} dinʔ^{45}	dʱinʔ^{35}	dʱinʔ^{45}	dʱit^{35}	dʱinʔ^{35}	dinʔ^{35}	dʱiʔ^{35}	dʱiʔ^{45}	dʱiʔ^{45}	dʱiʔ^{45}
测	dzʰeʔ^{5}	dzᴇʔ^{45}	dzʱeʔ^{35}	dzʱeʔ^{45}	zeʔ^{35}	zeʔ^{35}	dzᴇʔ^{35}	dzʱeʔ^{35}	dzʱeʔ^{45}	zeʔ^{45}	ʑieʔ^{45}
食	səl^{5}	sənʔ^{55}	sənʔ^{55}	sənʔ^{55}	sənʔ^{55}	sənʔ^{55}	sənʔ^{55}	sənʔ^{55}	sənʔ^{55}	sənʔ^{55}	sɘʔ^{55}
蚀	sʅʔ^{5}	sənʔ^{55}	—	sənʔ^{55}	sənʔ^{55}	sənʔ^{55}	sənʔ^{55}	sənʔ^{55}	sənʔ^{55}	sənʔ^{55}	—
植	dzʰʅʔ^{5}	dzʅʔ^{45}	zʅʔ^{35}	zʅʔ^{45}	zʅʔ^{35}	zʅʔ^{35}	dyʔ^{35}	zʅʔ^{35}	zʅʔ^{45}	zʅʔ^{45}	zʅʔ^{45}
极	dʑʰiʔ^{5}	dʑiʔ^{45}	dʑʱiʔ^{35}	dʑʱiʔ^{45}	tɕiʔ^{55}	ʑiʔ^{35}	dʑiʔ^{35}	ʑiʔ^{35}	dʑʱiʔ^{45}	ʑiʔ^{45}	tɕiʔ^{55}
域	Ǿyl^{5}	Ǿʏʔ^{55}	Ǿᶣʏənʔ^{55}	Ǿᶣʏlʔ^{55}	Ǿuənʔ^{55}	Ǿyənʔ^{55}	Ǿynʔ^{55}	ɥənʔ^{55}	Ǿᶣʏʔ^{55}	ɥənʔ^{55}	Ǿueʔ^{55}
赤梗	dzʰʅʔ^{5}	dzɑʔ^{45}	zʅʔ^{35}	dzʱʅʔ^{45}	zʅʔ^{35}	dʱɑʔ^{35}	dzʅʔ^{35}	dzʱʅʔ^{35}	zʅʔ^{45}	zʅʔ^{45}	zʅʔ^{45}
适	saʔ^{5}石	sənʔ^{55}	sənʔ^{55}	sənʔ^{55}	sənʔ^{55}	sənʔ^{55}	sənʔ^{55}	sənʔ^{55}	sənʔ^{55}	sənʔ^{55}	sɘʔ^{55}
笛	dʰiʔ^{5}	diʔ^{45}	dʱiʔ^{35}	dʱiʔ^{45}	dʱit^{35}	dʱiʔ^{35}	diʔ^{35}	dʱiʔ^{35}	dʱiʔ^{45}	dʱiʔ^{45}	niʔ^{55}
历	dʰil^{5}	dinʔ^{45}	dʱinʔ^{35}	dʱinʔ^{45}	dʱit^{35}	dʱinʔ^{35}	dinʔ^{35}	dʱiʔ^{35}	dʱiʔ^{45}	dʱiʔ^{45}	dʱiʔ^{45}
疫	Ǿyl^{5}	ɥənʔ^{55}	Ǿᶣʏənʔ^{55}	Ǿᶣʏlʔ^{55}	Ǿuənʔ^{55}	Ǿyənʔ^{55}	Ǿynʔ^{55}	ɥənʔ^{55}	Ǿᶣʏʔ^{55}	ɥənʔ^{55}	Ǿuɯiʔ^{55}

说明：表中如果某摄某声类的韵尾相同，如端组，则举该组声母中一字为例；如果存在差异，则多举例以反映差异。

1.2 演变类型及地理分布

1.2.1 韵尾鼻音化趋势

通城 10 点方言有 -t、-lʔ、-nʔ、-ʔ 四种韵尾，但各点演变方式不同、韵尾读音类型分布不同，以韵尾音值、摄等分布为条件可分七种演变类型。请看表 3-3。

10 点中有 9 点存在紧喉鼻尾，分布差异明显但有共同点：即深臻摄开口三等章组日母、臻摄合口、曾梗摄三四等部分章组字韵尾大都变为 -nʔ。来源相同的 -nʔ 尾说明通城各方言入声韵尾弱化前可能经过了一定程度的相同演变，即咸深摄 -p 尾和曾梗摄部分三四等 -k 尾先韵尾 -t 化并入山臻摄，然后来自咸深山臻摄及曾梗摄三四等的 -t 尾弱化，或边音化或鼻音化或 -ʔ 化，其中深臻摄开口三等章组日母、臻摄合口、曾梗摄三四等章组部分韵尾鼻音化。这种一致性说明韵尾鼻音化是或曾是通城各方言入声韵尾的演变趋势。但这种趋势在各方言中发展程度不一致，故形成了不同的类型。

表 3-3　通城方言入声韵尾演变类型

<table>
<tr><th colspan="2">类型</th><th colspan="2">咸山一二</th><th colspan="2">咸山三四</th><th colspan="4">深臻、曾梗三四</th><th>曾梗一二</th><th>宕江通</th></tr>
<tr><td rowspan="2">北港</td><td>-V-</td><td>æ œ</td><td>ε a</td><td>ε</td><td>e</td><td colspan="2">ɘ</td><td>i</td><td>ɿ e ε ɑ</td><td>e ɑ</td><td>ɥ ə u</td></tr>
<tr><td>-C</td><td>-nʔ</td><td colspan="3">-ʔ</td><td colspan="3">-nʔ</td><td colspan="4">-ʔ</td></tr>
<tr><td rowspan="2">石南</td><td>-V-</td><td>æ œ</td><td>ε ɑ</td><td>ε</td><td>e</td><td colspan="2">ɘ</td><td>i</td><td>ɿ e ɑ</td><td>e ɑ</td><td>ɥ ə o u</td></tr>
<tr><td>-C</td><td>-t/-nʔ</td><td colspan="2">-ʔ</td><td>-t</td><td colspan="3">-nʔ</td><td colspan="4">-ʔ</td></tr>
<tr><td rowspan="2">马港</td><td>-V-</td><td>æ œ a</td><td>ɑ</td><td>e</td><td>æ a</td><td colspan="2">ɘ</td><td>i</td><td>ɿ e ɑ</td><td>e ɑ</td><td>ʏ ə u</td></tr>
<tr><td>-C</td><td>-nʔ/-lʔ</td><td colspan="2">-ʔ</td><td colspan="4">-nʔ</td><td colspan="4">-ʔ</td></tr>
<tr><td rowspan="2">五里</td><td>-V-</td><td>œ a</td><td>ɑ</td><td>e</td><td>a</td><td colspan="2">ɘ</td><td>i</td><td>ɿ e ɑ</td><td>e ɑ</td><td>ʏ ə u</td></tr>
<tr><td>-C</td><td>-nʔ</td><td colspan="2">-ʔ</td><td colspan="4">-nʔ</td><td colspan="4">-ʔ</td></tr>
<tr><td rowspan="2">隽水</td><td>-V-</td><td>œ a</td><td>ɑ</td><td>ᴇ</td><td>æ a</td><td colspan="2">ɘ</td><td>i</td><td>ɿ ᴇ ɑ</td><td>ᴇ ɑ</td><td>ʏ ə o u</td></tr>
<tr><td>-C</td><td>-t/-nʔ</td><td colspan="2">-ʔ</td><td>-t</td><td colspan="2">-nʔ</td><td>-t</td><td colspan="3">-ʔ</td></tr>
<tr><td rowspan="2">关刀</td><td>-V-</td><td>æ a</td><td>ɑ</td><td colspan="2">e</td><td colspan="2">ɘ</td><td>i</td><td>ɿ e ɑ</td><td>e ɑ</td><td>ɥ ə o u</td></tr>
<tr><td>-C</td><td>-t</td><td colspan="3">-ʔ</td><td colspan="2">-nʔ</td><td>-t</td><td colspan="3">-ʔ</td></tr>
<tr><td rowspan="2">塘湖</td><td>-V-</td><td>æ ɵ</td><td>ɑ</td><td>e ẽ</td><td>ə</td><td>ʏ</td><td>ɘ</td><td>i</td><td>ɿ e ɑ</td><td>e ɑ</td><td>ɘ o u</td></tr>
<tr><td>-C</td><td>-lʔ/-nʔ</td><td colspan="2">-ʔ</td><td colspan="2">-lʔ</td><td>-nʔ</td><td colspan="4">-ʔ</td></tr>
<tr><td rowspan="2">麦市</td><td>-V-</td><td>æ a</td><td>ɑ</td><td>ᴇ</td><td>æ a</td><td colspan="2">ə y u</td><td>i</td><td>ɿ y ᴇ ɑ</td><td>ᴇ ɑ</td><td>o u</td></tr>
<tr><td>-C</td><td>-lʔ</td><td colspan="2">-ʔ</td><td>-lʔ</td><td colspan="2">-nʔ</td><td colspan="4">-ʔ</td></tr>
<tr><td rowspan="2">沙堆</td><td>-V-</td><td>æ</td><td>ε ɑ</td><td>e ε</td><td>æ</td><td colspan="2">ɘ</td><td colspan="2">ɿ i e ɑ</td><td>e ɑ</td><td>ɘ u</td></tr>
<tr><td>-C</td><td>-lʔ</td><td colspan="2">-ʔ</td><td>-lʔ</td><td colspan="2">-nʔ</td><td colspan="4">-ʔ</td></tr>
<tr><td rowspan="2">四庄</td><td>-V-</td><td>ɵ ɘ</td><td>ε a</td><td>e ε</td><td colspan="3">ɘ</td><td colspan="2">ɿ i e ɑ</td><td>e ɑ</td><td>ɘ u</td></tr>
<tr><td>-C</td><td colspan="10">-ʔ</td></tr>
</table>

说明：表中用“-V-”表示“入声韵主元音”，用“-C”表示“入声韵尾”。

1.2.2 具体类型

10 点方言的宕江通摄及曾梗摄一二等 -k 尾一律韵尾 -ʔ 化，下面分析各类时不再提及。

（1）隽水型。隽水咸山摄、深臻摄开口三等非章组日母入声韵基本读 -t。深臻摄开口三等章组日母与臻摄合口弱化为 -nʔ，曾梗摄三四等主要是章组的部分 -t 尾弱化为 -nʔ，非章组的韵尾 -ʔ 化。咸开一端组泥来母、咸开二知庄见组、山开一泥来母及咸山摄合口三等非组和深开三来母、臻开三来母及部分帮组 -t 尾有 -nʔ 尾变体。咸开二见系、咸开三章组、深开三精组见系，山开三章组、臻开三帮精知庄见组及臻摄合口见系，它们的部分字韵尾 -ʔ 化。

（2）石南型。石南咸山摄一二等的 -t 尾大部分弱化为 -ʔ，仅咸开一精组见系、山开一见系、山合一端组精组及见系部分字保持 -t，山合一帮组韵尾为 -nʔ；咸山摄三四等部分保持 -t 尾、部分弱化成 -ʔ。深臻摄开口三等非章组日母韵尾基本读 -ʔ，章组日母字则和臻摄合口、曾梗摄三四等部分章组字弱化为 -nʔ。

（3）北港型。石南型的进一步弱化型。石南咸山摄保持的 -t 尾在北港基本弱化成 -nʔ，其他韵摄韵尾的演变与石南一致。

（4）马港型。隽水型的进一步弱化型，包括马港和五里。隽水咸深山臻摄的 -t 尾在马港话基本弱化为 -nʔ，少数 -nʔ 尾有自由变体 -lʔ；但咸开一端组泥来母主元音为 æ 的少数字为 -lʔ，咸开二见系、山摄开口三四等帮庄章组主元音为 e、ɑ 的为 -ʔ，深臻摄开口三等精组见系为 -ʔ；曾梗摄三四等主要是章组及泥来母少数字变为 -nʔ，其他的韵尾 -ʔ 化。五里韵尾演变整体上与马港话相同，只是咸深山臻摄开口三四等韵尾 -ʔ 化的更多，这一点接近关刀话。

（5）关刀型。关刀咸山摄一二等、三等合口保持 -t 尾，但咸摄一二等少数见系字与咸山摄三四等一样韵尾 -ʔ 化。深臻摄开口三等非章组日母字韵尾基本读 -ʔ，来母及少数见系字读 -t；深臻摄开口三等章组日母和臻摄合口弱化为 -nʔ，曾梗摄三四等章组部分弱化为 -nʔ。关刀地处隽水、麦市之间，北邻沙堆。

（6）塘湖型。关刀型的进一步弱化类型，包括塘湖、麦市、沙堆。关刀咸山摄一二等的 -t 尾在塘湖、麦市、沙堆主要弱化为 -lʔ。不过塘湖咸开一端组泥来母、山开一端组、山开二帮庄组及山合二见系庄组部分韵尾为 -nʔ 或 -nʔ、-lʔ 两读；咸开二见系字韵尾 -ʔ 化。咸山摄三四等的 -t 尾与关刀话基本一致，主要弱化为 -ʔ，但咸山摄开三庄章组及合三非组字弱化为 -lʔ。塘湖咸山摄三四等有入声韵主元音鼻化现象，入声韵是 [iẽʔ]。深臻摄开口三等非章组日母字主要弱化

为 -ʔ，部分来母及帮组字弱化为 -nʔ；深臻摄开口三等章组日母和臻摄合口弱化为 -nʔ，曾梗摄三四等章组部分弱化为 -nʔ。与塘湖、麦市相比，沙堆韵尾 -ʔ 化得更多：除了咸开二见系，咸山摄一二等中的咸开一端组来母、山开一二端系和庄组都有韵尾 -ʔ 化。

（7）四庄型。四庄九摄韵尾 -ʔ 化。四庄深臻摄开口三等章组日母、臻摄合口、曾梗摄三四等部分章组主元音是 [ɘ] 的入声韵对应着其他 9 点主元音是 [ɘ] 类（[ɘ] 和 [ə]）、带 -nʔ 尾的入声韵，说明可能经过 -t → -nʔ 的演变，只是 *-nʔ 后来消失鼻音成分变成 -ʔ。四庄型可能是其他六类的最终演变方向。

1.2.3 地理分布

七类的地理分布请看图 3–5。图 3–5 还列举了通城周边临湘白云、崇阳白霓、修水黄港、平江城关、岳阳市西城等方言入声韵尾的演变类型。七种类型中除了四庄型外可根据韵尾演变过程（见下文分析）分为四类。隽水为一类，其他三类以隽水为中心，沿着十字型公路线呈放射性分布。即五里、马港分布在南部，关刀、塘湖、麦市和沙堆分布在东部；石南、北港分布在西部。靠近放射中心隽水的关刀和石南韵尾演变比较单纯，离中心相对较远的五里、马港、塘湖、麦市、北港及沙堆的演变相对复杂。四庄应是复杂演变之后趋于单一的阶段结果。透过复杂表象，可以发现在方言内部发展的一致性力量与周边方言影响力交互作用下的通城方言入声韵尾演变过程。

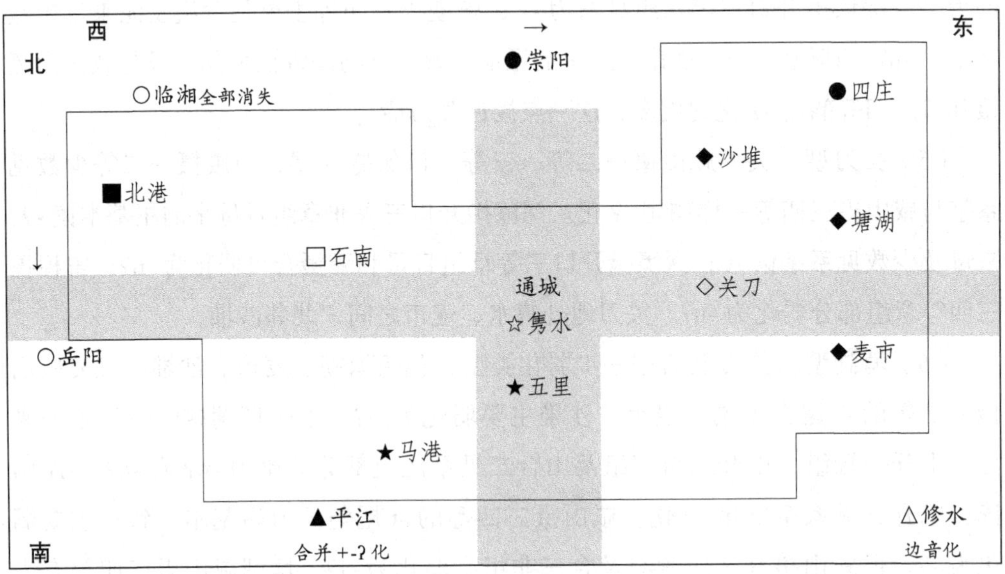

图 3–5　通城及其周边方言韵尾演变类型

1.3 演变过程

曹志耘先生（2011）分析认为通城方言入声韵尾可能存在两条途径，摘录如下：

石板铺：p ↘
t → t → lʔ → nʔ → ʔ
k ↗

麦市：p ↘　　↗ lʔ（低元音）↘
t → t → lʔ　　ʔ
k ↗　　↘ nʔ（高元音）↗

在此基础上分析通城方言入声韵尾的具体演变过程。

通城方言入声韵尾 -p、-t、-k 首先是发生合并，即咸深摄 -p 尾韵尾 -t 化并入山臻摄，曾梗摄三四等部分入声韵 -k 尾韵尾 -t 化；合并后的 -t 再发生弱化，曾梗摄其他等及宕江通摄 -k 尾则韵尾 -ʔ 化。结合图 3–5 中演变类型的地理分布分析，通城 10 点的韵尾弱化是以摄、等为单位逐步进行，演变过程中受到不同因素影响走出三条演变途径。

1.3.1 途径一：向南走。请看图 3–6。

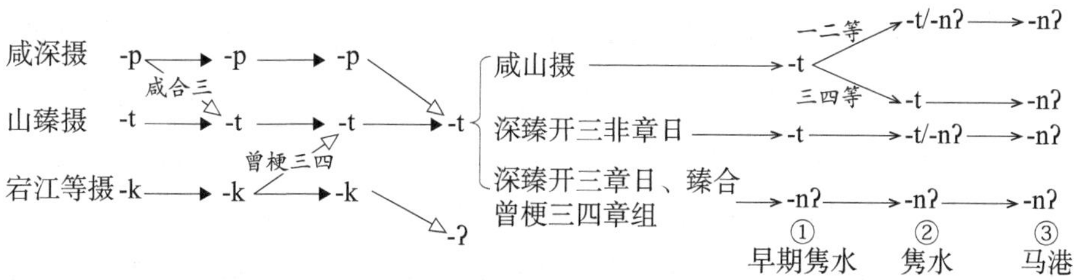

图 3–6　通城方言入声韵尾演变途径之一

步骤一，韵尾 -t 化后，来自深臻摄开口三等章组日母、臻摄合口、曾梗摄三四等章组部分 -t 尾弱化为 -nʔ。这一演变在通城其他 9 点（四庄可能发生过）表现一致，因此推测其在通城方言里出现的时间较早。

步骤二，-t → -nʔ 的韵尾鼻音化趋势逐渐推及到深臻开口三等非章组日母及咸山摄一二等。主要表现为部分 -t 尾有 -nʔ 自由变体。

本书材料中，隽水咸山摄一二等及深臻摄开口三等非章组日母共 32 字有 -t、-nʔ 两读，这在一定程度上说明 -t → -nʔ 的过程可能是渐变：-t → -t/-nʔ → -nʔ。

步骤三，马港咸深山臻及曾梗摄三四等章组大部分 -t → -nʔ、小部分韵尾 -ʔ 化。

马港 12 个字有 -nʔ、-lʔ 两读，两读的原因可能是：像五里（曹志耘 2011）一样经过 -t → -lʔ → -nʔ 的演变，-nʔ、-lʔ 两读是 -lʔ 的残留痕迹；或是在弱化类型上一开始就选择 -t → -nʔ，-lʔ 是与周边五里等接触形成的。

1.3.2 途径二：向东走。请看图 3–7。

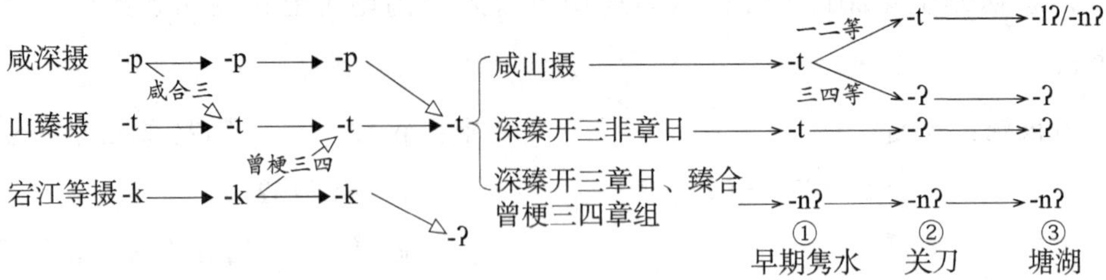

图 3–7 通城方言入声韵尾演变途径之二

从县城隽水沿着向东的公路翻越幕阜山就到了江西修水县。在这条公路线上依次分布着关刀、麦市和塘湖。

步骤一，韵尾 -t 化后，来自深臻摄开口三等章组日母、臻摄合口、曾梗摄三四等部分章组的 -t 尾先弱化为 -nʔ，即 -t → -nʔ。

步骤二，-t → -nʔ 的弱化趋势在向东走的过程中受到了阻碍。没有发生 -t → -nʔ 变化的深摄非章组日母字和咸山摄开口三四等 -t 尾大部分 -ʔ 化，即 -t → -ʔ，如关刀话。发生这种变化的咸山三四等入声韵主元音是高元音 e，深摄非章组日母字则以 i 为主。关刀咸山摄一二等及合口三等主元音为低元音的入声韵读 -t。关刀咸山三四等没有经过 -t → -nʔ → -ʔ 而是直接从 -t → -ʔ，否则深臻摄开口三等章组日母、臻摄合口、曾梗摄三四等 -nʔ 尾就会与其一起演变为 -ʔ。

步骤三，咸山摄一二等的 -t 尾进一步弱化为 -lʔ，塘湖、麦市少数韵有 -nʔ 变体。咸山摄三四等及深臻摄开口非章组日母一类没有弱化为 -ʔ 的少数 -t 尾分别弱化为 -nʔ 或 -lʔ。塘湖和麦市在地理位置上接近江西修水。

1.3.3 途径三：向西走。请看图 3–8。

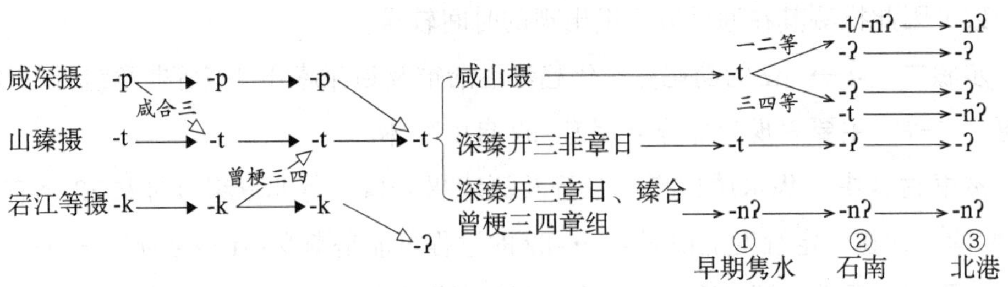

图 3–8 通城方言入声韵尾演变途径之三

步骤一，韵尾 -t 化后，来自深臻摄开口三等章组日母、臻摄合口、曾梗摄三四等部分章组的 -t 尾先弱化为 -nʔ，即 -t → -nʔ。

步骤二，未发生 -t → -nʔ 的深摄非章组日母字和咸山摄开口一二等主元音相对较高的入声韵及咸开四、山开口三四等帮端精组的 -t 尾弱化为 -ʔ。咸山摄开口一二等主元音相对较低的入声韵及咸摄开口三等、山摄开口三四等部分入声韵和山摄合口仍读 -t。石南处在这一步。

步骤三，石南仍读 -t 的入声韵在北港话 -t 大部分弱化为 -nʔ，在沙堆则部分弱化为 -lʔ、部分弱化为 -ʔ。沙堆离塘湖、麦市很近，受它们的 -t → -lʔ 演变影响故弱化为 -lʔ 而没有发生 -t → -nʔ。

1.4 演变原因

鉴于通城方言的特殊地位，这里尝试分析通城方言入声鼻音韵尾及现有演变类型的产生原因：在入声韵尾弱化过程中，通城各方言入声 -t 尾受音系结构调节而选择弱化为 -nʔ；但在韵尾鼻音化的总体演变趋势下，受韵母主元音和周边方言影响而形成了各种演变类型。

1.4.1 内因

（1）音系结构的调整

通城各方言音系内中古泥来母的演变影响了入声韵尾的演变取向。通城 10 点方言中古泥、来母在今洪音韵母前不分，都读 [n] 声母；在今细音韵母前相分，泥母一般读 [ȵ] 声母，来母一般读 [d^{ɦ}] 声母，见表 3-4。

泥来母的演变类型说明通城方言曾经发生 l- → n- 的演变。这对入声韵尾演变产生了一定影响：当入声韵 -t 尾开始弱化时，通城方言有弱化成 -lʔ 或 -nʔ 或 -ʔ 的三种选择，它选择了弱化成 -nʔ。因为当音系内泥来母合并读鼻音声母 [n] 时，如果 -t → -lʔ，音系就增加一个音位；如果 -t → -nʔ，音系则无须增加新音位。从经济性角度看，语言一般会选择后一弱化方向。如果先选择 -t → -lʔ 的话，-lʔ 为会进一步弱化为 -nʔ，即 -t → -lʔ → -nʔ。一个实证就是石板铺方言入声韵从 1936 年的 -l 尾变成今天的 -nʔ。

音系结构的调整可能是通城方言入声韵 -t 尾选择韵尾鼻音化的主要原因。

表 3-4 通城方言的泥来母特点

	脑	老	料	年	莲	暖	乱	脓	六
北港	nao^{41}	nao^{41}	d^{ɦ}iao^{34}	nien^{22}	d^{ɦ}ien^{22}	nœn^{41}	nœn^{445}	nəŋ^{22}	d^{ɦ}iəʊʔ^{45}
石南	nau^{41}	nau^{41}	ȵiau^{45}	ȵiᴇn^{22}	d^{ɦ}iᴇn^{22}	nœn^{41}	nœn^{45}	nəŋ^{22}	d^{ɦ}iəuʔ^{35}
马港	nao^{41}	nao^{41}	ȵiao^{45}	ȵien^{22}	d^{ɦ}ien^{22}	nœn^{41}	nœn^{45}	nəŋ^{22}	d^{ɦ}iəʊʔ^{35}
五里	nɑo^{42}	nɑo^{42}	ȵiao^{35}	ȵiɛn^{33}	d^{ɦ}iɛn^{33}	nœn^{42}	nœn^{35}	nəŋ^{33}	d^{ɦ}iəʊʔ^{45}

续表

	脑	老	料	年	莲	暖	乱	脓	六
隽水	nao^{41}	nao^{41}	ȵiao^{35}	ȵiẽ^{22}	diẽ^{22}	nuæn^{41}	nuæn^{35}	nɘŋ^{22}	diuʔ^{45}
关刀	nao^{41}	nao^{41}	ȵiao^{25}	ȵiẽ^{22}	d^{ɦ}iẽ^{22}	nœ^{41}	nœ^{25}	nɘŋ^{25}	d^{ɦ}iɘuʔ^{35}
塘湖	nao^{41}	nao^{41}	ne^{25}	ȵiẽ^{22}	d^{ɦ}iẽ^{22}	nœ̃^{41}	nœ̃^{25}	nɘŋ^{22}	d^{ɦ}iɘuʔ^{35}
麦市	nɑo^{42}	nɑo^{42}	nᴇ^{34}	ȵiᴇn^{33}	diᴇn^{33}	nœ̃^{42}	nœ̃^{34}	nɘŋ^{33}	diuʔ^{35}
沙堆	nao^{41}	nao^{41}	ȵiao^{35}	ȵie^{22}	d^{ɦ}ie^{22}	nɵ^{41}	nɵ^{35}	nɘn^{22}	d^{ɦ}iɘuʔ^{45}
四庄	nao^{41}	nao^{41}	ȵiao^{35}	ȵie^{33}	d^{ɦ}ie^{33}	nɞ^{41}	nɞ^{35}	nɘn^{33}	d^{ɦ}iɘʊʔ^{45}

（2）语音机制的作用

在音系中入声韵尾鼻音化的总体发展趋势下，不同音位的发声机制及相互作用对鼻音韵尾的演变有一定的影响作用。这里主要讨论入声韵 [ɘ] 类主元音的作用。

前文指出，通城 10 点方言中有 9 点的深臻摄开口三等章组日母、臻摄合口、曾梗摄三四等部分章组字韵尾较早变为 -nʔ。四庄虽只有 -ʔ 尾，但是深臻摄开口三等章组日母、臻摄合口、曾梗摄三四等部分章组主元音是 [ɘ] 的入声韵与其他 9 点主元音是 [ɘ] 类、带 -nʔ 尾的入声韵整齐对应。请看表 3–2 和表 3–3。四庄之外的 9 点方言中除了主元音是 [ɘ] 类的入声韵韵尾非常整齐地为 -nʔ 外，其他类型主元音的入声韵韵尾则包含了 -t、-lʔ/-nʔ、-ʔ。这说明，主元音是 [ɘ] 类的入声韵不仅较早的韵尾鼻音化，鼻音韵尾还比较稳定。

本书认为，[ɘ] 类元音的发声机制与 -nʔ 尾比较接近是形成上述现象的主要原因。[ə] 是发音时发音器官最自然的元音。发 [ə] 时，舌头在口腔中处在自然状态，舌尖位于上齿龈正下方。此时开口度比较小，舌尖只要略微一抬，就可以紧紧抵住上齿龈，进而形成舌尖鼻音。而 [ɘ] 的舌位比 [ə] 的高，更接近上齿龈，因此更容易形成 -nʔ 尾。

主元音是 [ɘ] 类的入声韵主要来自深臻摄和曾梗摄三四等。中古《切韵》时期，深臻摄和曾摄的入声韵主元音是 *ə。（李荣 1956：150）梗摄三四等入声韵的主元音在历时演变中高化，从而使韵尾 -k → -t → nʔ，其中入声韵主元音就有 [ɘ] 类。这说明通城方言入声韵尾鼻音化是从高元音入声韵开始演变的。但是从现有鼻音韵尾的读音类型来看，主元音是 i、e 等的入声韵的鼻音韵尾都不稳定。

1.4.2 外因

韵尾鼻音化 -t → -nʔ 是通城方言入声韵尾演变的总体趋势。但通城各方言复杂的韵尾演变类型说明这种趋势在各方言中并没有顺利发展。分析各方言演变过程发现，走途径一的隽水、五里和马港基本上是按照 -t → -nʔ 的趋势自变，只是五里受东北近邻关刀话影响有所不同；走途径二、三的方言因与通城县北的崇阳和县东的修水接触密切，在 -t → -nʔ 的自变过程中受到两方言的影响而部分摄改变了演变方向。

（1）崇阳方言

由于全县呈“凹”字形地理分布，通城几乎有一半的边界与崇阳接壤。北边九摄韵尾 -ʔ 化的崇阳方言沿着南下的交通干线对通城县北平坦开阔地区的四庄、沙堆、关刀、塘湖、麦市及北港、石南、五里等方言产生了不同程度的影响。以咸山摄三四等入声韵尾 -ʔ 化的程度为例。请看表 3–5，同时请参看表 3–3。

表 3–5　通城 10 点方言咸山摄三四等入声韵尾 -ʔ 化程度

	北港	石南	马港	五里	隽水	关刀	塘湖	麦市	沙堆	四庄
总数	83	79	77	78	81	75	78	80	78	65
-ʔ 化	49	34	12	38	7	66	53	57	67	65
百分比	59%	43%	16%	49%	9%	88%	68%	71%	86%	100%

表 3–5 显示，咸山摄三四等入声韵尾 -ʔ 化的程度呈从东北向西南逐渐递减趋势，即：四庄 > 沙堆、关刀 > 麦市、塘湖、北港 > 五里、石南 > 马港、隽水。离崇阳越近的方言，咸山摄三四等入声韵尾 -ʔ 化的程度越大。

关刀位于县城隽水和通城重镇麦市之间，且在公路主干道之上，理应受隽水或麦市方言的影响。但是在调查关刀方言时，发音人一直强调关刀话与地理位置上接近的沙堆话相像而与隽水或麦市方言不同。可见崇阳方言的影响之深。

（2）修水方言

修水黄港（曹志耘主编 2008）咸深山臻四摄及曾摄三等韵尾弱化成 -l，宕江曾一等梗通摄 -k 尾弱化成 -ʔ；修水义宁（刘纶鑫主编 1999）咸深山臻摄韵尾弱化成 -l，曾梗摄三四等 -k 尾变读 -t，宕江通及曾梗摄一二等 -k 尾弱化成 -ʔ。从现有材料看，韵尾边音化是修水方言的主要趋势。因此沿着途径二向东走的方言受修水影响很大，-t → -nʔ 的趋势在修水方言影响下在部分摄低元音入声韵里改成 -t → -lʔ。结合表 3–3，请看表 3–6。

表 3-6　修水方言入声韵尾边音化举例

	塔	插	跌	割	八	拨	刮	罚
四庄	d^{ɦ}εʔ^{45}	zεʔ^{45}	d^{ɦ}ieʔ^{45}	kɵʔ^{55}	pεʔ^{55}	pɔʔ^{55}	kuεʔ^{55}	fεʔ^{55}
沙堆	d^{ɦ}εʔ^{45}	zεʔ^{45}	tεʔ^{55}	kælʔ^{55}	pεʔ^{55}	pælʔ^{55}	kuaʔ^{55}	fεʔ^{55}
塘湖	d^{ɦ}ælʔ^{35}	zælʔ^{35}	tælʔ^{55}	kɵlʔ^{55}	pælʔ^{55}	pɵlʔ^{55}	kuælʔ^{55}	fælʔ^{55}
麦市	dalʔ^{35}	dzalʔ^{35}	talʔ^{55}	kælʔ^{55}	palʔ^{55}	pælʔ^{55}	kualʔ^{55}	falʔ^{55}
修水黄港	dal$^{\underline{13}}$	dzal$^{\underline{13}}$	tiεl$^{\underline{42}}$	kol$^{\underline{42}}$	pal$^{\underline{42}}$	pol$^{\underline{42}}$	kuol$^{\underline{42}}$	fal$^{\underline{42}}$

这里需讨论“夹缝”中的沙堆方言。沙堆方言受崇阳方言的影响，其韵尾 -ʔ 化的规律与北港、石南方言相同，这也是把它放在“途径三”中讨论其演变过程的主要原因。但是沙堆历来又与塘湖接触密切（塘湖很多女子嫁到沙堆），因此沙堆话出现了韵尾边音化现象。由此可见处在崇阳和修水“夹缝”中的沙堆方言所具有的韵尾演变特点。

最后讨论通城方言入声韵尾最后发展成 -ʔ 的过程。前面讨论通城方言入声韵尾演变过程时指出了三条演变途径，但这三条演变途径是最终都要走向韵尾全部 -ʔ 化还是有其他演变方向，目前还无法定论。但塘湖咸山摄三四等有入声韵主元音鼻化现象，入声韵是 [iẽʔ]。其他几点方言也有这类现象，虽然很少。音节中的元音受后跟鼻音的影响会产生鼻音化。（Ladefoged 2005：99）这说明通城方言咸山摄三四等入声韵可能经过一个主元音鼻化的过程，发生 iet → ienʔ → iẽʔ → ieʔ 的演变。如果这种演变过程存在的话，对于汉语方言入声韵尾演变过程的研究具有重要意义。

二　邵武、光泽方言入声鼻尾

关于邵武方言入声韵尾的研究情况，第一章已有交代。本小节以实地调查的邵武市沿山沿山、和平外朱源、拿口拿口、光泽县寨里寨里 4 点材料（沿山、寨里王文胜 2004 年调查，笔者 2010 年补充、核对）和邵武市城关（李如龙、张双庆主编 1992）、光泽县杭川（陈章太、李如龙 1991）、光泽县司前（龙安隆 2007）3 点材料为基础，分析两地方言入声鼻音韵尾音值及其演变类型，尝试结合周边方言韵尾特点及方音史分析其演变过程，并为解决邵武市、光泽县方言的归属问题提供参考意见。

历史上邵武和光泽关系密切。公元 260 年三国吴景帝在福建全境设建安郡，当时昭武包括今天邵武市和光泽县，直到公元980年宋朝才将光泽从邵武郡析出置县。(《邵武市志》1993：39）简便起见，本书把今天的邵武市和光泽县统称为邵武，必要时分称邵武市和光泽县；前述7点依次简称为司前、寨里、杭川、沿山、和平、城关、拿口。

2.1 演变类型

邵武方言入声韵咸深摄韵尾弱化成鼻音韵尾，山臻摄和宕江曾梗通摄韵尾消失。根据咸深摄鼻音尾音值，邵武方言入声韵有两种韵尾类型：-m尾型和-n尾型，请看表3-7。7点方言例字请看表3-8。

表3-7　邵武方言入声韵尾类型

		-m尾型					-n尾型	
		司前	寨里	杭川	沿山	和平	城关	拿口
咸摄一二	鼻音化	a、ɔ	a、ɔ	a、ɔ	a、o、æ	ᴀ、ɐ、æ	a、o	a、ø
	消失	a、o	a，极少	—	a、o	a、ɔ	a、o	a、o
咸摄三四	鼻音化	a	a	a	æ	ᴀ、æ	e	—
	消失	a、e	—	—	ɛ	—	e，极少	e
深摄	鼻音化	ɛ、a、ə	ə	i、ə	ə、ɐ	ə	i、ə	ə
	消失	i	i	—	i	—	—	i
山臻、宕江曾梗通摄		韵尾消失						

表3-8　邵武方言入声韵字音举例

	司前	寨里	杭川	沿山	和平	城关	拿口
答咸开一	tam^{51}	tam^{42}	tam^{41}	tam^{52}	tᴀm^{51}	tan^{53}	tan$^{\underline{52}}$
纳	na^{45}	nam$^{\underline{45}}$	nam^{5}	na$^{\underline{45}}$	na$^{\underline{44}}$	non^{35}	nai$^{\underline{52}}$
杂	tʰɔm^{45}	tʰɔm$^{\underline{45}}$	tʰɔm^{5}	ʦa^{52}	tʰɐm$^{\underline{44}}$	ʦʰon^{35}	tʰøn$^{\underline{54}}$
鸽	ko^{51}	—	—	ko^{52}	kɔ^{51}	ko^{53}	køn$^{\underline{52}}$
盒	hɔm^{45}	xɔm$^{\underline{45}}$	xɔm^{5} 合	xom$^{\underline{45}}$	xɐm$^{\underline{44}}$	xon^{35} 合	xøn$^{\underline{54}}$
塔	ham^{51}	xam^{42}	xam^{41}	xam^{52}	xᴀm^{51}	tʰan^{53}	tʰan$^{\underline{52}}$
腊	lam^{45}	lam$^{\underline{45}}$	lam^{5} 腊	lam$^{\underline{45}}$	lᴀm$^{\underline{44}}$	la^{35}	lan$^{\underline{54}}$
插咸开二	tʰam^{51}	tʰam^{42}	tʰam^{41}	tʰam^{52}	tʰᴀm^{51}	tʰan^{53}	tʰan$^{\underline{52}}$
甲	ka^{33}	kam^{42}	kam^{41}	kam^{52}	kᴀm^{51}	kan^{53}	kan$^{\underline{52}}$
鸭	Ǿam^{51}	Ǿam^{42}	Ǿam^{41}	Ǿam^{52}	Ǿᴀm^{51}	Ǿan^{53}	Ǿan$^{\underline{52}}$
法咸合三	fam^{51}	fam^{42}	fam^{41}	fan^{52}	fᴀm^{51}	fan^{53}	fan$^{\underline{52}}$
猎咸开三	lie^{45}	liam$^{\underline{45}}$	—	liɛ$^{\underline{45}}$	lᴀm$^{\underline{44}}$	lie^{35}	lie$^{\underline{54}}$
接	ʨiam^{51}	ʨiam^{42}	ʨiam^{41}	ʦiæm^{52}	ʦiæm^{51}	ʦien^{53}	ʦie$^{\underline{52}}$

续表

	司前	寨里	杭川	沿山	和平	城关	拿口
涉	ɕia^{55}	ɕiam$^{\underline{45}}$	—	ɕiæm^{52}	ɕiæm$^{\underline{44}}$	—	ɕie$^{\underline{52}}$
叶	Øiam^{45}	niam$^{\underline{45}}$	—	Øiæm$^{\underline{45}}$	Øiæm$^{\underline{44}}$	Øien^{35}	Øie$^{\underline{54}}$
业	Øiam^{45}	niam$^{\underline{45}}$	—	niæm$^{\underline{45}}$	niæm$^{\underline{44}}$	nien^{35}	Øie$^{\underline{54}}$
帖咸开四	hiam^{51}	xiam^{42}	xiam^{41}	xiæm^{52}	xiæm^{51}	tʰien^{35} 叠	tʰie$^{\underline{52}}$
协	—	xiam$^{\underline{45}}$	—	xiɛ$^{\underline{45}}$	xiæm$^{\underline{44}}$	xie^{35}	ɕie$^{\underline{54}}$
立深	ləm^{45}	ləm$^{\underline{45}}$	ləm^{5}	ləm$^{\underline{45}}$	liəm$^{\underline{44}}$	—	lən$^{\underline{54}}$
笠	li^{45}	ləm$^{\underline{45}}$	sə^{41}	ləm$^{\underline{45}}$	səm^{51}	sən^{53}	sən$^{\underline{52}}$
集	tʰɛm^{45}	tʰəm$^{\underline{45}}$	—	tʰəm$^{\underline{45}}$	tʰiəm$^{\underline{44}}$	ʦʰən^{35}	tʰən$^{\underline{54}}$
汁	tɕi^{21}	tɕiəm^{42}	tɕim^{41}	tɕiəm^{52}	tɕiəm^{51}	tɕin^{53}	tɕi$^{\underline{52}}$
十	ɕiɛm^{45}	ɕiəm$^{\underline{45}}$	ɕim^{5}	ɕiəm$^{\underline{45}}$	ɕiəm$^{\underline{44}}$	ɕin^{35}	ɕiən$^{\underline{54}}$
急	kim^{51}	kəm^{42}	kəm^{41}	kəm^{52}	kiəm^{51}	kən^{53}	ki$^{\underline{52}}$
及	kʰɛm^{45}	kʰəm$^{\underline{45}}$	—	kʰəm$^{\underline{45}}$	kʰiəm$^{\underline{44}}$	kʰən^{35}	kʰən$^{\underline{54}}$
八山	pai^{51}	pai^{42}	pai^{41}	piɛ^{52}	pai^{51}	pie^{53}	pɛ$^{\underline{52}}$
舌	ɕie^{45}	ɕiɛ$^{\underline{45}}$	—	ɕiɛ$^{\underline{45}}$	ɕie$^{\underline{44}}$	ɕie^{35}	ɕie$^{\underline{54}}$
活	fei^{45}	fɛi$^{\underline{45}}$	fɛi^{5}	fɛi$^{\underline{45}}$/fa$^{\underline{45}}$	fɛi$^{\underline{44}}$	fɛi^{35}	fɛ$^{\underline{54}}$
发山合三	fai^{51}	fai^{42}	fai^{41}	fɛi^{52}	fɛi^{51}	fai^{53}	fai$^{\underline{52}}$
笔臻	pi^{51}	pi^{42}	pi^{41}	pi^{52}	pi^{51}	pi^{53}	pi$^{\underline{52}}$
出	tɕʰy^{51}	tɕʰy^{42}	tɕʰy^{41}	tʰei^{52}	tɕʰyei^{51}	tʰei^{53}	tʰei$^{\underline{52}}$
托宕	ho^{51}	xo^{42}	xɔ^{41}	xo^{52}	xɔ^{51}	tʰo^{53}	xo$^{\underline{52}}$
学江	ho^{45}	xo$^{\underline{45}}$	—	xo$^{\underline{45}}$	xɔ$^{\underline{44}}$	xo^{35}	xo$^{\underline{54}}$
贼曾	tʰə^{51}	tʰə^{42}	tʰə^{41}	tʰə^{52}	tʰə^{51}	tʰə^{53}	ʦʰə$^{\underline{54}}$/tʰə$^{\underline{54}}$
直	hy^{45}	tɕʰi$^{\underline{45}}$	tɕʰi^{5}	xə$^{\underline{45}}$	xə$^{\underline{44}}$	tʰi^{35}/tʰə^{35}	xə$^{\underline{54}}$
客梗	kʰa^{51}	kʰa^{42}	kʰa^{41}	kʰa^{52}	kʰᴀ^{51}	kʰa^{53}/kʰə^{53}	kʰa$^{\underline{52}}$
麦	ma^{45}	ma$^{\underline{45}}$	ma^{5}	ma$^{\underline{45}}$	mᴀ$^{\underline{44}}$	ma^{35}	ma$^{\underline{54}}$
壁	pia^{51}	pia^{42}/pi^{42}	—	pia^{52}	pia^{51}	pia^{53}/pi^{53}	pia$^{\underline{52}}$
毒通	tʰu^{45}	tʰu$^{\underline{45}}$	—	xu$^{\underline{45}}$	xu$^{\underline{44}}$	tʰu^{35}	tʰu$^{\underline{52}}$
局	kʰy^{45}	kʰy$^{\underline{45}}$	—	kʰy$^{\underline{45}}$	kʰy$^{\underline{44}}$	kʰy^{35}	kʰy$^{\underline{54}}$

-m 尾型。咸深摄入声韵今读双唇鼻音 -m 尾，除个别字有鼻音韵尾外，山臻、宕江曾梗通七摄韵尾基本消失。司前、寨里、杭川、沿山、和平 5 点属此类。

除杭川一点咸深摄全部为 -m 尾外，其他 4 点咸深摄都存在韵尾消失现象，规律明显。司前、沿山、和平 3 点咸摄一二等端组、来母及少数见系字韵尾消失，寨里只有咸摄一二等少数见系字韵尾消失。司前和沿山咸摄三四等主元音为较高元音 e、ɛ 的韵尾消失；寨里、和平咸摄三四等全部是低元音，韵尾没有消失。深摄基本以元音高低为条件韵尾分化：司前、寨里、沿山主元音为高元音 i 的韵尾消失，主元音为央元音的保持 -m 尾；此 3 点韵尾消失涉及的高元音入声韵不多，不过高元音入声韵本来就不多。和平与杭川深摄全部鼻音化，无消失现象。

-n 尾型。咸深摄入声韵今读舌尖鼻音 -n 尾，山臻、宕江曾梗通摄韵尾已基本消失。城关、拿口属此类。

城关咸摄一二等主元音为后低元音，少数端组、来母及见系字韵尾消失；三四等主元音为半高元音 e，极少数字韵尾消失。深摄无韵尾消失。城关韵尾消失情况与和平相似。拿口咸深摄主元音类型与城关基本一致，但拿口咸摄除一二等端组、来母及少数见系字韵尾消失外，三四等韵尾全部消失；深摄主元音为高元音 i 的韵尾全部消失，主元音为央元音 ə 的保持 -n 尾。

根据表 3-8 中 7 点入声韵比字及上文的分析，咸深摄塞尾弱化为鼻音尾后，主元音为低或较低元音的入声韵保持鼻音尾，主元音为高或较高元音的入声韵逐步消失鼻音尾，即在韵尾鼻音化基础上消失韵尾。鼻音尾的消失与主元音类型有关系，请看表 3-9。

表 3-9 邵武方言咸深摄入声鼻尾的消失情况

	低元音 / 高元音	——→	高元音消失 / 低元音保持	方言点
咸深	全部鼻音化			杭川
	→ 深摄高元音消失			拿口
		→ 咸摄三四等高元音消失		沿山
			→ 咸摄一二等低元音保持	和平

2.2 韵尾音值

本书所引用的材料没有描写司前、杭川 2 点 -m 尾和城关 -n 尾的实际音值。本书以实地调查材料为基础，结合入声调值描写邵武方言 -m 尾和 -n 尾的实际音值。

邵武方言入声分阴阳。寨里、杭川、沿山、和平、拿口各有阴入和阳入，司前、城关浊入归阳去说明曾经分阴阳入。就调值而言，阳入比阴入短，拿口阴入还有短促痕迹，说明邵武方言阴入舒化的时间较晚。请看表 3-10。

表 3-10 邵武方言的声调

<table>
<tr><td rowspan="3"></td><td colspan="4">平</td><td colspan="4">上</td><td colspan="4">去</td><td colspan="4">入</td></tr>
<tr><td colspan="2">清</td><td colspan="2">浊</td><td colspan="2">清</td><td colspan="2">浊</td><td colspan="2">浊</td><td colspan="2">清</td><td colspan="2">清</td><td colspan="2">浊</td></tr>
<tr><td>东</td><td>通</td><td>门</td><td>铜</td><td>懂</td><td>统</td><td>买</td><td>动</td><td>卖</td><td>洞</td><td>冻</td><td>痛</td><td>百</td><td>拍</td><td>麦</td><td>白</td></tr>
<tr><td>司前</td><td colspan="2">21</td><td colspan="2">33</td><td colspan="4">55</td><td colspan="2">45</td><td colspan="2">224</td><td colspan="2">51</td><td colspan="2">45</td></tr>
<tr><td>寨里</td><td colspan="2">21</td><td colspan="2">33</td><td colspan="3">44</td><td colspan="3">45</td><td colspan="2">24</td><td colspan="2">42</td><td colspan="2"><u>45</u></td></tr>
<tr><td>杭川</td><td colspan="2">21</td><td colspan="2">334</td><td colspan="2">55</td><td>43</td><td colspan="3">55</td><td colspan="2">214</td><td colspan="2">41</td><td colspan="2">5</td></tr>
<tr><td>沿山</td><td colspan="2">21</td><td colspan="2">22</td><td colspan="2">55</td><td>13</td><td colspan="3">35</td><td colspan="2">213</td><td colspan="2">52</td><td colspan="2"><u>45</u></td></tr>
<tr><td>和平</td><td colspan="2">24</td><td colspan="2">13</td><td colspan="2">22</td><td>2</td><td colspan="3">33</td><td colspan="2">35</td><td colspan="2">51</td><td colspan="2"><u>44</u></td></tr>
<tr><td>城关</td><td colspan="2">21</td><td colspan="2">33</td><td colspan="3">55</td><td colspan="3">35</td><td colspan="2">213</td><td colspan="2">53</td><td colspan="2">35</td></tr>
<tr><td>拿口</td><td colspan="2">31</td><td colspan="2">33</td><td colspan="3">55</td><td colspan="3">35</td><td colspan="2">213</td><td colspan="2"><u>52</u></td><td colspan="2"><u>54</u></td></tr>
</table>

说明：杭川方言上声的分化比较复杂，具体情况可参看原文。（陈章太、李如龙 1991）

入声调值的舒促变化与韵尾有关系。根据岩田礼（1992）分析，入声塞音韵尾除了有发音部位的成阻动作外，假声带也有相应转动使韵尾带有紧喉特征。沿山咸深摄入声韵 -m 尾与阳声韵 -m 尾相比，有紧喉特征，但不如通城方言入声 -nʔ 尾（曹志耘 2011）的紧喉色彩明显。邵武方言的入声塞音韵尾弱化成鼻音韵尾的发声机制应该与通城等的一致，见后文关于余干方言入声韵尾的分析。从演变角度看，沿山的 -m 尾正处在 -mʔ → -m 的中间阶段，没有非常明显的紧喉，但也不像阳声韵的那样舒缓，可记为 -m^{ʔ}。由于沿山阴入鼻音尾的紧喉特征已经消失，仅剩下阳入鼻尾还紧喉特征，因此统一处理为 -m。

拿口阴入和阳入都是短促高降调，调值差距不大，如：喝 xøn$^{\underline{52}}$ ≠ 合 xøn$^{\underline{54}}$ ｜粒 sən$^{\underline{52}}$ ≠ 习 sən$^{\underline{54}}$ ｜设 ɕie$^{\underline{52}}$ ≠ 舌 ɕie$^{\underline{54}}$ ｜拍 p^{h}a$^{\underline{52}}$ ≠ 白 p^{h}a$^{\underline{54}}$。咸深摄阴入鼻音尾有紧喉特征，但不如阳入的明显。综合考虑，咸深摄入声韵鼻音尾处理为 -n，仅靠调值与阳声韵的鼻音尾区别。

沿山和拿口的山臻、宕江曾梗通七摄入声韵的辅音韵尾都已消失，但入声韵母表现不同。沿山的七摄阴入完全舒化、阳入还有紧喉特征；拿口的七摄阴入、阳入都有紧喉特征，甚至有些阳入音节还有喉塞尾，可见喉塞尾的消失时间较晚。结合表 3-10 和图 3-9，可以看到邵武 7 点方言入声紧喉特征呈现了从东南向西北、从清入到浊入的逐步消失过程。

2.3 地理分布

邵武地区的自然环境和社会经济决定了山路和溪流成为此地区的重要交通方式，但山路和溪流在各地的重要性不同。这对 7 点方言入声韵尾的演变产生影响，使得韵尾演变类型的分布与山路、溪流形成了一定的对应关系。邵武方言入声韵尾类型的地理分布请看图 3-9，图中还给出了邵武周边方言入声韵尾演变类型。

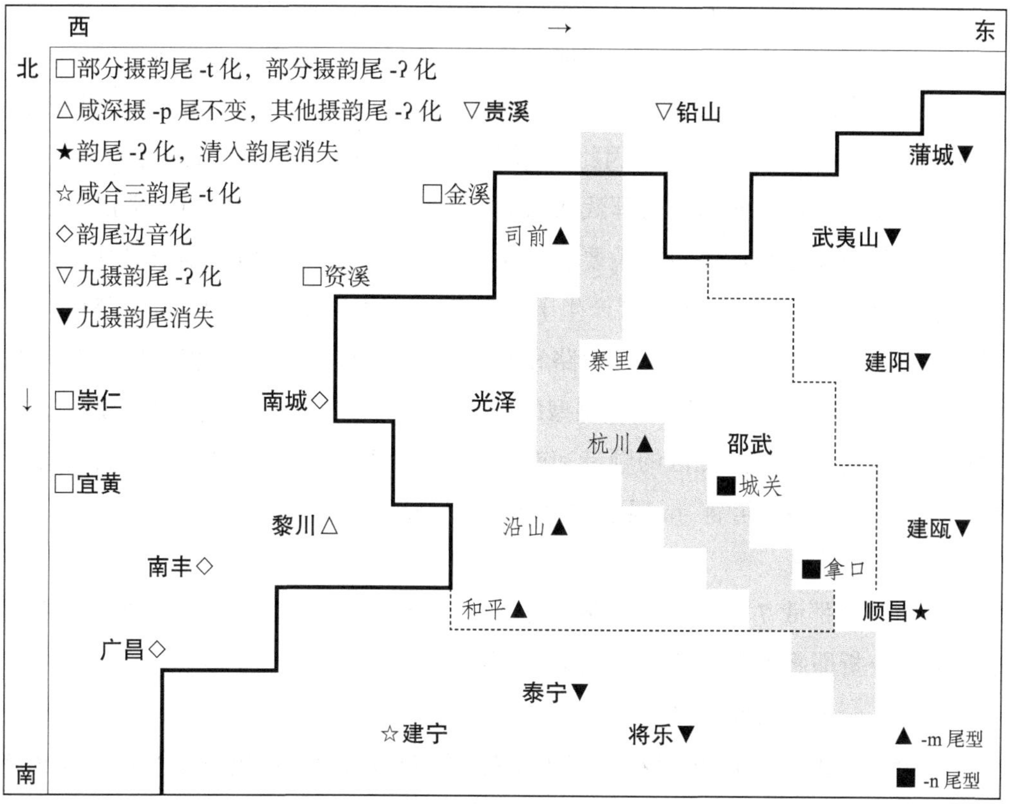

图 3-9　邵武及其周边方言入声韵尾演变类型

邵武地处武夷山，多山丘盆谷、少平原。山间溪流虽多，但溪水湍急、水道狭窄多不能载舟。自北向西南流至杭川的北溪，虽是光泽西北部的运输通道之一，因河床落差达 1270 米而有“一滩高一丈，光泽在天上”之说，木船竹筏逆水上溯全靠人力拖拉。但先秦到明清，邵武市有 3 条古道连接光泽县、7 条古道连接江西黎川（《邵武市志》1993：483—485），光泽县通往江西黎川、资溪、贵溪、铅山四县的古道有 18 条（《光泽县志》1994：211—212）。这些山路古道是连接邵武与江西的重要道路，也是邵武山村百姓日常往来的主要交通路线。而其中元代被辟为官道的止马驿道（名称为本书所起），从江西建昌府（今南城）起始，经江西黎川县进入武夷山杉关隘口，取道光泽止马镇到杭川，再沿光泽县至邵武市的山路到达邵武市城关的富屯溪口岸，沿富屯溪顺水下行进入闽江通达福州，更是邵武连接赣东南与闽东地区的重要道路。

富屯溪是古代闽西北地区与福州沿海地区的主要通道，邵武盛产的松杉竹漆纸茶及粮食都是通过它进闽江外销福州等地。（陈支平 1995）但富屯溪从顺昌洋口逆流而上至邵武拿口后，河段变得水浅滩多，大船无法上行，货物只能搬上小船继续运至城关，再沿山路分运到邵武各地；山区物产则先走山路运至城关，装上小船运至拿口，再由大船出富屯溪进闽江转运至闽东；城关和拿口分别是闽西北的陆路和水路货物集散地。① 因此富屯溪是城关以东地区最重要的交通路线。

总体来说，古代赣东南与邵武西部地区的来往主要靠止马驿道，邵武各地居民交往及物资输送至城关口岸主要靠山路，把物资运至闽东地区则依赖城关以东的富屯溪。这对邵武方言的发展产生了巨大影响。属于 -m 尾型的司前、寨里、杭川、沿山、和平分布在武夷山的山路和北溪岸边，地理位置靠近赣语区，尤其靠近赣语抚广片黎川方言；属于 -n 尾型的城关和拿口分布在邵武境内富屯溪主干流岸边，靠近属于闽语闽北区的顺昌和南平等方言。两种演变类型的形成分别与山路、溪流密切相关，可将 -m 尾型称为山路型，-n 尾型称为溪流型。

2.4 演变过程

下面结合邵武 7 点方言韵尾演变类型地理分布、周边方言韵尾演变类型和方音史研究分析邵武入声鼻音韵尾的演变过程。

2.4.1 -m 尾型演变过程

以沿山为代表讨论 -m 尾型的演变过程。结合沿山及其周边城关等方言韵尾演变类型，推测其韵尾演变过程如图 3-10 所示：

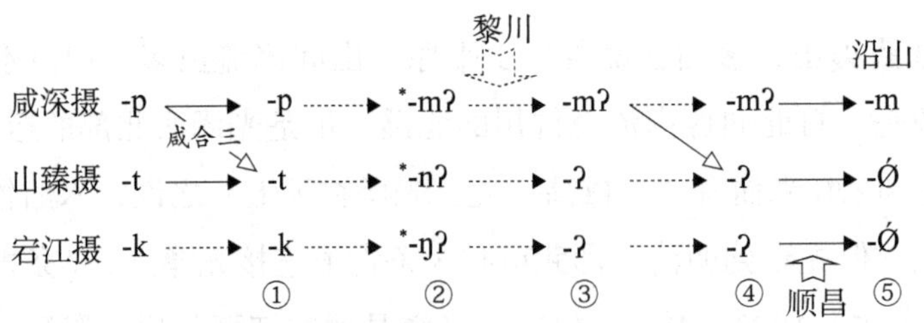

图 3-10　沿山方言入声韵尾演变过程

沿山首先发生咸合三韵尾 -t 化并入山臻摄，然后咸深摄 -p 尾、山臻摄 -t 尾、宕江曾梗通摄 -k 尾分别弱化为有明显紧喉色彩的 *-mʔ、*-nʔ、*-ŋʔ 尾。这一步可能是宋代或宋代以后产生的，见后文分析。在一个不大的区域里系属相同方言的

① 此为笔者 2010 年调查时拿口镇村民所述。

鼻音化应该形成于同一时间段。

推测咸合三韵尾 -t 化的依据是咸合三今读 -n 尾：法 fan^{52}，即咸合三经历了 -p → -t → -nʔ 的演变过程。咸合三今读 -n 尾虽只有一个字，但它反映的信息却非常重要。第二章讨论韵尾合并时指出，咸合三是咸摄中最早发生合并演变的，具有反映韵尾演变方向的指标作用。沿山咸合三读 -t 尾后，其韵尾要随山臻摄一起演变。现在的咸合三读 -n 尾，说明山臻摄发生过 -t 尾弱化为 -nʔ 的演变，即图 3-10 中第②步。周边的城关也曾经发生过山臻摄韵尾读 -n 的演变。

沿山咸深、山臻和宕江曾梗通摄阳声韵基本保持着 -m、-n、-ŋ 三分格局，只是曾梗摄变成 -n 尾，如：敢咸 kom^{55} ｜盐 Øiæm^{22} ｜犯 fan^{35} ｜心深 səm^{21} ｜办山 pʰan^{35} ｜满 mon^{24} ｜县 ʋiɛn^{35} ｜恨臻 xæn^{35} ｜笋 sin^{55} ｜床宕 tʰɔŋ^{52} ｜棒江 pɔŋ^{213} ｜灯曾 tæn^{21} ｜升 ɕin^{21} ｜生梗 sæn^{21} ｜病 pʰiaŋ^{35}/pʰin^{35} ｜零 læn^{22} ｜东通 toŋ^{21}，曾梗摄变成 -n 尾是文读层，白读层 -ŋ 尾已不多。从音系结构对称性来说，宕江曾梗通摄可能和咸深、山臻四摄一起发生过入声韵尾鼻音化变为 -ŋʔ 尾的原因是：当咸深和山臻摄入声韵韵尾弱化为响音的鼻音尾而与阳声韵形成对称时，在结构对称一致性的力量下宕江曾梗通五摄入声塞尾弱化为鼻音韵尾与阳声韵鼻音韵尾形成对称，如下：

	咸深	山臻	宕江曾梗通
阳声韵	-m	-n	-ŋ
入声韵	*-mʔ	*-nʔ	*-ŋʔ

-p、-t、-k 分别弱化为同部位鼻音 *-mʔ、*-nʔ、*-ŋʔ 后继续演变，其中咸深摄 -mʔ 尾保留而山臻摄和宕江曾梗通摄韵尾 *-nʔ、*-ŋʔ 丢失鼻音成分弱化为 -ʔ，即图 3-10 中第③步。第③步是受到来自赣语黎川方言影响产生的。黎川龙安、日峰方言本章第三节 1.1 小节已分析，其韵尾特点是咸深摄保持 -p 尾而山臻摄、宕江曾梗通摄韵尾弱化为 -ʔ，韵尾结构是 -p、-ʔ、-ʔ。这种韵尾结构对沿山的 -mʔ、-nʔ、-ŋʔ 韵尾结构施加了影响，使其咸深摄保持 -mʔ 尾但山臻和宕江曾梗通摄的鼻音丢失变为 -m、-ʔ、-ʔ，如下：

	咸深	山臻	宕江曾梗通
黎川龙安	-p	-ʔ	-ʔ
	↓	↓	↓
沿山早期	*-mʔ	*-nʔ	*-ŋʔ
	↓	↓	↓
沿山现代	-m	-ʔ	-ʔ

方言之间音系结构的对应比具体音值的对应更重要。当黎川方言与沿山方言有机会接触时，-p、-ʔ、-ʔ 与 -mʔ、-nʔ、-ŋʔ 对应的区别特征是“双唇、喉塞、喉塞：双唇、舌尖、舌根”，差异很大，彼此听不懂；而 -p、-ʔ、-ʔ 和 -m、-ʔ、-ʔ 的区别特征都是“双唇、喉塞、喉塞”，基本上能听得懂。

黎川方言通过移民影响邵武方言。属于 -m 尾型的沿山等 5 点与黎川地理位置非常接近，虽有武夷山脉阻隔，但止马驿道和散布于山间的大大小小山路织成了一张交通网，使得沿山等 5 点历史上与黎川一直联系密切。根据李如龙、陈章太（1991：220），从西晋至隋代，邵武所属建安郡曾两度划归江西江洲和抚州；宋元以后有大量江西移民从抚州、南城等迁移到邵武、光泽、建宁、泰宁定居。移民带来的赣语对土著的闽语产生影响，推动邵武方言与黎川方言形成入声韵尾的对应关系。

这里需要解释咸合三的问题。前面指出咸合三韵尾 -t 化后并入山臻摄随其一起鼻音化为 -nʔ 尾，但是为何没有跟随山臻摄一起受黎川方言影响消失鼻音成分呢？这与二者韵母结构的差异有关：山臻摄合口三等非组有元音尾化现象，咸合三无此现象，请看表 3–8。即二者在韵尾都变为 -nʔ 后受到相同影响时，因韵母结构不同而演变过程不同。表 3–8 中七个方言的咸合三与山合三韵母结构都不同，只是与沿山同类的司前、寨里、杭川、和平没有发生咸合三韵尾 -t 化。

韵尾演变到第③步后，咸深摄就有部分入声韵韵尾消失鼻音成分，只留下喉塞尾，即图 3–10 中第④步。第⑤步是山臻摄和宕江曾梗通摄喉塞尾消失，咸深摄入声韵鼻音韵尾的紧喉色彩也逐步消失。这里需要讨论一个问题，即沿山的山臻摄和宕江曾梗通摄为什么要消失喉塞尾？具体消失过程又是怎样的？

图 3–9 显示，邵武周边的闽语闽北区方言除了顺昌双溪浊入还保留喉塞尾，如：塔 tʰɔ^{11} ≠ 踏 tʰɔʔ^{5} | 拍 pʰɛ^{11} ≠ 白 pʰɛʔ^{5}文 /pʰɔʔ^{5}白，浦城石陂、武夷山五夫、建阳莒口、建瓯迪口、南平峡阳以及将乐南口、泰宁朱口等韵尾都已消失。这些方言韵尾消失后入声调值基本都是清入长、浊入短，而且部分方言浊入还相当短，如建阳，请看表 3–11。

表 3–11 邵武周边方言的入声调值

	浦城	武夷山	建阳	建瓯	南平	顺昌	将乐	泰宁
清入	214	214	214	55	215	11	51	31
浊入	53/42	4	4	41/243	11	ʔ5	55	35

说明：蒲城、建瓯浊入以声母类型为条件分调，暂不讨论。

根据韵尾消失后入声调值舒化拉长的原理，推测闽北方言喉塞尾的消失过程是清入先消失、浊入后消失。结合表 3-10 中沿山入声调值及咸深摄 -m 尾在阴入和阳入中的不同音值看，沿山山臻和宕江曾梗通摄入声在 -nʔ、-ŋʔ 变成 -ʔ、-ʔ 后，与顺昌等闽北方言一样，清入先消失喉塞尾而浊入后消失，咸深摄 -m 尾是清入先消失紧喉色彩而浊入还保持一定的紧喉。可见沿山入声喉塞尾的消失与周边闽北方言的一致，但还保持着自己的特色。

2.4.2 -n 尾型演变过程

以拿口为代表讨论 -n 尾型的演变过程。结合历时材料及拿口周边方言的入声韵尾情况，推测拿口韵尾演变过程如图 3-11 所示：

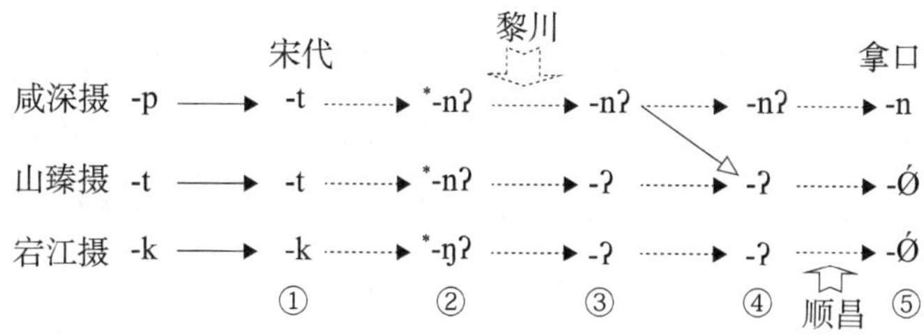

图 3-11 拿口方言入声韵尾演变过程

刘晓南（2002）穷尽考察宋代邵武文士的诗词用韵，发现这些诗词用韵中质缉、月帖通押，这一特点与当时闽北次方言相同。可见宋代邵武部分地区方言咸深摄入声韵尾已经和山臻摄入声韵尾合并。但合并后读 -t 还是读 -nʔ 无从得知。不过，如果当时的质缉、月帖通押且都读 -nʔ 尾的话，那么邵武文士的诗词用韵可能会出现阳入通押现象。但据刘晓南（2002）的研究，当时的诗词用韵没有这种现象。因此推测拿口方言在宋代时已完成了咸深摄 -p 尾韵尾 -t 化并入山臻摄读 -t 尾的第①步演变。之后 -t 尾和宕江曾梗通摄的 -k 尾一起弱化为同部位鼻音，即第②步。沿山等 5 点入声的 -p、-t、-k 也在这个时候分别弱化为同部位鼻音韵尾：在一个不大的地域里，不同方言的入声韵尾鼻音化演变应该形成于同一时段。

当拿口形成 -nʔ、-nʔ、-ŋʔ 韵尾格局时，受到宋元时期移民带来的黎川方言 -p、-ʔ、-ʔ 韵尾结构影响，-nʔ、-nʔ、-ŋʔ 格局变成了 -nʔ、-ʔ、-ʔ 格局，这时两个方言在韵尾结构上是“非喉塞、喉塞、喉塞”的区别特征对应。完成第③步后，咸摄三四等和深摄主元音为较高元音的入声韵鼻音韵尾先消失鼻音成分变成喉塞尾，然后受顺昌等方言影响跟随山臻、宕江曾梗通摄一起消失喉塞尾。喉塞尾的消失过程与沿山一致，先清入后浊入。因为，如前文分析韵尾音值所说，拿口部分浊入还有喉塞尾的表现。

2.5 从演变过程看邵武方言的归属

邵武方言的归属到现在还是一个仁者见仁、智者见智的问题。综观各家论说，观点有三。①属于赣语，见潘茂鼎等（1963）、张双庆等（1996）。②属于闽语，如罗杰瑞（1982），他认为邵武方言应视为西部闽语的一个次方言；张振兴先生（1989a）认为邵武所在的邵将区是闽语和客家话、赣语的过渡地带，但具有闽语主要特征，所以划入闽语大区；此外，龙安隆（2010）通过论证邵武方言浊平入化与闽北闽语“阳平甲”的整齐对应关系，郭必之（2008）通过论证邵武方言动态助词“度”的特点、形成过程、来源，表达了“邵武方言属于闽语”的观点。③在闽语基础上质变成客赣方言，李如龙、陈章太（1991：220、341）持此观点。李如龙在《现代汉语方言概论》里（侯精一主编 2002：209）强调了这一观点。

丁邦新（1998a）指出划分方言时“以汉语语音史为根据，用早期历史性的条件区别大方言；用晚期历史性的条件区别次方言；用现在平面性的条件区别小方言”。因此，如果厘清邵武方言各种语音特点的本质，再逐条比对闽语和客赣方言，可以符合条数多寡为依据来判断邵武方言的属性。入声韵尾的演变对于考察方言的属性具有重要的意义。本书尝试在分析邵武方言入声鼻音韵尾演变过程的基础上，为划分邵武方言的属性提供参考性意见。

分析两种韵尾类型的演变过程，发现 -m 尾型和 -n 尾型的鼻音化起点不同。-m 尾型起始于 -p、-t、-k 三分格局，这是入声韵尾最原始的格局；-n 尾型起始于 -t、-t、-k 二分格局，这是在 -p、-t、-k 三分格局基础上发展的，而出现这一格局的时间是宋代，属于闽北次方言的特点（刘晓南 2002）。可是为什么同一个行政区域的 7 点方言入声韵尾却来自两个演变起点？闽西北地区的邵武处在赣东南和闽北之间，尤其是其境内的止马驿道和富屯溪，是连接古代福建福州府与江西建昌府（南城）的必经之路。这使得邵武方言受到来自江西赣语和闽北闽语两方面的影响。

邵武地区的物产和所需物资都要通过富屯溪运至外地或从外地运进来，因此邵武以外的闽语通过这种方式对邵武方言产生影响。如闽北次方言质缉、月帖通押特点影响拿口方言先形成 -t、-t、-k 两分格局再进一步鼻音化。但是由于邵武对外地物资所需的有限性（陈支平 1995）及交通方式的限制（见前文 2.2 节分析）使得这种影响的范围非常有限，只限于富屯溪主干流的拿口和城关。因此邵武 7 点中只有拿口和城关 -p、-t、-k 先合并为 -t、-t、-k 再进一步鼻音化。沿山等 5 点因处山区、远离富屯溪，所以没有受影响把 -p、-t、-k 合并为 -t、-t、-k。这时邵武方言内部一致性地发生了韵尾鼻音化的演变，于是沿山等 5 点直接从 -p、-t、-k 鼻音化而拿口和城关从 -t、-t、-k 开始鼻音化。随着宋元以后大量江西移民来此居住，这期间带来的黎川等方言影响邵武方言逐步形成了目前的两种韵尾类型。

通过上面的分析可以看到，宋代时邵武方言受闽北次方言的影响韵尾合并，但这种影响只波及富屯溪主干流边上的拿口和城关，没有波及山区的沿山等方言。随着宋元以后大量赣人进入邵武地区，以黎川方言为代表的赣语开始影响邵武方言，甚至波及富屯溪主干流的拿口和城关，从而使沿山等 5 点与拿口、城关 2 点在塞音韵尾鼻音化后分别出现了 -mʔ、-ʔ、-ʔ 和 -nʔ、-ʔ、-ʔ 两种演变类型。这时以顺昌为代表的闽北方言又再一次影响了邵武方言，使它们的山臻、宕江曾梗通摄的 -ʔ 消失，从而形成今天的 -m、-Ǿ、-Ǿ 和 -n、-Ǿ、-Ǿ 局面。由此可见邵武方言入声韵尾在演变过程中先后受到宋代闽北次方言、宋元时赣语和后来的闽北方言的三波影响，才形成今天的韵尾演变类型。

以上分析了邵武方言鼻音韵尾的类型及演变过程。邵武方言塞音韵尾弱化成鼻音韵尾的发音机制应该与通城的一致。但是为什么邵武、光泽方言入声塞尾会鼻音化？这个问题暂时无法解答。不过，根据本书材料，纯语音层面、以摄为单位的韵尾鼻音化现象主要出现在赣语区。这或许是思考的一个切入点。

三　余干方言入声鼻尾

余干县在江西省东北部，西滨鄱阳湖。余干方言属赣语鹰弋片。颜森（1986）指出余干方言入声很特殊。《余干县志 · 方言》（1991：575，602）指出县城余干镇（2003 年改名玉亭）方言入声有 -t、-ʔ、-k 塞尾，七个声调，入声调很奇特，阴入 [˧ ˥]、阳入 [˧ ˧]；论及县内差异时指出“余干镇、古埠调类七个，有鼻音后缀”，但没说何调有“鼻音后缀”，也没有说明“鼻音后缀”指什么。陈昌仪（1991：76）明确指出县城话入声韵尾分别是 -t…n、-k…ŋ。《客赣方言调查报告》（李如龙、张双庆主编 1992）则把余干方言入声韵尾描写为 -tn、-kŋ。

余干方言入声韵尾今读如何？本质是什么？我们在调查余干瑞洪小山、三塘赤朱、玉亭、古埠高门、白马桥詹湾、杨埠坪上和黄金埠塘背 7 点方言基础上分析各种入声韵尾，讨论入声韵尾的演变过程。

3.1 韵尾类型

根据笔者的调查，余干境内各地方言入声韵尾主要有四种类型：

①黄金埠、瑞洪方言。咸深山臻摄韵尾为 -t，宕江曾梗通摄韵尾为 -ʔ，其中曾梗三四等部分韵尾为 -t，没有弱化为 -ʔ。

②三塘方言。咸深山臻摄韵尾为 -tn，宕江曾梗通摄韵尾为 -ʔŋ。曾梗摄主元音为 ɛ 的入声韵鼻尾实为 -ʔɲ，处理为 -ʔŋ。

③玉亭方言。咸深山臻摄韵尾为 -ʔn，宕江曾梗通摄韵尾为 -ʔŋ。曾梗摄主元音为 i、e 的鼻尾舌位靠前近 -ɲ，处理为 -ŋ。古埠、白马桥话属此类，但 -ʔn、-ʔŋ 的喉塞非常弱，近乎消失，记为 -ˀn、-ˀŋ。

④杨埠方言。咸深山臻四摄阴入韵尾为 -ʔn、阳入韵尾为 -ˀn，阳入的喉塞要弱；宕江曾梗通摄韵带一个较弱的喉塞音，而在喉塞后增生一个与主元音相同的元音，记为“VˀV”。

以上四类的地理分布请看图 3-12，并根据“地图集数据库”材料增加了余干周边方言的韵尾演变类型。

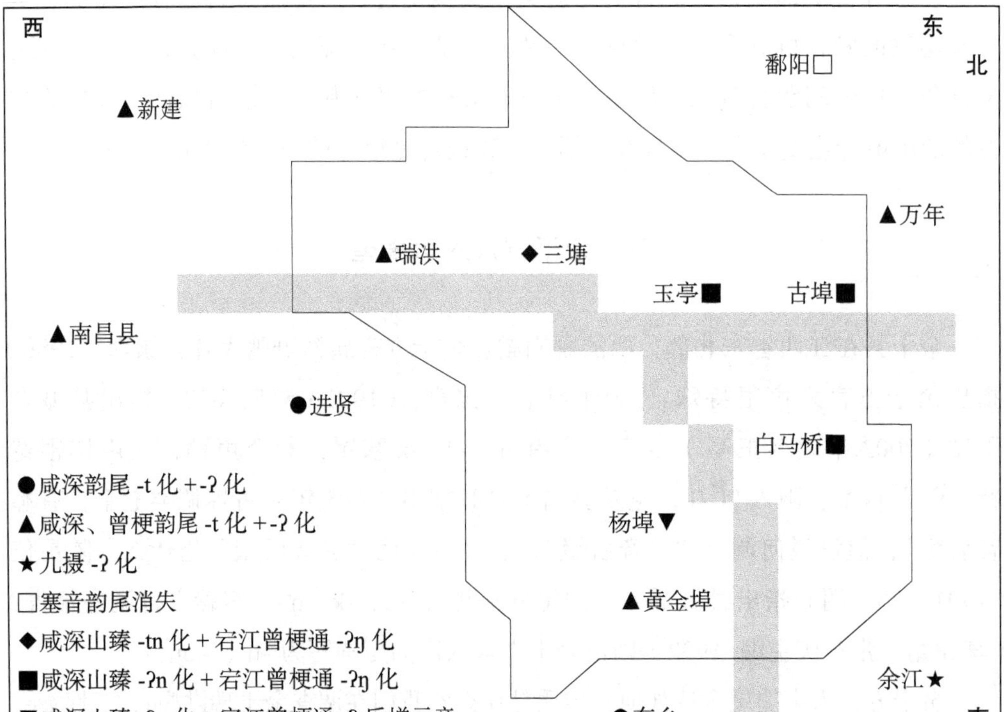

图 3-12 余干及其周边方言入声韵尾演变类型

入声韵尾的特殊性也影响到调值的记录和处理。详细讨论见下文。请看表3-12。表3-13是方言字音举例。

表3-12 余干方言入声调值与入声韵尾类型

			黄金埠	三塘	玉亭	白马桥	杨埠	
							咸深山臻	宕江曾梗通
调类调值	阴入	实际音高	$\underline{53}$	$\underline{42025}$	$\underline{32024}$	$\underline{3224}$	$\underline{32024}$	$\underline{3224}$
		音位处理	[$\underline{53}$]	[405]	[304]	[$\underline{324}$]	[304]	[$\underline{324}$]
	阳入	实际音高	$\underline{35}$	$\underline{34044}$	$\underline{32033}$	$\underline{3223}$	$\underline{5332}$	
		音位处理	[$\underline{35}$]	[304]	[303]	[$\underline{323}$]	[$\underline{532}$]	
韵尾	咸深山臻		-t	-tn	-ʔn	-^{ʔ}n	-ʔn（阴入）	-^{ʔ}n（阳入）
	宕江曾梗通		-ʔ	-ʔŋ	-ʔŋ	-^{ʔ}ŋ	V^{ʔ}V	

表3-13 余干方言入声韵字音举例

		黄金埠	三塘	玉亭	白马桥	杨埠
咸	盒	hot$^{\underline{35}}$	hotn^{304}	hoʔn^{303}	ho^{ʔ}n$^{\underline{323}}$	ho^{ʔ}n$^{\underline{532}}$
	塔	tʰat$^{\underline{53}}$	tʰatn^{405}	tʰaʔn^{304}	tʰa^{ʔ}n$^{\underline{324}}$	tʰaʔn^{304}
	插	ʦʰat$^{\underline{53}}$	ʦʰatn^{405}	ʦʰaʔn^{304}	ʦʰa^{ʔ}n$^{\underline{324}}$	ʦʰaʔn^{304}
	接	ʨiet$^{\underline{53}}$	ʨiɪtn^{405}	ʦiʔn^{304}	ʦi^{ʔ}n$^{\underline{324}}$	ʦiʔn^{304}
	贴	tʰit$^{\underline{53}}$	tʰiɪtn^{405}	tʰiʔn^{304}	tʰi^{ʔ}n$^{\underline{324}}$	tʰi^{ʔ}n$^{\underline{532}}$
	法	fat$^{\underline{53}}$	fatn^{405}	faʔn^{304}	fa^{ʔ}n$^{\underline{324}}$	faʔn^{304}
深	立	lət$^{\underline{53}}$	lətn^{405}	ləʔn^{304}	lə^{ʔ}n$^{\underline{324}}$	ləʔn^{304}
	十	sət$^{\underline{35}}$	sətn^{304}	ʃəʔn^{303}	ʃə^{ʔ}n$^{\underline{323}}$	ʃə^{ʔ}n$^{\underline{532}}$
	急	ʨit$^{\underline{53}}$	ʧətn^{405}	ʧəʔn^{304}	ʧə^{ʔ}n$^{\underline{324}}$	ʧəʔn^{304}
山	辣	lat$^{\underline{35}}$	latn^{304}	laʔn^{303}	la^{ʔ}n$^{\underline{323}}$	la^{ʔ}n$^{\underline{532}}$
	杀	sat$^{\underline{53}}$	satn^{405}	saʔn^{304}	sa^{ʔ}n$^{\underline{324}}$	saʔn^{304}
	舌	ɕiet$^{\underline{35}}$	ɕietn^{304}	ʃeʔn^{303}	ʃe^{ʔ}n$^{\underline{323}}$	ʃe^{ʔ}n$^{\underline{532}}$
	脱	tʰuot$^{\underline{53}}$	tʰotn^{405}	tʰoʔn^{304}	tʰuo^{ʔ}n$^{\underline{324}}$	tʰuoʔn^{304}
	罚	fat$^{\underline{35}}$	fatn^{304}	faʔn^{303}	fa^{ʔ}n$^{\underline{323}}$	fa^{ʔ}n$^{\underline{532}}$
	血	fit$^{\underline{53}}$	fiɪtn^{405}	ɕiʔn^{304}	ɕi^{ʔ}n$^{\underline{324}}$	fuieʔn^{304}/ɕiʔn^{304}
臻	笔	pət$^{\underline{53}}$	pətn^{405}	pəʔn^{304}	pə^{ʔ}n$^{\underline{324}}$	pəʔn^{304}
	骨	kuət$^{\underline{53}}$	kuətn^{405}	kuəʔn^{304}	kuə^{ʔ}n$^{\underline{324}}$	kuəʔn^{304}
宕	托	tʰɔʔ$^{\underline{53}}$	tʰoʔŋ^{405}	tʰoʔŋ^{304}	tʰʌ^{ʔ}ŋ$^{\underline{324}}$	tʰɔ^{ʔ}ɔ$^{\underline{324}}$
	药	Øiɔʔ$^{\underline{53}}$	ØioʔŋN^{405}	Øioʔŋ^{304}	Øiʌ^{ʔ}ŋ$^{\underline{324}}$	Øiɔ^{ʔ}ɔ$^{\underline{324}}$
江	剥	pɔʔ$^{\underline{53}}$	poʔŋ^{405}	poʔŋ^{304}	pʌ^{ʔ}ŋ$^{\underline{324}}$	pɔ^{ʔ}ɔ$^{\underline{324}}$
	学	hɔʔ$^{\underline{35}}$	hoʔŋ^{304}	hoʔŋ^{303}	hʌ^{ʔ}ŋ$^{\underline{323}}$	hɔ^{ʔ}ɔ$^{\underline{532}}$

续表

		黄金埠	三塘	玉亭	白马桥	杨埠
曾	北	pɛʔ$^{\underline{53}}$	pɛʔŋ^{405}	peʔŋ^{304}	pe^{ʔ}ŋ$^{\underline{324}}$	pɛ^{ʔ}ɛ$^{\underline{324}}$
	贼	tɕʰieʔ$^{\underline{35}}$	tɕʰiɛʔŋ^{304}	tsʰeʔŋ^{303}	tsʰe^{ʔ}ŋ$^{\underline{323}}$	tsʰɛ^{ʔ}ɛ$^{\underline{532}}$
	力	^{n}tiʔ$^{\underline{35}}$	liʔŋ^{304}	liʔŋ^{303}	li^{ʔ}ŋ$^{\underline{323}}$	li^{ʔ}iː$^{\underline{532}}$
	直	tʰiʔ$^{\underline{35}}$	tʰiʔŋ^{304}	tɕʰiʔŋ^{303}	tɕʰi^{ʔ}ŋ$^{\underline{323}}$	tɕʰi^{ʔ}iː$^{\underline{532}}$
	色	ɕieʔ$^{\underline{53}}$	ɕiɛʔŋ^{405}	seʔŋ^{304}	se^{ʔ}ŋ$^{\underline{324}}$	sɛ^{ʔ}ɛ$^{\underline{324}}$
梗	客	kʰaʔ$^{\underline{53}}$ 白 kʰɛʔ$^{\underline{53}}$ 文	kʰaʔŋ^{405}	kʰeʔŋ^{304}	kʰa^{ʔ}ŋ$^{\underline{324}}$	kʰɛ^{ʔ}ɛ$^{\underline{324}}$
	麦	maʔ$^{\underline{35}}$	maʔŋ^{304}	mɑʔŋ^{303}	ma^{ʔ}ŋ$^{\underline{323}}$	mɑ^{ʔ}ɑ$^{\underline{532}}$
	尺	tʰaʔ$^{\underline{53}}$	tʰaʔŋ^{405}	ʧʰɑʔŋ^{304}	ʧʰa^{ʔ}ŋ$^{\underline{324}}$	tɕʰiɑ^{ʔ}ɑ$^{\underline{324}}$
	锡	ɕieʔ$^{\underline{53}}$	ɕiɛʔŋ^{405}	seʔŋ^{304}	se^{ʔ}ŋ$^{\underline{324}}$	sɛ^{ʔ}ɛ$^{\underline{324}}$
通	榖	kuʔ$^{\underline{53}}$	kuʔŋ^{405}	kuʔŋ^{304}	ku^{ʔ}ŋ$^{\underline{324}}$	ku^{ʔ}u$^{\underline{324}}$
	毒	tʰuʔ$^{\underline{35}}$	tʰuʔŋ^{304}	tʰuʔŋ^{303}	tʰu^{ʔ}ŋ$^{\underline{323}}$	tʰu^{ʔ}u$^{\underline{532}}$
	烛	tuʔ$^{\underline{53}}$	tuʔŋ^{405}	ʧuʔŋ^{304}	ʧu^{ʔ}ŋ$^{\underline{324}}$	ʧu^{ʔ}u$^{\underline{324}}$

3.2 韵尾音值

3.2.1 三塘话的“口塞鼻尾”

三塘话咸深山臻摄入声韵发了主元音后，舌尖迅速抵住齿龈形成唯闭音 t 不放松，持续一定时间后发出鼻音 n，形成 -tn 尾。陈昌仪（1991：76）的描写是：“入声韵在发了塞音尾之后，经过短暂的停顿，然后又有一个同部位鼻音，也就是说在 [t] 韵尾之后还有一个 [n]。”图 3-13 中入声韵主元音 ə 的共振峰 F_2 中心频率值是 1650Hz，而塞尾 -t 的中心频率值在 2000Hz 左右（吴宗济、林茂灿主编 1989：127），因此 ə 的 F_2 受 -t 影响有缓升的过渡音征（见图 3-13 中箭头所指）。音强在 t 成阻堵住气流后迅速下降，t 持阻一定时间后被堵气流从鼻腔喷出形成鼻音，音强又迅速上升。t 与 n 之间有三条弱共振峰，它们是 t 成阻后口腔内 ə 的发音器官“余振”造成的。过渡音征及塞尾与鼻尾之间弱共振峰是三塘话 -tn 尾与玉亭话 -ʔn 尾在语图上的重要区别。暂且称三塘 -tn 尾为“口塞鼻尾”。三塘话 -ʔŋ 尾与玉亭的 -ʔŋ 性质一样。

3.2.2 玉亭话“喉塞鼻尾”

玉亭话 -ʔn、-ʔŋ 韵尾是比较特殊的塞音韵尾弱化类型。入声韵发主元音后喉头下降、喉部紧张出现喉塞，喉塞音爆破后舌尖迅速抵住齿龈发出鼻音 -n 或舌面后部位迅速抵住软腭发出 -ŋ。

入声韵发主元音、声带匀速振动一定时间后，环勺肌收缩拉动勺状软骨转动，从而拉动声带关闭声门形成喉塞。声门关闭产生喉塞在宽带图里表现为元音共振峰和声调基频横杠消失。图 3-14 宽带图上部波形图显示主元音三分之二处振幅突然变小、波形不规则，继而振幅为零、波形消失，见图中箭头所指。宽带图下面对应的振幅脉冲条由紧密规则分布变得稀疏不规则，继而元音共振峰被截断出现空白段，说明声带的匀速振动被喉塞阻断。但是因声门下气流在瞬间被喉塞堵住时它的压力和体积很大，惯性所致会冲破关闭的声门一两次，有“堵—冲破—再堵”的过程，这样在声门完全堵住气流之前出现若干显示喉塞爆破的冲直条。但声门最终会完全堵住气流，之后音强在冲直条“出现—消失—出现”的中间段降至最低。

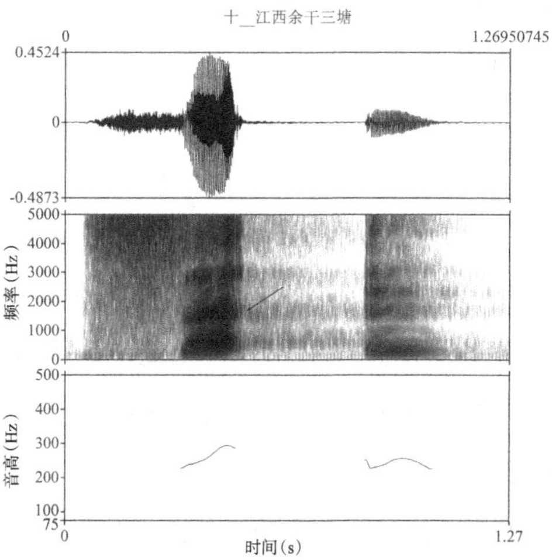

图 3-13 三塘话的十 [sətn^{304}]

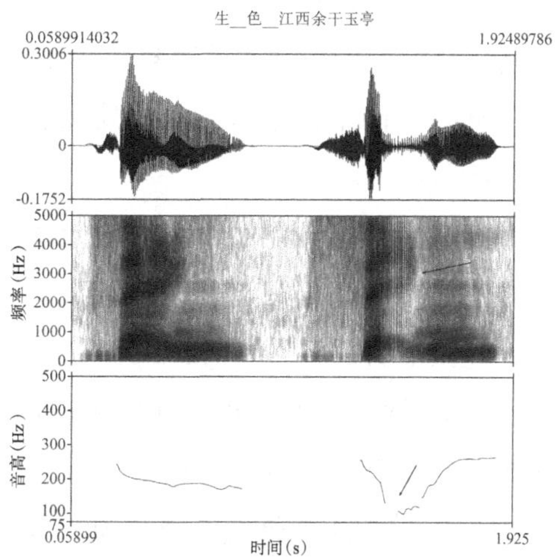

图 3-15 玉亭话的生 [seŋ^{33}] 左 | 色 [seʔŋ^{304}] 右语图比较

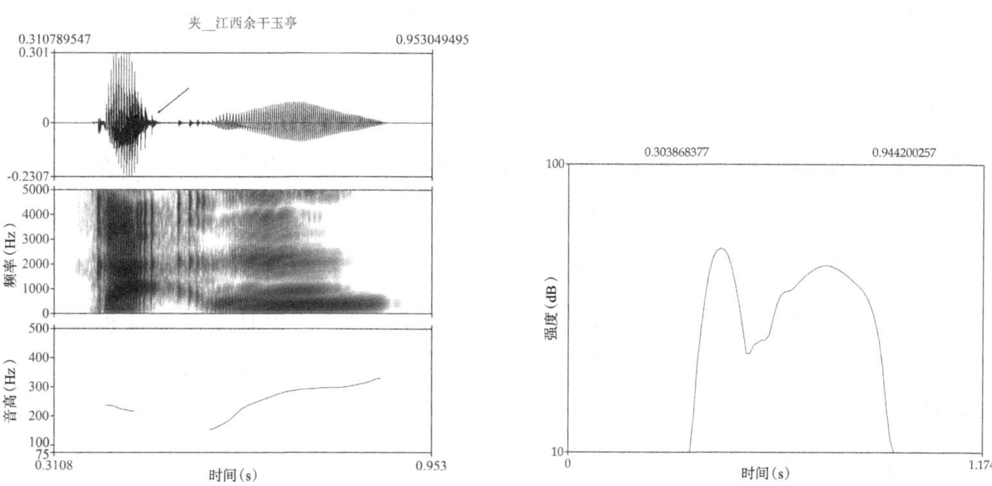

图 3-14 玉亭话的夹 [kaʔn^{304}]

不过，虽然喉塞堵住气流导致元音消失，但声门下气流仍在冲击关闭的声门，冲破声门造成短暂爆破形成冲直条。冲直条数量取决于声门下气流强弱和声门关闭松紧程度：声门下气流弱、声门关闭得紧则声门被冲开的次数少、冲直条就少，反之冲直条就多。声门下气流积聚到一定体积时，声门下气压大于声门上气压气流最终冲破声门经过咽腔被下垂的软腭导向鼻腔产生鼻音。图 3-14 宽带图后半部分显示在鼻音的浊音杠之前有若干间隔依次变短、颜色依次变淡的冲直条，然后才有鼻音。这说明声门不是一下被冲破的，有“冲破—关闭”的重复、加速、声门逐渐打开的过程。鼻尾振幅脉冲条由疏变密说明声门打开后声带是逐渐拉长变紧匀速振动继而产生鼻音。在玉亭话中，入声韵鼻尾中 -n、-ŋ 的共振峰结构比阳声韵的鼻尾共振峰结构更完整、音强更明显，请看图 3-15。

从入声韵结构来看，喉塞处在韵母主元音和鼻尾之间，暂称 -ʔn、-ʔŋ 为“喉塞鼻尾”。

玉亭话喉塞鼻尾的喉塞在主元音为高元音 i、u 和中元音 e、o、ə 的入声韵里存在进一步弱化至只有轻微喉塞甚至喉塞消失的现象。本书的解释是：发高元音时，连接喉头的舌骨（hyoid bone）向上移动帮助舌头上升发元音，抬高的舌骨拉高了甲状软骨（thyroid cartilage）从而拉长声带；（Ladefoged 2005：133—134）因形成喉塞而紧闭在一起的声带被拉长变薄有利于声门下气流冲破声门，声门被冲破后声带就逐渐恢复正常振动产生声调。图 3-15 右宽带图里继元音紧密脉冲纹后是间隔略疏的脉冲，从而在元音与鼻尾的共振峰结构之间出现弱共振峰结构，见图中上箭头所指，波形图显示元音振幅由大变小恢复到发鼻音的水平没有出现元音波形空白段；而元音与鼻尾之间出现基频横杠，虽然喉塞对它仍有影响使音高曲线出现断裂，见图中下箭头所指，但调值听上去是 [32̲4]。

主元音是高、中元音的入声韵喉塞进一步弱化、消失的同时，年轻人主元音为低元音 a、ɑ 的部分入声韵字也出现弱化现象。主元音对喉塞的影响从高、中元音向低元音推进，说明喉塞由受元音影响弱化渐渐转为自我主动弱化，是走向消失的关键表现。这种音系内部的弱化在玉亭周边方言有更剧烈的表现。古埠、白马桥话喉塞已消失至入声韵听上去像阳声韵，只有与阳声韵作对比时才能感到入声韵主元音与鼻音尾过渡处有轻微喉塞，就像是轻微顿了一下，发音人喉头下降不明显。

3.2.3 杨埠话的韵尾

杨埠话咸深山臻摄韵尾也是 -ʔn，但喉塞的强弱不一致：阴入喉塞比阳入的强，阴入内部喉塞因主元音高低不同而不同。阴入主元音是 a 的入声韵喉塞较强，只是与主元音相同的玉亭话入声韵相比，其元音共振峰和音高空白段较短，调值可记作 [304]；主元音是高、中元音 i、e、ə、o 的入声韵喉塞冲直条较多、较密，有较短的元音共振峰空白段，但已出现弱基频横杠，见图 3–16 左一。从杨埠话入声韵尾弱化整体情况看，把咸深山臻摄阴入韵尾处理为 -ʔn。阳入 -ʔn 的喉塞已经很弱，与白马桥、古埠两方言一样只有轻微顿感，实为 -^{ʔ}n。如果顿的力度大一点，音高曲拱在中间凹一下马上就上来，类似图 3–16 右二的情况；否则音高无凹动程，调值与 [52] 无区别，请看图 3–16 右一。夺 [tʰuo^{ʔ}n$^{\underline{532}}$] 完全可以记为 [tʰuon^{52}]，-^{ʔ}n 因喉塞消失变为鼻尾 -n。从杨埠话韵尾目前发展趋势看，咸深山臻摄喉塞可能会像宕江曾梗通摄的一样弱化到只有轻微喉塞甚至消失，实际上咸深山臻摄主元音为高、中元音的阳入韵尾已近 -n。

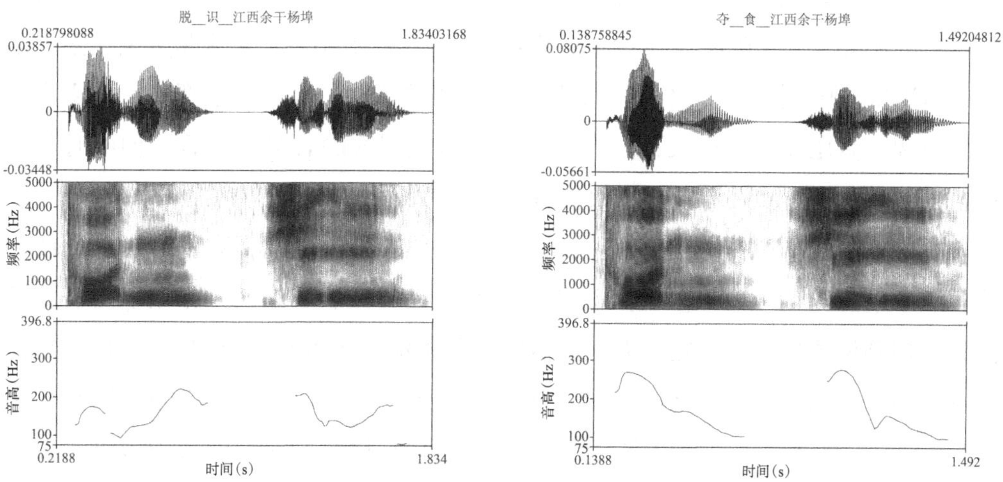

图 3–16　脱 [tʰuoʔn^{304}] 左一｜夺 [tʰuo^{ʔ}n$^{\underline{532}}$] 右一｜识 [ɕi^{ʔ}i$^{\underline{32}4}$] 左二｜食 [ɕi^{ʔ}i$^{\underline{532}}$] 右二的宽带图

宕江曾梗通摄入声韵是 V^{ʔ}V，其音强与前面的主元音差不多，有的甚至更响，听上去像有两个主元音。夹在元音之间的喉塞很弱、无爆破。图 3–16 左二识 [ɕi^{ʔ}i$^{\underline{32}4}$] 的波形图显示在 i 发音后振幅虽变小、不规则但波形没消失；宽带图显示 i 的前三分之一处有很短的元音共振峰空白段，出现了弱基频横杠，音高曲线在基频横杠最弱处中断后马上衔接上（语图被缩小故不明显），调值听上去是 [$\underline{32}$4]。需要指出，在本书录音材料中，识 [ɕi^{ʔ}i$^{\underline{32}4}$] 的喉塞算是比较强的，多数情况入声韵只是在主元音中段出现音高频率“高—较低—高”的变化而无元音共振峰中断现象，如图 3-16 右二食 [ɕi^{ʔ}i$^{\underline{53}2}$]。根据入声韵喉塞强弱程度对入声调的影响来描写调值，咸深山臻摄的阴入记为 [304]，宕江曾梗通摄的阴入记为 [$\underline{32}$4]；阳入记为 [$\underline{53}$2]。这可看作一种韵尾分调现象（曹志耘 2004）。

3.3 喉塞鼻尾产生的特殊入声调

3.3.1 玉亭话的入声调值

余干 7 点方言除瑞洪 11 个声调外其余都是 7 个声调，舒声都有调值较低的曲折调。除瑞洪、黄金埠外，余干方言入声调值因韵尾特殊而特殊。玉亭话入声韵尾处在余干方言韵尾演变的中间阶段，因此分析玉亭话入声调，其他方言入声调本质即可清楚。

玉亭话阴入调值实为 [$\underline{32}$024]，阳入调值实为 [$\underline{32}$033]，是韵尾弱化过程中喉塞鼻尾产生的特殊调值。阴入、阳入韵母主元音承载的音高是短促低降 [$\underline{32}$]，然后主元音被喉塞截断造成音高曲线断裂无音高，元音共振峰和音高空白段持续大约 70—120ms，用 [0] 表示；之后音高又伴随鼻尾跃然出现，阴入是 [24]、阳入是 [33]，阴入、阳入就以鼻尾伴随音高区别。因鼻音而生的音高区别意义，称之为鼻尾伴随调。鼻尾伴随调很长，阳入的 [33] 一般较阴入的 [24] 长，且它们的时长超过各自主元音与其后元音共振峰和音高空白段时长之和。

本书不把玉亭话入声调值处理成 [$\underline{32}$ʔ24]、[$\underline{32}$ʔ33]。声调是音高和时长的统一体。玉亭话入声韵喉塞产生的元音共振峰和音高空白段有时长，且喉塞的强弱及消失影响到调值的有无，把 ʔ 夹在调值中间既不能显示音高变化也无法显示时长，且喉塞音是韵母成分不属超音段的声调。但把阴入、阳入分别描写为 [$\underline{32}$024] 和 [$\underline{32}$033] 又不符合用三个及以下的数字表达声调的习惯，因此分别处理为 [304] 和 [303]。前文分析表明这种处理有利于表现喉塞鼻尾喉塞的弱化、消失及其对调值的影响。余干 5 点方言入声实际调值及音位处理情况请看表 3-12。

3.3.2 玉亭话入声调与“中塞调”

“中塞调”是赵元任先生描写浙江台州黄岩方言时最早提出来的（赵元任 1928：xiv），其他汉语方言也有表现（郭建荣 1989、伍巍 2003、庄初升 2004：241、孙锐欣 2005、曾春蓉 2009 等）。这些方言的“中塞调”其喉塞或存在于韵母主元音之间，或存在于主元音与鼻音尾之间，如粤北土话白沙等方言。相关研究认为广东韶关土话（朱晓农等 2003）、浙江台州方言（朱晓农 2004）的中塞调是 Creaky Voice 造成的。根据 Peter Ladefoged（2005：143—146）Creaky Voice 发音时声带是大部分关闭、小部分振动，语图上仍有元音波形和基频横杠，

只是其 F_1 振幅比正常元音的大。玉亭话入声韵发喉塞音时声门是完全关闭，声带不振动，导致元音和音高消失，语图上表现为元音波形和基频横杠消失。玉亭话入声韵的性质与韶关土话、台州方言、粤北土话白沙等方言性质有何异同，有待进一步研究。

3.4 演变过程

上面尝试分析了余干各方言入声韵尾的语音性质及发音机制。结合 7 点方言韵尾类型，可以推断余干方言入声韵尾的演变过程。

3.4.1 古余干方言咸深摄塞尾 -p 先并入山臻摄读 -t，宕江曾梗通摄保持 -k 尾不变，入声韵尾只有 -t、-k。之后咸深山臻摄 -t 尾、宕江曾梗通摄 -k 尾在不同乡镇采取了不同的演变方向。

黄金埠和瑞洪等方言继续保持 -t，-k 弱化为 -ʔ。玉亭及周边方言则进行了特殊弱化：入声韵在 -t、-k 后面分别增生一个同部位鼻音弱化成 -tn、-kŋ，玉亭早期或者老派读音是这种情况。随后 -tn、-kŋ 韵尾进一步弱化，-kŋ 首先弱化为 -ʔŋ，三塘话处在这一阶段。《余干县志》（1991：574，590—594）指出当时玉亭话宕江摄入声韵尾已弱化为喉塞，如：落 loʔ$^{2-2}$ ｜削 soʔ$^{2-4}$ ｜药 Øioʔ$^{2-4}$ ｜扩 kʰuoʔ$^{2-4}$ ｜镯 ʦʰoʔ$^{2-2}$ ｜学 hoʔ$^{2-2}$。如果加上其所说的“鼻音后缀”，宕江摄韵尾就是 -ʔŋ。这说明玉亭话 -kŋ 尾塞音成分至少在 1991 年以前已开始从宕江摄弱化。-kŋ 弱化为 -ʔŋ 后，-tn 跟进弱化为 -ʔn，-tn、-kŋ 变成 -ʔn、-ʔŋ，玉亭中年人口音处在此阶段。但 -ʔn、-ʔŋ 同时用喉塞和鼻音两个特征区别入声与非入声，不符合语言的经济性。因此玉亭话 -ʔn、-ʔŋ 的喉塞受高、中主元音影响进一步弱化，并从高、中元音入声韵的被动弱化推进到低元音入声韵的主动弱化。喉塞弱化到一定程度就会消失，玉亭周边古埠和白马桥话喉塞弱化到最后只有轻微喉塞表现，-ˀn、-ˀŋ 变成 -n、-ŋ 仅一步之遥。以上演变过程请看图 3-18（星号表示对未来的推测）：

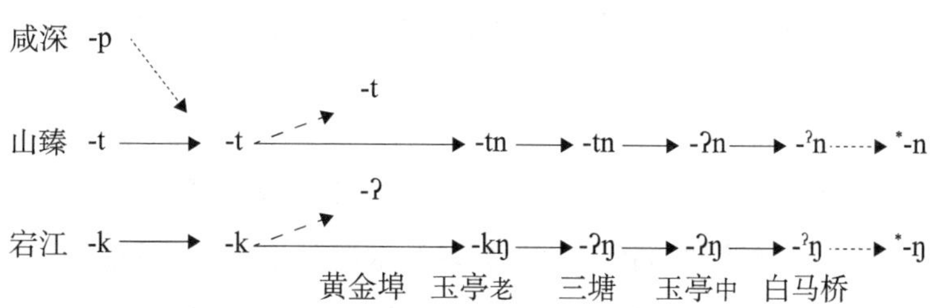

图 3-17 余干方言入声韵尾演变过程

从 -tn、-kŋ 变成 -ʔn、-ʔŋ，只是塞尾 -t、-k 弱化为 -ʔ 的过程。问题是韵尾 -t、-k 是如何变成 -tn、-kŋ 的？前文指出喉塞鼻尾的鼻音是被喉塞堵在声门下的气流积聚到一定程度冲破声门产生的。这一分析同样适用于 -tn、-kŋ。三塘话说八 [patn^{304}] 时，软腭上升堵住通往鼻腔的通道后发元音 a，发完元音后舌尖迅速抬高抵住齿龈形成很明显的唯闭塞尾 -t，这时气流被堵在口腔及咽腔以下。如何释放这股气流决定了韵尾演变方式：舌叶立刻放松让气流通过，-t 就变成 -l，如安徽桐城、江苏宝应方言（杨自翔 1989，王世华 1992）；软腭立刻下垂让气流从鼻腔通过，-t 就变成 -nʔ，如湖北通城方言（曹志耘 2011）。余干三塘等方言则采取了第三种方式：舌尖抵住齿龈不让气流通过，持续一段时间才让软腭下垂通过鼻腔释放气流，抵住龈腭的舌尖不松动，从而 -t 发成 -tn。-kŋ 的产生机制相同：发 -k 时舌面后部位抵住软腭堵住气流，持续一段时间后气流沿着下垂的软腭流入鼻腔发出鼻音产生 -kŋ。

3.4.2 杨埠话宕江曾梗通摄入声韵 V^{ʔ}V 结构不同于“中塞调”的韵母。相关研究认为“中塞调”现象是曲折低调影响韵母产生的（赵元任 1934：370，郭建荣 1989，伍巍 2003），而前文分析说明杨埠和玉亭等方言是入声韵喉塞强弱影响调值，且杨埠话阳平 [213] 及余干其他几点方言曲折调舒声韵都没有“中塞调”现象。本书推测杨埠话这种韵尾结构可能是在强势的玉亭话影响下产生的。即杨埠话宕通摄入声韵受玉亭话影响，与黄金埠话相同的“元音 + 喉塞”结构在喉塞后增生了一个与主元音同部位的元音变成“元音 + 喉塞 + 元音”结构，从而与玉亭话及音系内咸深山臻摄的“元音 + 喉塞 + 鼻尾”结构形成了“响音 + 非响 + 响音”的音节结构对称，请看图 3-19。当然这一推测需要更多的材料来证实或证伪。

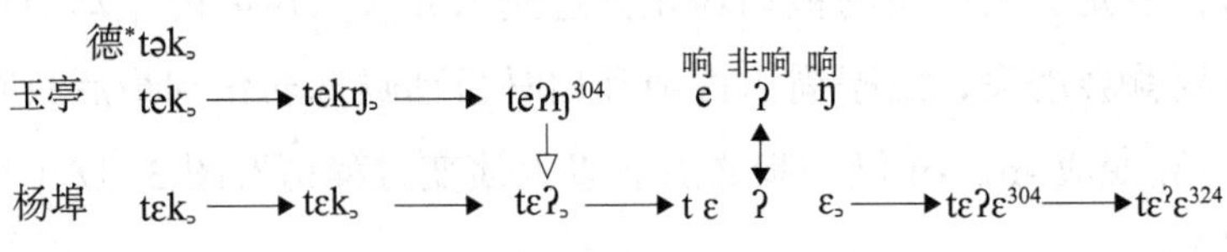

图 3-18 杨埠话宕江曾梗通摄韵尾演变过程

3.5 余论

本书尝试分析了余干方言的特殊入声韵尾，这三种韵尾不仅丰富了汉语方言的入声韵尾类型，还对普通语音学的两个现有基本理论提出了问题。

其一，汉语是单音节语言，基本上是一义一音节。普通语音学一般以一个音峰为一个音节。玉亭等方言的入声音节有两个音峰，听感上就是两个音节，而当地人却认为与其他一个音峰的音节没有什么不同。玉亭等方言特殊的入声韵是一个音节还是两个音节对音节的基本定义提出了问题。

其二，林茂灿（1995、1996）分析北京话单说字音声调、普通话和福州话的两字音节间 F_0 的音高感知，指出声调信息主要由主元音及其过渡段携带，而元音韵尾、鼻音韵尾和零声母、浊辅音声母都与音高感知无关。但是玉亭等方言阴入和阳入的区别就是依据不同的鼻尾伴随调，鼻音韵尾是声调承载段。这为声调感知理论提供了新材料。声调感知理论还需在更大范围的调查基础上做进一步研究。

四　其他韵尾鼻音化现象

与通城、邵武、光泽和余干 4 点方言纯语音层面、以摄为单位整齐地韵尾鼻音化相比，有少数方言入声韵有零散的鼻音化现象，且不一定是语音层面的，部分方言的韵尾鼻音化与语法等因素有关。

4.1 语音层面

4.1.1 都昌土塘

本章第一节 2.2 小节讨论了赣语都昌土塘的韵尾边音化现象。土塘话入声除有塞尾 -t、-ʔ 和边音韵尾 -l 外，咸山臻摄三四等明泥疑母共 7 个字读全阴入 [$\underline{45}$] 带鼻尾 -n，请看表 3-14。

-t 尾弱化有三种可能的途径：一是弱化为 -l 尾，被舌尖堵住的气流从口腔里释放；一是弱化 -n 尾，气流从鼻腔释放；第三是弱化为喉塞尾 -ʔ。湖北通城十里市方言 1936 年时咸摄、山摄一二等以及山摄三四等、深臻摄部分入声字有 -l 尾，（赵元任等 1948：1319）而今调查发现十里市（现在属于通城县五里镇锡山村二组）咸深山臻读 -nʔ 尾。（笔者 2009 年调查）而通城县麦市“咸山摄部分字（尤其是一二等）读 [lʔ] 尾，深臻曾梗摄部分字（尤其是三四等）读 [nʔ] 尾”，（曹志耘 2011）形成入声鼻音尾和边音尾互补分布状态。

表 3-14　都昌土塘方言入声鼻尾字音举例

	聂	蹑	业	捏	月	密	蜜
陈	niet^{5}	niet^{5}	niet^{5}	niet^{5}	niet^{5}	mit^{5}	mit^{5}
老	ȵien$^{\underline{45}}$	ȵien$^{\underline{45}}$	ȵien$^{\underline{45}}$	ȵien$^{\underline{45}}$	ȵien$^{\underline{45}}$	mit$^{\underline{45}}$	mit$^{\underline{45}}$
青	ȵiet$^{\underline{35}}$	—	ȵiet$^{\underline{35}}$	ȵiet$^{\underline{35}}$/ȵien$^{\underline{35}}$	ȵiet$^{\underline{35}}$	mit$^{\underline{35}}$/min$^{\underline{35}}$ 姐	mit$^{\underline{35}}$/min$^{\underline{35}}$ 姐

说明：“老”指土塘镇万老屋村万金安，“青”指土塘街刘早立，“姐”指刘早立姐刘美玲。

土塘话韵尾鼻音化的字很少，但有两个特点：声母是鼻音，主元音是高元音。这是否说明入声塞音韵尾在鼻音化过程中，首先是从高元音的入声韵里受鼻音声母顺同化影响而由 -t 弱化为 -n，然后把这一演变推延至其他音节？另外，老年人读鼻音韵尾的入声字比年轻人的多，这是内部的个体差异还是年轻人受权威方言如南昌话的影响，还有待继续观察。

4.1.2 其他方言的鼻音化

（1）湘语古次浊入鼻音化

根据“地图集数据库”，湘语新化琅塘、湘乡泉塘古次浊入读鼻音韵尾或鼻音化，如新化琅塘：热 ȵiɛ̃⁴⁵ ｜木 mo²⁴/məŋ³³；湘乡泉塘：鸭 ŋɑ̃²³ ｜墨 miɑ̃²³ ｜麦 miɑ̃²³。

（2）闽语乐昌河南咸山宕江梗摄部分入声韵韵尾消失，少数声母为 m 的主元音出现鼻化现象，如：抹 muã⁵³ ｜袜 miẽ³³ ｜篾 mĩ³³ ｜麦 mẽ⁵³ ｜脉 mẽ³³；同市的乐昌塔头坝闽语（庄初升 1996）也有这种现象。

（3）其他方言中也有零星的韵尾鼻音化或韵母主元音鼻化现象，如下：

客家　于都梓山：木 məŋ⁴³ ｜肉 ȵiəŋ⁴；南康东山：塔 tʰã²¹³；

赣语　永新禾川：接 tɕiẽ³⁵；

闽语　南投名间：刮 kuã³¹，苍南炎亭：麦 mã¹¹ ｜国 Øõ²¹³。

4.2 非语音层面

4.2.1 吴徽语入声小称鼻尾

吴语部分方言有小称变调现象，入声韵发生小称变调时会增加一个舌尖鼻音尾，如东阳湖溪：盒～儿 Øɐn²¹³ ｜橘～儿 tɕyɐn⁵⁵ ｜竹～儿 tsoʊːn⁵⁵；磐安大盘：鸭～儿 Øuən⁵³ ｜橘～儿 tɕyən⁵³ ｜尺～儿 tsʰein⁵³；浦江杭坪：塔～儿 tʰuɔn³¹² ｜鸭～儿 Øiɔn³¹² ｜刷～儿 ɕyən³¹² ｜橘～儿 tɕyən³¹² ｜壳～儿 kʰon³¹² ｜竹～儿 tɕyɤn³¹²；义乌苏溪：盒～儿 Øɤːn¹¹³ ｜鸭～儿 Øɔːn²¹² ｜叶～儿 Øieːn¹²¹ ｜橘～儿 tɕyɛːn²¹² ｜竹～儿 tsɔːn²¹²。

徽语也有同类现象，如屯溪新潭：盒～儿 xɤːn²⁴ ｜舌～儿 tɕian²⁴ ｜橘～儿 tɕyn²⁴，休宁溪口：盒～儿 xɤːn¹³ ｜叶～儿 Øiːɐn¹³ ｜橘～儿 ʧyːn¹³，黟县碧阳：橘～儿 tɕyn³²⁴。

4.2.2 粤语信宜变音

粤语信宜方言通过变音来体现词义上的变化，用以区分事物的大小和感情色彩的不同、数量的多少和分量的轻重、词的原义和反义等等。（叶国泉等 1982）变音时入声韵 -p、-t、-k 韵尾分别变成 -m、-n、-ŋ，如：鸭 Øap³³ ～ Øam↗ ｜笠 lɐp⁵⁵ ～ lɐm↗ ｜碟 tip²² ～ tim↗ ｜脱 tʰyt³³ ～ tʰyn↗ ｜佛 fɐt²² ～ fɐn↗ ｜阔 fut³³ ～ fun↗ ｜脚 kɛk³³ ～ kɛŋ↗ ｜学 hɔk²² ～ hɔŋ↗ ｜屋 ʔuk⁵⁵ ～ ʔuŋ↗。而阴声

韵的 -i、-u 尾和阳声韵的 -m、-n、-ŋ 尾在变音时都保持不变。

考察语法层面上的韵尾鼻音化现象，可为观察入声韵尾鼻音化的演变过程提供参考。

第三节　韵尾 -ʔ 化

韵尾喉塞化，简称韵尾 -ʔ 化，咸深摄 -p 尾、山臻摄 -t 尾、宕江曾梗通摄 -k 尾经过一定的演变过程、在一定条件下弱化成喉塞尾。韵尾 -ʔ 化是韵尾演变的一个重要阶段。韵尾变成喉塞尾后，在一定条件下会进一步消失辅音韵尾，入声韵结构发生变化进而对音系结构产生重要影响。韵尾 -ʔ 化的类型非常复杂。第二章中各种合并类型都有可能进一步发生韵尾 -ʔ 化，从而形成各种韵尾 -ʔ 化类型。

一　部分摄韵尾不变，部分摄韵尾 -ʔ 化

咸深、山臻、宕江曾梗通九摄中，部分摄仍保持塞音韵尾没有发生任何变化，部分摄出现韵尾 -ʔ 化。目前只见到三类，虽然几乎一类一点，但所代表的韵尾 -ʔ 化类型对考察韵尾弱化过程具有很重要的意义。

1.1 咸深 -p 尾不变，山臻宕江曾梗通韵尾 -ʔ 化

赣语江西黎川龙安、黎川日峰属于此类。如黎川龙安：

	深	咸开	咸合	山一二	山三四	臻	曾一	曾三	梗三四	梗二	宕江	通
主元音	i	a o	a	a o	ɛ a	y i	ɛ	i ɛ	a	ɛ a	ɔ	u
韵尾	-p			-ʔ								
清	阴入 [3]											
浊	阳入 [5]											

山臻摄：辣 laiʔ^{5} ｜杀 saiʔ^{3} ｜结 tɕiɛʔ^{3} ｜刮 koiʔ^{3} ｜罚 faiʔ^{5}，笔 piʔ^{3} ｜骨 kuiʔ^{3} ｜出 tɕʰyʔ^{3}；宕通等摄：托 hɔʔ^{3} ｜药 Ǿiɔʔ^{5}，剥 pɔʔ^{3} ｜学 hɔʔ^{5}，北 pɛiʔ^{3} ｜力 tiʔ^{5} ｜直 tɕʰiʔ^{5} ｜色 sɛiʔ^{3}，白 pʰaʔ^{5} ｜客 kʰaʔ^{3} ｜摘 tsaʔ^{3} ｜尺 tʰaʔ^{3} ｜锡 ɕiaʔ^{3}，榖 kuʔ^{3} ｜六 tiuʔ^{5} ｜烛 tuʔ^{3}。

从共时的韵尾情况已看不出曾梗摄是否发生韵尾 -t 化，不过曾摄一等及三等庄组入声韵在 -ʔ 尾与主元音之间增加了一个元音尾 i，与山摄相同，因推测曾摄和

山摄在某一阶段曾经发生过相同的元音尾化（见第四章第三节），至于演变的起点是否相同还不确定。

周祖谟（1966）认为宋代汴洛方音的入声韵咸深摄保持 -p 尾而其他七摄入声韵已并入阴声韵。宋代汴洛方音与黎川龙安的韵尾演变类型有一定的对应关系。它们之间是否有历时承传关系，有待从方言形成的角度考察。

1.2 咸深山臻韵尾 -ʔ 化，宕江曾梗通 -k 尾不变

赣语江西万年青云属于此类。如下：

	咸开	咸合	山一二	山三四	臻	深		曾一	曾三	梗三四	梗二	宕江	通
主元音	ε a o	a	a o	ε a	i ε	ε	i	ε a	i ε	i a	ε a	o	u
韵尾	-ʔ						-k						
清、次浊	阴入 [12]												
全浊	阳入 [1]												

咸深摄：盒 hoʔ^{1} ｜塔 tʰaʔ^{12} ｜插 tsʰaʔ^{12} ｜叶 Øiεʔ^{1} ｜帖 tʰiεʔ^{12} ｜法 faʔ^{12}，粒 tik^{12} ｜十 sεʔ^{1} ｜急 tɕiʔ^{12}；山臻摄：辣 laʔ^{1} ｜杀 saʔ^{12} ｜节 tɕiεʔ^{12} ｜刮 kuaʔ^{12} ｜发 faʔ^{12}，笔 piʔ^{12} ｜骨 kuεʔ^{12} ｜出 tʰεʔ^{12}。深摄主元音为 i 的入声韵大部分读 -k 尾，如：粒 tik^{12} ｜集 tɕik^{12} ｜及 tɕʰik^{1}，可能是主元音与曾梗三四等 -k 尾入声韵相同受到感染而致。

1.3 咸深山臻宕江曾梗韵尾 -ʔ 化，通摄 -k 尾不变

客家话福建武平岩前属于此类。如下：

		深	咸开	咸合	山一二	山三四	臻	曾一	曾三	梗三四	梗二	宕江	通
主元音		i e	a	a	ε a	ε a	i e ε	ε	i e ε	i ε ɒ	ɒ	ɔ	ə
韵尾		-ʔ											-k
次浊	清	阴入 [2]											
	全浊	阳入 [5]											

咸深摄：合 haʔ^{5} ｜塔 tʰaʔ^{2} ｜插 tsʰaʔ^{2} ｜叶 Øiaʔ^{5} ｜贴 tʰiaʔ^{2} ｜法 faʔ^{2}，粒 tiʔ^{2} ｜十 seiʔ^{5} ｜急 tɕiʔ^{2}；山臻摄：辣 laʔ^{5} ｜杀 saʔ^{2} ｜节 tɕiεʔ^{2} ｜刮 kvaʔ^{2} ｜发 faʔ^{2}，笔 piʔ^{2} ｜骨 kveiʔ^{2}；曾摄：北 pεʔ^{2} ｜贼 tsʰεʔ^{5} ｜刻 kʰεʔ^{2} ｜力 tiʔ^{5} ｜直 tsʰeiʔ^{5} ｜色 sεʔ^{2} ｜织 tseiʔ^{2}；宕江梗摄：托 tʰɔuʔ^{2} ｜药 Øiɔuʔ^{2}，剥 pɔuʔ^{2} ｜学 hɔuʔ^{5}，白 pʰɒuʔ^{5} ｜客 kʰɒuʔ^{2} ｜摘 tsɒuʔ^{2} ｜尺 tsʰɒuʔ^{2} ｜锡 ɕiɒuʔ^{2}。

二　部分摄韵尾合并，部分摄韵尾 -ʔ 化

咸深、山臻、宕江曾梗通九摄中部分摄韵尾合并，而部分摄，包括已经发生合并演变的摄，出现塞音韵尾弱化为 -ʔ 的演变。此类基本是在第二章所述各种合并类型基础上韵尾进一步弱化，在韵尾演变过程中具有承上启下的作用。合并类型在第二章已全面梳理，本节关注的是在韵尾合并的前提下哪些摄韵尾发生 -ʔ 化，以期找到韵尾 -ʔ 化的规律。

2.1 部分摄韵尾 -t 化，部分摄韵尾 -ʔ 化

2.1.1 咸深韵尾 -t 化，宕江曾梗通韵尾 -ʔ 化

此类是合并类型"咸深摄韵尾 -t 化"的弱化发展型，咸深摄 -p 尾不同程度地变成山臻摄 -t 尾，宕江曾梗通摄 -k 尾不同程度地弱化为 -ʔ，具体类型请看表 3-15 里的第 1—4 类。

表 3-15　部分摄 -t 化，部分摄 -ʔ 化类型

<table>
<tr><th rowspan="2"></th><th rowspan="2">深</th><th colspan="2">咸开</th><th rowspan="2">咸合</th><th colspan="2">山</th><th rowspan="2">臻</th><th colspan="2">曾</th><th colspan="2">梗</th><th rowspan="2">通</th><th rowspan="2">宕江</th><th rowspan="2">代表点</th></tr>
<tr><th>一二</th><th>三四</th><th>一二</th><th>三四</th><th>一</th><th>三</th><th>三四</th><th>二</th></tr>
<tr><td>1</td><td>-p</td><td colspan="2">-p</td><td>-t</td><td colspan="3">-t</td><td colspan="5">-k</td><td>-ʔ</td><td>新兴天堂</td></tr>
<tr><td>2</td><td>-p</td><td colspan="2">-p</td><td>-t</td><td colspan="3">-t</td><td colspan="2">-ʔ</td><td colspan="3">-ʔ/-k</td><td>-k</td><td>苗栗头份</td></tr>
<tr><td>3</td><td>-p</td><td colspan="2">-p</td><td>-t</td><td colspan="3">-t</td><td colspan="6">-ʔ</td><td>东乡虎圩</td></tr>
<tr><td>4</td><td colspan="7">-t</td><td colspan="6">-ʔ</td><td>金溪左坊</td></tr>
<tr><td>5</td><td>-p</td><td colspan="2">-p</td><td>-t</td><td colspan="3">-t</td><td colspan="3">-t</td><td>-k</td><td>-ʔ</td><td>-k</td><td>信宜思贺</td></tr>
<tr><td>6</td><td>-p</td><td colspan="2">-p</td><td>-t</td><td colspan="3">-t</td><td colspan="2">-t/-k</td><td colspan="4">-ʔ/-k</td><td>周宁咸村</td></tr>
<tr><td>7</td><td>-p</td><td colspan="2">-p</td><td>-p</td><td colspan="3">-t</td><td colspan="3">-t</td><td colspan="3">-ʔ</td><td>奉新冯川</td></tr>
<tr><td>8</td><td>-t</td><td colspan="2">-p</td><td>-p</td><td colspan="3">-t</td><td colspan="2">-t</td><td colspan="2">-t/-ʔ</td><td colspan="2">-ʔ</td><td>高安村前</td></tr>
<tr><td>9</td><td colspan="7">-t</td><td>-ʔ</td><td>-t</td><td colspan="4">-ʔ</td><td>樟树临江</td></tr>
<tr><td>10</td><td colspan="7">-t</td><td>-ʔ</td><td>-t</td><td>-t/-ʔ</td><td colspan="3">-ʔ</td><td>吉水螺田</td></tr>
<tr><td>11</td><td colspan="7">-t</td><td colspan="2">-t</td><td colspan="2">-t/-ʔ</td><td colspan="2">-ʔ</td><td>新建生米</td></tr>
<tr><td>12</td><td colspan="2">-t</td><td>-ʔ</td><td>-t</td><td>-t</td><td>-ʔ</td><td>-t</td><td>-ʔ</td><td>-t</td><td colspan="4">-ʔ</td><td>铜鼓三都</td></tr>
<tr><td>13</td><td colspan="2">-t</td><td>-ʔ</td><td>-t</td><td>-t</td><td>-ʔ</td><td>-t</td><td>-ʔ</td><td colspan="2">-t</td><td colspan="3">-ʔ</td><td>上高敖阳</td></tr>
<tr><td>14</td><td>-ʔ</td><td>-t</td><td>-ʔ</td><td>-t</td><td>-t</td><td>-ʔ</td><td>-t</td><td>-ʔ</td><td colspan="2">-t</td><td colspan="3">-ʔ</td><td>新干三湖</td></tr>
<tr><td>15</td><td>-t</td><td colspan="5">-ʔ</td><td>-t</td><td>-ʔ</td><td>-t</td><td colspan="4">-ʔ</td><td>乐平接渡</td></tr>
</table>

表 3-15 里的第 1、2 类分别只有 1 点，但类型特殊；第 3、4 类分布点较多。第 3 类主要分布在赣语抚广片，海南儋州话及畲话也有表现，如下：

赣语　江西　崇仁石庄　东乡虎圩　东乡邓家　抚州崇岗　抚州市区　广昌盱江
宜黄棠阴　宜黄凤冈　安义县城　崇仁桃源　资溪乌石
儋州话　海南　儋州新英
畲话　福建　宁德七都　浙江　景宁鹤溪

第 4 类主要分布在赣语核心区抚广片和昌靖片。如下：

赣语　江西　金溪左坊　金溪秀谷　进贤梅庄　进贤七里　靖安双溪　乐安鳌溪
乐安增田　宜丰敖桥　安义龙津　湖南　平江南江
客家　江西　石城屏山

（1）咸合三韵尾 -t 化，宕江摄韵尾 -ʔ 化

粤语广东新兴天堂咸合三韵尾 -t 化，与大部分粤语相同；宕江摄一二等主元音为 ɔ，韵尾 -ʔ 化；宕摄三等主元音为 a，与曾梗通摄一起保持 -k 不变。如下：

	咸开	咸合	山一二	山三四	江	宕	梗二	梗三四	曾	通	臻	深
主元音	i a ɐ	a	a o u y	i ɐ y	ɔ		a	e	e a ɐ	o	ɐ	ɐ
韵尾	-p	-t			-ʔ		-k	-k			-t	-p
清	下阴入 [4]							上阴入 [5]				
浊	阳入 [31]											

宕江摄：托 tʰɔʔ[4] ｜恶 Øɔʔ[4] ｜削 siak[4] ｜药 jak[31]，剥 mɔʔ[4] ｜角 kɔʔ[4] ｜学 hɔʔ[31]。

（2）咸合三韵尾 -t 化，部分曾梗通韵尾 -ʔ 化

与新兴天堂不同，客家话台湾苗栗头份在咸深、山臻摄分别保持 -p、-t 尾的情况下，曾梗通主元音为前高元音 i、e、ə 的韵尾 -ʔ 化而主元音为后低元音 a、o 的保持 -k 尾。不过这种分化不是绝对的，主元音为 a、o 的部分入声韵也有 -ʔ 化现象。如下：

		深	咸开	咸合	山一二	山三四	臻	曾一	曾三	通	梗		宕江
主元音		i ə	a	a	a ɔ	e a	i u	e	i e ə	o	a	ɔ	ɔ
韵尾		-p			-t			-ʔ		-k	-ʔ	-k	
次浊	清	阴入 [21]											
	全浊	阳入 [5]											

曾梗通摄：北 peʔ[21] ｜直 tsʰəʔ[5] ｜力 liʔ[5] ｜色 seʔ[21]，白 pʰak[5] ｜客 hak[21] ｜摘 tsaʔ[21] ｜尺 tsʰaʔ[21] ｜锡 siaʔ[21]，榖 kok[21] ｜六 lioʔ[21] ｜烛 tsok[21]。

苗栗周边强势的闽南方言基本都属于弱化类型，苗栗客家话这种少见于大陆

地区客家话的弱化类型可能是受闽南话影响产生的。可以预见，还保持着 -k 尾的宕江摄及剩下的曾梗通摄将来会进一步韵尾 -ʔ 化，从而宕江曾梗通摄韵尾全部 -ʔ 化，如东乡虎圩。

（3）咸合三韵尾 -t 化，宕江曾梗通韵尾 -ʔ 化

东乡虎圩咸合三韵尾 -t 化后，宕江曾梗通摄不管主元音高低，-k 尾一律弱化为 -ʔ，如下：

		深	咸开	咸合	山一二	山三四	臻	曾一	曾三	梗三四	梗二	宕江	通
主元音		i ə	ɛ a o	a	a o	ɛ a	i ə	ɛ	ɿ i ɛ	a	a	o	u
韵尾		-p		-t				-ʔ					
次浊	清	阴入 [2]											
	全浊	阳入 [5]											

宕通等摄：托 tʰoʔ^{2} ｜药 Øioʔ^{5}，剥 poʔ^{2} ｜学 hoʔ^{5}，北 pɛʔ^{2} ｜直 tʰiʔ^{5} ｜色 sɛʔ^{2}，白 pʰaʔ^{5} ｜客 kʰaʔ^{2} ｜摘 ʦaʔ^{2} ｜尺 tʰaʔ^{2} ｜锡 ɕiaʔ^{2}，毂 kuʔ^{2} ｜六 tiuʔ^{5} ｜烛 tuʔ^{2}。

东乡虎圩的曾梗摄没有发生过韵尾 -t 化。如果发生的话，韵尾 -t 化的曾梗摄要么保持 -t 尾不变要么主元音与曾梗摄相同的山臻摄也韵尾 -ʔ 化。

（4）咸深韵尾 -t 化，宕江曾梗通韵尾 -ʔ 化

金溪左坊咸深摄韵尾 -t 化，宕江曾梗通摄 -k 尾不管主元音高低一律弱化为 -ʔ，如下：

	深	咸开	咸合	山一二	山三四	臻	曾一	曾三	梗三四	梗二	宕江	通
主元音	i ɤ	ɛ a ɔ	a	a ɔ	ɛ a	i ɤ	ɛ	i ɛ	a	a	o	u
韵尾	-t						-ʔ					
清	阴入 [2]											
浊	阳入 [5]											

咸深摄：盒 hɔt^{5} ｜插 ʦʰat^{2} ｜叶 Øiɛt^{5} ｜法 fuat^{2}，立 tɤt^{5} ｜十 sɤt^{5} ｜急 ʨit^{2}；宕通等摄：托 tʰoʔ^{2} ｜药 Øioʔ^{5}，剥 poʔ^{2} ｜学 hoʔ^{5}，北 pɛʔ^{2} ｜直 tʰiʔ^{5} ｜色 sɛʔ^{2}，白 pʰaʔ^{5} ｜客 kʰaʔ^{2} ｜摘 ʦaʔ^{2} ｜尺 tʰaʔ^{2} ｜锡 ɕiaʔ^{2}，毂 kuʔ^{2} ｜六 tiuʔ^{5} ｜烛 tʰuʔ^{2}。

以上四个类型显示，宕江曾梗通摄从 -k 尾弱化成 -ʔ 有不同的途径：或从主元音为后低元音的宕江摄开始，或从主元音为前高元音的曾梗通摄开始，或是宕江曾梗通摄全部弱化成 -ʔ。前两种以词汇渐变方式弱化，第三种是否经过词汇渐变完成演变的还需考察。

此外，在宕江曾梗通摄韵尾 -ʔ 化基础上，第三类的景宁鹤溪畲话、第四类的石城屏山进一步发展，深摄出现部分 -ʔ 化现象。两方言深摄弱化类型特殊。因例字不多，是否定为一种新的弱化类型还需考察。如景宁鹤溪：

	山一二	山三四	臻	咸合	咸开	深	曾一	曾三	梗	宕江	通
主元音	a o ɔ	e a ɔ ø	i u y	ɔ	ɛ a ɔ	i	e	ie	a	a o	o u y
韵尾	-t				-p	-ʔ					
清	阴入 [5]										
浊	阳入 [2]										

咸摄：盒 hɔp^{2} ｜插 ʦʰap^{5} ｜叶 Øiɛp^{2} ｜法 fuɔt^{5}，深摄：立 liʔ^{2} ｜十 ɕip^{2} ｜急 kiʔ^{5}；宕通等摄：恶 Øoʔ^{5} ｜削 ɕiaʔ^{5} ｜药 Øyoʔ^{2} ｜郭 koʔ^{5}，剥 poʔ^{5} ｜学 hoʔ^{2}，北 pieʔ^{5} ｜贼 ʨʰieʔ^{2} ｜力 liʔ^{2} ｜直 ʨʰiʔ^{2} ｜色 ɕieʔ^{5}，客 haʔ^{5} ｜摘 ʦaʔ^{5} ｜尺 ʨʰiaʔ^{5} ｜壁 piaʔ^{5}，哭 kʰuʔ^{5} ｜毒 tuʔ^{2} ｜六 lyʔ^{5} ｜足 kyoʔ^{5}。

2.1.2 曾梗韵尾 -t 化，宕江梗通韵尾 -ʔ 化

此类是在合并类型“曾梗摄韵尾 -t 化”基础上宕江梗通摄出现不同程度的 -ʔ 化形成的，咸深摄保持 -p 尾，曾梗摄 -k 尾不同程度地并入山臻摄读 -t，宕江梗通四摄部分 -k 尾弱化为 -ʔ。根据曾梗摄韵尾 -t 化类型及宕江梗通 -ʔ 化程度的不同分三小类，请看表 3-15 里的第 5—7 类。此类主要见于客家话和闽语，第 5、7 类各一个分布点，第 6 类还有闽语广东中山隆都、福建周宁咸村、福建宁德洋中及客家话台湾桃园中坜。

（1）曾、梗三四韵尾 -t 化，通摄韵尾 -ʔ 化

客家话广东信宜思贺曾摄和梗摄三四等韵尾 -t 化，但梗摄三四等主元音为低元音的保持 -k 尾；韵尾 -ʔ 化的通摄入声韵在喉塞尾与主元音之间增加了元音尾 u。如下：

	深	咸开	咸合	山	臻	曾一	曾三	梗三四		梗二	宕江	通
主元音	i a	a	a	a	i ɐ u	ɐ	i ɐ	i	a	a	ɔ	o
韵尾	-p		-t						-k			-ʔ
清	阴入 [2]											
浊	阳入 [5]											

曾摄：北 pɐt^{2} ｜刻 kʰɐt^{2} ｜力 lit^{5} ｜直 ʦʰit^{5} ｜色 sɐt^{2}；梗摄：白 pʰak^{5} ｜客 kʰak^{2} ｜摘 ʦak^{2} ｜尺 ʦʰak^{2} ｜锡 siak^{4}，惜 sit^{2} ｜笛 tʰiat^{5} ｜敌 tʰit^{5}；通摄：木 mouʔ^{2} ｜

毒 tʰouʔ^{5} ｜六 louʔ^{2} ｜竹 ʦouʔ^{2} ｜菊 kouʔ^{2} ｜绿 louʔ^{5} ｜足 ʦouʔ^{2} ｜局 kʰouʔ^{5}。梗摄三四等只有一个主元音为低元音 a 的字韵尾 -t 化。

（2）曾摄韵尾 -t 化、部分宕江梗通韵尾 -ʔ 化

闽语福建周宁咸村曾摄大致以声母类别为条件分化，一等帮组见系及三等庄组 -k 尾不变，其他的入声韵基本 -t 化，涉及一三等；宕江梗通四摄部分保持 -k 尾部分韵尾 -ʔ 化，暂时看不出弱化条件。本书材料中曾摄如此韵尾 -t 化的类型仅闽语有。如下：

<table>
<tr><th></th><th>深</th><th>咸开</th><th>咸合</th><th>山</th><th>臻</th><th colspan="2">曾</th><th>梗</th><th>宕江通</th></tr>
<tr><td>主元音</td><td>i e ᴇ</td><td>i ᴇ a</td><td>ə</td><td>y i ᴇ a ə ɔ u</td><td>i ɔ u</td><td colspan="2">i e ᴇ œ</td><td>y ᴇ a</td><td>y œ ø ɔ u</td></tr>
<tr><td>韵尾</td><td colspan="2">-p</td><td colspan="4">-t</td><td>-k</td><td colspan="2">-ʔ/-k</td></tr>
<tr><td>清</td><td colspan="9">阴入 [5]</td></tr>
<tr><td>浊</td><td colspan="9">阳入 [3]</td></tr>
</table>

曾摄：北 pᴇk^{5} ｜墨 mœk^{3} ｜贼 ʧʰᴇt^{3} ｜刻 kʰᴇk^{5} ｜力 let^{3} ｜直 tet^{3} ｜侧 ʧʰᴇk^{5} ｜色 θᴇk^{5} ｜织 ʨik^{5}；宕江梗通摄 -ʔ 化：削 θuʔ^{5} ｜药 Øyʔ^{3} ｜剥 puʔ^{5} ｜学 Øɔʔ^{3} ｜白 paʔ^{3} ｜拆 tʰiᴇʔ^{5} ｜客 kʰaʔ^{5} ｜麦 maʔ^{3} ｜尺 ɕyʔ^{5} ｜壁 piᴇʔ^{5} ｜绿 luʔ^{3} ｜局 kuʔ^{3}；宕江梗通摄 -k 尾：托委托 tʰɔk^{5} ｜恶 Øɔk^{5} ｜角 kœk^{5} ｜策 ʧʰᴇk^{5} ｜锡 θyk^{5} ｜毂 kuk^{5} ｜毒 tok^{3} ｜六 lœk^{3} ｜肉 nøk^{3} ｜足 ʨyk^{5}。

（3）曾、梗三四韵尾 -t 化，宕江梗二通韵尾 -ʔ 化

赣语江西奉新冯川曾摄及梗摄三四等主元音为前高元音 i、ɛ 的入声韵韵尾 -t 化，主元音为 a 的梗摄二等及部分三四等入声韵和宕江通摄韵尾 -ʔ 化。如下：

<table>
<tr><th colspan="2"></th><th>深</th><th>咸开</th><th>咸合</th><th>山</th><th>臻</th><th>曾一</th><th>曾三</th><th>梗高</th><th>梗低</th><th>宕江</th><th>通</th></tr>
<tr><td colspan="2">主元音</td><td>i ə</td><td>ɛ a o</td><td>a</td><td>ɛ a o</td><td>i ə</td><td>ɛ</td><td>i ɛ ə</td><td>i ɛ</td><td>a</td><td>o</td><td>u</td></tr>
<tr><td colspan="2">韵尾</td><td colspan="3">-p</td><td colspan="5">-t</td><td colspan="3">-ʔ</td></tr>
<tr><td rowspan="2">次浊</td><td>清</td><td colspan="11">阴入 [5]</td></tr>
<tr><td>全浊</td><td colspan="11">阳入 [2]</td></tr>
</table>

曾摄：北 pɛt^{5} ｜刻 ʨʰiɛt^{5} ｜力 lit^{5} ｜直 tʰət^{2} ｜色 sɛt^{5}；梗摄：惜 sit^{5} ｜席 ʨʰiɛt^{2} ｜滴 tit^{5} ｜笛 liɛt^{2}，白 pʰaʔ^{2} ｜客 haʔ^{5} ｜摘 ʦaʔ^{5} ｜尺 tʰaʔ^{5} ｜锡 siaʔ^{5}；宕江通摄：托 tʰoʔ^{5} ｜药 Øioʔ^{2}，剥 poʔ^{5} ｜学 hoʔ^{2}，毂 kuʔ^{5} ｜六 liuʔ^{2} ｜烛 tuʔ^{5}。

与前两类相比，奉新冯川不仅宕江梗通摄 -ʔ 化，且涉及的入声韵全弱化，不同于闽语。

以上三类韵尾 -ʔ 化的来源基本是 -k 尾，曾梗摄韵尾 -t 化后 -t 尾保持不变。

2.1.3 咸深曾梗韵尾 -t 化，宕江曾梗通韵尾 -ʔ 化

咸深摄 -p 尾和曾梗摄 -k 尾不同程度地并入山臻摄读 -t，韵尾没有 -t 化的曾梗摄和宕江通摄韵尾 -ʔ 化。此类是在合并类型“咸深曾梗韵尾 -t 化”基础上的进一步弱化，根据咸深和曾梗摄韵尾 -t 化的情况分为四小类，请看表 3-15 里的第 8—11 类。四小类主要分布在江西赣语昌靖、宜浏片及被这两片包围的客家话铜鼓片，靠近昌靖、宜浏两片的鹰弋、抚广、吉茶三片的少数点也属此类。第 8 类仅高安村前 1 点，第 9 类有赣语上高塔下、新干金川、樟树临江、永修三角及客家话靖安罗湾 5 点，第 10 类有赣语吉水螺田、新建长堎、宜黄凤凰 3 点，第 11 类有赣语安义万埠、南昌市、万年陈营、新建生米、南昌县蒋巷 5 点。

（1）深、曾、梗部分韵尾 -t 化，宕江梗部分通韵尾 -ʔ 化

与东乡虎圩相比，高安村前深摄处在韵尾 -t 化过程中，部分还保持 -p 尾；主元音为前高元音的深曾两摄及梗摄部分韵尾 -t 化，宕江通摄及主元音为 a 的梗摄部分 -k 尾弱化。如下：

<table>
<tr><td colspan="2"></td><td>咸开</td><td>咸合</td><td>深</td><td>山一二</td><td>山三四</td><td>臻</td><td>曾一</td><td>曾三</td><td>梗高</td><td>梗低</td><td>宕江</td><td>通</td></tr>
<tr><td colspan="2">主元音</td><td>ε a o</td><td>a</td><td>i</td><td colspan="2">ε a o</td><td>i</td><td>ε</td><td>i ε</td><td>ε</td><td>a</td><td>o</td><td>u y</td></tr>
<tr><td colspan="2">韵尾</td><td colspan="2">-p</td><td colspan="7">-t</td><td colspan="3">-ʔ</td></tr>
<tr><td rowspan="2">次浊</td><td>清</td><td colspan="12">阴入 [5]</td></tr>
<tr><td>全浊</td><td colspan="12">阳入 [1]</td></tr>
</table>

深摄：立 lit^{5} ｜十 ɕip^{1} ｜急 tɕit^{5}；曾摄：北 pεt^{5} ｜刻 kʰεt^{5} ｜力 lit^{5} ｜直 tɕʰit^{1} ｜色 sεt^{5}；梗摄：百 pεt^{5} ｜拍 pʰεt^{5} ｜策 tsʰεt^{5}，白 pʰaʔ^{1} ｜客 kʰaʔ^{5} ｜摘 tsaʔ^{5} ｜尺 tɕʰiaʔ^{5} ｜锡 ɕiaʔ^{5}；宕江通摄：托 tʰoʔ^{5} ｜药 Øioʔ^{1}，剥 poʔ^{5} ｜学 ɕioʔ^{1}，縠 kuʔ^{5} ｜六 liuʔ^{1} ｜烛 tɕyʔ^{5}。

（2）咸深、曾三韵尾 -t 化，宕江曾一梗通韵尾 -ʔ 化

樟树临江咸深摄及主元音为高元音 ʅ、i 的曾摄三等韵尾 -t 化，没有 -t 化的曾三庄组与曾一和宕江梗通摄一起 -ʔ 化，如下：

<table>
<tr><td></td><td>深</td><td>咸开</td><td>咸合</td><td>山</td><td>臻</td><td colspan="2">曾三</td><td>曾一</td><td>梗</td><td>宕江</td><td>通</td></tr>
<tr><td>主元音</td><td>ʅ i</td><td>ε a o</td><td>a</td><td>ε a o</td><td>i ə θ</td><td>ʅ i</td><td>ε</td><td>ε</td><td>ε a</td><td>o</td><td>ə u</td></tr>
<tr><td>韵尾</td><td colspan="6">-t</td><td colspan="5">-ʔ</td></tr>
<tr><td>清、浊</td><td colspan="11">入声 [3]</td></tr>
</table>

咸深摄：盒 hot^{3} | 插 ʦʰat^{3} | 贴 tʰiɛt^{3} | 法 fat^{3}，立 lit^{3} | 十 ʃʅt^{3} | 急 tɕit^{3}；曾摄：北 pɛʔ^{3} | 刻 kʰɛʔ^{3} | 力 lit^{3} | 直 ʧʰʅt^{3} | 色 sɛʔ^{3}；宕江梗通摄：托 tʰoʔ^{3} | 药 Øioʔ^{3}，剥 poʔ^{3} | 学 hoʔ^{3}，白 pʰaʔ^{3} | 客 kʰaʔ^{3} | 摘 ʦaʔ^{3} | 尺 ʧʰaʔ^{3} | 锡 ɕiaʔ^{3}，毂 kuʔ^{3} | 六 liəuʔ^{3} | 烛 ʧuʔ^{3}。

（3）咸深、曾梗三四等韵尾 -t 化，宕江曾梗一二通韵尾 -ʔ 化

吉水螺田咸深摄及主元音为高、较高元音 i、ə 的曾梗三四等韵尾 -t 化，主元音为半低元音 ɛ、低元音 a 的曾一及曾三庄组、梗二和宕江通摄一起 -ʔ 化，如下：

	深	咸开	咸合	山	臻	曾三梗三四		曾一	梗二	宕江	通
主元音	i ə	ɛ a ɔ	a	ɛ a ɔ	i ə	i ə	ɛ a	ɛ	ɛ a	ɔ	u ʉ
韵尾	-t						-ʔ				
清、浊	入声 [2]										

咸深摄：合 hɔt^{2} | 插 ʦʰat^{2} | 贴 tʰiɛt^{2} | 法 fat^{2}，粒 tit^{2} | 十 sət^{2} | 急 tɕit^{2}；曾梗摄：北 pɛʔ^{2} | 刻 kʰiɛʔ^{2} | 力 tit^{2} | 直 ʦʰət^{2} | 色 sɛʔ^{2}，白 pʰaʔ^{2} | 客 kʰaʔ^{2} | 摘 ʦaʔ^{2} | 尺 tʰaʔ^{2} | 锡 ɕiaʔ^{2}、逆 ȵit^{2} | 惜 ɕit^{2} | 滴 tit^{2} | 敌 tʰit^{2}；宕江通摄：托 tʰɔʔ^{2} | 约 Øiɔʔ^{2}，剥 pɔʔ^{2} | 学 hɔʔ^{2}，毂 kuʔ^{2} | 六 tiuʔ^{2} | 竹 tʉʔ^{2} | 烛 tuʔ^{2}。梗摄三四等部分入声韵主元音与二等同为低元音 a，故没有 -t 化，后跟随宕江通摄 -k 尾一起弱化。

（4）咸深、曾、梗部分韵尾 -t 化，宕江梗部分通韵尾 -ʔ 化

新建生米咸深、曾摄韵尾 -t 化的情况与前三类一致；梗摄入声韵以主元音是低元音 a 和高元音 i、e 为条件韵尾分化，前者 -k 尾和宕江通摄一起 -ʔ 化而后者韵尾 -t 化，如下：

	深	咸开	咸合	山一二	山三四	臻	曾一	曾三	梗高	梗低	宕江	通
主元音	i ə	e a o	a	e a o	e a	i ə	e	i e ə	i e	a	o	u
韵尾	-t									-ʔ		
次清	次阴入 [$\underline{35}$]											
全清、次浊	全阴入 [5]											
全浊	阳入 [1]											

咸深摄：盒 hot^{1} | 插 ʦʰat$^{\underline{35}}$ | 贴 tʰiet$^{\underline{35}}$ | 法 ɸuat^{5}，立 lət^{5} | 十 sət^{1}；曾梗摄：北 pet^{5} | 刻 kʰiet$^{\underline{35}}$ | 力 lit^{5} | 直 ʦʰət^{1} | 色 set^{5}，百 pet^{5} | 白 pʰaʔ^{1}/pʰet^{1} | 客 kʰaʔ$^{\underline{35}}$ | 摘 ʦaʔ^{5} | 策 ʦʰet$^{\underline{35}}$ | 尺 ʦʰaʔ$^{\underline{35}}$ | 锡 ɕiaʔ^{5}/ɕit^{5}；宕江通摄：托 tʰoʔ$^{\underline{35}}$ | 药 Øioʔ^{5}，剥 poʔ^{5} | 学 hoʔ^{1}，毂 kuʔ^{5} | 六 liuʔ^{1} | 烛 tuʔ^{5}。

以上四类韵尾 -ʔ 化的来源都是 -k 尾，曾梗摄韵尾 -t 化后 -t 尾一直不变。但这并不代表经过合并后的 -t 尾不再变化。韵尾弱化是汉语方言入声韵发展的趋势，在一定条件下 -t 尾乃至 -p 尾都将弱化。

2.1.4 咸深曾梗韵尾 -t 化，咸山宕江曾梗通韵尾 -ʔ 化

咸深摄 -p 尾和曾梗摄 -k 尾不同程度地韵尾 -t 化后，部分摄出现韵尾 -ʔ 化，具体类型及分布点请看表 3–15 里的第 12—15 类。此类数量很少，每个小类只有一个分布点，主要分布在江西赣语和客家话铜鼓片铜鼓三都，它们处在赣语核心区的北、西、南边缘地带。有意思的是，合并方向下的咸深曾梗摄韵尾 -t 化主要分布在与赣语关系密切的客家话里，见第二章第一节第二小节。

（1）咸一二深、曾三韵尾 -t 化，咸山三四、宕江曾一梗通韵尾 -ʔ 化。如铜鼓三都：

<table>
<tr><td colspan="2"></td><td>咸山三四</td><td>咸山一二</td><td>深</td><td>臻</td><td colspan="2">曾</td><td>梗</td><td>宕江</td><td>通</td></tr>
<tr><td colspan="2">主元音</td><td>e</td><td>a o</td><td>ʅi</td><td>ʅiu</td><td>ʅi</td><td>e</td><td>ea</td><td>o</td><td>əu</td></tr>
<tr><td colspan="2">韵尾</td><td>-ʔ</td><td colspan="4">-t</td><td colspan="4">-ʔ</td></tr>
<tr><td rowspan="2">次浊</td><td>清</td><td colspan="9">阴入 [1]</td></tr>
<tr><td>全浊</td><td colspan="9">阳入 [5]</td></tr>
</table>

咸山摄：盒 hat^{5} ｜塔 tat^{1} ｜插 ʦʰat^{1} ｜鸭 Øat^{1} ｜法 fat^{1} ｜接 ʦieʔ^{1} ｜叶 Øieʔ^{5} ｜贴 tʰieʔ^{1}，割 kot^{1} ｜八 pat^{1} ｜活 Øuot^{5} ｜刷 sot^{1} ｜刮 kuat^{1} ｜罚 fat^{5} ｜舌 ʂeʔ^{5} ｜热 ȵieʔ^{1} ｜结 ʨieʔ^{1} ｜雪 sieʔ^{1} ｜月 ȵieʔ^{5} ｜血 ɕieʔ^{1}；深臻摄：立 lit^{1} ｜十 ʂʅt^{5} ｜急 ʨit^{1}，笔 pit^{1} ｜七 ʦʰit^{1} ｜骨 kut^{1} ｜出 tʂʰʅt^{1}；曾摄：北 peʔ^{1} ｜贼 ʦʰeʔ^{5} ｜刻 kʰeʔ^{1}，力 lit^{5} ｜直 tʂʰʅt^{5} ｜侧 ʦʰeʔ^{1} ｜色 seʔ^{1} ｜织 tʂʅt^{1}；宕江梗通摄：托委托 tʰoʔ^{1} ｜药 Øioʔ^{5}，剥 poʔ^{1} ｜学 hoʔ^{5}，白 pʰaʔ^{5} 白 /pʰeʔ^{5} 文 ｜客 kʰaʔ^{1} 白 /kʰeʔ^{1} 文 ｜摘 ʦaʔ^{1} ｜尺 tʂʰaʔ^{1} ｜壁 piaʔ^{1}，榖 kuʔ^{1} ｜竹 tʂəuʔ^{1} ｜局 ʨʰiuʔ^{5}。咸合三与山合三韵尾演变跟一二等相同。

（2）咸一二深、曾梗三四韵尾 -t 化，咸山三四、宕江曾梗一二通韵尾 -ʔ 化。如上高敖阳：

<table>
<tr><td></td><td>咸山三四</td><td>咸山一二</td><td>深</td><td>臻</td><td colspan="2">曾三梗三四</td><td>曾一</td><td>梗二</td><td>宕江</td><td>通</td></tr>
<tr><td>主元音</td><td>ɛ</td><td>a o</td><td colspan="2">i ə</td><td>i ə</td><td>ɛ a</td><td>ɛ</td><td>ɛ a</td><td>o</td><td>u</td></tr>
<tr><td>韵尾</td><td>-ʔ</td><td colspan="4">-t</td><td colspan="5">-ʔ</td></tr>
<tr><td>清、浊</td><td colspan="10">入声 [4]</td></tr>
</table>

咸山摄：盒 hot^{4} ｜塔 tʰat^{4} ｜插 ʦʰat^{4} ｜鸭 ŋat^{4} ｜法 fat^{4} ｜接 ʨiεʔ^{4} ｜叶 Ǿiεʔ^{4} ｜帖 tʰiεʔ^{4}，辣 lat^{4} ｜割 kot^{4} ｜八 pat^{4} ｜脱 tʰot^{4} ｜刮 kuat^{4} ｜发 fat^{4} ｜热 ȵiεʔ^{4} ｜铁 tʰiεʔ^{4} ｜切 ʨʰiεʔ^{4} ｜月 ȵiεʔ^{4} ｜血 fiεʔ^{4}；深臻摄：粒 lit^{4} ｜十 sət^{4} ｜急 ʨit^{4}，笔 pit^{4} ｜七 ʨʰit^{4} ｜骨 kuət^{4} ｜出 tʰət^{4}；曾梗摄：北 pεʔ^{4} ｜贼 ʦʰεʔ^{4} ｜黑 hεʔ^{4} ｜力 lit^{4} ｜直 tʰət^{4} ｜色 sεʔ^{4} ｜食 sət^{4}，白 pʰaʔ^{4} ｜客 kʰaʔ^{4} ｜摘 ʦaʔ^{4} ｜革 kiεʔ^{4} ｜脊 ʨit^{4} ｜尺 tʰaʔ^{4} ｜石 saʔ^{4} ｜壁 piaʔ^{4} ｜敌 tʰit^{4} ｜锡 ɕit^{4}；宕江通摄：恶 ŋoʔ^{4} ｜药 Ǿioʔ^{4}，剥 poʔ^{4} ｜学 hoʔ^{4}，木 muʔ^{4} ｜六 liuʔ^{4} ｜局 ɕiuʔ^{4}。咸山摄三四等韵尾 -ʔ 化影响到了主元音同是 ε 的山合一，如：泼 pʰεʔ^{4} ｜阔 kʰuεʔ^{4} ｜活 vεʔ^{4}。

（3）咸一二等、曾梗三四韵尾 -t 化，咸山三四、深、宕江曾梗一二通韵尾 -ʔ 化。如新干三湖：

	深	咸山三四	咸山一二	臻	曾三梗三四		曾一	梗二	宕江	通
主元音	ʅ i u	e	a o	ʅ i u e	ʅ i	e a	e	e a	o	u
韵尾	-ʔ		-t			-ʔ				
清、浊	入声 [3]									

咸山摄：盒 hot^{3} ｜塔 hat^{3} ｜插 ʦʰat^{3} ｜鸭 ŋat^{3} ｜法 fat^{3} ｜接 ʨieʔ^{3} ｜叶 Ǿieʔ^{3} ｜帖 tʰieʔ^{3}，割 kot^{3} ｜八 pat^{3} ｜杀 sat^{3} ｜脱 hot^{3} ｜刮 kuat^{3} ｜发 fat^{3} ｜舌 ʃeʔ^{3} ｜切 ʨʰieʔ^{3} ｜雪 ɕieʔ^{3} ｜月 ȵyeʔ^{3} ｜血 ɕyeʔ^{3}；深臻摄：集 ʨʰiʔ^{3} ｜十 ʃʅʔ^{3} ｜入 Ǿuʔ^{3} ｜急 ʨiʔ^{3}，七 ʨʰit^{3} ｜失 ʃʅt^{3} ｜吉 ʨit^{3} ｜不 pit^{3} ｜出 ʧʰut^{3}；曾梗摄：北 peʔ^{3} ｜贼 ʦʰeʔ^{3} ｜黑 heʔ^{3} ｜力 lit^{3} ｜直 ʧʰʅt^{3} ｜色 seʔ^{3} ｜食 ʃʅt^{3}，白 pʰaʔ^{3} ｜客 kʰaʔ^{3} ｜摘 ʦaʔ^{3} ｜革 kieʔ^{3} ｜尺 ʧʰaʔ^{3} ｜滴 tit^{3} ｜踢 tʰiaʔ^{3} ｜敌 tʰit^{3} ｜锡 ɕiaʔ^{3}；宕江通摄：恶 ŋoʔ^{3} ｜药 Ǿioʔ^{3}，剥 poʔ^{3} ｜学 hoʔ^{3}，哭 kʰuʔ^{3} ｜六 liuʔ^{3} ｜局 ʨʰiuʔ^{3}。

（4）深、曾三韵尾 -t 化，咸山宕江曾一梗通韵尾 -ʔ 化。如乐平接渡：

	咸	山	深	臻	曾三		曾一	梗	宕江	通
主元音	ε æ		iə	iəu	iə	ε	ε	a	ɔ	u
韵尾	-ʔ		-t			-ʔ				
清、浊	入声 [4]									

咸山摄：盒 hεʔ$^{\underline{13}}$ ｜塔 tʰæʔ$^{\underline{13}}$ ｜插 tʰæʔ$^{\underline{13}}$ ｜法 fæʔ$^{\underline{13}}$ ｜接 ʨiεʔ$^{\underline{13}}$ ｜贴 tʰiεʔ$^{\underline{13}}$，割 kεʔ$^{\underline{13}}$ ｜八 pæʔ$^{\underline{13}}$ ｜脱 tʰεʔ$^{\underline{13}}$ ｜刷 fεʔ$^{\underline{13}}$ ｜罚 fæʔ$^{\underline{13}}$ ｜舌 sεʔ$^{\underline{13}}$ ｜热 vεʔ$^{\underline{13}}$ ｜结 ʨiεʔ$^{\underline{13}}$ ｜月 ŋiεʔ$^{\underline{13}}$ ｜血 fεʔ$^{\underline{13}}$；深臻摄：立 tiʔ$^{\underline{13}}$ ｜十 sət$^{\underline{13}}$ ｜急 ʨit$^{\underline{13}}$，笔 pit$^{\underline{13}}$ ｜七 ʨʰit$^{\underline{13}}$ ｜骨 kut$^{\underline{13}}$ ｜出 kʰət$^{\underline{13}}$；曾摄：北 pεʔ$^{\underline{13}}$ ｜贼 ʦʰεʔ$^{\underline{13}}$ ｜刻 kʰiεʔ$^{\underline{13}}$ ｜力 tit$^{\underline{13}}$ ｜直 tʰət$^{\underline{13}}$ ｜色

sɛʔ$^{\underline{13}}$ ｜织 tət$^{\underline{13}}$；宕江梗通摄：恶 ŋɔʔ$^{\underline{13}}$ ｜药 Øiɔʔ$^{\underline{13}}$，剥 pɔʔ$^{\underline{13}}$ ｜学 hɔʔ$^{\underline{13}}$，白 pʰaʔ$^{\underline{13}}$ ｜客 kʰaʔ$^{\underline{13}}$ ｜麦 maʔ$^{\underline{13}}$ ｜摘 taʔ$^{\underline{13}}$ ｜尺 tʰaʔ$^{\underline{13}}$ ｜锡 ɕiaʔ$^{\underline{13}}$，縠 kuʔ$^{\underline{13}}$ ｜六 tiuʔ$^{\underline{13}}$ ｜局 tɕʰiuʔ$^{\underline{13}}$。

2.1.5 曾摄韵尾 -t 化，部分咸山宕江梗韵尾 -ʔ 化

此类与上面 2.1.4 小类有共同点：曾摄韵尾 -t 化；不同点：曾摄韵尾 -t 化不受一等与三等的限制，详见第二章第一节 2.1.2 小节。此类咸山宕江梗五摄部分入声韵韵尾 -ʔ 化，但韵尾 -ʔ 化不像新干三湖等赣语以摄、等为单位整齐变化，这是其重要特点。此类只分布在闽语的闽南区和琼文区，异常整齐。此类曾摄韵尾 -t 化的情况第二章第一节 2.1.2 小节已有论述，这里主要分析弱化的情况。根据通摄是否出现韵尾 -ʔ 化又分两小类。分布点如下：

类型一

闽语	福建	安溪蓬莱	德化龙门滩	华安新圩	惠安螺城	晋江陈埭	龙海海澄
		南安梅山	南靖山城	平和霞寨	泉州清源	同安祥平	厦门
		永春五里	漳州九湖	诏安深桥			
	台湾	高雄县凤山	嘉义市东区	屏东潮州	台北	台东台东	台南市北区
		台中县大里	宜兰罗东	云林仑背	彰化和美		
	海南	文昌头苑	琼海嘉积		广东	中山三乡	

类型二

闽语	福建	长泰岩溪	东山西埔	云霄浦美	漳浦旧镇
	海南	昌江昌化旧			

（1）曾摄韵尾 -t 化，部分咸山宕江梗韵尾 -ʔ 化

惠安螺城曾摄除三等庄组和一等帮组保持 -k 外，其他韵尾 -t 化；咸山宕江梗摄部分保持 -p、-t、-k 尾、部分韵尾 -ʔ 化。韵尾 -ʔ 化的入声韵涉及各类主元音，但以低元音 a 为主。如下：

<table>
<tr><td colspan="2"></td><td>宕江梗</td><td>咸开</td><td>咸合</td><td>山</td><td>曾</td><td>通</td><td>深</td><td>臻</td><td rowspan="2">广宁东乡</td></tr>
<tr><td colspan="2">主元音</td><td colspan="4">i e a ə o u</td><td colspan="4">i e a ə ɔ o u</td></tr>
<tr><td rowspan="2">清</td><td rowspan="2">阴入 [34]</td><td>-k</td><td>-p</td><td colspan="2">-t</td><td colspan="2">-k</td><td>-p</td><td>-t</td><td>上阴入 [55]</td></tr>
<tr><td colspan="4" rowspan="2">-ʔ，[i e a ə o u]</td><td colspan="4" rowspan="2">—</td><td>下阴入 [33]</td></tr>
<tr><td rowspan="2">浊</td><td rowspan="2">阳入 [54]</td><td>下阳入 [214]</td></tr>
<tr><td>-k</td><td>-p</td><td colspan="2">-t</td><td colspan="2">-k</td><td>-p</td><td>-t</td><td>上阳入 [22]</td></tr>
</table>

对比粤语广宁东乡，惠安螺城韵尾 -ʔ 化的咸山宕江梗五摄入声韵主要对应广宁东乡的下阴入和下阳入，而保持 -p、-t、-k 尾的入声韵主要对应其上阴入、上

阳入及部分下阴入，这是此类和下一类的突出特点。例字请看表 3–16。

这里需要讨论惠安螺城 -ʔ 尾的来源。其 -ʔ 尾分别来自咸山宕江梗五摄的 -p、-t、-k，那么 -ʔ 尾与这三韵尾有什么演变关系呢？理论上至少有四种：① -p、-t → -k → -ʔ，咸山两摄韵尾 -k 化并入宕江梗摄然后 -k 尾弱化为 -ʔ；② -p、-k → -t → -ʔ，咸摄和宕江梗摄分别韵尾 -t 化并入山摄然后 -t 尾弱化为 -ʔ；③ -t、-k → -p → -ʔ，山摄和宕江梗摄分别韵尾 -p 化并入咸摄然后 -p 尾弱化为 -ʔ；④ -p、-t、-k → -ʔ，咸山宕江梗五摄的塞尾没有合并而是分别弱化为 -ʔ。第三种的可能性非常小，因为韵尾 -p 化在汉语方言中非常少见，请看第二章第四节。如果是第一种或者第二种的话，需解释两个问题。第一，为什么一摄之内主元音相同的入声韵有的韵尾发生合并而有的没有？第二，韵尾合并后为什么一摄之内主元音相同的入声韵有的韵尾 -ʔ 化而有的没有？如果是第四种的话，只需解决第二个问题。第四种的可能性比较大，即 -p、-t、-k → -ʔ。原因解释请看第五章第一节 2.3 小节和第二节 3.3 小节。

表 3–16　惠安等方言与广宁入声韵字音对照表

	广宁东乡	惠安螺城	屏东潮州	长泰岩溪	海丰鲘门	潮阳司马浦	澄海莲下
急深三	kɐp^{55}	kep$^{\underline{54}}$	kip^{21}	kep^{32}	kʰip^{1}	kip^{3}	kik^{2}
刷山二	sat^{55}	səʔ$^{\underline{54}}$	suat^{21}	suaʔ^{32}	sut^{1}	sueʔ^{3}	suɛʔ^{2}
雪山三	syt^{55}	səʔ$^{\underline{54}}$	seʔ^{21}	seʔ^{32}	soʔ^{1}	soʔ^{3}	sɔʔ^{2}
七臻三	tsʰɐt^{55}	tsʰet$^{\underline{54}}$	tɕʰit^{21}	tsʰet^{32}	tsʰit^{1}	tsʰik^{3}	tsʰik^{2}
骨臻一	kuɐt^{55}	kut$^{\underline{54}}$	kut^{21}	kut^{32}	kut^{1}	kuk^{3}	kuk^{2}
出臻三	tsʰɐt^{55}	tsʰut$^{\underline{54}}$	tsʰut^{21}	tsʰut^{32}	tsʰut^{1}	tsʰuk^{3}	tsʰuk^{2}
北曾一	pɐk^{55}	pak$^{\underline{54}}$	pak^{21}	pak^{32}	pak^{1}	pak^{3}	pak^{2}
色曾三	sɐk^{55}	siak$^{\underline{54}}$	ɕik^{21}	set^{32}	sek^{1}	sek^{3}	sɛk^{2}
织曾三	tsɐk^{55}	tset$^{\underline{54}}$	tɕit^{21}	tset^{32}	tsik^{1}	tsik^{3}	tsik^{2}
宿通三	sok^{55}	siɔk$^{\underline{54}}$	sok^{21}	sɔk^{32}	siok^{1}	suak^{3}	suak^{2}
竹通三	tok^{55}	tiak$^{\underline{54}}$	tik^{21}	teʔ^{32}	tiok^{1}	tek^{3}	tɛk^{2}
菊通三	kok^{55}	kak$^{\underline{54}}$	kiok^{21}	kioʔ^{32}	kiok^{1}	kek^{3}	kɛk^{2}
足通三	tsok^{55}	tsiɔk$^{\underline{54}}$	tɕiok^{21}	tsioʔ^{32}	tsiok^{1}	tsok^{3}	tsɔk^{2}
烛通三	tsok^{55}	tsiak$^{\underline{54}}$	tiauʔ^{21}	tsek^{32}	tsiok^{1}	tsek^{3}	tsɛk^{2}
塔咸一	tʰap^{33}	tʰaʔ$^{\underline{54}}$	tʰaʔ^{21}	tʰaʔ^{32}	tʰaʔ^{1}	tʰaʔ^{3}	tʰaʔ^{2}
插咸二	tsʰap^{33}	tsʰaʔ$^{\underline{54}}$	tsʰaʔ^{21}	tsʰaʔ^{32}	tsʰaʔ^{1}	tsʰaʔ^{3}	tsʰaʔ^{2}
鸭咸二	Øap^{33}	ØaʔØ$^{\underline{54}}$	Øaʔ^{21}	Øaʔ^{32}	Øaʔ^{1}	Øaʔ^{3}	Øaʔ^{2}
接咸三	tsit^{33}	tsiʔ$^{\underline{54}}$	tɕiap^{21}	tsiap^{32}	tsiʔ^{1}	tsiʔ^{3}	tsiʔ^{2}

续表

	广宁东乡	惠安螺城	屏东潮州	长泰岩溪	海丰鲘门	潮阳司马浦	澄海莲下
贴咸四	tʰet^{33}	tʰep$^{\underline{54}}$	tʰiep^{21}	tʰiap^{32}	taʔ^{1}	tʰiap^{3}	taʔ^{2}
法咸三	fat^{33}	huat$^{\underline{54}}$	huat^{21}	huat^{32}	xuap^{1}	xuap^{3}	xuak^{2}
割山一	kot^{33}	kuaʔ$^{\underline{54}}$	kuaʔ^{21}	kuaʔ^{32}	kuaʔ^{1}	kuaʔ^{3}	kuaʔ^{2}
八山二	pet^{33}	pueʔ$^{\underline{54}}$	peʔ^{21}	pueʔ^{32}	peʔ^{1}	poiʔ^{3}	pɔiʔ^{2}
杀山二	set^{33}	suaʔ$^{\underline{54}}$	saʔ^{21}	sat^{32}	suaʔ^{1}	suaʔ^{3}	suaʔ^{2}
节山四	ʦit^{33}	ʦueʔ$^{\underline{54}}$	ʨit^{21}	ʦiɛt^{32}	ʦeʔ^{1}	ʦoiʔ^{3}	ʦak^{2}
切山四	ʦʰit^{33}	ʦʰet$^{\underline{54}}$	ʨʰit^{21}	ʦʰiɛt^{32}	ʦʰiak^{1}	ʦʰiak^{3}	ʦʰiak^{2}
结山四	kit^{33}	kat$^{\underline{54}}$	kit^{21}	kiet^{32}	kiak^{1}	kak^{3}	kak^{2}
脱山一	tʰyt^{33}	tʰut$^{\underline{54}}$	tʰuat^{21}	tʰuat^{32}	tʰut^{1}	tʰuk^{3}	tʰuk^{2}
刮山二	kuet^{33}	kuaʔ$^{\underline{54}}$	kuaʔ^{21}	kuaʔ^{32}	kuaʔ^{1}	kuaʔ^{3}	kuaʔ^{2}
血山四	hyt^{33}	huiʔ$^{\underline{54}}$	hueʔ^{21}	hueʔ^{32}	xueʔ^{1}	xueʔ^{3}	xuɛʔ^{2}
托宕一	tʰɵk^{33}	tʰuʔ$^{\underline{54}}$	tʰuaʔ^{21}	tʰɔk^{32}	tʰoʔ^{1}	tʰoʔ^{3}	tʰɔʔ^{2}
恶宕一	Ǿɵk^{33}	Ǿoʔ$^{\underline{54}}$	Ǿok^{21}	Ǿɔk^{32}	Ǿak^{1}	Ǿak^{3}	Ǿak^{2}
削宕三	syɵk^{33}	siaʔ$^{\underline{54}}$	ɕiaʔ^{21}	siaʔ^{32}	siak^{1}	siak^{3}	siaʔ^{2}
郭宕一	kʰuɔk^{33}	kəʔ$^{\underline{54}}$	kueʔ^{21}	kueʔ^{32}	kueʔ^{1}	kueʔ^{3}	kuɛʔ^{2}
角江二	kɵk^{33}	kak$^{\underline{54}}$	kak^{21}	kak^{32}	kak^{1}	kak^{3}	kak^{2}
百梗二	pak^{33}	paʔ$^{\underline{54}}$	beʔ^{21}	peʔ^{32}	peʔ^{1}	peʔ^{3}	pɛʔ^{2}
拆梗二	ʦʰak^{33}	tʰiaʔ$^{\underline{54}}$	tʰiaʔ^{21}	tʰiaʔ^{32}	tʰiaʔ^{1}	tʰiaʔ^{3}	tʰiaʔ^{2}
客梗二	hak^{33}	kʰeʔ$^{\underline{54}}$	kʰeʔ^{21}	kʰeʔ^{32}	kʰeʔ^{1}	kʰeʔ^{3}	kʰɛʔ^{2}
尺梗三	ʦʰiɐk^{33}	ʦʰioʔ$^{\underline{54}}$	ʨʰiʌʔ^{21}	ʦʰioʔ^{32}	ʦʰioʔ^{1}	ʦʰioʔ^{3}	ʦʰiɛʔ^{2}
锡梗四	siɐk^{33}	siaʔ$^{\underline{54}}$	ɕiaʔ^{21}	siaʔ^{32}	siaʔ^{1}	siaʔ^{3}	siaʔ^{2}
立深三	lɐp^{22}	lep$^{\underline{34}}$	lip^{4}	lep^{12}	lip^{5}	lip^{5}	lik^{5}
十深三	sɐp^{22}	ʦap$^{\underline{34}}$	ʦap^{4}	ʦap^{12}	ʦap^{5}	ʦap^{5}	ʦak^{5}
舌山三	sit^{22}	ʦiʔ$^{\underline{34}}$	ʨi^{51}	ʦiʔ^{12}	ʦiʔ^{5}	ʦiʔ^{5}	ʦiʔ^{5}
热山三	jit^{22}	luaʔ$^{\underline{34}}$	ʨit^{4}	dzuaʔ^{12}	dzuaʔ^{5}	dzuaʔ^{5}	dzuaʔ^{5}
剥江二	mɵk^{22}	pak$^{\underline{54}}$	puaʔ^{21}	paʔ^{32}	pak^{1}	pak^{3}	pak^{2}
墨曾一	mɐk^{22}	bak$^{\underline{34}}$	bak^{4}	bak^{12}	mbak^{5}	mbak^{5}	mbak^{5}
贼曾一	ʦɐk^{22}	ʦʰat$^{\underline{34}}$	ʦʰat^{4}	ʦʰat^{12}	ʦʰak^{5}	ʦʰak^{5}	ʦʰak^{5}
力曾三	lɐk^{22}	lat$^{\underline{34}}$	lat^{4}	lat^{12}	lak^{5}	lak^{5}	lak^{5}
直曾三	ʦɐk^{22}	tet$^{\underline{34}}$	tit^{4}	tet^{12}	tit^{5}	tik^{5}	tik^{5}
麦梗二	mak^{22}	beʔ$^{\underline{34}}$	be^{22}	beʔ^{12}	mbeʔ^{5}	mbeʔ^{5}	mbɛʔ^{5}
壁梗四	piɐk^{22}	piaʔ$^{\underline{54}}$	piaʔ^{21}	piaʔ^{32}	piaʔ^{1}	piaʔ^{3}	piaʔ^{2}
木通一	mok^{22}	bak$^{\underline{34}}$	bak^{4}	bɔk^{32}	mbak^{5}	mbak^{5}	mbak^{5}
毒通一	tok^{22}	tʰau^{42}	tok^{4}	tɔk^{12}	tak^{5}	tak^{5}	tak^{5}

续表

	广宁东乡	惠安螺城	屏东潮州	长泰岩溪	海丰鲘门	潮阳司马浦	澄海莲下
六通三	lok^{22}	lak$^{\underline{34}}$	lak^{4}	lak^{12}	lak^{5}	lak^{5}	lak^{5}
局通三	kok^{22}	kiak$^{\underline{34}}$	kiok^{21}	kiɔk^{12}	kiok^{5}	kek^{5}	kɛk^{5}
踏咸一	tap^{214}	tap$^{\underline{34}}$	taʔ^{4}	taʔ^{12}	taʔ^{5}	taʔ^{5}	taʔ^{5}
盒咸一	hap^{214}	Ǿaʔ$^{\underline{34}}$	Ǿap^{21}	Ǿaʔ^{12}	Ǿap^{5}	Ǿap^{5}	Ǿak^{5}
活山一	wut^{214}	Ǿuaʔ$^{\underline{34}}$	Ǿuaʔ^{21}	Ǿuaʔ^{12}	Ǿuaʔ^{5}	Ǿuaʔ^{5}	Ǿuaʔ^{5}
罚山三	fat^{214}	huat$^{\underline{34}}$	huat^{4}	huat^{12}	xuak^{5}	xuak^{5}	xuak^{5}
月山三	ŋyt^{214}	gəʔ$^{\underline{34}}$	gueʔ^{4}	gueʔ^{12}	ŋgueʔ^{5}	ŋgueʔ^{5}	ŋguɛʔ^{5}
药宕三	jyek^{214}	Ǿioʔ$^{\underline{34}}$	Ǿioʔ^{21}	Ǿioʔ^{12}	Ǿioʔ^{5}	Ǿioʔ^{5}	Ǿiɛʔ^{5}
学江二	hek^{214}	Ǿoʔ$^{\underline{34}}$	hak^{4}	Ǿoʔ^{12}	Ǿoʔ^{5}	Ǿoʔ^{5}	Ǿɔʔ^{5}
白梗二	pak^{214}	peʔ$^{\underline{34}}$	beʔ^{4}	peʔ^{12}	peʔ^{5}	peʔ^{5}	pɛʔ^{5}

（2）曾摄韵尾 -t 化，部分咸山宕江梗通韵尾 -ʔ 化

此类是上一类的发展型，在咸山宕江梗部分韵尾 -ʔ 化的基础上通摄出现了韵尾 -ʔ 化。涉及的方言点虽少，但具有反映闽语韵尾 -ʔ 化的方向意义，因此立为一小类。如长泰岩溪曾摄三等韵尾 -t 化，曾摄一等帮组保持 -k 尾、非帮组 -t 化，咸山宕江通摄部分韵尾 -ʔ 化，梗摄全部 -ʔ 化，涉及的主元音有 i、e、a、o，以低元音 a 为主，例字请看表 3–16，如下：

<table>
<tr><td colspan="2"></td><td>宕江梗通</td><td>咸开</td><td>咸合</td><td>山</td><td colspan="2">曾</td><td>深</td><td>臻</td><td rowspan="2">广宁东乡</td></tr>
<tr><td colspan="2">主元音</td><td colspan="5">i e a ə o u</td><td colspan="3">i e a ə ɔ o u</td></tr>
<tr><td rowspan="3">清</td><td rowspan="3">阴入 [32]</td><td rowspan="2">-k</td><td rowspan="2">-p</td><td rowspan="2" colspan="3">-t</td><td rowspan="2">-k</td><td rowspan="2">-p</td><td rowspan="2">-t</td><td>上阴入 [55]</td></tr>
<tr><td rowspan="2">下阴入 [33]</td></tr>
<tr><td colspan="4" rowspan="2">-ʔ，[i e a o]</td><td colspan="4" rowspan="2">—</td></tr>
<tr><td rowspan="2">浊</td><td rowspan="2">阳入 [12]</td><td>下阳入 [214]</td></tr>
<tr><td>-k</td><td>-p</td><td colspan="3">-t</td><td>-k</td><td>-p</td><td>-t</td><td>上阳入 [22]</td></tr>
</table>

（3）台中县大里与其他闽语不同。其宕江摄部分入声韵韵尾 -t 化，如：削 ɕiat$^{\underline{21}}$ ｜角 kat$^{\underline{21}}$ ｜ 殼 kʰat$^{\underline{21}}$ ｜ 学 Ǿoʔ^{3}/hat^{3}；其他或保持 -k 尾或 -ʔ 化，如：托 tʰɔʔ$^{\underline{21}}$ ｜恶 Ǿɔk$^{\underline{21}}$ ｜药 Ǿioʔ^{3} ｜郭 kueʔ$^{\underline{21}}$。这一现象具有一定意义。第二章讨论"韵尾 -t 化"类型时没有宕江摄韵尾 -t 化的。台中县大里的情况可能预示着像宕江通这样的摄也可韵尾 -t 化。由于例字不多无法深入考察，暂且把台中县大里归在此类。

2.2 部分摄韵尾 -k 化，部分摄韵尾 -ʔ 化

咸深摄 -p 尾和山臻摄 -t 尾不同程度地韵尾 -k 化，而其他摄、包括韵尾 -k 化的摄部分入声韵出现韵尾 -ʔ 化的演变。这是第二章所述"韵尾 -k 化"合并类型

的进一步弱化类型。此类主要分布于广东省的闽南话，仅有 2 点分属吴语和粤语。根据韵尾 -k 化的摄、等不同，主要分为五小类，请看表 3-17。

表 3-17　部分摄 -k 化，部分摄 -ʔ 化类型

<table>
<tr><th rowspan="2"></th><th colspan="2">咸</th><th colspan="2">山</th><th rowspan="2">宕江</th><th colspan="2">梗</th><th rowspan="2">深</th><th rowspan="2">臻</th><th colspan="2">曾</th><th rowspan="2">通</th><th rowspan="2">代表点</th></tr>
<tr><th>开</th><th>合</th><th>一二</th><th>三四</th><th>二</th><th>三四</th><th>一</th><th>三</th></tr>
<tr><td>1</td><td colspan="2">-ʔ/-p</td><td colspan="2">-ʔ/-k/-t</td><td colspan="3">-ʔ/-k</td><td>-p</td><td>-t</td><td colspan="3">-k</td><td>海丰鲘门</td></tr>
<tr><td>2</td><td colspan="2">-ʔ/-p</td><td colspan="5">-ʔ/-k</td><td>-p</td><td colspan="4">-k</td><td>潮阳司马浦</td></tr>
<tr><td>3</td><td colspan="7">-ʔ/-k</td><td colspan="5">-k</td><td>澄海莲下</td></tr>
<tr><td>4</td><td>-ʔ</td><td colspan="6">-k</td><td>-ʔ</td><td colspan="4">-k</td><td>东莞麻涌</td></tr>
<tr><td>5</td><td colspan="6">-ʔ</td><td>-k</td><td colspan="2">-k</td><td>-ʔ</td><td colspan="2">-k</td><td>泰顺新浦</td></tr>
</table>

此五类是在合并类型“山摄韵尾 -k 化”“山臻摄韵尾 -k 化”“咸深山臻摄韵尾 -k 化”基础上进一步 -ʔ 化形成的。前两类主要分布于广东的闽语潮汕片，第 1 类只有海丰鲘门 1 点，第 2 类较多。第 3 类分布在广东澄海闽南话 2 点及福建省闽东 2 点，第 4 类只有粤语 1 点，第 5 类只有吴语 1 点，如下：

闽语　广东　海丰鲘门　潮阳司马浦　潮州意溪　惠来隆江　揭东锡场　揭阳榕城
　　　　　　陆丰南塘　南澳深澳　普宁洪阳　饶平三饶　汕头市区　汕头鮀浦
　　　广东　澄海莲下　澄海澄城　　　　　福建　古田平湖　罗源凤山
粤语　广东　东莞麻涌
吴语　浙江　泰顺新浦

2.2.1 山摄韵尾 -k 化，部分咸山宕江梗韵尾 -ʔ 化

海丰鲘门山摄主元音为低元音 a 的入声韵部分韵尾 -k 化，如：切 $ts^{h}iak^{1}$ | 结 $kiak^{1}$ | 拨 $p^{h}uak^{1}$ | 罚 $xuak^{5}$；主元音为 u 的保持 -t 尾，如：脱 $t^{h}ut^{1}$ | 刷 sut^{1}。咸摄少数字保持 -p 尾，如：盒 Øap^{5} | 法 $xuap^{1}$；余下的咸摄与山摄及部分宕江梗摄韵尾 -ʔ 化，来自清入的主要对应粤语广宁东乡的下阴入，来自浊入的主要对应其下阳入、少数对应其上阳入；深、臻和曾通摄保持各自塞尾不变。例字请看表 3-16。如下：

<table>
<tr><td colspan="2"></td><td>咸开</td><td>咸合</td><td colspan="2">山</td><td>宕江梗</td><td>曾通</td><td>臻</td><td>深</td><td rowspan="2">广宁东乡</td></tr>
<tr><td colspan="2">主元音</td><td colspan="2">a</td><td colspan="2">i e a o u</td><td>e a o</td><td>i e a o</td><td>i u</td><td>i a</td></tr>
<tr><td rowspan="2">清</td><td rowspan="2">阴入 [1]</td><td colspan="2">-p</td><td>-t</td><td colspan="2">-k</td><td>-k</td><td>-t</td><td>-p</td><td>上阴入 [55]</td></tr>
<tr><td colspan="5" rowspan="2">-ʔ，[i e a o]</td><td colspan="3" rowspan="2">—</td><td>下阴入 [33]</td></tr>
<tr><td rowspan="2">浊</td><td rowspan="2">阳入 [5]</td><td>下阳入 [214]</td></tr>
<tr><td colspan="2">-p</td><td>-t</td><td colspan="2">-k</td><td>-k</td><td>-t</td><td>-p</td><td>上阳入 [22]</td></tr>
</table>

2.2.2 山臻韵尾 -k 化，部分咸山宕江梗韵尾 -ʔ 化

潮阳司马浦不仅山摄主元音为 a、u 的入声韵韵尾 -k 化，臻摄韵尾也全部 -k 化；咸山、宕江梗摄部分韵尾 -ʔ 化，来自清入的主要对应粤语广宁东乡的下阴入，来自浊入的主要对应其下阳入、少数对应其上阳入；深、臻和曾通摄各自塞尾不变。例字请看表 3-16。如下：

<table>
<tr><td colspan="2"></td><td>咸开</td><td>咸合</td><td>山</td><td>宕江梗</td><td>曾通</td><td>臻</td><td>深</td><td rowspan="2">广宁东乡</td></tr>
<tr><td colspan="2">主元音</td><td>ia</td><td>a</td><td>ieaou</td><td>eao</td><td>ieao</td><td>iu</td><td>ia</td></tr>
<tr><td rowspan="3">清</td><td rowspan="3">阴入 [3]</td><td colspan="2" rowspan="2">-p</td><td colspan="2" rowspan="2">-k</td><td colspan="2" rowspan="2">-k</td><td rowspan="2">-p</td><td>上阴入 [55]</td></tr>
<tr><td rowspan="2">下阴入 [33]</td></tr>
<tr><td colspan="4" rowspan="2">-ʔ，[ieao]</td><td colspan="3" rowspan="2">—</td></tr>
<tr><td rowspan="2">浊</td><td rowspan="2">阳入 [5]</td><td>下阳入 [214]</td></tr>
<tr><td colspan="2">-p</td><td colspan="2">-k</td><td colspan="2">-k</td><td>-p</td><td>上阳入 [22]</td></tr>
</table>

2.2.3 咸深山臻韵尾 -k 化，部分咸山宕江梗韵尾 -ʔ 化

澄海莲下深臻摄韵尾全部 -k 化后与曾通摄一起保持 -k 尾不变，咸山入声韵部分韵尾 -k 化、部分与宕江梗摄的部分入声韵一起 -ʔ 化；韵尾 -ʔ 化的入声韵中，来自清入的对应粤语广宁东乡的下阴入，来自浊入的主要对应其下阳入、少数对应其上阳入。例字请看表 3-16。如下：

<table>
<tr><td colspan="2"></td><td>咸开</td><td>咸合</td><td>山</td><td>宕江梗</td><td>曾通</td><td>臻</td><td>深</td><td rowspan="2">广宁东乡</td></tr>
<tr><td colspan="2">主元音</td><td>ia</td><td>a</td><td>iɛaɔu</td><td>ɛaɔ</td><td>iɛaɔ</td><td>iu</td><td>ia</td></tr>
<tr><td rowspan="3">清</td><td rowspan="3">阴入 [2]</td><td colspan="7" rowspan="2">-k</td><td>上阴入 [55]</td></tr>
<tr><td rowspan="2">下阴入 [33]</td></tr>
<tr><td colspan="4" rowspan="2">-ʔ，[iɛaɔ]</td><td colspan="3" rowspan="2">—</td></tr>
<tr><td rowspan="2">浊</td><td rowspan="2">阳入 [5]</td><td>下阳入 [214]</td></tr>
<tr><td colspan="7">-k</td><td>上阳入 [22]</td></tr>
</table>

2.2.4 山臻韵尾 -k 化，咸深韵尾 -ʔ 化

东莞麻涌山臻摄韵尾全部 -k 化，不论入声韵主元音类型；咸摄开口与深摄韵尾全部 -ʔ 化但咸合三韵尾 -k 化，宕通等五摄保持 -k 尾不变。如下：

<table>
<tr><td></td><td>咸开</td><td>咸合</td><td>山一二</td><td>山三四</td><td>宕江</td><td>梗低</td><td>梗高</td><td>曾三</td><td>曾一</td><td>通</td><td>臻</td><td>深</td></tr>
<tr><td>主元音</td><td>ia</td><td>a</td><td>auy</td><td>iɐy</td><td>øɔ</td><td>ɛa</td><td>e</td><td>eɐ</td><td>ɐ</td><td>o</td><td>ɐ</td><td>ɐ</td></tr>
<tr><td>韵尾</td><td>-ʔ</td><td colspan="5">-k</td><td colspan="5">-k</td><td>-ʔ</td></tr>
<tr><td>清</td><td colspan="6">阳入 [2]</td><td colspan="6">阴入 [5]</td></tr>
<tr><td>浊</td><td colspan="12">阳入 [2]</td></tr>
</table>

咸深摄：盒 haʔ^{2} ｜塔 tʰaʔ^{2} ｜插 ʦʰaʔ^{2} ｜接 ʦiʔ^{2} ｜贴 tʰiʔ^{2} ｜法 fak^{2}，立 lɐʔ^{2} ｜十 sɐʔ^{2} ｜急 kɐʔ^{5}；山臻摄：辣 lak^{2} ｜杀 sak^{2} ｜舌 sik^{2} ｜结 kik^{2} ｜拨 puk^{2} ｜刮 kwak^{2} ｜罚 fɐk^{2} ｜血 hyk^{2}，笔 pɐk^{5} ｜骨 kwɐk^{5}；宕通等摄：托 tʰɔk^{2} ｜药 jøk^{2}，剥 mɔk^{5} ｜学 hɔk^{2}，北 pɐk^{5} ｜刻 hɐk^{5} ｜力 lek^{2} ｜色 sek^{5}，白 pak^{2} ｜客 hak^{2} ｜摘 ʦak^{2} ｜锡 siɛk^{2}，彀 kok^{5} ｜烛 ʦok^{5}。

咸合三韵尾 -k 化传递了重要信息。它应该是先韵尾 -t 化并入山臻摄，之后跟随山臻摄一起韵尾 -k 化。咸摄开口及深摄没有发生合并而是直接从 -p 尾弱化为 -ʔ。当然九摄可能都读 -k 尾后先从咸深摄韵尾 -ʔ 化，但可能性较小，因为无法解释山臻摄主元音为 i、ɐ、a 的 -k 尾没有弱化。因此当山臻摄韵尾 -k 化并入宕通等摄后，东莞麻涌就呈 -p、-k 对立局面，之后 -p 弱化成 -ʔ 形成发音部位有前后之分的 -ʔ、-k 对立。

东莞麻涌的入声调分化值得注意。它曾经分上下阴入，只是下阴入因实际音高与阳入 [2] 接近而并入。这种调值合并是否对韵尾演变产生影响，即山宕江梗四摄原属下阴入的 -k 尾会不会因低调阳入 [2] 影响而进一步弱化，还需关注。

2.2.5 深臻韵尾 -k 化，咸山宕江曾梗一二通韵尾 -ʔ 化

泰顺新浦深摄和臻摄主元音为 ɑ 的韵尾 -k 化，臻摄主元音为 e、œ 的韵尾 -ʔ 化。咸山、宕江、曾梗摄一二等和通摄烛韵韵尾 -ʔ 化，曾梗摄三四等和通摄屋韵保持 -k 尾。如下：

	咸开	咸合	山	宕江	曾一	梗二	通烛	通屋	梗三四	曾三	臻	深
主元音	i e ɑ	ɑ	i e œ ɑ	ɑ o	e	ɑ	o	ʌ	e	e	e ʌ ɑ	ɑ
韵尾	-ʔ							-k				
清	阴入 [5]											
浊	阳入 [13]											

深臻摄：立 liɑk^{13} ｜十 ʑiɑk^{13} ｜急 tɕiɑk^{5}，笔 piɑk^{5} ｜七 ʦʰɑk^{5} ｜一 Øiɑk^{5} ｜骨 kueʔ^{5} ｜出 tɕʰyœʔ^{5} ｜橘 tɕiɑk^{5}；咸山摄：盒 Øeʔ^{13} ｜塔 tʰɑʔ^{5} ｜插 ʦʰɑʔ^{5} ｜接 tɕiʔ^{5} ｜贴 tʰiɑʔ^{5} ｜法 fɑʔ^{5}，辣 lɑʔ^{13} ｜杀 sɑʔ^{5} ｜舌 ʑiʔ^{13} ｜结 tɕiʔ^{5} ｜拨 peʔ^{5} ｜刮 kuɑiʔ^{5} ｜罚 ʋɑʔ^{13} ｜血 ɕyœʔ^{5}；曾梗摄：北 peʔ^{5} ｜刻 kʰeʔ^{5} ｜力 lek^{13} ｜直 dʑiek^{13} ｜色 seʔ^{5} ｜织 tɕiek^{5}，白 bɑiʔ^{13} ｜客 kʰɑiʔ^{5} ｜摘 ʦɑiʔ^{5} ｜尺 tɕʰiek^{5} ｜锡 ɕiek^{5}；宕江通摄：托 tʰoʔ^{5} ｜药 Øiɑʔ^{13}，剥 poʔ^{5} ｜学 Øoʔ^{13}，彀 kʌɯk^{5} ｜六 lʌɯk^{13} ｜绿 lyoʔ^{13} ｜烛 tɕyoʔ^{5}。

上述五类中，前三类的韵尾 -ʔ 化方式与后两类不同。前三类是咸山宕江梗五摄入声韵部分韵尾 -ʔ 化而部分保持着各自塞尾，弱化没有一致的规律。后两类

韵尾 -ʔ 化涉及的摄、等非常整齐，不存在前三类中同摄同等甚至同主元音而韵尾或 -ʔ 化或不变的现象。前三类是闽语，后两类是非闽语。分析前三类涉及的 17 点闽语材料，17 点的咸山宕江梗摄出现韵尾 -ʔ 化的入声韵主要对应粤语广宁东乡的下阴入和下阳入。非闽语方言没有这种对应关系。

2.3 混合型

韵尾出现 -ʔ 化的同时还存在两种以上韵尾的合并类型。目前有赣语江西宜丰新昌、平话广西临桂五通属于此类。

2.3.1 宜丰新昌咸深摄除咸合三保持 -p 尾外开口全部并入山臻摄读 -t，但山摄部分入声韵今读却是 -p 尾，暂时看不出合并条件；曾梗摄以主元音高低为条件分化，主元音为前高元音 i、ə 的三四等韵尾 -t 化，主元音后低元音 a、ɑ 的一二等与宕江通三摄韵尾 -ʔ 化。如下：

	咸合	山	咸开	深	臻	曾梗三四		曾一	梗二	宕江	通
主元音	a	ɛ a ɑ o	ɛ a o	i ə		i ə	a ɑ	a	ɑ	o	u
韵尾	-p		-t				-ʔ				
清、浊	入声 [5]										

咸摄：答 tat^{5} | 鸽 kot^{5} | 蜡 lat^{5} | 插 tsʰat^{5} | 鸭 ŋat^{5} | 接 tɕiɛt^{5} | 叶 Ǿiɛt^{5} | 帖 tʰiɛt^{5}，法 fap^{5}；山摄：辣 lat^{5} | 割 kot^{5} | 舌 sat^{5} | 热 ȵiɛt^{5} | 铁 tʰiɛt^{5} | 切 tɕʰiɛt^{5} | 阔 kʰat^{5} | 雪 ɕiɛt^{5} | 月 ȵiɛt^{5} | 血 fɛt^{5}，擦 tsʰap^{5} | 八 pap^{5} | 杀 sap^{5} | 灭 miɛp^{5} | 夺 top^{5} | 活 Ǿuap^{5} | 滑 Ǿuɑp^{5} | 刮 kap^{5} | 发 fap^{5}；深臻摄：粒 lit^{5} | 十 sət^{5} | 急 tɕit^{5}，七 tɕʰit^{5} | 骨 kət^{5} | 出 tʰət^{5}；曾梗摄：北 paʔ^{5} | 贼 tsʰaʔ^{5} | 百 pɑʔ^{5} | 客 kʰɑʔ^{5} | 摘 tsɑʔ^{5} | 力 lit^{5} | 直 tʰət^{5} | 敌 tʰit^{5}；宕江通摄：恶 ŋoʔ^{5} | 药 Ǿioʔ^{5}，剥 poʔ^{5} | 学 hoʔ^{5}，木 muʔ^{5} | 毒 tʰuʔ^{5} | 六 liuʔ^{5} | 菊 tɕiuʔ^{5} | 局 ɕiuʔ^{5}。

在本书材料中，粤语、平话中少数方言山臻、宕江曾梗通七摄偶尔出现读 -p 尾的现象，都可从训读、本字等角度解释。但宜丰新昌是本书发现的第一个以摄为单位韵尾 -p 化的汉语方言。有些方言可能经过了韵尾 -p 化，但合并后仍保持 -p 尾的只有宜丰新昌。

2.3.2 临桂五通宕江曾梗通摄韵尾 -ʔ 化，比较整齐；咸深山臻摄韵尾基本以主元音为条件分化，主元音为 ɐ、u 的保持 -t 尾，除了深摄外都是来自一等，但咸深摄来自浊入而山臻摄来自清入；三四等主元音为 e 的韵尾 -k 化，只限于清入；主元音为 i、ᴇ、œ、a 的韵尾 -ʔ 化，清浊不限。如下：

<table>
<tr><td colspan="2"></td><td colspan="3">咸深山臻</td><td>宕江曾梗通</td></tr>
<tr><td>清</td><td>阴入 [5]</td><td rowspan="2">-t，[ɐ u]</td><td>-k，[e]</td><td rowspan="2">-ʔ，[i ᴇ œ a]</td><td rowspan="2">-ʔ，[a ᴇ ə]</td></tr>
<tr><td>浊</td><td>阳入 [13]</td><td>—</td></tr>
</table>

咸深山臻摄：盒 hɐt$^{\underline{13}}$ ｜十 sɐt$^{\underline{13}}$ ｜拨 put^{5} ｜脱 tut^{5} ｜骨 kwɐt^{5}，接 ʦek^{5} ｜急 ʦek^{5} ｜切 ʦʰek^{5} ｜结 ʦek^{5} ｜雪 sek^{5} ｜笔 pek^{5} ｜出 ʨiek^{5}，搭 taʔ^{5} ｜鸭 Øaʔ^{5} ｜叶 hiʔ$^{\underline{13}}$ ｜贴 tʰiʔ^{5} ｜法 faʔ^{5} ｜立 lᴇiʔ$^{\underline{13}}$ ｜割 lœʔ^{5} ｜杀 saʔ^{5} ｜热 ȵiʔ$^{\underline{13}}$ ｜活 hœʔ$^{\underline{13}}$ ｜刷 sœʔ^{5} ｜罚 faʔ$^{\underline{13}}$ ｜月 ŋyiʔ^{5} ｜血 fiʔ^{5} ｜七 ʦʰᴇiʔ^{5} ｜橘 kwᴇiʔ^{5}；宕通等摄：恶 Øəuʔ^{5} ｜削 sᴇəʔ^{5} ｜药 Øiaʔ$^{\underline{13}}$ ｜学 haʔ$^{\underline{13}}$ ｜北 paʔ^{5} ｜刻 kʰaʔ^{5} ｜力 liaʔ$^{\underline{13}}$ ｜直 tiaʔ$^{\underline{13}}$ ｜色 saʔ^{5} ｜客 hᴇʔ^{5} ｜麦 mᴇʔ$^{\underline{13}}$ ｜摘 ʨiᴇʔ^{5} ｜尺 ʨiᴇəʔ^{5} ｜壁 piᴇəʔ^{5} ｜縠 kəuʔ^{5} ｜六 liᴇəʔ$^{\underline{13}}$ ｜局 ʨiᴇəʔ$^{\underline{13}}$。

从主元音为 ɐ、u 的都读 -t 尾，主元音为 e 的都读 -k 尾情况看，咸深山臻四摄曾发生过比较整齐的韵尾演变，或一起读 -t 尾或一起韵尾 -k 化。如果一起韵尾 -k 化的话，咸深山臻四摄就极可能在宕通等五摄还保持 -k 尾的情况下并入进去，从而实现九摄韵尾都是 -k 尾。不过无法解释四摄主元音为 ɐ、u 的都读 -t 尾，因为在九摄韵尾都是 -k 尾的情况下没有韵尾 -t 化的吸引力量了。因此咸深山臻四摄应该是在咸深摄韵尾 -t 化基础上进一步演变的。四摄都读 -t 尾后，入声韵以主元音分为两类：i、e、ᴇ、œ、a 类和 ɐ、u 类，以主元音类型为条件再次韵尾分化，主元音为 ɐ、u 的保持 -t 尾、主元音为 i、e、ᴇ、œ、a 的韵尾 -k 化。这时宕通摄五摄 -k 尾弱化，因此咸深山臻摄的 -k 尾也弱化。不过无法解释为何主元音为 e 的清入还保持 -k 尾。这种类型在本书材料中仅此一例。

三　九摄韵尾 -ʔ 化

咸深摄 -p 尾、山臻摄 -t 尾、宕江曾梗通摄 -k 尾，经过一定的演变过程全部弱化成喉塞尾。九摄韵尾全部弱化成 -ʔ 的演变途径有很多种。前面所述各种合并类型、各种弱化类型及前文讨论的边音化、鼻音化最终可能都要经过九摄全部弱化为 -ʔ 这一阶段。“九摄韵尾 -ʔ 化”是一个承上启下的重要演变类型。韵尾发展到只剩下喉塞尾时，预示着下一步将消失辅音韵尾。根据入声调值分化情况，九摄韵尾 -ʔ 化可分为两大类：清浊同调和清浊异调。调类分化不是本书关注的焦点，焦点是入声调类分合与喉塞尾演变的关系，并为后文讨论韵尾消失提供参照点。

3.1　清浊同调

九摄韵尾 -ʔ 化但清入、浊入今读同一个入声调。根据调值高低分两小类：今读高调和今读低调。划分调值高低的标准是：五度值中 4、5 为高调、1、2、3 为低调。

3.1.1　同读高调

此类分布集中于江淮官话洪巢片、吴语宣州片，此外客赣方言和晋语有若干点，如下：

江淮	安徽	巢湖巢县	巢湖烔炀	滁州担子	当涂城关	定远大桥	含山林头
		合肥包河	和县联合	郎溪建平	六安孙岗	马鞍山慈湖	全椒二郎口
		舒城干汉河	舒城龙河	天长城关	无为开城	无为泥汉	芜湖湾里
	江苏	丹徒谷阳	阜宁	高邮	淮阴	江都宜陵	南京
		射阳兴桥	泗洪石集	盱眙古桑	盐城市	扬州市	镇江市
吴语	安徽	池州灌口	当涂年陡	繁昌城关	繁昌娥桥	泾县茂林	泾县桃花潭
		南陵黄墓	南陵奚滩	宁国庄村	青阳陵阳	芜湖湾址	芜湖方村
		宣城裘公					
赣语	江西	横峰上坑源	芦溪芦溪	上栗上栗	宜春湖田	宜春市区	
	湖南	平江城关			湖北	崇阳白霓	
客家	江西	崇义县城	大余吉村	赣县蟠龙	兴国高兴		
晋语	山西	长治市区	岢岚高家会		陕西	神木解家堡	
	内蒙古	包头麻池	临河古城	鄂尔多斯罕台			

（1）当涂年陡浊入与清入今读一个入声高调 [5]，入声韵情况如下：

<table>
<tr><th></th><th>咸</th><th>深</th><th>山</th><th>臻</th><th>曾</th><th>梗</th><th>宕</th><th>江</th><th>通</th></tr>
<tr><td>主元音</td><td>ɛ a ə</td><td>ɪ ə</td><td colspan="2">y ʅ ɪ e ɛ a ə o u</td><td>ɪ ə</td><td>ʅ ɪ ə</td><td>ɛ ə o</td><td>ɛ ə o u</td><td>y ɛ ə u</td></tr>
<tr><td>韵尾</td><td colspan="9">-ʔ</td></tr>
<tr><td>清、浊</td><td colspan="9">入声 [5]</td></tr>
</table>

清入：接 tɕiɛʔ⁵ | 急 tɕiɪʔ⁵ | 八 paʔ⁵ | 七 tɕʰiɪʔ⁵ | 托委托 tʰuəʔ⁵ | 剥 poʔ⁵ | 北 pəʔ⁵ | 尺 tʂʰʅʔ⁵ | 烛 tʂuəʔ⁵，浊入：合 xuəʔ⁵ | 粒 liɪʔ⁵ | 舌 ʂəʔ⁵ | 月 Øyɛʔ⁵ | 药 Øiɛʔ⁵ | 学 ɕyɛʔ⁵ | 直 ʂəʔ⁵ | 白 pəʔ⁵ | 毒 hruʔ⁵。

（2）六安孙岗和舒城龙河咸山宕江、曾梗一二等读短促低入，主元音为半低、央元音 ɐ；深臻通、曾梗三四等读短促高入，主元音为中、央元音 ə。如六安孙岗：

	咸山宕江、曾一梗二	深臻通、曾三梗三四
主元音	ɐ	ə
韵尾	-ʔ	
清、浊	低入 [$\underline{23}$]	高入 [5]

咸山宕江、曾梗一二：盒 xɐʔ$^{\underline{23}}$ ｜贴 tʰiɐʔ$^{\underline{23}}$ ｜法 fɐʔ$^{\underline{23}}$ ｜八 pɐʔ$^{\underline{23}}$ ｜热 ʐɐʔ$^{\underline{23}}$ ｜活 xuɐʔ$^{\underline{23}}$ ｜血 ɕyɐʔ$^{\underline{23}}$ ｜药 Øyɐʔ$^{\underline{23}}$ ｜学 ɕyɐʔ$^{\underline{23}}$ ｜北 pɐʔ$^{\underline{23}}$ ｜百 pɐʔ$^{\underline{23}}$；深臻通、曾梗三四：立 liəʔ^{5} ｜急 tɕiəʔ^{5} ｜笔 piəʔ^{5} ｜出 tʂʰuəʔ^{5} ｜毒 tuəʔ^{5} ｜局 tɕyəʔ^{5} ｜力 liəʔ^{5} ｜直 tʂəʔ^{5} ｜壁 piəʔ^{5} ｜锡 ɕiəʔ^{5}。

六安孙岗和舒城龙河的周边方言都是一个入声高调。因此这种分调本质上是一个入声调以元音高低为条件分化的结果：低元音入声韵的高调值变低而高元音入声韵保持高调值。

3.1.2 同读低调

主要分布在晋语，极少数东南方言属于此类。分布点如下：

晋语　山西　代县阳明堡　代县　五台　五寨　忻州城区　忻州豆罗

和顺　天镇城关　左权城关　阳城　高平　太原

晋城市城里　陕西　米脂银州

内蒙古　太仆寺头支箭　河北　阳原东坊城堡

江淮　安徽　怀远

赣语　江西　乐平市区

徽语　安徽　绩溪华阳

以上各方言区分布点举例请看表 3–18。表 3–18 大致反映了一个现象：晋语点入声韵主元音以低、半低和央元音 a、ɛ、ə、ɐ、ɑ 为主，非晋语不受这个限制。

表 3–18　九摄 -ʔ 化的清浊同低调类型字音举例

	代县阳明堡	忻州豆罗	天镇城关	米脂银州	太仆寺	怀远	乐平市区	绩溪华阳
搭	taʔ^{34}	taʔ^{21}	taʔ$^{\underline{32}}$	taʔ^{3}	taʔ^{3}	taʔ^{21} 答	taʔ^{3} 答	tɔʔ$^{\underline{32}}$
贴	faʔ^{34}	faʔ^{21}	faʔ$^{\underline{32}}$	faʔ^{3}	faʔ^{3}	tʰieʔ^{21} 帖	tʰieʔ^{3} 帖	tʰiaʔ$^{\underline{32}}$
十	—	—	—	—	—	sʅʔ^{21}	səʔ^{3}	ɕieʔ$^{\underline{32}}$
割	saʔ^{34}	saʔ^{21}	saʔ$^{\underline{32}}$	saʔ^{3}	saʔ^{3}	—	keʔ^{3}	kɔʔ$^{\underline{32}}$
月	tɕʰiəʔ^{34}	tɕʰiəʔ^{21}	tɕʰiəʔ$^{\underline{32}}$	tɕʰiəʔ^{3}	tɕʰiɐʔ^{3}	Øyeʔⁿ^{21}	ȵieʔ^{3}	Øyaʔ$^{\underline{32}}$
七	—	—	pəʔ$^{\underline{32}}$	—	—	tɕʰiʔ^{21}	tɕʰiʔ^{3}	tɕʰieʔ$^{\underline{32}}$
骨	—	—	tɕyəʔ$^{\underline{32}}$	—	—	kuoʔ^{21}	kuʔ^{3}	kuɤʔ$^{\underline{32}}$
药	ɕyaʔ^{34}	ɕiɛʔ^{21}	ɕiaʔ$^{\underline{32}}$	ɕiɛʔ^{3}	ɕyaʔ^{3}	Øyoʔ^{21}	Øioʔ^{3}	Øyoʔ$^{\underline{32}}$

续表

	代县阳明堡	忻州豆罗	天镇城关	米脂银州	太仆寺	怀远	乐平市区	绩溪华阳
角	ʦəʔ^{34}	tʂəʔ^{21}	tʂəʔ$^{\underline{32}}$	tʂəʔ^{3}	ʦɐʔ^{3}	—	koʔ^{3}	koʔ$^{\underline{32}}$
贼	piaʔ^{34}	piɛʔ^{21}	piaʔ$^{\underline{32}}$	piəʔ^{3}	piaʔ^{3}	ʦaʔ^{21}	ʦʰeʔ^{3}	ʦʰɤʔ$^{\underline{32}}$
力	ʦʰaʔ^{34}	ʦʰəʔ^{21}	ʦʰaʔ$^{\underline{32}}$	tʂʰəʔ^{3}	ʦʰaʔ^{3}	liʔ^{21}	tiʔ^{3}	ȵieʔ$^{\underline{32}}$
锡	ʦuəʔ^{34}	ʦuəʔ^{21}	tʂuəʔ$^{\underline{32}}$	tʂuəʔ^{3}	ʦuɐʔ^{3}	—	ɕiaʔ^{3}	ɕieʔ$^{\underline{32}}$
毒	ʨyəʔ^{34}	ʨyəʔ^{21}	ʨyəʔ$^{\underline{32}}$	ʨyəʔ^{3}	—	tuoʔ^{21}	tʰuʔ^{3}	tʰɤʔ$^{\underline{32}}$

3.2 清浊异调

入声根据声母清浊不同分化成两个入声调，九摄韵尾 -ʔ 化。根据两个入声调的来源不同，分“清浊对立”和“部分浊入与清入相混”两类，每类又可细分为若干小类。

3.2.1 清浊对立

咸深、山臻、宕江曾梗通九摄的清入与浊入分别读阴入和阳入，基本不混。主要分布在吴语及江淮官话泰如片、闽语闽东区若干点，晋语、粤语有少数点，分布如下：

吴语	江苏	常熟梅李	常州湖塘	丹阳麦溪	海门三厂	江阴澄江	金坛金城
		靖江团结	昆山千灯	溧阳南渡	启东南阳	苏州	太仓沙溪
		通州金沙	无锡东亭	吴江黎里	吴江平望	宜兴城内	宜兴张渚
		张家港鹿苑					
	上海	宝山顾村	崇明庙镇	奉贤光明	嘉定嘉定	金山吕巷	闵行颛桥
		南汇惠南	浦东川沙	上海	松江泖港	青浦朱家角	
	浙江	安吉递铺	长兴槐坎	崇德旧崇福	慈溪观海卫	德清新市	分水旧印渚
		奉化溪口	富阳富春	海宁斜桥	海盐武原	湖州八里店	嘉善西塘
		靖江城内	临安玲珑	宁海梅林	平湖钟埭	上虞丰惠	绍兴平水
		嵊州长乐	桐庐莪山	桐乡炉头	武康旧武康	象山泗洲头	孝丰旧报福
		新昌回山	鄞州钟公庙	于潜旧藻溪	余杭余杭	余姚城内	余姚陆埠
		镇海澥浦	舟山白泉	诸暨陶朱	诸暨王家井	常山芳村	常山天马
		江山三光堆	江山江郎	景宁大漈	开化城关	丽水碧湖	龙泉八都
		龙游罗家	龙游龙游	青田阜山	庆元荷地	庆元松源	衢江坑口
		松阳樟溪	遂昌王村口	遂昌妙高	宣平旧大溪口	云和崇头	云和云和
		黄岩北洋	乐清大荆	临海大田	三门亭旁	天台平桥	温岭石桥头
		仙居田市	玉环楚门	东阳巍山	兰溪诸葛		

安徽 黄山广阳 泾县厚岸
江西 广丰泉波 广丰永丰 上饶清水 玉山冰溪 玉山南山
江淮 江苏 靖江八圩 南通狼山 如皋经济开发区 泰兴根思 扬中西来桥
闽语 福建 长乐文岭 福安穆阳 福州 闽侯上街 寿宁斜滩 霞浦长春
永泰富泉 柘荣富溪 海南 东方感城
晋语 山西 汾阳 离石
粤语 广东 宝安沙井

（1）此类有118个点，其中109点阴入调值比阳入高，即阴高阳低。如常熟梅李：

	咸	深	山	臻	曾	梗	宕	江	通
主元音	a ə	ə	a ə o	ə o		a ə	a ɑ o ɔ	ɔ	ɤ o u
韵尾	-ʔ								
清	阴入 [5]								
浊	阳入 [$\underline{23}$]								

阴入：接 ʦiəʔ^{5} ｜急 ʨiəʔ^{5} ｜八 poʔ^{5} ｜七 ʨʰiəʔ^{5} ｜托委托 tʰɔʔ^{5} ｜剥 pɔʔ^{5} ｜北 poʔ^{5} ｜尺 ʦʰaʔ^{5} ｜烛 tʂoʔ^{5}；阳入：盒 Øaʔ$^{\underline{23}}$ ｜立 liəʔ$^{\underline{23}}$ ｜舌 ʐəʔ$^{\underline{23}}$ ｜月 ŋəʔ$^{\underline{23}}$ ｜药 Øiaʔ$^{\underline{23}}$ ｜学 Øɔʔ$^{\underline{23}}$ ｜直 dʐəʔ$^{\underline{23}}$ ｜白 baʔ$^{\underline{23}}$ ｜毒 doʔ$^{\underline{23}}$。

（2）有9点阴入调值比阳入低，即阴低阳高。阴低阳高的主要有江淮官话泰如片5点、闽语闽东区侯官片长乐文岭、福州、闽侯上街、永泰富泉4点。如长乐文岭：

	咸	深	山	臻	曾	梗	宕江	通
主元音	ɛ a	i e	ɛ a ɔ	e ɑ o	i e a ø o ɔ	e ɛ a ɔ	a ɑ o ɔ	y ø o ɔ u
韵尾	-ʔ							
清	阴入 [24]							
浊	阳入 [5]							

阴入：接 ʦiɛʔ^{24} ｜急 keiʔ^{24} ｜八 paiʔ^{24} ｜七 ʦʰeiʔ^{24} ｜托委托 tʰauʔ^{24} ｜剥 puɔʔ^{24} ｜北 poyʔ^{24} ｜尺 ʦʰuɔʔ^{24} ｜烛 ʦuɔʔ^{24}；阳入：盒 Øaʔ^{5} ｜立 liʔ^{5} ｜舌 siɛʔ^{5} ｜月 ŋuɔʔ^{5} ｜药 Øyɔʔ^{5} ｜学 Øɔʔ^{5} ｜直 tiʔ^{5} ｜白 paʔ^{5} ｜毒 tøyʔ^{5}。

（3）汉语方言有次清声母音节与全清声母音节气流分调现象。本书材料中吴语有此现象。海盐武原、吴江黎里次清入与全清入、浊入调值三分，丹阳麦溪、金坛金城、溧阳南渡、吴江平望、平湖钟埭次清入并入阳入而与全清入调值不同；如海盐武原：塔 tʰaʔ^{34} ｜急 ʨiɪʔ^{5} ｜八 paʔ^{5} ｜出 ʦʰəʔ^{34} ｜削 ɕiaʔ^{5} ｜壳 kʰoʔ^{34} ｜刻 kʰəʔ^{34} ｜锡 ɕiɪʔ^{5} ｜

哭 kʰoʔ^{34} ｜烛 ʦoʔ^{5}，盒 ɦaʔ^{2} ｜立 lɪʔ^{2} ｜舌 zəʔ^{2} ｜药 ɦiaʔ^{2} ｜学 ɦoʔ^{2} ｜直 zəʔ^{2} ｜麦 maʔ^{2} ｜木 moʔ^{2}。次清分调是在清浊分调基础上的进一步分化，本质还是清浊对立，故将这 7 点归入“清浊入对立”一类。

（4）宝安沙井九摄韵尾 -ʔ 化，分上下阴入，咸山、宕江梗低摄清入读下阴入 [$\underline{35}$]，深臻、曾梗高通摄读上阴入 [4]，下阴入的调长比上阴入长；阳入为短低调 [2]。如下：

	咸	山	宕江	梗低	深	臻	曾	通	梗高
主元音	e a ɐ	e a ɔ ø u	ɔ ø	ɛ a	ɐ		e a ɐ	o	e
韵尾	-ʔ								
清	下阴入 [$\underline{35}$]				上阴入 [4]				
浊	阳入 [2]								

上阴入：急 kɐʔ^{4} ｜笔 pɐʔ^{4} ｜骨 kwɐʔ^{4} ｜出 ʦʰɐʔ^{4} ｜北 pɐʔ^{4} ｜刻 haʔ^{4} ｜色 seiʔ^{4} ｜织 ʦeiʔ^{4} ｜壁 peʔ^{4} ｜榖 koʔ^{4} ｜烛 ʦoʔ^{4}；下阴入：搭 taʔ$^{\underline{35}}$ ｜贴 tʰieʔ$^{\underline{35}}$ ｜法 faʔ$^{\underline{35}}$ ｜割 kuɔʔ$^{\underline{35}}$ ｜八 paʔ$^{\underline{35}}$ ｜结 kieʔ$^{\underline{35}}$ ｜脱 tʰʏøʔ$^{\underline{35}}$ ｜雪 sʏøʔ$^{\underline{35}}$ ｜恶 Øɔʔ$^{\underline{35}}$ ｜削 sʏøʔ$^{\underline{35}}$ ｜壳 hɔʔ$^{\underline{35}}$ ｜客 haʔ$^{\underline{35}}$ ｜摘 ʦaʔ$^{\underline{35}}$ ｜尺 ʦʰiɛʔ$^{\underline{35}}$ ｜锡 siɛʔ$^{\underline{35}}$；阳入：盒 hɐʔ^{2} ｜叶 jeʔ^{2} ｜立 lɐʔ^{2} ｜十 sɐʔ^{2} ｜辣 laʔ^{2} ｜热 jeʔ^{2} ｜活 wuʔ^{2} ｜罚 faʔ^{2} ｜药 jʏøʔ^{2} ｜学 hɔʔ^{2} ｜墨 mɐʔ^{2} ｜力 leiʔ^{2} ｜直 ʦeiʔ^{2} ｜白 paʔ^{2} ｜木 moʔ^{2} ｜局 kʰoʔ^{2}。

宝安沙井在普遍保存着塞音韵尾 -p、-t、-k 的粤语中显得非常突出，但反映的演变类型非常重要。尽管现在无法找到其韵尾 -ʔ 化的具体过程，但是参考周边方言似乎可以看到一点痕迹。紧靠宝安的东莞麻涌咸深摄韵尾 -ʔ 化，如下：

	咸开	咸合	山一二	山三四	宕江	梗低	梗高	曾三	曾一	通	臻	深
主元音	i a	a	a u y	i ɐ y	ø ɔ	ɛ a	e	e ɐ	ɐ	o	ɐ	ɐ
韵尾	-ʔ	-k					-k					-ʔ
清	阳入 [2]						阴入 [5]					
浊	阳入 [2]											

如果东莞麻涌韵尾 -k 化的山臻摄和宕通摄摄的 -k 尾进一步弱化，就会形成宝安沙井的类型。宝安沙井的上阴入和下阴入是在清浊分调基础上的阴入再分化，本质上还是清浊对立。阴入的调值分化及其对韵尾演变可能产生的影响有待进一步观察。

3.2.2 部分浊入与清入相混

入声以声母清浊来源不同分化成不同的入声调，其中部分浊入混入清入。“入声字归类和转类的变化可以看做是入声字地位开始动摇的先声和迹象。”（许宝华 1998）部分浊入与清入相混的本质有两种：（1）原来是清浊对立，后来部分浊入随着声母清化等原因调值逐渐变得与清入相同，如晋东南晋语（沈明 2005）、晋语五台片（沈明 2007）等；（2）清浊没有分化，后来部分浊入以一定的条件分化出来，从而形成两个入声调。入声调类分化合并的研究比较重要。限于研究目的，本书只对相应现象作分类与描写，着重于浊入与清入在喉塞尾演变过程中的作用，不分析与区别前述两种现象的本质。

根据清入和浊入相混程度，分为四小类，类型具体情况请看表 3-19。

表 3-19　九摄 -ʔ 化的部分浊入与清入相混类型

<table>
<tr><th></th><th>清入</th><th colspan="2">次浊入</th><th colspan="2">全浊入</th><th>阴低阳高</th><th>阴高阳低</th><th>代表点</th></tr>
<tr><td>1</td><td colspan="2">-ʔ</td><td colspan="3">-ʔ</td><td>21</td><td>7</td><td>余江锦江</td></tr>
<tr><td>2</td><td colspan="3">-ʔ</td><td colspan="2">-ʔ</td><td>6</td><td>5</td><td>娄烦盖家庄</td></tr>
<tr><td>3</td><td colspan="4">-ʔ</td><td>-ʔ</td><td>3</td><td>2</td><td>武乡城关</td></tr>
<tr><td>4</td><td>-ʔ</td><td>-ʔ</td><td colspan="2">-ʔ</td><td>-ʔ</td><td>14</td><td>22</td><td>青阳童埠</td></tr>
</table>

（1）部分次浊入混入清入，与浊入有别

九摄韵尾 -ʔ 化，入声有阴入和阳入两调，其中部分次浊入并入阴入。此类分布在赣语宜浏、鹰弋两片和客家话宁龙、于桂、汀州及粤北四片。分布点如下：

赣语　江西　丰城河洲　丰城市区　万载康乐　万载双桥　贵溪滨江　横峰岑阳
　　　　　　弋阳清湖　鹰潭白露　余江锦江
客家　江西　会昌文武坝　全南金龙　全南城厢　瑞金沙洲坝　信丰大塘埠　兴国县城
　　　　　　寻乌吉潭　寻乌县城　崇义思顺　赣县大田　上犹梅水　上犹油石
　　　　　　遂川草林　万安高坡
　　　福建　宁化　上杭旧县　武平桃溪　永定湖雷
　　　广东　始兴太平

上述 28 点中有 21 点阴入调值比阳入低，集中分布于赣语宜浏片及客家话（宁化和始兴太平除外）；而赣语鹰弋片贵溪滨江、横峰岑阳、弋阳清湖、鹰潭白露、余江锦江 5 点及客家话宁化、始兴太平是阴高阳低。鹰弋片 5 点靠近吴语江山、广丰方言，可能是受吴语入声调值阴高阳低的影响。如余江锦江：

<table>
<tr><th colspan="2"></th><th>咸</th><th>深</th><th>山</th><th>臻</th><th>曾</th><th>梗</th><th>宕江</th><th>通</th></tr>
<tr><td colspan="2">主元音</td><td>ɪɛa</td><td>ɪ</td><td>ɛao</td><td>iɪ</td><td colspan="2">iɛ</td><td>o</td><td>u</td></tr>
<tr><td colspan="2">韵尾</td><td colspan="8">-ʔ</td></tr>
<tr><td rowspan="2">次浊</td><td>清</td><td colspan="8">阴入 [5]</td></tr>
<tr><td>全浊</td><td colspan="8">阳入 [1]</td></tr>
</table>

阴入：接 tɕiɛʔ^{5} ｜急 tɕiʔ^{5} ｜八 paʔ^{5} ｜七 tɕʰiʔ^{5} ｜托委托 tʰoʔ^{5} ｜剥 poʔ^{5} ｜北 pɛʔ^{5} ｜尺 tʰiʔ^{5} ｜烛 tuʔ^{5}，立 liʔ^{5} ｜热 lɛʔ^{5} ｜月 ŋuaʔ^{5} ｜木 muʔ^{5}；阳入：盒 hɪʔ^{1} ｜十 sɪʔ^{1} ｜辣 laʔ^{1} ｜舌 sɛʔ^{1} ｜药 Ǿioʔ^{1} ｜学 hoʔ^{1} ｜墨 mɛʔ^{1} ｜直 tʰiʔ^{1} ｜白 pʰɛʔ^{1} ｜毒 tʰuʔ^{1} ｜六 liuʔ^{1}。

（2）次浊入全部混入清入，与全浊入有别

九摄韵尾 -ʔ 化，入声分阴阳，次浊入全部归到阴入，全浊入读阳入。此类主要分布在山西晋语，赣语有 1 点，如下：

晋语	山西	娄烦盖家庄	娄烦	平遥宁固	大宁昕水	石楼	长子丹朱
		沁县城关	襄垣北底	阳城北留	河北	张北郝家营	
赣语	江西	永修江益					

长子丹朱、石楼、永修江益阴入调值比阳入的高，其余则是阴低阳高，如娄烦盖家庄：

	咸	江	山	宕	曾	梗	深	臻	通
主元音	a		a ə				ə		
韵尾	-ʔ								
清、次浊	阴入 [21]								
全浊	阳入 [24]								

清入：塔 tʰaʔ^{21} ｜法 faʔ^{21} ｜急 tɕiəʔ^{21} ｜杀 saʔ^{21} ｜节 tɕiaʔ^{21} ｜七 tɕʰiəʔ^{21} ｜骨 kuəʔ^{21} ｜托委托 tʰaʔ^{21} ｜壳 kʰaʔ^{21} ｜刻 kʰəʔ^{21} ｜色 saʔ^{21} ｜客 kʰaʔ^{21} ｜锡 ɕiəʔ^{21} ｜烛 pfəʔ^{21}；次浊入：叶 Ǿiaʔ^{21} ｜立 liəʔ^{21} ｜辣 laʔ^{21} ｜月 Ǿyaʔ^{21} ｜药 Ǿiaʔ^{21} ｜力 liəʔ^{21} ｜麦 miaʔ^{21} ｜绿 luəʔ^{21}；全浊入：盒 xaʔ^{24} ｜十 səʔ^{24} ｜舌 saʔ^{24} ｜罚 faʔ^{24} ｜学 ɕiaʔ^{24} ｜直 tsəʔ^{24} ｜毒 tuəʔ^{24}。

永修江益九摄韵尾 -ʔ 化，清入分化，全清入读全阴入 [5]，次清入读次阴入 [45]；全浊入读阳入 [3]；次浊入分化，部分归阳入、部分归全阴入和次阴入，读次阴入的只限于宕江曾梗通摄。如下：

<table>
<tr><td></td><td>咸</td><td>深</td><td>山</td><td>臻</td><td>宕</td><td>江</td><td>曾</td><td>梗</td><td>通</td></tr>
<tr><td>主元音</td><td>ε a ɔ</td><td>ʅ i ε</td><td>ε a o ɔ</td><td>ʅ i u</td><td>o ɔ</td><td>ɔ</td><td>ʅ i ε</td><td>i a</td><td>u</td></tr>
<tr><td>韵尾</td><td colspan="9">-ʔ</td></tr>
<tr><td>全清</td><td colspan="9">全阴入 [5]</td></tr>
<tr><td>次清</td><td colspan="9">次阴入 [45]</td></tr>
<tr><td rowspan="2">次浊</td><td colspan="4">全阴入 [5]</td><td colspan="5">全阴入 [5]，次阴入 [45]</td></tr>
<tr><td colspan="9" rowspan="2">阳入 [3]</td></tr>
<tr><td>全浊</td></tr>
</table>

咸深摄：合 gʰɔʔ^{3} ｜塔 dʰaʔ$^{\underline{45}}$ ｜接 tɕiɛʔ^{5} ｜帖 dʰiɛʔ$^{\underline{45}}$ ｜法 faʔ^{5}，粒 dʰiʔ^{3} ｜十 ʂʅʔ^{5} ｜急 tɕiʔ^{5}；山臻摄：辣 laʔ^{3} ｜八 paʔ^{5} ｜舌 ʂɛʔ^{3} ｜切 dʑʰiɛʔ$^{\underline{45}}$ ｜脱 dʰɔʔ$^{\underline{45}}$ ｜袜 vaʔ^{5} ｜缺 gʰuɛʔ$^{\underline{45}}$，笔 piʔ^{5} ｜七 dʑʰiʔ$^{\underline{45}}$ ｜日 ȵiʔ^{5} ｜骨 kuʔ^{5} ｜出 dʐʰʅʔ$^{\underline{45}}$；宕通等摄：托 dʰɔʔ$^{\underline{45}}$ ｜恶 ŋɔʔ^{5} ｜弱 lɔʔ$^{\underline{45}}$ ｜药 Øioʔ^{5}，剥 pɔʔ^{5} ｜壳 gʰɔʔ$^{\underline{45}}$ ｜学 gʰɔʔ^{3}，北 pɛʔ^{5} ｜贼 dzʰɛʔ^{3} ｜刻 gʰɛʔ$^{\underline{45}}$ ｜力 liʔ$^{\underline{45}}$ ｜直 dʐʰʅʔ^{3} ｜色 sɛʔ^{5}，白 bʰaʔ^{3} ｜客 gʰaʔ$^{\underline{45}}$ ｜麦 maʔ$^{\underline{45}}$ ｜摘 tsaʔ^{5} ｜只 tʂaʔ^{5} ｜尺 dʐʰaʔ$^{\underline{45}}$ ｜锡 ɕiaʔ^{5}，木 muʔ$^{\underline{45}}$ ｜榖 kuʔ^{5} ｜毒 dʰuʔ^{3} ｜六 liuʔ^{5} ｜菊 tɕiuʔ^{5} ｜曲 dʑʰiuʔ$^{\underline{45}}$。

永修江益的次浊入归到阴入可能是先从宕江曾梗通摄开始的，发生归并时清入正在进行气流分调，故有两读；咸深山臻四摄次浊入是清入气流分调之后归并的，故没有两读。

次浊入部分混入清入的类型主要分布在赣语和客家话，而次浊入全部混入清入的类型主要分布在晋语。如果结合移民史分析，客赣方言的类型和晋语的类型非常相似并且有一定的相承性，甚至可以说二者处于不同的发展阶段。

（3）次浊入及部分全浊入混入清入，与其他浊入有别

九摄韵尾 -ʔ 化，入声分阴阳，其中次浊入、部分全浊入和清入今读阴入，部分全浊入读阳入。此类只有山西晋语 5 点，分布点及各点调值请看表 3-20。

表 3-20　晋语中阳等入声调值

<table>
<tr><td></td><td colspan="2">平</td><td colspan="3">上</td><td colspan="2">去</td><td colspan="3">入</td></tr>
<tr><td></td><td>清</td><td>浊</td><td>清</td><td>次浊</td><td>全浊</td><td>清</td><td>浊</td><td>清</td><td>次浊</td><td>全浊</td></tr>
<tr><td>中阳枝柯</td><td>阴平 [213]</td><td>阳平 [44]</td><td colspan="2">上声 [423]</td><td colspan="3">去声 [53]</td><td colspan="2">阴入 [32]</td><td>阳入 [$\underline{423}$]</td></tr>
<tr><td>武乡城关</td><td>阴平 [113]</td><td>阳平 [33]</td><td colspan="2">上声 [213]</td><td colspan="3">去声 [55]</td><td colspan="2">阴入 [3]</td><td>阳入 [423]</td></tr>
<tr><td>岚县</td><td>阴平 [314]</td><td>阳平 [55]</td><td colspan="2">上声 [213]</td><td colspan="3">去声 [52]</td><td colspan="2">阴入 [4]</td><td>阳入 [$\underline{213}$]</td></tr>
<tr><td>襄垣城关</td><td>阴平 [33]</td><td>阳平 [11]</td><td colspan="2">上声 [213]</td><td colspan="3">去声 [55]</td><td colspan="2">阴入 [3/5] 词性变调</td><td>阳入 [$\underline{213}$]</td></tr>
<tr><td>盂县城关</td><td>阴平 [412]</td><td>阳平 [22]</td><td colspan="2">上声 [53]</td><td colspan="3">去声 [44]</td><td colspan="2">阴入 [2]</td><td>阳入 [$\underline{53}$]</td></tr>
</table>

岚县、襄垣城关调值是阴高阳低，其他 3 点是阴低阳高。但它们有共同点：阴入调值短促而阳入调值相对较长。而且除了武乡城关，其他 4 点阳入调型和调高都与各自音系中的上声相同，只是调长有长短之分。武乡城关阳入与上声的调型相同、调高不同，如下：

		咸山宕江、梗二	深臻曾通、梗三四
主元音		ʌ	ə
韵尾		-ʔ	
全浊	清、次浊	阴入 [3]	
	全浊	阳入 [423]	

清入：接 tɕiʌʔ^{3} ｜急 tɕiəʔ^{3} ｜八 pʌʔ^{3} ｜七 tɕʰiəʔ^{3} ｜托委托 tʰuʌʔ^{3} ｜剥 pʌʔ^{3} ｜北 piəʔ^{3} ｜尺 tsʰəʔ^{3} ｜曲 tɕʰyəʔ^{3}；浊入：腊 lʌʔ^{3} ｜立 liəʔ^{3} ｜杰 tɕiʌʔ^{423} ｜月 yʌʔ^{3} ｜绝 tɕyʌʔ^{3} ｜突 tʰuəʔ^{3} ｜约 Øiʌʔ^{3} ｜学 ɕiʌʔ^{423} ｜极 tɕiəʔ^{3} ｜白 piʌʔ^{423} ｜毒 tuəʔ^{423}。

（4）部分浊入混入清入，与其他浊入有别

九摄韵尾 -ʔ 化，入声分阴阳，其中部分次浊入和部分全浊入归到阴入，而剩下的部分次浊入和部分全浊入今读阳入。主要分布在吴语与江淮官话、徽语、赣语的过渡地区及晋语并州、上党片，闽东闽语有 1 点，如下：

吴语	浙江	杭州	湖州双林	嘉兴城内	溧水柘塘	萧山所前	新登旧石门
	安徽	当涂博望	当涂湖阳	青阳童埠	宣城水阳	江苏	丹阳城内
徽语	浙江	淳安千岛湖					
江淮	江苏	东台梁垛	句容	如东掘港	如皋	泰兴县城	泰州
赣语	江西	铅山新滩	铅山河口	余江潢溪			
晋语	山西	介休城关	平遥	祁县城关	寿阳城关	太谷城关	文水城关
		孝义旧城	陵川城内	陵川潞城	平顺	屯留	
		临县县城	临县车赶		隰县		
闽语	福建	福清融城					

此小类中的晋语存在一定程度的清入读阳入的情况，涉及的都是口语少用的字，因此不另分一类。

吴语声母清浊对立导致声调分化。随着浊音声母的逐步清化，清浊对立对调类分化的影响也在缩小。在北部吴语地区及宣州片，随着部分全浊声母的清化，在还保持喉塞尾的前提下拉高原来的阳入调值并入清入，如青阳童埠：

		咸	山	深臻	曾	梗	宕江	通
主元音		ɛ a o	i e ɛ a o	i e		i e ɛ	o	y i e o u
韵尾		-ʔ						
清		阴入 [5]						
浊	浊音清化							
	浊音	阳入 [13]						

清入：接 tɕiɛʔ^{5} ｜急 tɕiʔ^{5} ｜八 paʔ^{5} ｜七 tɕʰiʔ^{5} ｜托委托 tʰoʔ^{5} ｜剥 poʔ^{5} ｜北 peʔ^{5} ｜尺 tɕʰiɛʔ^{5} ｜烛 tsoʔ^{5}；浊入：集 tɕiʔ^{5} ｜杰 tɕiɛʔ^{5} ｜突 tʰeʔ^{5} ｜镯 tsoʔ^{5} ｜特 tʰeʔ^{5} ｜极 tɕiʔ^{5} ｜泽 tsʰeʔ^{5} ｜笛 tiʔ^{5} ｜族 tsʰoʔ^{5}，合 ɦeʔ$^{\underline{13}}$ ｜粒 liʔ$^{\underline{13}}$ ｜舌 ɦiɛʔ$^{\underline{13}}$ ｜月 Øiɛʔ$^{\underline{13}}$ ｜药 Øioʔ$^{\underline{13}}$ ｜学 ɦoʔ$^{\underline{13}}$ ｜直 ɦiʔ$^{\underline{13}}$ ｜白 ɦβɛʔ$^{\underline{13}}$ ｜毒 ɦroʔ$^{\underline{13}}$。

潘家懿（1984：431）指出：阴入和阳入的界限已很不明显，反映了交城入声韵正处在极不稳定的状态中。本节分析浊入混入清入的类型目的是为后文观察韵尾消失提供参照点。

四 韵尾 -ʔ 化规律

前文对韵尾 -ʔ 化的类型作了分类与描写，各种类型列在表 3–21。结合表 3–21，总结韵尾 -ʔ 化的一般性规律如下：

弱化规律一：在咸深摄或曾梗摄或咸深曾梗摄韵尾 -t 化基础上，一般是宕江通及曾梗五摄 -k 尾开始 -ʔ 化，或者先从宕江摄开始，或者先从曾梗通三摄开始，或宕江通及曾梗五摄都 -ʔ 化；先从保持塞尾的咸深摄、山臻摄或发生合并的咸深摄、曾梗摄开始 -ʔ 化的方言较少。在宕江通及曾梗五摄 -ʔ 化后，韵尾合并的咸山摄开始 -ʔ 化。此规律适用于非闽语方言。

弱化规律二：闽语的 -ʔ 化不受规律一的制约。在塞音韵尾出现 -t 化、-k 化或保持不变的条件下闽语一般是咸山宕江梗五摄部分入声韵的 -p、-t、-k 塞尾直接 -ʔ 化。

从现有的材料看，并不是所有汉语方言都遵守上面弱化的一般性规律。此外，闽语的 -ʔ 化规律与闽语复杂的层次有关。

表 3–21 韵尾 -ʔ 化类型

<table>
<tr><th></th><th>中类</th><th>小类</th><th>具体演变类型</th><th>代表点</th></tr>
<tr><td>1</td><td colspan="2" rowspan="3">部分摄韵尾不变，部分摄韵尾 -ʔ 化</td><td>咸深 -p 尾不变，山臻宕江曾梗通韵尾 -ʔ 化</td><td>黎川龙安</td></tr>
<tr><td>2</td><td>咸深山臻韵尾 -ʔ 化，宕江曾梗通 -k 尾不变</td><td>万年青云</td></tr>
<tr><td>3</td><td>咸深山臻宕江曾梗韵尾 -ʔ 化，通摄 -k 尾不变</td><td>武平岩前</td></tr>
<tr><td>4</td><td rowspan="4">部分摄韵尾 -t 化，部分摄韵尾 -ʔ 化</td><td rowspan="4">咸深韵尾 -t 化，宕江曾梗通韵尾 -ʔ 化</td><td>咸合三韵尾 -t 化，宕江摄韵尾 -ʔ 化</td><td>新兴天堂</td></tr>
<tr><td>5</td><td>咸合三韵尾 -t 化，部分曾梗通韵尾 -ʔ 化</td><td>苗栗头份</td></tr>
<tr><td>6</td><td>咸合三韵尾 -t 化，宕江曾梗通韵尾 -ʔ 化</td><td>东乡虎圩</td></tr>
<tr><td>7</td><td>咸深韵尾 -t 化，宕江曾梗通韵尾 -ʔ 化</td><td>金溪左坊</td></tr>
</table>

续表

	中类	小类	具体演变类型	代表点
8	部分摄韵尾 -t 化，部分摄韵尾 -ʔ 化	曾梗韵尾 -t 化，宕江梗通韵尾 -ʔ 化	曾、梗三四韵尾 -t 化，通摄韵尾 -ʔ 化	信宜思贺
9			曾摄韵尾 -t 化，部分宕江梗通韵尾 -ʔ 化	周宁咸村
10			曾、梗三四韵尾 -t 化，宕江梗二通韵尾 -ʔ 化	奉新冯川
11		咸深曾梗韵尾 -t 化，宕江曾梗通韵尾 -ʔ 化	深、曾、梗部分韵尾 -t 化，宕江梗部分通韵尾 -ʔ 化	高安村前
12			咸深、曾三韵尾 -t 化，宕江曾一梗通韵尾 -ʔ 化	樟树临江
13			咸深、曾梗三四等韵尾 -t 化，宕江曾梗一二通韵尾 -ʔ 化	吉水螺田
14			咸深、曾、梗部分韵尾 -t 化，宕江梗部分通韵尾 -ʔ 化	新建生米
15		咸深曾梗韵尾 -t 化，咸山宕江曾梗通韵尾 -ʔ 化	咸一二深、曾三韵尾 -t 化，咸山三四、宕江曾一梗通韵尾 -ʔ 化	铜鼓三都
16			咸一二深、曾梗三四韵尾 -t 化，咸山三四、宕江曾梗一二通韵尾 -ʔ 化	上高敖阳
17			咸一二等、曾梗三四韵尾 -t 化，咸山三四、深、宕江曾梗一二通韵尾 -ʔ 化	新干三湖
18			深臻、曾三韵尾 -t 化，咸山宕江曾一梗通韵尾 -ʔ 化	乐平接渡
19		曾摄韵尾 -t 化，部分咸山宕江梗韵尾 -ʔ 化	曾摄韵尾 -t 化，部分咸山宕江梗韵尾 -ʔ 化	惠安螺城
20			曾摄韵尾 -t 化，部分咸山宕江梗通韵尾 -ʔ 化	长泰岩溪
21	部分摄韵尾 -k 化，部分摄韵尾 -ʔ 化		山摄韵尾 -k 化，部分咸山宕江梗韵尾 -ʔ 化	海丰鲘门
22			山臻韵尾 -k 化，部分咸山宕江梗韵尾 -ʔ 化	潮阳司马浦
23			咸深山臻韵尾 -k 化，部分咸山宕江梗韵尾 -ʔ 化	澄海莲下
24			山臻韵尾 -k 化，咸深韵尾 -ʔ 化	东莞麻涌
25			深臻韵尾 -k 化，咸山宕江曾梗一二通韵尾 -ʔ 化	泰顺新浦
26	九摄韵尾 -ʔ 化	清浊同调	同读高调	当涂年陡
27			同读低调	忻州豆罗
28		清浊异调	清浊对立	常熟梅李
29			部分次浊入混入清入，与浊入有别	余江锦江
30			次浊入全部混入清入，与全浊入有别	娄烦盖家庄
31			次浊入及部分全浊入混入清入，与其他浊入有别	武乡城关
32			部分浊入混入清入，与其他浊入有别	青阳童埠

五　弱化类型的地理分布

本章第一、第二节分别讨论了韵尾边音化和韵尾鼻音化，本节讨论了韵尾喉塞化。这三类是汉语方言入声韵尾弱化的主要类型。这里在前文的分析基础上一并讨论三种弱化类型的地理分布及分布特点。

5.1 地理分布

入声韵尾弱化类型主要分布在中东部的安徽、江苏、上海、浙江、江西，东南部的福建、台湾及广东的潮汕地区，海南岛也有分布，当然还有屹立于官话包围圈里的山西；主要涉及江淮官话洪巢泰如两片、吴语太湖台州处衢宣州四片、闽语闽东闽南琼文三区、赣语昌靖抚广宜浏鹰弋四片、客家话汀州宁龙于桂铜鼓四片及晋语大部。

就地理而言，弱化类型是合并、弱化、消失三大类型中分布最广的类型；就数量而言，弱化类型是最多的，本书掌握的 859 点中有 434 点属于弱化类型，超过了合并类型 198 点和消失类型 227 点的总和。这充分反映了弱化在韵尾演变过程中的承上（合并）启下（消失）的重要地位。

大范围的分布隐藏着不同区域之间类型的差异，即偏南的江西与福建及台湾、广东、海南三省和偏北的浙江、安徽、上海三省及山西等的弱化类型不同。前者主要以“部分摄韵尾合并、部分摄韵尾 -ʔ 化”为主，后者以“九摄韵尾 -ʔ 化”为主，两者大体以鄱阳湖和武夷山北麓为界。这实际上代表了韵尾弱化的不同层次。本书把江西与福建等所有的类型称为“赣闽层”，把浙江、安徽等所有的类型称为“晋吴层”。

当然，在这两层里还穿插着韵尾鼻音化和韵尾边音化两种极具特色的弱化类型。它们犹如在宽阔的弱化类型“平原”上因地壳运动而挤压生成的山峰一样，突兀而不同于周边的韵尾类型，称之为“鼻边音层”。

5.2 各层特点

5.2.1 赣闽层

（1）“吴头楚尾、粤户闽庭”的赣语

江西历来有“吴头楚尾、粤户闽庭”之称，是中原地区连接福建、广东、湖南等东南省份的重要通道，其境内赣语的韵尾演变类型也可以用“吴头楚尾、粤户闽庭”来形容。就弱化类型而言，位于赣江中下游和抚河流域及鄱阳湖地区的赣语核心区昌靖片、抚广片以“部分摄韵尾 -t 化、部分摄韵尾 -ʔ 化”为主，尤其是赣东南的抚广片崇仁、东乡、抚州、广昌、宜黄、资溪等点，如果宕江曾梗通摄 -k 尾没有弱化为 -ʔ 的话，则基本上保持 -p、-t、-k 三分的塞音韵尾格局，就和粤语基本层一致了。而在赣语核心区两侧宜浏和鹰弋两片的过渡色彩浓重，靠近核心区的部分方言属于“部分摄韵尾 -t 化、部分摄韵尾 -ʔ 化”型，远离核心区的则属于“九摄韵尾 -ʔ 化”。

赣语区的弱化类型，是考察入声韵尾从 -p、-t、-k 三分格局向九摄韵尾 -ʔ 化过程的重要材料。详见后文第六章第一节的讨论。

（2）层次不同的客家话

客家话由于客家人的历次移民而在全国分布较广。历史上客家人共进行了五次大移民（罗香林 1933），其中前三次移民奠定了今天客家话粤台、粤西、粤中、粤北四片的基础（袁家骅等 2001：145—146），随后明末清初，以广东嘉应州为中心的闽粤赣交界地区客家人再次移民，其中向北迁至闽西南、赣南、赣中山区和赣西北山区的基本形成了今天的汀州、宁龙、于桂、铜鼓四片（罗常培 1950：170，刘纶鑫 1999）。

与广东境内的客家话粤台、粤西、粤中、粤北四片以合并类型为主不同，福建、江西境内的客家话汀州、宁龙、于桂、铜鼓四片以弱化类型为主（部分属消失类型，见后文第四章），由于属于合并类型的粤台、粤西、粤中、粤北四片在南、属于弱化类型的汀州、宁龙、于桂、铜鼓四片在北，本书称前四片为南客家话、后四片为北客家话。南北客家话的类型差异产生原因一定是一个引人入胜的问题。

北客家话四片同属于弱化方向，却属不同类型。身处赣语昌靖、宜浏两片包围圈内的铜鼓片，远离客家大本营却是“部分摄韵尾 -t 化、部分摄韵尾 -ʔ 化”类型，表现得较为古老，靠近南客家话的汀州、宁龙、于桂三片韵尾类型却属“九摄韵尾 -ʔ 化”。

（3）沿海型闽语

闽语历来以复杂著称，入声韵尾的演变也是如此。本书掌握的 116 点闽语材料中，属于合并类型的只有 3 点、弱化类型的有 69 点、消失类型的有 44 点。属于弱化类型的闽语主要分布在闽东、闽南及琼文三区。这三区主要分布在海边，属于沿海型闽语（侯精一主编 2002：216），但它们之间的弱化类型存在差异。

位于闽江下游及闽东腹地的闽东区的弱化类型主要是“九摄韵尾 -ʔ 化”，与南部吴语处衢片一致。闽语与吴语的关系比较密切。闽东区的韵尾类型可为一证。但是一出闽东区，闽语的弱化类型就完全不同于吴语，甚至不同于其他汉语方言了。泉漳片与潮汕片虽同属闽南区，但二者类型不同。包含福建泉州、漳州以及厦门、金门、澎湖和台湾全岛的泉漳片主要属于“曾摄韵尾 -t 化、部分咸山宕江梗韵尾 -ʔ 化”类型。远在海南岛上的琼文区部分方言也属于此类。与泉漳片紧挨着的广东东部潮州、汕头、汕尾地区的潮汕片主要属于“山臻韵尾 -k 化、部分咸山宕江梗 -ʔ 化”。二者的区别泾渭分明。《现代汉语方言概论》（侯精一主编 2002：209）指出：“两宋之后，闽南方言陆续向广东省扩展，播散到潮汕平原和雷州半岛，有的登上了海南岛。”由此可见离开了福建之后，潮汕地区的闽南话发生了很大的变化。

5.2.2 晋吴层

（1）山河间的晋语

晋语指山西省及其毗邻地区有入声的方言。（李荣 1985）本书材料显示晋语的外围边缘地带出现了韵尾部分消失现象，请看第四章第一节。但是在太行山与吕梁山之间、黄河以北的晋语主要地带，入声喉塞尾还完整保持着，沿着两山向北延伸波及的陕西及内蒙古部分晋语也与核心区的韵尾特点一致。从太行山一侧起向西边的吕梁山进发，晋语入声调类分化出现三个层次。如下：

东	→	中	→	西
清浊同为低调		部分浊入与清入相混		清浊同为高调

（2）吴语与江淮官话

吴语和江淮官话的关系历来很密切。鲁国尧（1988：205）论证认为江淮之间的语言本属吴语：“江淮之间本为吴语区，直到四世纪，北方方言将吴语逐退至江南武进、常熟一线。”从韵尾演变类型来看，虽然都属于“九摄韵尾 -ʔ 化”，但吴语与江淮官话之间存在历时演变造成的共时差异。处在东南地区的吴语主要属于“清浊对立”一类而处在西北的江淮官话主要属于“清浊同高调”一类，而在二者之间出现了“部分浊入与清入相混”过渡地带。这条过渡带由江淮官话和吴语及徽语共同组成，东起江苏如东掘港经句容向西进入安徽当涂博望，然后南下经宣城水阳到达淳安千岛湖。如下：

东南	→	中间	→	西北
吴语		过渡带		江淮官话
清浊对立		部分浊入与清入相混		清浊同为高调

这条过渡带虽然很“细”，但反映的韵尾演变趋势很重要。

5.2.3 鼻边音层

本章第一节指出韵尾边音化目前只见于赣语及江淮官话，第二节指出韵尾鼻音化属于赣语或者与赣语有密切关系的邵武、光泽方言。客赣方言向来以关系密切著称，因众多相同特点让研究者在划分这两大方言时倍感困难。但是在韵尾边音化和鼻音化方面，目前本书未见客家话有韵尾边音化或鼻音化的报告材料。

前文指出，鼻边音层犹如在宽阔的弱化类型“平原”上因地壳运动而挤压生成的山峰一样，突兀而不同于周边的韵尾类型。在本章第一节和第二节分别讨论了这两种弱化类型的语音形成机制，但是一直无法找到超越语音机制的非语言因素，已经知道了演变原因，却不知道为什么会产生这两种类型。

笔者发现中国历史上第一次和第二次大移民所走的路线大致涵盖了韵尾边音化（第一次）、韵尾鼻音化（第二次）发生的地点，不知是否巧合，如下：

《晋永嘉丧乱后之民族迁徙》（谭其骧 1934）根据南朝侨州郡的记载指出今江苏省安徽省的移民情况是：“侨民麇集之地，则江南以今之江宁、镇江、武进一带为最，江北以今之江都淮阴诸县地为最。……侨在江南者都聚于下游芜湖附近一隅，江北则散处于江淮间，自滁和以至于颍亳所在皆侨置郡县。”

《客家研究导论》（罗香林 1933）指出唐末黄巢起义迫使客家人做第二次迁移：“当时全国云扰，民无宁居，惟江西东南部（即上饶以南，赣水以东），福建西南部（即旧日汀州所属各县）及广东东部东北部，侥幸未受灾害，比较堪称乐土。其在东晋第二支派逃难汉族即客家先民之栖息于河南西南部、江西中部北部，及安徽南部西南部的，至是遂有一大部分很幸运地得迁于上述的乐土居住，盖他们前此已分处大江南北，易入鄱阳湖平原、溯赣江而至赣南，更折东，经石城而至闽西南如宁化等地。”

如果韵尾边音化鼻音化与这两次大移民有关，为何实施这两次大移民的客家先民的传世客家话却没有发生这两种演变？

第四章　消失

本章讨论韵尾演变的第三种大方向：消失。本质上消失也是塞音韵尾演变过程中的一种弱化现象。辅音韵尾消失后，其在入声韵留下的空格会由主元音延伸或增加一个元音韵尾来填补。相对于塞音尾，相对于鼻音尾、边音尾、喉塞尾，这是进一步的弱化。

有关文献在谈到入声韵失去辅音韵尾时，多使用“脱落”“舒化”等术语。入声韵尾的消失复杂多样，仅用“脱落”或“舒化”笼统地指韵尾消失，不能反映韵尾消失的细微过程，况且“脱落”和“舒化”是不同的概念。

脱落（haplology），又称掉音，是指在发音相似的语音序列中某音因异化过程而省略。（戴维·克里斯特尔 2007：167）在一个词中，如果一个音节位于语音上相似或同样的音节之前或之后时，异化作用导致这一音节脱落。（哈杜默德·布斯曼 2007：199）汉语方言中，语音序列中后接音节辅音声母对前面入声韵韵尾产生异化作用，导致韵尾脱落只是入声韵尾消失的可能性条件之一。

“舒化”是相对于所谓的“短促”来说的。“短促”是入声辅音韵尾在音节发声过程中由发音器官的阻塞造成发音过程的突然停止，形成音节的短促感。入声韵尾消失后就不再有造成发音突然停止的阻塞，从而使音节能够自然顺畅地发出，谓之“舒化”。汉语方言中有方言在入声韵尾消失后存在韵母紧喉现象，如安庆话。（邢公畹 1984）韵母紧喉化在听感上给人以短促感，故不能把入声韵尾的消失笼统地称之为“脱落”或“舒化”。

汉语各方言的入声韵尾经过了复杂多样的合并、弱化过程，使得消失的类型或方式同样复杂多样。根据程度不同，消失可分为“部分消失”和“完全消失”两类，部分消失指正在进行的辅音韵尾消失过程，完全消失指辅音韵尾消失的最终结果。本章第一节、第二节分别讨论韵尾部分消失和全部消失的演变类型。此外，塞音韵尾 -p、-t、-k 在走向完全消失的过程中，因与入声韵主元音协同发音而增生了一个与塞尾发音部位较近的元音韵尾，这个元音尾最终取代塞尾成为入声韵韵尾，谓之“元音尾化”。第三节在全面梳理材料基础上，整理出入声韵元音尾化的演变过程，以期全面考察入声韵尾的演变过程，为汉语语音史研究中的若干问题提供参考意见。

第一节　部分消失

一般而言，如果只看到音变结果，很难分析某项音变的具体音变过程并找到音变原因。这同样适用于入声韵尾演变过程的考察。汉语方言中部分方言正在消失韵尾，产生了部分消失现象，这为考察消失的途径和原因提供了很好的观察角度。

一　部分摄韵尾合并，部分摄韵尾消失

咸深、山臻、宕江曾梗通九摄部分摄韵尾合并而部分摄（包括合并已完成的摄）韵尾消失。韵尾合并主要有韵尾 -t 化和韵尾 -k 化两类，故此类消失也有两大类：“部分摄韵尾 -t 化，部分摄韵尾消失”和“部分摄韵尾 -k 化，部分摄韵尾消失”。消失方向下的合并类型没有超出第二章中的合并类型。

本书材料中，在合并阶段就出现韵尾消失现象的方言只有 17 点，主要分布在闽语，客家话、粤语和赣语有少数点。虽涉及的方言点少，但此类涵盖了合并方向中的咸深摄韵尾 -t 化、曾梗摄韵尾 -t 化、咸深曾梗韵尾 -t 化及山臻摄韵尾 -k 化四个类型，请看表 4-1。表 4-1 中类型 1—6 出现韵尾 -t 化，属于“部分摄韵尾 -t 化，部分摄韵尾消失”；类型 7、8 出现韵尾 -k 化，属于“部分摄韵尾 -k 化，部分摄韵尾消失”。

表 4-1　部分摄韵尾合并，部分摄韵尾消失类型

<table>
<tr><td rowspan="2"></td><td rowspan="2">深</td><td colspan="2">咸开</td><td rowspan="2">咸合</td><td colspan="2">山</td><td rowspan="2">臻</td><td colspan="2">曾</td><td colspan="2">梗</td><td rowspan="2">宕江</td><td rowspan="2">通</td><td rowspan="2">代表点</td></tr>
<tr><td>一二</td><td>三四</td><td>一二</td><td>三四</td><td>一</td><td>三</td><td>三四</td><td>二</td></tr>
<tr><td>1</td><td colspan="3">-p</td><td>-t</td><td colspan="3">-t</td><td colspan="3">-k</td><td>-Ø</td><td>-Ø/-k</td><td>-k</td><td>玉林福绵</td></tr>
<tr><td>2</td><td>-p</td><td>-Ø</td><td>-p</td><td>-t</td><td colspan="2">-Ø/-t</td><td>-t</td><td colspan="2">-k</td><td colspan="3">-Ø/-k</td><td>-k</td><td>澄迈金江</td></tr>
</table>

续表

<table>
<tr><td rowspan="2"></td><td rowspan="2">深</td><td colspan="2">咸开</td><td rowspan="2">咸合</td><td colspan="2">山</td><td rowspan="2">臻</td><td colspan="2">曾</td><td colspan="2">梗</td><td rowspan="2">宕江</td><td rowspan="2">通</td><td rowspan="2">代表点</td></tr>
<tr><td>一二</td><td>三四</td><td>一二</td><td>三四</td><td>一</td><td>三</td><td>三四</td><td>二</td></tr>
<tr><td>3</td><td colspan="3">-p</td><td>-t</td><td colspan="6">-t</td><td colspan="3">-Ó</td><td>诏安秀篆</td></tr>
<tr><td>4</td><td colspan="7">-t</td><td>-Ó</td><td>-t</td><td colspan="4">-Ó</td><td>新余水西</td></tr>
<tr><td>5</td><td colspan="7">-t</td><td>-Ó</td><td colspan="2">-t</td><td colspan="3">-Ó</td><td>新余观巢</td></tr>
<tr><td>6</td><td colspan="7">-t</td><td>-k</td><td>-Ó/-t</td><td colspan="2">-Ó</td><td>-Ó/-k</td><td>-k</td><td>连南三江</td></tr>
<tr><td>7</td><td>-p</td><td>-Ó</td><td>-p</td><td>-k</td><td colspan="9">-k</td><td>增城朱村</td></tr>
<tr><td>8</td><td>-p</td><td>-Ó</td><td>-p</td><td>-k</td><td colspan="2">-Ó/-k</td><td colspan="3">-k</td><td colspan="3">-Ó/-k</td><td>-k</td><td>遂溪遂城</td></tr>
</table>

说明：表中用“-Ó”表示韵尾消失。“-Ó/-k”表示部分韵尾消失、部分韵读 -k，“-Ó”放在前面表示韵尾消失的占多数。

1.1 部分摄韵尾 -t 化，部分摄韵尾消失

1.1.1 咸深韵尾 -t 化，部分摄韵尾消失

（1）咸合三韵尾 -t 化，部分宕江梗韵尾消失

粤语广西玉林福绵咸深摄除咸合三韵尾 -t 化外基本保持 -p 尾，宕江曾梗通摄中宕江梗摄主元音为后低元音 a、ɔ 的入声韵部分 -k 尾消失，并入相应的舒声韵。如下：

<table>
<tr><td></td><td>咸开</td><td>咸合</td><td>山</td><td colspan="2">宕江梗</td><td>通曾</td><td>臻</td><td>深</td><td rowspan="3">广宁东乡</td></tr>
<tr><td>主元音</td><td>i ᴇ ɔ</td><td>ɔ</td><td>i ᴇ ɔ u y</td><td colspan="2">e a ɔ</td><td>e ɐ o ɔ</td><td colspan="2">ɐ</td></tr>
<tr><td>韵尾</td><td>-p</td><td colspan="2">-t</td><td colspan="2">-k</td><td>-k</td><td>-t</td><td>-p</td></tr>
<tr><td rowspan="2">清</td><td colspan="5">—</td><td colspan="3">上阴入 [55]</td><td>上阴入 [55]</td></tr>
<tr><td colspan="4">下阴入 [3]</td><td rowspan="2">-Ø，[a ɔ]</td><td colspan="3">—</td><td>下阴入 [33]</td></tr>
<tr><td rowspan="2">浊</td><td colspan="4">阳入 [2]</td><td colspan="3">阳入 [2]</td><td>下阳入 [214]</td></tr>
<tr><td colspan="8">阳入 [2]</td><td>上阳入 [22]</td></tr>
</table>

玉林福绵消失韵尾的宕江梗摄入声韵限于下阴入和阳入，这些字基本对应粤语广宁东乡的下阴入 [33] 和下阳入 [214]，如：削 ɬa^{33}：syek^{33} ｜药 Óia^{11}：jyek^{214} ｜学 Óɔ^{52}：hek^{214} ｜百 pa^{33}：pak^{33} ｜白 pa^{31}：pak^{214} ｜拆 tɕʰa^{33}：ʦʰak^{33} ｜客 ha^{33}：hak^{33} ｜麦 ma^{11}：mak^{22} ｜策 tɕʰa^{33}：ʦʰak^{33}（“：”前是玉林福绵字音、后是广宁东乡字音）。韵尾消失后这些字分别并入阳平 [31]、阴上 [33]、阴去 [52]、阳去 [11]。

（2）咸合三韵尾 -t 化，部分咸山宕江梗韵尾消失

闽语海南澄迈金江咸合三韵尾 -t 化而咸摄开口一二等和山摄、宕江梗摄主元音为 e、a、o、ɔ 的入声韵部分辅音韵尾消失，咸摄开口三四等和深摄保持 -p 尾；山

摄开口四等及少数合口字与臻摄 -t 尾不变，曾通摄 -k 尾不变。韵尾消失后，来自清入的调值拉长变为长入 [45]，来自浊入的并入阳去 [33]。消失韵尾的入声韵主要分别对应广宁东乡的下阴入和下阳入，保持 -p、-t、-k 尾的入声韵对应其上阴入、下阴入和上阳入，极少数对应下阳入。如下：

<table>
<tr><td colspan="2"></td><td>咸开</td><td>咸合</td><td>山</td><td>宕江梗</td><td>通曾</td><td>臻</td><td>深</td><td rowspan="2">广宁东乡</td></tr>
<tr><td colspan="2">主元音</td><td>a</td><td>a</td><td>i e a o ɔ</td><td>e a o ɔ</td><td>i e a o u</td><td>i e u</td><td>i a o</td></tr>
<tr><td rowspan="2">清</td><td>阴入 [5]</td><td>-p</td><td colspan="2">-t</td><td>-k</td><td>-k</td><td>-t</td><td>-p</td><td>上阴入 [55]</td></tr>
<tr><td>长入 [45]</td><td colspan="4" rowspan="2">-Ǿ，[e a o ɔ]</td><td colspan="3" rowspan="2">—</td><td>下阴入 [33]</td></tr>
<tr><td rowspan="2">浊</td><td>阳去 [33]</td><td>下阳入 [214]</td></tr>
<tr><td>阳入 [3]</td><td>-p</td><td colspan="2">-t</td><td>-k</td><td>-k</td><td>-t</td><td>-p</td><td>上阳入 [22]</td></tr>
</table>

例字请看表 4-2。韵尾消失而表 4-2 没有列举的有：杀 tua^{45} ｜拆 hia^{45}。属于此类的还有闽语海南定安龙州、海口、陵水三才、屯昌坡心及福建龙岩雁石。只有闽语有此类型。

表 4-2　闽语韵尾消失类型例字

	广宁东乡	澄迈金江	遂溪遂城	福鼎白琳	尤溪中仙	琼中和平	花莲吉安	万宁和乐
搭咸	tap^{33}	ɗa^{45}	ta^{554}	taʔ^{5}	tɔʔ^{54}	ɗaʔ^{53}	taʔ^{42}	ɗaʔ^{54}
踏	tap^{214}	ɗa^{33}	ta^{554}	taʔ^{24}	ta^{44}	ɗa^{53}	ta^{33}	ɗaʔ^{54}
盒	hap^{214}	Ǿap^{3}	hap^{3}	xaʔ^{24}	Ǿaʔ^{214}	Ǿap^{5}	Ǿap^{3}	Ǿat^{3}
塔	tʰap^{33}	ha^{45}	tʰa^{554}	tʰaʔ^{5}	tʰa^{35}	ɗaʔ^{53}	tʰaʔ^{42}	haʔ^{54}
插	tsʰap^{33}	sa^{45}	tsʰa^{554}	tsʰaʔ^{5}	tʃʰa^{35}	saʔ^{53}	tsʰa^{52}	saʔ^{54}
鸭	Ǿap^{33}	Ǿa^{45}	Ǿa^{554}	Ǿaʔ^{5}	Ǿa^{35}	Ǿaʔ^{53}	Ǿaʔ^{42}	Ǿaʔ^{54}
接	tsit^{33}	tɕiap^{5}	tɕiap^{5}	tɕieʔ^{5}	tθiʔ^{54}	tɕiap^{5}	tɕiap^{43}	tɕit^{5}
贴	tʰet^{33}	hiap^{5}	tʰiap^{5}	tʰeʔ^{5}	—	tʰiet^{5}	tʰiap^{43}	hit^{5}
法	fat^{33}	fat^{5}	ʋak^{5}	xuaʔ^{5}	hɔʔ^{54}	pʰat^{5}	huat^{43}	pʰat^{5}
立深	lɐp^{22}	liop^{3}	liɛp^{3}	liʔ^{24}	liʔ^{214}	lip^{3}	lip^{3}	lit^{3}
十	sɐp^{22}	tap^{3}	tsap^{3}	θɛʔ^{24}	θaʔ^{214}	tap^{3}	tsap^{3}	tat^{3}
急	kɐp^{55}	kip^{5}	kiɛp^{5}	kiʔ^{5}	kiɛʔ^{54}	kip^{5}	kip^{43}	kit^{5}
辣山	lat^{214}	lua^{33}	lua^{332}	laʔ^{24}	lɔ^{44}	lua^{42}	—	lua^{42}
割	kot^{33}	kua^{45}	kua^{554}	kaʔ^{5}	kɔ^{35}	kuaʔ^{53}	kuaʔ^{42}	kuaʔ^{54}
八	pet^{33}	ɓɔe^{45}	pɔi^{554}	pɛʔ^{5}	pe^{35}	ɓɔi^{53}	pueʔ^{42}	ɓat^{5}
热	jit^{22}	zua^{33}	ziɛk^{3}	Ǿieʔ^{24}	Ǿiɛʔ^{214}	zit^{3}	dzua^{33}	dzua^{42}

续表

	广宁东乡	澄迈金江	遂溪遂城	福鼎白琳	尤溪中仙	琼中和平	花莲吉安	万宁和乐
歇	hit^{33}	hia^{45}	hia^{554}	xioʔ^{5}	hø^{35}	hɛ^{53}	hioʔ^{42}	Ǿɛʔ^{54}
节	tsit^{33}	tat^{5}	tsɔi^{554}	tseʔ^{5}	tθe^{35}	tat^{5}	tseʔ^{42}	tat^{5}
结	kit^{33}	ket^{5}	kiɛk^{5}	kieʔ^{5}	kaʔ^{54}	kit^{5}	kat^{43}	kit^{5}
脱	t^{h}yt^{33}	hot^{5}	t^{h}uak^{5}	t^{h}oʔ^{5}	t^{h}ɔʔ^{54}	t^{h}ut^{5}	t^{h}uat^{43}	hut^{5}
活	wut^{214}	Ǿua^{33}	Ǿua^{332}	Ǿuaʔ^{24}	Ǿua^{44}	Ǿua^{42}	Ǿua^{33}	Ǿua^{42}
刷	sat^{55}	tuat^{5}	ts^{h}ua^{554}	θoʔ^{5}	—	suaʔ^{53}	suat^{43}	sua^{54}
刮	kuet^{33}	kuat^{5}	kuak^{5}	kuaʔ^{5}	kua^{35}	—	—	kuaʔ^{54}
雪	syt^{55}	tue^{45}	ɬɔi^{554}	θioʔ^{5}	θø^{35}	tɔiʔ^{53}	seʔ^{42}	tɔiʔ^{54}
罚	fat^{214}	huat^{3}	huak^{3}	xuaʔ^{24}	hɔʔ^{214}	huat^{3}	huat^{3}	Ǿuat^{3}
月	ŋyt^{214}	vɔe^{33}	ʋuɛ^{332}	ŋuoʔ^{24}	ŋoɛi^{44}	gui^{42}	gue^{33}	guɛ^{31}
血	hyt^{33}	hɔe^{45}	huɛ^{554}	xeʔ^{5}	hoɛi^{35}	hui^{53}	hueʔ^{42}	Ǿuɛ^{54}
笔臻	pɐt^{55}	ɓit^{5}	piɛk^{5}	piʔ^{5}	piʔ^{54}	ɓit^{5}	pit^{43}	ɓit^{5}
七	ts^{h}ɐt^{55}	ɕit^{5}	tɕ^{h}iɛk^{5}	tɕ^{h}iʔ^{5}	tθ^{h}iʔ^{54}	ɕit^{5}	tɕ^{h}it^{43}	ɕit^{5}
骨	kuɐt^{55}	kut^{5}	kuk^{5}	koʔ^{5}	kɔʔ^{54}	kut^{5}	kut^{43}	kut^{5}
出	ts^{h}ɐt^{55}	sut^{5}	ts^{h}uk^{5}	ts^{h}uʔ^{5}	tʃ^{h}ɛʔ^{54}	sut^{5}	ts^{h}ut^{43}	sut^{5}
托委托，宕	t^{h}ɵk^{33}	hɔ^{45}	t^{h}ɔk^{5}	t^{h}oʔ^{5}	t^{h}ɔʔ^{54}	t^{h}ɔʔ^{53}	t^{h}ok^{43}	hɔʔ^{54}
恶	Ǿɵk^{33}	Ǿɔk^{5}	Ǿɔk^{5}	Ǿoʔ^{5}	Ǿɔʔ^{54}	Ǿɔk^{5}	Ǿok^{43}	Ǿɔk^{5}
削	syɵk^{33}	tia^{45}	ɬiɔk^{5}	—	θia^{35}	tiaʔ^{53}	ɕiaʔ^{42}	tiak^{5}
药	jyɵk^{214}	Ǿio^{33}	Ǿiɔ^{332}	Ǿio^{214}	Ǿyø^{44}	Ǿioʔ^{42}	Ǿio^{33}	Ǿiɔ^{42}
郭	k^{h}uɔk^{33}	kɔe^{45}	kuɛ^{554}	kuo^{42}	ko^{35}	kui^{53}	kueʔ^{42}	kuɛ^{54}
剥江	mɵk^{22}	ɓak^{5}	pɔk^{5}	puo^{42}	pu^{35}	ɓak^{5}	pak^{43}	ɓak^{5}
壳	hɵk^{33}	hak^{5}	k^{h}ak^{5}	k^{h}eʔ^{5}	k^{h}ɔʔ^{54}	k^{h}ak^{5}	k^{h}ak^{43}	hak^{5}
学	hɵk^{214}	Ǿɔ^{33}	Ǿɔ^{332}	Ǿo^{214}	Ǿo^{44}	Ǿɔ^{44}	Ǿo^{33}	Ǿɔ^{42}
北曾	pɐk^{55}	ɓak^{5}	pak^{5}	peʔ^{5}	pɔʔ^{54}	ɓak^{5}	pak^{43}	ɓak^{5}
贼	tsɐk^{22}	sat^{3}	ts^{h}ak^{3}	ts^{h}eʔ^{24}	tθ^{h}aʔ^{214}	sat^{3}	ts^{h}at^{3}	sat^{3}
刻	hɐk^{55}	hek^{5}	k^{h}ɛk^{5}	k^{h}eʔ^{5}	k^{h}aʔ^{54}	k^{h}ak^{5}	k^{h}iɪk^{43}	hɛk^{5}
力	lɐk^{22}	lak^{3}	lak^{3}	liʔ^{24}	liʔ^{214}	lak^{3}	lat^{3}	lak^{3}
直	tsɐk^{22}	ɗik^{3}	tiɛk^{3}	tiʔ^{24}	tiʔ^{214}	ɗik^{3}	tit^{3}	ɗit^{3}
色	sɐk^{55}	tek^{5}	ɬik^{5}	θeʔ^{5}	θaʔ^{54}	tek^{5}	ɕiɪk^{43}	tɛt^{5}
百梗	pak^{33}	ɓe^{45}	pɛ^{554}	pa^{42}	pa^{35}	ɓɛʔ^{53}	paʔ^{42}	ɓɛʔ^{54}
白	pak^{214}	ɓe^{33}	pɛ^{332}	pa^{214}	pa^{44}	ɓɛʔ^{3}	pa^{33}	ɓɛ^{42}
客	hak^{33}	he^{45}	k^{h}ɛ^{554}	k^{h}a^{42}	k^{h}a^{35}	k^{h}eʔ^{5}	k^{h}eʔ^{42}	hɛʔ^{54}

续表

	广宁东乡	澄迈金江	遂溪遂城	福鼎白琳	尤溪中仙	琼中和平	花莲吉安	万宁和乐
麦	mak^{22}	ve^{33}	ʋɛ^{332}	ma^{214}	ma^{44}	vɛ^{42}	be^{33}	bɛ^{31}
摘	tsak^{214}	tia^{45}	tsɛk^{5}	tia^{42}	tia^{35}	ɗiaʔ^{5}	—	ɗia^{54}
尺	tsʰiɐk^{33}	ɕio^{214}	tɕʰiɔ^{31}	tɕʰio^{42}	tʃʰø^{35}	ɕiɔ^{53}	tɕʰioʔ^{42}	ɕiɔ^{54}
壁	piɐk^{22}	ɓia^{45}	pia^{554}	pia^{42}	pia^{35}	ɓia^{53}	piaʔ^{42}	ɓiaʔ^{54}
锡	siɐk^{33}	hek^{5}	ɬia^{554}	θiʔ^{5}	θaʔ^{54}	tiaʔ^{53}	ɕiaʔ^{42}	tia^{54}
木通	mok^{22}	mok^{3}	mɔk^{3}	mu^{214}	mɔʔ^{214}	mɔk^{3}	bok^{3}	mɔk^{3}
毒	tok^{22}	ɗak^{3}	tɔk^{3}	tu^{214}	tɔʔ^{214}	ɗak^{3}	tok^{3}	ɗak^{3}
六	lok^{22}	lak^{3}	lak^{3}	leʔ^{24}	lɔʔ^{214}	lak^{3}	lak^{3}	lak^{3}
竹	tok^{55}	ɗiok^{5}	tiɛk^{5}	tuʔ^{5}	tiʔ^{54}	ɗiɔk^{5}	tiɪk^{43}	ɗiɔk^{5}
烛	tsok^{55}	tɕiak^{5}	tɕiak^{5}	tɕio^{42}	tʃɛʔ^{54}	tɕiak^{5}	tɕiɪk^{43}	tɕiak^{5}
局	kok^{22}	hok^{3}	kʰɔk^{3}	kuo^{214}	kiɔʔ^{214}	kʰɔk^{3}	kiok^{3}	hok^{3}

1.1.2 曾梗韵尾 -t 化，部分摄韵尾消失

此类目前仅客家话福建诏安秀篆 1 点。诏安秀篆咸深摄和山臻摄分别保持 -p、-t 尾而曾摄、梗摄部分四等以较高元音为条件韵尾 -t 化，梗摄四等主要是舌尖音声母字韵尾 -t 化，梗摄部分、宕江通摄 -k 尾消失。如下：

<table>
<tr><td colspan="2"></td><td>深</td><td>咸开</td><td>咸合</td><td>山</td><td>臻</td><td>曾一</td><td>曾三</td><td colspan="2">梗三四</td><td>梗二</td><td>宕江</td><td>通</td></tr>
<tr><td colspan="2">主元音</td><td>i a</td><td>a</td><td>a</td><td>e ε a ɔ</td><td>i ε u y</td><td>ε</td><td colspan="2">i ε</td><td colspan="2">a</td><td>ɔ</td><td>u</td></tr>
<tr><td colspan="2">韵尾</td><td colspan="3">-p</td><td colspan="5">-t</td><td colspan="4">-Ø</td></tr>
<tr><td rowspan="2">次浊</td><td>清</td><td colspan="12">阴入 [24]</td></tr>
<tr><td>全浊</td><td colspan="8">阳入 [3]</td><td colspan="4">阳去 [33]</td></tr>
</table>

咸深摄：盒 hap^{3} ｜塔 tʰap^{24} ｜插 ʦʰap^{24} ｜接 ʦiap^{24} ｜贴 tʰɛp^{24} ｜法 fap^{24}，粒 liap^{3} ｜十 ʃip^{3} ｜急 kɐp^{55}；山臻摄：杀 sat^{24} ｜舌 ʃɛt^{3} ｜结 kiet^{24} ｜脱 tʰɔt^{24} ｜罚 fat^{3} ｜血 fiet^{24}，笔 pit^{24} ｜骨 kut^{24}；曾摄：北 pɛt^{24} ｜ kʰɛt^{24} ｜力 lit^{3} ｜直 ʧʰit^{3} ｜色 sɛt^{24}；梗摄：白 pʰa^{33} ｜客 kʰa^{24} ｜麦 ma^{33} ｜摘 ʦai^{24} ｜尺 ʧʰia^{24} ｜锡 sia^{24}，滴 tit^{24} ｜笛 tʰɛt^{3}；宕江通摄：托 tʰɔu^{24} ｜约 zɔu^{24}，剥 pɔu^{24} ｜学 hɔu^{33}，谷 ku^{24} ｜六 liu^{24} ｜烛 ʧu^{24}。

1.1.3 咸深曾梗韵尾 -t 化，部分摄韵尾消失

（1）咸深、曾三韵尾 -t 化，宕江曾一梗通韵尾消失

赣语江西新余水西咸深摄全部并入山臻摄读 -t，曾摄三等非庄组韵尾 -t 化，曾

三庄组和曾摄一等与宕江梗通摄 -k 尾消失。如下：

<table>
<tr><td></td><td>咸</td><td>山</td><td>深</td><td>臻</td><td>曾三</td><td>曾一</td><td>梗</td><td>宕江</td><td>通</td></tr>
<tr><td>主元音</td><td colspan="2">e a o</td><td colspan="2">i ə</td><td>i ə</td><td>e</td><td>a</td><td>o</td><td>ə u</td></tr>
<tr><td>韵尾</td><td colspan="5">-t</td><td colspan="4">-Ø</td></tr>
<tr><td>次清</td><td colspan="5">次入 [24]</td><td colspan="4" rowspan="2">次阴入 [35]</td></tr>
<tr><td>全浊</td><td colspan="5" rowspan="2">全入 [35]</td></tr>
<tr><td>全清、次浊</td><td colspan="4">全阴入 [45]</td></tr>
</table>

咸深摄：盒 hot$^{\underline{35}}$ | 塔 tʰat$^{\underline{35}}$ | 插 tɕʰiat$^{\underline{24}}$ | 接 tɕiet$^{\underline{35}}$ | 贴 tʰiet$^{\underline{24}}$ | 法 fat$^{\underline{35}}$，立 liət$^{\underline{35}}$ | 十 sət$^{\underline{35}}$ | 急 tɕit$^{\underline{35}}$；山臻摄：辣 lat$^{\underline{35}}$ | 杀 sat$^{\underline{35}}$ | 结 tɕiet$^{\underline{35}}$ | 脱 hot$^{\underline{24}}$ | 罚 fat$^{\underline{35}}$ | 血 sot$^{\underline{35}}$，笔 pit$^{\underline{35}}$ | 骨 kuət$^{\underline{35}}$；曾摄：北 pe^{45} | 刻 kʰie^{35} | 力 lit$^{\underline{35}}$ | 直 tɕʰiət$^{\underline{24}}$ | 色 se^{45}；宕江梗通摄：托 tʰo^{35} | 药 Øio^{45}，剥 po^{45} | 学 ho^{35}，白 pʰa^{35} | 客 kʰa^{35} | 麦 ma^{45} | 尺 tʰa^{35} | 锡 sa^{45}，毂 ku^{45} | 六 liəu^{45} | 烛 tu^{45}。

（2）咸深、曾梗三四韵尾 -t 化，宕江曾梗一二通韵尾消失

a. 赣语江西新余观巢咸深摄全部并入山臻摄读 -t，曾摄三等和梗摄三四等部分韵尾 -t 化，没有韵尾 -t 化的曾摄一等、三等庄组和梗摄二等及部分三四等与宕江通摄 -k 尾消失。-k 尾可能是在浊入清化并入清入后，次清入再气流分调后消失的。-k 尾消失后，调值拉长。如下：

<table>
<tr><td colspan="2"></td><td>咸</td><td>山</td><td>深</td><td>臻</td><td>曾三</td><td>梗高</td><td>曾一</td><td>梗低</td><td>宕江</td><td>通</td></tr>
<tr><td colspan="2">主元音</td><td colspan="2">ε a o</td><td colspan="2">i ə o u</td><td>ə</td><td>i ə</td><td>ε</td><td>ε a</td><td>o</td><td>u</td></tr>
<tr><td colspan="2">韵尾</td><td colspan="6">-t</td><td colspan="4">-Ø</td></tr>
<tr><td colspan="2">次清</td><td colspan="6" rowspan="2">次入 [24]</td><td colspan="4" rowspan="2">次阴平 [224]</td></tr>
<tr><td rowspan="2">全浊</td><td>送气音</td></tr>
<tr><td>非送气音</td><td colspan="6" rowspan="2">全入 [45]</td><td colspan="4" rowspan="2">全阴平 [445]</td></tr>
<tr><td colspan="2">全清、次浊</td></tr>
</table>

咸深摄：盒 hot^{24} | 塔 tʰat^{24} | 插 tsʰat^{24} | 接 tɕiεt^{45} | 帖 tʰiεt^{24} | 法 fat^{45}，粒 lit^{45} | 十 sət^{45} | 急 tɕit^{45}；山臻摄：辣 lat^{45} | 杀 sat^{45} | 舌 sεt^{45} | 脱 tʰot^{24} | 刮 kuat^{45} | 发 fat^{45} | 血 ɕyot^{45}，笔 pit^{45} | 骨 kuot^{45}；曾梗摄：北 pε^{445} | 刻 hε^{224} | 力 lət^{45} | 直 tʰət^{24} | 色 sε^{445}，白 pʰa^{224} | 客 kʰa^{224} | 麦 ma^{445} | 摘 tsa^{445} | 尺 tʰa^{224} | 锡 ɕi^{445}、璧 pət^{45} | 滴 tit^{45} | 踢 tʰət^{24} | 笛 tʰət^{24} | 敌 tʰət^{24}；宕江通摄：托 ho^{224} | 药 Øio^{445}，剥 po^{445} | 学 ho^{224}，谷 ku^{445} | 六 liu^{445} | 烛 tu^{445}。

b. 客家话广东连南三江咸深摄韵尾 -t 化，宕江曾梗通摄韵尾演变异常复杂：通

摄保持 -k 尾；曾一、梗二和宕三的主元音都为 ε，曾一和宕三保持 -k 尾而梗二却和主元音为 œ 的宕江一二等消失 -k 尾，不过它们的入声调值没变；曾梗摄三四等韵尾 -t 化，但部分入声韵在主元音后增加元音尾 i 从而消失 -t 尾，同时调值舒化拉长归入相应的舒声调。如下：

	咸	山	深臻	曾三梗三四	宕一江二	梗二	曾一	宕三	通
主元音	i ɔ u	i ɔ u y	a	a	œ	ε			a
韵尾	-t			-Ø			-k		
清	阴入 [2]			阳上 [21]	阴入 [2]				
浊	阳入 [5]			阴平 [53]	阳入 [5]				

咸深摄：盒 hut^5 ｜塔 $t^huɔt^2$ ｜插 $ʦ^huɔt^2$ ｜接 $ʦit^2$ ｜贴 t^hit^2 ｜法 $fuɔt^2$，立 lat^5 ｜十 $ʃat^5$ ｜急 kat^2；山臻摄：辣 $luɔt^5$ ｜杀 $ʃuɔt^2$ ｜舌 $ʃit^5$ ｜脱 t^hyt^2 ｜刮 $kuɔt^2$ ｜罚 $fuɔt^5$ ｜血 hyt^2，笔 pat^2 ｜骨 $kuat^2$；曾梗摄：北 $piεk^2$ ｜贼 $ʦ^hiεk^5$ ｜力 lat^5 ｜直 $ʧ^hai^{53}$ ｜色 $ʃai^{21}$，白 $pε^5$ ｜客 $k^hε^2$ ｜麦 $mε^5$ ｜策 $ʦ^hε^2$ ｜尺 $ʧ^hai^{21}$ ｜壁 pai^{21} ｜锡 sai^{21}；宕江摄：托 $t^hœ^2$ ｜恶 $Øœ^2$ ｜削 $siεk^2$ ｜药 $Øiεk^5$，剥 $pœ^2$ ｜学 $hœ^5$；通摄：谷 kak^2 ｜六 lak^5 ｜烛 $ʧak^2$。

连南三江的类型意义在于反映了韵尾消失的两个趋势：一是曾梗摄三四等韵尾 -t 化后会进一步消失 -t 尾；二是保持 -k 尾的宕江通及曾梗摄一二等以主元音为条件逐步消失韵尾，韵尾消失后短促的入声调值会维持一段时间而不是马上舒化拉长。

1.2 部分摄韵尾 -k 化，部分摄韵尾消失

合并方向下的韵尾 -k 化类型主要分布在闽语、粤语及其周边少数方言里，韵尾 -k 化后部分摄韵尾消失的类型也只出现在这两个方言区。

1.2.1 山臻韵尾 -k 化，咸一二韵尾消失

粤语广东增城朱村山臻摄除了来自山合三的主元音为 y 的入声韵保持 -t 尾外，其他主元音的入声韵 -t 尾全部变成 -k 尾，咸合三因早期韵尾 -t 化并入山合三故也一起 -k 化；咸开三四和深摄保持 -p 尾而咸摄一二等塞尾消失。如下：

	咸一二	咸三四	山合三	山其他	咸合	宕江	梗低	梗高	曾	通	臻	深
主元音	a ɐ	i	y	i a ɐ ø u	a	ø ɔ o	e a	i	i e ɐ o	o	ɐ	ɐ
韵尾	-Ø	-p	-t	-k				-k				-p
清	阴去 [33]	下阴入 [3]						上阴入 [5]				
浊	上声 [35]	阳入 [2]										

咸深摄：搭 tau³³/taup³ ｜盒 hɐu³⁵ ｜塔 tʰau³³ ｜插 ʧʰau³³/ʧʰaup³ ｜鸭 Øau³³ ｜接 ʧip³ ｜叶 jip² ｜贴 tʰip³ ｜法 fak³，立 lɐup² ｜十 ʃɐup² ｜急 kɐup⁵；山臻摄：割 køk³ ｜八 pak³ ｜热 ŋik² ｜切 ʧʰik³ ｜脱 tʰøk³ ｜活 vuk² ｜刮 kwak³ ｜雪 ʃyt³ ｜罚 fɐk² ｜月 jyt² ｜血 høk³，笔 pɐk⁵ ｜七 ʧʰɐk⁵ ｜骨 kwak⁵ ｜出 ʧʰɐk⁵。

粤语中少见像增城朱村这样咸摄一二等 -p 尾异于其他摄消失的类型，闽语雷州片里常见。

1.2.2 山臻韵尾 -k 化，部分咸山宕江梗韵尾消失

闽语雷州片遂溪遂城咸摄开口一二等韵尾消失而三四等和深摄保持 -p 尾，咸合三 -p 尾较早韵尾 -t 化后跟随山摄部分入声韵韵尾 -k 化，臻摄也全部 -k 化；部分山摄入声韵与宕江部分梗摄和咸摄开口一二等一样消失辅音韵尾，通摄保持 -k 尾。如下：

<table>
<tr><td colspan="2"></td><td>咸开</td><td>咸合</td><td>山</td><td>宕江梗</td><td>曾通</td><td>臻</td><td>深</td><td rowspan="2">广宁东乡</td></tr>
<tr><td colspan="2">主元音</td><td colspan="2">a</td><td>i ε a ɔ</td><td>ε a ɔ</td><td>i ε a ɔ</td><td colspan="2">e ε a u</td></tr>
<tr><td rowspan="3">清</td><td rowspan="2">阴入 [5]</td><td rowspan="2">-p</td><td colspan="3" rowspan="2">-k</td><td colspan="2" rowspan="2">-k</td><td rowspan="2">-p</td><td>上阴入 [55]</td></tr>
<tr><td rowspan="2">下阴入 [33]</td></tr>
<tr><td>长入 [554]</td><td colspan="4" rowspan="2">-Ǿ，[i ε a ɔ]</td><td colspan="3" rowspan="2">—</td></tr>
<tr><td rowspan="2">浊</td><td>阳去 [332]</td><td>下阳入 [214]</td></tr>
<tr><td>阳入 [3]</td><td>-p</td><td colspan="3">-k</td><td colspan="2">-k</td><td>-p</td><td>上阳入 [22]</td></tr>
</table>

韵尾消失的咸山宕江梗五摄部分入声韵主元音以低、后元音 ε、a、ɔ 为主，来自清入的和浊入的分别主要对应粤语广宁东乡的下阴入和下阳入。例字请看表 4–2。

此类还有闽语雷州片电白霞洞、电白小良、雷州北和、徐闻城北、湛江湖光 5 点。它们的深臻曾通四摄塞尾不变，咸、山、宕江梗摄的韵尾消失存在略微差异，即哪个字消失或读 -k 尾不一致。较为一致的是咸山宕江梗五摄消失韵尾的入声韵主要对应广宁东乡的下阴入和下阳入。遂溪遂城咸山宕江梗摄韵尾消失的类型与前面澄迈金江消失的类型一致，它们都属于闽语。第二、三章中讨论韵尾合并和弱化两大演变方向时已指出闽语与非闽语在咸山宕江梗五摄韵尾演变方面存在不同。在韵尾消失方面，闽语同样表现出不同。

二　部分摄韵尾 -ʔ 化，部分摄韵尾消失

部分闽语及其周边若干方言以及晋语若干点的咸深、山臻、宕江曾梗通摄 -p、-t、-k 塞尾经过一定演变过程弱化为 -ʔ 后，开始进一步演变走向消失。不同于以

入声调类为条件消失韵尾，它们在韵尾消失过程中以摄为条件。根据消失韵尾的摄不同可分为五类，请看表 4-3。

表 4-3　部分摄韵尾 -ʔ 化，部分摄韵尾消失类型

<table>
<tr><th></th><th>咸</th><th>山</th><th>宕江</th><th>梗</th><th>深</th><th>臻</th><th>曾</th><th>通</th><th>代表点</th></tr>
<tr><td>1</td><td colspan="2">-Ø</td><td colspan="6">-ʔ</td><td>偏关窑头</td></tr>
<tr><td>2</td><td colspan="2">-Ø</td><td colspan="2">-ʔ</td><td colspan="2">-Ø</td><td colspan="2">-ʔ</td><td>于都梓山</td></tr>
<tr><td>3</td><td colspan="2">-ʔ</td><td colspan="2">-Ø/-ʔ</td><td colspan="3">-ʔ</td><td>-Ø/-ʔ</td><td>福鼎白琳</td></tr>
<tr><td>4</td><td colspan="3">-Ø</td><td colspan="5">-ʔ</td><td>建德梅城</td></tr>
<tr><td>5</td><td colspan="4">-Ø/-ʔ</td><td colspan="4">-ʔ</td><td>尤溪中仙</td></tr>
</table>

2.1　咸深山臻摄韵尾消失

此类有 3 点：晋语山西偏关窑头、徽语严州片浙江寿昌旧寿昌、吴语浙江金华曹宅。

2.1.1　深臻宕江曾梗通韵尾 -ʔ 化，咸山韵尾消失

（1）偏关窑头九摄韵尾 -ʔ 化后，清入、浊入今读入声 [5]；咸山两摄主元音为低元音 a 的开口一二等及合口三等非组及山摄合口二等 -ʔ 尾消失，调值由短促调 [5] 舒化拉长并入阳平 [55]；山摄合口一等及咸山三四等与其他七摄的 -ʔ 尾保持不变。如下：

<table>
<tr><th></th><th>咸山一二</th><th>咸山三四</th><th>深臻</th><th>曾</th><th>梗</th><th>宕</th><th>江</th><th>通</th></tr>
<tr><td>主元音</td><td>a</td><td>ε a</td><td>ə</td><td>a ə</td><td>ε ə</td><td colspan="2">ε a ə</td><td>ə</td></tr>
<tr><td>韵尾</td><td>-Ø</td><td colspan="7">-ʔ</td></tr>
<tr><td>清、浊</td><td>阳平 [55]</td><td colspan="7">入声 [5]</td></tr>
</table>

咸山清入：搭 ta^{55} ｜插 tsʰa^{55} ｜鸭 Øia^{55} ｜法 fa^{55} ｜接 tɕiεʔ^{5} ｜贴 tʰiεʔ^{5} ｜割 kaʔ^{5} ｜拨 paʔ^{5} ｜脱 tʰuaʔ^{5} ｜八 pa^{55} ｜杀 sa^{55} ｜刷 ʂua^{55} ｜刮 kua^{55} ｜雪 ɕyεʔ^{5} ｜切 tɕʰiεʔ^{5}，浊入：盒 xaʔ^{5} ｜叶 Øiεʔ^{5} ｜辣 la^{55} ｜活 xuaʔ^{5} ｜舌 ʂaʔ^{5} ｜热 ʐaʔ^{5} ｜罚 fa^{55} ｜月 Øyεʔ^{5}。深臻宕江曾梗通清入：急 tɕiəʔ^{5} ｜骨 kuəʔ^{5} ｜恶 ŋaʔ^{5} ｜角 tɕyεʔ^{5} ｜侧 tsʰaʔ^{5} ｜客 tɕʰiεʔ^{5} ｜锡 ɕiəʔ^{5} ｜榖 kuəʔ^{5}，浊入：十 ʂəʔ^{5} ｜药 Øiεʔ^{5} ｜学 ɕyεʔ^{5} ｜直 tʂəʔ^{5} ｜麦 miεʔ^{5} ｜局 tɕyəʔ^{5}。

（2）寿昌旧寿昌深臻宕江曾梗通七摄韵尾 -ʔ 化，清入读阴入乙 [3]、浊入读阳入 [31]；咸山摄韵尾消失后清入变读阴入甲 [55]、浊入变读阴上 [24]，如下：

	咸	山	深	臻	曾	梗	宕	江	通
主元音	i e ə ɤ		ə				ɔ		
韵尾	-Ø		-ʔ						
清	阴入甲 [55]		阴入乙 [3]						
浊	阴上 [24]		阳入 [31]						

咸山摄：搭 tuə^{55} ｜盒 huə^{24} ｜塔 tʰuə^{55} ｜插 tɕʰyə^{55} ｜叶 Øi^{24} ｜贴 tʰie^{55} ｜法 fɤ^{55}，八 pɤ^{55} ｜杀 ɕyə^{55} ｜热 ȵi^{24} ｜切 tɕʰie^{55} ｜拨 piɛ^{55} ｜活 Øuə^{24} ｜雪 ɕi^{55} ｜罚 fɤ^{24} ｜血 ɕyei^{55}；深臻宕江曾梗通摄：十 səʔ^{31} ｜骨 kuəʔ^{3} ｜药 Øiɔʔ^{31} ｜壳 kʰɔʔ^{3} ｜直 ʦəʔ^{31} ｜尺 ʦʰəʔ^{3} ｜木 mɔʔ^{31}。咸山摄韵尾消失前应该经过一定的合并过程后弱化为 -ʔ，与深臻等七摄韵尾相同，然后 -ʔ 尾接着消失。山摄的喉塞尾尚未完全消失，除“月 [ȵyei^{24}/ȵyəʔ^{31}]”两读外，还有部分字读喉塞尾、调值不变，如：舌 ɕiəʔ^{31} ｜脱 tʰəʔ^{3}。

2.1.2 宕江曾梗通韵尾 -ʔ 化，咸深山臻韵尾消失

客家话于都梓山宕江曾梗通摄 -k 尾弱化成 -ʔ，清、浊入读入声甲 [5]；咸深山臻摄韵尾有消失现象：清入全部消失，读阴去 [22]；浊入部分读喉塞尾、部分韵尾消失，消失韵尾的入声韵调值部分由 [5] 变为入声乙 [4]、部分变读阴去 [22]。如下：

	咸	山	深	臻	曾	梗	宕江	通
主元音	e a æ		e	e æ	e	a	ɤ	y ə u
清	-Ø，阴去 [22]				-ʔ，入声甲 [5]			
浊	-Ø，入声乙 [4]/ 阴去 [22]；-ʔ，入声甲 [5]							

咸深山臻摄清入：塔 tʰa^{22} ｜插 ʦʰa^{22} ｜贴 tʰie^{22} ｜法 fa^{22} ｜急 tɕie^{22} ｜八 pa^{22} ｜杀 sa^{22} ｜切 ʦʰie^{22} ｜脱 tʰuæ^{22} ｜刷 suæ^{22} ｜雪 sie^{22} ｜笔 pie^{22} ｜骨 kuæ^{22} ｜出 tʂʰuæ^{22}，浊入：盒 xuæʔ^{5} ｜叶 Øie^{4} ｜立 lie^{22} ｜十 ʂe^{4} ｜辣 laʔ^{5} ｜舌 ʂæ^{22} ｜热 ȵie^{4} ｜活 xuæ^{4} ｜罚 faʔ^{5}；宕江曾梗通摄清入：削 siɤʔ^{5} ｜壳 kʰɤʔ^{5} ｜北 peʔ^{5} ｜色 seʔ^{5} ｜客 kʰaʔ^{5} ｜尺 tʂʰaʔ^{5} ｜壁 piaʔ^{5} ｜穀 kuʔ^{5} ｜烛 tʂuʔ^{5}，浊入：学 xɤʔ^{5} ｜墨 meʔ^{5} ｜直 tʂeʔ^{5} ｜麦 maʔ^{5} ｜毒 tʰuʔ^{5} ｜局 tɕʰyʔ^{5}。于都梓山可能是经过韵尾分调后不同的韵尾再弱化、消失的。咸深山臻摄韵尾消失过程可以归纳为清入先消失、浊入消失喉塞尾后调值逐步拉长。

2.2 咸深山臻曾 -ʔ 化，部分宕江梗通韵尾消失

闽语闽东区福鼎白琳入分阴阳，咸深山臻曾五摄韵尾为 -ʔ；宕江梗通摄韵尾部

分 -ʔ 化、部分消失，韵尾消失的清入调值降低拉长归入阴去 [42]、浊入拉长归长阳入 [214]，如下：

	咸	山	深	臻	曾	宕江梗通	
主元音	e a	e a o	i ɛ	i o u	i e	i e u	a o
韵尾	-ʔ						-Ǿ
清	阴入 [5]						阴去 [42]
浊	阳入 [24]						长阳入 [214]

例字请看表 4-2。属于此类的还有闽东区的福清音西、闽清白樟、平潭潭城、屏南黛溪及浙江闽语苍南炎亭、泰顺三魁，地理分布较为接近。

2.3 咸山宕江梗摄韵尾消失

咸深、山臻、宕江曾梗通九摄中部分摄韵尾 -ʔ 化而咸山宕江梗五摄出现韵尾消失现象。有 12 点属于此类，但各方言的咸山宕江梗五摄具体弱化方式或程度不同，大体可分两类，第一类主要出现在非闽语中，第二类主要出现在闽语里。如下：

吴语	浙江	武义王宅				
徽语	浙江	建德三都	建德梅城			
晋语	山西	清徐清源	河北	宣化贾家营	陕西	清涧宽洲
闽语	福建	大田上京	莆田白沙	仙游度尾	尤溪中仙	
	广东	乐昌河南			海南	乐东佛罗

2.3.1 深臻曾通韵尾 -ʔ 化，咸山宕江梗韵尾消失

（1）建德梅城九摄韵尾 -ʔ 化后，咸山宕江梗二三摄进一步消失 -ʔ 尾，之后阴入 [5] 拉长调值变为阳去 [55]、阳入 [12] 拉长调值并入上声 [213]，韵尾消失的入声韵高低前后主元音都有；深臻曾梗四通摄阴入和阳入保持 -ʔ 尾，主元音只有央元音 ə。如下：

	咸山	宕江	梗二三	梗四	深	臻	曾	通
主元音	y ʅ i e ɑ o u	ɑ ə o u	ɑ	ə				
韵尾	-Ǿ			-ʔ				
清	阳去 [55]			阴入 [5]				
浊	上声 [213]			阳入 [12]				

咸山宕江梗二三摄清入：塔 tʰo^{55} ｜插 tsʰo^{55} ｜接 tɕi^{55} ｜法 fo^{55} ｜结 tɕi^{55} ｜拨 pu^{55} ｜刮 ko^{55} ｜血 ɕy^{55} ｜托 tʰo^{55} ｜削 ɕiɑ^{55} ｜剥 pu^{55} ｜客 kʰɑ^{55} ｜只 tsɑ^{55}，浊入：

盒 ho^{213} ｜匣 ho^{213} ｜叶 Øi^{213} ｜乏 fo^{213} ｜辣 lo^{213} ｜拔 po^{213} ｜舌 sɿ^{213} ｜罚 fo^{213} ｜昨 so^{213} ｜药 Øiɑ^{213} ｜学 hu^{213} ｜白 pɑ^{213} ｜麦 mɑ^{213}；深臻曾梗四通摄清入：急 tɕiəʔ^{5} ｜笔 piəʔ^{5} ｜骨 kuəʔ^{5} ｜北 pəʔ^{5} ｜刻 kʰəʔ^{5} ｜色 səʔ^{5} ｜锡 ɕiəʔ^{5} ｜哭 kʰuəʔ^{5} ｜烛 tɕyəʔ^{5}，浊入：立 liəʔ$^{\underline{12}}$ ｜拾 ɕiəʔ$^{\underline{12}}$ ｜实 səʔ$^{\underline{12}}$ ｜突 təʔ$^{\underline{12}}$ ｜特 təʔ$^{\underline{12}}$ ｜直 tsəʔ$^{\underline{12}}$ ｜敌 tiəʔ$^{\underline{12}}$ ｜毒 təʔ$^{\underline{12}}$ ｜六 ləʔ$^{\underline{12}}$。建德三都属于此小类。

（2）清徐清源部分全浊入读阳入 [54]、保持喉塞尾，次浊入和部分全浊入并入清入读阴入 [2]；阴入主元音为央元音 ə 的深臻曾通梗三四摄保持 -ʔ 尾，主元音为低元音 a 的咸山宕江梗二摄韵尾消失、调值拉长变低并入平声 [11]，如下：

		咸山宕江	梗二	梗三四	深臻曾通
主元音		a		ə	
全浊	清、次浊	-Ø，平声 [11]		-ʔ，阴入 [2]	
	全浊	-ʔ，阳入 [54]			

今读阴入 [2] 的深臻曾梗三四通摄：立 liəʔ^{2} ｜七 tɕʰiəʔ^{2} ｜律 lyəʔ^{2} ｜克 kʰəʔ^{2} ｜力 liəʔ^{2} ｜识 səʔ^{2} ｜只 tsəʔ^{2} ｜历 liəʔ^{2} ｜锡 ɕiəʔ^{2} ｜哭 kʰuəʔ^{2} ｜六 luəʔ^{2}，今读平声 [11] 的咸山宕江梗二摄：塔 tʰa^{11} ｜叶 Øia^{11} ｜贴 tʰia^{11} ｜法 fa^{11} ｜辣 la^{11} ｜浙 tsa^{11} ｜脱 tʰua^{11} ｜血 ɕya^{11} ｜托 tʰa^{11} ｜药 Øia^{11} ｜剥 pa^{11} ｜客 tɕʰia^{11} ｜麦 mia^{11} ｜革 ka^{11}，今读阳入 [54] 的全浊入：盒 xaʔ$^{\underline{54}}$ ｜叠 tiaʔ$^{\underline{54}}$ ｜乏 faʔ$^{\underline{54}}$ ｜十 səʔ$^{\underline{54}}$ ｜拔 paʔ$^{\underline{54}}$ ｜罚 faʔ$^{\underline{54}}$ ｜实 səʔ$^{\underline{54}}$ ｜薄 paʔ$^{\underline{54}}$ ｜凿 tsaʔ$^{\underline{54}}$ ｜勺 suəʔ$^{\underline{54}}$ ｜学 ɕiaʔ$^{\underline{54}}$ ｜直 tsəʔ$^{\underline{54}}$ ｜白 piaʔ$^{\underline{54}}$ ｜石 səʔ$^{\underline{54}}$ ｜敌 tiəʔ$^{\underline{54}}$ ｜毒 tuəʔ$^{\underline{54}}$ ｜局 tɕyəʔ$^{\underline{54}}$。

（3）清涧宽洲九摄韵尾 -ʔ 化后，咸山宕江、曾梗摄一二等 -ʔ 尾消失；深臻通、曾梗摄三四等 -ʔ 尾不变，入声韵主元音为央元音 ə，如下：

	咸山	宕江	曾一梗二	曾三梗三四	深臻	通
主元音	ɛ a ɤ	ɛ ɤ	e ɛ ɤ	ə		
韵尾	-Ø			-ʔ		
清、次浊	上声 [53]			阴入 [43]		
全浊	阳平 [24]			阳入 [44]		

咸山宕江、曾梗一二清、次浊入：塔 tʰa^{53} ｜叶 Øiɛ^{53} ｜贴 tʰiɛ^{53} ｜法 fa^{53} ｜辣 la^{53} ｜杀 sa^{53} ｜节 tɕiɛ^{53} ｜月 Øyɛ^{53} ｜托委托 tʰɤ^{53} ｜药 Øiɛ^{53} ｜剥 pɤ^{53} ｜壳 kʰɤ^{53} ｜刻 kʰɤ^{53} ｜客 kʰɤ^{53} ｜麦 miɛ^{53}，全浊入：舌 ʂɤ^{24} ｜活 xuɤ^{24} ｜罚 fa^{24} ｜学 ɕiɛ^{24} ｜贼 tsei^{24} ｜白 pʰiɛ^{24}；深臻通、曾梗三四清、次浊入：立 liəʔ^{43} ｜急 tɕiəʔ^{43} ｜七 tɕʰiəʔ^{43} ｜骨

kʰuəʔ^{43} ｜力 liəʔ^{43} ｜尺 tʂʰəʔ^{43} ｜锡 ɕiəʔ^{43} ｜哭 kʰuəʔ^{43} ｜绿 luəʔ^{43} ｜烛 tʂuəʔ^{43}，全浊入：十 ʂəʔ^{44} ｜直 tʂʰəʔ^{44} ｜织 tʂəʔ^{44} ｜毒 tʰuəʔ^{44} ｜局 tɕyəʔ^{44}。

刘勋宁（1983）对清涧方言的入声韵尾演变做了经典、详细的描写、分析和讨论。

2.3.2 深臻曾通韵尾 -ʔ 化，部分咸山宕江梗韵尾消失

尤溪中仙咸摄三四等及深臻曾通摄韵尾 -ʔ 化，清入读阴入 [54]、浊入读阳入 [214]；咸摄一二等及山宕江梗摄部分韵尾 -ʔ 化，部分辅音韵尾消失后清入变读阴去 [35]、浊入变读阴平 [44]，分别主要对应粤语广宁东乡的下阴入和下阳入。如下：

		咸	山	宕	江	梗	通	曾	臻	深	广宁东乡
主元音		i e ɛ a ø o ɔ u					i ɛ a ɔ				
清	阴入 [54]	-ʔ									上阴入 [55]
	阴去 [35]	-Ø，[i e a ɔ]					—				下阴入 [33]
浊	阴平 [44]										下阳入 [214]
	阳入 [214]	-ʔ									上阳入 [22]

例字请看表 4–2。属于此类的还有大田上京、莆田白沙、仙游度尾、乐昌河南、乐东佛罗、武义王宅、宣化贾家营。后 4 点咸摄韵尾消失的规律不明显，不像前 3 点以一二等和三四等为界。

三　韵尾 -ʔ 化，清入或浊入韵尾消失

咸深山臻、宕江曾梗通九摄韵尾 -ʔ 化后，入声韵以声母清浊为条件消失喉塞尾。根据清入和浊入调类演变情况，分为“清浊同调”和“清浊异调”两类。

3.1 清浊同调

此类仅一个小类：清浊同调，浊入先消失。指清入和浊入今读一个入声调但浊入先消失 -ʔ 尾。如果某方言中清入和部分浊入有 -ʔ 尾且调值相同，部分浊入 -ʔ 尾消失、调值舒化拉长且舒化后调值与入声调同调高，如 [2] 与 [22]，即从调值来源判断古清浊入曾经同调。

此类目前仅赣语昌靖片江西德安聂桥 1 点。德安聂桥古清入保持 -ʔ 尾，发生气流分调后全清入今读短促高调 [5]，次清入今读短促高升调 [35]；古全浊声母今逢塞音、塞擦音读送气清音，全浊入 -ʔ 尾全部消失，调值由 [5] 拉长并入阳去 [55]；次浊入今部分保持 -ʔ 尾、部分 -ʔ 尾消失读阳去 [55]。次浊入分化条件大致是有 -ʔ

尾的多是主元音为高元音的三四等，消失 -ʔ 尾的多是主元音为较低元音的一二等，但界限不明显。如下：

<table>
<tr><td colspan="2"></td><td>咸</td><td>山</td><td>深臻</td><td colspan="2">曾三</td><td>曾一</td><td>梗</td><td>宕江</td><td>通</td></tr>
<tr><td colspan="2">主元音</td><td>e æ a</td><td>e æ</td><td>i æ</td><td>i æ</td><td>e</td><td>e</td><td>e a</td><td>o</td><td>u</td></tr>
<tr><td colspan="2">次清</td><td colspan="9">-ʔ，次阴入 [35]</td></tr>
<tr><td rowspan="2">次浊</td><td>全清</td><td colspan="9">-ʔ，全阴入 [5]</td></tr>
<tr><td>全浊</td><td colspan="9">-Ǿ，阳去 [55]</td></tr>
</table>

次清入：插 tsʰæʔ^{35} ｜出 tʂʰæʔ^{35} ｜壳 kʰoʔ^{35} ｜刻 kʰeʔ^{35} ｜尺 tʂʰaʔ^{35} ｜哭 kʰuʔ^{35}；全清入：急 tɕiʔ^{5} ｜雪 sieʔ^{5} ｜笔 piʔ^{5} ｜削 sioʔ^{5} ｜北 peʔ^{5} ｜壁 piaʔ^{5} ｜足 tsiuʔ^{5}；次浊入：立 liʔ^{5} ｜热 læʔ^{5} ｜月 n̩ieʔ^{5} ｜力 liʔ^{5} ｜木 muʔ^{5} ｜肉 n̩iuʔ^{5} ｜绿 liuʔ^{5}，叶 Ǿie^{55} ｜辣 læ^{55} ｜药 Ǿio^{55} ｜墨 me^{55} ｜麦 ma^{55} ｜六 liu^{55}；全浊入：盒 hæ^{55} ｜十 ʂæ^{55} ｜舌 ʂæ^{55} ｜学 ɕio^{55} ｜贼 tsʰe^{55} ｜白 pʰa^{55} ｜局 tɕʰiu^{55}。

从 -ʔ 尾已消失的全浊入及正在消失 -ʔ 尾的次浊入今读调值 [55] 来看，德安聂桥古浊入曾经和清入同读一个入声调 [5]（这是古入声没有分化所致还是清浊分调之后再合并的，暂不讨论）。之后这个入声调 [5] 分化演变，次清入气流分调为 [35]，全浊入及部分次浊入率先消失 -ʔ 尾，调值由短 [5] 拉长为 [55] 并入阳去。

3.2 清浊异调

清、浊入今读调值不同，清入或浊入的韵尾消失。根据清、浊入调类分化情况及韵尾消失涉及的清浊不同分为“清浊对立”和“部分浊入混入清入”两类，每类又可细分若干小类。请看表 4-4。

表 4-4　清浊异调的 -ʔ 尾部分消失类型

<table>
<tr><td></td><td>清入</td><td colspan="2">次浊入</td><td colspan="2">全浊入</td><td>代表点</td></tr>
<tr><td>1</td><td>-ʔ</td><td colspan="4">-Ǿ</td><td>高淳淳溪</td></tr>
<tr><td>2</td><td>-Ǿ</td><td colspan="4">-ʔ</td><td>清流嵩口</td></tr>
<tr><td>3</td><td colspan="2">-ʔ</td><td colspan="3">-Ǿ</td><td>龙南龙南</td></tr>
<tr><td>4</td><td colspan="3">-ʔ</td><td colspan="2">-Ǿ</td><td>赤壁陆水湖</td></tr>
<tr><td>5</td><td colspan="4">-ʔ</td><td>-Ǿ</td><td>池州茅坦</td></tr>
<tr><td>6</td><td colspan="2">-ʔ</td><td>-Ǿ</td><td>-ʔ</td><td>-Ǿ</td><td>灵丘东河南</td></tr>
</table>

3.2.1 清浊对立

在清入和浊入截然不混的情况下，清入或浊入先消失韵尾。

（1）清入韵尾 -ʔ 化，浊入韵尾消失

此类目前仅见于古全浊声母今读浊音的吴语江苏高淳淳溪和浙江昌化昌化、开化中村 3 点。高淳淳溪清入与浊入分化为阴入和阳入两调，阴入保持 -ʔ 尾不变读短促调 [3]，阳入消失 -ʔ 尾、短促调值拉长读 [13]，如下：

	咸	山	深	臻	曾	梗	宕	江	通
主元音	e ɑ ə		e ə		ə ɔ	e ɑ ə	a ɑ ɔ		e ɑ ə ɔ
清	-ʔ，阴入 [3]								
浊	-Ø，阳入 [13]								

清入：急 tɕieʔ^{3} ｜雪 ɕieʔ^{3} ｜血 ɕyəʔ^{3} ｜笔 pieʔ^{3} ｜削 ɕiɔʔ^{3} ｜北 pɔʔ^{3} ｜壁 pieʔ^{3} ｜足 ʦəʔ^{3}，插 ʦʰɑʔ^{3} ｜出 ʦʰɥəʔ^{3} ｜壳 kʰuɑʔ^{3} ｜刻 kʰəʔ^{3} ｜尺 ʦʰəʔ^{3} ｜哭 kʰuəʔ^{3}；浊入：盒 xɑ^{13} ｜十 sɦə^{13} ｜舌 sɦa^{13} ｜学 tɕɦya^{13} ｜贼 sɦə^{13} ｜白 pɦə^{13} ｜局 ɕye^{13}，叶 Øie^{13} ｜立 nə^{13} ｜辣 lɑ^{13} ｜药 Øia^{13} ｜墨 mɔ^{13} ｜麦 mɑ^{13} ｜木 mɔ^{13} ｜肉 sɦuə^{13}。

（2）浊入韵尾 -ʔ 化，清入韵尾消失

从整个汉语方言来看，此类比较特殊，目前仅见于福建境内的客家话清流嵩口和闽语顺昌双溪、漳平溪南 3 点。清流嵩口入声分阴阳，浊入韵尾 -ʔ 化、读短促高调 [54]，清入韵尾消失、调值舒化拉长后并入上声 [31]。如下：

	咸	山	深	臻	曾	梗	宕	江	通
主元音	e ᴀ o	e ᴀ	i e	i e ɤ		i ᴀ o ɤ	o u	o	i u
清	-Ø，上声 [31]								
浊	-ʔ，入声 [54]								

清入：接 ʦiᴀ^{31}/ʦe^{31} ｜急 ki^{31} ｜八 pᴀ^{31} ｜七 ʦʰi^{31} ｜托委托 tʰo^{31} ｜剥 po^{31} ｜北 pɤ^{31} ｜尺 ʧʰo^{31} ｜烛 ʧi^{31}；浊入：盒 hoʔ^{54} ｜立 liʔ^{54} ｜舌 ʃieʔ^{54} ｜月 ŋueʔ^{54} ｜药 Øioʔ^{54} ｜学 hoʔ^{54} ｜直 ʧʰeʔ^{54} ｜白 pʰoʔ^{54} ｜毒 tʰuʔ^{54}。

从上述 3 点周边方言属于“九摄韵尾 -ʔ 化”类型来看，上述 3 点清入韵尾消失的起点是 -ʔ 尾。从清入调值和所归并舒声调的情况看，3 点清入是根据 -ʔ 尾消失后调值情况归并舒声调的，或归入上声或归入阳平或去声，无一致的归并方向。

3.2.2 部分浊入与清入相混

此类是第三章第三节 3.2.2 小节“九摄韵尾 -ʔ 化，部分浊入与清入相混”的部分消失类型，根据浊入消失的程度细分为四小类，如下：

（1）部分次浊入归清入，剩余浊入韵尾消失

此小类目前仅见于赣南与闽西地区的客家话宁龙片龙南龙南、汀州片长汀河田及赣语吉茶片泰和澄江 3 点。长汀河田部分次浊入归清入，与清入一起保持 -ʔ 尾，而没有并入清入的次浊入和全浊入一起消失 -ʔ 尾，读去声 [53]。如下：

<table>
<tr><td colspan="2"></td><td>咸</td><td>山</td><td>深</td><td>臻</td><td>曾</td><td>梗</td><td>宕江</td><td>通</td></tr>
<tr><td colspan="2">主元音</td><td colspan="2">e ɛ ɑ ɔ</td><td colspan="2">e ɛ ə</td><td>e ɛ</td><td>ɛ ɑ ɔ</td><td>ɔ</td><td>ə</td></tr>
<tr><td rowspan="2">次浊</td><td>清</td><td colspan="8">-ʔ，入声 [32]</td></tr>
<tr><td>全浊</td><td colspan="8">-Ø，去声 [53]</td></tr>
</table>

清入：接 ʦieʔ^{32} ｜急 kieʔ^{32} ｜八 pieʔ^{32} ｜七 ʦʰieʔ^{32} ｜托委托 tʰɔʔ^{32} ｜剥 pɔʔ^{32} ｜北 pɛʔ^{32} ｜尺 ʧʰɑʔ^{32} ｜烛 ʧəʔ^{32}；浊入：盒 hɔ^{53} ｜立 lie^{53} ｜舌 ʃɑ^{53} ｜月 ŋɛ^{53} ｜药 Øiɔ^{53} ｜学 hɔ^{53} ｜直 ʧʰie^{53} ｜白 pʰɑ^{53} ｜毒 tʰə^{53} ｜木 məʔ^{32} ｜六 tiəʔ^{32}。

长汀河田归入清入的次浊入与龙南龙南一样，主要是通摄屋韵，而赣语泰和澄江不受此限。

（2）次浊入归清入，全浊入韵尾消失

此类主要分布在皖鄂赣三省交界区的赣语大通、怀岳和昌靖三片的赤壁陆水湖、宿松二郎、武宁石渡、星子蛟塘 4 点及吴语浙江嘉兴七星 1 点。赤壁陆水湖次浊入与清入合并、有 -ʔ 尾今读短促高调 [5]，古全浊入消失 -ʔ 尾、调值拉长并入阳平 [24]，如下：

	咸	山	深	臻	曾	梗	宕江	通
主元音	e a o	e a	ʅ i	ʮ i u	ʅ i e	e a	o	o u
清、次浊	-ʔ，入声 [5]							
全浊	-Ø，阳平 [24]							

清入：塔 daʔ^{5} ｜急 ʨiʔ^{5} ｜雪 ɕieʔ^{5} ｜出 dʐʮʔ^{5} ｜恶 Øoʔ^{5} ｜壳 goʔ^{5} ｜北 peʔ^{5} ｜客 geʔ^{5} ｜竹 tʂouʔ^{5}；次浊入：叶 Øieʔ^{5} ｜立 diʔ^{5} ｜辣 naʔ^{5} ｜月 ȵʮeʔ^{5} ｜药 Øioʔ^{5} ｜力 diʔ^{5} ｜麦 meʔ^{5} ｜木 muʔ^{5}；全浊入：盒 ho^{24} ｜十 ʂʅ^{24} ｜舌 ʂe^{24} ｜罚 fa^{24} ｜学 ɕio^{24} ｜贼 dze^{24} ｜白 be^{24} ｜毒 dou^{24}。

（3）次浊入及部分全浊入混入清入，剩余全浊入韵尾消失

此类分布在吴语宣州片及江淮官话 5 点，类型意义比较重要。

吴语　安徽　池州茅坦　宁国南极

江淮　湖北　蕲春漕河　蕲春管窑　江苏　东海牛山

宁国南极古次浊入并到阴入 [5]，保持 -ʔ 尾；全浊入以古全浊声母今读音值类型为条件分化，古全浊声母今读清塞音、塞擦音、擦音的入声韵读阴入、保持 -ʔ 尾，今读浊塞音、浊擦音及零声母的入声韵韵尾消失、调值舒化拉长并入阳上 [214]。如下：

<table>
<tr><td colspan="2"></td><td>咸</td><td>山</td><td>深</td><td>臻</td><td>曾</td><td>梗</td><td>宕江</td><td>通</td></tr>
<tr><td colspan="2">主元音</td><td colspan="2">ɛ a o</td><td colspan="2">ʮ ʅ ɪ ɛ ə u</td><td colspan="2">ʮ ʅ ɪ e ɛ ə u</td><td>o</td><td>ʮ ə o u</td></tr>
<tr><td rowspan="2">全浊</td><td>清、次浊</td><td colspan="8">-ʔ，入声 [5]</td></tr>
<tr><td>全浊</td><td colspan="8">-Ǿ，阳上 [214]</td></tr>
</table>

清入：接 tɕiɛʔ^{5} ｜急 tɕiɪʔ^{5} ｜八 paʔ^{5} ｜七 tʂʰʅʔ^{5} ｜托委托 tʰuoʔ^{5} ｜剥 poʔ^{5} ｜北 peʔ^{5} ｜尺 tʂʰʅʔ^{5} ｜烛 tsəuʔ^{5}；次浊入：蜡 laʔ^{5} ｜叶 Ǿiɛʔ^{5} ｜粒 liɛʔ^{5} ｜辣 laʔ^{5} ｜热 ȵiɛʔ^{5} ｜月 Ǿʮɛʔ^{5} ｜药 Ǿioʔ^{5} ｜墨 məʔ^{5} ｜力 liɪʔ^{5} ｜麦 mɛʔ^{5} ｜木 moʔ^{5} ｜六 ləuʔ^{5}；全浊入：煠 hza^{214} ｜十 hʐə^{214} ｜舌 hʑiɛ^{214} ｜夺 do^{214} ｜罚 hva^{214} ｜侄 hʐə^{214} ｜昨 hzo^{214} ｜学 ɣo^{214} ｜贼 hze^{214} ｜直 hʐʅ^{214} ｜白 bɛ^{214} ｜石 hʐə^{214} ｜笛 diɪ^{214} ｜毒 dəu^{214} ｜熟 hzəu^{214}，杂 tsaʔ^{5} ｜集 tɕiɪʔ^{5} ｜达 taʔ^{5} ｜杰 tɕiɛʔ^{5} ｜绝 tɕʮɛʔ^{5} ｜实 ʂəʔ^{5} ｜突 tʰəʔ^{5} ｜镯 tsoʔ^{5} ｜特 tʰəʔ^{5} ｜植 tʂʅʔ^{5} ｜泽 tsʰeʔ^{5} ｜族 tsʰəʔ^{5}。

（4）部分浊入归清入，部分浊入韵尾消失

此类主要分布在晋语大包、邯新、五台、张呼、志延五片，其中大包、邯新两片分布最多；徽语有 1 点。如下：

晋语　山西　大同倍加造　大同城内　怀仁城关　平定娘子关　山阴岱岳　右玉元堡子
　　　　　　左权石匣　灵丘东河南　朔州市城关　河北　磁县光禄　永年西苏
　　　河南　鹤壁鹿楼　获嘉县城　获嘉张巨　沁阳西向
　　　内蒙古　呼和浩特　集宁白海子　陕西　志丹双河　靖边张家畔
徽语　安徽　歙县徽城

灵丘东河南古浊入部分混入清入，与其一起读短促入声 [21]，-ʔ 尾没有消失；部分浊入 -ʔ 尾消失，同时调值舒化拉长以清浊为条件分化，全浊入归入阳平、次浊入归入去声。保持 -ʔ 尾的入声韵主元音分两类：咸山宕江梗二等主元音为 a，深臻曾梗三四通主元音为 ə；而消失 -ʔ 尾的入声韵主元音除了 a、ə（字数少），主要有 y、i、ɛ、ɔ、ɤ、o、u 等。如下：

<table>
<tr><td colspan="2"></td><td>咸山宕江梗二</td><td>深臻曾梗三四通</td></tr>
<tr><td>清</td><td rowspan="2">入声 [$\underline{21}$]</td><td rowspan="2">-ʔ，[a]</td><td rowspan="2">-ʔ，[ə]</td></tr>
<tr><td rowspan="3">浊</td></tr>
<tr><td>去声 [31] 来自次浊</td><td colspan="2" rowspan="2">-Ø，[y i ɛ a ə ɔ ɤ o u]</td></tr>
<tr><td>阳平 [211] 来自全浊</td></tr>
</table>

清入：接 tɕiaʔ^{21} ｜急 tɕiəʔ^{21} ｜八 paʔ^{21} ｜七 tɕʰiəʔ^{21} ｜托委托 tʰuaʔ^{21} ｜剥 paʔ^{21} ｜北 piəʔ^{21} ｜尺 səʔ^{21} ｜烛 tsuəʔ^{21}；浊入：十 səʔ^{21} ｜辣 laʔ^{21} ｜罚 faʔ^{21} ｜学 ɕyaʔ^{21} ｜直 tsəʔ^{21}，叶 Øiɛ^{31} ｜立 li^{31} ｜热 zɤ^{31} ｜月 Øyɛ^{31} ｜药 Øiɔ^{31} ｜墨 mei^{31} ｜力 li^{31} ｜麦 mai^{31} ｜木 mu^{31} ｜绿 ly^{31}，盒 xɤ^{211} ｜舌 sɤ^{211} ｜活 xuo^{211} ｜贼 tsei^{211} ｜白 pʰai^{211} ｜毒 tu^{211} ｜局 tɕy^{211}。

歙县徽城古清入保持 -ʔ 尾、今读入声 [$\underline{21}$] 调，部分浊入入声今读 [$\underline{21}$]、有 -ʔ 尾，部分浊入韵尾消失、并入阳去 [33]。如下：

<table>
<tr><td colspan="2"></td><td>咸</td><td>深</td><td>山</td><td>臻</td><td>曾</td><td>梗</td><td>宕江</td><td>通</td></tr>
<tr><td colspan="2">主元音</td><td>e a ɔ</td><td>i e</td><td colspan="2">y i e a ɔ o u</td><td>i e</td><td>i ɛ</td><td>a ɔ o</td><td>y ɔ o u</td></tr>
<tr><td rowspan="2">浊</td><td>清</td><td colspan="8">-ʔ，入声 [$\underline{21}$]</td></tr>
<tr><td>浊</td><td colspan="8">-Ø，阳去 [33]</td></tr>
</table>

清入：接 tɕieʔ$^{\underline{21}}$ ｜急 tɕiʔ$^{\underline{21}}$ ｜八 paʔ$^{\underline{21}}$ ｜七 tsʰiʔ$^{\underline{21}}$ ｜剥 pɔʔ$^{\underline{21}}$ ｜北 peʔ$^{\underline{21}}$ ｜尺 tɕʰiʔ$^{\underline{21}}$ ｜烛 tsuʔ$^{\underline{21}}$；浊入：匣 xaʔ$^{\underline{21}}$ ｜协 ɕieʔ$^{\underline{21}}$ ｜辙 tɕʰieʔ$^{\underline{21}}$ ｜捏 neʔ$^{\underline{21}}$ ｜滑 vaʔ$^{\underline{21}}$ ｜突 tʰeʔ$^{\underline{21}}$ ｜述 ɕyʔ$^{\underline{21}}$ ｜摸 mɔʔ$^{\underline{21}}$ ｜勺 ɕiɔʔ$^{\underline{21}}$ ｜浊 tsʰɔʔ$^{\underline{21}}$ ｜学 xɔʔ$^{\underline{21}}$ ｜或 xuɛʔ$^{\underline{21}}$ ｜腋 Øieʔ$^{\underline{21}}$ ｜寂 tsʰiʔ$^{\underline{21}}$ ｜曝 pʰɔʔ$^{\underline{21}}$ ｜育 ØioʔF$^{\underline{21}}$，叶 Øie^{33} ｜十 ɕi^{33} ｜辣 la^{33} ｜舌 tɕʰie^{33} ｜夺 tʰo^{33} ｜侄 tɕʰi^{33} ｜药 Øio^{33} ｜力 li^{33} ｜直 tɕʰi^{33} ｜白 pʰɛ^{33} ｜木 mɔ^{33} ｜六 lo^{33} ｜绿 lu^{33} ｜玉 Øy^{33}。

四　混合型

指某方言部分摄发生了韵尾 -t 化或 -k 化，部分摄发生了 -ʔ 化，而部分摄还发生了韵尾消失，合并、弱化、消失同时出现，且可能出现在同一摄。此类主要出现在闽语和与闽语有接触的粤语及个别平话，几乎每个方言表现为一类，请看表 4-5。

表 4-5 韵尾消失混合型

<table>
<tr><th rowspan="2"></th><th colspan="2">咸</th><th colspan="2">山</th><th rowspan="2">宕江</th><th colspan="2">梗</th><th rowspan="2">深</th><th rowspan="2">臻</th><th colspan="2">曾</th><th rowspan="2">通</th><th rowspan="2">代表点</th></tr>
<tr><th>三四</th><th>一二</th><th>一二</th><th>三四</th><th>二</th><th>三四</th><th>一</th><th>三</th></tr>
<tr><td>1</td><td>-t</td><td>-Ǿ/-ʔ/-p</td><td colspan="2">-Ǿ/-ʔ/-t</td><td colspan="3">-Ǿ/-ʔ/-k</td><td>-p</td><td>-t</td><td colspan="3">-k</td><td>琼中和平</td></tr>
<tr><td>2</td><td colspan="2">-Ǿ/-ʔ/-t/-p</td><td colspan="2">-Ǿ/-ʔ/-t</td><td colspan="3">-Ǿ/-ʔ/-k</td><td>-p</td><td>-t</td><td>-k</td><td>-t</td><td>-k</td><td>花莲吉安</td></tr>
<tr><td>3</td><td>-t</td><td>-Ǿ/-ʔ</td><td colspan="2">-Ǿ/-ʔ/-t</td><td colspan="3">-Ǿ/-ʔ/-k</td><td>-t</td><td>-t</td><td colspan="2">-t/-k</td><td>-k</td><td>万宁和乐</td></tr>
<tr><td>4</td><td colspan="2">-p</td><td colspan="2">-Ǿ/-k/-t</td><td colspan="2">-Ǿ</td><td>-t</td><td>-p</td><td>-ʔ</td><td>-ʔ</td><td>-t</td><td>-ʔ</td><td>湛江坡头</td></tr>
<tr><td>5</td><td>-t</td><td>-Ǿ/-ʔ</td><td colspan="2">-Ǿ/-ʔ/-k/-t</td><td colspan="3">-Ǿ/-k</td><td colspan="5">-k</td><td>东莞莞城</td></tr>
</table>

4.1 琼中型

闽语海南琼中和平深、臻、通摄保持各自 -p、-t、-k 韵尾不变，曾摄一等有少数字韵尾 -t 化，咸山宕江梗五摄韵尾演变很复杂。咸摄三四等部分韵尾 -t 化，而一二等部分保持 -p 尾、部分韵尾 -ʔ 化、部分韵尾消失；山摄部分保持 -t 尾，部分消失韵尾、调值舒化，部分韵尾 -ʔ 化；宕江梗三摄部分保持 -k 尾，部分消失韵尾、调值舒化，部分韵尾 -ʔ 化。咸山宕江梗五摄出现弱化或消失的入声韵清入主要对应粤语广宁东乡的下阴入、浊入主要对应其下阳入，消失的入声韵以浊入较多，如下：

<table>
<tr><td colspan="2"></td><td>咸开</td><td>咸合</td><td>山</td><td>宕江梗</td><td>通曾</td><td>臻</td><td>深</td><td rowspan="2">广宁东乡</td></tr>
<tr><td colspan="2">主元音</td><td>e a ɔ</td><td>a</td><td>i ɛ a ɔ u</td><td>e ɛ a o ɔ u</td><td>i e a o ɔ</td><td>i u</td><td>i a</td></tr>
<tr><td rowspan="4">清</td><td rowspan="2">阴入 [5]</td><td rowspan="2">-p</td><td rowspan="2" colspan="2">-t</td><td rowspan="2">-k</td><td rowspan="2">-k</td><td rowspan="2">-t</td><td rowspan="2">-p</td><td>上阴入 [55]</td></tr>
<tr><td rowspan="3">下阴入 [33]</td></tr>
<tr><td rowspan="2">高去 [53]</td><td colspan="4">-ʔ</td><td colspan="3" rowspan="3">—</td></tr>
<tr><td colspan="4" rowspan="2">-Ǿ</td></tr>
<tr><td rowspan="2">浊</td><td>阳去 [42]</td><td>下阳入 [214]</td></tr>
<tr><td>阳入 [3]</td><td>-p</td><td colspan="2">-t</td><td>-k</td><td>-k</td><td>-t</td><td>-p</td><td>上阳入 [22]</td></tr>
</table>

例字请看表 4-2。表 4-2 中韵尾弱化或消失的入声韵绝大多数的调值已与 -p、-t、-k 尾韵的调值不同，但还有少数字调值没有舒化拉长而仍读阴入 [5] 或阳入 [3]，如：白 ɓɛʔ^{3} ｜客 kʰeʔ^{5} ｜摘 ɗiaʔ^{5}，过渡色彩很明显。

4.2 花莲型

闽语台湾花莲吉安曾摄三等部分韵尾 -t 化而一等保持 -k 尾不变，如：北 pak^{43} ｜刻 kʰiɪk^{43} ｜力三 lat^{3}/liɪk^{3} ｜直 tit^{3} ｜色 ɕiɪk^{43} ｜织 tɕit^{43}，这是与琼中和平不同的；除咸合三韵尾 -t 化外，深臻通三摄分别保持 -p、-t、-k 尾不变；咸山宕江梗五摄则分别出现了部分清入韵尾 -ʔ 化、部分浊入韵尾消失现象，弱化的清入主要对应粤语广宁东乡的下阴入、消失的浊入主要对应其下阳入；剩下的入声韵保持各自塞尾不变，如下：

<table>
<tr><td colspan="2"></td><td>咸开</td><td>咸合</td><td>山</td><td>宕江梗</td><td>通</td><td>曾</td><td>臻</td><td>深</td><td rowspan="2">广宁东乡</td></tr>
<tr><td colspan="2">主元音</td><td colspan="2">a</td><td>ieao</td><td>ɪeao</td><td colspan="2">iɪao</td><td>iu</td><td>ia</td></tr>
<tr><td rowspan="3">清</td><td rowspan="2">阴入甲 [43]</td><td rowspan="2">-p</td><td colspan="2" rowspan="2">-t</td><td rowspan="2">-k</td><td rowspan="2">-k</td><td colspan="2" rowspan="2">-t</td><td rowspan="2">-p</td><td>上阴入 [55]</td></tr>
<tr><td rowspan="2">下阴入 [33]</td></tr>
<tr><td>阴入乙 [42]</td><td colspan="4">-ʔ</td><td colspan="4" rowspan="2">—</td></tr>
<tr><td rowspan="2">浊</td><td>阳去 [33]</td><td colspan="4">-Ǿ</td><td>下阳入 [214]</td></tr>
<tr><td>阳入 [3]</td><td>-p</td><td colspan="2">-t</td><td>-k</td><td>-k</td><td colspan="2">-t</td><td>-p</td><td>上阳入 [22]</td></tr>
</table>

例字请看表 4–2。南投名间属于此类。

4.3 万宁型

闽语海南万宁和乐咸摄三四等和深摄韵尾 -t 化，曾摄部分韵尾 -t 化；深、臻、通摄分别保持 -t、-k 尾不变；咸摄一二等及山、宕江梗摄部分韵尾 -ʔ 化或消失，其中来自清入的部分韵尾 -ʔ 化、部分消失，来自浊入的韵尾以消失为主，出现弱化或消失的清入主要对应粤语广宁东乡的下阴入、出现消失的浊入主要对应其下阳入。如下：

<table>
<tr><td colspan="2"></td><td>咸开</td><td>咸合</td><td>山</td><td>宕江梗</td><td>通</td><td>曾</td><td>臻</td><td>深</td><td rowspan="2">广宁东乡</td></tr>
<tr><td colspan="2">主元音</td><td>ia</td><td>a</td><td>iɛaɔu</td><td>iɛaɔ</td><td colspan="2">iɛaɔo</td><td>iu</td><td>ia</td></tr>
<tr><td rowspan="4">清</td><td rowspan="2">阴入 [5]</td><td colspan="3" rowspan="2">-t</td><td rowspan="2">-k</td><td rowspan="2">-k</td><td colspan="3" rowspan="2">-t</td><td>上阴入 [55]</td></tr>
<tr><td rowspan="3">下阴入 [33]</td></tr>
<tr><td rowspan="2">高去 [54]</td><td colspan="4">-ʔ</td><td colspan="4" rowspan="3">—</td></tr>
<tr><td colspan="4" rowspan="2">-Ǿ</td></tr>
<tr><td rowspan="2">浊</td><td>阳去 [42]</td><td>下阳入 [214]</td></tr>
<tr><td>阳入 [3]</td><td colspan="3">-t</td><td>-k</td><td>-k</td><td colspan="3">-t</td><td>上阳入 [22]</td></tr>
</table>

例字请看表 4–2。咸摄一二等虽然出现弱化，但没有消失 -ʔ 尾。

4.4 湛江型

粤语广东湛江坡头咸深摄除咸合三 -ʔ 化外基本保持 -p 尾不变，咸合三 -ʔ 化是并入山摄以后发生的；山摄来自合口一三等主元音为 u 的保持 -t 尾，主元音为 e、ə 的开口三四等及部分合口三四等韵尾 -k 化，开口一二等及合口二三等主元音为 a 的韵尾消失，与宕江摄相同；臻摄韵尾 -ʔ 化；曾三和梗三四韵尾 -t 化，主元音分别为 ə 和 ɐ、ə；曾一与通摄一起韵尾 -ʔ 化，梗二韵尾消失，主元音为 a。如下：

	咸	山			宕江	梗		曾		通	臻	深
主元音	i ɐ a	e ə	u	a	a o	a	ɐ ə	ə	ɐ	o	ɐ	
韵尾	-p	-k	-t	-Ǿ			-t		-ʔ			-p
清	下阴入 [1]			阴去 [11]			上阴入 [4]					
浊	阳入 [3]			[11]	阳去 [22]		阳入 [3]					

咸深摄：盒 huɐp^{3} ｜塔 tʰap^{1} ｜插 ʦʰap^{1} ｜叶 jip^{3} ｜贴 tʰip^{1} ｜法 faʔ^{1}，立 lɐp^{3} ｜十 sɐp^{3} ｜急 kɐp^{4}；山摄：拨 ʔbut^{1} ｜脱 tʰut^{1} ｜活 wut^{3} ｜雪 ɬut^{1}，舌 siək^{3} ｜热 ŋiək^{3} ｜歇 hiək^{1} ｜节 tiək^{1} ｜切 tʰiək^{1} ｜结 kiək^{1} ｜血 fek^{1}，辣 la^{11} ｜割 kua^{11} ｜八 ʔba^{11} ｜杀 sa^{11} ｜刷 sa^{11}/siaʔ^{1} ｜刮 kua^{11} ｜罚 fa^{11}；臻摄：笔 ʔbɐʔ^{4} ｜一 jɐʔ^{4} ｜骨 kuɐʔ^{4} ｜出 ʦʰɐʔ^{4}；曾摄：北 ʔbɐʔ^{4} ｜墨 mɐʔ^{3} ｜刻 hɐʔ^{4} ｜力 lɐt^{3} ｜直 ʦʰət^{3} ｜色 sɐʔ^{4} ｜织 ʦət^{4}；梗摄：百 ʔba^{22} ｜白 pʰa^{22} ｜客 ha^{11} ｜麦 ma^{22} ｜摘 ʦa^{11} ｜策 ʦʰa^{11} ｜尺 ʦʰət^{4} ｜壁 ʔbɐt^{4} ｜锡 ɬɐt^{4}；宕江摄：托委托 tʰua^{11} ｜恶 Ǿua^{11} ｜削 ɬia^{11} ｜药 ja^{11} ｜郭 kuo^{11} ｜剥 ma^{11} ｜学 ha^{22}；通摄：木 moʔ^{3} ｜毒 tʰoʔ^{3} ｜肉 ŋioʔ^{3} ｜足 toʔ^{4}。宕江摄实际上只是宕合一主元音为 o。这样山宕江梗四摄消失韵尾的入声韵主元音几乎都是低元音 a。

4.5 东莞型

粤语广东东莞莞城入声韵尾问题陈晓锦（1987）讨论过，本书主要分析其韵尾分化情况。

东莞莞城咸摄开口一二等主元音为 a，浊入韵尾 -ʔ 化、清入韵尾消失；三四等主元音为 i，韵尾 -t 化；咸合三主元音为 ɛ，浊入韵尾 -k 化、清入韵尾消失。山摄主元音为 i、ø、u 的保持 -t 尾；山开二鎋韵主元音为 a，韵尾 -ʔ 化；山摄开口一等端系、山开二黠韵、山合二黠鎋韵及山合三主元音为 ɛ，清入韵尾消失今读变入 [224]，浊入韵尾 -k 化；山合三主元音为 i 的薛韵来母字韵尾 -k 化。宕江摄以清浊为条件分化，清入韵尾消失今读变入 [224]，浊入 -k 尾不变，不过江摄部分清入 -k 尾尚未消失。梗摄三四等主元音为 ə 的入声韵不分清浊保持 -k 尾，主元音为 ɛ、ø 的三四等及主元音为 ɛ 的少数梗摄二等以清浊为条件分化，清入韵尾消失今读变入 [224]，浊入 -k 尾不变。需要注意的是，宕江摄清入及梗摄个别字韵尾消失后变读去声 [32]，这些入声韵与咸摄开口一二等韵尾消失的清入都对应广州市区下阴入 [33]。深臻摄韵尾 -k 化。

东莞莞城来自浊入的阳入 [22] 与广州市区的阳入 [22] 对应，来自深臻曾通梗三四清入的阴入 [44] 与广州市区的上阴入 [55] 大致对应（有部分梗摄字在广州市区方言中属于下阴入 [33]），来自咸山宕江梗二的变入 [224]、阳去 [32] 和来自清入的阳

入 [22] 基本上与广州市区的下阴入 [33] 对应。如下：

<table>
<tr><td></td><td colspan="4">咸山</td><td>宕江</td><td colspan="2">梗</td><td>曾通</td><td>臻</td><td>深</td><td rowspan="3">广州市区</td></tr>
<tr><td>主元音</td><td>i ø u</td><td colspan="2">a</td><td>ɛ</td><td>ɔ ø</td><td>ɛ ø</td><td>ə</td><td>ɐ ə o</td><td>ɐ</td><td>ɔ</td></tr>
<tr><td rowspan="3">清</td><td>-t</td><td>-ʔ</td><td colspan="4">-Ø</td><td colspan="4">-k</td></tr>
<tr><td colspan="6">—</td><td colspan="4">阴入 [44]</td><td>上阴入 [55]</td></tr>
<tr><td colspan="2">阳入 [22]</td><td>阳去 [32]</td><td colspan="3">变入 [224]/ 阳去 [32]</td><td colspan="4">—</td><td>下阴入 [33]</td></tr>
<tr><td rowspan="2">浊</td><td colspan="10">阳入 [22]</td><td rowspan="2">阳入 [22]</td></tr>
<tr><td>-t</td><td colspan="2">-ʔ</td><td colspan="7">-k</td></tr>
</table>

咸摄：答 ta^{32} ｜杂 ʦaʔ^{22} ｜盒 haʔ^{22} ｜塔 tʰa^{32} ｜蜡 ŋaʔ^{22} ｜插 ʦʰa^{32} ｜夹 ka^{32} ｜掐 ʦʰa^{32} ｜峡 haʔ^{22} ｜匣 haʔ^{22} ｜鸭 ŋa^{32}，接 ʦit^{22} ｜涉叶 zit^{22} ｜贴 tʰit^{22} ｜协 hit^{22}，法 fɛ^{224} ｜乏 fɛk^{22}；山摄：灭 mit^{22} ｜彻 ʦʰit^{22} ｜舌 sit^{22} ｜热 zit^{22} ｜节 ʦit^{22} ｜结 kit^{22} ｜拨 put^{22} ｜夺 tøt^{22} ｜活 vut^{22} ｜雪 søt^{22} ｜月 zøt^{22} ｜血 høt^{22}，铡 ʦaʔ^{22} ｜瞎 haʔ^{22}，达 tɛk^{22} ｜辣 ŋɛk^{22} ｜擦 ʦʰɛ^{224} ｜八 pɛ^{224} ｜拔 pɛk^{22} ｜杀 sɛ^{224} ｜滑 vɛk^{22} ｜挖 vɛ^{224} ｜刷 ʦʰɛ^{224} ｜刮 kuɛ^{224} ｜发 fɛ^{224} ｜罚 fɛk^{22}，列裂 ŋik^{22}；宕摄：薄 pɔk^{22} ｜托 tʰɔ^{32} ｜落 ŋɔk^{22} ｜作 ʦɔ^{32} ｜恶 ŋɔ^{32} ｜削 sø^{32} ｜弱 zøk^{22} ｜脚 kø^{224} ｜药 zøk^{22}；江摄：剥 mɔk^{44} ｜浊 ʦʰok^{22} ｜角 kɔ^{224} ｜壳 hɔ^{224} ｜学 hɔk^{22}；梗摄：璧 pək^{44} ｜籍席 ʦək^{22} ｜斥 ʦʰək^{44} ｜易 zək^{22} ｜敌 tək^{22} ｜历 ŋək^{22} ｜寂 ʦək^{22} ｜锡 sək^{44} ｜击 kək^{44}，百 pɛ^{224} ｜白 pɛk^{22} ｜拆 ʦʰɛ^{224} ｜择 ʦɛk^{22} ｜客 hɛ^{224} ｜麦 mɛk^{22} ｜策 ʦʰɛ^{224} ｜逆 ŋɛk^{22} ｜笛 tɛk^{44}，剧 kʰøk^{22} ｜隻 ʦø^{32} ｜射 sø^{32} ｜石 søk^{22} ｜踢 tʰø^{224}；深臻摄：立 ŋɔk^{22} ｜十 sɔk^{22} ｜急 kɔk^{44}，笔 pɐk^{44} ｜一 zɐk^{44} ｜骨 kuɐk^{44} ｜出 ʦʰɐk^{44}；曾通摄：北 pɐk^{44} ｜贼 ʦʰak^{22} ｜刻 hɐk^{44} ｜力 ŋək^{22} ｜直 ʦək^{22} ｜色 sək^{44} ｜织 ʦək^{44}，木 mok^{22} ｜穀 kok^{44} ｜毒 tok^{22} ｜菊 kʰok^{44} ｜局 kʰok^{22}。

深摄和臻摄出现韵尾 -k 化，深摄应该是直接从 -p → -k 的，没有先韵尾 -t 化然后和臻摄一起韵尾 -k 化，因为两摄主元音不同，另外深摄还有一字保留 -p 尾：入 zɐp^{22}。它与臻摄主元音相同却仍读 -p 尾，说明深摄和主元音是 ɐ 的臻摄韵尾 -k 化过程不一致。

从咸山两摄主元音相同、韵尾演变也相同的情况看，咸摄是先韵尾 -t 化并入山摄，然后与山摄同步发生演变：主元音为高元音 i 的保持 -t 尾，主元音为低元音 a 的清入韵尾消失、浊入弱化为 -ʔ，主元音为低元音 ɛ 的清入韵尾消失、浊入韵尾 -k 化。

参考宕江梗摄主元音类型，咸山两摄主元音为 a、ɛ 的入声韵应该是先发生韵

尾 -k 化并入宕江梗摄，接着咸山宕江梗五摄发生了 -k → -ʔ → -Ǿ 的演变，但因主元音类型及清浊不同各摄呈现出不同的状态：清入韵尾消失、浊入处在 -k → -ʔ 演变过程中，即浊入主元音为 ɛ、ø、ɔ 的保持 -k 尾而主元音为 a 的韵尾 -ʔ 化；清入经过了 -k → -ʔ → -Ǿ 的演变，率先消失。

第二节 全部消失

咸深、山臻、宕江曾梗通九摄入声韵经过一定的演变过程辅音韵尾全部消失。根据消失方式分为两类：以摄、等为条件，以声母清浊为条件。但有的方言在消失过程中会出现两种条件，如以摄、等为条件进行韵尾演变的方言有时会以声母清浊为条件。

一 全部消失，以摄、等为条件

本章第一节第一小节分析了部分方言以摄为条件韵尾部分消失的类型。在本节材料中，有的入声韵尾已完全消失、调值拉长或保持独立入声调或归入相应舒声调，但调值不同显示了以摄为条件的调类分化。不同摄在调值上保持着不同，说明这些摄存在韵尾不同等因素，对于考察韵尾消失过程具有很大价值。此类在汉语方言中不多但有特色，分布如下：

客家 江西 安远镇岗 南康东山 南康蓉江 湖南 汝城城郊
平话 广西 富川莲山 平乐青龙 钟山回龙
晋话 山西 汾西城关

1.1 前摄与后摄

根据塞音韵尾的发音部位，咸深山臻四摄因 -p、-t 尾舌位靠前称之为前摄，宕江曾梗通五摄因 -k 尾舌位靠后称之为后摄。（曹志耘 2004）清入和浊入分别有前摄与后摄分调现象，说明前摄与后摄的韵尾等存在不同，故可以此为基础探讨韵尾演变过程。下面逐点分析。

1.1.1 客家话型

（1）安远镇岗辅音韵尾消失，咸深山臻四摄清入读入声 [32]，而宕江曾梗通摄的清入和九摄浊入今读阳去 [55]，如下：

<table>
<tr><td></td><td>咸</td><td>山</td><td>深</td><td>臻</td><td>宕江</td><td>曾</td><td>梗</td><td>通</td></tr>
<tr><td>主元音</td><td colspan="2">a ə</td><td colspan="2">i ə</td><td>o</td><td>ε</td><td>ε a</td><td>i ə u</td></tr>
<tr><td>韵尾</td><td colspan="8">-Ø</td></tr>
<tr><td>清</td><td colspan="4">入声 [32]</td><td colspan="4" rowspan="2">阳去 [55]</td></tr>
<tr><td>浊</td><td colspan="4">阳去 [55]</td></tr>
</table>

咸深山臻清入：搭 tə^{32} ｜插 tsʰə^{32} ｜贴 tʰiə^{32} ｜法 fa^{32} ｜急 tɕiə^{32} ｜割 kuə^{32} ｜结 tɕiə^{32} ｜脱 tʰə^{32} ｜刷 sa^{55} ｜雪 siə^{32} ｜笔 piə^{32} ｜骨 kuə^{32} ｜出 tsʰə^{32}，浊入：盒 xə^{55} ｜叶 Øiə^{55} ｜立 liə^{55} ｜十 sə^{55} ｜热 ȵiə^{55} ｜活 xuə^{55}；宕江曾梗通清入：托委托 tʰou^{55} ｜削 siou^{55} ｜剥 pou^{55} ｜北 pεi^{55} ｜刻 kʰεi^{55} ｜织 tsεi^{55} ｜百 pa^{55} ｜客 kʰa^{55} ｜摘 tsa^{55} ｜尺 tsʰa^{55} ｜锡 sia^{55} ｜穀 ku^{55} ｜烛 tsu^{55}，浊入：药 Øiou^{55} ｜学 xou^{55} ｜贼 tsʰεi^{55} ｜力 lεi^{55} ｜直 tsʰεi^{55} ｜白 pʰa^{55} ｜麦 ma^{55} ｜木 mu^{55} ｜毒 tʰu^{55} ｜局 kʰiou^{55}。

从前摄清入还保持独立入声调来看，安远镇岗的辅音韵尾消失则有两种可能：一是九摄浊入先消失，接着后摄清入消失；二是后摄先消失，可能是浊入先消失接着是清入，然后前摄以清浊为条件浊入韵尾先消失。

（2）汝城城郊辅音韵尾消失，部分次浊入并入清入与全浊入及其他次浊入有别，前摄和后摄清、浊入调值各不同。如下：

<table>
<tr><td colspan="2"></td><td>咸</td><td>山</td><td>深</td><td>臻</td><td>曾</td><td>梗</td><td>宕江</td><td>通</td></tr>
<tr><td colspan="2">主元音</td><td colspan="2">æ a</td><td colspan="2">æ</td><td>i æ</td><td>ʅ i æ o</td><td>o u</td><td>ə u</td></tr>
<tr><td colspan="2">韵尾</td><td colspan="8">-Ø</td></tr>
<tr><td rowspan="2">次浊</td><td>清</td><td colspan="4">上声 [21]</td><td colspan="4">阴去 [24]</td></tr>
<tr><td>全浊</td><td colspan="4">阴平 [33]</td><td colspan="4">阳去 [44]</td></tr>
</table>

咸深山臻清入：塔 tʰa^{21} ｜急 tɕiæ^{21} ｜八 pa^{21} ｜切 tɕʰiæ^{21} ｜雪 ɕyæ^{21} ｜笔 piæ^{21} ｜骨 kuæ^{21} ｜出 tɕʰyæ^{21}，浊入：拉 lae^{33} ｜叶 Øiæ^{33} ｜十 sæ^{33} ｜舌 sæ^{33} ｜活 huæ^{33} ｜月 nyæ^{33}；宕江曾梗通清入：恶 Øu^{24} ｜剥 pu^{24} ｜刻 kʰæ^{24} ｜拆 tsʰo^{24} ｜尺 tɕʰi^{24} ｜哭 hu^{24} ｜足 tɕiəu^{24}，药 Øiu^{24} ｜六 liəu^{24}，浊入：学 hu^{44} ｜墨 mæ^{44} ｜直 tɕʰi^{44} ｜白 po^{44} ｜毒 tu^{44} ｜绿 liəu^{44}。

从部分次浊入并入清入的声调分化情况看，汝城城郊可能是先发生清浊分调，然后清入和浊入分别以前后摄韵尾不同分调。如果是前摄和后摄先分调，各自再按清浊分调，则无法解释部分次浊入归入清入的过程。汝城城郊的类型与曹志耘（2004）讨论的南康蓉江一致。

（3）南康东山清入中咸深山臻四摄与宕江曾梗通五摄分调，前者读前入 [213]、

后者读后入 [55]；浊入大部分读去声 [53]，部分次浊入归到后入 [55]。如下：

<table>
<tr><td colspan="2"></td><td>咸</td><td>深</td><td>山</td><td>臻</td><td>曾</td><td>梗</td><td>宕江</td><td>通</td></tr>
<tr><td colspan="2">主元音</td><td>ɛ a ə</td><td>ɛ</td><td>ɛ a ə</td><td>ɛ</td><td>e ɛ ə</td><td>a</td><td>o</td><td>o u</td></tr>
<tr><td colspan="2">韵尾</td><td colspan="8">-Ǿ</td></tr>
<tr><td rowspan="2">次浊</td><td>清</td><td colspan="4">前入 [213]</td><td colspan="4">后入 [55]</td></tr>
<tr><td>全浊</td><td colspan="8">去声 [53]</td></tr>
</table>

咸深山臻清入：接 tɕiɛ^{213} ｜急 tɕiɛ^{213} ｜八 pa^{213} ｜七 tɕʰiɛ^{213}；浊入：叶 Ǿiɛ^{53} ｜舌 sɛ^{53} ｜热 niɛ^{53} ｜月 niɛ^{53}；宕江曾梗通清入：托委托 tʰo^{55} ｜剥 po^{55} ｜北 pə^{55} ｜尺 tsʰa^{55} ｜烛 tsu^{55}；浊入：药 Ǿio^{53} ｜学 xo^{53} ｜直 tsʰe^{53} ｜白 pʰa^{53} ｜毒 tʰu^{53}，麦 ma^{55} ｜六 tiu^{55}。

从入声调值看，清入保持独立入声调而浊入今读去声，说明浊入最早消失辅音韵尾。而前入调值为曲折低调 [213]、后入调值为高平调 [55]，[55] 比 [213] 短。一般来说，入声辅音韵尾消失后短促调值才得以舒化拉长，这说明前摄的韵尾比后摄的早消失。

1.1.2 以上 4 点都是客家话，它们的分布地区比较特殊，都集中在赣南（汝城城郊位于靠近赣南的湘东南）靠近广东的客家话大本营。从韵尾分调的情况来看，前摄中的咸深摄和山臻摄采取了相同的调值而与后摄不同，说明咸深摄和山臻摄的韵尾相同，可能发生了咸深摄韵尾 -t 化的演变。这从地理分布上可以看出连续性。第二章第四节 1.1 小节指出，两广交界北段靠近湖南的粤西北粤语勾漏片、广府片若干点，在咸合三韵尾 -t 化基础上咸摄开口韵尾 -t 化，而靠近湖南边界线上的连山布田/禾洞、连州清水甚至深摄也出现韵尾 -t 化。以连山布田和汝城城郊为代表，从南向北二者的韵尾现状呈现了如下特点：

	南 连山布田	→ 北 汝城城郊
咸深山臻	-t	-Ǿ，清入 [21]、浊入 [24]
宕江曾梗通	-k	-Ǿ，清入 [33]、浊入 [44]

1.2 一二等与三四等

1.2.1 桂北平话富川莲山塞音韵尾消失后，浊入全部并入阳去 [223]；清入中咸山一二等、宕江摄、梗摄二等今读阴去 [513]，而咸山三四等、深臻、曾通、梗摄三四等今读阴平 [53]。清入实际上是以一二等与三四等的区别分化调值，说明一二等与三四等的韵尾在一定阶段时存在差异。如下：

<table>
<tr><td></td><td>咸山一二</td><td>宕江</td><td>梗二</td><td>咸山三四</td><td>梗三四</td><td>深臻</td><td>曾通</td><td rowspan="3">广州市区</td></tr>
<tr><td>主元音</td><td>a œ ɤ</td><td>ɛ a o</td><td>a ɤ</td><td>ɛ a ɤ</td><td>ɛ</td><td>i ɛ ɤ</td><td>ɛ a ɤ o</td></tr>
<tr><td>韵尾</td><td colspan="7">-Ø</td></tr>
<tr><td rowspan="2">清</td><td colspan="3">—</td><td colspan="4" rowspan="2">阴平 [53]</td><td>上阴入 [55]</td></tr>
<tr><td colspan="3">阴去 [513]</td><td>下阴入 [33]</td></tr>
<tr><td>浊</td><td colspan="7">阳去 [223]</td><td>阳入 [22]</td></tr>
</table>

清入咸山一二宕江梗二：塔 ta^{513} ｜插 tsʰa^{513} ｜割 kœ^{513} ｜杀 sa^{513} ｜刷 sœ^{513} ｜托委托 tʰia^{513} ｜恶 Øia^{513} ｜角 kia^{513} ｜百 pa^{513} ｜客 ha^{513} ｜策 tsʰa^{513}，咸山三四深臻曾通梗三四：接 tiɛ^{53} ｜贴 tʰiɛ^{53} ｜急 kiɛ^{53} ｜结 kiɛ^{53} ｜脱 tʰɤ^{53} ｜血 ɕiɛ^{53} ｜笔 pɤ^{53} ｜骨 kuɤ^{53} ｜出 tsʰɤ^{53} ｜北 pɤ^{53} ｜色 ɕiɛ^{53} ｜尺 tɕʰiɛ^{53} ｜锡 sɛ^{53} ｜毂 ko^{53} ｜宿 so^{53} ｜烛 tso^{53}；浊入：盒 Øuɤ^{223} ｜叶 Øiɛ^{223} ｜十 sɤ^{223} ｜辣 la^{223} ｜舌 ɕiɛ^{223} ｜活 Øuɤ^{223} ｜罚 pa^{223} ｜药 Øiɛ^{223} ｜学江 Øia^{223} ｜贼曾 sɤ^{223} ｜力 liɛ^{223} ｜白 pa^{223} ｜麦 ma^{223} ｜木 mo^{223} ｜六 lo^{223} ｜肉 ȵio^{223}。

桂北平话平乐青龙、钟山回龙 2 点与富川莲山韵尾演变及入声调分化的类型一致。但是这 2 点还保持着独立入声调，如平乐青龙：

<table>
<tr><td></td><td>咸山一二</td><td>宕江</td><td>梗二</td><td>咸山三四</td><td>梗三四</td><td>深臻</td><td>曾通</td><td rowspan="3">广州市区</td></tr>
<tr><td>主元音</td><td>æ œ o ɔ</td><td>ɔ ɤ</td><td>ᴇ ɤ</td><td>i ᴇ æ</td><td>ᴇ</td><td>ᴇ</td><td>ᴇ a ɔ ɤ y</td></tr>
<tr><td>韵尾</td><td colspan="7">-Ø</td></tr>
<tr><td rowspan="2">清</td><td colspan="3">—</td><td colspan="4" rowspan="2">入声 [5]</td><td>上阴入 [55]</td></tr>
<tr><td colspan="3">阴去 [53]</td><td>下阴入 [33]</td></tr>
<tr><td>浊</td><td colspan="7">阳去 [35]</td><td>阳入 [22]</td></tr>
</table>

平乐青龙的浊入可能以低调值为条件先消失韵尾，然后清入中来自咸山梗摄一二等及宕江摄的入声韵接着消失韵尾，调值拉长变为阴去 [53]，其他摄、等的清入入声韵较迟消失韵尾且保持独立入声调 [5]。这为考察富川莲山的韵尾消失过程提供了参照点。富川莲山的韵尾消失过程也应是如此，只是不再保持独立入声调。

1.2.2 汾西城关有阴入 [1]、阳入 [3]，有 [ə iə uə yə] 四个入声韵。根据《汾西方言志》（乔全生 1990：5）描写，[ə iə uə yə] 有喉塞尾但“不明显”，没有记出来。仔细考察入声分化情况，发现除了少数字或归入上声 [33]（蹑摄撒督等）或归入阴去 [55]（闸掇雀吓等）或归入阳去 [53]（压轧栗幕咋钥获卜牧等），汾西城关整体上是呈现次浊入并入清入而与全浊入对立的演变规律。但在次浊入并入清入后，主元音为 ɑ、ɪ、u 的入声韵发生舒化、调值拉长，阴入 [1] 拉长并入阴平 [11]，阳

入 [3] 拉长抬高并入阳平 [35]。但透过表面现象发现，汾西城关入声舒化规律与摄、等存在很大关系。清入和次浊入方面，深臻摄、曾摄、梗摄三四等及通摄基本读阴入 [1]，而咸山摄、宕江摄和梗摄二等基本舒化，只是山摄开口三四等部分入声韵主元音为 ə 故仍读阴入 [1]。全浊入大部分仍读阳入 [3]，主元音为 ə；主元音非 ə 的入声韵舒化、调值拉长，基本来自咸山两摄。如下：

<table>
<tr><td></td><td colspan="2">咸山宕江、梗二</td><td>深臻曾通、梗三四，山部分三四</td></tr>
<tr><td>韵尾</td><td colspan="3">-Ø</td></tr>
<tr><td>清、次浊</td><td colspan="2">阴平 [11]，[ɑ ɪ u]</td><td>阴入 [1]，[ə]</td></tr>
<tr><td>全浊</td><td>阳平 [35]，[ɑ ɪ u]</td><td colspan="2">阳入 [3]，[ə]</td></tr>
</table>

清入，今读阴入 [1]：吸 ɕiə^{1} ｜切 tɕʰiə^{1} ｜结 tɕiə^{1} ｜七 tɕʰiə^{1} ｜骨 kuə^{1} ｜出 tsʰuə^{1} ｜北 pə^{1} ｜织 tsə^{1} ｜尺 tsʰə^{1} ｜壁 piə^{1} ｜哭 kʰuə^{1} ｜竹 tsuə^{1} ｜足 tɕyə^{1}；清入，今读阴平 [11]：搭 tɑ^{11} ｜插 tsʰɑ^{11} ｜接 tɕiɪ^{11} ｜法 fɑ^{11} ｜八 pɑ^{11} ｜歇 ɕiɪ^{11} ｜脱 tʰu^{11} ｜刷 suɑ^{11} ｜血 ɕyɪ^{11} ｜恶 ŋu^{11} ｜削 ɕiu^{11} ｜剥 pu^{11} ｜角 tiu^{11} ｜百 pɪ^{11} ｜客 kʰɪ^{11} ｜摘 tsɪ^{11}；次浊入，今读阴入 [1]：立 liə^{1} ｜灭 miə^{1} ｜日 zə^{1} ｜律 lyə^{1} ｜墨 mə^{1} ｜力 liə^{1} ｜木 mə^{1} ｜六 lyə^{1}；次浊入，今读阴平 [11]：蜡 lɑ^{11} ｜叶 Øiɪ^{11} ｜辣 lɑ^{11} ｜月 Øyɪ^{11} ｜落宕 lu^{11} ｜药 Øiu^{11} ｜麦 mɪ^{11}；全浊入，今读阳入 [3]：合 xə^{3} ｜叠 tʰiə^{3} ｜集 tɕʰiə^{3} ｜十 sə^{3} ｜舌 sə^{3} ｜活 xuə^{3} ｜实 sə^{3} ｜薄 pʰə^{3} ｜镯 tsuə^{3} ｜直 tsʰə^{3} ｜食 sə^{3} ｜白 pʰə^{3} ｜择 tsʰə^{3} ｜敌 tiə^{3} ｜毒 tʰuə^{3} ｜局 tɕʰyə^{3}；全浊入，今读阳平 [35]：杂 tsʰɑ^{35} ｜碟 tʰiɪ^{35} ｜乏 fɑ^{35} ｜达 tɑ^{35} ｜猾 xuɑ^{35} ｜罚 fɑ^{35} ｜学 ɕiu^{35}。

二　全部消失，以声母清浊为条件

根据韵尾消失后入声调值分化情况分为两类，一是清入和浊入今读调值相同，一是清入和浊入调值不同。调值的差异在一定程度上能反映韵尾演变过程。

2.1 清浊同调

入声辅音韵尾消失后，清入和浊入调值相同的类型主要分布在与官话区有接触的赣语、江淮官话及靠近这些赣语、江淮官话的徽语、吴语，此外还有少数平话和客家话方言点。根据调值的高低分为两小类。

2.1.1 同读高调

此类主要分布在赣语与西南官话、湘语接触地带的赣语大通片和宜浏片，安徽境内江淮官话黄孝片、洪巢片与中原官话接触地带。如下：

赣语 湖南 华容集城 临湘白云 岳阳市西城 浏阳溪江 醴陵西山
湖北 阳新兴国 监利朱河 江西 永丰恩江
江淮 安徽 安庆老峰 枞阳项铺 淮南 霍山黑石渡
徽语 江西 婺源高沙 婺源清华 婺源紫阳
客家话 湖南 桂东大塘
吴语 福建 浦城管厝

此类中除了霍山黑石渡、婺源 3 点及桂东大塘韵尾消失后入声并入舒声调外，其余都保持独立入声调。阳新兴国辅音韵尾消失后，入声调值舒化拉长为高调 [45]，保持独立入声调地位，如下：

	咸	深	山	臻	曾	梗	宕江	通
主元音	iɒo	ɿa	ieɒo	yiau	ɿea		o	ɑu
韵尾	-Ø							
清、浊	入声 [45]							

清入：接 tɕi^{45} ｜急 tɕi^{45} ｜八 po^{45} ｜七 tsʰai^{45} ｜托委托 tʰo^{45} ｜剥 pu^{45} ｜北 pe^{45} ｜尺 tsʰɿ^{45} ｜烛 tsɑu^{45}；浊入：盒 xo^{45} ｜立 lai^{45} ｜舌 se^{45} ｜月 Øye^{45} ｜药 Øio^{45} ｜学 ɕio^{45} ｜直 tsʰɿ^{45} ｜白 pʰe^{45} ｜毒 tʰɑu^{45}。

2.1.2 同读低调

此类分布比较零散。如下：

赣语 湖南 茶陵洣江 江西 分宜分宜
江淮 湖北 鄂州西山 黄石花湖 江苏 灌云下车 连云港市
平话 湖南 宁远禾亭
吴语 安徽 铜陵朱村 铜陵太平

以上分布点中，除了茶陵洣江、分宜分宜、宁远禾亭 3 点韵尾消失后入声并入舒声调外，其余吴语和江淮官话分布点均保持独立入声调。有趣的是，第三章第三节 3.1.2 小节指出，九摄韵尾 -ʔ 化但清、浊入同读低调的主要分布在晋语，可是晋语区至今还保持着喉塞尾，而东南方言的低调入声韵喉塞尾却已消失。如铜陵朱村辅音韵尾消失后，入声调值舒化拉长为 [213]，保持独立入声调：

	咸	深	山	臻	宕江	曾	梗	通
主元音	eaə	ɪe	ɪeaəo	ɪeʊu	o	ɪeə	eə	ʊu
韵尾	-Ø							
清、浊	入声 [213]							

清入：接 tɕie^{213} ｜急 tɕiɪ^{213} ｜八 pa^{213} ｜七 tɕʰiɪ^{213} ｜托委托 tʰo^{213} ｜剥 po^{213} ｜北 pei^{213} ｜尺 ʦʰə^{213} ｜烛 ʦu^{213}；浊入：盒 ɦə^{213} ｜立 lɪ^{213} ｜舌 zə^{213} ｜月 Øie^{213} ｜药 Øio^{13} ｜学 ɕio^{213} ｜直 zei^{213} ｜白 və^{213} ｜毒 du^{213}。

2.2 清浊异调

指辅音韵尾消失后，清入和浊入不管是保持入声调还是并入其他舒声调，彼此调值不同。这是就结果而言，实际上它们在辅音韵尾存在时调值就不同。根据清、浊入调类分化关系分为三类：清浊对立、部分浊入与清入相混、清浊入分化多调。

2.2.1 清浊对立

主要分布在吴语瓯江片、婺州片及与这两片密切接触的闽语闽北区、邵将区、闽中区等和徽州徽语若干点，汀州片福建客家话 2 点，桂北平话 1 点。分布如下：

吴语	浙江	苍南龙港	洞头大门	乐清芙蓉	平阳鳌江	瑞安飞云	温州泽雅
		文成珊溪	永嘉枫林	东阳湖溪	兰溪女埠	磐安大盘	浦江杭坪
		汤溪汤溪	义乌苏溪	永康象珠	缙云双溪口		
	安徽	黄山区仙源					
徽语	安徽	旌德白地	屯溪新潭	休宁溪口	黟县碧阳	歙县富堨	祁门箬坑
	江西	浮梁江村			浙江	遂安旧汾口	
闽语	福建	建瓯迪口	建阳莒口	南平峡阳	浦城石陂	松溪渭田	武夷山五夫
		政和镇前	三明中村	沙县高桥	永安洪田	将乐南口	泰宁朱口
	海南	三亚崖城					
客家	福建	明溪盖洋	宁化石壁				
平话	广西	阳朔白沙					

a. 上述 41 点中，吴语和徽语的调值主要是清高浊低，如苍南龙港：

	咸	山	深	臻	曾	梗	宕江	通
主元音	e ø ɔ		e a		i e	i a	o ɔ	e o u
清	-Ø，阴入 [434]							
浊	-Ø，阳入 [213]							

清入：接 tɕie^{434} ｜急 tɕia^{434} ｜八 puo^{434} ｜七 ʦʰa^{434} ｜托委托 tʰo^{434} ｜剥 puo^{434} ｜北 pe^{434} ｜尺 tɕʰi^{434} ｜烛 tɕyo^{434}；浊入：盒 Øø^{213} ｜立 le^{213} ｜舌 ʑie^{213} ｜月 ȵye^{213} ｜药 Øiɔ^{213} ｜学 Øo^{213} ｜直 dʑi^{213} ｜白 ba^{213} ｜毒 du^{213}。

b. 闽语主要属于清低浊高，如三明中村：

	咸	山	深	臻	曾	梗	宕江	通
主元音	ɛ ɑ ɯ	ɛ æ ɑ u	ɿ i	y i e	ɿ i æ	ɛ æ ɑ ɯ	ɐ ɑ ɯ u	y ɑ u
清	-Ø，阴入 [213]							
浊	-Ǿ，阳入 [45]							

清入：接 ʦɛ^{213} ｜急 ki^{213} ｜八 pæ^{213} ｜七 ʦʰi^{213} ｜托委托 tʰɐɯ^{213} ｜剥 pu^{213} ｜北 pæ^{213} ｜摘 ʦɛ^{213} ｜烛 ʧy^{213}；浊入：盒 xɯ^{45} ｜十 sɿ^{45} ｜辣 luɑ^{45} ｜月 ŋyɛ^{45} ｜药 Ǿiɯ^{45} ｜学 xɑ^{45} ｜直 ti^{45} ｜白 pɑ^{45} ｜毒 tɑu^{45}。

c. 闽语闽北区福建松溪渭田、政和镇前、浦城石陂、建瓯迪口 4 点在清、浊入保持对立基础上，浊入以声母类型即响音与非响音的不同进一步分化。如松溪渭田：

	咸	山	深	臻	曾	梗	宕江	通
主元音	e æ œ a ɑ o		i æ	y i æ	i e œ	e a ɑ o	a o u	y u
清	-Ø，阴上 [214]，清塞音、塞擦音和擦音及零声母							
浊	-Ø，阳上 [41]，鼻边音及零声母；阳去 [35]，清塞音、塞擦音和擦音							

清入：搭 tɒ^{214} ｜接 ʦie^{214} ｜急 ki^{214} ｜八 pa^{214} ｜结 kie^{214} ｜刷 suæ^{214} ｜雪 sœ^{214} ｜笔 pæ^{214} ｜出 ʦʰy^{214} ｜恶 Ǿo^{214} ｜削 sia^{214} ｜剥 pu^{214} ｜北 pœ^{214} ｜织 ʦi^{214} ｜客 kʰɒ^{214} ｜摘 tia^{214} ｜尺 ʦʰio^{214} ｜锡 sie^{214} ｜穀 ku^{214} ｜烛 ʦy^{214}；浊入：叶 ʦia^{35} ｜十 ʦi^{35} ｜罚 hua^{35} ｜贼 ʦʰœ^{35} ｜力 sœ^{35}/lœ^{41} ｜直 tœ^{35} ｜白 pɒ^{35} ｜毒 tʰu^{35} ｜六 su^{35} ｜局 ky^{35}，盒 Ǿo^{41} ｜立 læ^{41} ｜辣 lœ^{41} ｜舌 lœ^{41} ｜月 ŋœ^{41} ｜药 Ǿio^{41} ｜学 Ǿu^{41} ｜墨 mœ^{41} ｜麦 mɒ^{41} ｜木 mu^{41} ｜肉 ny^{41} ｜绿 ly^{41}。

来母字有边音和舌尖清擦音两读的，声母不同调值不同，如：力 sœ^{35}/lœ^{41}；六 [su^{35}] 读擦音就与同是次浊入的“绿”不同调；而全浊入中浊声母弱化为零声母的则与清化为塞音、塞擦音和擦音的全浊入不同调，如：盒 Ǿo^{41} ｜药 Ǿio^{41}。松溪渭田可能是先以声母清浊为条件分化为阴入、阳入，然后阳入再以声母类型为条件分调，否则来自清入和全浊入的清塞音、塞擦音、擦音声母入声韵就应该同调。

2.2.2 部分浊入与清入相混

入声辅音韵尾消失后，根据清、浊入今读调值的不同推断清入与浊入之间曾经存在的分化与合并关系，可为考察韵尾的消失过程提供参照点。具体类型请看表 4–6。

表 4-6　部分浊入与清入相混的韵尾全部消失类型

	清入	次浊入	全浊入	阴低阳高	阴高阳低	代表点
1	-Ǿ		-Ǿ	6	11	炎陵石洲
2	-Ǿ		-Ǿ	3	13	嘉鱼鱼岳
3	-Ǿ		-Ǿ	6	6	黄梅黄梅
4	-Ǿ	-Ǿ	-Ǿ	7	7	休宁海阳

（1）部分次浊入混入清入，与其他浊入有别

此类主要分布在赣语吉茶片及与之有接触的客家话 2 点，赣语鹰弋、昌靖两片及徽语祁德片也有分布。如下：

赣语	江西	安福平都	吉水金滩	井冈山龙市	莲花南岭	永新禾川	萍乡峡山口
		景德镇吕蒙	波阳鄱阳	彭泽黄花	湖口流泗	星子温泉	
	安徽	东至尧渡			湖南	攸县酒埠江	
客家	福建	连城揭乐			湖南	炎陵石洲	
徽语	江西	德兴泗洲	石台占大				

炎陵石洲辅音韵尾消失后，入声还保持独立入声调，小部分次浊入和清入读短促低降的阴入 [31]，大部分次浊入和全浊入读短促高降的阳入 [54]。如下：

		咸	山	深	臻	曾	梗	宕江	通
主元音		e æ ø o		i e			æ a	o	ɤ o
次浊	清	-Ǿ，阴入 [31]							
	全浊	-Ǿ，阳入 [54]							

清入：接 tɕie^{31} ｜急 tɕi^{31} ｜八 pæ^{31} ｜七 tɕʰi^{31} ｜托委托 tʰo^{31} ｜剥 po^{31} ｜北 pe^{31} ｜尺 tsʰa^{31} ｜烛 tsu^{31}；浊入：盒 xo^{54} ｜立 li^{54} ｜舌 se^{54} ｜月 nie^{54} ｜药 Ǿio^{54} ｜学 xo^{54} ｜直 tsʰe^{54} ｜白 pʰa^{54} ｜毒 tʰu^{54}，木 mu^{31} ｜六 liɤu^{31}。

东至尧渡辅音韵尾消失后，部分次浊入和清入读短促高平入声 [55]，部分次浊入和全浊入调值舒化拉长读 [11] 归入阴平。如下：

		咸	山	深	臻	曾三梗三四	曾一梗二	宕江	通
主元音		e ɛ a o		ʅ i	y i u	ʅ i	ɛ	o	o u
次浊	清	-Ǿ，入声 [55]							
	全浊	-Ǿ，阴平 [11]							

清入：接 tɕie^{55} ｜急 tɕi^{55} ｜八 pa^{55} ｜七 tɕʰi^{55} ｜托委托 tʰo^{55} ｜剥 po^{55} ｜北 piɛ^{55} ｜尺 tsʰɛ^{55} ｜烛 tsu^{55}；浊入：盒 xo^{11} ｜十 sɿ^{11} ｜舌 sɛ^{11} ｜月 Øye^{11} ｜药 Øyo^{11} ｜学 ɕyo^{11} ｜直 tsʰɿ^{11} ｜白 pʰiɛ^{11} ｜毒 tʰu^{11}，立 li^{55} ｜力 li^{55} ｜局 tsu^{55}。

德兴泗洲辅音韵尾消失后，部分次浊入和清入舒化拉长读阳去 [42]，部分次浊入和全浊入调值舒化拉长读 [33] 但保持独立入声调。如下：

		咸	山	深	臻	曾	梗	宕江	通
主元音		e a ɑ ɔ o ɤ		e		a		ɛ ə ɔ	ə ɔ
次浊	清	-Ø，阳去 [42]							
	全浊	-Ø，入声 [33]							

清入：接 tsa^{42} ｜急 tɕie^{42} ｜八 po^{42} ｜七 tsʰe^{42} ｜托委托 tʰɔ^{42} ｜剥 pɔ^{42} ｜北 pe^{42} ｜尺 tɕʰia^{42} ｜烛 ʧɔ^{42}；浊入：盒 hɤ^{33} ｜立 le^{33} ｜舌 tɕʰie^{33} ｜月 ȵie^{33} ｜药 Øiəɯ^{33} ｜学 xɔ^{33} ｜直 tɕʰie^{33} ｜白 pʰa^{33} ｜毒 tʰɔ^{33}，木 mɔ^{42} ｜肉 ȵiəɯ^{42}。

安福平都辅音韵尾消失后，部分次浊入和清入读阴平 [33]，部分次浊入和全浊入调值读去声 [11]，入声完全并入舒声调。如下：

		咸	山	臻	深	曾	梗	宕江	通
主元音		e æ ø			e	æ	a	o	
次浊	清	-Ø，阴平 [33]							
	全浊	-Ø，去声 [11]							

清入：接 tɕie^{33} ｜急 tɕie^{33} ｜八 pæ^{33} ｜七 tɕʰie^{33} ｜托委托 tʰo^{33} ｜剥 po^{33} ｜北 pæ^{33} ｜尺 tʰa^{33} ｜烛 to^{33}；浊入：盒 hɵ^{11} ｜立 tie^{11} ｜舌 læ^{11} ｜月 fæ^{11} ｜药 Øio^{11} ｜学 ho^{11} ｜直 tʰe^{11} ｜白 pʰa^{11} ｜毒 tʰo^{11}，力 lie^{33} ｜木 mo^{33} ｜绿 lio^{33}。

以上 4 点展示了喉塞尾消失后，入声调调值逐步舒化、拉长最后并入舒声调的过程。

（2）次浊入混入清入，与全浊入有别

此类主要分布在赣语怀岳片和大通片及与这两片密切接触的江淮官话黄孝片 2 点，晋语有河北 3 点，平话有 2 点。晋语 3 点清入及次浊入调值都比全浊入调值低，即清低浊高，其他 13 点都是清高浊低。分布如下：

赣语　安徽　怀宁石牌　潜山梅城　太湖晋熙　望江太慈　岳西天堂

　　　湖北　嘉鱼鱼岳　通山杨芳　咸宁马桥　　　湖南　常宁蓬塘

江淮　湖北　武穴四望　应城杨河

晋语　河北　赞皇黄北坪　广平十里铺　平山温塘
平话　广西　桂林大河　灵川三街

嘉鱼鱼岳辅音韵尾消失后，次浊入与清入今读短促高调入声 [5]，全浊入舒化拉长读 [24] 并入阳平，如下：

<table>
<tr><td></td><td>咸</td><td>山</td><td>深</td><td>臻</td><td colspan="2">曾</td><td>梗</td><td>宕江</td><td>通</td></tr>
<tr><td>主元音</td><td colspan="2">e a ɒ o</td><td>ʅ i</td><td>y i u</td><td>ʅ i</td><td>e</td><td>ʅ e a</td><td>o</td><td>o u</td></tr>
<tr><td>清、次浊</td><td colspan="9">-Ø，入声 [5]</td></tr>
<tr><td>全浊</td><td colspan="9">-Ø，阳平 [24]</td></tr>
</table>

清入：接 tɕie^{5} ｜急 tɕi^{5} ｜八 pa^{5} ｜七 tɕʰi^{5} ｜托委托 xo^{5} ｜剥 po^{5} ｜北 pe^{5} ｜尺 tʂʰʅ^{5} ｜烛 kou^{5} 白 /tʂou^{5} 文；次浊入：叶 Øie^{5} ｜立 ni^{5} ｜辣 na^{5} ｜月 Øye^{5} ｜药 Øio^{5} ｜墨 me^{5} ｜力 ni^{5} ｜麦 ma^{5} ｜木 mu^{5} ｜六 nou^{5}；全浊入：盒 xo^{24} ｜十 ʂʅ^{24} ｜舌 ʂe^{24} ｜活 xuei^{24} ｜罚 fɒ^{24} ｜学 ɕio^{24} ｜贼 tsʰe^{24} ｜白 pʰe^{24} ｜毒 xou^{24}。

岳西天堂辅音韵尾消失后，次浊入与清入调值舒化拉长变为 [213]，但保持独立入声调，全浊入并入阳去 [33]，如下：

<table>
<tr><td></td><td>咸</td><td>山</td><td>深</td><td>臻</td><td>曾三梗三四</td><td>曾一梗二</td><td>宕江</td><td>通</td></tr>
<tr><td>主元音</td><td colspan="2">e ᴇ a o</td><td>ʅ i</td><td>ɥ i u</td><td>ʅ i</td><td>ᴇ</td><td>o</td><td>ɥ ə u</td></tr>
<tr><td>清、次浊</td><td colspan="8">-Ø，入声 [213]</td></tr>
<tr><td>全浊</td><td colspan="8">-Ø，阳去 [33]</td></tr>
</table>

清入：接 tɕie^{213} ｜急 tɕi^{213} ｜八 pa^{213} ｜七 tɕʰi^{213} ｜托委托 tʰo^{213} ｜剥 po^{213} ｜北 pᴇ^{213} ｜尺 tʂʰʅ^{213} ｜烛 tʂɥ^{213}；次浊入：叶 Øie^{213} ｜立 li^{213} ｜辣 la^{213} ｜月 Øɥe^{213} ｜药 Øio^{213} ｜墨 mᴇ^{213} ｜力 li^{213} ｜麦 mᴇ^{213} ｜六 ləu^{213}；全浊入：盒 xo^{33} ｜十 ʂʅ^{33} ｜舌 ʂᴇ^{33} ｜活 xue^{33} ｜罚 fa^{33} ｜学 ɕio^{33} ｜直 tʂʰʅ^{33} ｜白 pʰᴇ^{33} ｜毒 tʰəu^{33}。

怀宁石牌辅音韵尾消失后，次浊入与清入调值舒化拉长并入阴去 [35]，全浊入并入阳去 [33]，如下：

<table>
<tr><td></td><td>咸</td><td>山</td><td>深</td><td>臻</td><td>曾三梗三四</td><td>曾一梗二</td><td>宕江</td><td>通</td></tr>
<tr><td>主元音</td><td colspan="2">e ɛ a o</td><td>ʅ i</td><td>y i u</td><td>ʅ i</td><td>ɛ</td><td>o</td><td>y ə u</td></tr>
<tr><td>清、次浊</td><td colspan="8">-Ø，阴去 [35]</td></tr>
<tr><td>全浊</td><td colspan="8">-Ø，阳去 [33]</td></tr>
</table>

清入：接 tɕie^{35} ｜急 tɕi^{35} ｜八 pa^{35} ｜七 tɕʰi^{35} ｜托委托 tʰo^{35} ｜剥 po^{35} ｜北 pɛ^{35} ｜

尺 ʦʰʅ^{35} | 烛 ʨy^{35}；次浊入：叶 Øie^{35} | 立 li^{35} | 辣 la^{35} | 热 zɛ^{35} | 药 Øyo^{35} | 力 li^{35} | 麦 miɛ^{35} | 木 mu^{35} | 六 ləu^{35}；全浊入：盒 xo^{33} | 十 sʅ^{33} | 舌 sɛ^{33} | 罚 fa^{33} | 学 ɕyo^{33} | 贼 ʦʰɛ^{33} | 直 ʦʰʅ^{33} | 白 pʰɛ^{33} | 毒 tʰəu^{33}。

晋语 3 点中，赞皇黄北坪辅音韵尾消失后，清入保持独立入声调读 [213]，而全浊入归平声 [55]、次浊入归去声 [21]。入声 [213] 的调型与上声 [24] 接近。这样的入声调类分化近似于《中原音韵》的入声调分化。目前本书材料中只有这 1 点，暂且归入此类。如下：

	咸	山	深	臻	曾三梗三四	曾一梗二	宕江	通
主元音	ʅ a ə		ʅ i	y i e u	ʅ i	e ɛ ə	ə ɔ	y ə u
清	-Ø，入声 [213]							
次浊	-Ø，去声 [21]							
全浊	-Ø，平声 [55]							

清入：接 ʨiə^{213} | 急 ʨi^{213} | 八 pa^{213} | 七 ʨʰi^{213} | 托委托 tʰuə^{213} | 剥 puə^{213} | 北 pe^{213} | 尺 tʂʰʅ^{213} | 烛 tʂu^{213}；次浊入：立 li^{21} | 辣 la^{21} | 热 ʐʅ^{21} | 药 Øyə^{21} | 墨 me^{21} | 力 li^{21} | 麦 mɛ^{21} | 木 mu^{21} | 六 liəu^{21}；全浊入：十 ʂʅ^{55} | 舌 ʂʅ^{55} | 活 xuə^{55} | 罚 fa^{55} | 学 ɕyə^{55} | 直 tʂʅ^{55} | 白 pɛ^{55} | 毒 tu^{55} | 局 ʨy^{55}。

（3）次浊入及部分全浊入混入清入，与剩余全浊入有别

入声中清入、次浊入、部分全浊入读同一个调，但部分全浊入并入其他舒声调。此类分布在湖北省东部和江西省北部的江淮官话黄孝片以及与黄孝片有接触的赣语大通片、怀岳片和吴语宣州片若干点。如下：

江淮　湖北　广水十里　红安觅儿寺　黄梅黄梅　黄梅李陵口　英山方咀　英山金家铺
　　　江西　九江沙河　瑞昌湓城　瑞昌市区
赣语　安徽　宿松河塔　　　　湖北　大冶陈贵
吴语　安徽　池州马衙

此类有一特点，除了广水十里、池州马衙方言外，辅音韵尾消失后清入、次浊入及部分全浊入不管调值舒促与否都保持独立入声调，而余下的全浊入则舒化拉长并入各自的阳去。如黄梅黄梅：

		咸	山	深	臻	曾三梗三四	曾一梗二	宕江	通
主元音		ʅ a ə		ʅ i	y i e u	ʅ i	e ɛ ə	ə ɔ	y ə u
全浊	清、次浊	-Ø，入声 [53]							
	全浊	-Ø，阳去 [22]							

清入：接 tɕiɛ$^{\underline{53}}$｜急 tɕi$^{\underline{53}}$｜八 pa$^{\underline{53}}$｜七 tɕʰi$^{\underline{53}}$｜托委托 tʰo$^{\underline{53}}$｜剥 po$^{\underline{53}}$｜北 pɛ$^{\underline{53}}$｜尺 tsʰɿ$^{\underline{53}}$｜烛 tseu$^{\underline{53}}$；次浊入：叶 Øiɛ$^{\underline{53}}$｜立 li$^{\underline{53}}$｜辣 la$^{\underline{53}}$｜热 Øyɛ$^{\underline{53}}$｜药 Øio$^{\underline{53}}$｜力 li$^{\underline{53}}$｜麦 mɛ$^{\underline{53}}$｜木 mo$^{\underline{53}}$｜六 leu$^{\underline{53}}$；全浊入：毒 teu$^{\underline{53}}$｜局 tɕy$^{\underline{53}}$，盒 xo^{22}｜十 sɿ^{22}｜舌 sei^{22}｜活 xuei^{22}｜罚 fa^{22}｜学 ɕio^{22}｜贼 tsʰei^{22}｜直 tsʰɿ^{22}｜白 pʰie^{22}。

广水十里与黄梅黄梅同属江淮官话黄孝片，保持独立入声调 [52]，但部分全浊入受周边中原官话“全浊入归阳平”规律影响并入了调值相近的阳平 [43]，如：盒 xo^{52}｜十 ʂʅ^{43}｜舌 ʂɛ^{43}｜活 xo^{43}｜学 ɕio^{43}｜贼 tsɛ^{43}｜直 tʂʅ^{52}｜白 pʰɛ^{52}｜毒 teu^{43}｜局 tʂʮ^{52}。

（4）部分浊入混入清入，与剩余浊入有别

此类分布在两个区域，一是湖南境内赣语耒资片及靠近耒资片的江西吉茶片 2 点，二是安徽和江西交界处的徽语祁德、休黟两片及与徽语接触的吴语宣州片 2 点。如下：

赣语	湖南	安仁龙海	耒阳小水	资兴高码		
	江西	吉安县敦厚	万安县城			
徽语	安徽	祁门祁山	石台占大	屯溪城里	休宁海阳	
	江西	德兴程营	浮梁浮梁		浙江	遂安狮城
吴语	安徽	黄山甘棠	石台七都			

休宁海阳辅音韵尾消失，清入及部分浊入读阴入 [212]、部分浊入读阳入 [35]，如下：

		咸	山	深	臻	曾	梗	宕江	通
主元音		iː e a ɔ ɤ o uː		ɿ i e	ɿ y i e ɤ	y i e a ɤ	i e a	a o	a o u
浊	清	-Ø，阴入 [212]							
	浊	-Ǿ，阳入 [35]							

清入：接 tsiːe^{212}｜急 tɕi^{212}｜八 puːə^{212}｜七 tsʰi^{212}｜托委托 tʰo^{212}｜剥 po^{212}｜北 pe^{212}｜尺 tɕʰie^{212}｜烛 tɕiu^{212}；浊入：捷 tɕʰie^{212}｜蛰 tɕi^{212}｜捏 ȵiːe^{212}｜穴 tɕʰyːe^{212}｜突 tʰɤ^{212}｜摸 mo^{212}｜若 Øio^{212}｜勒 lɤ^{212}｜液 Øia^{212}｜育 Øiu^{212}，杂 tsʰɔ^{35}｜立 li^{35}｜十 ɕi^{35}｜热 ȵiːe^{35}｜夺 tʰuːə^{35}｜药 Øio^{35}｜学 xo^{35}｜贼 tsʰɤ^{35}｜力 li^{35}｜白 pʰa^{35}｜麦 ma^{35}｜木 mo^{35}｜局 tɕʰiu^{35}。

安仁龙海辅音韵尾消失后，清入及部分浊入保持独立入声调 [213]、部分浊入舒化拉长并入阴平 [44]，如下：

		咸	山	深	臻	曾		梗	宕江	通
主元音		e a u		i	y i e	i	e	e a	o u	y ɐ ʉ
浊	清	-Ǿ，入声 [213]								
	浊	-Ø，阴平 [44]								

清入：接 ʦie^{213} ｜急 tɕi^{213} ｜八 pa^{213} ｜七 ʦʰi^{213} ｜托委托 tʰu^{213} ｜剥 pu^{213} ｜北 pe^{213} ｜尺 ʧʰia^{213} ｜烛 tɕiʉ^{213}；浊入：盒 hu^{213} ｜立 li^{213} ｜活 hue^{213} ｜学 ʃiu^{213} ｜力 li^{213} ｜木 mu^{213} ｜肉 Ǿiʉ^{213} ｜局 tɕʰy^{213}，叶 Øie^{44} ｜十 ɕi^{44} ｜辣 la^{44} ｜舌 ɕie^{44} ｜月 Ǿue^{44} ｜药 Ǿiu^{44} ｜墨 me^{44} ｜直 tɕʰi^{44} ｜白 pʰa^{44} ｜麦 me^{44} ｜毒 tʰɐʉ^{44} ｜六 liʉ^{44}。

2.2.3 清浊入分化多调

入声辅音韵尾消失后，清入和浊入分化为多个声调，或保持入声调或并入其他舒声调。与前面类型入声调有限分化相比，入声调分化多调说明“入声”在音系中的地位已不明显。此类在本书材料中有 6 点，分布在与官话、湘语等接触的前沿地带：与中原官话接触的江淮官话滁州沙河与淮南田集、被湘语包围的赣语洞口竹市与绥宁黄土矿、与西南官话交界的桂北平话永福罗锦和龙胜马堤。

龙胜马堤清入分化为阴平 [55]、阳平 [13]、阴上 [33]、阳上 [22]，次浊入归阳上，全浊入则分化为阳平、阴上、阳上三调，除了次浊入分化比较整齐，清入和全浊入的分化规律暂时看不出来。如下：

	咸	山	深	臻	曾	梗	宕江	通
主元音	ᴇ a ɔ		ᴇ ə	y i e	i ə	a	a ɔ	y a ɔ u
清	-Ø，阴平 [55]、阳平 [13]、阴上 [33]、阳上 [22]							
次浊	-Ø，阳上 [22]							
全浊	-Ǿ，阳平 [13]、阴上 [33]、阳上 [22]							

清入：急 ʦəɯ^{55} ｜笔 piᴇ^{55} ｜出 ʦʰəɯ^{55} ｜北 pəɯ^{55} ｜榖 kɔ^{55} ｜烛 ʦɔ^{55}，塔 ta^{13} ｜拨 pɔ^{13} ｜恶 Ǿɔ^{13} ｜削 sɔ^{13} ｜剥 pɔ^{13} ｜色 səɯ^{13} ｜壁 pi^{13} ｜菊 tɕy^{13}，接 tiᴇ^{33} ｜法 fa^{33} ｜八 pa^{33} ｜脱 tʰua^{33} ｜血 fiᴇ^{33} ｜角 kaɯ^{33} ｜百 pia^{33} ｜客 kʰia^{33} ｜尺 tɕʰiə^{33} ｜足 ʦaɯ^{33}，切 tʰiᴇ^{22} ｜刮 kua^{22} ｜橘 tɕy^{22} ｜托委托 tʰuɔ^{22} ｜侧 ʦʰə^{22} ｜锡 ɕiə^{22} ｜宿 su^{22}；次浊入：叶 Øiᴇ^{22} ｜立 liᴇ^{22} ｜辣 la^{22} ｜热 ȵiᴇ^{22} ｜药 Øiaɯ^{22} ｜力 liəɯ^{22} ｜麦 mia^{22} ｜六 lɔ^{22} ｜绿 lu^{22}；全浊入：盒 hɔ^{13} ｜十 səɯ^{22} ｜舌 ɕiᴇ^{22} ｜活 hɔ^{13} ｜罚 fa^{33} ｜学 sua^{33} ｜贼 tʰə^{22} ｜直 tɕʰiəɯ^{22} ｜白 pʰia^{33} ｜毒 tu^{13} ｜局 tɕy^{13}。

三 消失类型的地理分布

根据前文对韵尾消失类型的分析，消失类型的地理分布整体上像一只展翅东南飞的孔雀。雀头为台湾岛，朝上的左翼是太行山以东地区，朝下的右翼是雷州半岛和海南岛，躯干是由环赣语核心区的若干区域组成的同心圆，雀尾则迤逦于湘南、桂北地区。

3.1 太行以东

第三章第三节 5.2.2 小节指出山西东西两侧的太行山与吕梁山是两道天然屏障，使得晋语主要地带完整保持着入声喉塞尾。但是向东一越过太行山，河北、河南境内的晋语张呼、邯新两片就出现韵尾部分消失现象，就像一张盾牌面对着韵尾早已消失的官话区。此外，在山西北部，即吕梁山与太行山两山之间的地区，晋语大包、五台两片也出现了韵尾部分消失现象。

晋语韵尾消失类型的地理分布就像一杯冰激凌，杯口和靠近热源（官话）比较近的一侧最早出现融化，只是“部分融化”，且杯口与靠近热源（官话）一侧方言的消失类型还有所不同。这突出了太行山的屏障作用（候精一主编 2002：43）：山以东的晋语处在部分消失阶段，而山以西的晋语消失类型比较少，山西北部因为没有大山对官话的阻隔，因此消失得比较快。不过，山西西边的晋语却很少出现韵尾消失现象。

3.2 环赣语核心区的同心圆

在湖北东南部、安徽南部、浙江中西部和东南部、福建西北部和西部、江西西南部、湖南东南部及东部这一偌大的区域，以赣语核心区所在的江西赣江中下游和抚河流域及鄱阳湖地区为中心形成了一个巨大的韵尾消失同心圆。这个同心圆涵盖了中南地区幕阜山、大别山、黄山、武夷山、罗霄山五大山脉。

这个巨大的韵尾消失同心圆从湘鄂赣三省交界的幕阜山开始，顺时针旋转依次主要由这些方言区片组成：赣语大通片、怀岳片、昌靖鹰弋片（部分），江淮官话黄孝片、洪巢片（小部分），徽语（徽语仅剩下淳安、绩溪韵尾没有消失），吴语宣州片（部分）、婺州片、瓯江片，闽语闽东区（部分）、闽北区、邵将区、闽中区、莆仙区及闽南区之大田龙岩漳平 3 点，客家话宁龙、汀州、于桂三片（均部分），赣语耒资片、吉茶片、宜浏片（部分）。

根据韵尾消失类型的不同，这个同心圆可以由上到下朝着西南方向从中一分为二。西半圈所包含的赣语、客家话、江淮官话以“全部消失，部分浊入与清入相混”类型为主。东半圈又可分南北，北边主要是吴徽语，以“全部消失，清浊对立”类型为主；南边是闽语，以“全部消失，清浊对立”和“部分消失”为主，其中闽北山区以前者居多，沿海闽语以后者居多。如下：

西北	全部消失，部分浊入与清入相混	客赣江淮
↑	全部消失，清浊对立	吴徽语
↑	全部消失，清浊对立	闽北闽语
东南	部分消失	沿海闽语

3.3 雷琼岛链

远离闽南方言大本营泉漳地区的琼文区主要以部分韵尾消失为主。闽南话一到雷州半岛后就出现韵尾消失现象，并把这一演变一直带到海南岛上，形成了闽语韵尾消失的雷琼岛链。由于海南岛的开发是先沿海、后内陆，因此韵尾消失类型也是从海南岛最北端的海口开始，沿着海岸线逐步向南推进，反映了海南岛的移民与开发路线。有趣的是，雷琼岛链上闽语的消失类型以“部分摄韵尾合并，部分摄韵尾消失”为主，而闽语大本营的福建却是以“韵尾全部消失，清浊对立”和“韵尾部分消失”为主。从韵尾演变过程来说，雷琼岛链上闽语的消失类型比较存古。

3.4 湘南桂北

东南飞的孔雀雀尾飘荡在湘南与桂北之间。那里有远离赣语大本营的赣语洞绥片与平话桂北片部分点。这两片，前者被湘语和官话包围，后者独立面对北下的官话，韵尾消失自然难免。

四 小结

本章第一、二两节所分析的韵尾消失类型请看表 4-7。在这两节分析的基础上，总结韵尾消失过程，有两条一般性规律，如下：

消失规律一：从现有材料看，塞音韵尾消失之前，一般要经过九摄韵尾 -ʔ 化阶段。九摄韵尾 -ʔ 化之后，或以声母清浊或以摄、等为条件消失韵尾。地理分布显示，以声母清浊为条件消失的方言占多数，且一般是浊入先消失、清入后消失。

消失规律二：部分闽语的消失过程与非闽语有所不同。由咸山宕江梗五摄部分入声韵 -p、-t、-k 塞尾直接弱化来的 -ʔ 尾接着消失，而深臻曾通四摄及余下的咸山宕江梗五摄入声韵的 -p、-t、-k 尾保持不变。-ʔ 尾的消失一般是浊入先消失、清入后消失。

以上两条规律可以解释大部分方言的消失过程。少数方言，如玉林福绵、诏安秀篆、新余水西等在保持 -p、-t、-k 尾的前提下，部分摄韵尾消失，不符合规律一。这样的方言是少数，但是否反映一种不同于主流的韵尾消失方向，还需进一步观察。

表 4–7 韵尾消失类型

<table>
<tr><th></th><th>中类</th><th>小类</th><th>具体演变类型</th><th>代表点</th></tr>
<tr><td>1</td><td rowspan="5">部分摄韵尾 -t 化，部分摄韵尾消失</td><td rowspan="2">咸深韵尾 -t 化，部分摄韵尾消失</td><td>咸合三韵尾 -t 化，部分宕江梗韵尾消失</td><td>玉林福绵</td></tr>
<tr><td>2</td><td>咸合三韵尾 -t 化，部分咸山宕江梗韵尾消失</td><td>澄迈金江</td></tr>
<tr><td>3</td><td>曾梗韵尾 -t 化，部分摄韵尾消失</td><td>曾、梗三四韵尾 -t 化，宕江梗二通韵尾消失</td><td>诏安秀篆</td></tr>
<tr><td>4</td><td rowspan="2">咸深曾梗韵尾 -t 化，部分摄韵尾消失</td><td>咸深、曾三韵尾 -t 化，宕江曾一梗通韵尾消失</td><td>新余水西</td></tr>
<tr><td>5</td><td>咸深、曾梗三四韵尾 -t 化，宕江曾梗一二通韵尾消失</td><td>新余观巢</td></tr>
<tr><td>6</td><td colspan="2" rowspan="2">部分摄韵尾 -k 化，部分摄韵尾消失</td><td>山臻韵尾 -k 化，咸一二韵尾消失</td><td>增城朱村</td></tr>
<tr><td>7</td><td>山臻韵尾 -k 化，部分咸山宕江梗韵尾消失</td><td>遂溪遂城</td></tr>
<tr><td>8</td><td rowspan="5">部分摄韵尾 -ʔ 化，部分摄韵尾消失</td><td rowspan="2">咸深山臻摄韵尾消失</td><td>深臻宕江曾梗通韵尾 -ʔ 化，咸山韵尾消失</td><td>寿昌旧寿昌</td></tr>
<tr><td>9</td><td>宕江曾梗通韵尾 -ʔ 化，咸深山臻韵尾消失</td><td>于都梓山</td></tr>
<tr><td>10</td><td>宕江梗通摄韵尾消失</td><td>咸深山臻曾 -ʔ 化，部分宕江梗通韵尾消失</td><td>福鼎白琳</td></tr>
<tr><td>11</td><td rowspan="2">咸山宕江梗摄韵尾消失</td><td>深臻曾通韵尾 -ʔ 化，部分咸山宕江梗韵尾消失</td><td>尤溪中仙</td></tr>
<tr><td>12</td><td>深臻曾通韵尾 -ʔ 化，咸山宕江梗韵尾消失</td><td>建德梅城</td></tr>
<tr><td>13</td><td rowspan="7">韵尾 -ʔ 化，清入或浊入韵尾消失</td><td>清浊同调</td><td>浊入韵尾消失</td><td>德安聂桥</td></tr>
<tr><td>14</td><td rowspan="2">清浊对立</td><td>清入韵尾 -ʔ 化，浊入韵尾消失</td><td>高淳淳溪</td></tr>
<tr><td>15</td><td>浊入韵尾 -ʔ 化，清入韵尾消失</td><td>清流嵩口</td></tr>
<tr><td>16</td><td rowspan="4">部分浊入与清入相混</td><td>部分次浊入归清入，剩余浊入韵尾消失</td><td>长汀河田</td></tr>
<tr><td>17</td><td>次浊入归清入，全浊入韵尾消失</td><td>赤壁陆水湖</td></tr>
<tr><td>18</td><td>次浊入及部分全浊入混入清入，剩余全浊入韵尾消失</td><td>宁国南极</td></tr>
<tr><td>19</td><td>部分浊入归清入，部分浊入韵尾消失</td><td>灵丘东河南</td></tr>
<tr><td>20</td><td colspan="2" rowspan="2">全部消失，以摄、等为条件</td><td>前摄与后摄</td><td>安远镇岗</td></tr>
<tr><td>21</td><td>一二等与三四等</td><td>富川莲山</td></tr>
</table>

续表

	中类	小类	具体演变类型	代表点
22	全部消失，以声母清浊为条件	清浊同调	同读高调	阳新兴国
23			同读低调	铜陵太平
24		清浊对立		苍南龙港
25		部分浊入与清入相混	部分次浊入混入清入，与其他浊入有别	炎陵石洲
26			次浊入混入清入，与全浊入有别	嘉鱼鱼岳
27			次浊入及部分全浊入混入清入，与剩余全浊入有别	黄梅黄梅
28			部分浊入混入清入，与剩余浊入有别	休宁海阳
29		清浊入分化多调		龙胜马堤

第三节　元音尾化

第二、三章及本章第一、二节的分析发现，韵尾 -p、-t、-k 可以改变发音部位而不改变发音方法变成不同的塞尾，可以改变发音方法而不改变发音部位弱化为鼻音尾或边音尾，可以混同发音部位、改变发音方法弱化为喉塞尾等。

邱尚仁（1991）指出赣语江西南城建昌入声有两类韵尾：带喉塞的短促 [iʔ] 尾和 [ʔ] 尾，如：八 paiʔ˥ ≠ 百 paʔ˥ ｜滑 Øuaiʔ˥ ≠ 划 Øuaʔ˥ ｜骨 kuiʔ˥ ≠ 谷 kuʔ˥。颜森（1993：20）也指出黎川县城入声有三类韵尾，“即 [-p] 尾、带喉塞的短促 [-iʔ] 尾、喉塞音 [-ʔ] 尾”，如：乏 fap˥ ≠ 罚 faiʔ˥ ≠ 划 faʔ˥ ｜鸽 kop˥ ≠ 割 koiʔ˥ ≠ 各 kɔʔ˥。[iʔ] 和 [ʔ] 不是最小对立体，-iʔ 比 -ʔ 增加了一个元音。将 -iʔ 作为与 -ʔ 对立的韵尾，反映了对入声韵尾演变的深刻认识。学界很早就关注与南城、黎川方言类似、相关的现象，认识逐步深入并提升到理论高度。

高本汉《谐声说》（1927）较早注意到汉语从上古谐声字时代到近代汉语期间辅音韵尾变成 -i、-u 的现象，并指出韵尾 *-d 总变成 -i 而 *-g 变成 -i、-u 的可能都有。张世禄（1929）拿日本译音材料证实了高本汉的观察。罗常培（1933：69）认为入声韵尾中“带音的 *-b、*-d、*-g 比较容易丢掉或变为部位相近的元音”。桥本万太郎（1982）指出中古汉语的韵尾 -t(-d)，特别是在西北方言里都很系统地变成了 -i，如三水方言：啬 sei ｜瑟 sei。谢・叶・雅洪托夫《十一世纪的北京音》（1986，转引自黎新第 1991）认为北方官话中宕通等摄塞尾消失、变成舒声韵后

二合元音 -u 是 -k 韵尾的延续并界定了这一现象在北方的分布地区："收 -u 的二合元音作为古代 -k 韵尾的延续，有这一语音特征的区域西面限于太行山，南面接近北纬 37°。"但是黎新第（1991）经过考察，认为从方言分布看南北方言都存在这一现象。李如龙、张双庆（1996：318—319）就提到客赣方言的相应现象："古入声韵的另一个方向是弱化、浊音化以至转化为发音部位相同或相近的鼻音韵或元音尾韵。这是沿着原来的发音部位改变发音方法的纵向递变。"汉藏语其他语言存在类似现象。侗语菲溪方言的 -p、-t、-k 尾有的丢失，有的变为元音，如：-t 变成 -i 或 -u，-k 变成 -i。（石林、黄勇 1997）上述研究的共同点是认为塞音韵尾在一定条件从辅音变成元音，即"韵尾元音化"。"元音化"（vocalization）是"辅音转化为元音或滑音的过程"。（R. L. 特拉斯克 2000：279）

随着对辅音韵尾消失后入声韵元音作韵尾现象本质的深入认识，曹志耘（2002a：95—96）提出了"元音韵尾化"概念，文中虽没有对这个概念作定义，但文中分析显示其基本内涵是：入声韵在韵尾演变过程中由主元音衍生一个元音，这个元音逐步替代辅音韵尾成为入声韵的韵尾。"元音韵尾化"反映了入声韵尾演变的一个重要现象，是入声韵尾在演变过程中留下演变痕迹的一种方式。在这一过程中入声韵因辅音韵尾的消失而变成阴声韵实现了入声韵的舒化，完成了入声韵尾演变的最后一步。

"韵尾元音化"是从共时角度观察韵尾演变的结果，"元音韵尾化"是从历时角度分析一种韵尾演变现象的本质。本节将"元音韵尾化"简称为"元音尾化"，尝试在曹志耘（2002a：95—96）的观察分析基础上，进一步考察元音尾化的类型、演变过程及原因。

一　演变类型及分布

本书考察了所掌握的 859 点材料，元音尾化主要有两类：[i] 类元音尾化和 [u] 类元音尾化。[i] 类和 [u] 类不是指元音尾的实际音值，而是代表元音尾有两类来源：一类是较前、较高的元音，如 i、e 等；一类是较后、较高的元音，如 u、o 等。这取决于汉语的音系结构特点。汉语方言中阴声韵一般只有 i、u 元音尾，因此元音尾化的元音多为 i、u。此外，一些方言还有特殊的元音尾，因此元音尾化也有特殊类型，但它们本质上属于 [i] 类元音尾或 [u] 类元音尾。下面逐一分析。

1.1 [i] 类元音尾化

[i] 类元音尾化主要存在于主元音不是前高元音 i 的咸深山臻及曾梗六摄入声韵。根据元音尾化的摄不同，可分为如下 12 类，请看表 4-8。

表 4-8 [i] 类元音尾化类型

	演变类型	入声韵	分布点
1	山臻	ai、oe、ɔi、oi、ui	客家话明溪盖洋、南康蓉江，闽语澄迈金江、海口、电白小良、南平峡阳、浦城石陂、三亚崖城、武夷山五夫、政和镇前、建阳莒口
2	深臻	ai、ɛi、ei	赣语大冶陈贵、阳新兴国，吴语汤溪旧汤溪，徽语黟县碧阳、遂安狮城
3	咸山	ai、ɔi	赣语浏阳溪江
4	曾	ɛi、ɔi	客家话安远镇岗、桂东大塘，闽语泰宁朱口
5	曾梗一二	ei	江淮官话英山方咀
6	曾梗三四	ei	吴语文成珊溪、瑞安飞云、义乌苏溪
7	曾、梗三四	ai、ᴇi、ei	吴语东阳湖溪、磐安大盘、缙云双溪口、铜陵朱村，平话桂林大河
8	曾梗	ai、əi	吴语永康象珠
9	深臻、曾	ai、ɛi、ei	徽语遂安旧汾口，赣语资兴高码，吴语洞头大门、温州泽雅、永嘉枫林
10	山、曾	ai、oi	闽语建瓯迪口
11	深臻、梗三四	ei	江淮官话瑞昌溢城、瑞昌市区
12	深臻、曾、梗三四	ai、ei	徽语浮梁浮梁

1.1.1 咸深山臻摄

此类可分为三小类，相关入声韵类型及分布点请看表 4-8 第 1—3 类。闽语的入声韵类型比较复杂。与非闽语一摄内只有一种主元音与元音尾搭配类型相比，闽语一摄内往往出现好几种类型，如建阳莒口山摄有 ai、ɔi、oi、ui 四种。例字请看表 4-9。

表 4-9 咸深山臻摄 [i] 类元音尾化类型字音举例

	明溪盖洋	南康蓉江	南平峡阳	三亚崖城	建阳莒口	汤溪旧汤溪	浏阳溪江
元音尾化	辣 lai^{54}	泼 p^hoe^{24}	辣 $luai^{11}$	八 $bɔi^{354}$	辣 $luoi^{4}$	立 lei^{113}	搭 tai^{42}
	八 pai^{43}	活 hoe^{53}	八 pai^{215}	切 sai^{354}	节 $tsai^{214}$	急 $tɕiei^{55}$	插 ts^hai^{42}
	节 $tsai^{32}$	说 soe^{53}	节 $tsai^{215}$	脱 t^hui^{354}	拨 $pɔi^{214}$	笔 pei^{55}	鸭 $ŋai^{42}$
	活 $Øuai^{33}$	骨 koe^{24}	脱 t^huai^{215}	雪 $sɔi^{354}$	刷 sui^{214}	一 $Øiei^{55}$	辣 lai^{42}
	刮 $kuai^{43}$	忽 hoe^{53}	刮 $kuai^{215}$	罚 $huai^{53}$	七 $t^hɔi^{214}$	骨 $kuei^{55}$	刮 $kuai^{42}$
	血 fai^{43}	出 ts^hoe^{24}	血 $xuai^{215}$	出 sui^{354}	骨 kui^{214}	橘 $tɕiei^{55}$	罚 fai^{42}

续表

	明溪盖洋	南康蓉江	南平峡阳	三亚崖城	建阳莒口	汤溪旧汤溪	浏阳溪江
无元音尾化	割 kue^{43}	辣 la^{53}	割 kɛ^{215}	辣 luə^{53}	舌 Øye^{4}	十 ʑiɛ^{113}	接 tsi^{42}
	热 ŋe^{54}	割 koæ^{24}	舌 sie^{11}	舌 tɕi^{53}	结 kie^{214}	出 tɕʰiɤ^{55}	叶 Øi^{42}
	结 kie^{43}	罚 fa^{53}	热 Øie^{41}	活 Øuə^{53}	雪 ɕye^{214}	—	贴 tʰi^{42}
	脱 tʰo^{43}	铁 tʰie^{24}	结 kie^{215}	刷 suə^{354}	月 ŋye^{4}	—	割 køy^{42}
	刷 sy^{43}	笔 pie^{24}	雪 syɛ^{215}	七 ɕi^{354}	一 Øi^{214}	—	热 ȵi^{42}
	月 ŋyɵ^{54}	质 tsə^{24}	月 Øyɛ^{11}	橘 ki^{354}	出 tɕʰy^{214}	—	血 çye^{42}

1.1.2 曾梗摄

曾梗两摄 [i] 类元音尾化类型有五，相关入声韵类型及分布点请看表 4-8 第 4—8 类，例字请看表 4-10。这五类基本和曾梗摄韵尾 -t 化的类型一致。

表 4-10　曾梗摄 [i] 类元音尾化类型字音举例

	安远镇岗	泰宁朱口	英山方咀	文成珊溪	桂林大河	东阳湖溪	永康象珠
贼曾一	tsʰɛi^{55}	tʰɔi^{31}	tsei^{55}	ze^{214}	tsai^{13}	zᴇi^{213}	zəi^{323}
刻	kʰɛi^{55}	kʰɔi^{35}	kʰei^{211}	kʰe^{35}	kʰa^{55}	kʰᴇi^{323}	kʰəi^{545}
力曾三	lɛi^{55}	li^{31}	li^{211}	ləi^{214}	lai^{55}	lᴇi^{213}	ləi^{323}
直	tsʰɛi^{55}	hɔi^{31}	tʂʰʅ^{211}	dzei^{214}	tsai^{13}	dzᴇi^{213}	dzəi^{323}
织	tsɛi^{55}	ʧi^{35}	tʂʅ^{211}	tsei^{35}	tɕai^{55}	tsᴇi^{323}	tsəi^{545}
白梗二	pʰa^{55}	pʰa^{31}	pei^{33}	ba^{214}	pa^{13}	bɑ^{213}	bai^{323}
拆	tɕʰia^{55}	hia^{35}	tsʰei^{211}	tsʰa^{35}	tsʰa^{55}	tsʰɑ^{323}	tsʰai^{545}
摘	tsa^{55}	tia^{35}	tsei^{211}	tsa^{35}	tsa^{55}	tsɑ^{323}	tsai^{545}
尺梗三四	tsʰa^{55}	ʧʰiɔ^{35}	tʂʰʅ^{211}	tsʰei^{35}	tsʰai^{55}	tsʰᴇi^{323}	tsʰəi^{545}
壁	pia^{55}	pia^{35}	pi^{211}	pei^{35}	pai^{55}	pᴇi^{445}	səi^{545} 锡

1.1.3 深臻曾梗摄

深臻曾梗四摄韵尾经过一定演变后，入声韵在元音尾化方面有较为一致的表现。可分为四类，相关入声韵类型及分布点请看表 4-8 第 9—12 类。非闽语发生元音尾化的某类入声韵一般是将演变贯彻到所有音节。在主元音相同条件下，闽语则哪个音节出现不出现元音尾不确定，请看表 4-11。

表 4-11 深臻曾梗摄 [i] 类元音尾化类型字音举例

	遂安旧汾口	洞头大门	资兴高码	永嘉枫林	建瓯迪口	瑞昌市区	浮梁浮梁
元音尾化	立 ldei^{132}	十 zai^{312}	十 sɛi^{55}	十 zai^{312}	八 pai^{55}	粒 lei^{213}	粒 nei^{33}
	十 ɕiei^{132}	急 ʧai^{423}	急 tɕiɛi^{213}	急 tɕiai^{434}	切 ʦʰoi^{55}	集 ʦʰei^{213}	七 ʦʰei^{33}
	七 tɕʰiei^{31}	一 Øiai^{423}	笔 pɛi^{213}	七 ʦʰai^{434}	刷 ɬoi^{55}	笔 pei^{213}	北 pai^{33}
	出 kʰui^{31}	橘 ʧai^{423}	骨 kuɛi^{213}	橘 tɕiai^{434}	罚 huai^{243}	七 ʦʰei^{213}	直 tɕʰiai^{213}
	力 ldi^{132}	北 pai^{423}	力 lɛi^{55}	北 ʔbai^{434}	墨 mai^{41}	席 sei^{213}	只 tɕiai^{33}
	织 tɕiei^{31}	侧 ʧai^{423}	直 ʦʰɛi^{55}	墨 mai^{312}	直 tai^{243}	敌 tei^{213}	踢 tʰei^{33}
无元音尾化	骨 kuəɯ^{31}	立 li^{312}	立 li^{213}	立 li^{312}	辣 lua^{41}	十 ʂʅ^{33}	十 ɕi^{213}
	北 pəɯ^{31}	笔 pi^{423}	一 Øi^{213}	骨 kyø^{434}	舌 Øyɛ^{41}	急 tɕi^{213}	一 Øi^{33}
	贼 səɯ^{132}	骨 kye^{423}	北 piɐ^{213}	出 tɕʰyø^{434}	刮 kua^{214}	吉 tɕi^{213}	不 pu^{33}
	刻 kʰəɯ^{31}	刻 kʰɪ^{423}	贼 tɕʰiɐ^{55}	贼 ze^{312}	月 ŋyɛ^{41}	不 pu^{213}	出 tɕʰy^{33}
	侧 ʦʰəɯ^{31}	力 li^{312}	刻 kʰɐ^{213}	力 li^{312}	北 pɛ^{55}	白 pʰe^{33}	客 tɕʰia^{33}
	色 səɯ^{31}	色 sɪ^{423}	色 ɕiɐ^{213}	织 tɕi^{434}	织 ʦi^{55}	摘 ʦe^{213}	麦 ma^{213}

上述分析显示，[i] 类元音尾化类型与塞音韵尾合并类型有着一定的对应关系。

麦耘《软腭辅音与硬腭过渡音的亲和性——一项语音演化研究》（2013）一文根据推论认为：“在韵腹元音与 -k 韵尾之间也会有过渡音 -ɨ-。在一定条件下（譬如 -k 尾弱化），这个过渡音可以延长成为单独的音素，尽管没有音位地位；当 -k 韵尾弱化为时 -ʔ，这个 -ɨ- 的地位就会逐渐上升，顶替韵尾的位置，而由于音系中没有 -ɨ- 韵尾，它就会被调整为 -i- 韵尾。”其文中提供了四条演变途径，其中之一是：εk＞ε(ɨ)k＞εɨk＞εɨʔ＞εi$^{(ʔ)}$＞ai$^{(ʔ)}$。该文关于软腭辅音与韵腹元音之间有硬腭过渡音的思考对我们思考韵尾 -t 化、[i] 类元音尾化具有一定的参考意义，结合本书所掌握的材料，我们在麦耘（2013）的演变途径上增加了一条途径，如下②：

↗ ＞εɨʔ＞εi$^{(ʔ)}$＞ai$^{(ʔ)}$ ①

εk＞ε(ɨ)k＞εɨk

↘ εɨc＞εit＞εiʔ＞εi$^{(ʔ)}$＞ai$^{(ʔ)}$ ②

在有了硬腭过渡音的 εɨk 里，-k 韵尾受舌面中元音 -ɨ- 的影响舌位靠前变成了舌面中辅音尾 -c；当 -ɨ- 进一步调整为舌面前元音 -i- 时，-c 韵尾也进一步变成了 -t 韵尾，继而 -t 弱化、-ʔ 尾消失。

1.1.4 总结 [i] 类元音尾化所出现的入声韵，有 ai、εi、ᴇi、ei、əi、ɔi、oi、ui、oe 九类，其中 oe 类少见，可分别归并到 oi 类，这样就有 ai、εi、ᴇi、ei、əi、ɔi、oi、ui 八类。八类中，前四类的主元音与元音尾都是前元音，但都有舌位高低差；

后四类的主元音与元音尾分别为非前元音和前元音，舌位前后差起主要作用而高低差是次要的。[i] 类元音尾化的入声韵主元音必须与元音尾之间存在舌位差别。

1.2 [u] 类元音尾化

[u] 类元音尾化主要存在于主元音不是后高元音 u 的入声韵。主元音为较低、较前元音的入声韵容易增生 [u] 类元音作韵尾。与 [i] 类元音尾化涉及的咸深山臻曾梗六摄相比，[u] 类元音尾化主要存在于宕江通三摄。我们基于大量材料的观察分析结果与《软腭辅音与硬腭过渡音的亲和性》（麦耘 2013）一文关于宕江摄入声韵尾与主元音之间产生软腭过渡音 u 的推测一致。

一定程度上，元音尾化的两种类型在九摄入声韵中呈互补分布。

1.2.1 宕江通摄

（1）宕江摄

根据元音尾化涉及的等不同，可分为三小类，相关入声韵类型及分布点请看表 4-12。三小类分别是：（1）宕江摄一二等 [u] 类元音尾化，宕摄三等无此演变；（2）宕摄三等和江摄 [u] 类元音尾化，宕摄一等无此演变；（3）宕江摄 [u] 类元音尾化。例字请看表 4-13。

表 4-12　宕江摄 [u] 类元音尾化类型

	演变类型	入声韵	分布点
1	宕江一二	au、ɑu、ou	徽语黟县碧阳、浮梁浮梁，吴语洞头大门、浦城管厝
2	宕三、江	au	平话桂林大河
3	宕江	ao、ou、oʉ、ɤʉ、ɔu	平话钟山回龙，客家话安远镇岗、桂东大塘、诏安秀篆，赣语常宁蓬塘，徽语石台占大

表 4-13　宕江摄 [u] 类元音尾化类型字音举例

	黟县碧阳	洞头大门	桂林大河	钟山回龙	安远镇岗	桂东大塘	诏安秀篆	常宁蓬塘
托委托，宕一	tʰɑu^{3}	tʰou^{423}	tʰɔ^{55}	tʰiao^{53}	tʰou^{55}	tʰɤʉ^{53}	tʰɔu^{24}	tʰoʉ^{33}
恶	Ǿɑu^{31}	Ǿou^{423}	Ǿuɔ^{55}	Ǿiao^{53}	Ǿou^{55}	Ǿɤʉ^{53}	Ǿɔu^{24}	Ǿoʉ^{33}
郭	kɑu^{3}	kou^{423}	kɔ^{55}	kiao^{53}	kou^{55}	kɤʉ^{53}	kɔu^{24}	koʉ^{33}
削宕三	siu^{3}	ʃa^{423}	ɕiau^{55}	θiao^{53}	siou^{55}	ɕiɤʉ^{53}	siɔu^{24}	siəɯ^{33}
药	Ǿiu^{31}	ja^{423}	Ǿiau^{55}	Ǿiao^{21}	Ǿiou^{55}	Ǿiɤʉ^{53}	zɔu^{24} 约	Ǿioʉ^{33}
剥江二	pɑu^{3}	puo^{423}	pau^{55}	piao^{53}	pou^{55}	pɤʉ^{53}	pɔu^{24}	pu^{33}
角	kɑu^{3}	kou^{423}	kau^{55}	kiao^{53}	kou^{55}	kɤʉ^{53}	kɔu^{24}	koʉ^{33}
壳	kʰɑu^{3}	kʰou^{423}	kʰau^{55}	hiao^{53}	kʰou^{55}	hɤʉ^{53}	kʰɔu^{24}	kʰoʉ^{33}
学	xɑu^{31}	ɦou^{312}	ɕiɔ^{13}	Ǿiao^{21}	xou^{55}	hɤʉ^{53}	hɔu^{33}	ɕioʉ^{21}

（2）通摄

由于各方言屋韵的一等和三等、沃韵归屋韵或归烛韵等方面存在不同，通摄的 [u] 类元音尾化类型可分为六小类，请看表 4–14。

表 4–14　通摄 [u] 类元音尾化类型

	入声韵	分布点
1	ᴇu、əu、ɤu	赣语分宜分宜、新余水西、吉水金滩、绥宁黄土矿，客家话宁化石壁、汝城城郊、炎陵石洲，闽语将乐南口、泰宁朱口
2	ɤʊ、ɤu	吴语瓯江片瑞安飞云、温州泽雅、文成珊溪、永嘉枫林
3	eu	吴语瓯江片洞头大门
4	eu、au、əu、ɑu、ɤu、ou	赣语大通片大冶陈贵、嘉鱼鱼岳、监利朱河、咸宁马桥、阳新兴国、岳阳市西城、华容集城、临湘白云，怀岳片怀宁石牌、潜山梅城、宿松二郎、太湖晋熙、岳西天堂，宜浏片醴陵西山、浏阳溪江；江淮官话黄孝片鄂州西山、广水十里、红安觅儿寺、黄梅黄梅、黄梅李陵口、黄石花湖、蕲春漕河、应城杨河、英山方咀、英山金家铺、瑞昌溢城、瑞昌市区、九江沙河、安庆老峰；徽语浮梁浮梁
5	ɑu	南部吴语缙云双溪口
6	əu、ɑu、ou、ɐu	南部吴语东阳湖溪、磐安大盘、义乌苏溪及平话广西桂林大河，赣语耒资片安仁龙海和资兴高码、吴语浦城管厝（此三点部分韵尾未 -u 化，分化规律不明显，暂归入此类）

六小类分别是：（1）屋韵三等和烛韵 [u] 类元音尾化，屋韵一等和沃韵主元音相同、无元音尾化；（2）屋韵三等和沃韵 [u] 类元音尾化，屋韵一等和烛韵主元音不同、无元音尾化；（3）屋韵三等 [u] 类元音尾化，屋韵一等、沃韵和烛韵主元音不同、无元音尾化；（4）屋韵三等和沃、烛韵 [u] 类元音尾化，屋韵一等无元音尾化；（5）屋韵 [u] 类元音尾化，烛韵无元音尾化；（6）通摄全部 [u] 类元音尾化。以上六类例字请看表 4–15。

表 4–15　通摄 [u] 类元音尾化类型字音举例

	宁化石壁	炎陵石洲	文成珊溪	洞头大门	大冶陈贵	黄石花湖	缙云双溪口	磐安大盘	安仁龙海
毂屋一	ku^{5}	ku$^{\underline{31}}$	kʊ^{35}	kʊ^{423}	ku^{212}	ku^{213}	kɑu^{434}	kou^{334}	kɐu^{213}
毒沃	tʰu^{32}	tʰu$^{\underline{54}}$	dɤʊ^{214}	dʊ^{312}	tau^{212}	təu^{213}	dɑu^{35}	dou^{313}	tʰɐu^{44}
六屋三	liᴇu^{32}	liɤu$^{\underline{31}}$	lɤʊ^{214}	leu^{312}	nau^{212}	ləu^{213}	lɑu^{35}	lou^{313}	liʉ^{44}
菊	kʰiᴇu^{5}	ʨʰiɤu$^{\underline{31}}$	ʧiɤʊ^{35}	ʧeu^{423}	ʧau^{212}	ʨiəu^{213}	ʨiɑu^{-53}	ʨiou^{334}	ʨy^{213}
绿烛	liᴇu^{32}	liɤu$^{\underline{54}}$	lye^{214} 文	luo^{312}	nau^{212}	ləu^{213}	lɔ^{35}	lou^{313}	liʉ^{44}
足	ʦiᴇu^{5}	ʨiɤu$^{\underline{31}}$	ʧo^{35}	ʧyo^{423}	ʦau^{212}	ʦəu^{213}	ʦɔ^{434}	ʦou^{334}	ʦɐu^{213}
烛	ʦu^{5}	ʦu$^{\underline{31}}$	ʧo^{35}	ʧyo^{423}	ʦau^{212}	ʦəu^{213}	ʦɔ^{434}	ʨiou^{334}	ʨiʉ^{213}
局	kʰiᴇu^{32}	ʨʰiɤu$^{\underline{54}}$	ʤo^{214}	ʤou^{312}	ʨy^{212}	tʂʮ^{213}	ʥiɔ^{35}	ʥiou^{313}	ʨʰy^{213}

1.2.2 非宕江通摄

（1）曾梗摄

曾摄出现 [i] 类元音尾化较多而 [u] 类元音尾化的很少见。本书材料中只有 1 点，即平话钟山回龙曾摄一等，如：北 pao⁵⁵ ｜墨 mao²¹ ｜贼 θao²¹ ｜刻 kʰao⁵⁵；曾三庄组部分字跟随曾一演变，如：力 lɛ²¹ ｜直 ɕiɛ²¹ ｜侧庄 tao⁵⁵ ｜色生 sɛ⁵⁵ ｜织 tɕiɛ⁵⁵。这与韵尾合并和弱化类型中曾三庄组的演变行为一致。

目前还未发现消失类型中梗摄发生 [u] 类元音尾化的实例。但客家话武平岩前梗摄韵尾弱化为喉塞尾、主元音与喉塞尾之间出现元音 u，如：百 pɒuʔ² ｜白 pʰɒuʔ⁵ ｜拆 tsʰɒuʔ² ｜客 kʰɒuʔ² ｜麦 mɒuʔ⁵ ｜摘 tsɒuʔ² ｜尺 tsʰɒuʔ² ｜壁 piɒuʔ² ｜锡 ɕiɒuʔ²。后文将讨论武平岩前。

（2）咸深山臻摄

本书材料中咸深摄出现 [u] 类元音尾化的仅见粤语广东增城朱村一例，其咸摄一二等 -p 尾消失，以 u 作韵尾，如：搭 tau³³/taup³ ｜盒 hɐu³⁵ ｜塔 tʰau³³ ｜插 ʧʰau³³/ʧʰaup³ ｜鸭 Øau³³；三四等主元音为 i，保持 -p 尾。“搭、插”两读情况说明演变还在进行之中，后文将详细分析。

本书材料中还没有山臻摄出现 [u] 类元音尾化。不过在闽语闽东区，部分方言入声韵主元音与喉塞尾之间出现 u，如闽侯上街：刷山 sauʔ²⁴ ｜刮 kauʔ²⁴ ｜骨臻 kauʔ²⁴ ｜出 tsʰɔuʔ²⁴。如前所述，闽语的现象比较复杂。闽侯上街山臻摄中即使主元音相同出不出现元音韵尾也无明显规律，如山摄主元音为 a 的其他音节：辣 laʔ⁵ ｜杀 saʔ²⁴ ｜脱 tʰuaʔ²⁴ ｜活 Øuaʔ⁵ ｜罚 xuaʔ⁵。闽东区山臻摄 [u] 类元音尾化现象的本质后文讨论。

1.2.3 以上分析了以宕江通三摄为主的 [u] 类元音尾化现象。就涉及的方言点数量而言，宕江通三摄又以通摄 [u] 类元音尾化最多。

总结 [u] 类元音尾化所出现的入声韵类型，有 au、ao、ɐu、ᴇu、eu、əu、ou、oʉ、ɤʉ、ɤu、ɔu、ɑu 十二类。其中 ou 与 oʉ、ɤʉ 与 ɤu 可分别合为一类，这样就有 au、ao、ɐu、ᴇu、eu、əu、ou、ɤu、ɔu、ɑu 十类。十类中，前六类主元音与元音尾分别为非后元音和后元音，舌位高低差作用是次要的；后四类主元音与元音尾都为后元音，但都有舌位高低差。

1.3 其他类型

在汉语方言中，除了前述 [i] 类和 [u] 类元音尾化外，还有比较特殊的元音尾化类型，即 [ɯ] 元音尾化和 [y] 元音尾化。

1.3.1 [ɯ] 元音尾化

有三类，相关入声韵类型及分布点请看表 4-16。其中第 1 类通摄是屋韵三等和烛韵 [ɯ] 元音尾化，屋韵一等和沃韵主元音相同、无此演变，例字请看表 4-17。

表 4-16 [ɯ] 元音尾化类型

	演变类型	入声韵	分布点
1	通	əɯ、ɐɯ、ʌɯ、aɯ	徽语石台占大、黟县碧阳、德兴泗洲、婺源清华，赣语常宁蓬塘、耒阳小水，客家话连城揭乐
2	深臻	ɐɯ、ɤɯ	吴语缙云双溪口
3	臻曾	əɯ	徽语遂安旧汾口

表 4-17 [ɯ] 元音尾化类型字音举例

第 1 类	德兴泗洲	婺源清华	黟县碧阳	连城揭乐	第 2 类	缙云双溪口	第 3 类	遂安旧汾口
木通一	mɔ^{42}	mu^{51}	mɑu^{31}	mie^{35}	立深	lɐɯ^{35}	笔臻	pei^{31}
榖	kɔ^{42}	ku^{51}	ku^{3}	kye^{35}	十	zɐɯ^{35}	骨	kuəɯ^{31}
毒	tʰɔ^{33}	tʰu^{51}	tu^{31}	tʰie^{54}	急	tɕiɤɯ^{434}	出	kʰui^{31}
六通三	ləɯ^{33}	lʌɯ^{51}	laɯ^{31}	tɐɯ^{35}	笔臻	ʔbiɤɯ^{434}	北曾	pəɯ^{31}
菊	tɕiəɯ^{42}	tɕiʌɯ^{51}	ʧaɯ^{3}	kʰiɐɯ^{35}	七	ʦʰɤɯ^{434}	刻	səɯ^{132}
绿	ləɯ^{33}	lʌɯ^{51}	laɯ^{31}	lɐɯ^{54}	骨	kuɛ^{434}	力	ldi^{132}
局	tɕʰiəɯ^{33}	tɕʰiʌɯ^{51}	ʧʰaɯ^{31}	kʰiɐɯ^{54}	出	ʦʰyɛ^{434}	侧	ʦʰəɯ^{31}

1.3.2 [y] 元音尾化

本书材料中出现 [y] 元音尾化的仅赣语湖南浏阳溪江 1 点。浏阳溪江山摄主元音为 ø 的入声韵 [y] 元音尾化，如：割 køy^{42} ｜拨 pøy^{42} ｜脱 tʰøy^{42} ｜活 Óøy^{42} ｜刷 søy^{42}；主元音为其他的入声韵或有 [i] 元音尾化，如：辣 lai^{42} ｜八 pai^{42} ｜杀 sai^{42} ｜刮 kuai^{42} ｜罚 fai^{42}，或无元音尾化，如：舌 ɕye^{42} ｜热 ɲi^{42} ｜切 ʦʰi^{42} ｜雪 si^{42} ｜血 çye^{42}。

韵尾合并和弱化方向的方言中有主元音与辅音尾之间出现元音 y 的现象，后文将讨论。

1.4 元音尾化的分布特点

以上考察了元音尾化的类型。除了官话（江淮官话除外）和湘语没有考察外，各大方言中粤语（1 点）、平话（2 点）、闽语（13 点）、客家（11 点）、赣语（24 点）、吴语（16 点）、徽语（7 点）、江淮官话（14 点）都有分布。其中以赣语、吴语、江淮官话最多，它们主要处在韵尾弱化阶段；其次是闽语和客家话，其韵尾合并、弱化和消失的都有；而 -p、-t、-k 三类塞尾保存较为完整的粤语和平话非常少见。另外，晋语没有元音尾化现象，与桥本万太郎（1982：21）的观察结果一致。

二　元音尾化的过程及动因

元音尾化起始于塞音韵尾与主元音之间的协同发音，作用于塞音韵尾的弱化，形成于辅音韵尾消失之时，最后并入有相应元音尾的阴声韵。

2.1 增生元音阶段

元音尾化起始于塞音韵尾与主元音之间因协同发音作用而增生元音的演变。

协同发音，指与不同语音音段相联系的发音态势的相互交叠；由于协同发音的缘故，音段随着它们所处的环境而变化；协同发音与同化作用不同，协同发音是同化作用的生理基础，是起因，而同化作用是协同发音的结果。Patricia A. Keating（1990）、Wu Zongji 和 Sun Guohua（1989）分析普通话 CVCV 音节构成中的协同发音，发现声母辅音与韵母元音之间存在协同发音。陈肖霞（1997）发现，在后音节声母为唇（唇齿）音、舌尖音和舌根音而前音节韵母为开尾元音的普通话两音节里，后音节声母对前音节元音尾的逆向协同发音作用主要由后音节声母的不同发音部位引起，发音部位相同而发音方法不同的声母对元音尾的影响相同。

关于普通话协同发音的研究，为观察汉语方言入声韵辅音韵尾与主元音之间的相互关系提供了理论依据。入声韵增生什么类型的元音尾，主要取决于塞音韵尾类型。

2.1.1 -t 尾与主元音之间增生 [i] 类元音

林茂灿等（1994）分析普通话带鼻尾零声母音节中的协同发音问题，发现 /a(n)/ 音节的元音共振峰模式，尤其是 F_1 和 F_2 的模式跟 /ai/ 的相似。陈肖霞（1997）指出后音节声母为舌尖音时，前音节韵母元音共振峰过渡 F_2 一般是向上移动。共振峰过渡 F_2 向上移动，说明韵母元音在过渡阶段舌位变高。两项研究说明，音节的舌尖辅音韵尾与元音之间因协同发音而使元音改变原有的共振峰模式，逐渐增生类似元音 i 的共振峰，这样最终在元音与韵尾之间增生元音 i。舌尖辅音和元音 i 之间的共性是发音部位都靠前，前者舌尖要抵住齿龈，后者舌面要接近齿龈。

入声韵 -t 尾与舌位较低的主元音之间因协同发音作用而增生 [i] 类元音。此类现象主要存在于江西客家话及客赣交界地带赣语 1 点。涉及的摄只限于山摄及韵尾 -t 化的咸摄。

（1）山摄。目前只有客家话江西定南历市 1 点。定南历市深摄、曾摄三等韵尾 -t 化，-p、-t、-k 韵尾三分格局基本保持。山摄主元音有 ɛ、a、ɔ、ɤ，来自开口一二等及合口入声韵的前低元音 a 和后半低元音 ɔ 与 -t 尾之间增生了元音 i，如：辣 lait^{5} ｜割 kɔit^{32} ｜八 pait^{32} ｜杀 sait^{32} ｜歇 ɕiɔit^{32} ｜脱 tʰɔit^{32} ｜活 fait^{45} ｜刷 sɔit^{32} ｜刮 kɔit^{32} ｜雪 ɕiɔit^{32} ｜罚 fait^{5} ｜月 ɳiɔit^{45}；来自开口三四等的前半低元音 ɛ 与 -t 尾之间没有增生元音 i，如：热 ɳiɛt^{5} ｜节 tɕiɛt^{32} ｜切 tɕʰiɛt^{32} ｜结 kiɛt^{32} ｜血 ɕiɛt^{32}；后半高元音 ɤ 只有一字，舌 sɤt^{5}。深摄、曾摄三等虽然韵尾 -t 化，但由于主元音为高元音 i，故没有相关演变，如：立 lit^{5} ｜急 tɕit^{32}、力 lit^{45} ｜直 tɕʰit^{45} ｜织 tɕit^{32}。

咸摄开口保持 -p 尾，但合口三等韵尾 -t 化并入山摄后跟随主元音相同的山摄入声韵增生 i，如：法 fait^{32}。

（2）咸山摄。客家话井冈山黄坳、石城屏山、铜鼓丰田、宜黄凤凰 4 点咸深摄韵尾 -t 化后，主元音为 a、ɔ 或 o 的咸山摄一二等及合口三等庄、非组 -t 尾与主元音之间增生元音 i，形成的入声韵类型有：ait、ɔit 和 oit，例字请看表 4-18。

表 4-18　井冈山黄坳等 4 点增生元音尾 i 的咸山摄字音举例

	鸽咸	塔	鸭	法	辣山	八	活	刮	说	罚
井冈山黄坳	hoit^{2}	tʰait^{2}	Øait^{2}	fait^{2}	lait^{5}	pait^{2}	foit^{5}	kuat^{2}	soit^{2}	fait^{5}
石城屏山	xɔit^{3} 盒	tʰait^{3}	Øait^{3}	fait^{3}	lait^{3}	pait^{3}	fuɔit^{3}	kuɔit^{3}	suɔit^{3} 刷	fait^{3}
铜鼓丰田	kɔit^{2}	tʰait^{2}	Øait^{2}	fait^{2}	lait^{5}	pait^{2}	vɔit^{5}	kuait^{2}	ʂɔit^{2}	fait^{5}
宜黄凤凰	koit^{2}	tʰat^{2}	Øat^{2}	fat^{2}	lat^{4}	pat^{2}	foit^{4}	kuɛt^{2}	soit^{2}	fat^{4}

靠近福建的宁都竹笮主元音是 a 的咸山及深摄入声韵增生元音 i，但没有推及所有相关入声韵，如：搭 tat^{3} ｜插 tsʰait^{3} ｜鸭 ŋait^{3} ｜叶 Øiait^{5} ｜法 fat^{3}、辣 lait^{5} ｜八 pait^{3} ｜杀 sait^{3} ｜舌 ʃait^{3} ｜热 nait^{5} ｜歇 ʃat^{3} ｜罚 fat^{5} ｜月 nat^{5} ｜结 ʧat^{3}、立 liat^{5} ｜十 ʃait^{5}。暂时看不出分化条件。造成这种现象的原因可能是演变没有完成，也可能是受周边闽语的影响。

理论上说，韵尾 -t 化的曾梗摄三四等可以在 -t 尾与主元音之间增生元音 i，但目前尚无发现此类现象，原因可能是曾梗摄三四等主元音已经是前高元音 i，没有增生 i 的空间了。

2.1.2 -k 尾与主元音之间增生 [u] 类元音

此类现象主要存在于闽语福建闽东区及广东客家话 1 点。涉及宕江通摄及韵尾 -k 化的山臻摄，入声韵类型有 auk、ɒuk、ɔuk、ouk。

（1）闽语宁德城区咸深山臻四摄韵尾 -k 化，主元音为 ɔ 的山臻摄合口及宕江摄一二等 -k 尾与 ɔ 之间增生元音 u，如：脱 tʰɔuk^{4} ｜滑 kɔuk^{5} ｜绝 ʦɔuk^{5} ｜月 ŋɔuk^{5} ｜越 Øɔuk^{5} ｜突 tɔuk^{5} ｜骨 kɔuk^{4} ｜窟 kʰɔuk^{4} ｜博 pɔuk^{4} ｜托委托 tʰɔuk^{4} ｜错 ʦʰɔuk^{4} ｜恶 Øɔuk^{4} ｜略 lɔuk^{5} ｜啄 tɔuk^{4} ｜觉 kɔuk^{4}。只是增生元音 u 的变化并没有推及到所有的相关入声韵，如：薄 pɔk^{5} ｜莫膜 mɔk^{5} ｜索 sɔk^{4} ｜各阁胳 kɔk^{4} ｜桌 tɔk^{4} ｜镯 sɔk^{5} ｜学 Øɔk^{5} 白 /hɔuk^{5} 文。与宁德城区韵尾合并类型相同的古田平湖山臻宕摄的一二等 -k 尾与 o 之间增生元音 u，如：脱 tʰouk^{2} ｜刷 souk^{2} ｜骨 Øouk^{2} ｜托委托 tʰouk^{2}；同样部分入声韵没有此变化，如：活 Øuok^{5} ｜郭 kuok^{2}。又如连江苔菉山臻宕江通五摄 -k 尾与 a、ɒ、ɔ、o 四类主元音之间增生元音 u，如：刷 sauk^{24} ｜骨 kɒuk^{24} ｜出 ʦʰouk^{24} ｜托委托 tʰɒuk^{24} ｜恶 Øɒuk^{24} ｜学 xɔuk^{5} ｜縠 kɔuk^{24} ｜哭 kʰouk^{24}；但此变化涉及的音节很少，没有增加元音 u 的音节占多数。

（2）客家话惠州沥林通摄 -k 尾与主元音 ɔ 之间增生元音 u，如：木 mbɔuk^{2} ｜縠 kɔuk^{5} ｜毒 tʰɔuk^{2} ｜宿 sɔuk^{5} ｜竹 ʦɔuk^{5} ｜肉 ndziɔuk^{5} ｜菊 kɔuk^{5} ｜绿 lɔuk^{2} ｜足 ʦɔuk^{5} ｜烛 ʦɔuk^{5} ｜局 kʰɔuk^{2}。与闽语不同，惠州沥林通摄入声韵全部增生了元音 u。

（3）与 -k 尾与元音之间增生 [u] 类元音相关的是，上述闽语古田平湖、连江苔菉、罗源凤山还出现了 -k 尾与主元音之间增生元音 y 现象，如连江苔菉江曾通三摄：角 kɒyk^{24} ｜壳 kʰɔyk^{24} ｜北 pɔyk^{24} ｜墨 mɔyk^{5} ｜毒 tøyk^{5} ｜六 nøyk^{5} ｜竹 tøyk^{24} ｜菊 køyk^{24} ｜足 ʦøyk^{24}。吴语浙江泰顺新浦通摄屋沃韵 -k 尾与主元音 ʌ 之间增生元音 ɯ，如：木 mʌɯk^{13} ｜縠 kʌɯk^{5} ｜毒 dʌɯk^{13} ｜六 lʌɯk^{13} ｜宿 sʌɯk^{5} ｜竹 ʨiʌɯk^{5} ｜肉 ȵiʌɯk^{13} ｜菊 ʨiʌɯk^{5}；但烛韵韵尾 -ʔ 化，如：绿 lyoʔ^{13} ｜足 ʨyoʔ^{5} ｜烛 ʨyoʔ^{5} ｜局 ʥyoʔ^{13}。

-k 尾与主元音之间增生的元音 y 或 ɯ，应该来自 u。从上古至今，汉语音节中的元音韵尾主流是 i 和 u，y 和 ɯ 是在 u 的基础上以主元音类型为条件产生的变体。

（4）但是，古田平湖、连江苔菉、罗源凤山有 -k 尾与主元音之间增生元音 i 现象，如古田平湖咸深山曾梗五摄：贴 tʰeik^{2} ｜十 seik^{5} ｜八 peik^{2} ｜拨 peik^{2} ｜血 heik^{2} ｜贼 ʦʰeik^{5} ｜刻 kʰeik^{2} ｜色 seik^{2} ｜策 ʦʰeik^{2}；连江苔菉咸深山臻曾梗六摄：贴 tʰaik^{24} ｜十 seik^{5} ｜急 keik^{24} ｜八 paik^{24} ｜节 ʦaik^{24}/ʦiɛk^{24} ｜笔 peik^{24} ｜七 ʦʰeik^{24} ｜橘 keik^{24} ｜

贼 ʦʰeik⁵ ｜刻 kʰaik²⁴ ｜色 saik²⁴ ｜策 ʦʰaik²⁴ ｜锡 seik²⁴；罗源凤山咸山曾梗四摄：贴 tʰᴇik⁵ ｜八 pᴇik⁴ ｜结 kᴇik⁴ ｜血 xᴇik⁴ ｜刻 kʰᴇik⁴ ｜色 θᴇik⁴ ｜策 ʦʰᴇik⁴。三点地理上连成一片，都属闽东区。

增城朱村深摄保持 -p 尾，但 -p 与主元音之间增加了一个 u，如：立 lɐup² ｜十 ʃɐup² ｜急 kɐup⁵，此外前文还指出咸摄一二等少数有两读，如：搭 tau³³/taup³。主元音 a、ɐ 与 -p 尾之间增生元音 u 与 -p 尾的双唇发音部位有关。

（5）据陈肖霞（1997）分析，普通话两音节字组 $C_1V_1C_2V_2$ 中，C_2 为 k、kʰ、x 三类舌根音声母时，C_2 对 V_1 的共振峰过渡影响很明显，共振峰过渡的 F_2 一般向上移动，这说明韵母元音在过渡阶段舌位抬高。上文显示，-k 尾与 a、ɒ、ɔ、o 四类主元音之间增生元音 u，这四类元音发音部位较低、靠后。发 -k 尾时，发完元音后舌根迅速向后缩、抬高抵住硬腭后部形成收紧点。在此过程中，主元音，尤其是舌位较低的主元音受舌根后缩、抬高影响而有抬高的动程，从而使主元音共振峰出现过渡段、继而形成元音 u。

2.2 塞音韵尾弱化阶段

入声韵增生元音尾的弱化类型与元音尾化类型一致，主要有两类，主要分布在客赣方言、吴语和闽语。

2.2.1 增生 [i] 类元音尾的弱化类型

增生 [i] 类元音尾的弱化类型主要出现于主元音为相对较低、较后元音的入声韵，涉及咸深、山臻和曾梗摄。请看表 4-19。

表 4-19 增生 [i] 类元音尾的弱化类型

	演变类型	入声韵	分布点
1	山臻	aiʔ、ɛiʔ、eiʔ、ɔiʔ、oiʔ、uiʔ	赣语万载康乐、万载双桥，客家话寻乌吉潭、全南金龙，闽语乐东佛罗
2	深臻	eiʔ	吴语云和云和
3	咸山	aiʔ、ɔiʔ、oiʔ	客家话龙南龙南、全南城厢、上犹梅水、遂川草林、寻乌县城，赣语宜春湖田、宜春市区
4	曾	ɛiʔ、eiʔ	粤语宝安沙井，吴语景宁大漈、庆元荷地、新昌回山
5	曾梗三四	eiʔ	赣语铅山河口
6	咸山曾一	aiʔ、ɔeʔ、ɛiʔ	客家话始兴太平
7	深臻曾三	eiʔ	客家话永定湖雷、武平岩前
8	咸深山臻曾梗	aiʔ、ᴀiʔ、ɛiʔ、eiʔ、uiʔ	闽语长乐文岭、东方感城、福州、闽侯上街、柘荣富溪

（1）咸深山臻摄

根据出现元音尾化的摄不同分为三小类，相关入声韵类型及分布点请看表 4-19 第 1—3 类。表 4-19 中各小类各点实际涉及的等、韵不同，没有涉及的等、韵即使主元音相同也无相关现象。例字请看表 4-20。

表 4-20 咸深山臻摄增生 [i] 类元音尾的弱化类型字音举例

	万载双桥	寻乌吉潭	全南金龙	云和云和	上犹梅水	宜春湖田	寻乌县城
有元音尾	割 koiʔ^{1}	辣 laiʔ^{34}	割 kuɔiʔ^{3}	汁 ʦeiʔ^{5}	盒 xuɔiʔ^{5}	辣 laiʔ^{5}	盒 haiʔ$^{\underline{34}}$
	八 paiʔ^{1}	八 paiʔ^{32}	脱 tʰuɔiʔ^{3}	十 Øyeiʔ$^{\underline{24}}$	插 ʦʰaiʔ^{3}	八 paiʔ^{5}	插 ʦʰaiʔ^{3}
	杀 saiʔ^{1}	活 faiʔ^{34}	刷 suɔiʔ^{3}	夺 deiʔ$^{\underline{24}}$	法 faiʔ^{3}	杀 saiʔ^{5}	接 ʨiaiʔ^{3}
	活 Øuoiʔ^{5}	刷 suaiʔ^{32}	刮 kuɔiʔ^{3}	七 ʦʰeiʔ^{5}	割 kuɔiʔ^{3}	拨 pʰaiʔ^{5}	割 kuoiʔ^{3}
	刮 kuaiʔ^{1}	刮 kaiʔ^{32}	雪 ɕiuɔiʔ^{3}	不 peiʔ^{5}	八 paiʔ^{3}	刮 kuaiʔ^{5}	八 paiʔ^{3}
	罚 faiʔ^{5}	罚 faiʔ^{34}	月 ȵiuɔiʔ^{5}	佛 veiʔ$^{\underline{24}}$	刮 kuaiʔ^{3}	罚 faiʔ^{5}	刮 kaiʔ^{3}
无元音尾	热 ȵieʔ^{5}	割 kuɐʔ^{32}	辣 læʔ^{3}	盒 Øioʔ$^{\underline{24}}$	接 ʨiɛʔ^{3}	割 kɵʔ^{5}	十 ɕiʔ$^{\underline{34}}$
	结 ʨieʔ^{1}	切 ʨʰiɛʔ^{32}	热 ȵieʔ^{5}	贴 tʰieʔ^{5}	立 liʔ^{5}	结 ʧeʔ^{5}	舌 ɕieʔ$^{\underline{34}}$
	血 fieʔ^{1}	脱 tʰuɐʔ^{32}	活 xæʔ^{5}	立 liʔ$^{\underline{24}}$	结 kiɛʔ^{3}	月 ȵʮɵʔ^{5}	月 nieʔ$^{\underline{34}}$
	笔 piʔ^{1}	月 ȵiɛʔ^{34}	血 ɕieʔ^{3}	辣 lɑʔ$^{\underline{24}}$	活 fuɛʔ^{5}	笔 piʔ^{5}	血 ɕieʔ^{3}
	骨 kuiʔ^{1}	笔 piʔ^{32}	笔 piʔ^{3}	雪 ʃyɛʔ^{5}	月 ȵiɛʔ^{5}	骨 kuiʔ^{5}	笔 piʔ^{3}
	出 tʂʰʅʔ^{1}	骨 kueʔ^{32}	出 ʧʰueʔ^{3}	笔 piʔ^{5}	骨 kuiʔ^{3}	出 ʧʰʮʔ^{5}	骨 kuiʔ^{3}

（2）曾梗摄

曾梗摄出现 [i] 类元音尾的类型只有两种，请看表 4-19 第 4—5 类。其中第 4 类中宝安沙井曾摄三等出现 [i] 类元音尾化，其余是曾摄一等。例字请看表 4-21。

（3）咸深山臻曾梗摄

此类主要分布在客家话和闽语，具体请看表 4-19 第 6—8 类。其中第 6、7 类只出现在客家话，第 8 类只出现在闽语。与客家话相比，闽语的类型比较特殊。客家话是出现增生元音尾的某等或某类入声韵一般将演变贯彻到所有音节；闽语则是哪个音节出现不出现元音尾不确定，即使主元音相同。请看表 4-21。

表 4-21 咸深山臻曾梗摄增生 [i] 类元音尾的弱化类型字音举例

	宝安沙井	景宁大漈	新昌回山	铅山河口	始兴太平	永定湖雷	闽侯上街
有元音尾	力 leiʔ^{2}	北 ʔbɛiʔ^{5}	北 peiʔ^{5}	直 ʦʰeiʔ$^{\underline{24}}$	盒 haiʔ^{32}	立 leiʔ^{5}	贴 tʰaiʔ^{24}
	直 ʦeiʔ^{2}	墨 mɛiʔ^{23}	墨 meiʔ^{2}	织 ʦeiʔ^{5}	贴 tʰiɛiʔ^{45}	十 seiʔ^{5}	十 seiʔ^{5}
	色 seiʔ^{4}	贼 zɛiʔ^{23}	贼 zeiʔ^{2}	尺 ʦʰeiʔ^{5}	八 paiʔ^{45}	笔 peiʔ^{32}	八 paiʔ^{24}
	织 ʦeiʔ^{4}	刻 kʰɛiʔ^{5}	刻 kʰeiʔ^{5}	—	雪 ɕyɛiʔ^{45}	骨 kueiʔ^{32}	笔 peiʔ^{24}

续表

		宝安沙井	景宁大漈	新昌回山	铅山河口	始兴太平	永定湖雷	闽侯上街
有元音尾		—	侧 tsεiʔ^{5}	色 seiʔ^{5}	—	北 pεiʔ^{45}	力 leiʔ^{5}	织 tsεiʔ^{24}
		—	色 sεiʔ^{5}	织 tseiʔ^{5}	—	刻 kʰεiʔ^{45}	直 tsʰeiʔ^{5}	锡 seiʔ^{24}
无元音尾		北 pɐʔ^{4}	力 liɪʔ^{23}	力 liʔ^{2}	北 pæʔ^{5}	立 liʔ^{32}	盒 haʔ^{5}	接 tsiεʔ^{24}
		墨 mɐʔ^{2}	直 dzʅʔ^{23}	直 dʑiʔ^{2}	力 liʔ^{5}	十 ɕiʔ^{32}	接 ʧiaʔ^{32}	立 liʔ^{5}
		贼 tsʰɐʔ^{2}	织 tsʅʔ^{5}	—	色 sæʔ^{5}	笔 piʔ^{45}	八 paʔ^{32}	脱 tʰuaʔ^{24}
		刻 haʔ^{4}	—	—	白 pʰæʔ^{24}	骨 kuiʔ^{45}	血 fiεʔ^{32}	力 liʔ^{5}
		侧 tsɐʔ^{4}	—	—	摘 tsæʔ^{5}	力 liʔ^{32}	北 pεʔ^{32}	白 paʔ^{5}
		—	—	—	壁 piʔ^{5}	直 tɕʰiʔ^{32}	刻 kʰεʔ^{32}	摘 tiεʔ^{24}

2.2.2 增生 [u] 类元音尾的弱化类型

此类涉及宕江梗通摄，以通摄为主，具体类型请看表 4–22。

表 4–22 增生 [u] 类元音尾的弱化类型

	演变类型	入声韵	分布点
1	宕江梗	əuʔ、ʌuʔ、ɑoʔ、ɒuʔ、ɔuʔ、ouʔ	吴语景宁大漈、武义王宅，客家话崇义县城、上杭旧县、武平桃溪、武平岩前
2	通	əuʔ、euʔ、ɘuʔ、ouʔ	赣语铅山河口、铅山新滩、上栗上栗、宿松二郎、通城麦市、新干金川、樟树临江，吴语池州灌口、湖州八里店、丽水碧湖、宁国南极、宁国庄村、云和云和，客家话大余吉村、遂川草林、信宜思贺
3	咸深	auʔ、euʔ	赣语万载康乐、万载双桥
4	山臻、宕通等	auʔ、œuʔ、ᴀuʔ、ɑuʔ、ɔuʔ、ouʔ	闽语长乐文岭、福州、闽侯上街、柘荣富溪、永泰富泉

表 4–22 中涉及咸深摄的类型三仅有 2 点，第四类只出现在闽语里。这四类实际上还分小类，尤其是第二类通摄因屋沃烛三韵的分合而小类很多。例字请看表 4–23。

表 4–23 增生 [u] 类元音尾的弱化类型字音举例

第 1、2 类	上杭旧县	武平岩前	遂川草林	大余吉村	第 3 类	万载双桥	第 4 类	福州
托委托，宕一	tʰʌuʔ^{32}	tʰɔuʔ^{2}	tʰoʔ^{3}	tʰɔʔ^{5}	盒咸	hauʔ^{5}	刷山	sᴀuʔ^{24}
恶	Øʌuʔ^{32}	Øɔuʔ^{2}	ØoʔS^{3}	Øɔʔ^{5}	插	tsʰauʔ^{1}	刮	kᴀuʔ^{24}
削宕三	siʌuʔ^{32}	ɕiɔuʔ^{2}	ɕioʔ^{3}	ɕiɔʔ^{5}	鸭	ŋauʔ^{1}	骨臻	kᴀuʔ^{24}
药	Øiʌuʔ^{45}	Øiɔuʔ^{2} 约	Øioʔ^{5}	Øiɔʔ^{5}	接	tɕieuʔ^{1}	出	tsʰouʔ^{24}
剥江二	pʌuʔ^{32}	pɔuʔ^{2}	poʔ^{3}	pɔʔ^{5}	叶	Øieuʔ^{5}	托委托，宕	tʰᴀuʔ^{24}

续表

第 1、2 类	上杭旧县	武平岩前	遂川草林	大余吉村	第 3 类	万载双桥	第 4 类	福州
角	kʌuʔ^{32}	kɔuʔ^{2}	koʔ^{3}	kɔʔ^{5}	贴	tʰieuʔ^{1}	恶	ǿᴀuʔ^{24}
客梗	kʰɑʔ^{32}	kʰɒuʔ^{2}	kʰaʔ^{3}	kʰɑʔ^{5}	法	fauʔ^{1}	榖通	kɔuʔ^{24}
尺	ʧʰɑʔ^{32}	ʦʰɒuʔ^{2}	ʦʰaʔ^{3}	ʦʰɑʔ^{5}	十深	səuʔ^{5}	哭	kʰɔuʔ^{24}
壁	piɑʔ^{32}	piɒuʔ^{2}	piaʔ^{3}	piɑʔ^{5}	立	liuʔ^{1}	杀	sᴀʔ^{24}
榖屋一	kɜʔ^{32}	kək^{2}	kuʔ^{3}	kəuʔ^{5}	急	ʨiuʔ^{1}	脱	tʰuᴀʔ^{24}
六屋三	tɜʔ^{32}	tiək^{2}	liəuʔ^{3}	liəuʔ^{5}	—	—	罚	xuᴀʔ^{5}
菊	ʧʰiʌuʔ^{32}	ʨʰiək^{2}	kʰiəuʔ^{3}	ʨiəuʔ^{5}	—	—	剥	puɔʔ^{24}
绿烛	tɜʔ^{45}	tiək^{5}	liəuʔ^{5}	liəuʔ^{5}	—	—	木	muʔ^{5}
足	ʦɜʔ^{32}	ʨiək^{2}	ʨiəuʔ^{3}	ʨiəuʔ^{5}	—	—	烛	ʦʰuɔʔ^{24}

2.2.3 其他类型

以上两类所涉及的方言点中，部分闽语有增生 [y] 类元音尾的弱化类型、部分吴语有增生 [ɯ] 类元音尾的弱化类型。

长乐文岭、福州、闽侯上街 3 点江曾通摄增生 [y] 类元音尾，如闽侯上街：角 kɔyʔ^{24} ｜壳 kɔyʔ^{24} ｜北 pɔyʔ^{24} ｜墨 møyʔ^{5} ｜毒 tøyʔ^{5} ｜六 løyʔ^{5} ｜菊 køyʔ^{24} ｜足 ʦøyʔ^{24}。吴语常山芳村、遂昌妙高、遂昌王村口 3 点通摄增生 [ɯ] 类元音尾，如遂昌王村口：木 məɯʔ^{23} ｜榖 kəɯʔ^{5} ｜毒 dəɯʔ^{23} ｜六 ləɯʔ^{23} ｜宿 ɕiɔʔ^{5} ｜竹 tiuʔ^{5} ｜绿 liɔʔ^{23} ｜局 dʑiɔʔ^{23}；景宁大漈、庆元荷地、庆元松源深臻摄增生 [ɯ] 类元音尾，如庆元荷地：立 liəɯʔ^{34} ｜十 sɤʔ^{34} ｜急 ʨiəɯʔ^{5}，笔 ʔpiəɯʔ^{5} ｜七 ʦʰiɯʔ^{5} ｜一 ǿiəɯʔ^{5} ｜骨 kuɤʔ^{5} ｜出 ʦʰyɪʔ^{5} ｜橘 ʨiəɯʔ^{5}。吴语 6 点都属处衢片。

2.3 增生元音尾的作用

入声塞尾与主元音之间增生的元音推动韵尾弱化进而消失，从而使入声韵并入有相应元音尾的阴声韵。

汉语的音节结构特点对入声韵尾演变起着调控作用。汉语音节最多由四个线性单位构成：声母、介音、韵腹、韵尾。而且每个单位只能由一个音素组成，韵尾也不例外，即音节结构具有一定的饱和度。任何音节成分不能超过四个线性音素。因此，根据本书材料，塞音韵尾与主元音之间增生元音的入声韵大多数都是没有介音的。当然，少数有，规律之外总有例外。

但是，入声韵因主元音与塞尾相互作用而增生了一个元音。这个元音不是主元音，却夹在塞尾与主元音之间，因而它只能算是入声韵的韵尾。这样入声韵就有两个韵尾，从而违反了汉语音节单位只能由一个因素组成的音系规则。违反音系规则造成音系结构的不平衡，不平衡的音系结构推动语言发展，必须使音系结构变平衡。这时，增加了元音尾的入声韵有两种方式使音节结构符合音系规则，一是消失元音尾，一是消失塞尾。消失元音尾的完全回头演变概率较低，而消失塞尾却符合汉语音系的发展方向。因此在入声韵塞尾与主元音之间增生元音尾后，塞尾在元音尾的“挤压”下开始弱化，并最终消失辅音韵尾，从而实现音节结构平衡。

塞尾在元音尾的“挤压”下弱化的原因是，入声韵增生了元音尾后，塞尾和元音尾都在口腔里形成，因而存在发音空间的问题。喉塞尾的发音部位在喉头不在口腔，从而不与元音争夺发音空间或者发音器官。因而塞尾的发音部位后缩并改变发音方法弱化成喉塞尾。

当然，入声韵增生元音尾后，理论上塞尾也可能会在元音尾的“挤压”下直接消失。如前文所述增城朱村可能就是这种情况。不过从汉语入声韵尾整体演变过程以及大量材料来看，塞尾在元音尾的“挤压”下一般是先经过弱化阶段再消失。

增生元音尾的入声韵弱化类型进一步发展把喉塞尾消失，就使得增生的元音尾替代喉塞尾成为入声韵的唯一韵尾，最终实现元音尾化。如果实现元音尾化的入声韵进一步并入结构相同的舒声韵，从而完成入声演变的最后一步。

元音尾化不同于入声韵辅音韵尾消失后并入阴声韵再发生复元音化的演变。

三　从元音尾化看祭泰夬废四韵

考察元音尾化具有重要的意义。前文分析指出，不同的塞音韵尾与主元音之间会增生不同的元音，显示了元音韵尾的不同来源。这对考察塞音韵尾已经完全消失的方言入声韵尾的演变非常重要。可以借助元音韵尾的类型来推测早期塞音韵尾的情况，进而考察入声韵尾的演变过程。此外，元音尾化还为观察汉语语音史的祭泰夬废四韵问题提供了新的角度。

中古《切韵》音系中，阴声韵一般都是平、上、去三声相承，而没有平声和上声相承的去声韵只有祭泰夬废四韵。因此音韵学界关于这四韵的音韵地位等问题多有讨论，相关讨论情况可参看冯蒸（1989）。

祭泰夬废四韵在上古时期是属于有 -t 尾韵的长入，只是在中古之前发生了塞音韵尾与主元音之间增生元音 i 的演变，继而增生的元音 i 推动了 -t 尾的弱化、消失，从而并入去声。这个设想有两个参考依据。第一，元音尾化过程有大量的现代汉语方言为证；第二，东南方言入声韵尾消失后，入声调舒化后一般是归去声。由于祭泰夬废四韵在中古时刚并入阴声韵，而阴声韵尚无合适的平、上声韵与之相配，故而形成了只有去声一类的现象。

第五章　演变原因

“如何用方言资料去解释音变的原理，丰富和补正历史语言学的理论和方法，……尚待人们去探索。”（徐通锵 1994a、b）以丰富的材料为基础，深入分析入声韵尾演变的原因，有助于分析韵尾的演变过程，为普通语音学、历史语言学等学科的理论研究提供参考材料。

影响语音单位变化的语言因素有内部因素和外部因素。内部因素可以从音节中的语音单位和音系结构考虑，外部因素可以从语言接触角度考察。语言内部因素中音系结构往往超越语音单位起着更高层次的作用。

语音单位处在语流中，必然受前后语音单位乃至超音段成分的影响。汉语音节由声母、介音、韵腹（主元音）和韵尾及超音段成分声调组成。如赣语江西乐安增田方言的接 [tiat⁵]：

	声调				5		
声母	介音	韵腹	韵尾	→ t	i	a	t

入声韵尾处在非线性音节结构中韵母的最后位置，受到的影响可能来自多方面：同音节韵母的主元音、介音，同音节的声母辅音，同音节的超音段声调；语流中后一音节可能对前一音节韵尾施加影响，如前文分析塞音 -t 尾弱化成鼻音尾或边音尾的前提是必须释放口腔中的气流以便下一个音节的发音。汉语音节结构中各种组成成分的重要性不同，如声母、介音、韵尾等成分都可无，唯有韵母主元音不可无，其对韵尾演变的重要影响也体现了它的重要性，详见后文分析。

汉语有与其他汉藏语不同的音系发展特点，即汉语的发展受等、摄、清浊声母等音系单位控制。前文关于韵尾演变类型的描写中可以看到，当某方言处在某种演变方向时，不同的摄采取了不同的演变选择，或同摄中某一声类采取了不同于其他声类的演变方向，体现了汉语的音系特点。

中国境内语言复杂，除了汉语方言外，还有许多其他语系的语言。从古至今，汉语不停地与周边民族语言接触。汉语有十大方言区，每个方言区的历史形成过程是古汉语通语与民族语、不同汉语方言接触融合的过程，如粤语的形成过程（麦耘 2009）。入声韵尾在汉语音节中是有标记性特点的音节成分。（张吉生 2007）因此，汉语在与周边有塞尾或无塞尾的语言接触时，标记性成分入声韵尾可能受影响发生变化，在音系中的地位或强化或减弱。这种影响是多样的且不一定是单向的。此外，汉语各方言的演变、发展进度不一致，且各方言社会地位不同，有优势与劣势之分。因此不同方言在接触时，如果入声韵尾方面有差别，就会互相影响对方韵尾的演变。

本章尝试分析导致入声韵尾演变的原因。为了更深入地观察分析，本章第一节首先分析了各种韵尾的区别特征，列出韵尾区别特征矩阵，作为观察韵尾在音节中受其他因素影响改变自身区别特征、变成其他类型韵尾的基础。在此基础上依次详细分析韵母元音、声母辅音、调值等语音因素影响韵尾演变的机制。不同语音因素在音节中的地位不同决定了它们的作用不同。第二节从若干角度尝试分析音系结构及其发展趋势对韵尾演变的作用。在尽可能分析影响韵尾演变的语音因素和音系因素的基础上，尝试分析普通语音原理与汉语音系结构的相互协调对韵尾演变的作用。第三节从语言接触角度考察汉语周边不同语言对汉语韵尾演变的影响作用以及汉语内部不同方言之间的相互作用。

第一节　语音因素

本节先结合相关研究对已发现的入声韵尾的区别特征做一分析，然后在前文观察韵尾演变类型的基础上，逐一分析影响韵尾演变的韵母元音、声母辅音、声调调值等语音因素。

一　韵尾区别特征

入声韵尾处在音节结构末尾，非线性结构中离其最近是韵腹主元音（有的方言有元音尾，因其是后起的，暂不考虑），较远的是辅音声母，还有超音段音高贯穿韵母。韵尾的演变从发音部位和发音方法两个角度呈多方向发展，在发展过程中韵腹主元音、辅音声母及超音段的音高都可能对其发音方法和发音部位产生影响。这些语音单位施加影响的往往是其自身的某一个区别特征。“音位系统的发展往往不是以音位为单位，而是以处于不同条件中的音位变体或区别特征为单位。”（徐通锵 1993：2）区别特征是一种更为周密的分析法。通过分析入声韵的声母辅音、韵腹元音、韵尾辅音乃至声调的区别特征，能从更深层次探索触发韵尾演变的原因。

1.1 区别特征

关于区别特征的理论有几家之言，其中 Chomsky 和 Halle 在《英语音系》（*The Sound Pattern of English*）一书里提出 18 对区别特征分别描写辅音和元音。本书采用其中四对辅音的区别特征来描写入声韵尾（转引自吴宗济、林茂灿主编 1989：258—259），如下：

响音性 / 非响音性　响音性指在声腔中嗓音能够自然发出的音；非响音性则不能自然发出嗓音，主要是由于有了阻塞所致。自然嗓音包括元音、半元音、鼻音和边音。

前 / 非前　前是发音部位收紧点位于口腔龈腭区域之前的音，非前则无此收紧点。

顶 / 非顶　顶是舌叶从自然位置抬高的音，非顶的舌叶则留在自然位置。（本书注：此处舌叶包括舌尖，后文描写韵尾区别特征时只用“舌尖”。）

鼻 / 非鼻　鼻音由软腭下垂使气流进入鼻腔而产生；非鼻音则是软腭抬起而使气流只从口腔逸出的音。

此外，本书根据赵元任等的观察（见高本汉 1940：170 脚注）和岩田礼（1992）的研究提出“紧喉 / 非紧喉”区别特征。这与 Chomsky 和 Halle 的“紧张 / 非紧张”区别特征不同：“紧张 / 非紧张”是指紧音与松音的对立，而“紧喉 / 非紧喉”是指音节韵母的紧喉化与非紧喉化（glottalized or unglottalized）。如下对比：

紧张 / 非紧张　这一对特征说明发音时声门上的肌肉活动情形。紧音由稳定的清细的和很明确的口腔型所产生；非紧音则发音较快而不明确。

紧喉 / 非紧喉　紧喉指入声韵发音时假声带内转使整个韵母紧喉化，非紧喉则没有。

1.2 区别特征矩阵

根据上述 5 对区别特征，参考已有的韵尾描写及本书对相关韵尾音值的分析，每个入声韵尾的区别特征可以列成如下矩阵：

$$① \text{-p} \begin{pmatrix} -\text{响音} & +\text{前} \\ -\text{顶} & -\text{鼻} \\ +\text{紧喉} & \end{pmatrix}$$

发 -p 尾时，发完元音的舌头恢复到自然位置，然后双唇迅速紧闭，收紧点位于口腔龈腭区域之前，同时软腭抬高堵住气流通往鼻腔的通道，假声带转动使入声韵母紧喉化。

$$② \text{-t} \begin{pmatrix} -\text{响音} & +\text{前} \\ +\text{顶} & -\text{鼻} \\ +\text{紧喉} & \end{pmatrix}$$

发 -t 尾时，发完元音的舌头迅速抬高舌尖抵住口腔龈腭区域形成收紧点，同时软腭抬高堵住气流通往鼻腔的通道，假声带转动使入声韵母紧喉化。

$$③ \text{-k} \begin{pmatrix} -\text{响音} & -\text{前} \\ -\text{顶} & -\text{鼻} \\ +\text{紧喉} & \end{pmatrix}$$

发 -k 尾时，发完元音后舌根迅速向后抬高抵住硬腭后部形成收紧点，同时软腭抬高堵住气流通往鼻腔的通道，假声带转动使入声韵母紧喉化。

$$④ \text{-ʔ} \begin{pmatrix} +\text{响音} & -\text{前} \\ -\text{顶} & -\text{鼻} \\ +\text{紧喉} & \end{pmatrix}$$

发喉塞尾 -ʔ 时，发完元音的舌头留在形成元音的位置不变，声门迅速紧闭形成收紧点将气流堵在声门下，假声带转动使入声韵母紧喉化。

作为韵尾的喉塞音与作为声母的喉塞音不同，喉塞尾 -ʔ 具有响音性。从语音性质看：相关语音实验（宋益丹 2009）证明苏州话的入声喉塞尾 -ʔ 有共振峰结构，有共振峰是响音如元音、鼻音等的特点，这说明苏州话的入声韵尾 -ʔ 具有响音的性质。从在音系中的作用看：福州话两字连读时后字声母以前字韵尾为条件产生变化：后字声母 p、p^h、t、t^h、s、l、ʦ、$ʦ^h$、k、k^h、h、Ǿ 在前字鼻音尾韵后分别变读为 m、n、Ǿ、ŋ，在前字是元音尾韵和 -ʔ 尾韵时分别变读为 β、l、Ǿ、Ǿ，但前字为 -k 尾时不变。（冯爱珍 1993：112）-ʔ 尾和元音尾具有相同的同化作用，这说明其具有响音性质。语音性质和音系作用都说明韵尾 -ʔ 具有响音的性质。当然不能说作为韵尾的喉塞音从一开始就具有响音性质，但从韵尾发展的角度看具有响音性质是其发展的一个阶段或目标。

⑤ -m $\left(\begin{array}{ll} +\text{响音} & +\text{前} \\ -\text{顶} & +\text{鼻} \\ -\text{紧喉} & \end{array}\right)$

发鼻音尾 -m 时，发完元音的舌头恢复到自然位置，双唇紧闭，收紧点位于口腔龈腭区域之前，同时软腭放下通过鼻腔释放口腔及咽腔以下的气流，声带振动。如果假声带转动使入声韵母紧喉化，则 -m 尾可处理为 -mʔ。根据第三章对通城、邵武等方言入声鼻音韵尾音值的分析，入声韵鼻音韵尾在最初形成的时候是带有紧喉的。

⑥ -n $\left(\begin{array}{ll} +\text{响音} & +\text{前} \\ +\text{顶} & +\text{鼻} \\ -\text{紧喉} & \end{array}\right)$

发鼻音尾 -n 时，发完元音的舌头抬高舌尖抵住口腔龈腭区域形成收紧点，同时软腭放下通过鼻腔释放口腔及咽腔以下的气流，声带振动。如果假声带转动使入声韵母紧喉化，则 -n 尾可处理为 -nʔ。

⑦ -ŋ $\left(\begin{array}{ll} +\text{响音} & -\text{前} \\ -\text{顶} & +\text{鼻} \\ -\text{紧喉} & \end{array}\right)$

发鼻音尾 -ŋ 时，发完元音后舌根迅速向后抬高抵住硬腭后部形成收紧点，同时软腭放下通过鼻腔释放口腔及咽腔以下的气流，声带振动。如果假声带转动使入声韵母紧喉化，则 -ŋ 尾可处理为 -ŋʔ。

⑧ -l $\left(\begin{array}{ll} +\text{响音} & +\text{前} \\ +\text{顶} & -\text{鼻} \\ -\text{紧喉} & \end{array}\right)$

发边音尾 -l 时，发完元音的舌头迅速抬高舌尖抵住口腔龈腭区域形成收紧点，软腭抬高堵住气流通往鼻腔的通道，接着两边舌叶松开让气流通过，声带振动。如果假声带转动使入声韵母紧喉化，则 -l 尾可处理为 -lʔ。江西都昌土塘的边音韵尾为 -l，没有紧喉；湖北通城麦市的边音韵尾带有紧喉，记为 -lʔ（曹志耘 2011）。

通过具体的区别特征矩阵描写，可以清楚、有效地分析入声韵尾演变的语音机制。

此外后文用区别特征描写入声韵主元音时也使用了《英语音系》的区别特征，

如下：

后 / 非后	后是由舌体从自然位置后缩构成；非后则不从自然位置后缩。对元音而言，前元音属非后，后元音为后。
高 / 非高	高是舌体的自然位置抬高所发的音；非高则不抬高。
低 / 非低	低是舌体从自然位置降低所发的音；非低则舌体不降低。
圆唇 / 非圆唇	圆唇由唇孔变狭所形成，非圆唇则否。

二 元音分尾

每个方言的入声韵由不同类型的介音（如果有）、主元音加上类型不同的韵尾组成，主元音处在入声韵的核心位置。从发声角度分析，任何韵尾的发音器官在成阻起势阶段都要受到韵尾之前的主元音发音部位的协同发音影响。这是入声韵主元音影响韵尾演变的根本所在。本书把入声韵主元音影响韵尾演变的作用称之为“元音分尾”。元音分尾，指同摄的入声韵韵尾因主元音不同而分化演变，改变发音部位或发音方法，或合并或弱化或消失，变成其他韵尾。前文第三章第一节讨论韵尾边音化时已尝试分析高、低元音在 -t 尾边音化过程中所起的作用。这里再从韵尾演变的整体角度考察元音对韵尾演变的影响作用。

元音可从三方面分析：（1）口腔的开闭或舌头的升降，（2）舌头部位的前后，（3）唇的状态。（罗常培等 1981：62）因此考察元音对韵尾的影响可以从元音舌位的高低、前后和嘴唇的圆展等角度出发。但不同类型的元音对韵尾演变的影响作用大小不同，其中最重要的是元音舌位的高低。本节中元音舌位的高低是个相对概念。某方言中一摄入声韵所有的主元音中，舌位相对较高的谓之高元音，舌位相对较低的谓之低元音。从下文的分析可以看到，某些方言中即使比低元音 a 舌位略高的 ɐ 也会引起韵尾分化。引起韵尾分化的是舌位的相对高低差别而不是具体的高低差距有多大。此外讨论元音分尾时，以李荣先生（1956：150—151）的拟音作为考察元音影响韵尾演变的参照标准。

2.1 元音高低分尾

指 -p、-t、-k 尾受入声韵主元音舌位高低影响，改变发音部位或发音方法变成其他韵尾。

2.1.1 高元音使韵尾 -t 化

第二章第一节讨论韵尾 -t 化时指出发生韵尾 -t 化的主要是咸深摄和曾梗摄。

在这四摄韵尾 -t 化的过程中，韵母主元音起了决定性作用。下面根据韵尾 -t 化的不同来源，分别考察咸深摄和曾梗摄的韵尾 -t 化与韵尾无变化的入声韵主元音高低对比类型，观察元音高低对韵尾演变的影响。只考察韵尾 -t 化与非 -t 化入声韵的主元音，是因为进行中的演变是分析演变原因的最好材料。

（1）咸深摄。考察了 859 点材料中韵尾 -t 化的咸深摄主元音类型对比情况，整理出各种 -t 化与非 -t 化入声韵主元音高低对比类型，每种对比类型各举一例，请看表 5–1。

表 5–1　韵尾 -t 化的咸深摄主元音对比类型

	主元音对比		例字						
	咸	深	盒咸一	插咸二	接咸三	贴咸四	立深	十	急
云浮云城	a ɐ: i	a ɐ	hɐp^{22}	tsʰap^{33}	tsit^{33}	tʰit^{33}	lap^{22}	sɐp^{22}	kɐp^{55}
怀集甘洒	a: i ɛ	ɐ	hap$^{\underline{24}}$	ʧʰɛt$^{\underline{334}}$	ʧit^{5}	tʰɛt$^{\underline{334}}$	lɐp$^{\underline{24}}$	θɐp$^{\underline{24}}$	kɐp^{5}
宜州德胜	a ɔ: e	ɐ	Óɔp^{12}	ʧʰap^{42}	ʧet^{42} 褶	tʰet^{42}	lɐp^{12}	ʃɐp^{12}	kiɐp^{55}
贵港南江	ɔ ø: i	a	høp^{23}	ʧʰɔp^{33}	ʧit^{33}	tʰit^{33}	lap^{23}	ʃap^{23}	kap^{33}
韶关市区	a: i	ɐ	hɐp^{22}	tsʰap^{33}	tsit^{33}	tʰit^{33}	lap^{33}	sɐp^{22}	kɐp^{55}
贺州莲塘	a	i	hap^{5} 合	tsʰap^{1}	tsiap^{1}	tiap^{1}	lit^{5} 粒	ʃip^{1} 湿	kit^{1}
高安村前	ɛ a o	i	hop^{1}	tsʰap^{5}	tsiɛp^{5}	tʰiɛp^{5}	lit^{5}	ɕip^{1}	tɕit^{5}
蕉岭文福	a	i ə	hap^{5}	tsʰap^{2}	tsiap^{2}	tiap^{2}	lit^{5}	sət^{5}	kit^{2}

说明：“:”号前为韵尾没有变化的入声韵主元音，后为韵尾变化的入声韵主元音。后文不赘。

表 5–1 中有三种咸深摄韵尾 -t 化类型的八种主元音对比类型。云浮云城等前 4 点属于咸摄韵尾 -t 化类型（咸摄三四等韵尾 -t 化、咸摄二三四等韵尾 -t 化），韶关市区属于咸摄三四等及深摄韵尾 -t 化，贺州莲塘等后 3 点属于深摄韵尾 -t 化而咸摄 -p 尾不变类型。需要说明，本节考察的韵尾 -t 化类型涉及合并、弱化、消失三大演变方向，不局限于合并方向的韵尾 -t 化类型。后文相关考察对象也都涉及合并、弱化、消失三大演变方向下的方言。

云浮云城等前 4 点韵尾 -t 化的咸摄入声韵主元音有前高、半高、半低元音 i、e、ɛ，保持 -p 尾的深摄及部分咸摄入声韵主元音有低元音 a、ɐ 和后半低元音 ɔ 及比 i 舌位低的前半高元音 ø；韶关市区韵尾 -t 化的咸摄三四等及深摄主元音为 i 和 ɐ，与保持 -p 尾的入声韵低元音 a 形成高低对比；贺州莲塘等后 3 点韵尾 -t 化的深摄主元音为 i 和央元音 ə，保持 -p 尾的咸摄主元音有低、半低元音 a、ɛ 及后半高元音 o。咸摄中 ø、o、ɔ 等圆唇元音一般只见于一二等见系。

上述分析说明，一般情况下咸深摄以 i 类元音（包含 i、e、ɛ、ə 等）为条件韵尾 -t 化，a 类元音（包含 a、ɐ、ɛ、ɔ 等）入声韵保持 -p 尾，形成 -it: -ap 对比，即：-p → -t/i __ # 。但元音的高低对比是相对的，因此这个公式具有一定的概括性。表 5-1 中贵港南江咸摄 -it: -øp 对比类型的主元音舌位相差很小，只是前高与前半高的对立，当然这里还有圆唇与不圆唇的对立；怀集甘洒咸摄的 -ɛt：-ap 对比类型主元音舌位是半低与低的对立。

汉藏语系其他语言也有入声韵高元音影响 -p>-t 的现象，如侗台语武定话保留 -t 尾，-p 并入 -t，材料显示并入条件是高元音 i，如：十 sit^{7}<sip^{7} ｜拣 kit^{7}<kep^{7}（“<”后的为版纳方言对音材料）（石林、黄勇 1997：41）。

（2）曾梗摄。曾梗摄韵尾 -t 化类型比较复杂，表 5-2 是韵尾 -t 化的曾摄主元音对比类型。鉴于曾梗摄在韵尾演变过程的密切关系，同时列举梗摄入声韵以便参照对比。其中惠州沥林至信宜钱排代表曾摄三等韵尾 -t 化的五种曾摄及梗摄主元音对比类型，东源骆湖至和平大坝代表曾摄韵尾 -t 化类型的七种曾摄及梗摄主元音对比类型。我们主要观察前五种情况，后七种作为参考。

表 5-2　韵尾 -t 化的曾摄主元音对比类型

	主元音对比		例字							
	曾	梗	北曾一	刻	力曾三	直	客梗二	摘	尺梗三	锡梗四
惠州沥林	a: ɛ	a	piak^{5}	kʰiak^{5}	lɛt^{2}	ʦʰɛt^{2}	xak^{5}	ʦak^{5}	ʦʰak^{5}	siak^{5}
新会司前	a ɜ: ɛ	a	pak$^{\underline{13}}$	hɜk^{5}	lɛt^{2}	ʦɛt^{2}	hak$^{\underline{32}}$	ʦak$^{\underline{32}}$	ʦʰiak$^{\underline{32}}$	siak$^{\underline{32}}$
象州石龙	a ɛ: i ɐ	a	piɛk^{22}	kʰak^{22}	lit^{55}	ʦʰɐt^{55}	hak^{22}	ʦak^{22}	ʦʰak^{22}	ɬiak^{22}
定南历市	ɛ: i	a	pɛk^{32}	kʰɛk^{45}	lit^{45}	ʨʰit^{45}	kʰak^{32}	ʦak^{45}	ʦʰak^{32}	ɕiak^{32}
信宜钱排	ə: i	a	pək^{32}	kʰək^{32}	lit^{54}	ʦʰit^{54}	kʰak^{32}	ʦak^{32}	ʦʰak^{32}	siak^{32}
东源骆湖	a, i	a	pat^{5}	kʰat^{5}	lit^{1}	ʦʰit^{1}	hak^{5}	ʦak^{5}	ʦʰak^{5}	siak^{5}
廉江石角	ɐ, i	a	pɐt^{2}	kʰɐt^{2}	lit^{5}	ʦʰit^{5}	hak^{2}	ʦak^{2}	ʦʰak^{2}	siak^{2}
贵港桥圩	ɛ, i	a	pɛt^{2}	kʰɛt^{2}	lit^{5}	ʨʰit^{5}	hak^{2}	ʨak^{2}	ʨʰak^{2}	siak^{2}
乳源侯公渡	ɛ, i	ᴀ	pɛt^{2}	kʰɛt^{2}	lit^{5}	ʧʰit^{5}	kʰᴀk^{2}	ʦᴀk^{2}	ʧʰᴀk^{2}	siᴀk^{2}
紫金义容	ɛ, i ə	a	piɛt^{2}	kʰiɛt^{2}	lit^{5}	ʧʰət^{5}	hak^{2}	ʦak^{2}	ʧʰak^{2}	siak^{2}
五华安流	ɛ, i ʅ	a	pɛt^{3}	kʰɛt^{3}	lit^{5}	ʧʰʅt^{5}	kʰak^{3}	ʦak^{3}	ʧʰak^{3}	siak^{3}
和平大坝	e, i	a	pet$^{\underline{45}}$	kʰet$^{\underline{45}}$	lit^{3}	ʦʰit^{3}	kʰak$^{\underline{45}}$	ʦak$^{\underline{45}}$	ʦʰak$^{\underline{45}}$	siak$^{\underline{45}}$

表 5-2 显示韵尾 -t 化的曾摄三等与保持 -k 尾的曾摄一等形成的主元音对比类型有四类，即 i: a ｜ i: ɛ ｜ i: ə ｜ ɛ: a。就舌位高低差距而言，i: a 的最大，ɛ: a 的最小。

表 5-3 是同时出现韵尾 -t 化的曾摄与梗摄主元音对比类型，新兴县城至铜鼓丰田代表曾梗摄三四等韵尾 -t 化类型中的八种主元音对比类型，马山片联至东莞清溪代表曾摄及梗摄三四等韵尾 -t 化类型中的十一种主元音对比类型。表中显示曾梗摄韵尾 -t 化的入声韵与保持 -k 尾的入声韵形成的主元音对比类型有十二类，即 i: ɛ ｜ i: ə ｜ i: ɐ ｜ i: a ｜ ə: a ｜ ə: ɐ ｜ ə: ᴇ ｜ ə: ɛ ｜ e: ɐ ｜ e: a ｜ ɛ: a ｜ ɐ: a。就舌位高低差距而言，i: a 类的差距最大，ɐ: a 类的差距最小。

表 5-3　韵尾 -t 化的曾梗摄主元音对比类型

	主元音对比		例字							
	曾	梗	北曾一	刻	力曾三	直	客梗二	惜梗三	壁梗四	滴
新兴县城	a: ɐ	a: ɐ	pak^{55}	hak^{55}	lɐt^{31}	tsɐt^{31}	hak^{55}	sɐt^{55}	pɐt^{55}	tɐt^{55}
台山四九	a: ɛ	a: e	pak^{5}	hak^{5}	lɛt^{2}	tsɛt^{2} 织	hak^{5}	ɬet^{55}	pet^{55}	tet^{55}
番禺市桥	a ɐ: e	a: e	mɐk^{55} 墨	hak^{55}	let^{22}	tset^{22}	hak^{33}	set^{55}	pet^{55}	tet^{22}
顺德大良	a: e	a: e	pak^{55}	hak^{55}	let^{21}	tset^{21}	hak^{33}	set^{55}	met^{21} 觅	tet^{55}
马山乔利	ɐ: ə	ᴇ: ə	pɐk^{3}	kʰɐk^{3}	lət^{3}	tsət^{2}	hᴇk^{3}	tət^{3} 摘	—	ɬət^{3} 锡
隆安城厢	ɐ: ə	ɛ: ə	pɐk^{3}	hɐk^{3}	lət^{2}	tsət^{2}	hɛk^{3}	tsʰət^{3} 尺	pət^{3}	sət^{3} 锡
石城观下	ə: i	a ə: i	pək^{3}	hək^{3} 黑	lit^{3}	tsʰək^{3}	kʰak^{3}	pit^{3} 璧	piak^{3}	tit^{3}
铜鼓丰田	ɛ: i ʅ	a: i	pɛk^{2}	kʰiɛk^{2}	lit^{5}	tʂʰʅt^{5}	kʰak^{2}	tsit^{2} 脊	piak^{2}	tit^{2} 滴
马山片联	ɛ, ɐ i	a: i	pɛt^{22}	kʰɛt^{22}	lit^{55}	tʃʰɐt^{55}	kʰak^{22}	θit^{22}	piak^{22}	tit^{22}
电白沙琅	ɛ, ə	a: ə	pɛt^{2}	kiɛt^{2}	lət^{5}	tsʰət^{5}	hak^{2}	ɬət^{2}	piak^{2}	tət^{2}
化州新安	ɐ, e	a: e	bɐt^{3}	hɐt^{3}	let^{3}	tsʰet^{5}	hak^{3}	ɬet^{3}	bet^{3}	tʰɐt^{3} 踢
高州新垌	ɛ, ə i	a: i ɛ ə	pɛt^{21}	hɛt^{21}	lət^{2}	tsʰit^{2}	hak^{21}	ɬit^{21}	pət^{21}	tʰɛt^{21} 踢
陆川横山	ɛ, i	a ɐ: i ɛ	pɛt^{2}	kʰɛt^{2}	lit^{2}	tsʰit^{4}	hɐk^{2}	sit^{2}	piak^{2}	tʰɛt^{2} 踢
惠阳	e, i	a: i e	pet^{1}	kʰet^{1}	lit^{5}	tsʰit^{5}	kak^{1} 格	tsit^{1} 积	met^{1} 觅	tit^{5}
河源河源	a, i	a: i	pat^{5}	kʰat^{5}	lit^{2}	tsʰit^{2}	hak^{5}	tsit^{5} 脊	piak^{5}	tit^{5}
阳西塘口	ɐ, i	a: i	pɐt^{2}	kʰɐt^{2}	lit^{5}	tsʰit^{5}	hak^{2}	ɬit^{2}	pit^{2}	tit^{2}
北流塘岸	ɛ, i	a: i	mɛt^{55} 墨	kʰɛt^{22}	lit^{55}	tʃʰit^{55}	hak^{22}	ɬit^{22}	piak^{22}	tit^{22}
阳春三甲	ə, i	a: i	pət^{21}	kʰət^{21}	lit^{5}	tsʰit^{5}	hak^{21}	ɬit^{21}	piak^{21}	tit^{21}
东莞清溪	e, i	a: i	pet^{22}	kʰet^{22}	lit^{55}	tsit^{22} 织	hak^{22}	sit^{22}	piak^{22}	tit^{22}

（3）语音机制。舌位高、较高的主元音影响 -p 尾改变发音部位变成 -t 的语音机制在于：发舌位高、较高元音时，舌头必须从自然位置抬高接近龈腭，让舌面与龈腭之间形成缝隙产生元音，这时舌尖比较接近硬腭，抬高一点就能很容易抵住硬腭形成 -t。舌位高、较高的主元音就是用较高的发音部位特征协同发音产生同化作用使得 -p 变成 -t，即：-p>-t / i __ # 。

$$\begin{pmatrix} -\text{响音} & +\text{前} \\ -\text{顶} & -\text{鼻} \\ +\text{紧喉} & \end{pmatrix} > \begin{pmatrix} -\text{响音} & +\text{前} \\ +\text{顶} & -\text{鼻} \\ +\text{紧喉} & \end{pmatrix} / \begin{pmatrix} +\text{高} & -\text{后} \\ -\text{低} & -\text{圆} \\ & \end{pmatrix} \_\_\ \#$$

舌位高、较高的主元音影响 -k 尾改变发音部位变成 -t 的语音机制，部分与上面所述相同，即较高的发音部位。只是影响 -k>-t 的因素还有一个，即前文分析曾梗摄韵尾 -t 化的入声韵主元音几乎都是舌位靠前的元音，如 [i ə e ɛ ɐ]，只有 ə、ɐ 是央元音。正是这些舌位靠前的元音协同发音使得发音部分靠后的 -k 尾受同化作用而舌根不再往后缩，进而舌尖能抬高抵住硬腭形成 -t，即：-k>-t / i __ # 。

$$\begin{pmatrix} -\text{响音} & -\text{前} \\ -\text{顶} & -\text{鼻} \\ +\text{紧喉} & \end{pmatrix} > \begin{pmatrix} -\text{响音} & +\text{前} \\ +\text{顶} & -\text{鼻} \\ +\text{紧喉} & \end{pmatrix} / \begin{pmatrix} +\text{高} & -\text{后} \\ -\text{低} & -\text{圆} \\ & \end{pmatrix} \_\_\ \#$$

相对于影响咸深摄韵尾 -p>-t 的单一因素，曾梗摄有两种因素促使其韵尾 -k>-t。可能正是这个缘故使得曾梗摄在历史上较早发生韵尾 -t 化，见后文第六章第一节分析。不过，上述分析显示影响韵尾 -t 化的高元音主要是舌位靠前的元音，因此“高元音使韵尾 -t 化”实质是“前高元音使韵尾 -t 化”。另外，目前本书材料中尚未发现韵尾 -t 化之后的曾梗摄继续出现“[i] 元音尾化”现象（见第四章第三节 2.1.1 小节），这从侧面证明了曾梗摄韵尾 -t 化的主要元音是前高元音 [i] 等。

（4）高元音对韵尾 -t 化有很大的影响。但是第二章第一节 2.1.2 小节指出，部分闽语，尤其是闽南方言曾摄的韵尾 -t 化类型比较特殊，不受一、三等的限制，同时 -k 尾的变化也不受元音高低的影响。这里再举例，请看表 5-4。闽语这种现象的演变原因暂时还不清楚。

表 5-4　闽语曾摄 -t 化类型字音举例（二）

	咸合三	曾摄一等				曾摄三等				
	法	北	墨	贼	刻	力	直	侧	色	织
南安梅山	huat^{5}	pak^{5}	bak$^{\underline{24}}$	ʦʰat$^{\underline{24}}$	kʰiak^{5}	lat$^{\underline{24}}$	tit$^{\underline{24}}$	ʦʰiak^{5}	siak^{5}	ʦit^{5}
屏东潮州	huat^{21}	pak^{21}	bak^{4}	ʦʰat^{4}	kʰik^{21}	lat^{4}	tit^{4}	ʨʰik^{21}	ɕik^{21}	ʨit^{21}
龙海海澄	huat^{32}	pak^{32}	bak^{4}	ʦʰat^{4}	kʰik^{32}	lat^{4}	tit^{4}	ʦʰit^{32}	sik^{32}	ʦik^{32}
泉州清源	huat^{5}	pak^{5}	bak$^{\underline{24}}$	ʦʰat$^{\underline{24}}$	kʰat^{5}	lat$^{\underline{24}}$	tit$^{\underline{24}}$	ʦʰak^{5}	siak^{5}	ʦit^{5}
厦门	huat^{54}	pak^{54}	bak^{3}	ʦʰat^{3}	kʰat^{54}	lat^{3}	tit^{3}	ʦʰik^{54}	sik^{54}	ʦit^{54}
德化龙门滩	huat^{51}	pak^{51}	bak$^{\underline{35}}$	ʦʰat$^{\underline{35}}$	kʰat^{51}	lat$^{\underline{35}}$	tit$^{\underline{35}}$	ʦʰak^{51}	sik^{51}	ʦit^{51}
南靖山城	huat^{32}	pak^{32}	bak^{121}	ʦʰat^{121}	kʰit^{32}	lat^{121}	tit^{121}	ʦʰik^{32}	sik^{32}	ʦik^{32}
云霄浦美	huat^{42}	pak^{42}	bak^{121}	ʦʰat^{121}	kʰᴇt^{42}	lat^{121}	tit^{121}	ʦʰet^{42}	set^{42}	ʦit^{42}

2.1.2 低元音使韵尾 -k 化

（1）前文第二章第二节在讨论韵尾 -k 化时，指出部分方言咸深摄、山臻摄中主元音为低元音的韵尾 -k 化，即低元音使韵尾 -k 化。第二章第二节已有举例，这里再举例，如从化神岗山摄一二等及三等非组主元音为 a 的韵尾 -k 化：

	咸开	山		咸合	宕江	梗	通	曾	臻	深
主元音	i a	y i u	a		ø ɔ	e a	o	e ə	ɐ	
韵尾	-p	-t	-k				-k		-t	-p
清	下阴入 [23]						上阴入 [5]			
浊	阳入 [1]									

山：辣 lak^{1} ｜八 pak^{23} ｜杀 sak^{23} ｜刮 kwak^{23} ｜罚 fak^{1}，割 kut^{23} ｜热 jit^{1} ｜切 tsʰit^{23} ｜脱 tʰyt^{23} ｜活 vut^{1} ｜雪 syt^{23} ｜血 hyt^{23}；臻：笔 pɐt^{5} ｜一 jɐt^{5} ｜骨 kwɐt^{5} ｜出 tsʰɐt^{5}。

少数方言一二等见系入声韵主元音与非见系的不同，是后高元音，如鹤山古劳山摄一二等：活 Øuk^{1} ｜辣 lak^{1} ｜刷 tʰak^{3}、八 pet^{3} ｜脱 hɔt^{3}，番禺万顷沙山摄一等见系主元音为 ɔ：割 kɔk^{3}。这种演变与主元音受合口介音影响发生变化有关，不影响本书的考察。

第二章第二节 2.2.1 小节分析遂溪北坡时指出其山臻摄韵尾 -k 化的主元音为 a、ɐ，与没有变化的入声韵主元音 i、u 形成高低对比，即入声韵以主元音高低为条件韵尾分化：① -t → -t / i、u __ #，② -t → -k / a、ɐ __ #。

（2）低元音使 -p>-k 的语音机制是发低元音时舌头要从自然位置下降、后缩。这样产生两个作用：一是使得舌尖无法前伸抬高顶住龈腭形成 -t，-p 尾无法变成 -t；二是使得舌根靠后，靠后的舌根略微一抬高就能抵住硬腭后部形成收紧点产生 -k 尾，即：-p>-k / a __ #。

$$\begin{pmatrix} -\text{响音} & +\text{前} \\ -\text{顶} & -\text{鼻} \\ +\text{紧喉} & \end{pmatrix} > \begin{pmatrix} -\text{响音} & -\text{前} \\ -\text{顶} & -\text{鼻} \\ +\text{紧喉} & \end{pmatrix} / \begin{pmatrix} -\text{高} & +\text{后} \\ +\text{低} & -\text{圆} \\ & \end{pmatrix} \_\_ \#$$

低元音使 -t>-k 的语音机制是，发低元音时舌头从自然位置下降、后缩，首先破坏了形成 -t 尾所必需的舌尖顶住龈腭的成阻动作，这样就无法形成 -t 尾；其次是使舌根靠后，靠后的舌根略一抬高就能抵住硬腭后部形成阻碍产生 -k 尾，即：-t>-k / a __ #。

$$\begin{pmatrix} -\text{响音} & +\text{前} \\ +\text{顶} & -\text{鼻} \\ +\text{紧喉} & \end{pmatrix} > \begin{pmatrix} -\text{响音} & -\text{前} \\ -\text{顶} & -\text{鼻} \\ +\text{紧喉} & \end{pmatrix} / \begin{pmatrix} -\text{高} & +\text{后} \\ +\text{低} & -\text{圆} \\ & \end{pmatrix} \_\_\#$$

（3）分析显示，低元音对于-p 尾的影响是使舌头从自然位置降低、舌根后缩，但这并不能直接造成 -p 变成 -k 尾，因为双唇成阻机制没有受到影响。而低元音对于 -t 的影响却非常大，因为破坏了其发声机制。这样音节只有两个选择，变成 -p 或变成 -k。在下降后缩的低元音拉动下，舌根与硬腭后部最接近，容易形成收紧点产生 -k。因此从发音省力角度来说，-t 在这种情况下变成了 -k。由此可见，低元音对 -p 尾和 -k 尾的影响作用是不同的。对于前者只是提供了一个变化的选择，对于后者则是破坏了其发声机制，同时给了一个变化的选择。至于 -p 尾和 -t 尾为什么选择这种演变机制，还需从其他角度分析。

第二章第三节分析韵尾 -k 化类型在闽语和粤语的分布时指出，闽语以山臻摄韵尾 -k 化和咸深山臻摄韵尾 -k 化两类为主；粤语以山臻摄韵尾 -k 化占主体，咸深摄韵尾 -k 化分布很少且主要出现在受闽语影响的方言里。因此推测，可能由于低元音对 -p 尾的影响只是提供了变化的选择，但不是导致变化的必然条件。因此咸深摄韵尾 -k 化只是在少数粤语等中出现，而且还是在外方言影响下出现的。这也可以解释为什么在本书材料中咸深摄单独韵尾 -k 化现象少而山臻摄单独韵尾 -k 化现象多的原因。咸深摄即使韵尾 -k 化，也是多与山臻摄一起变化，即咸深山臻摄韵尾 -k 化。

（4）但是，部分方言点中出现韵尾 -k 化的深臻摄主元音为高元音，如第二章第二节 2.1.2 小节南海沙头韵尾 -k 化的主元音以高元音 i 为主，e、ɔ、o 为少数，2.1.2 小节兴宁大坪韵尾 -k 化的深摄主元音为 u：立 liuk^{5} ｜十 ʂuk^{5} ｜急 kiuk^{3}。这与“低元音使韵尾 -k 化”的音变机制相反。一般来说，语音单位的变化除了受语音机制的影响外，还会受更高层次的音系结构因素影响。关于高元音入声韵韵尾 -k 化的原因请见本章第二节第四小节的分析。

2.1.3 后元音使韵尾 -ʔ 化

与前高元音使韵尾 -t 化相比，后元音在宕江曾梗通摄 -k 尾弱化为 -ʔ 的演变中起了重要作用。关于宕江曾梗通摄 -k 尾弱化为 -ʔ 的现象，罗常培（1941，转引自罗常培 1999：402）有细致观察：“古 [-k] 尾的入声字在这种方言里都变作 [-ʔ]，由舌根闭音后移成喉闭音，比较起来稍有浅深的不同。”-k 尾为什么要把发音部位后移？

（1）宕江曾梗通摄中，曾梗两摄主元音为高、较高元音的入声韵一般韵尾 -t 化，剩下没有变化的主元音都是较低、较后的，以 a、ɔ、o、u 等为主。如南昌县蒋巷：

	咸	深	山	臻	曾	梗		宕江	通
主元音	ε a ɔ	i ɪ	ε a ɔ	y i ɪ u	i ɪ ε	ε	a	ɔ	u
韵尾	-t						-ʔ		
清、次浊	阴入 [5]								
全浊	阳入 [1]								

-t 尾韵：盒 hɔt^{1} ｜鸭 ŋat^{5} ｜贴 tʰiεt^{5} ｜法 fat^{5}，立 lɪt^{5} ｜十 ɕit^{1}，辣 lat^{1} ｜热 Øiεt^{5} ｜结 tɕiεt^{5} ｜活 Øuɔt^{1} ｜刷 sɔt^{5} ｜罚 fat^{5} ｜血 ɕyɔt^{5}，笔 pɪt^{5} ｜七 tɕʰit^{5} ｜骨 kut^{5} ｜出 tɕʰyt^{5}，北 pεt^{5} ｜贼 ʦʰεt^{1} ｜力 lɪt^{5} ｜直 tɕʰit^{1} ｜色 sεt^{5}，策 ʦʰεt^{5}；-ʔ 尾韵：恶 ŋɔʔ^{5} ｜削 ɕiɔʔ^{5} ｜剥 pɔʔ^{5} ｜学 hɔʔ^{1}，客 kʰaʔ^{5} ｜麦 maʔ^{5} ｜尺 ʦʰaʔ^{5} ｜壁 piaʔ^{5}，木 muʔ^{5} ｜毒 tʰuʔ^{1} ｜六 liuʔ^{1} ｜局 ʦʰuʔ^{1}。

（2）汉语音系中，-k、-ŋ 尾音节的主元音 a 受发音部位靠后的韵尾影响，实质音值接近或是元音 ɑ。因为与 -p、-m、-t、-n 尾音节中的 a 不是最小对立体，故在音系中一般不区别 ɑ 与 a。这样宕江曾梗通摄中没有发生变化的入声韵主元音就以后元音 ɑ、ɔ、o、u 为主。较低、较后的主元音因发音部位与 -k 尾接近而协同发音产生异化作用，从而推动了 -k 尾把发音部位后移弱化为 -ʔ，即：-k>-ʔ / ɑ __ # 。

$$\begin{pmatrix} -\text{响音} & -\text{前} \\ -\text{顶} & -\text{鼻} \\ +\text{紧喉} & \end{pmatrix} > \begin{pmatrix} +\text{响音} & -\text{前} \\ -\text{顶} & -\text{鼻} \\ +\text{紧喉} & \end{pmatrix} / \begin{pmatrix} -\text{高} & +\text{后} \\ +\text{低} & +\text{圆} \\ & \end{pmatrix} \_\_ \#$$

如第三章第三节 2.1.1 小节新兴天堂在 -p、-t、-k 基本三分情况下主元音为后、半低元音 ɔ 的宕江摄一二等 -k 尾率先弱化为 -ʔ。当然，由于 -ʔ 尾已经具有响音性质，-k 尾等塞尾弱化为 -ʔ 还与整个汉语方言的音节响音化趋势有关，具体分析请看本章第二节。

2.1.4 后元音使韵尾消失

（1）第四章指出一些方言主元音为低元音的入声韵韵尾先消失。如第四章第一节 4.4 小节湛江坡头山摄开口一二等及合口二三等主元音为 a 的入声韵韵尾和宕江摄一起消失，宕江摄主元音开口为 a、合口为 o，合口字较少，导致山摄和宕江摄韵尾消失的主要因素是低元音 a。

（2）第四章第二节 1.2.1 小节指出桂北平话富川莲山韵尾已全部消失，但是韵尾消失后清入因摄、等不同而调值分化。以三四等韵为主，来自咸山摄三四等、深臻、曾通、梗摄三四等的今读高降调阴平 [53]；以一二等韵为主，来自咸山摄一二等、宕江、梗摄二等的今读曲折调阴去 [513]，如下：

	咸山一二、宕江、梗二	咸山三四、深臻、曾通、梗三四
主元音	a、œ	ε、ɤ、o
清	-Ǿ，阴去 [513]	-Ǿ，阴平 [53]
浊	-Ǿ，阳去 [223]	

摄、等的表面差异实质是入声韵主元音的不同。今读阴去 [513] 的入声韵主元音为低元音 a、œ，两者舌位差距不大；今读阴平 [53] 的入声韵主元音为较高元音 ε、ɤ、o。考察富川莲山周边的钟山回龙入声演变情况，可见低元音对韵尾消失的影响作用。钟山回龙塞尾消失后，浊入全部并入阳去 [21]；主元音为低元音 a、œ 的咸山一二等、宕江摄、梗摄二等清入今读阴去 [53]，主元音为较高元音 i、ε、ɤ、o、a 的咸山三四等、深臻、曾通、梗摄三四等保持独立入声高调 [55]。其曾摄一等的主元音类型特殊，这里暂不分析。如下：

	咸山一二、宕江、梗二	咸山三四、深臻、曾通、梗三四
主元音	a、œ	i、ε、ɤ、o、a
清	-Ǿ，阴去 [53]	-Ǿ，入声 [55]
浊	-Ǿ，阳去 [21]	

清入：搭 la^{53} ｜插 ʦʰa^{53} ｜鸭 Ǿa^{53} ｜割 kœ^{53} ｜八 pa^{53} ｜刮 ka^{53} ｜恶 Ǿiao^{53} ｜剥 piao^{53} ｜百 piao^{53} ｜客 hiao^{53} ｜策 ʨʰiao^{53}，接 tiε^{55} ｜急 ʦuɤ^{55} ｜结 kiε^{55} ｜雪 θuɤ^{55} ｜七 tʰuɤ^{55} ｜出 ʦʰo^{55} ｜北 pao^{55} ｜刻 kʰao^{55} ｜织 ʨiε^{55} ｜摘 ʦuɤ^{55} ｜尺 ʦʰε^{55} ｜壁 pε^{55} ｜榖 ko^{55} ｜烛 ʦo^{55}；浊入：盒 Ǿuɤ^{21} ｜十 suɤ^{21} ｜辣 la^{21} ｜月 ȵi^{21} ｜药 Ǿiao^{21} ｜学 Ǿiao^{21} ｜直 ɕiε^{21} ｜白 piao^{21} ｜毒 to^{21}。

富川莲山和钟山回龙两点浊入率先消失韵尾，这里不讨论。对比两点的清入调值分化情况，可看出主元音为低元音 a、œ 的先消失韵尾，而主元音为较高元音的后消失韵尾，因为钟山回龙的咸山三四等、深臻、曾通、梗摄三四等还保持独立入声高调 [55]。一般来说，韵尾先消失的入声韵调值会较早舒化拉长并入舒声调。

（3）前文第三章第一节 3.1 小节指出音节具有时长补偿机制，韵尾与韵腹主元音之间存在一定的反比关系。可从这个角度思考低元音促使韵尾消失的语音机制。

元音的时长有内在时长和外在时长之分，内在时长指纯元音环境下的元音时长，外在时长指元音在语流中的时长。低元音的内在时长比高元音的内在时长长。根据音节时长补偿机制，在声母和韵尾条件相同的情况下，主元音为低元音的入声韵因元音时长较长，则声母或韵尾或两者都要相应地缩小时长；反之，主元音为高元音的入声韵因元音时长较短，则声母或韵尾或两者时长不变而得以都相应地保持。因此当主元音时长达到一定程度时，音节在时长相对不变的前提下不得不消失韵尾，尤其是响音度比较高的 -ʔ 尾。另外，发低元音时，喉头会受一定影响而下降，从而影响了发喉塞尾时喉头上升的动作。

2.2 元音类同分尾趋势

2.2.1 低元音韵韵尾 -t 化现象

前面分析指出高元音可使咸深摄或曾梗摄韵尾 -t 化，但第二章第一节 2.1.1 小节分析指出有少数方言曾摄一等韵尾 -t 化，变化条件不是高元音而低元音，如云安六都，又如兴业石南：北曾一 pat^{5} ｜墨 mat$^{\underline{35}}$ ｜贼 ʦat$^{\underline{35}}$ ｜刻 hɑt$^{\underline{35}}$ ｜力曾三 lək$^{\underline{35}}$ ｜直 ʦək$^{\underline{35}}$ ｜侧 ʦək^{5} ｜色 sek^{2} ｜织 ʦək^{3}，一等见系的 ɑ 应是 a 受舌根音声母 h 影响产生的变体。此外，不少方言咸摄一二等甚至三四等主元音为低元音但韵尾仍然全部 -t 化，请看表 5-5。

表 5-5　咸摄主元音为低元音的方言字音举例

	盒咸一	塔	插咸二	鸭	接咸三	贴咸四	法咸合	立深	十	急
永修三角	hot$^{\underline{13}}$	dʰat$^{\underline{35}}$	dzʰat$^{\underline{35}}$	ŋat^{5}	ʨiet^{5}	dʰiet$^{\underline{35}}$	ɸat^{5}	lit^{5}	ʃʅt^{3}	ʨit^{5}
万年陈营	hot$^{\underline{35}}$	tʰat^{3}	ʦʰat^{3}	ŋat^{3}	ʨiet^{3}	tʰiet^{3}	fat^{3}	tit^{3}	sət$^{\underline{35}}$	ʨit^{3}
乳源侯公渡	hʌt^{5}	tʰʌt^{2}	ʦʰʌt^{2}	Øʌt^{2}	ʦiɛt^{2}	tʰiɛt^{2}	fʌt^{2}	lit^{5}	ʃit^{5}	kit^{2}
南昌市	hɔt^{3}	tʰat^{5}	ʦʰat^{5}	ŋat^{5}	ʨiɛt^{5}	tʰiɛt^{5}	fat^{5}	lit^{5}	ɕit^{3}	ʨit^{5}
靖安罗湾	hat^{5}	tʰat^{1}	ʦʰat^{1}	Øat^{1}	ʦiɛt^{1}	tʰiɛt^{1}	fat^{1}	lit^{5}	ʂʅt^{5}	ʧit^{1}
新余观巢	hot^{24}	tʰat^{24}	ʦʰat^{24}	ŋat^{45}	ʨiɛt^{45}	tʰiɛt^{24} 帖	fat^{45}	lit^{45} 粒	sət^{45}	ʨit^{45}
新建长埈	hət^{2}	tʰat^{5}	ʦʰat^{5}	ŋat^{5}	ʨiɛt^{5}	tiɛt^{5} 帖	ɸuat^{5}	tʰit^{2} 粒	ɕit^{2}	ʨit^{5}
井冈山下七	hat^{5} 合	tʰat^{1}	ʦat^{1} 劄	Øat^{1}	ʦiat^{1}	tiat^{1}	—	lit^{5}	ʃət^{1} 湿	kit^{1}
井冈山黄坳	hait^{5} 合	tʰait^{2}	ʦʰait^{2}	Øait^{2}	ʨiat^{2}	tʰiat^{2} 帖	fait^{2}	lit^{5} 粒	sʅt^{5}	kit^{2}

这种情况无法用“高元音使韵尾 -t 化”的语音机制解释。不过前文及表 5-5 中的材料有一现象值得关注。各方言音系中，山摄或臻摄入声韵都有与韵尾 -t 化的咸摄或曾摄相同的低元音。如云安六都臻摄主元音为 ɐ，与曾摄一等相同；兴业石南臻摄主元音为 a，与曾摄一等相同，如：笔 pat^{5} ｜七 ʦʰat$^{\underline{35}}$ ｜一 Øiat^{5} ｜骨 kuat^{3} ｜

出 ʦʰat^{3}，而其山摄的主元音没有 a；永修三角山摄开口一二等主元音为 a，如：辣 lat^{13}｜割 kot^{5}｜八 pat^{5}｜杀 sat^{5}；新建长堎山摄开口一二等主元音为 a，如：捺 lat^{5}｜擦 tʰat^{5}｜拔 pʰat^{2}｜铡 ʦʰat^{2}｜瞎 hat^{5}。

产生这种现象的过程可能有两个。一是咸摄或曾摄韵尾 -t 化后，相同的韵尾使得来自不同摄的入声韵主元音趋同。二是不同韵尾的入声韵因为主元音相同而韵尾趋同使韵尾合并。如果是第一种的话，无法解释咸摄或曾摄低元音入声韵为什么韵尾 -t 化；而第二种过程的可能性较大。即前述永修三角和云安六都等反映了入声韵尾演变的一个趋势：元音类同分尾。

2.2.2 元音类同分尾趋势

指入声韵尾演变过程中，在高低元音对韵尾演变产生影响的前提下，咸深摄 -p 尾、山臻摄 -t 尾、宕江曾梗通摄 -k 尾逐步以主元音相同或类同为条件分化；来源于不同摄的韵尾，因主元音相同或类同而演变方向趋于一致。下面举三点为例。

（1）武宁礼溪。第二章第一节 3.3.4 小节指出武宁礼溪咸深摄与曾摄韵尾全部 -t 化，梗摄三四等大部分韵尾都已变为 -t 尾，同时二等有过半韵尾 -t 化，如下：

<table>
<tr><td></td><td>深</td><td>咸开</td><td>咸合</td><td>山一二</td><td>山三四</td><td>臻</td><td>曾</td><td colspan="2">梗三四</td><td colspan="2">梗二</td><td>宕江</td><td>通</td></tr>
<tr><td>主元音</td><td>i</td><td>ɛ æ œ</td><td>æ</td><td>æ œ</td><td>ɛ æ</td><td>y i œ</td><td>i ɛ œ</td><td>a</td><td>i</td><td>ɛ œ</td><td>a</td><td>ɔ</td><td>u</td></tr>
<tr><td>韵尾</td><td colspan="7">-t</td><td>-k</td><td colspan="2">-t</td><td colspan="3">-k</td></tr>
<tr><td>清、次浊</td><td colspan="12">阴入 [54]</td></tr>
<tr><td>全浊</td><td colspan="12">阳入 [2]</td></tr>
</table>

分析武宁礼溪入声韵主元音类型和韵尾类型可以看到，合并后来自咸深、山臻、曾、梗部分六摄的 -t 尾入声韵与来自宕江通摄及梗部分摄的 -k 尾入声韵呈现了非常整齐的主元音类型前后对比，即 y、i、ɛ、æ、œ：a、ɔ、u。前文指出，与舌根韵尾搭配的 a 实际音值接近或是 ɑ。这样，演变结果使得主元音为前元音的入声韵韵尾是舌位靠前的 -t 尾，主元音为后元音的入声韵韵尾是舌位靠后的 -k 尾。

分析发现，武宁礼溪深开三、曾开三、梗开三四与臻开三的主元音都是 i，从周边赣语演变类型推断，它们的演变过程应该是高元音使韵尾 -t 化，即 -p、-k → -t/i __ # 。咸摄三四等、曾开一、梗开二部分的主元音是 ɛ，咸摄一二等及少数曾梗摄一二等的主元音为 æ、œ，无法从元音舌位高低对韵尾影响角度解释其 -t 化的原因。我们认为在咸深摄、曾梗摄韵尾 -t 化的大趋势下，由于山摄一二等与咸摄一二等及少数曾梗摄一二等的主元音同为 æ、œ，山摄三四等与咸摄三四等、曾开一、梗开二部分的主元音同为 ɛ，因元音类型相同，山摄吸引了咸摄及曾梗摄一二等入声韵朝着自己的韵尾类型变化，实现低元音入声韵的韵尾 -t 化。

（2）罗源凤山。闽语罗源凤山咸深山臻、宕江曾梗通九摄主元音是 i、u、y 或有元音尾 i、u、y 的入声韵韵尾一律为 -k，主元音非 i、u、y 的低元音入声韵韵尾 -ʔ 化，如下：

	咸深、山臻、宕江曾梗通								
主元音	ᴇ	a	o	i	u	y	ᴇ	ɔ	ø
元音尾	-Ø						i	u	y
辅音尾	-ʔ			-k					
清	阴入 [4]								
浊	阳入 [5]								

-ʔ 尾韵：接 ʦiᴇʔ^{4} ｜叶 Øiᴇʔ^{5} ｜十 θiᴇʔ^{5} ｜舌 θiᴇʔ^{5} ｜贼 ʦʰiᴇʔ^{5} ｜歇 xyᴇʔ^{4} ｜药 Øyᴇʔ^{5} ｜尺 ʦʰyᴇʔ^{4} ｜盒 xaʔ^{5} ｜塔 tʰaʔ^{4} ｜插 ʦʰaʔ^{4} ｜法 xuaʔ^{4} ｜辣 laʔ^{5} ｜活 Øuaʔ^{5} ｜白 paʔ^{5} ｜拆 tʰiaʔ^{4} ｜摘 tiaʔ^{4} ｜壁 piaʔ^{4} ｜雪 θuoʔ^{4} ｜月 ŋuoʔ^{5} ｜郭 kuoʔ^{4} ｜剥 puoʔ^{4} ｜绿 luoʔ^{5} ｜局 kuoʔ^{5}；-k 尾韵：立 lik^{5} ｜急 kik^{4} ｜笔 pik^{4} ｜七 ʦʰik^{4} ｜力 lik^{5} ｜直 tik^{5} ｜织 ʦik^{4} ｜锡 θik^{4} ｜出 ʦʰuk^{4} ｜榖 kuk^{4} ｜足 ʦyk^{4} ｜贴 tʰᴇik^{5} ｜八 pᴇik^{4} ｜结 kᴇik^{4} ｜血 xᴇik^{4} ｜刻 kʰᴇik^{4} ｜色 θᴇik^{4} ｜策 ʦʰᴇik^{4} ｜脱 tʰɔuk^{4} ｜刷 θɔuk^{4} ｜骨 kɔuk^{4} ｜恶 Øɔuk^{5} ｜壳 kʰøyk^{4} ｜北 pøyk^{4} ｜六 løyk^{5}。

从 -ʔ 尾和 -k 尾分别涉及九摄的情况看，罗源凤山的元音类同分尾应该是在咸深山臻摄韵尾 -k 化之后，九摄以入声韵元音高低类型为条件分化，只是不限于以主元音类型为标准，而是以元音尾为标准。从音系学角度看，主元音为高元音 i、u、y 的音节其元音尾就是与主元音相同的 i、u、y。

（3）在元音类同分尾趋势下，有的方言不一定完全遵守前文的高低元音分化韵尾的规律。第二章第一节 3.3.2 小节的乐昌县城曾摄一等与深摄的主元音、梗摄二等与咸山摄一二等的主元音都为低元音、都韵尾 -t 化；曾梗摄三四等入声韵主元音虽为半高元音 e，仍读 -k 尾，因为有 -t 尾的咸深山臻四摄入声韵没有 e 这个主元音。这样，合并后的 -t 尾入声韵与 -k 尾入声韵的主元音类型对比是 y、i、a、ɐ、u：e、œ、ɔ、o。有趣的是山摄的主元音类型几乎涵盖了所有 -t 尾入声韵的主元音类型，如下：

	咸	山一二	山三四	梗二	宕江	梗三四	深	臻	曾一	曾三	通
主元音	ia	yaɔu	yiau	a	œɔ	e	ɐ	yiɐu	ɐ	e	o
韵尾	-t				-k		-t			-k	
清	下阴入 [33]					上阴入 [55]					
浊	阳入 [22]										

元音类同分尾趋势本质上是入声韵以主元音类型为条件分化的表现，是在元音分尾的基础上进一步以元音类型为条件的分化，是元音分尾的更高表现形式。元音类同分尾趋势说明了韵尾在入声韵里的区别作用逐渐变小。

2.2.3　类同分尾趋势的方向性和范围

（1）元音类同分尾是有方向的。方向性是指当韵尾发生变化时，凡是与韵尾变化后所归入的入声韵主元音类型一致的，韵尾都发生变化，不一致的则不变化。如第二章第二节 2.2.1 小节指出遂溪北坡山摄一二等及臻摄韵尾 -k 化，山臻摄入声韵主元音 a 和 ɐ 都是宕江曾梗通摄入声韵里现有的主元音，而宕通等五摄没有 i、u 主元音，因此山摄主元音为 i、u 的入声韵韵尾没有变化。

（2）元音类同分尾趋势是有一定范围的。这种趋势只存在于出现韵尾变化的摄及韵尾变化所归并的摄。如上面的遂溪北坡只是山臻摄韵尾 -k 化，因此元音类同的趋势主要在山臻及宕江曾梗通摄表现出来。咸深摄韵尾没有出现变化，即使部分入声韵主元音与宕江曾梗通摄的相同，也没有参加韵尾 -k 化的演变。

2.3　元音分尾的深层表现

前面分析了主元音对韵尾演变的影响。所分析的几种元音影响韵尾演变的机制是通过分析大量的材料归纳出来的，这些演变机制很直观。但有时元音对韵尾演变的影响，尤其是对弱化、消失演变的影响，表现得比较隐蔽，本书称之为元音分尾的深层表现。这一表现主要出现在闽语里。

2.3.1　表现形式

第三章第三节 2.1.5、2.2.1 至 2.2.3 小节介绍只见于闽语的弱化类型时指出，出现韵尾弱化的咸山宕江梗等摄部分入声韵涉及的主元音高低都有，而且即使主元音相同什么音节韵尾弱化、什么音节不弱化各个方言都不相同。不过，这些类型所涉及的方言有一个共同现象，即出现弱化的入声韵来自清入的主要对应粤语广宁东乡的下阴入、来自浊入的主要对应广宁东乡的下阳入。

第四章第一节 1.1.1、1.2.2、2.3.2 小节介绍的主要见于闽语的消失类型，它们出现消失的咸山宕江梗等摄部分入声韵涉及的主元音高低都有，而且即使主元音相同什么音节塞尾消失、什么音节不消失各个方言都不相同。不过，这些类型所涉及的方言有一个共同的现象，即出现消失的入声韵来自清入的主要对应粤语广宁东乡的下阴入、来自浊入的主要对应广宁东乡的下阳入。

前文描写这些类型时已根据类型分别举例，这里每个类型再各举一例。本书将所举 8 个方言点的 83 个入声字放在一起与广宁东乡比对，得出表 5-6 和表 5-7，表中华安新圩至漳浦旧镇 5 点属弱化类型，电白小良至莆田白沙 3 点属消失类型。上文指出，韵尾弱化或消失的入声韵中清入主要对应粤语广宁东乡的下阴入而浊入主要对应广宁东乡的下阳入，但具体涉及什么入声韵各方言都不同。不过将 8 点材料比对后发现它们虽存在差异但有共性。请看表 5-6。这个“共性”所包含的入声韵主要是咸摄一二等及山、宕江梗摄。

表 5-6　元音分尾深层表现字音举例（一）

	广宁东乡	华安新圩	惠来隆江	饶平三饶	古田平湖	漳浦旧镇	电白小良	海口	莆田白沙
搭咸	tap^{33}	taʔ^{42}	taʔ^{2}	taʔ^{2}	tʌk^{2}	taʔ^{32}	ta^{554}	ɗa^{55}	tɒ^{11}
踏	tap^{214}	taʔ^{131}	taʔ^{5}	taʔ^{5}	tʌk^{5}	taʔ^{12}	da^{554}	ɗa^{33}	tɒ^{35}
塔	tʰap^{33}	tʰaʔ^{42}	tʰaʔ^{2}	tʰaʔ^{2}	tʰʌk^{2}	tʰaʔ^{32}	tʰa^{554}	ha^{55}	tʰɒ^{11}
插	ʦʰap^{33}	ʦʰaʔ^{42}	ʦʰaʔ^{2}	ʦʰaʔ^{2}	ʦʰʌk^{2}	saʔ^{32}	ʦʰa^{554}	sa^{55}	ʦʰɒ^{11}
鸭	Ǿap^{33}	Ǿaʔ^{42}	Ǿaʔ^{2}	Ǿaʔ^{2}	Ǿʌk^{2}	Ǿaʔ^{32}	Ǿa^{554}	Ǿa^{55}	Ǿɒ^{11}
辣山	lat^{214}	luaʔ^{131}	luaʔ^{2}	luaʔ^{5}	lʌk^{5}	luaʔ^{12}	lua^{42}	lua^{33}	lua^{35}
割	kot^{33}	kuaʔ^{42}	kuaʔ^{2}	kuaʔ^{2}	kʌk^{2}	kuaʔ^{32}	kua^{554}	kua^{55}	kua^{11}
八	pet^{33}	pueʔ^{42}	poiʔ^{2}	puɛʔ^{2}	peik^{2}	peʔ^{32}	bɔi^{554}	ɓɔi^{55}	pie^{11}
舌	sit^{22}	ʦiʔ^{131}	ʦiʔ^{5}	ʦiʔ^{5}	siek^{5}	ʦiʔ^{12}	tɕi^{42}	tɕi^{33}	ɬi^{11}
歇	hit^{33}	heʔ^{42}	xiaʔ^{2}	xiaʔ^{2}	hyøk^{2}	heʔ^{32}	hɛ^{554}	he^{55}	ɬø^{11}
月	ŋyt^{214}	gueʔ^{131}	ŋgueʔ^{5}	ŋguɛʔ^{5}	ŋuoʔ^{5}	gueʔ^{12}	—	vɔi^{33}	kue^{35}
血	hyt^{33}	huiʔ^{42}	xueʔ^{2}	xuɛʔ^{2}	heik^{2}	hueʔ^{32}	hɔi^{554}	hɔi^{55}	he^{11}
药宕	jyɵk^{214}	Ǿioʔ^{131}	Ǿioʔ^{5}	Ǿiɔʔ^{5}	Ǿyøʔ^{5}	Ǿiɔʔ^{12}	Ǿiɔ^{42}	Ǿiɔ^{33}	Ǿieu^{35}
学江	hɵk^{214}	Ǿoʔ^{131}	Ǿoʔ^{5}	Ǿɔʔ^{5}	Ǿɔʔ^{5}	Ǿɔʔ^{12}	Ǿɔ^{42}	Ǿo^{33}	Ǿo^{35}
白梗	pak^{214}	peʔ^{131}	peʔ^{5}	pɛʔ^{5}	pʌʔ^{5}	pɛʔ^{12}	bɛ^{33}	ɓɛ^{33}	pa^{35}
麦	mak^{22}	beʔ^{131}	mbeʔ^{5}	mbɛʔ^{5}	mʌʔ^{5}	bɛʔ^{12}	bɛ^{33}	vɛ^{33}	pa^{35}
壁	piɐk^{22}	piaʔ^{42}	piaʔ^{2}	piaʔ^{2}	piʌʔ^{2}	piaʔ^{32}	bia^{554}	ɓia^{55}	pia^{21}
锡	siɐk^{33}	siaʔ^{42}	siaʔ^{2}	siaʔ^{2}	sik^{2}	siaʔ^{32}	ɬia^{554}	tia^{55}	ɬɛ^{11}

除了表 5-6 中“共性”所包含的入声韵，8 个方言点剩下的入声韵相应的还有弱化或消失演变，出现这些演变的入声韵虽主要对应广宁东乡的下阴入和下阳入，但涉及的入声韵并不统一，请看表 5-7。表 5-7 中广宁东乡的“刷、雪”归上阴入，但广州市区归下阴入：刷 ʦʰat^{33} ｜雪 syt^{33}。

表 5-7　元音分尾深层表现字音举例（二）

	广宁东乡	华安新圩	惠来隆江	饶平三饶	古田平湖	漳浦旧镇	电白小良	海口	莆田白沙
急深	kɐp^{55}	kip^{42}	kip^{2}	kip^{2}	kik^{2}	kip^{32}	kip^{5}	kiap^{5}	kiʔ^{21}
刷山	sat^{55}	suaʔ^{42}	sueʔ^{2}	suɛʔ^{2}	souk^{2}	suaʔ^{32}	ʦʰua^{554}	sua^{55}	ɬuaʔ^{21}
雪	syt^{55}	seʔ^{42}	soʔ^{2}	sɔʔ^{2}	suoʔ^{2}	sɛk^{32}	ɬɔi^{554}	tɔi^{55}	ɬø^{11}
笔臻	pɐt^{55}	pit^{42}	pik^{2}	ˋpik^{2}	pik^{2}	pit^{32}	bik^{5}	ɓit^{5}	piʔ^{21}
七	ʦʰɐt^{55}	ʦʰit^{42}	ʦʰik^{2}	ʦʰik^{2}	ʦʰik^{2}	sit^{32}	ɕik^{5}	ɕit^{5}	ʦʰiʔ^{21}
骨	kuɐt^{55}	kut^{42}	kuk^{2}	kuk^{2}	kouk^{2}	kut^{32}	kuk^{5}	kut^{5}	koʔ^{21}
出	ʦʰɐt^{55}	ʦʰut^{42}	ʦʰuk^{2}	ʦʰuk^{2}	ʦʰuk^{2}	sut^{32}	ʦʰut^{5}	sut^{5}	ʦʰoʔ^{21}
北曾	pɐk^{55}	pak^{42}	pak^{2}	pak^{2}	pøk^{2}	paʔ^{32}	bak^{5}	ɓak^{5}	paʔ^{21}
刻	hɐk^{55}	kʰek^{42}	kʰek^{2}	kʰɛk^{2}	kʰeik^{2}	kʰiok^{32}	hak^{5}	hak^{5}	kʰɛʔ^{21}
色	sɐk^{55}	sek^{42}	sek^{2}	sɛk^{2}	seik^{2}	siok^{32}	dɛk^{5}	tek^{5}	ɬɛ^{11}
织	ʦɐk^{55}	ʦit^{42}	ʦik^{2}	ʦik^{2}	ʦik^{2}	ʦit^{32}	ʦɛk^{5}	ʦek^{5}	ʦiʔ^{21}
竹通	tok^{55}	tek^{42}	tek^{2}	tɛk^{2}	tyk^{2}	tiɔk^{32}	dik^{5}	ɗiɔk^{5}	tøʔ^{21}
菊	kok^{55}	kiɔk^{42}	kek^{2}	kɛk^{2}	kyk^{2}	kiɔk^{32}	kʰɔk^{5}	kiak^{5}	køʔ^{21}
烛	ʦok^{55}	ʦiɔk^{42}	ʦek^{2}	ʦɛk^{2}	ʦuoʔ^{2}	ʦioʔ^{32}	ʦak^{5}	ʨiap^{5}	ʦɒʔ^{21}
接咸	ʦit^{33}	ʦiap^{42}	ʦiʔ^{2}	ʦiʔ^{2}	ʦieʔ^{2}	ʦiap^{32}	ʨi^{554}	ʨiap^{5}	ʦiaʔ^{21}
法	fat^{33}	huat^{42}	xuap^{2}	xuap^{2}	huʌk^{2}	huat^{32}	huak^{5}	fat^{5}	haʔ^{21}
贴	tʰet^{33}	tʰiap^{42}	taʔ^{2}	taʔ^{2}	tʰeik^{2}	tʰiap^{32}	tʰiap^{5}	hiap^{5}	tʰɛ^{11}
杀山	set^{33}	sat^{42}	suaʔ^{2}	suaʔ^{2}	sʌk^{2}	sat^{32}	ɬua^{554}	tua^{55}	ɬa^{11}
节	ʦit^{33}	ʦeʔ^{42}	ʦak^{2}	ʦɔiʔ^{2}	ʦiek^{2}	ʦɛt^{32}	ʦɛk^{5}	tat^{5}	ʦɛ^{11}
切	ʦʰit^{33}	ʦʰiɛt^{42}	ʦʰiak^{2}	ʦʰɛk^{2}	ʦʰieʔ^{2}	siɛt^{32}	ʦʰai^{44}	ɕiet^{5}	ɬe^{35}
结	kit^{33}	kiɛt^{42}	kak^{2}	kak^{2}	kiek^{2}	kiɛt^{32}	kit^{5}	ket^{5}	kɛ^{11}
脱	tʰyt^{33}	tʰuat^{42}	tʰuk^{2}	tʰuk^{2}	tʰouk^{2}	tʰuat^{32}	tʰut^{5}	hot^{5}	tʰuaʔ^{21}
刮	kuet^{33}	kuaʔ^{42}	kuaʔ^{2}	kuaʔ^{2}	kuɑk^{5}	kueʔ^{32}	kuak^{5}	kuat^{5}	kuaʔ^{21}
托委托，宕	tʰɵk^{33}	tʰɔk^{42}	tʰoʔ^{2}	tʰɔʔ^{2}	tʰouk^{2}	tʰɔk^{32}	tʰɔ^{554}	hɔ^{55}	tʰɒʔ^{21}
恶	Ǿɵk^{33}	Ǿɔk^{42}	Ǿak^{2}	Ǿak^{2}	Ǿouʔ^{2}	Ǿɔʔ^{32}	Ǿɔk^{5}	Ǿɔk^{5}	Ǿɒʔ^{21}
削	syɵk^{33}	siaʔ^{42}	siak^{2}	siaʔ^{2}	suøʔ^{2}	siaʔ^{32}	ɬiɔk^{5}	tia^{55}	ɬɛʔ^{21}
郭	kʰuɔk^{33}	kueʔ^{42}	kueʔ^{2}	kuɛʔ^{2}	kuok^{2}	kueʔ^{32}	kuak^{5}	kue^{55}	ko^{11}
角江	kɵk^{33}	kak^{42}	kak^{2}	kak^{2}	køyk^{2}	kak^{32}	kak^{5}	kak^{5}	kaʔ^{21}
壳	hɵk^{33}	kʰak^{42}	kʰak^{2}	kʰak^{2}	kʰøyk^{2}	kʰak^{32}	kʰak^{5}	hak^{5}	kʰaʔ^{21}
百梗	pak^{33}	peʔ^{42}	peʔ^{2}	pɛʔ^{2}	pʌʔ^{2}	pɛʔ^{32}	bɛ^{554}	ɓɛ^{55}	paʔ^{21}
拍	pʰak^{33}	pʰaʔ^{42}	pʰaʔ^{2}	pʰaʔ^{2}	pʰʌʔ^{2}	pʰaʔ^{32}	pʰak^{5}	fa^{55}	pʰaʔ^{21}
拆	ʦʰak^{33}	tʰiaʔ^{42}	tʰiaʔ^{2}	tʰiaʔ^{2}	tʰiek^{2}	tʰiaʔ^{32}	tʰia^{554}	hia^{55}	tʰiaʔ^{21}
客	hak^{33}	kʰeʔ^{42}	kʰeʔ^{2}	kʰɛʔ^{2}	kʰʌʔ^{2}	kʰɛʔ^{32}	kʰɛ^{554}	hɛ^{55}	kʰaʔ^{21}
策	ʦʰak^{33}	ʦʰiek^{42}	ʦʰeʔ^{2}	ʦʰɛk^{2}	ʦʰeik^{2}	siok^{32}	ʦʰɛ^{554}	sok^{5}	ʦʰɛʔ^{21}

续表

	广宁东乡	华安新圩	惠来隆江	饶平三饶	古田平湖	漳浦旧镇	电白小良	海口	莆田白沙
尺	ʦʰiɐk^{33}	ʦʰioʔ^{42}	ʦʰioʔ^{2}	ʦʰiɔʔ^{2}	ʦʰyøʔ^{2}	sioʔ^{32}	sɔ^{554}	ɕiɔ^{55}	ʦʰiʔ^{21}
立深	lɐp^{22}	lip^{131}	lip^{5}	lip^{5}	lik^{5}	lip^{12}	lip^{2}	lip^{3}	liʔ^{4}
十	sɐp^{22}	ʦap^{131}	ʦap^{5}	ʦap^{5}	seik^{5}	ʦap^{12}	tap^{2}	tap^{3}	ɬɛ^{35}
剥江	møk^{22}	pak^{42}	pak^{2}	pak^{2}	puoʔ^{2}	pak^{32}	mɔk^{5}	ɓak^{5}	pɒʔ^{21}
墨曾	mɐk^{22}	bak^{131}	mbak^{5}	mbak^{5}	møyk^{5}	baʔ^{12}	bak^{2}	vak^{3}	paʔ^{4}
贼	ʦɐk^{22}	ʦʰat^{131}	ʦʰak^{5}	ʦʰak^{5}	ʦʰeik^{5}	sat^{12}	ʦʰak^{2}	sat^{3}	ʦʰɛʔ^{4}
力	lɐk^{22}	lat^{131}	lak^{5}	lak^{5}	lik^{5}	lat^{12}	lak^{3}	lak^{3}	liʔ^{4}
直	ʦɐk^{22}	tit^{131}	tik^{5}	tik^{5}	tik^{5}	tit^{12}	dik^{2}	ɗik^{3}	tiʔ^{4}
木通	mok^{22}	bɔʔ^{131}	mbak^{5}	mbak^{5}	muk^{5}	bɔk^{12}	mɔ^{44}	mok^{3}	pɒʔ^{21}
毒	tok^{22}	tɔk^{131}	tak^{5}	tak^{5}	tuk^{5}	tɔk^{12}	dak^{2}	ɗak^{3}	tɒʔ^{4}
六	lok^{22}	lak^{131}	lak^{5}	lak^{5}	løyk^{5}	lak^{12}	lak^{2}	lak^{3}	laʔ^{4}
肉	jiok^{22}	baʔ^{42}	nek^{5}	nɛk^{5}	nyk^{5}	baʔ^{12}	hip^{2}	hiɔk^{3}	nø^{35}
绿	lok^{22}	lek^{131}	lek^{5}	lɛk^{5}	luoʔ^{5}	liɔk^{12}	liak^{2}	liak^{3}	lɒʔ^{4}
局	kok^{22}	kiɔk^{131}	kek^{5}	kɛk^{5}	kuoʔ^{5}	kiɔk^{12}	kɔk^{2}	kok^{3}	kø^{35}
盒咸	hap^{214}	Ǿaʔ^{131}	Ǿap^{5}	Ǿap^{5}	ǾʌK^{5}	Ǿap^{12}	Ǿap^{3}	Ǿap^{3}	Ǿɒ^{35}
拨山	put^{214}	puaʔ^{42}	pfʰuak^{2}	pʰuak^{2}	peik^{2}	puat^{32}	bua^{554}	ɓua^{55}	pua^{11}
活	wut^{214}	Ǿuaʔ^{131}	Ǿuaʔ^{5}	Ǿuaʔ^{5}	Ǿuok^{5}	Ǿuaʔ^{12}	ʋuk^{2}	Ǿua^{33}	Ǿuaʔ^{4}
罚	fat^{214}	huat^{131}	xuak^{5}	xuak^{5}	huɑk^{5}	huat^{12}	huak^{2}	huat^{33}	huaʔ^{4}

2.3.2 深层原因

粤语各方言入声存在阴入分上下（有的称之为阴入和中入、上阴入和中阴入）的现象比较多（詹伯慧主编 2002：110），部分粤语也存在阳入分上下的现象（袁家骅等 2001：205）。关于粤语入声韵调值分化的原因，相关讨论比较多。高本汉（1940：446）认为“上阴入见于现在含短元音韵母的字，中阴入字见于现在含长元音韵母的字”，即元音长短影响了调值分化，远藤光晓（1994）基本持这一观点。袁家骅等（2001：186）指出：“上阴入和下阴入不但音高上有显著的差别，并且上阴入音节的主要元音绝大多数是短元音，下阴入音节的主要元音绝大多数是长元音。”黄家教（1984：426—428）详细地分析了广州话入声的调类与入声韵主元音的关系，指出“如果入声韵的主要元音相近的，只有阴入的，韵母主要元音比较高；只有中入的，韵母主要元音比较低：ap-ɐp、at-ɐt、ak-ɐk，ɛk-ik(ek)，ɔk-uk(ok)”；“广州方言入声韵，主要元音高的韵母有阴入而缺中入；主要元音低的，则有中入而缺阴入。主要元音高的音时较短，主要元音低的音时较长”；既“从广州方言入声韵与入声调分布的情况来看，韵母主要元音的高低起了主导作用，高低是元音的主要属性，长短是元音的次要属性，是元音的高低决定了元音的长短，而不是元音的长短决定了高低”。王莉宁（2011）提出了“高短元音和低长元音”概念来分析元音对粤语入声分化的影响。

本书赞同黄家教先生的分析，即入声韵主元音的高低决定了元音长短，进而影响了入声调，尤其是阴入调的分化。不过前文分析元音对韵尾演变的影响时指出，是中古时韵尾相同的入声韵主元音的相对高低影响了韵尾分化，如同为 -p 尾的咸深摄主元音的相对高低对韵尾的分化作用。同样，本书也认为考察粤语入声调的分化也应该从一定的范围内来观察主元音高低的作用。

上面的分析是想说明：①主元音的高低决定了粤语入声调的分化，上阴入主元音较高而下阴入主元音较低；②以闽语为主的方言韵尾弱化或消失主要对应粤语的下阴入和下阳入，说明影响闽语等方言韵尾弱化或消失的原因在于入声韵主元音的高低，主元音为较低元音的韵尾先弱化或消失。不过，从所涉及的闽语入声韵主元音类型来看，对应粤语的下阴入和下阳入、韵尾消失或弱化的入声韵主元音虽以低、较低元音为主，但也有高、较高的元音。对此，本书认为应从韵尾未变之前的入声韵主元音类型来思考，既可能是韵尾弱化或消失后主元音发生了由低变高的演变所致。此外，为什么前述闽语中即使主元音相同而有的入声韵韵尾变化、有的不变化？这可以从不同的历史层次相互竞争的角度分析，详见本章第三节。

2.4 元音分尾的其他形式

后文讨论分析咸摄合口三等韵尾 -t 化的原因时，认为唇音声母的异化作用使得咸合三 -p 尾变成 -t。但是高本汉（1927）认为是咸合三的合口介音对韵尾演变起了影响作用。这是一个思考切入点。相对于元音的高低对韵尾演变的显著影响，元音的圆展对韵尾的演变似乎很少有影响。少不代表没有，这里举一例，以此观察圆唇与非圆唇元音在韵尾演变中的作用。

第四章第一节 1.2.1 小节分析粤语增城朱村时指出其咸摄一二等的 -p 尾消失，与三四等不同的是，一二等在主元音后增加了一个圆唇元音 u，而韵尾没有变化的深摄同样在 -p 尾与主元音 ɐ 之间增加了一个元音 u。本书推测，咸摄一二等 -p 尾的消失过程应该是入声韵先增加一个圆唇元音尾 u（元音尾化的相关分析请看第四章第三节 2.1.2 小节），之后这个 u 与 -p 之间因发音部位相同而产生异化作用从而推动 -p 消失。结合深摄的情况，表 5-8 的材料显示这是个渐变过程。

表 5-8 增城朱村方言咸摄韵尾消失过程

咸三四	深	咸一二	
入声韵没有变化，保持 -p 尾	增生圆唇元音尾 u	韵母增生圆唇元音尾 u 的部分处在 -p 尾有无的两读阶段	增生圆唇元音尾 u 的部分韵母消失 -p 尾
接 ʧip³ ｜叶 jip² ｜贴 tʰip³	立 lɐup² ｜十 ʃɐup² ｜急 kɐup⁵	搭 taup³/tau³³ ｜插 ʧʰaup³/ʧʰau³³	盒 hɐu³⁵ ｜塔 tʰau³³ ｜鸭 Øau³³

三 声母分尾

有研究认为“声母跟入声字的转化并无直接关系”（薛凤生 1978：410）。根据本书材料，声母与入声韵尾的演变有一定关系，对韵尾演变起着一定的影响作用，称之为声母分尾。声母分尾，指受音节首声母跨越韵腹产生的协同发音影响，入声韵尾采取了异于其他声母类型入声韵的韵尾演变方向，产生了与之不同的韵尾类型。

3.1 唇音声母的作用

唇音声母是音系中三个基本塞音之一。它对于韵尾演变的影响可从两个方面考察。

3.1.1 异化作用

声母影响韵尾演变最知名的例子是咸合三唇音声母对唇音韵尾的异化作用。“中古汉语覃谈咸衔盐凡侵添等韵类的 -m 韵尾在粤方言中一直保持着。但现代粤语少数的古 -m 尾字，主要是凡韵的唇音字凡、泛、帆、范、犯等，由于唇音声母与韵尾的异化作用，-m 变成了 -n。”（李新魁 1994：75）多数粤语深摄三等帮组阳声韵“禀品”二字韵尾由 -m 变成 -n，也是异化作用的结果。（邵慧君 2003：270）唇音声母同样影响发音部位是双唇的 -p 尾，使之异化，如粤语广东德庆城关法 [fat³³]、乏 [fat²²]。咸合三入声韵的《切韵》拟音是 * piuɐp，后来演变为 fap。发这个音时双唇要先后两次成阻，相同的发音过程容易协同发音产生异化作用，于是 -p 尾改变发音部位。-p 尾改变发音部位有两个选择：变成与双唇接近的舌尖音或变成远离双唇的舌根音。变成舌尖音的话，舌头只需抬高舌尖抵住龈腭即可；变成舌根音的话，舌头必须后缩、舌根抬高抵住硬腭后部形成收紧点。相对而言，变成舌尖音更省力。发音省力原则起了很大作用，因此 -p 尾变成 -t 尾，即：-p>-t / fa __ # 。

$$\begin{pmatrix} -\text{响音} & +\text{前} \\ -\text{顶} & -\text{鼻} \\ +\text{紧喉} & \end{pmatrix} > \begin{pmatrix} -\text{响音} & +\text{前} \\ +\text{顶} & -\text{鼻} \\ +\text{紧喉} & \end{pmatrix} / \begin{pmatrix} -\text{响音} & +\text{前} \\ -\text{顶} & -\text{鼻} \end{pmatrix} \ \text{a}\ \_\_\ \#$$

唇音声母的异化作用比元音高低分尾的作用更大。在咸合三主元音还是低元音时就能将其异化，而咸摄其他韵要等主元音变为高元音才能变化。咸合三 -p 尾变成 -t 的原因还有音系结构的作用，见本章第二节的分析。

咸合三韵尾 -k 化时唇音声母是否起作用还需分析。咸合三韵尾 -k 化有两种途径：一是咸合三韵尾 -t 化并入山摄后，随着山摄以主元音类型为条件一起韵尾 -k 化，而咸摄开口没有变化，如云浮云城；二是咸摄全部韵尾 -k 化而山摄韵尾没变，如翁源新江。第一种是咸合三 -p 尾变成 -t 再变 -k。第二种是 -p 尾直接变成 -k 尾，具体的演变原因本书认为是受闽语的接触影响。到目前为止还没发现咸合三单独韵尾 -k 化而咸摄开口和山摄分别保持塞尾不变的情况。因此暂时不能说唇音声母起异化作用使咸合三 -p 尾变成 -k。

与本书观点有所不同的是，高本汉（1927）认为是咸合三中的合口介音起了影响作用。二者都是从发音部位相同情况下协同发音所引起的异化角度思考问题的。不过考虑到介音在音节中的作用主要是影响声母，本书认为是唇音声母起了异化作用。

3.1.2 反协同发音作用

第三章第三节 2.1.5 小节指出分布在福建与台湾的闽语闽南区“曾摄韵尾 -t 化、部分咸山宕江梗韵尾 -ʔ 化”类型中曾摄出现韵尾 -t 化，但此类中曾摄没有全部变化。除了常见的曾摄三等庄组没有变化外，曾摄一等帮组字同样没有变化，请看前面的表 5-4。表 5-4 中德化龙门滩曾摄一等主元音都是低元音 a，唯独帮组字没有变化。在主元音等条件相同情况下，能起作用的只有帮组的唇音声母，其所起的反协同发音作用使得曾摄一等帮组 -k 尾没有 -t 化。

（1）关于双唇辅音 [p] 和舌根辅音 [k] 之间的关系，桥本万太郎（1985：80）认为“从发音语音学角度看，双唇音（p）和软腭音（k）相距很远，往往让人觉得似乎很不同，但从声学语音学角度看，双唇音或者软腭音都是第 2 共振峰紧紧逼近其他共振峰的即所谓‘钝音’（抑音）。要说不同特征，前者是共振峰作为整体而分散的‘散音’，后者是统一于中心的‘密音’”。这是从强频集中区和过渡音征的角度分析双唇音和软腭音的共性。

形成 -t 尾最重要的是舌尖位置，可从发音时舌尖的动程来分析声母 p- 对形成

韵尾 -k 的反协同发音作用。以德化龙门滩的北 [pak^{51}] 为例。刚开始发塞音 [p] 时双唇紧闭形成收紧点，此时舌头处在自然位置，即“- 顶”；而当 [p] 成阻后舌头开始从自然位置降低、后缩发元音 [a]；当舌头降低、后缩发元音 [a] 时，这时的舌根已经接近硬腭后部，只需略微向上一抬就可与硬腭后部形成收紧点发出 -k 尾。而在整个发音过程中，由于声母 p- 的发音过程而没有给舌尖抬高的机会，因此韵尾 -k 没有变成 -t 尾，即：-k ≯ -t / pa __ #。

$$\begin{pmatrix} -\text{响音} & -\text{前} \\ -\text{顶} & -\text{鼻} \\ +\text{紧喉} & \end{pmatrix} \not> \begin{pmatrix} -\text{响音} & +\text{前} \\ +\text{顶} & -\text{鼻} \\ +\text{紧喉} & \end{pmatrix} / \begin{pmatrix} -\text{响音} & +\text{前} \\ -\text{顶} & -\text{鼻} \end{pmatrix} \ a \_\_ \#$$

（2）如果声母是舌尖音，则其抬高的舌尖会对 -k 尾的形成产生同化作用，如德化龙门滩的贼 [ʦʰat^{35}]；如果声母是舌根音，则其与 -k 尾相同的成阻部位会形成异化作用，如泉州清源的刻 [kʰat^{51}]。但是声母 p- 的发音过程中舌尖没有抬高，没有形成协同发音作用，故在其他声母的入声韵韵尾 -t 化时，声母为 p- 的入声韵还保持 -k 尾。

3.2 舌尖音声母的同化作用

第二章讨论合并演变时指出，在“咸合三韵尾 -t 化”类型中有些方言的咸摄开口三四等出现少数韵尾 -t 化现象，而出现变化的入声韵声母大多数是舌尖音声母，如佛冈县城：聂蹑 nit^{33} ｜猎 lit^{22} ｜捷 ʦit^{22} ｜叠 tit^{22}。韶关市区咸摄开口三四等韵尾 -t 化，但是演变没有完成，已经 -t 化的入声韵绝大多数是舌尖音声母，如：接捷 ʦit^{33} ｜妾 ʦʰit^{33} ｜褶 ʦit^{33}/ʦip^{33} ｜怯 hit^{33}/hip^{33} ｜帖贴 tʰit^{33}/tʰip^{33} ｜叠碟蝶 tit^{22}。又如不少客家话和赣语梗摄三四等出现韵尾 -t 化，但是出现变化的往往是以舌尖音为声母的入声韵，如梅县：脊 ʦit^{1} ｜惜 sit^{1} ｜滴 tit^{1} ｜踢 tʰɛt^{1} ｜敌 tʰit^{5}，逆 ȵiak^{1} ｜只 ʦak^{1} ｜尺 ʦʰak^{1} ｜石 sak^{5} ｜壁 piak^{1} ｜笛 tʰak^{5} ｜锡 siak^{1}。前文分析认为这些入声韵的主元音起了非常重要的同化作用，但是与 -t 尾发音部位相同的舌尖音声母也相应起了一定的顺同化作用。

3.3 浊音声母的作用

汉语方言中清入与浊入因声母差异往往韵尾演变不同，这在第三、四章中讨论韵尾弱化和消失类型时可以看到。当清入与浊入调值有别时，往往是浊入先弱化或者消失。浊入先变的原因在于其浊音声母，可从如下几方面考察。

3.3.1 自身演变对韵尾演变的影响

（1）浊音推动清音韵尾先变化

关于浊音声母对韵尾演变的影响，西方传教士艾约瑟 Joseph Edkins（1823—1905）所著《上海话口语语法》第一章第四节末尾论及上海话塞尾的一段话可以参看（转引自游汝杰 1998）：

> 从韵母表中看到的一个最奇妙的事实，即是带 k（在阳调的字前变为 g）韵尾的促声韵，它们的元音相类似。这个特点在上海西南方向稍远一点地方就消失了，在宁波话里也没有人提到过。

根据第一句话，十九世纪六十年代上海话入声韵还有 -k 尾，不过浊入的 -k 尾已经弱化为 -g。这说明当时的上海话浊音声母影响到入声韵 -k 尾，使其先弱化。汉语方言中部分方言的浊音声母对入声韵尾的演变产生了一定的影响作用。

a. 吴语嘉兴七星古全浊声母保持浊音，今读浊塞音的保持喉塞尾、读阳入甲 [2]，今读浊塞擦音浊擦音的喉塞尾消失、拉长调值由 [2] 变为阳入乙 [12]，部分古浊音如匣母今弱化为零声母，调值由 [2] 抬高变为阴入 [5] 而保持喉塞尾，如下：

<table>
<tr><td colspan="3"></td><td>咸深山臻、宕江曾梗通</td></tr>
<tr><td rowspan="3">全浊</td><td>浊塞擦浊擦音</td><td>阳入乙 [12]</td><td>十 zə^{12} ｜舌 zə^{12} ｜罚 βa^{12} ｜贼 zə^{12} ｜直 zə^{12} ｜局 dʑiəu^{12}</td></tr>
<tr><td>浊塞音</td><td>阳入甲 [2]</td><td>白 baʔ^{2} ｜毒 dəʔ^{2}</td></tr>
<tr><td>零声母等</td><td rowspan="3">阴入 [5]</td><td>盒 ɦaʔ^{5} ｜活 Ǿoʔ^{5} ｜学 Ǿoʔ^{5}</td></tr>
<tr><td colspan="2">次浊</td><td>叶 Øiɪʔ^{5} ｜立 liɪʔ^{5} ｜辣 laʔ^{5} ｜月 ȵyəʔ^{5} ｜药 Øiaʔ^{5} ｜力 liɪʔ^{5} ｜麦 maʔ^{5} ｜木 məʔ^{5}</td></tr>
<tr><td colspan="2">清</td><td>塔 tʰaʔ^{5} ｜急 ʨiɪʔ^{5} ｜雪 ɕiɪʔ^{5} ｜出 ʦʰəʔ^{5} ｜壳 kʰoʔ^{5} ｜北 pəʔ^{5} ｜客 kʰaʔ^{5} ｜竹 ʦəʔ^{5}</td></tr>
</table>

嘉兴七星全浊入以声母类型为条件、以词汇渐变方式进行韵尾演变：①浊音声母中，浊塞擦音、浊擦音要比浊塞音先消失入声韵尾。②古全浊声母中，如果声母弱化为零声母，则会并入清入读阴入调。嘉兴七星的材料显示，浊音声母中的浊塞擦音、浊擦音最早使入声韵喉塞尾消失。

第②点在吴语中多有表现。不过上面例字中有个反例：盒 [ɦaʔ^{5}]。[ɦ] 是浊擦音，为什么会跟零声母一起并入阴入？这里涉及吴语 [ɦ] 的本质问题，不多讨论，相关研究可以参看汪平（2010）。不过从这里可以判断嘉兴七星的 [ɦ] 可能已不是纯浊音了。

b. 赣语星子蛟塘次浊入并入全清入保持喉塞尾读入声高调 [5]，全浊入喉塞尾消失、调值舒化拉长并入阳去 [21]；次清入声母从送气清音弱化为不送气浊音，即次清化浊，同时调值也从高平调变为低升调，喉塞尾也随之消失并入阴去乙 [25]。如下：

	咸	山	深	臻	曾	梗	宕江	通
主元音	ε a o		ʅ i ε		i ε	i ε a	o	u
全清、次浊	-ʔ，入声 [5]							
次清	-Ø，阴去乙 [25]							
全浊	-Ø，阳去 [21]							

清入：接 ʦiεʔ^{5} ｜急 ʨiʔ^{5} ｜八 paʔ^{5} ｜剥 poʔ^{5} ｜北 pεʔ^{5} ｜烛 ʧuʔ^{5}，塔 da^{25} ｜切 dziε^{25} ｜脱 do^{25} ｜七 dzi^{25} ｜出 dzʅ^{25} ｜壳 go^{25} ｜客 gε^{25} ｜尺 dʒa^{25} ｜哭 gu^{25}；浊入：盒 ho^{21} ｜十 ʃε^{21} ｜舌 ʃε^{21} ｜活 Øuo^{21} ｜浊 dzo^{21} ｜贼 dzε^{21} ｜直 dzε^{21} ｜敌 di^{21} ｜局 dʑiu^{21}，叶 Øiεʔ^{5} ｜辣 laʔ^{5} ｜热 lεʔ^{5} ｜药 Øioʔ^{5} ｜木 muʔ^{5} ｜绿 diuʔ^{5}。

汉语方言中次清一般跟随全清读同一调值，因此星子蛟塘次清早期应该和全清一样是有喉塞尾、读阴入高调 [5]，只是在次清化浊后因浊音声母的影响喉塞尾而消失。从次清入喉塞尾消失后的调值 [25] 来看，影响喉塞尾消失的不是低调，如像全浊入低调值 [21] 产生的影响，而是浊音音值。这可从星子蛟塘西边邻县德安聂桥找到证据。

第四章第一节 3.1 小节指出赣语德安聂桥清入有喉塞尾，但次清因气流分调而与全清调值分化，前者读次阴入 [35]、后者读全阴入 [5]；浊音清化今逢塞音、塞擦音读送气清音，部分次浊入和全浊入消失喉塞尾，调值舒化归入阳去 [55]。如下：

		咸	山	深臻	曾三		曾一	梗	宕江	通
主元音		e æ a	e æ	i æ	i æ	e	e	e a	o	u
次清		-ʔ，次阴入 [35]								
次浊	全清	-ʔ，全阴入 [5]								
	全浊	-Ø，阳去 [55]								

德安聂桥全浊入消失喉塞尾时声母还是浊音。因为如果喉塞尾消失之前全浊入已经清化，那么全浊入就应该和次清入一起发生气流分调变读次阴入 [35] 同时保

持喉塞尾。而次清入的调值 [$\underline{35}$] 虽然相对于全阴入 [5] 低，但喉塞尾并没有消失。因此推断导致星子蛟塘次清入喉塞尾消失的原因不是调值 [25]，是次清化浊后的浊音声母。

c. 浊音声母影响韵尾演变的机制在于当音节的声母（浊音属于响音）和韵腹都是响音时，整个音节发声时声带从声母开始就一直在振动，而喉塞尾发声时声门必须紧闭，因此连续振动的声带迫使发 -ʔ 尾形成的紧闭声门打开，从而推动 -ʔ 尾消失。

（2）浊音清化使韵尾得以保持

a. 上文讨论嘉兴七星时指出其部分全浊入归到阴入，是因浊音弱化为零声母而产生的合并现象。在清入浊入还保持喉塞尾的吴语中，有不少方言部分全浊入因浊音清化并入阴入，如丹阳城内：

<table>
<tr><td colspan="2"></td><td>咸</td><td>山</td><td>深</td><td>臻</td><td>曾</td><td>梗</td><td>宕江</td><td>通</td></tr>
<tr><td colspan="2">主元音</td><td colspan="2">ɪeɛɑ</td><td colspan="2">ɪeɛo</td><td>ɪɛ</td><td>ɪɛɑ</td><td>ɛɑo</td><td>o</td></tr>
<tr><td>清</td><td rowspan="2">清音</td><td colspan="8" rowspan="2">-ʔ，阴入 [33]</td></tr>
<tr><td rowspan="2">全浊</td></tr>
<tr><td>浊音</td><td colspan="8" rowspan="2">-ʔ，阳入 [24]</td></tr>
<tr><td>次浊</td><td>鼻边音等</td></tr>
</table>

清入：接 tɕɪʔ$^{\underline{33}}$ | 急 tɕɪʔ$^{\underline{33}}$ | 八 pɑʔ$^{\underline{33}}$ | 七 tɕʰɪʔ$^{\underline{33}}$ | 托委托 tʰoʔ$^{\underline{33}}$ | 桌 ʦoʔ$^{\underline{33}}$ | 北 poʔ$^{\underline{33}}$ | 摘 ʦɛʔ$^{\underline{33}}$ | 烛 ʦoʔ$^{\underline{33}}$；浊入：盒 hɑʔ$^{\underline{33}}$ | 集 tɕɪʔ$^{\underline{33}}$ | 穴 ɕyeʔ$^{\underline{33}}$ | 鹤 hoʔ$^{\underline{33}}$ | 嶽 Øoʔ$^{\underline{33}}$ | 翼 Øiɪʔ$^{\underline{33}}$ | 射 sɑʔ$^{\underline{33}}$ | 俗 soʔ$^{\underline{33}}$，合 hɦɛʔ$^{\underline{24}}$ | 立 lɪʔ$^{\underline{24}}$ | 舌 szɛʔ$^{\underline{24}}$ | 月 ŋyeʔ$^{\underline{24}}$ | 药 ɦiɑʔ$^{\underline{24}}$ | 学 hɦoʔ$^{\underline{24}}$ | 直 dzɛʔ$^{\underline{24}}$ | 白 bɛʔ$^{\underline{24}}$ | 毒 doʔ$^{\underline{24}}$。

浊音清化对于韵尾演变有影响：先清化的全浊入保持喉塞尾，而保持浊音的全浊入随着浊音的作用而逐渐消失喉塞尾。

b. 吴语宁国南极清入及次浊入今读入声 [5]，有喉塞尾；全浊入以声母音值为条件分化：古浊音今读浊塞音浊擦音的喉塞尾消失、调值拉长变读 [214] 并入阳上，而古浊音今读清塞音塞擦音擦音的保持喉塞尾读入声 [5]，如下：

<table>
<tr><td colspan="2"></td><td>咸</td><td>山</td><td>深</td><td>臻</td><td>曾</td><td>梗</td><td>宕江</td><td>通</td></tr>
<tr><td colspan="2">主元音</td><td colspan="2">ɛao</td><td colspan="2">ɥʅɪɛəu</td><td colspan="2">ɥʅɪeɛə</td><td colspan="2">ɥɛəou</td></tr>
<tr><td>次浊</td><td>鼻边音等</td><td colspan="8" rowspan="3">-ʔ，入声 [5]</td></tr>
<tr><td>清</td><td rowspan="2">清音</td></tr>
<tr><td rowspan="2">全浊</td></tr>
<tr><td>浊音</td><td colspan="8">-ø，阳上 [214]</td></tr>
</table>

清入：接 tɕiɛʔ^{5} | 急 tɕiɪʔ^{5} | 八 paʔ^{5} | 七 tʂʰʅʔ^{5} | 托委托 tʰuoʔ^{5} | 剥 poʔ^{5} | 北 peʔ^{5} | 摘 tɕiɛʔ^{5} | 烛 tsəuʔ^{5}；次浊入：蜡 laʔ^{5} | 粒 liɛʔ^{5} | 辣 laʔ^{5} | 热 ȵiɛʔ^{5} | 日 ȵiɛʔ^{5} | 药 Ǿioʔ^{5} | 乐 Ǿioʔ^{5} | 墨 məʔ^{5} | 麦 mɛʔ^{5} | 木 moʔ^{5} | 六 ləuʔ^{5}；全浊入：杂 tsaʔ^{5} | 集 tɕiɪʔ^{5} | 绝 tɕʮɛʔ^{5} | 实 ʂəʔ^{5} | 突 tʰəʔ^{5} | 镯 tsoʔ^{5} | 特 tʰəʔ^{5} | 植 tʂʅʔ^{5} | 泽 tsʰeʔ^{5} | 族 tsʰəʔ^{5}，合 ɣo^{214} | 十 hzə̩^{214} | 舌 hʑiɛ^{214} | 夺 do^{214} | 罚 hva^{214} | 佛 bə^{214} | 昨 hzo^{214} | 学 ɣo^{214} | 贼 hze^{214} | 食 hzə̩^{214} | 白 bɛ^{214} | 石 hzə̩^{214} | 笛 diɪ^{214} | 毒 dəu^{214} | 熟 hzəu^{214}。

与浊音声母推动韵尾消失相比，浊音声母清化反而保持喉塞尾，似乎是韵尾演变中的“逆流”。类似宁国南极这样部分全浊入因浊音声母较早发生清化而保持喉塞尾、因浊音声母影响而消失韵尾的现象不多，但不少方言韵尾消失后清、浊入调值的分化及全浊入声母今读音值显示了曾经历过这一演变。石台七都韵尾已完全消失，清、浊入基本保持对立，清入今读独立入声调 [44] 而浊入归入阳上 [13]，古全浊入今读浊擦音、颤音、闪音等；不过部分全浊入浊音清化为清塞音塞擦音擦音而读入声 [44] 调，如下：

<table>
<tr><td colspan="2"></td><td>咸</td><td>山</td><td>深</td><td>臻</td><td>曾</td><td>梗</td><td>宕江</td><td>通</td></tr>
<tr><td colspan="2">主元音</td><td colspan="2">e ɛ a o u</td><td colspan="2">i e u</td><td>i e</td><td>i e ɛ</td><td>o</td><td>o u</td></tr>
<tr><td>清</td><td rowspan="2">清音</td><td colspan="8" rowspan="2">-Ǿ，入声 [44]</td></tr>
<tr><td rowspan="2">全浊</td></tr>
<tr><td>浊音</td><td colspan="8" rowspan="2">-Ǿ，阳上 [13]</td></tr>
<tr><td>次浊</td><td>鼻边音等</td></tr>
</table>

清入：接 tɕiɛ^{44} | 急 tɕi^{44} | 八 pa^{44} | 七 tɕʰi^{44} | 托委托 tʰo^{44} | 剥 po^{44} | 北 pei^{44} | 摘 tɕiɛ^{44} | 烛 tso^{44}；浊入：集 tɕi^{44} | 杰 tɕiɛ^{44} | 穴 ɕiɛ^{44} | 突 tʰei^{44} | 镯 tso^{44} | 特 tʰei^{44} | 泽 tsei^{44} | 席 ɕi^{44}，杂 hza^{13} | 十 hzei^{13} | 拔 hʋa^{13} | 夺 hrei^{13} | 实 hzei^{13} | 昨 hzo^{13} | 学 hio^{13} | 贼 hzei^{13} | 食 hi^{13} | 白 hyɛ^{13} | 笛 hriɛ^{13} | 毒 hro^{13} | 熟 hzo^{13}，粒 lei^{13} | 热 ȵiɛ^{13} | 月 ȵyɛ^{13} | 药 Ǿio^{13}。

这说明部分全浊入浊音声母清化后就并入到了当时的阴入 [44]，并保持喉塞尾，只是后来随着清入一起消失喉塞尾。因为在喉塞尾已消失、浊入归到阳上调的情况下，清入还保持独立入声调，这说明其喉塞尾消失得较迟。

3.3.2 浊音声母对调值的影响

浊音声母对调值的影响比较明显。发浊音时声带的振动频率比较低，而音高主要取决于基频 F_0 的高低。浊音音节中，发浊音时产生的低频协同发音降低了后

面形成音高的基频 F_0，从而使浊入音高变低。浊音影响浊入调值的例子在吴语中最多。表 5-9 是南部吴语婺州、瓯江两片喉塞尾完全消失后的入声调值情况，从中可以看到浊入调值一般比清入低。

因浊音声母影响而产生的低调值对韵尾演变起了非常重要的作用，下文分析。

前文指出部分方言来自浊入的调值比来自清入的调值高，如属于“九摄韵尾 -ʔ 化，部分次浊入混入清入、与浊入有别”类型的客家话宁龙、汀州、于桂三片，请看第三章第三节 3.2.2 小节。阴低阳高的调值类型应该是在清高浊低基础上继续演变产生的，暂不讨论。

表 5-9 南部吴语婺州瓯江两片入声调值

	平		上			去		入	
	清	浊	清	次浊	全浊	浊	清	清	浊
洞头大门	阴平 44	阳平 31	阴上 25	阳上 35		阳去 22	阴去 42	阴入 423	阳入 312
乐清芙蓉	阴平 44	阳平 31	阴上 45	阳上 35		阳去 11	阴去 42	阴入 424	阳入 212
平阳鳌江	阴平 44	阳平 31	阴上 45		阳上 35	阳去 22	阴去 42	阴入 423	阳入 323
瑞安飞云	阴平 44	阳平 31	阴上 45		阳上 35	阳去 22	阴去 42	阴入 424	阳入 312
温州泽雅	阴平 44	阳平 31	阴上 35	阳上 24		阳去 22	阴去 42	阴入 423	阳入 312
文成珊溪	阴平 44	阳平 33	阴上 5		阳上 35	阳去 412	阴去 523	阴入 35	阳入 13
永嘉枫林	阴平 44	阳平 31	阴上 45		阳上 24	阳去 22	阴去 42	阴入 424	阳入 312
东阳湖溪	阴平 445	阳平 213	阴上 434	阳上 232		阳去 14	阴去 55	阴入 323	阳平 213
兰溪女埠	阴平 334	阳平 213	阴上 534		阳上 33	阳去 14	阴去 55		阳平 213
磐安大盘	阴平 445	阳平 313	上声 334			阳去 14	阴去 53	阴入 434	阳平 313
浦江杭坪	阴平 534	阳平 113	阴上 53	阳上 143		阳去 13	阴去 55	阴入 312	阳入 131
义乌苏溪	阴平 434	阳平 232	阴上 53	阳上 143		阳去 113	阴去 55	阴入 212	阳平 121
永康象珠	阴平 45	阳平 33	阴上 545	阳上 323		阳去 14	阴去 54	阴上 545	阳上 323

四 低调分尾

从入声韵尾发展的整体过程来看，《切韵》以后入声分化成阴入和阳入两调在一定程度上推动了韵尾的演变，因为在某种程度上增加的调值区别特征使得音节中韵尾的区别作用变小。此外调值本身对韵尾的演变同样有一定的影响作用。本书材料中发现入声的低调值对韵尾弱化、消失演变起一定作用，因此把调值对韵尾的影响作用称之为“低调分尾”。

4.1 低调分尾的表现

第三章第一节分析韵尾边音化原因时已经分析了低调值对塞尾 -t 弱化成 -l 的作用。除了韵尾边音化，在韵尾 -ʔ 化、韵尾消失过程中低调值也起了一定的作用。

4.1.1 低调使塞尾先弱化

“九摄韵尾 -ʔ 化”类型的 199 个方言点中，有 146 点调值是“阴高阳低”，有 53 点是“阴低阳高”。上述方言点都已完成韵尾 -ʔ 化，无法观察到低调值的影响过程。但是赣语安义龙津咸深摄韵尾 -t 化后，四摄阳入与宕江曾梗通摄一样韵尾 -ʔ 化，条件是阳入的低调值 [1]。咸深山臻摄阳入韵尾 -ʔ 化是在大部分次浊入并到阴入后开始的，因为没有并入阴入的次浊入韵尾 -ʔ 化而并入阴入的次浊入仍读 -t 尾。如下：

<table>
<tr><td colspan="2"></td><td>咸</td><td>山</td><td>深</td><td>臻</td><td>曾</td><td>梗</td><td>宕江</td><td>通</td></tr>
<tr><td colspan="2">主元音</td><td colspan="2">ɛ a ɔ</td><td colspan="2">i ə u</td><td>i ɛ ə</td><td>i a</td><td>ɔ</td><td>u</td></tr>
<tr><td rowspan="2">次浊</td><td>清</td><td colspan="4">-t，阴入 [5]</td><td colspan="4">-ʔ，阴入 [5]</td></tr>
<tr><td>全浊</td><td colspan="8">-ʔ，阳入 [1]</td></tr>
</table>

咸深山臻阴入 [5]：塔 tʰat^{5} ｜插 ʦʰat^{5} ｜接 ʨiɛt^{5} ｜法 fat^{5}，急 ʨit^{5} ｜湿 sət^{5}，八 pat^{5} ｜热 lɛt^{5} ｜切 ʨʰiɛt^{5} ｜脱 tʰɔt^{5} ｜刮 kuat^{5} ｜血 ɕiɛt^{5}，笔 pit^{5} ｜骨 kut^{5} ｜出 tʰət^{5}；咸深山臻阳入 [1]：杂 ʦʰɔʔ^{1} ｜叠 tʰiɛʔ^{1}，粒 tʰiuʔ^{1} ｜十 səʔ^{1} ｜及 ʨʰiʔ^{1}，辣 laʔ^{1} ｜舌 sɛʔ^{1} ｜杰 ʨʰiɛʔ^{1} ｜篾 miɛʔ^{1} ｜活 Øuɔʔ^{1} ｜绝 ʨʰiɛʔ^{1} ｜月 ȵiɛʔ^{1}；宕通等摄：托 tʰɔʔ^{5} ｜药 Øiɔʔ^{5}，剥 pɔʔ^{5} ｜学 hɔʔ^{1}，北 pɛʔ^{5} ｜直 tʰəʔ^{1} ｜色 sɛʔ^{5}，白 pʰaʔ^{1} ｜客 kʰaʔ^{5} ｜摘 ʦaʔ^{5} ｜尺 tʰaʔ^{5} ｜锡 ɕiaʔ^{5}，谷 kuʔ^{5} ｜六 tʰiuʔ^{1} ｜烛 tuʔ^{5}。

从县内安义万埠咸深摄与曾梗摄韵尾 -t 化的情况看，安义龙津韵尾 -ʔ 化是在合并之后发生的。咸深摄并入山臻摄读 -t，宕江曾梗通摄保持 -k 尾（这是演变的共同起点），之后可能有两种韵尾 -ʔ 化的过程。第一种，咸深山臻和宕江曾梗通的阳入因调值很低一起弱化为 -ʔ，即 -t、-k → -ʔ/ __阳入 [1]，接着宕江曾梗通阴入 -k 尾也弱化为 -ʔ 而咸深山臻阴入还保持 -t 尾。第二种，宕江曾梗通阳入 -k 尾因调值很低先弱化为 -ʔ，阴入在阳入完成演变后接着弱化从而实现宕江曾梗通全部 -ʔ 化；在宕江曾梗通 -k 尾弱化后咸深山臻继续走阳入先弱化、阴入后弱化的路线，现在阴入尚未弱化。第一种的可能性不大，目前尚未发现清入有 -t、-k 尾而浊入只有 -ʔ 尾的类型。本书倾向于认为是第二种。不过，不管安义龙津走了哪种过程都能说明一点，即塞尾先以低调值为条件弱化为 -ʔ 尾。

4.1.2 低调推动喉塞尾消失

（1）低调使清入先消失喉塞尾

闽北闽中地区将乐南口、建阳莒口、武夷山五夫、三明中村、沙县高桥、永安洪田等韵尾已完全消失，但清入与浊入整齐对立且清入调值低而浊入调值高，如永安洪田阴入 [13]、阳入 [54]。而位于这几个方言点所在地区中间位置的顺昌双溪，浊入保持喉塞尾今读入声高调 [5]，清入韵尾消失、调值舒化拉长并入阳平 [11]。如下：

	咸	山	深	臻	曾	梗	宕江	通
主元音	ɛ ɔ	ɛ a	i	y i ɛ	i ɛ	ɛ a ɔ	ɔ u	y o u
清	-Ø，阳平 [11]							
浊	-ʔ，入声 [5]							

清入：接 ʦiɛ^{11}｜急 ki^{11}｜八 pa^{11}｜七 ʦʰi^{11}｜托委托 tʰɔ^{11}｜剥 pu^{11}/pɔ^{11}｜北 pɛ^{11}｜摘 ʧɛ^{11}｜烛 ʧy^{11}；浊入：盒 hoʔ^{5}｜立 liʔ^{5}｜舌 ʃɛʔ^{5}｜月 ŋøʔ^{5}｜药 Øiɔʔ^{5}｜学 huʔ^{5}/hɔʔ^{5}｜直 tʰɛʔ^{5}/tʰiʔ^{5}｜白 pʰɔʔ^{5}/pʰɛʔ^{5}｜毒 tʰuʔ^{5}。

前文指出，属于“阴高阳低”的方言点分布广泛而“阴低阳高”类型的较少。属于“阴低阳高”类型的方言主要分布在江淮官话泰如片、晋语并州上党两片、客家话宁龙于桂汀州三片及部分闽语闽东区。九摄韵尾 -ʔ 化的闽东区永泰富泉清浊对立、阴入今读短促低调 [2] 阳入读短促高调 [5]。从清入今读阳平 [11] 的低调值来看，顺昌双溪清入喉塞尾消失前可能读的是短促低调 [1]，清入因为调值很低而率先消失喉塞尾。

第四章第一节 2.1.2 小节指出客家话于都梓山咸深山臻摄的清入喉塞尾先于浊入全部消失、读阴去 [22]。从音系内部情况看，影响咸深山臻四摄清入韵尾消失的只能是低调 [2]，喉塞尾消失后才舒化拉长为 [22]。属于“阴低阳高”类型的晋语点也不少，第四章第一节 2.3.1 小节指出清徐清源咸山宕江梗二等摄的清入、次浊入及部分全浊入喉塞尾消失，调值由阴入 [2] 舒化拉长为 [11] 而并入平声。

（2）低调使浊入消失喉塞尾

与低调清入先消失喉塞尾相比，低调浊入先消失喉塞尾这一类型更普遍。

a. 吴语昌化昌化九摄韵尾 -ʔ 化后，清入读短促高调 [5]，浊入读短促低调 [2]。浊入除了梗通两摄保持喉塞尾外，其他七摄部分保持喉塞尾、读短促低调 [2]，部分出现两读现象：单读时消失喉塞尾读舒化调 [112] 而在词汇中保持着喉塞尾读短促低调 [2]。这种两读现象发展到一定程度就只剩下读舒化调一类。由于消失喉塞尾的浊入虽调值舒化拉长变成 [112]，但尚未归入舒声调，这说明喉塞尾消失的时间还不久。本书称短促低调 [2] 为阳入甲而舒化调 [112] 为阳入乙，如下：

	咸	山	深	臻	曾	宕江	梗	通
主元音	e a	e a ə	e	e ə o	ə	a o	e a ə	ə o
清	-ʔ，阴入 [5]							
浊	-ʔ，阳入甲 [2] ~ -Ǿ，阳入乙 [112]						-ʔ，阳入甲 [2]	

清入：接 tɕieʔ^{5} ｜急 tɕieʔ^{5} ｜八 paʔ^{5} ｜七 tɕʰiəʔ^{5} ｜托委托 tʰoʔ^{5} ｜剥 poʔ^{5} ｜北 pəʔ^{5} ｜摘 ʦaʔ^{5} ｜烛 ʦoʔ^{5}；今读阳入甲 [2]：辣 laʔ^{2} ｜罚 vaʔ^{2} ｜药 ɦiaʔ^{2}，白 baʔ^{2} ｜麦 maʔ^{2} ｜木 məʔ^{2} ｜毒 doʔ^{2} ｜局 dʑyəʔ^{2}；舒促两读：叶 ɦie^{112}/ɦieʔ^{2} ｜十 ʑie^{112}/ʑiaʔ^{2} ｜舌 ʑyə^{112}/ʑieʔ^{2} ｜热 ȵiə^{112}/ȵieʔ^{2} ｜月 ɦyə^{112}/Ǿyəʔ^{2} ｜贼 zə^{112}/zəʔ^{2}；只读舒化调 [112]：盒 xɦa^{112} ｜立 lie^{112} ｜活 ɦuə^{112} ｜墨 mə^{112} ｜学 ɦia^{112}/xɦo^{112} ｜力 liə^{112} ｜直 dʑiə^{112}。

b. 赣语宿松二郎九摄韵尾 -ʔ 化，次浊入与清入合并今读短促高调 [5]，古全浊入消失喉塞尾、调值拉长并入阳去 [24]。如下：

	咸	山	深	臻	曾	梗	宕江	通
主元音	e a o	e æ a o	ɿ i	ʮ i u	ɿ i e æ		o	ʮ e o u
清、次浊	-ʔ，入声 [5]							
全浊	-Ǿ，阳去 [24]							

清入：接 tɕieʔ^{5} ｜急 tɕiʔ^{5} ｜八 paʔ^{5} ｜七 tɕʰiʔ^{5} ｜托委托 tʰoʔ^{5} ｜剥 poʔ^{5} ｜北 pæʔ^{5} ｜摘 ʦæʔ^{5} ｜烛 ʧeuʔ^{5}；次浊入：叶 Ǿieʔ^{5} ｜立 liʔ^{5} ｜辣 laʔ^{5} ｜月 ʒæʔ^{5} ｜药 Ǿioʔ^{5} ｜力 liʔ^{5} ｜麦 mæʔ^{5} ｜木 moʔ^{5} ｜六 leuʔ^{5}；全浊入：盒 ho^{24} ｜十 ʃʅ^{24} ｜舌 ʃæ^{24} ｜活 Ǿuæ^{24} ｜学 ho^{24} ｜贼 ʦʰæ^{24} ｜直 ʧʰʅ^{24} ｜白 pʰæ^{24} ｜毒 tʰeu^{24}。

c. 客家话泰和澄江部分次浊入归清入保持喉塞尾，没并入清入的次浊入和全浊入一起消失喉塞尾、读阳去 [213]。如下：

		咸	山	深	臻	曾	梗	宕江	通
主元音		e a o	e æ a o	i e	y i	e æ	a	e o	ə ɵ
次浊	清	-ʔ，入声 [5]							
	全浊	-Ǿ，阳去 [213]							

清入：接 tɕieʔ^{5} ｜急 tɕiʔ^{5} ｜八 paʔ^{5} ｜七 tʰiʔ^{5} ｜托委托 hoʔ^{5} ｜剥 poʔ^{5} ｜北 pæʔ^{5} ｜

摘 ʦaʔ^{5} ｜烛 ʦəʔ^{5}；浊入：盒 ho^{213} ｜十 se^{213} ｜辣 la^{213} ｜舌 sæ^{213} ｜罚 fa^{213} ｜药 Øio^{213} ｜学 ho^{213} ｜墨 mæ^{213} ｜直 tʰe^{213} ｜白 pʰa^{213} ｜毒 hɵ^{213} ｜绿 tiə^{213}，拉 laʔ^{5} ｜立 leʔ^{5} ｜木 məʔ^{5} ｜六 tiəʔ^{5}。

4.2 低调影响韵尾演变的语音机制

上面分析了低调值对韵尾演变的两个作用，一是使塞尾 -t、-k 等先弱化为 -ʔ，二是使喉塞尾 -ʔ 进一步消失。低调值有这样的作用，与其发声机制有关。发低调时，喉头必须下降使声带缩短变得松弛，声带振动频率变低形成低调。

发低调时，喉头必须下降，连接喉头的舌骨因喉头下降也须下降，舌骨下降就带动了舌头变化。此时舌头不管是舌尖抵住龈腭发 -t 尾还是舌根抵住硬腭后部发 -k 尾，受舌骨下降影响舌头都要下降，这时 -t 或 -k 的成阻受到影响从而破坏了它们的发音。-t 或 -k 的成阻受到破坏后，就使得韵尾朝着其他方向演变，-k 可能失去口塞成分而弱化为 -ʔ，-t 或弱化为 -l（请看第三章第一节 2.2 小节）或和 -k 一样失去口塞成分而弱化为 -ʔ。

发低调时，为了使声带振动频率降低，声带必须松弛。这破坏了形成喉塞所必需的声门紧闭机制，从而影响喉塞尾消失。

第二节 音系因素

第一章指出汉语音系结构的不平衡性推动了入声韵尾从上古至今的不断演变。而第二、三、四章在考察韵尾演变类型时，发现汉语的音系结构及音系发展特点有时超越语音机制的层面影响韵尾演变。本节在对所掌握的 859 点材料进行演变类型分类的基础上，尝试分析汉语音系结构及其发展特点影响韵尾演变的若干方面。

“音系是一种非线性结构，结构的不平衡性产生变异；变异后结构的控制，一般不能超越结构所允许的范围。”（徐通锵 1996）入声韵尾作为汉语音节的重要组成成分，其演变一定程度上须遵从汉语的音系结构要求，在音系结构允许的范围内发生变化，并使变化符合音系结构的发展趋势。因此在入声韵尾演变过程中，音系结构扮演了很重要的作用。音系结构所起的作用往往超越语音机制，影响、控制语音因素的作用。

一 音节响音化

第三章分析弱化类型时指出汉语方言主要有韵尾边音化、韵尾鼻音化、韵尾 -ʔ 化三种弱化类型，三类的韵尾都属于响音。第三章及本章第一节相应地分析了这三类韵尾弱化的语音机制。这里需要再提一个问题：为什么汉语方言的塞尾要弱化成喉塞尾、鼻音尾或边音尾？而且从现有的演变类型看，塞尾一般要经过这三种韵尾中的某一个后才消失。

本书认为这是受汉语音节响音化趋势影响形成的。塞尾的演变必须符合汉语音节响音化的发展趋势。中古《切韵》时期，阴声韵、阳声韵、入声韵就韵尾而言可分为两类：一类是以元音 -i、-u 和鼻音 -m、-n、-ŋ 为韵尾，另一类是以唯闭塞音 -p、-t、-k 为韵尾，前者韵尾为响音而后者韵尾为非响音。响音，指任何能够作为音节核的浊音，包括元音、流音或鼻音。（R. L. 特拉斯克 2000：241）这样，从音节数量看，以响音为韵尾的阴声韵和阳声韵音节在汉语音系中占优势。

桥本万太郎（1985：105—110）指出，从南向北的汉语方言音节结构有从 CVC 结构逐渐变成 CV 结构的趋势，即阻塞音韵尾及鼻音韵尾逐步消失，朝着无辅音韵尾发展。如下（ɴ 代表鼻化）：

		阴声韵	阳声韵	入声韵
南	粤语广州话	（C）V	（C）V {m n ŋ}	（C）V {p t k}
	客家梅县话	（C）V	（C）V {m n ŋ}	（C）V {p t k}
↓	闽语厦门话	（C）V	（C）V {m n ŋ(ɴ)}	（C）V {p t k(ʔ)}
	赣语南昌话	（C）V	（C）V {n ŋ}	（C）V {t k}
↓	湘语长沙话等	（C）V	（C）V {ŋ ɴ}	
	吴语苏州话	（C）V	（C）V {ɴ}	（C）V {ʔ}
↓	北方西安话等	（C）V	（C）V {ŋ ɴ}	
	北京方言	（C）V	（C）V {n ŋ}	
北	东干语	（C）V	（C）Vɴ	

桥本万太郎的观察反映了汉语音节结构朝着响音化发展的趋势。汉语从 CVC 结构向 CV 结构发展与藏语的“开音节趋势”（瞿霭堂 1991：234）类似，显示了汉语和藏语作为同源语言所具有的共同属性。只是桥本万太郎认为北方阿尔泰语系的音节结构大部分属于 CV 结构，中古《切韵》时期的北方汉语是 CVC 结构，

汉语的音系响音化趋势是历代使用阿尔泰语系语言的北方民族侵犯中原地区造成的。语言接触时相互作用从而影响对方，这是可能的，但接触不是语言音系内部演变的主要因素。纵观入声韵尾从古至今的发展趋势，可以清楚地看到阻塞音韵尾在音节响音化趋势下的弱化、消失过程。

音段响度可分为六个等级：低元音（如：a）> 滑音 / 高元音（如：j，w，i，u）> 流音（如：l，r）> 鼻音（如：m，n，ŋ）> 摩擦音（如：s，z）> 塞音（如：p，t，k）（Harris 1994：56，转引自张吉生 2007），即低元音的响度最高、塞音的响度最低，鼻音和边音的响度处在中间。至于喉塞尾的性质，在第三章已经分析其在语音和音系两方面都具有响音的性质。Chomsky 等音系学家认为包括 ʔ 在内的声门音 ʔ、h、ɦ 由于发音没有口腔部位的作用，故将它们归类为半元音。（Chomsky & Halle 1968：307，转引自张吉生 2007）半元音的响度仅次于响度最高的低元音。这样汉语方言现有入声韵尾的响度从低到高依次是：-p、-t、-k<-m、-n、-ŋ<-l<-ʔ<-i、-u。对比入声韵尾的响度，可以发现入声韵尾 -p、-t、-k 在汉语音节响音化发展趋势下逐步增加响音性变成边音、鼻音、喉塞音、元音尾化直至辅音韵尾消失。辅音韵尾消失后入声韵变为阴声韵成为真正的响音音节。

二　摄的牵制

汉语中，咸深、山臻、宕江曾梗通九摄的结构不同，在音系中的地位也不同。韵尾为 -p 的咸深摄里，深摄只有开口三等；咸摄虽有开合口，但与开口一二三四等俱全相比，其合口仅三等非组有字，在咸摄内部形成了不平衡的非对称性结构。山臻摄结构最为整齐，山摄开合口、一二三四等俱全；臻摄虽只有一三等，同样开合俱全。宕江曾梗通摄没有一个摄与山摄一样开合口、一二三四等俱全，但宕摄和江摄、曾摄和梗摄在一定程度上呈结构互补状态。九摄构成的入声韵结构体系存在不平衡性，使得地位比较孤立的咸合三和深摄（称之深开三亦可）在韵尾演变中容易受到声韵结构与之有共同点的摄的影响而发生变化。

音系内部存在音系结构的类推机制。当某摄部分入声韵发生韵尾演变后，没有发生变化的入声韵在一定条件下受结构类推作用，使韵尾变得与其他入声韵韵尾相同，以此平衡一摄结构。

汉语知庄章声母的演变是一个引人入胜的问题。在韵尾演变过程中，庄组超越实际的声母音值对曾摄三等 -k 尾的演变起了一定的作用。

2.1 异摄吸引

2.1.1 咸合三

前文讨论入声韵声母对韵尾演变的影响时，指出咸摄合口三等唇音声母对 -p 尾产生异化作用使之韵尾 -t 化，这是语音机制层面的考察。从音系层面考察，咸合三之所以塞尾先变是因其处于音系格局中不对称的地位，加之只有非组，可谓“势单力薄”，容易受山摄合口三等非组吸引而韵尾 -t 化并入山摄。

2.1.2 深摄

在讨论韵尾演变时往往把深摄和咸摄放在一起讨论。因为就韵尾演变来说，深摄和咸摄一般是同步进退，犹如山臻两摄。但是由于深摄只有开口三等且韵母主元音舌位较高，在与咸摄主元音不同的前提下，有时会像咸合三一样先于咸摄开口变化。

第三章第三节 2.1.3 小节指出高安村前深摄先于咸摄韵尾 -t 化。对比音系内咸摄和臻摄主元音，咸摄的主元音是较低、较后的 ɛ、a、o，与深摄的前高元音 i 形成对比，同属 -p 尾的咸摄和深摄就没有“共同语言”了；而臻摄主元音也是 i，并且一三等、开合口都有。因此在这种同单位（-p 尾韵）里没有牵制力量而旁边的摄（臻摄）又有较大类同（主元音相同）吸引力的情况下，高安村前深摄开始异于咸摄而逐步 -t 化，如：立 lit^5 ｜十 ɕip^1 ｜急 tɕit^5= 橘臻。

石城屏山咸深摄韵尾 -t 化、宕江曾梗通摄韵尾 -ʔ 化。但是在咸深山臻摄韵尾都是 -t 的情况下，深摄又率先韵尾 -ʔ 化，如下：

	咸	山	臻	深		曾	梗	宕江	通
主元音	a ɔ	ɛ a ə ɔ	i ə	ə	i	i ə	ə ɑ	ɔ	o
韵尾	-t				-ʔ				
清、浊	入声 [3]								

咸深：笔 pit^3 ｜一 Øit^3 ｜骨 kuit^3 ｜出 tsʰət^3 ｜橘 kit^3，立 liʔ^3 ｜十 sət^3 ｜急 kiʔ^3。

深摄韵尾 -t 化后，其主元音与臻摄相同却先于臻摄从 -t 变成 -ʔ，可能与其孤立的音系地位有一定关系：由于自身只有开口三等字，深摄韵尾 -t 化后主元音是 i 的入声韵 -t 尾受主元音同样是 i 的曾摄入声韵吸引而韵尾 -ʔ 化，主元音是 i 的曾摄入声韵应该是先韵尾 -t 化，然后吸引主元音同样是 i 的深摄入声韵韵尾 -ʔ 化。

2.2 同摄推平

前文分析元音分尾时指出，咸深摄和曾梗摄三四等受高、较高主元音协同发

音影响而韵尾 -t 化。但在咸深摄都已韵尾 -t 化的方言里，咸摄一二等的主元音却为低元音，这不符合高元音使韵尾 -t 化的语音机制。因此，前文分析认为是入声韵元音类同趋势使得这些入声韵在一定条件下也韵尾 -t 化。不同入声韵的韵尾因元音类同而趋同的原因是什么呢？

这是同摄内韵尾一致性被打破后音系结构自我调整的结果。即同摄内某等或某类主元音入声韵韵尾变化后，其他等或其他类主元音的入声韵韵尾会在平衡音系的力量作用下发生变化，使同摄内韵尾变得相同从而达到结构平衡。如粤语连山禾洞咸深摄韵尾 -t 化，如下：

	咸山一二	宕江	梗二	咸山三四	深臻	曾	梗三四	通
主元音	a ø		a	y i u	ɔ	ɛ ɑ	ɛ	o
韵尾	-t	-k		-t		-k		
清	下阴入 [45]			上阴入 [55]				
浊	阳入 [214]							

咸深：盒 Øøt^{214} ｜塔 tʰat^{45} ｜插 ʧʰat^{45} ｜叶 Øit^{214} ｜贴 tʰit^{55} ｜法 fat^{45}，立 lɔt^{214} ｜十 ʃɔt^{214} ｜急 ʧɔt^{55}。

咸摄一二等主元音为低、较低元音 a、ø，与三四等主元音 i 的舌位相差较大，从音理上解释其韵尾 -t 化的机制比较困难。设想一下，当连山禾洞咸摄三四等先以高元音 i 为条件韵尾 -t 化，剩下咸摄一二等保持 -p 尾（推测理由是咸深摄韵尾 -t 化从三四等向一二等推进的规律），主元音为 a、ø，与宕江摄的一致。这时咸摄一二等 -p 尾有三种可能的演变方向：一是继续保持 -p 尾，二是以主元音为条件韵尾 -k 化，三是韵尾 -t 化。三种可能都有，选择前两种的结果仍然是咸摄内部韵尾分化、入声韵结构不平衡，选择第三种的结果是使咸摄韵尾都变成 -t，从而使咸摄韵尾再次整齐划一。而且从韵尾整体的合并趋势来说，第三种最符合音系发展要求。因此，咸摄一二等在主元音为低、较低元音的条件下仍然进行韵尾 -t 化，目的就是与三四等韵尾一致以维持咸摄内部平衡。深摄因主元音与臻摄的相同而韵尾 -t 化，选择韵尾 -t 化的原因与咸摄一二等的一致。

2.3　曾三庄组

前文在讨论韵尾合并、弱化乃至消失类型时，时常指出曾摄三等庄组的韵尾演变与曾三其他声母不同。如在“曾梗摄韵尾 -t 化”“咸深曾梗摄韵尾 -t 化”等类型中，有些方言曾三庄组字在曾三韵尾 -t 化的情况下保持 -k 尾，或者曾三庄组某

一声母保持 -k 尾；如果曾摄三等庄组韵尾没有 -t 化，则曾摄一等基本保持 -k 尾。这与庄组本属二等有关，二等韵因主元音类型与一等相同而跟随一等演变。但在某些方言中，即使主元音相同，曾摄三等的庄组韵尾演变也与其他声母不同，显示了曾三庄组的特殊性。

2.3.1 曾三庄组主元音类型

《方言调查字表》里曾开三庄组收庄母“侧”、初母“测”各一字，生母“色、啬”两字。观察曾梗摄保持 -k 尾的 116 点方言，庄组与非庄组、庄初母与生母的入声韵主元音类型存在差异。加入曾开一精组字和曾开三非庄组字，对比“曾一精组：曾三庄初母：曾三生母：曾三非庄组”可以把它们主元音的类型情况分为 5 类，如下：

①曾一精 = 曾三庄 = 曾三生 ≠ 曾三非庄，有 19 个方言点；

②曾一精 = 曾三庄 ≠ 曾三生 = 曾三非庄，有 63 个方言点；

③曾一精 ≠ 曾三庄 ≠ 曾三生 = 曾三非庄，有 15 个方言点；

④曾一精 ≠ 曾三庄 ≠ 曾三生 ≠ 曾三非庄，有 1 个方言点；

⑤曾一精 = 曾三庄 = 曾三生 = 曾三非庄，有 18 个方言点。

例字请看表 5-10，表中博白新田至扶绥龙头属第①类，连山布田至横县县城属第②类，郁南千官、佛冈县城属第③类，郁南平台属第④类，连州清水至从化城内属第⑤类。数量占优势的①②③类显示两条规律：一、当曾三庄组与非庄组主元音类型不同时，庄组主元音舌位一般比非庄组主元音的舌位低；二、当曾三庄初母入声韵主元音与非庄组主元音类型不同而生母主元音与非庄组主元音类型相同时，庄初母入声韵主元音舌位比曾生母和非庄组入声韵主元音的低。

表 5-10 曾三庄组主元音类型

	贼一从	侧三庄	色三生	力三来	熄三心	直三澄	织三章	极三群
博白新田	ʦʰek^{5}	ʦek^{31}	sek^{31}	lik^{5}	sik^{31}	ʦʰik^{5}	ʦik^{31}	kʰik^{5}
新竹县竹东	ʦʰɛk$^{\underline{32}}$	ʦʰɛk^{5}	sɛk^{5}	lik$^{\underline{32}}$	—	ʨʰik$^{\underline{32}}$	ʨik^{5}	—
融水香粉	ʦɐk$^{\underline{35}}$	ʦʰɐk^{5}	sɐk^{5}	lɛk$^{\underline{35}}$	—	ʦɛk$^{\underline{35}}$	ʦɛk^{5}	—
上林白圩	ʦɐk^{2}	ʦʰɐk^{5}	sɐk^{5}	lek^{2}	—	ʦek^{2}	ʦek^{5}	—
扶绥龙头	ʧʰɐk^{33}	ʧɐk^{33}	ʃɐk^{33}	lik^{22}	ɬik^{33}	ʧik^{13}	ʧik^{33}	kik^{22}
连山布田	ɬak^{214}	ʧʰak^{55}	ʃɛk^{55}	lɛk^{214}	ɬɛk^{55}	ʧɛk^{214}	ʧɛk^{55}	kɛk^{214}
新会会城	ʦʰak^{21}	ʦak^{55}	sek^{55}	lek^{21}	sek^{55}	ʦek^{21}	ʦek^{55}	kek^{21}
斗门莲溪	ʦʰak^{1}	ʦak^{5}	sək^{5}	lək^{2}	—	ʦək^{2}	ʦək^{5}	—

续表

	贼一从	侧三庄	色三生	力三来	熄三心	直三澄	织三章	极三群
高要白土	tsʰɐk^{2}	tsɐk^{5}	sek^{5}	lek^{2}	—	tsek^{2}	tsek^{5}	—
横县县城	ʧɐk^{22}	ʧʰɐk^{55}	ʃik^{55}	lik^{24}	ɬik^{55}	ʧik^{24}	ʧik^{55}	kik^{24}
郁南千官	tsʰak^{2}	tsɐk^{5}	sek^{5}	lek^{2}	—	tsek^{2}	tsek^{5}	—
佛冈县城	tsʰək^{22}	tsak^{55}	sək^{55}	lək^{22}	θək^{55}	tsək^{22}	tsək^{55}	kək^{22}
郁南平台	ɬɐk^{22}	tsɤk^{55}	sek^{55}	lɤk^{22}	ɬɤk^{55}	tsɤk^{22}	tsɤk^{55}	kɤk^{22}
连州清水	tsʰak^{22}	tʂak^{55}	ʂak^{55}	lak^{22}	sak^{55}	tʂak^{22}	tʂak^{55}	kik^{22}
怀集甘洒	ʧʰɐk^{24}	ʧɐk^{5}	θɐk^{5}	lɐk^{24}	—	ʧɐk^{24}	ʧɐk^{5}	—
香港新界	tsʰək^{22}	tsək^{35}	sək^{35}	lək^{22}	sək^{35}	tsək^{22}	tsək^{35}	kək^{22}
从化城内	tsʰek^{22}	tsek^{55}	sek^{55}	lek^{22}	sek^{55}	tsek^{22}	tsek^{55}	kek^{22}

2.3.2 主元音类型影响韵尾 -t 化

这两条规律对曾三韵尾 -t 化产生的影响是：韵尾 -t 化过程中曾摄三等入声韵 -k 尾受主元音为高元音等因素影响，一般是曾三非庄组韵尾先 -t 化、庄组韵尾后 -t 化；庄组韵尾 -t 化过程中，生母字先变，庄初母字后变。例字请看表 5-11。

表 5-11　曾三庄组韵尾 -t 化过程

	贼一从	侧三庄	色三生	力三来	熄三心	直三澄	织三章	极三群
铜鼓三都	tsʰɛk^{5}	—	sɛk^{1}	lit^{5}	sit^{1}	tʂʰət^{5}	tʂət^{1}	tɕʰit^{5}
定南历市	tsʰɛk^{45}	tsɛk^{32}	sɛk^{32}	lit^{45}	—	tɕʰit^{45}	tɕit^{32}	—
巴马澄江	tsʰɐk^{53}	tsɐk^{33}	sɐk^{33}	lət^{53}	—	tsət^{53}	tsət^{33}	—
吴川吴阳	tʰak^{2}	tsɐk^{4}	sak^{4}	lət^{2}	—	tsʰət^{2}	tsət^{4}	—
顺德大良	tsʰak^{21}	tsak^{55}	set^{55}	let^{21}	set^{55}	tset^{21}	tset^{55}	ket^{21}
台山四九	tʰak^{1}	tsak^{5}	sɛt^{5}	lɛt^{2}	—	tsɛk^{2}	tsɛt^{5}	—
新兴县城	tsʰak^{31}	tsak^{55}	sɐt^{55}	lɐt^{31}	sɐt^{55}	tsɐt^{31}	tsɐt^{55}	kɐt^{31}
番禺市桥	tsʰak^{22}	tsɐk^{55}	set^{55}	let^{22}	set^{55}	tset^{22}	tset^{55}	ket^{22}
清新禾云	tsʰɛt^{5}	tsɛt^{2}	sit^{2}	lit^{5}	—	tsʰit^{5}	tsit^{2}	—
东源骆湖	tsʰat^{1}	tsat^{5}	sat^{5}	lit^{1}	—	tsʰit^{1}	tsit^{5}	—
五华安流	tsʰɛt^{5}	tsɛt^{3}	sɛt^{3}	lit^{5}	—	ʧʰʅt^{5}	ʧʅt^{3}	—
丰顺建桥	tsʰɛt^{5}	tsɛt^{3}	sɛt^{3}	lit^{5}	—	ʧʰit^{5}	ʧit^{3}	—
电白沙琅	tsʰɛt^{5}	—	ɬɛt^{2}	lət^{5}	ɬət^{2}	tsʰət^{5}	tsət^{2}	kʰət^{5}
新丰丰城	tsʰet^{5}	tset^{2}	set^{2}	lit^{5}	—	tsʰit^{5}	tsit^{2}	—
陆川乌石	tsʰɐt^{5}	tsɐt^{2}	sɐt^{2}	lit^{5}	—	tɕʰit^{5}	tɕit^{2}	—
从化吕田	tsʰət^{55}	tsət^{22}	sət^{22}	lit^{55}	sit^{22}	tsit^{55}	tsit^{22}	kʰit^{55}

续表

	贼一从	侧三庄	色三生	力三来	熄三心	直三澄	织三章	极三群
阳春三甲	tsʰət⁵	—	ɬət²¹	lit⁵	ɬit²¹	tsʰit⁵	tsit²¹	—
龙州上龙	tsɐk¹	tsɐk³	sɐk³	lɐt¹	—	tsɐt¹	tsɐt³	—
东莞清溪	tsʰet⁵⁵	tsek²²	sek²²	lit⁵⁵	sit¹¹	tsʰik⁵⁵	tsit²²	kit⁵⁵
中山三角	tsʰiɛk³	tsɐt⁵	sək⁵	lək³	—	tsək³	tsək⁵	—
柳江拉堡	tsʰɛt⁵⁵	tsʰak²²	ɬɛt²²	lit⁵⁵	—	tsʰit⁵⁵	tsit²²	—

表 5-11 中曾三韵尾 -t 化的方言里，部分方言曾三非庄组韵尾受高元音影响先 -t 化，庄组仍保持 -k 尾；曾三庄组主元音与曾一精组主元音相同或接近，一般是低元音，如铜鼓三都至吴川吴阳 4 点。部分方言曾三庄初母保持 -k 尾，生母与非庄组一起韵尾 -t 化；庄初母主元音与曾一精组主元音相同或接近，一般是低元音；生母主元音与非庄组主元音相同，舌位偏高，如顺德大良至番禺市桥 4 点。此种类型可以用“曾一精 ak= 曾三庄 ak ≠ 曾三生 it= 曾三非庄 it”来表示。此类的曾摄三等韵尾 -t 化继续发展，则曾三庄初母韵尾 -t 化，如清新禾云至电白沙琅 5 点。

表 5-11 中曾摄韵尾都 -t 化的方言里，曾三庄组和曾一虽已 -t 化，但它们的主元音仍然保持与曾三非庄组的不同，非庄组一般是高元音 i，曾一和曾三庄组则是 a、ɛ、e、ɐ、ə 等低、较低元音，如新丰丰城至阳春三甲 4 点。这体现了曾三韵尾 -t 化的层次性。

上述规律有例外，但例外有原因。第⑤类显示曾三庄组与非庄组无主元音类型差别，在曾三韵尾 -t 化过程中此类的 -k 尾有两种取向：a. 曾三庄组与非庄组韵尾全部 -t 化，如：阳春三甲；b. 曾三非庄组韵尾 -t 化，庄组韵尾没变，如：龙州上龙。后一类仍然显示了曾三庄组与非庄组的区别。

在曾摄韵尾 -t 化类型中，还有一些方言处在 -t 化词汇渐变阶段，且它们的曾三庄组与非庄组或庄初母与生母之间主元音不同，以曾一韵尾 -t 化为前提，曾三或非庄组先 -t 化，如东莞清溪；或庄初母先 -t 化，如中山三角；或庄组生母与非庄组一起先 -t 化，如柳江拉堡。演变多样性的背后都显示了曾三庄组与非庄组之间及韵尾演变的不同。例字请看表 5-11。

三 层次竞争

“语言学里的层次也应该是不同语言（方言）系统的叠置，是语言接触的产物。”（陈忠敏 2007）如“方言中，字音原有的读音和借入的读音叠置在一起，构成字音的层次。同一音类中，字音的读书音构成文读层，字音的口语音构成白读层”。（王福堂 2009）

层次对于语言变化起着一定的作用。“语言的演变有‘变化’和‘竞争’两种方式。‘变化’就是A变为B，变化前后的两种形式有继承关系，其具体的表现就是连续式变异和离散式变异所代表的变化，体现了语言在时间上由古至今的纵向演变。‘竞争’与此不同，它是A与B同时共存，相互竞争，一个挤掉另一个，完成取而代之的演变过程，体现在语言在空间上的横向扩散。汉语的文白异读是这种‘竞争’的一种典型表现形式。”（徐通锵 1991：383）与徐文认为层次竞争是方言之间的竞争有所不同，本书认为，语言内部的不同层次，尤其是文读层次本质上是本音系对外来音系的改造、融合。既然已经融入到音系内，就应该从同一个音系角度看待它。

以文白异读为主的不同层次之间的竞争对入声韵尾的演变有一定的影响作用。这种影响作用在各方言区中的表现形式不同。

3.1 客赣方言的文白层

比较常见的是客赣方言中梗摄文白层对韵尾演变的影响。客赣方言梗摄一般有文白读，白读层的主元音以低元音为主，文读的主元音以高元音为主，高元音容易使 -k 尾受协同发音影响 -t 化，如容县县底：白 pʰak^{5}｜客 hak^{21}｜摘 ʦiak^{21}｜尺 ʦʰak^{21}｜积 tik^{21}｜壁 piak^{21}｜历 lik^{5}｜激 kak^{21}、惜 ɬit^{21}｜昔 ɬit^{21}｜适 ɬit^{21}｜释 ɬit^{21}｜的 tet^{5}｜滴 tit^{5}｜吃 ɬit^{5}。

容县县底梗摄最初只有一种层次，但是随着与不同方言的接触，尤其是权威方言的影响而在音系允许的条件下产生了新的读音层。这一读音层与通语比较接近且主要用于读书等场合，因而称之为文读层，原有的称为白读层。文读层因主元音比较高，从而发生元音分尾使梗摄的 -k 尾 -t 化。随着方言进一步发展，文读层逐渐挤掉白读层而成为唯一的层次就变成现在的类型。当然也可能是文读层先挤掉白读层后再发生元音分尾 -t 化。如下：

梗摄			梗摄			梗摄			梗摄	
			文读	ik	→	文读	it	→	文读	it
白读	ak	→	白读	ak	→	白读	ak			

容县县底的材料显示并不是每一个文读音都韵尾 -t 化，即使主元音相同。这说明层次的竞争是以词汇渐变方式进行的。

3.2 晋语中的层次竞争

晋语山阴岱岳古清入与浊入韵尾 -ʔ 化、同读一个短促高调 [4]，但“喉塞韵尾较弱，若拉长字音，喉塞韵尾 [ʔ] 便消失”（杨增武 1990：3），因此部分入声韵消失喉塞尾，清入、浊入都有，浊入较多。保持喉塞尾的入声韵主元音只有 [ə ᴀ] 两个，其中 [ə] 涉及深臻曾梗三四等通摄；[ᴀ] 涉及咸山宕江梗二等摄；消失喉塞尾的入声韵有各类主元音。喉塞尾消失后，全浊入主要归入平声 [313]，次浊入主要归入去声 [335]；清入归到平声、去声的都有，还有少数归入上声 [52]，不过清入主要是全清入消失喉塞尾。请看表 5-12。

表 5-12　山阴岱岳方言入声韵喉塞尾有无两读字音举例

字	音	字	音	字	音
合咸	xuə^{313} ～住书｜xᴀʔ^{4} ～起来	活	xuə^{313} ～人｜xuᴀʔ^{4} ～动	直	tʂʅ^{313} ～～的｜tʂəʔ^{4} ～到
甲	tɕiᴀ^{313} 的～｜tɕiᴀʔ^{4} 指～	刮	kuᴀ^{313} 冲｜kuᴀʔ^{4} ～风	值	tʂʅ^{313} ～钱｜tʂəʔ^{4} ～得
掐	tɕʰiᴀ^{313} 用虎口按｜tɕʰiᴀʔ^{4} 用指甲按	绝	tɕyᴇ^{313} ～根儿｜tɕyᴀʔ^{4} ～对	食	ʂʅ^{313} 猪～｜ʂəʔ^{4} 粮～
叶	Øiᴇ^{335} ～子｜Øiᴀʔ^{4} 姓	月	Øyᴇ^{313} ～亮｜Øyᴀʔ^{4} ～牙儿	白梗	pɛe^{313}｜piᴀʔ^{4} 白术
叠	tiᴇ^{313} ～衣裳｜tiᴀʔ^{4} 重～	实臻	ʂʅ^{313} ～心眼儿｜ʂəʔ^{4} ～在	石	ʂʅ^{313} ～灰｜ʂəʔ^{4} ～头
乏	fᴀ^{313} 人困马～｜fᴀ^{52} 缺～	密	mi^{335} ～～儿的｜miəʔ^{4} ～～麻麻	卜通	pei^{335} 萝～｜pᴀʔ^{4} 姓
急深	tɕi^{313} 性～｜tɕiəʔ^{4} ～忙	日	ʐʅ^{335} ～头｜ʐəʔ^{4} ～他妈	穀	ku^{313} 种～～｜kuəʔ^{4} ～子
拾	ʂʅ^{313} ～麦子｜ʂəʔ^{4} ～个	骨	ku^{313} 脊梁～｜kuəʔ^{4} ～头	屋	Øu^{335} 起房盖～｜Øuəʔ^{4} ～地
入	ʐu^{335} ～来｜ʐuəʔ^{4} ～冬	搁宕	kᴀ^{335} 往高处放｜kᴀʔ^{4} 放置	酷	kʰu^{313} 形容人不好惹｜kʰuəʔ^{4}
撒山	sᴀ^{52} ～白糖｜sᴀʔ^{4} ～欢儿	雀	tɕʰiɔo^{52} ～儿｜tɕʰyᴀʔ^{4} 孔～	独	tu^{313} ～苗苗儿｜tuəʔ^{4} ～木桥
辖	ɕiᴀ^{313} 车～｜ɕiᴀʔ^{4} 管～	约	Øiɔo^{313} 拿秤～一～｜Øiᴀʔ^{4}	缩	ʂuɒ^{52} 手～在袖子里｜ʂuᴀʔ^{4} ～小
察	tsʰᴀ^{313} ～访｜tsʰᴀʔ^{4} 觉～	鹊	tɕʰiɔo^{313} 鲜雀雀｜tɕʰyᴀʔ^{4}	叔	ʂəu^{313} 白读｜ʂuəʔ^{4} ～伯弟兄
抹	muə^{52} ～一刀｜mᴀʔ^{4} ～桌子	嚼	tɕiɔo^{313} ～磨｜tɕyᴇ^{313} 大口地咬	足	tsu^{313} 气不～｜tɕyəʔ^{4} 满～
灭	mei^{52} 灯～了｜miᴀʔ^{4} 消～	药	Øiɔo^{335} 膏～｜Øiᴀʔ^{4} 草～	服	fu^{335} 一～药｜fəʔ^{4} ～气
裂	liᴇ^{52} ～了一刀 liᴇ^{335} ～子｜liᴀʔ^{4} ～开	角江	tɕiɔo^{52} ～铁｜tɕiᴀʔ^{4} 牛～～ / tɕyᴀʔ^{4} ～色	伏	fu^{313} ～天｜fəʔ^{4} ～兵
拨	pᴀ^{313} 饭～了：饭凉了｜pᴀʔ^{4} ～给	学	ɕiɔo^{313} 上～｜ɕyᴀʔ^{4} ～习	熟	ʂəu^{313} 饭～了｜ʂuəʔ^{4} ～悉
阔	kʰuə^{335} ～气｜kʰuᴀʔ^{4} 大刀～斧	墨曾	mei^{335} 一锭～｜miəʔ^{4} ～水儿	目	mu^{335} 眼～｜məʔ^{4} 目～

材料显示山阴岱岳的层次比较复杂，但可以看出是不同层次在竞争中推动了韵尾消失。部分入声韵、主要是浊入只有舒声调读法而没有舒促两读是竞争之后进一步消失的结果，如：杂咸 ʦA^{313} ｜盒 xuə^{313} ｜腊 lA^{335} ｜闸 ʦA^{52} ｜煠 ʦA^{313} ｜匣 ɕiA^{313} ｜碟 tiE^{313} ｜滑猾山 xuA^{313} ｜筏罚 fA^{313} ｜袜 ǾuA^{335} ｜穴 ɕyE^{313} ｜辣 lA^{335} ｜铡 ʦA^{313} ｜佛臻 fuə^{313} ｜物 Ǿu^{335} ｜匹 pʰi^{313} ｜侄 tʂʅ^{313} ｜卒 ʦu^{313} ｜核 xu^{313}枣～子｜薄宕 puə^{313} ｜骆 luə^{335} ｜着 tʂuə^{313}火～了｜着 tʂɔo^{313}睡～了｜勺芍 ʂɔo^{313} ｜钥 Ǿiɔo^{335} ｜饺江 ʨiɔo^{52} ｜雹 pɔo^{313} ｜镯 tʂuə^{313} ｜岳 Ǿiɔo^{52} ｜忆曾 Ǿi^{335} ｜划梗 xuA^{335} ｜疫役 Ǿi^{335} ｜吓 ɕiA^{335} ｜麦 mɛe^{335} ｜剧 ʨy^{335} ｜译易 Ǿi^{335} ｜笛 ti^{313} ｜历经历历农历 li^{335} ｜犊毒通 tu^{313} ｜木 mu^{335} ｜赎 ʂu^{313} ｜局 ʨy^{313} ｜穆牧 mu^{335} ｜六 liəu^{335} ｜褥 ʐu^{335} ｜玉狱 Ǿy^{335}。

本章第一节 2.3 小节中有元音分尾深层表现的闽语也存在此类现象。但与容县县底等客赣方言文读层先于白读层韵尾变化的取向相比，闽语文读层与白读层的演变取向不同。

3.3 层次竞争对闽语韵尾演变的影响

3.3.1 闽语文白层次的韵尾表现

闽语的文读层一般比白读层古老，这在汉语方言中比较特殊。王福堂先生（2009）认为闽语的文读层“显然不可能由官话方言借入，从方言间的关系着眼，也不可能来自相邻的客赣方言。但从社会文化情况考虑，宋元以来闽方言区普遍的识字教育却有可能造成这样的读书音”。闽语内部闽南话的文白异读比闽东、闽北等地的方言复杂，琼文区和雷州半岛的方言文白异读也相当复杂。（张振兴 1989b）如漳平永福部分字甚至有四个层次：许遇合三鱼韵 [hi^{31} kʰou^{31} hia^{31} hio^{31}]，除了 [hi^{31}] 是文读外，其他三个读音属于白读层。（张振兴 1990）如此复杂的层次对闽语入声韵尾的演变产生了很大影响。可能是这种比白读层古老的文读层与白读层之间的竞争推动了闽语的韵尾演变。

本章第一节 2.3 小节分析闽语弱化类型时，指出闽语出现弱化的咸山宕江梗五摄主元音以低、较低元音为主，但不是相关入声韵韵尾都弱化。这里再举晋江陈埭为例，请看表 5-13。表 5-13 对晋江陈埭入声韵作了分类，出现弱化的咸山宕江梗五摄分别放在类型一、二，而韵尾没有弱化的深臻曾通四摄放在类型三。类型一中的咸山宕江梗五摄文读层和白读层都有，其中文读层塞尾不变而白读层塞尾弱化。类型二中的入声韵没有区分文读层与白读层，全部放在白读层一列。类型三根据材料做了文白分层。层次的剥析处理是复杂、困难的，本书用大致的分层来说明层次竞争对韵尾演变的推动作用。

表 5-13 晋江陈埭方言入声韵尾的层次

类型一						类型二			类型三					
	白读	文读		白读	文读		白读	文读		白读	文读		白读	文读
塔	tʰaʔ^{53}	tʰap^{53}	血	huiʔ^{53}	hiat^{53}	搭	taʔ^{53}	—	十	tsap$^{\underline{13}}$	sip$^{\underline{13}}$	色	—	siak^{53}
插	tsʰaʔ^{53}	tsʰap^{53}	托	tʰuʔ^{53}	tʰɔk^{53}	踏	taʔ$^{\underline{13}}$	—	立	—	lip$^{\underline{13}}$	织	tsit^{53}	—
鸭	Øaʔ^{53}	Øap^{53}	恶	Øoʔ^{53}	Øɔk^{53}	盒	Øaʔ$^{\underline{13}}$	—	急	—	kip^{53}	木	bak$^{\underline{13}}$	bɔk$^{\underline{13}}$
接	tsiʔ^{53}	tsiap^{53}	削	siaʔ^{53}	siɔk^{53}	叶	Øiap$^{\underline{13}}$	—	笔	pit^{53}	—	縠	—	kɔk^{53}
割	kuaʔ^{53}	kat^{53}	药	Øioʔ$^{\underline{13}}$	Øiɔk$^{\underline{13}}$	贴	tʰiap^{53}	—	七	tsʰit^{53}	—	六	lak$^{\underline{13}}$	liɔk$^{\underline{13}}$
八	pueʔ^{53}	pat^{53}	学	Øoʔ$^{\underline{13}}$	hak$^{\underline{13}}$	法	huat^{53}	—	一	Øit^{53}	—	宿	—	siɔk^{53}
杀	suaʔ^{53}	sat^{53}	白	peʔ$^{\underline{13}}$	piak$^{\underline{13}}$	舌	tsiʔ$^{\underline{13}}$	—	骨	kut^{53}	—	竹	tiak^{53}	tiɔk^{53}
热	luaʔ$^{\underline{13}}$	liat$^{\underline{13}}$	拆	tʰiaʔ^{53}	tʰiak^{53}	切	tɕʰiat^{53}	—	出	tsʰut^{53}	—	肉	hiak$^{\underline{13}}$	liɔk$^{\underline{13}}$
歇	hioʔ^{53}	hiat^{53}	客	kʰeʔ^{53}	kʰiak^{53}	脱	tʰuat^{53}	—	橘	kiat^{53}	—	菊	kak^{53}	kiɔk^{53}
节	tsueʔ^{53}	tsiat^{53}	麦	beʔ$^{\underline{13}}$	biak$^{\underline{13}}$	罚	huat$^{\underline{13}}$	—	北	pak^{53}	—	绿	liak$^{\underline{13}}$	liɔk$^{\underline{13}}$
结	kat^{53}	kiat$^{\underline{13}}$	摘	tiaʔ^{53}	tiak^{53}	剥	pak^{53}	—	墨	bak$^{\underline{13}}$	biak$^{\underline{13}}$	足	—	tsiɔk^{53}
活	Øuaʔ$^{\underline{13}}$	huat$^{\underline{13}}$	尺	tsʰioʔ^{53}	tsʰiak^{53}	角	kak^{53}	—	刻	—	kʰiak^{53}	烛	tsiak^{53}	tsiɔk^{53}
刷	seʔ^{53}	suat^{53}	壁	piaʔ^{53}	piak^{53}	壳	kʰak^{53}	—	力	lat$^{\underline{13}}$	liak$^{\underline{13}}$	局	kiak$^{\underline{13}}$	kiɔk$^{\underline{13}}$
刮	kuaʔ^{53}	kuat^{53}				策	tsʰiak^{53}	—	直	tit$^{\underline{13}}$	—			
雪	seʔ^{53}	suat^{53}				锡	siak^{53}	—	侧	—	tsʰiak^{53}			

3.3.2 文读层推动白读层演变

表 5-13 显示出现韵尾弱化的咸山宕江梗摄一般都有文白两层，没有弱化的深臻曾通摄入声韵则部分只有一层、部分有两层。当文白两层同时并列于同一音系时，二者会因语用原因发生竞争，竞争的结果一般是处于文教优势地位的文读层挤压白读层，文白层次的竞争导致了白读层塞尾出现弱化。白读层在语音方面出现不同于文读层的表现而继续在音系中存在并在其他方面有重要作用。由于咸山宕江梗摄入声韵主元音以低、较低为主，低元音容易使塞尾弱化。因此当咸山宕江梗摄的文读层挤压白读层时，白读层的塞尾 -p、-t、-k 各自以低元音为条件独立弱化，这样白读层的 -ʔ 尾才能和文读层的 -p、-t、-k 并列于音系内而不再竞争甚至冲突。

部分咸山宕江梗五摄入声韵韵尾没有弱化，可能是没有文读层的挤压，也可能是文读层已经完全替换了白读层。深臻曾通四摄因主元音较高，暂无韵尾弱化的条件，因而有文白两层的话，这两层的塞尾还在音系内共存。以上层次竞争影响韵尾演变的过程请看图 5-1。图 5-1 显示，受到文读层挤压而韵尾弱化的入声韵可能会在弱化的基础上进一步演变，从而使韵尾消失，如徐闻城北，例字请看表 5-14。

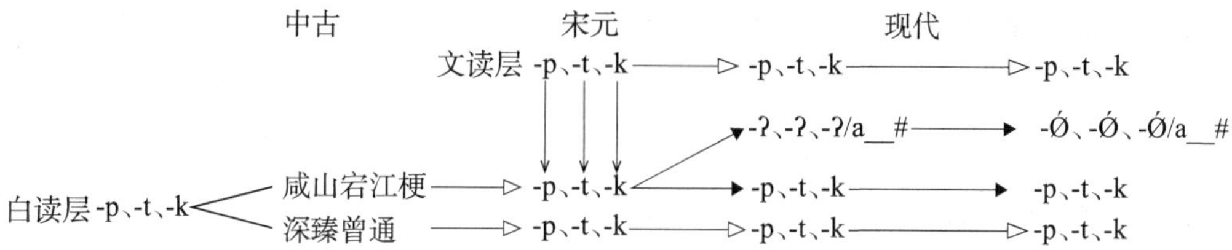

图 5-1　文白层次竞争对闽语韵尾演变的影响

表 5-14　徐闻城北方言入声韵尾的层次

类型一						类型二			类型三					
	白读	文读		白读	文读		白读	文读		白读	文读		白读	文读
搭	ta^{554}	—	削	tia^{554}	tiɔk^{5}	盒	hap^{3}	—	立	lip^{5}	—	色	tik^{5}	tɛk^{5}
踏	ta^{554}	—	药	Øiɔ^{44}	Øiɔk^{5}	接	tɕiap^{5}	—	十	tip^{5}	tsap^{3}	织	tɕik^{5}	—
拉	la^{554}	—	郭	kuɛ^{44}	—	贴	tʰap^{5}	—	急	kip^{5}	—	木	—	mɔk^{3}
塔	tʰa^{44}	—	学	Øɔ^{24}	hiɔk^{5}	法	ʋak^{5}	—	笔	bik^{5}	—	哭	kʰɛk^{5}	—
插	tsʰa^{44}	—	白	bɛ^{44}	bɛk^{3}	切	—	tɕʰiɛk^{5}	七	tɕʰik^{5}	—	毒	—	tɔk^{3}
鸭	Øa^{44}	—	拆	tʰia^{44}	tsɛk^{5}	结	—	kiɛk^{5}	一	Øiak^{3}	Øik^{5}	六	lak^{3}	lɔk^{5}
辣	zua^{44}	—	客	kʰɛ^{44}	kʰek^{5}	拨	buak^{5}	—	骨	kuk^{5}	—	竹	tik^{5}	—
割	kua^{44}	kak^{5}	麦	mɛ^{44}	mɛk^{5}	脱	tʰuak^{5}	—	出	tsʰuk^{5}	—	菊	—	kɔk^{5}
八	bɔi^{44}	bak^{5}	尺	tɕʰiɔ^{44}	tɕʰik^{5}	刮	kuak^{5}	—	橘	kik^{5}	—	绿	liak^{3}	lɔk^{5}
杀	tua^{44}	tak^{5}	壁	bia^{44}	bik^{5}	罚	huak^{3}	—	北	bak^{5}	bɛk^{5}	烛	tɕiak^{3}	tsuak^{5}
舌	tɕi^{44}	tiɛk^{3}	锡	tia^{44}	tʰik^{5}	托	—	tʰɔk^{5}	墨	ʋak^{3}	mɛk^{5}	局	—	kʰɔk^{3}
热	zua^{24}	Øik^{3}				恶	—	Øɔk^{5}	贼	tsʰak^{5}	tsɛk^{5}			
活	Øua^{44}	kʰuak^{5}				剥	—	bɔk^{5}	刻	kʰɛk^{5}	—			
雪	tɔi^{554}	tiɛk^{5}				角	kak^{5}	kɔk^{3}	力	lak^{3}	lik^{5}			
月	ʋɛ^{44}	jik^{3}				摘	—	tik^{5}	直	tɕik^{3}	—			
血	huɛ^{44}	hiɛk^{5}				策	—	tɕʰiɛk^{5}	侧	tɕʰiɛk^{5}	—			

四　方言沿流

本书在分析影响韵尾演变的因素时，尽可能从语音机制及音系结构等方面去观察韵尾演变的细微现象，以期通过层层剖析来探索韵尾演变的原因。但是语言现象是复杂的，萨丕尔（1985：134、138、154）认为语言有自己的沿流（drift），语言的沿流是有方向的："语言的沿流是由说话的人无意识地选择的那些向某一方向堆积起来的个人变异构成的。这个方向大体上可以从语言过去的历史推断出来。

沿流上的任何新特点，最后都会成为共同接受的言语里不可少的一部分”；语言的沿流“是一个慢慢变化着的结构，由看不见的、不以人意为转移的沿流模铸着。这正是语言的生命”。部分汉语方言入声韵尾在某种程度上也处在一种不以人的意志为转移的“沿流”作用下不断发展、变化，其中表现比较突出的是闽语的韵尾 -k 化沿流。

前文分析影响韵尾演变的语音因素时指出低元音使韵尾 -k 化，但是部分方言，尤其是闽语中高元音入声韵出现韵尾 -k 化，这种演变机制超出了语音原理。这可能是闽语的韵尾 -k 化沿流在起作用。它主导了所涉及方言的韵尾 -k 化过程，使得这个方言的韵尾演变不再以元音为条件而不断向前发展。下面结合相关文献来考察闽语的这种现象。

潘家懿（1996）考察了广东海丰闽语从二十世纪 60 年代至 90 年代跨越 30 多年的语言变化现象，其中着重考察了山臻摄韵尾 -k 化的过程。本书将其总结为下图：

			60年代 山	臻	90年代 山臻摄
北	公平话	老派	-t	-t	-k/-t (i、u)
		新派	-t/-k	-t	-k/-t (i、u)
↓中	海城话	老派	-t/-k	-t	-k
		新派	-k	-t	-k
↓南	汕尾话	老派	-t/-k	-t/-k	-k
		新派	—	—	-k

图 5-2　海丰方言山臻摄韵尾演变过程

图 5-2 显示了三十年来海丰方言山臻摄韵尾在不同地点不同年龄层的演变情况，空间分布及历时演变都清楚地反映了山臻摄从低元音入声韵开始韵尾 -k 化，逐步把这一演变推及到主元音为高元音 i、u 的入声韵。

《宁德市志》（1995）第三十一卷方言部分同样注意到了闽东方言宁德话的入声韵尾变化过程。图 5-3 总结了宁德方言四十年来山臻摄和咸深摄先后韵尾 -k 化的过程，咸深摄的演变是在山臻摄之后进行的。

	50年代	90年代 老	中	青
咸深	-p	-p →	-p/-k →	-k
山臻	-t →	-k	-k	-k
宕江等	-k	-k	-k	-k

图 5-3　宁德方言入声韵尾演变过程

以上两篇文献在考察韵尾 -k 化的过程时没有说明演变的原因，尤其是海丰方言山臻摄主元音为高元音 i、u 入声韵的韵尾 -k 化原因。闽语，尤其是闽南话潮汕片和闽东区方言的韵尾 -k 化是这些方言内部的一种“沿流”，它超越语音单位的演变机制推动入声韵尾的演变。

第三节　外部因素

促使语言单位变化的原因主要是音系内部各种单位的相互作用，但来自语言或方言外部的影响同样有可能对演变施加影响。颜之推在《颜氏家训》音辞篇里就说：“南染吴越，北杂夷虏，皆有深弊，不可具论。”可见那个时代的汉语方言已受到北方夷语和南方百越语言的接触影响。汉语方言的形成模式之一是以汉语为主要源语言，而历代的通语对方言施加影响，同时在形成过程中不断与周边的汉语方言、民族语言接触、融合。（麦耘 2009）这种形成模式指出了影响汉语某一方言形成、发展的因素，如通语、亲属方言、民族语言。考察汉语方言入声韵尾的演变，可以看到不同语言或方言对某一区域方言的影响。本书从两个方面考察，一是不同语言的接触，二是不同方言的影响。

一　语言接触

作为汉藏语系的一种语言，汉语位于北边阿尔泰语系和南边侗台语族等及南亚语系中间。这些语言自古以来就不断碰撞、融合，语言接触必然会相互影响。

1.1 北方阿尔泰语系的推动作用

自晋永嘉丧乱，北方民族不断侵犯中原地带的华夏民族。从晋永嘉之乱的五胡乱华到唐玄宗时安史之乱，从金灭北宋、蒙古南侵到满族清兵入关，属于阿尔泰语系的匈奴、鲜卑、羯、女真族、蒙古族和满族等北方民族对中原地区的侵犯、统治断断续续。这些民族在汉族较高的文化、经济水平影响下逐渐融入汉族，同时其使用的阿尔泰语系语言也对属于汉藏语系的汉语，尤其是北方汉语产生了一定的影响。“即使是今日的北方方言也不是古汉语纯粹直线发展的产物：而是融合长城以北游牧民族阿尔泰语的成分的结果。民族的融合既是血统的融合，也是文化的融合，当然免不了要有语言的融合。”（周振鹤、游汝杰 1986：40）

桥本万太郎（1985：105—110）认为北方阿尔泰语系的音节结构大部分是属于 CV 结构，而中古北方汉语是 CVC 结构，因此当使用阿尔泰语系语言的北方民族在侵犯中原地区时，其语言就会对汉语产生一定的影响，使其 CVC 音节结构逐渐变成 CV 结构。罗常培（1933：68、148）指出唐五代时 -p、-t、-k 弱化为浊塞音 -b、-d(-r)、-g，但 -r、-g 在五代时已露出消失的趋势。到了十二世纪末西北方音的 -p、-t、-k 已弱化为 -ʔ 尾。（李范文 1994：325—326）根据“历代语音发展总表”（王力 1985：505—515），入声塞尾到宋代才出现合并现象，而西北方音韵尾早于其他汉语弱化，应与阿尔泰语系语言的影响有一定关系。

阿尔泰语系对北方汉语入声韵尾的影响，暂时只能从演变结果的地理分布情况来推测。语言演变的主导因素是内部各种语言单位的相互作用。相对于现代汉语东南方言入声韵尾的保存情况，历史上北方汉语的入声韵尾在较短时间内迅速弱化、消失，与 CV 结构的阿尔泰语系语言的接触影响有一定的关系。

1.2 南方壮侗等语族的平衡作用

根据石林、黄勇（1997）分析，汉藏语系中壮侗语族语言的塞尾相对来说保存得比较完整，-p、-t、-k 三类韵尾基本存在。壮侗语族的主要分布区域与粤语、平话的分布区有很大的交叉范围，见《中国语言地图集》（1987）A1 图。壮侗语族对粤语、平话入声塞尾的影响还需进一步探讨，但从语言的音系结构对称性来说，同是 CVC 结构的语言相互接触时可能会有平衡牵制作用。如下：

壮侗语	-p	-t	-k
	↓	↓	↓
粤语平话	-p	-t	-k

这种平衡作用可以从反面来观察。比如，虽然周边的尤其是与官话接触的方言韵尾已消失，但赣语核心区昌靖、抚广片等基本保持着 -p、-t、-ʔ 三类韵尾。而远离赣语核心区、深入湘西南地区的赣语洞绥片辅音韵尾消失，入声韵并入舒声韵。如果洞绥片是进入了粤语珠江三角洲地区，估计其韵尾不是现在的消失类型。

二　方言影响

与周边民族语言对汉语的影响相比，汉语方言内部不同方言之间的影响作用更为明显。因为同系属的方言之间有共性，这是相互影响的基础。汉语方言之间的影响可从两个角度观察，一是官话对非官话的影响，二是东南方言之间的相互影响。

2.1 官话影响非官话

处在政治、文化优势地位的北方官话对其他汉语方言有强大的影响力。官话中除了江淮官话入声保存喉塞尾外，其他官话入声基本消失辅音韵尾、归并到舒声中去。根据《官话方言的分区》（李荣 1985），官话方言入声演变情况请看表5-15。官话对其他方言入声的影响表现为两方面，一是推动韵尾朝着消失方向演变，二是影响入声调归并。

表 5-15 官话方言入声演变表

<table>
<tr><th></th><th>西南官话</th><th>中原官话</th><th>北方官话</th><th>兰银官话</th><th>北京官话</th><th>胶辽官话</th><th>江淮官话</th></tr>
<tr><td>古清音</td><td rowspan="2"></td><td colspan="2">阴平</td><td>去声</td><td>阴阳上去</td><td>上声</td><td rowspan="3">入声</td></tr>
<tr><td>古次浊</td><td>阴平</td><td colspan="4">去声</td></tr>
<tr><td>古全浊</td><td colspan="6">阳平</td></tr>
</table>

2.1.1 官话对晋语的蚕食

第四章第二节 3.1 小节中指出太行山以东的晋语张呼、邯新两片韵尾部分消失，所形成的地理分布就像一张盾牌一样面对着东边的官话。这张盾牌的形成与官话对晋语的蚕食有关。官话从调类分化和韵母变化两个方面对晋语施加影响。

（1）入声调类分化。上述晋语主要属于“部分浊入归清入，部分浊入韵尾先消失”一类，详情见第四章第一节 3.2.2 小节。表 5-16 统计了属于此类的晋语点调类分化情况。

表 5-16 韵尾部分消失的晋语调类分化表

<table>
<tr><th rowspan="3"></th><th colspan="3">平</th><th colspan="3">上</th><th colspan="2">去</th><th colspan="4">入</th></tr>
<tr><th rowspan="2">清</th><th rowspan="2">次浊</th><th rowspan="2">全浊</th><th rowspan="2">清</th><th rowspan="2">次浊</th><th rowspan="2">全浊</th><th rowspan="2">浊</th><th rowspan="2">清</th><th rowspan="2">清</th><th colspan="3">浊</th></tr>
<tr><th>部分浊入</th><th>部分次浊</th><th>部分全浊</th></tr>
<tr><td>大同倍加造</td><td>阴平 311</td><td colspan="2">阳平 423</td><td colspan="2">上声 53</td><td colspan="3">去声 324</td><td colspan="2">入声 $\underline{54}$</td><td>去声 324</td><td>阳平 423</td></tr>
<tr><td>大同城内</td><td>阴平 31</td><td colspan="2">阳平 313</td><td colspan="2">上声 54</td><td colspan="3">去声 24</td><td colspan="2">入声 $\underline{32}$</td><td>去声 24</td><td>阳平 313</td></tr>
<tr><td>怀仁城关</td><td>阴平 31</td><td colspan="2">阳平 313</td><td colspan="2">上声 55</td><td colspan="3">去声 24</td><td colspan="2">入声 $\underline{43}$</td><td>去声 24</td><td>阳平 313</td></tr>
<tr><td>平定娘子</td><td>阴平 31</td><td colspan="2">阳平 211</td><td colspan="2">上声 53</td><td colspan="3">去声 213</td><td colspan="2">入声 $\underline{43}$</td><td>去声 213</td><td>阳平 211</td></tr>
<tr><td>山阴岱岳</td><td colspan="3">平声 313</td><td colspan="2">上声 42</td><td colspan="3">去声 335</td><td colspan="2">入声 $\underline{4}$</td><td>去声 335</td><td>平声 313</td></tr>
<tr><td>右玉元堡子</td><td colspan="3">平声 213</td><td colspan="2">上声 53</td><td colspan="3">去声 45</td><td colspan="2">入声 $\underline{54}$</td><td>去声 45</td><td>平声 213</td></tr>
<tr><td>左权石匣</td><td>阴平上 313</td><td colspan="2">阳平 211</td><td colspan="2">阴平上 313</td><td colspan="3">去声 53</td><td colspan="2">入声 $\underline{21}$</td><td>去声 53</td><td>入声 $\underline{21}$</td></tr>
<tr><td>灵丘东河南</td><td>阴平 53</td><td colspan="2">阳平 211</td><td colspan="2">上声 53</td><td colspan="3">去声 31</td><td colspan="2">入声 $\underline{21}$</td><td>去声 31</td><td>阳平 211</td></tr>
<tr><td>朔州市城关</td><td>阴平上 213</td><td colspan="2">阳平 35</td><td colspan="2">阴平上 213</td><td colspan="3">去声 53</td><td colspan="2">入声 $\underline{34}$</td><td>去声 53</td><td>阳平 35</td></tr>
</table>

续表

	平			上			去		入			
	清	次浊	全浊	清	次浊	全浊	浊	清	清	浊		
										部分浊入	部分次浊	部分全浊
磁县光禄	阴平 55	阳平 31		上声 41		去声 33			入声 54		去声 33	阳平 31
永年西苏	阴平 31	阳平 53		上声 55		去声 21			入声 32		去声 21	阳平 53
鹤壁鹿楼	阴平 23	阳平 53		上声 55		去声 312			入声 3		去声 312	阳平 53
获嘉县城	阴平 33	阳平 31		上声 53		去声 13			入声 33		去声 13	阳平 31
获嘉张巨	阴平 33	阳平 423		上声 553		去声 113			入声 33		去声 113	阳平 423
沁阳西向	阴平 44	阳平 324		上声 53		去声 113			入声 3		去声 113	阳平 324
呼和浩特	平声 31			上声 53		去声 45			入声 43		去声 45	平声 31
集宁白海子	阴平 21	阳平 22		上声 53		去声 24			入声 54		去声 24	阳平 22
志丹双河	平声 24			上声 312		去声 53			入声 4		去声 53	平声 24
靖边张家畔	平声 33			上声 213		去声 53			入声 3		去声 53	平声 33

表 5-16 显示，韵尾消失后部分入声韵调值舒化拉长，全浊入基本归阳平（左权石匣除外），平声没有分化的则归平声，次浊入基本归入去声。根据表 5-15，与这些晋语接触的北方官话、北京官话等入声消失后，古全浊入归阳平、古次浊入归去声，可见官话影响之大。沈明（2005）在讨论晋东南晋语乙类入声字舒化方式时指出，入声按调值舒化属于方言自身的演变，按调类舒化则是受官话方言影响的结果；一般说来官话方言的影响还表现在该方言的声韵系统内，有时甚至会超出受影响方言的声韵系统，出现新的声母或韵母。

（2）入声韵韵母变化。第四章第一节 3.2.2 小节讨论灵丘东河南时指出，与保持喉塞尾的清入、部分浊入只有 a、ə 两个主元音不同，韵尾消失的部分次浊入和部分全浊入有 y、i、ɛ、a、ə、ɔ、ɤ、o、u 九个主元音，超出了有 -ʔ 尾入声韵七个。这些韵母都是原有入声韵系统所没有的，可见官话影响之深。而与那些跟官话密切接触、韵尾消失的晋语相比，深入内蒙古大草原的部分晋语没有官话的影响反而保持着 -ʔ 尾。

2.1.2 江淮官话对吴语的影响

“吴语历史虽然最为久远，但在表现形态上却不算最古老。因为三千年来它一直受到不断南下的北方话的影响。”（周振鹤、游汝杰 1986：38）北方话，尤其是在吴语底子上形成的江淮官话对吴语入声韵尾的演变存在一定影响。

由于古全浊保持着浊音，吴语入声清浊截然两分，很少出现浊入混进阴入现象。但与吴语密切接触的江淮官话洪巢片古全浊声母已经清化，清入和浊入今读一个高调。这对其周边的吴语产生了一定影响。部分吴语在全浊声母清化的前提下浊入逐渐并入阴入，从而影响了韵尾演变。下面以吴语宣州片池州方言为例。

池州位于长江南岸，这是吴语宣州片与江淮官话接触的前沿地带。池州灌口、池州马衙、池州茅坦 3 点中，池州灌口全浊声母清化，浊入与清入合并保持喉塞尾读高调入声 [$\underline{35}$]；池州茅坦古次浊入并入清入读阴入 [5]、保持喉塞尾，全浊入以古全浊声母今读音值类型为条件分化：今读清塞音塞擦音擦音的入声韵读阴入，保持喉塞尾；今读浊塞音浊擦音及零声母的喉塞尾消失，调值舒化拉长并入阳去 [214]；池州马衙因地处池州行政中心附近，受官话强烈影响，喉塞尾完全消失。不过从部分全浊入声母清化、调值与清入相同而部分全浊入保持浊音、调值与清入不同的情况看，池州马衙也经历过池州茅坦的演变过程。请看表 5-17。这说明，受江淮官话的影响池州茅坦部分浊入因浊音清化并入阴入，而其他浊入因受浊音声母影响消失喉塞尾。

表 5-17　池州方言韵尾演变字音举例

	接	尺	粒	药	集	舌	特	白	毒
合肥包河	tɕiɐʔ^{5}	tʂʰʅʔ^{5}	liʔ^{5} 立	Øyɐʔ^{5}	ʂʅʔ^{5} 十	ʂɐʔ^{5}	tsɐʔ^{5} 贼	pɐʔ^{5}	tuʔ^{5}
池州灌口	tɕiɛʔ$^{\underline{35}}$	tsʰeʔ$^{\underline{35}}$	liʔ$^{\underline{35}}$	Øioʔ$^{\underline{35}}$	tɕiʔ$^{\underline{35}}$	seʔ$^{\underline{35}}$	tʰiɛʔ$^{\underline{35}}$	peʔ$^{\underline{35}}$	təuʔ$^{\underline{35}}$
青阳童埠	tɕiɛʔ^{5}	tɕʰiɛʔ^{5}	liʔ$^{\underline{13}}$	Øioʔ$^{\underline{13}}$	tɕiʔ^{5}	ɦiɛʔ$^{\underline{13}}$	tʰeʔ^{5}	ɦβɛʔ$^{\underline{13}}$	ɦroʔ$^{\underline{13}}$
池州茅坦	tɕiɛʔ^{5}	tsʰɛʔ^{5}	liʔ^{5}	Øioʔ^{5}	tɕiʔ^{5}	ɦzɛ^{214}	tʰiɛʔ^{5}	bɛ^{214}	du^{214}
池州马衙	tɕiɛ^{324}	tsʰᴇ^{324}	li^{324} 立	Øyɔ^{324}	sɿ^{324} 十	zᴇ^{213}	tso^{324} 局	pɦᴇ^{213}	to^{324}

2.1.3 江淮官话等对赣语的影响

位于江西北部和西北部的赣语核心区昌靖片，与江淮官话黄孝片接触的部分方言韵尾消失。身处鄂东南与湘西南交界地带的赣语大通片及皖西南的赣语怀岳片，它们与核心区昌靖片相距不远，因在江淮官话、中原官话和西南官话的包围之中，韵尾早于其他赣语消失。但是官话对它们的影响也有一定的限度。这些赣语中还有部分保持独立入声调，或者入声主要归去声而没有像官话入声调分化规律进行归并。请看表 5-18。

表 5-18 韵尾消失的部分赣语入声调值表

	平		上			去			入		
	清	浊	清	次浊	全浊	次浊	全浊	清	清	次浊	全浊
星子温泉	阴平 33	阳平 13	上声 42		阳去 21			阴去 5/35	入声 45/24		阳去 21
彭泽黄花	阴平 33	阳平 5	上声 21		阳去 12			阴去 24			阳去 12
湖口流泗	阴平 42	阳平 12	上声 35		阳去 24			阴去 5/21			阳去 24
东至尧渡	阴平 11	阳平 24	上声 35		阴平 11			去声 212	入声 55		阴平 11
怀宁石牌	阴平 31	阳平 44	上声 42		阳去 33			阴去 35			阳去 33
潜山梅城	阴平 31	阳平 35	上声 24		阳去 33			阴去 42			阳去 33
太湖晋熙	阴平 22	阳平 55	上声 31		阳去 33			阴去 24			阳去 33
望江太慈	阴平 11	阳平 44	上声 31		阳去 13			阴去 35			阳去 13
岳西天堂	阴平 21	阳平 35	上声 24		阳去 33			阴去 53	入声 213		阳去 33
嘉鱼鱼岳	阴平 44	阳平 24	上声 53		阳去 33			阴去 312	入声 5		阳平 24
通山杨芳	阴平 24	阳平 42	上声 31		阳去 33			阴去 35	入声 5		阳去 33
咸宁马桥	阴平 44	阳平 31	上声 53		阳去 212			阴去 24	入声 5		阳去 212
华容集城	阴平 45	阳平 13	上声 31		阳去 22			阴去 24	入声 35		
临湘白云	阴平 44	阳平 13	上声 31		阳去 22			阴去 24	入声 54		
岳阳市西城	阴平 33	阳平 13	上声 31		阳去 22			阴去 24	入声 45		
阳新兴国	阴平 33	阳平 212	上声 31		去声 33				入声 45		
监利朱河	阴平 55	阳平 35	上声 31		阳去 13			阴去 33	入声 5		

2.1.4 江淮官话洪巢片对泰如片的影响

江淮官话所处地带早先属于南方方言（主要是吴语），是在当时吴语基础上与不断南下的历代北方人的方言长期融合逐渐形成的；因此既有官话特点，还有吴语的特点，实质上是吴方言到官话方言的过渡区。（侯精一主编 2002：9、36）这种过渡性质江淮官话泰如片表现得更为明显。就入声调来说，泰如片以有阴入、阳入两调不同于洪巢片，与吴语相同。不过，泰如片入声虽分阴阳，但部分方言阴入和阳入的调值差距正在缩小。部分方言在调值差距逐步缩小的情况下，部分浊入干脆并入阴入，以如东掘港为例，如下：

		咸	山	深	臻	曾	梗	宕江	通
主元音		ɪ a ʊ	ɪ a o ʊ	ɪ ə		ɪ ə o		a	o
浊	清	-ʔ，阴入 [5]							
	浊	-ʔ，阳入 [4]							

清入：接 tɕiɪʔ^{5} ｜急 tɕiɪʔ^{5} ｜杀 siaʔ^{5} ｜七 tɕʰiəʔ^{5} ｜托委托 tʰaʔ^{5} ｜剥 paʔ^{5} ｜北 poʔ^{5} ｜

策 ʦʰəʔ^{5} ｜ 烛 tʂoʔ^{5}；浊入：辣 liaʔ^{5} ｜ 舌 ɕiɪʔ^{5} ｜ 学 ɕiaʔ^{5} ｜ 墨 moʔ^{5} ｜ 力 liɪʔ^{5} ｜ 麦 moʔ^{5} ｜ 毒 tʰoʔ^{5} ｜ 六 loʔ^{5}，盒 hʊʔ^{4} ｜ 立 liɪʔ^{4} ｜ 活 hʊʔ^{4} ｜ 月 Øiʊʔ^{4} ｜ 药 Øiaʔ^{4} ｜ 贼 ʦʰəʔ^{4} ｜ 直 tʂʰəʔ^{4} ｜ 白 pʰoʔ^{4} ｜ 局 ʨʰioʔ^{4}。

洪巢片保持 -ʔ 尾的方言入声一般都是一个高调，请看第三章第三节 3.2.1 小节。如东掘港部分浊入抬高调值归入阴入，应与江淮官话洪巢片的影响有关。与如东掘港情况相同的还有如皋、泰兴县城、泰州 3 点。

2.2 东南方言之间的相互影响

客家话对粤语和平话的影响主要体现在南客家话对粤语及平话曾梗摄韵尾 -t 化方面。第二章第四节 1.3.1 小节已有讨论。闽语在韵尾 -k 化方言对粤语及其他少数方言的影响，后文第六章第二节 1.2.2 小节将有讨论。这里不再重复。

2.2.1 吴语对赣语的影响

位于赣东北的赣语鹰弋片部分方言属于“部分摄韵尾 -t 化、部分摄韵尾 -ʔ 化”型，如乐平接渡、万年陈营，与赣语核心区的昌靖片、抚广片相同；但是靠近吴语广丰、江山、玉山的大部分方言却属于“九摄韵尾 -ʔ 化”，如：贵溪滨江、横峰岑阳、横峰上坑源、乐平市区、铅山河口、铅山新滩、弋阳清湖、鹰潭白露、余江潢溪、余江锦江。赣语鹰弋片的“九摄韵尾 -ʔ 化”类型与东邻吴语有很大关系。

赣东北“信江上游玉山、广丰、上饶一带南面有武夷山，北面有怀玉山，南北交通都不方便，而东西之间水陆可通，与浙江的联系密切，语言也自然比较接近。……地理上的相邻导致语言上的相近，因此江西吴语可以看作浙江吴语的延伸”。（颜逸明等 1984）这种延伸不仅使得这一地带的玉山、广丰、上饶方言蜕变为吴语，属吴语处衢片，还对西边的赣语鹰弋片产生了影响。即赣语鹰弋片“部分摄韵尾 -t 化、部分摄韵尾 -ʔ 化”类型受吴语处衢片“九摄韵尾 -ʔ 化”类型的影响，以快于赣语核心区的速度实现“九摄韵尾 -ʔ 化”，请看表 5-19。

表 5-19　赣语鹰弋片方言韵尾字音举例

	接	立	八	七	药	北	直	白	策	毒
江山江郎	ʨiɛʔ^{5}	liɛʔ^{2}	paʔ^{5}	ʦʰəʔ^{5}	Øiaʔ^{2}	poʔ^{5}	diɛʔ^{2}	baʔ^{2}	ʦʰaʔ^{5}	doʔ^{2}
广丰泉波	ʨiɐʔ^{5}	liɐʔ^{23}	pɐʔ^{5}	ʦʰeʔ^{5}	Øiɐʔ^{23}	pɐʔ^{5}	dzeʔ^{23}	bɐʔ^{23}	ʦʰɐʔ^{5}	dɤʔ^{23}
弋阳清湖	ʨiɛʔ^{5}	liʔ^{23}	paʔ^{5}	ʨʰiʔ^{5}	Øiaʔ^{23}	pɛʔ^{5}	ʦʰɛʔ^{23}	pʰɛʔ^{23}	ʦʰɛʔ^{5}	tʰuʔ^{23}
万年陈营	ʨiet^{3}	tit^{3}	pat^{3}	ʨʰit^{3}	Øioʔ^{3}	pet^{3}	ʦʰət$^{\underline{35}}$	pʰaʔ$^{\underline{35}}$	ʦʰet^{3}	tʰuʔ$^{\underline{35}}$

2.2.2 湘语等对平话的冲击

平话分桂南平话和桂北平话。第二章指出桂南平话的韵尾类型和粤语、南客家话一致，属于韵尾合并类型。但桂北平话除了贺州桂岭、柳城古砦、罗城小长安、三江程村4点属于合并类型外，位于桂湘交界地带的富川莲山、桂林大河、灵川三街、龙胜马堤、平乐青龙、阳朔白沙、永福罗锦、钟山回龙8点以及湖南宁远禾亭一律消失韵尾。

与保持-p、-t、-k塞尾的桂南平话相比，上述桂北平话韵尾为什么消失得这么彻底？这些平话北端是韵尾消失的湘语及西南官话。正是它们不断南下侵蚀，桂北平话的韵尾才消失得如此剧烈。但考察上述方言点韵尾消失后入声的调值，发现它们的韵尾是逐步消失的，从南向北分为三步：

①阳朔白沙清入今读阴入[35]、浊入今读阳入[41]，阴、阳入调值短促说明辅音韵尾消失的时间不长；

②灵川三街清入和次浊入今读入声[54]、全浊入今读阳去[21]，全浊入率先并入舒声说明其韵尾消失的时间比清入及次浊入的早；

③深入湖南境内的宁远禾亭清、浊入今读阳去[21]，清、浊入合并而且归到舒声调说明韵尾很早就消失。

三 小结

本章尝试从语言内部、外部两大角度分析推动入声韵尾演变的原因。内部从语音和音系两个角度考察，外部从汉语与不同的语言接触和汉语方言内部的相互影响两个角度观察。

第二节在充分观察韵尾演变类型基础上尝试分析了韵母元音、声母辅音及超音段声调三种音节成分对韵尾演变的影响作用。元音表现在两方面：高元音使韵尾-t化、低元音使韵尾-k化，这是改变发音部位；后元音使韵尾-ʔ化，这是改变发音方法，进而使韵尾消失。元音影响韵尾演变至一定程度时，主元音类型相同的入声韵韵尾会趋同。元音，尤其是低元音对韵尾弱化、消失的影响在闽语中表现得较为隐蔽，体现了元音分尾的深层性。声母辅音从发音部分和发音方法两个角度施加影响：唇音和舌尖音等声母使相应的韵尾改变或不改变发音部位，浊音声母则使韵尾弱化进而消失。浊音声母自身的变化也对韵尾演变起着一定的牵制或推动作用。声调方面主要是低调值推动清入或浊入韵尾的弱化、消失。

第三节尝试分析了超越语音机制、影响韵尾演变的若干音系因素。汉语从古至今的音节响音化趋势推动了入声韵尾的演变。在这一过程中，音系内部不同结构特点和音系地位的摄，根据音系发展的趋势进行一摄内部的韵尾调整，即使不符合语音变化条件的入声韵也会被推动朝着符合音系发展的方向进行韵尾演变。如果音系内部有来源不同的层次，层次之间的竞争推动了韵尾演变。此外，表现较为突出的音系因素是推动闽语韵尾 -k 化的特殊方言沿流。

第四节从较为宏观的角度考察了语言接触和方言影响对汉语方言入声韵尾演变的影响作用。北方阿尔泰语系语言对北方方言从古至今的韵尾消失起了一定的作用，而南方侗台语族对于粤语平话等保持 -p、-t、-k 韵尾三分格局起着平衡作用。汉语方言之间的影响有官话对非官话、东南方言相互影响两方面。官话对非官话的影响主要表现为推动非官话方言的韵尾消失，东南方言之间的影响主要表现为使对方韵尾类型朝着自己的特点发展。

第六章　演变过程

前文第二、三、四章分别讨论了合并、弱化、消失三大演变方向的具体类型。这些演变类型是入声韵尾的历时演变在共时方言中的表现。本章尝试结合韵尾演变类型的地理分布特点、韵尾演变原因，并适当结合汉语语音史的研究，推测韵尾的演变过程。

根据前文所分析的各种类型，除合并类型分布区域较为整齐外，弱化、消失的分布区域出现一定程度的交叉。如果把合并类型与弱化、消失类型的地理分布两分的话，可把韵尾演变类型划成两大区域：两广地区、非两广地区。

位于中国东南沿海的两广是历史上开发较晚的地区。除了边界地区的部分桂北平话以及广东沿海的闽语出现韵尾消失或弱化外，这个地区的粤语、平话及南客家话基本保持着《切韵》时期入声 -p、-t、-k 三类塞尾，这是韵尾演变的基本层，只是以边缘地带为主的部分方言出现了咸深摄开口韵尾 -t 化。两广以外的地区，弱化与消失类型交相分布、异常复杂。但复杂的类型分布呈现出两条韵尾演变规律。

福建境内的闽语一分为二，闽东、闽南两区主要属于弱化类型，闽北、闽中两区及莆仙区主要属于消失类型。不过，闽南区中泉漳片的弱化类型与潮汕片的不同，莆仙区与闽北、闽中两区的消失类型也不同。台湾岛闽语韵尾演变类型与海峡西岸的泉漳片基本一致，这与移民有关。“闽人大规模入台是南明永历十五年郑成功收复台湾以后的事，起初是以泉州人为多，后来闽南其他地区人也陆续渡海移殖。至今他们所说的话仍然和大陆上的厦门话差不多。……今天的台湾，除桃园、新竹和苗栗外，其他地区都是以闽南话占优势。”（周振鹤、游汝杰 1986：36）从广东雷州半岛跨过琼州海峡登上海南岛，这一区域的闽语雷州片、琼文区以消失为主，但消失类型与闽北、闽中两区不同，而是在闽东、闽南两区弱化类型基础上的消失类型。闽语传播到海南岛的时间大约是明代中晚期（周振鹤、游汝杰 1986：37），琼文区语言特点与闽南、莆仙、闽东三区接近（张振兴 1985：177）。云惟利（1987：5，转引自张光宇 1989）认为从语音和词汇看海南岛的移民来源以潮汕一带为大宗。不过从韵尾演变类型的发展角度看，琼文区与福建境内的泉漳片有源流关系，而雷州片与潮汕片关系密切。

以闽粤赣三省交界处的闽西南地区为起点，进入赣南、赣中，这一大块区域的北客家话以弱化类型为主。离开此地区北上就是赣语区。赣语核心区昌靖、抚广两片及其东西侧翼宜浏、鹰弋两片分布在赣江中下游和抚河流域及鄱阳湖地区，外围的耒资片、吉茶片、洞绥片、大通片及怀岳片依次分布于湘东、湘西南、鄂东南、皖西南。赣语核心区及宜浏、鹰弋两片主要属于弱化类型而外围几片属于消失类型；核心区的弱化类型与侧翼宜浏、鹰弋两片的又不同，前者基本是在南客家话合并类型基础上的进一步弱化而后者与北客家话一样彻底弱化为喉塞尾。罗常培（1950：170）认为“可以从客家迁徙的踪迹找到他们和江西的关系。再从语音的系统来参证，我们就可以假定一部分江西话可以代表第二期客家所遗留下来的语言”。从韵尾演变角度看，赣语与客家话关系密切。

出了赣东北就是吴徽语。徽语及吴语宣州片（部分）、婺州片、瓯江片形成了韵尾消失走廊，基本把浙江境内属于弱化类型的吴语分为南北两段，南部以处衢片为主，北部是台州、宣州（大部）、太湖三片。韵尾消失走廊西半段基本涵盖了新安江流域，东半段连接浙江商业重镇温州地区。“新安江流域古来即为吴徽通道，南来北往的商旅和移民促使两地方言相近，应非徒凭想像。”（张光宇 1999）

吴徽语韵尾消失走廊与赣语大通、怀岳两片及韵尾消失的江淮官话黄孝片连成了一条韵尾消失同言线束。这条同言束北边的浙北杭嘉湖地区及江淮地区是沿长江的大片平原地带，属于“九摄韵尾 -ʔ 化”的江淮官话洪巢、泰如两片及吴语台州、宣州（大部）、太湖片分布于此。这是一块分布面积最大、内部类型最整齐的区域。

上述是东南方言韵尾演变类型的地理分布特点。在与东南地区遥相对应的西北黄土高原上，被东西太行、吕梁两山及南边黄河环绕着的晋语韵尾演变类型地理分布特点是：由于吕梁山西部的官话对晋语影响不大，而太行以东的北方官话属于强势方言，加之两山之间的北端没有任何天然屏障，晋语区的北、东北及东部边缘地带出现了韵尾消失现象。

有两点须注意，一是晋语消失类型主要分布在晋语区东边而赣语消失类型主要分布在赣语区西边；二是从弱化、消失类型的地理分布来看，弱化类型主要存在于宽广的平原地带（晋语核心区的盆地算是小平原），消失类型主要存在于山区

（见第四章第二节）。

以上是入声韵尾合并、弱化、消失三大演变方向具体类型的整体分布状况。透过这些演变类型的地理分布，可以看到一大一小两条韵尾演变主线。大的主线从南向北延伸，由粤语、平话、客家话、赣语、沿山闽语（闽北、闽中区）、吴徽语、江淮官话、晋语等组成，由于这条主线涉及闽语的类型不多，加之闽北、闽中区闽语的客家话成分较多（张振兴 1985），因此称之为非闽语型韵尾演变主线。小的主线基本沿着海岸线从北向南分布，主要是由沿海闽语闽东、莆仙、闽南、琼文四区及少数与闽语关系密切的方言组成，由于它们基本涵盖了闽语的主要地区，因此称之为闽语型韵尾演变主线。就涉及的方言和地区来说，前者最大、类型最丰富；后者虽小、类型少，但极具特色。这两条主线又可简称为北上型和南下型。北上型符合传统的汉语方言特征地理分布特点，而南下型比较新颖。

下文结合前文所作的类型分析、地理分布及韵尾演变原因，分别讨论非闽语型与闽语型两条主线所反映的韵尾演变过程。需要指出，本书是在现有材料基础上对韵尾的演变过程作推测分析，所分析的演变过程属于一般性的概括，不能涵盖、解释异时异地的各种方言，毕竟汉语方言复杂多变而本书材料有限。

第一节　非闽语型演变过程

前文指出，非闽语型韵尾演变过程主要由粤语、平话、客家话、赣语、沿山闽语（闽北、闽中区）、吴徽语、江淮官话、晋语等的演变类型组成。这些方言及其演变类型从南向北依次分布。在这些方言里，韵尾演变过程首先从以咸深摄、曾梗摄为主的韵尾 -t 化开始，当合并进行到一定阶段时，在各种合并类型基础上以摄、等为条件弱化，弱化比较集中；当塞尾弱化为喉塞尾后，开始以声母清浊等为条件消失喉塞尾。

一　以韵尾 -t 化为主合并

韵尾合并主要有两类，韵尾 -t 化和韵尾 -k 化。总结前述几大方言区的合并类型及弱化和消失的演变基础可以看到，非闽语型的韵尾合并以韵尾 -t 化为主。虽然少数粤语等有韵尾 -k 化现象，但它们与闽语型韵尾 -k 化是流与源的关系（见本章第二节分析）。因此非闽语型韵尾演变的基础是合并类型韵尾 -t 化。总结韵尾 -t 化类型，韵尾 -t 化的演变过程如图 6-1 所示。图 6-1 基本涵盖了本书所分析的各种 -t 化类型。根据韵尾 -t 化一般是从三四等向一二等推进演变的规律，理论上韵尾 -t 化类型可以细化为不同阶段，本书以实际类型为基础讨论韵尾 -t 化的演变过程。

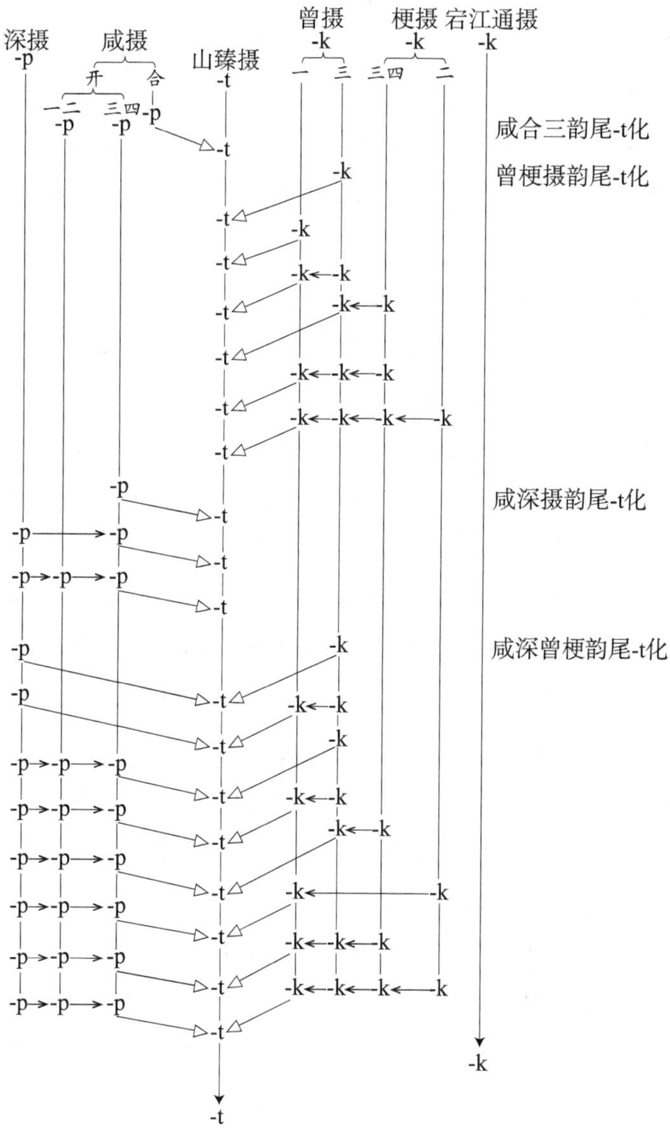

图 6-1　韵尾 -t 化演变过程

说明：简明起见，图 6-1 中只画出发生变化的韵尾，没有变化的韵尾不画。如咸合三韵尾 -t 化中除了画出咸合三的演变过程外，其他摄韵尾仍保持不变故没有画出，以空白默认韵尾的原始状态。这种处理原则与前文类型举例的原则一致。后图不赘。

1.1 韵尾 -t 化起始于咸合三

纵观入声韵尾的演变过程，由于在音系中地位孤立，咸合三非组 -p 尾容易受唇音声母的异化作用而率先改变发音部位变成 -t 尾并入山摄合口三等。咸合三 -t 化分布相当广，合并、弱化、消失三大方向中一般都有表现。从地理语言学角度说，某项语言特征的地理分布越广说明产生的时间较早。而且两广地区属于合并类型基本层的粤语、平话主要是咸合三韵尾 -t 化，这说明韵尾 -t 化起始于咸合三。不过，"历代语音发展总表"（王力 1985：505—515）显示曾梗摄早在五代至宋时期就已发生韵尾 -t 化，而咸合三直到宋代还保持 -p 尾。语音史的研究结果与韵尾演变类型的共时地理分布不同。可能是历代韵书因反映读书音而没有顾及口语中咸合三已经变化。

1.2 曾梗摄先于咸深摄开口韵尾 -t 化

咸合三 -t 化后，-p、-t、-k 三种韵尾严格遵从的咸深、山臻、宕江曾梗通九摄的分布格局被打破，从而开始了韵尾合并过程。

1.2.1 除了咸合三韵尾 -t 化一类外，韵尾 -t 化主要有三类，一类是咸深摄韵尾 -t 化，一类是曾梗摄韵尾 -t 化，第三类是前两类的融合型咸深曾梗摄韵尾 -t 化；影响韵尾 -t 化的主要因素是主元音高低，舌位高、较高的元音协同发音产生同化作用使 -p、-k 韵尾 -t 化。咸深摄和曾梗摄出现韵尾 -t 化的时间不同，曾梗摄先于咸深摄开口韵尾 -t 化。这可从历时演变、共时分布及演变原因三个角度分析。

根据"历代语音发展总表"（王力 1985：505—515），五代至宋这一时间段只有曾梗摄三四等出现韵尾 -t 化，咸深摄 -p 尾没有变化。而到了元代，咸深摄已全部韵尾 -t 化。因为成书于 1292 年（元至元二十九年）的《古今韵会》保存着 -t、-k 韵尾，但咸深摄入声已并入到收 -t 尾的山臻摄入声（王力 1980：134）。语音史说明曾梗摄先于咸深摄出现韵尾 -t 化。

地理分布上，属于合并方向的咸深摄韵尾 -t 化类型主要分布在两广交界北段靠近湖南的粤西北粤语勾漏片广府片若干点，处在合并基本层边缘地带，说明产生的时间较晚。结合咸深摄韵尾 -t 化的具体类型和分布点可看到从南向北咸深摄逐步 -t 化的过程，如下：

南	→	→ 北
四会石狗	韶关市区	连山布田
咸三四 -t 化	咸三四、深摄 -t 化	咸、深摄 -t 化

宋代已形成的曾梗摄三四等韵尾 -t 化类型，今天主要分布在广西“宜州—清秀—扶绥”一线以西桂西南地区的桂南平话里，而在合并基本层的粤语珠三角地区，八点粤语也出现了“曾梗三四韵尾 -t 化”类型。第二章第四节分析认为粤语和平话这一特点是受客家话影响产生的。因为曾梗摄 -t 化主要分布在粤中、粤北及其他地区的南客家话，并且南客家话在两广地区的韵尾类型从粤北→粤中→粤西依次是：曾摄韵尾 -t 化→曾、梗三四韵尾 -t 化→曾、梗三四韵尾 -t 化，并最终在少数方言里实现“曾、梗摄韵尾 -t 化”。类型的地理分布显示了曾梗摄的韵尾 -t 化过程。客家话的形成过程这里不重复，但来自古代北方的客家话韵尾合并快于粤语则可说明曾梗摄要先于咸深摄韵尾 -t 化，后者只在粤语和平话的边缘地带出现。

第五章第一节分析影响韵尾演变的语音因素时指出，影响咸深摄韵尾 -p>-t 的单一因素是高、较高元音的发音部位较靠近龈腭，有利于 -p 尾改变发音部位变成 -t 尾；而高、较高元音对曾梗摄 -k 尾的影响是不仅提供舌尖靠近龈腭的机会，还破坏了舌根后缩形成 -k 尾的发声机制，因此有两种因素影响曾梗摄韵尾 -t 化。由于受到的影响因素较多，比之咸深摄，曾梗摄能更为容易地韵尾 -t 化。

1.2.2 曾梗摄和咸深摄韵尾 -t 化主要受舌位高、较高的主元音影响，分别逐步从三四等向一二等推进。当 -t 化推进到以低、较低元音为主的一二等韵时，音系内以元音类同为条件把主元音与山臻摄相同的曾梗摄或咸深摄一二等韵的 -k 尾或 -p 尾进行同摄内部推平变为 -t 尾，实现同一摄的韵尾平衡。具体的演变过程请看图 6-1。咸深、曾梗四摄在历时演变过程中出现了不同的演变组合，但整体上遵从了从三四等发展到一二等的演变层次性。

1.3 咸深摄和曾梗摄韵尾 -t 化的融合

曾梗摄先于咸深摄开口韵尾 -t 化并不是说曾梗摄和咸深摄是一前一后演变，二者的演变可能在曾梗摄韵尾 -t 化到一定阶段后就存在交集。即曾梗摄 -t 化至一定时间后咸深摄也开始 -t 化，从而产生了“咸深曾梗摄韵尾 -t 化”的各种类型。现有材料显示曾梗摄韵尾 -t 化后咸深摄以词汇渐变方式逐步 -t 化。如第二章第一节 3.1.1 小节指出定南历市深摄 -t 化是在曾三 -t 化完成后进行的，第二章第一节 3.3.3 小节中荔浦青山在曾摄及梗摄三四等及深摄韵尾 -t 化后咸摄开口一二等韵尾 -t 化但三四等还保持 -p 尾。

“咸深曾梗摄韵尾 -t 化”类型主要有两个分布区。一个是靠近桂北的粤北地区，此地区的客家话主要属于“曾梗摄韵尾 -t 化”类型而粤北粤语则主要属于

“咸深摄韵尾 -t 化”。另一个是位于江西赣江中下游、抚河流域及鄱阳湖地区，这里主要是赣语核心区昌靖片、抚广片，还有少数客家话。此地区合并类型从西北向东南依次主要是：咸深曾梗摄韵尾 -t 化→咸深摄韵尾 -t 化→咸合三韵尾 -t 化，但三类地理分布交叉的较多。两个分布区的特点显示，出现“咸深曾梗摄韵尾 -t 化”的方言区必然有“咸深摄韵尾 -t 化”，可见二者关系密切。

二 以摄、等为条件弱化

上文分析了非闽语型韵尾 -t 化的过程。图 6-1 中除了咸深曾梗摄韵尾全部 -t 化的类型之外，其他类型理论上还有进一步合并的空间，如“曾梗三四韵尾 -t 化”的曾梗摄一二等进一步 -t 化，使得曾梗摄全部 -t 化，等等。但是由于各种原因，如汉语音节响音化发展趋势，有些方言没有进一步合并而是在已有合并基础上“迫不及待地”进行了弱化。

第三章指出弱化有三类：韵尾边音化、韵尾鼻音化、韵尾 -ʔ 化。其中前两类有特色但分布范围小、分布点少，它们的具体类型及演变过程前面相关章节已分析。这里主要讨论地理分布广、类型复杂、代表弱化主流方向的韵尾 -ʔ 化过程。

从现有材料来看，韵尾 -ʔ 化的演变基础是合并，起始于不同的合并类型，以摄、等为条件逐步进行。下面在全面考察韵尾 -ʔ 化类型基础上结合某方言区或片的 -ʔ 化类型及其周边方言的演变类型提出若干具有代表性的韵尾 -ʔ 化过程。由于所举类型代表点有的在第二、三章已分析，这里不重复列举例字。

2.1 以咸深摄韵尾 -t 化为基础的 -ʔ 化

2.1.1 珠海—抚广线

赣语核心区抚广片的韵尾 -ʔ 化类型在韵尾演变过程中有重要作用，从中可以观察到若干有代表性的韵尾 -ʔ 化路线。

抚广片“咸合三韵尾 -t 化、宕江曾梗通韵尾 -ʔ 化”的韵尾类型在某种意义上说比较存古。因为此类的方言如抚州崇岗在咸合三韵尾 -t 化后宕江曾梗通摄的 -k 尾就弱化为 -ʔ；如果其 -k 尾没有弱化的话，其韵尾类型基本就是 -p、-t、-k。因此，从合并类型“咸合三韵尾 -t 化”的粤语珠海前山出发，抚州崇岗的韵尾演变过程如图 6-2 所示第①、②步。

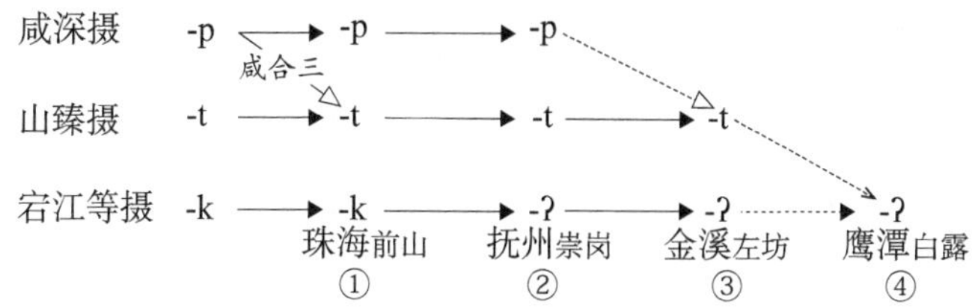

图 6-2　韵尾 -ʔ 化路线一

珠海—抚广线可以说是目前步骤最少的演变过程。但宕通等五摄的 -k 尾是以词汇渐变方式弱化为 -ʔ 的吗？

第三章第三节 2.1.1 小节介绍的新兴天堂和苗栗头份在咸合三韵尾 -t 化后分别从宕江和曾梗通摄开始 -ʔ 化，似乎可作为宕通等五摄 -k 尾能以词汇渐变方式 -ʔ 化的证据。第二章第一节 3.1.1 小节指出定南历市有韵尾分调现象：部分次浊入并到阴入后，由全浊入和部分次浊入构成的阳入以韵尾为条件分化，今读 -p、-t 尾的读短促高调 [5]，今读 -k 尾的读相对较长的长阳入 [45]。这说明其 -k 尾的塞音性质已与 -p、-t 尾不同，呈弱化趋势，-k 尾如果略舒就会弱化成 -ʔ。定南历市的例子又似可说明宕通等五摄 -k 尾在一定条件下可词汇突变全部弱化为 -ʔ。

单从语言自身演变角度看，宕通等五摄 -k 尾以词汇渐变方式 -ʔ 化的可能性比较大。因为五摄入声韵主元音不同，较之高元音，低元音容易使 -k 尾弱化。但如果面临强大的外方言影响，-k 尾以词汇突变全部弱化为 -ʔ 的可能性更大。

-k 尾弱化后，咸深摄 -p 尾和山臻摄 -t 尾可能分别走韵尾 -ʔ 化路线，也可能咸深摄继续韵尾 -t 化并入山臻摄。后续演变将如何进行，取决于音系内部及周边方言的情况。

2.1.2 珠海—金溪线

抚州崇岗旁边的金溪左坊属于“咸深韵尾 -t 化、宕江曾梗通韵尾 -ʔ 化”，其演变过程可能有两。一是如图 6-2 所示第①、②、③步，在抚州崇岗的基础上咸深摄开口 -p 尾继续 -t 化并入山臻摄。二是如图 6-3 所示第①、②、③步，是在“咸深摄韵尾 -t 化”基础上宕江曾梗通摄进一步韵尾 -ʔ 化产生的。这两条演变路线都能产生金溪左坊的演变类型。从同为抚广片的方言属性及其地理位置来看，可能是第一条路线。当然第二条路线在其他方言中也能出现。

从周边方言看，以上两条路线演变到最后都是 -t 尾弱化为 -ʔ，最终九摄全部变成 -ʔ 尾，如同金溪左坊东北边的鹰潭白露。

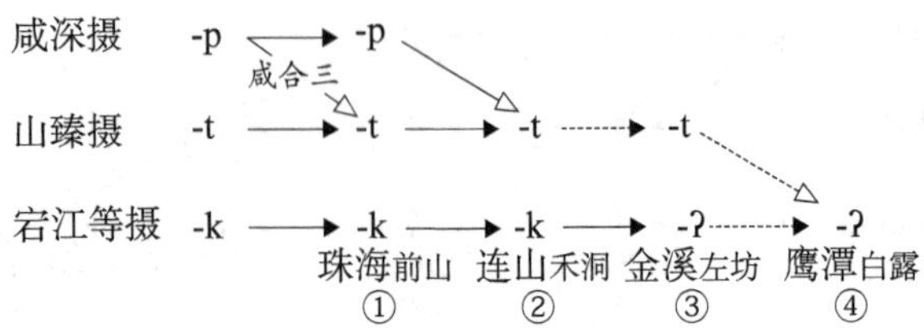

图 6-3　韵尾 -ʔ 化路线二

2.1.3 珠海—万年线

第三章第三节 1.2 小节指出赣语万年青云咸深山臻摄韵尾 -ʔ 化而宕江曾梗通摄 -k 尾不变。此类型反映的演变路线很特殊，从共时层面看涉及的方言点极少，但反映了与前两条路线截然不同的弱化过程。演变过程如图 6-4 所示。

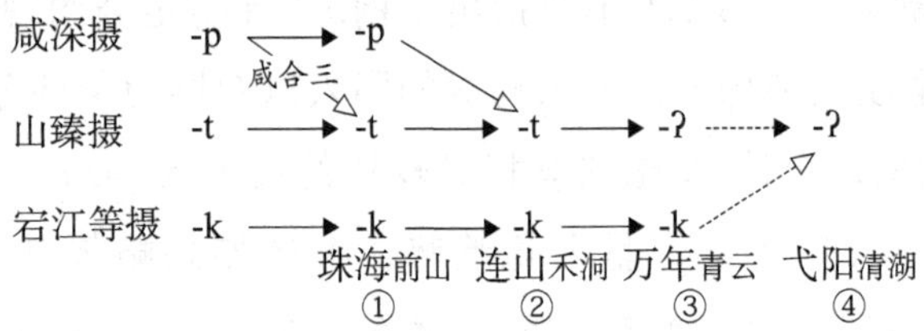

图 6-4　韵尾 -ʔ 化路线三

万年处在赣东北，其西昌靖片主要属于“咸深韵尾 -t 化、宕江曾梗通韵尾 -ʔ 化”类型，同县的万年陈营咸深摄韵尾 -t 化。因此万年青云今读 -ʔ 尾的咸深山臻四摄演变过程应是咸深摄韵尾先 -t 化再和山臻摄一起 -ʔ 化，这样的韵尾类型与十九世纪的上海话一致。根据陈忠敏（1995）、游汝杰（1997、1998）分析，十九世纪上海话有 -k、-ʔ 两类塞尾，咸深山臻摄韵尾 -ʔ 化，宕江曾梗通摄保持 -k 尾。万年青云印证了上海话历史上存在的演变类型，虽然演变过程是否一致已无法考察。如果万年青云宕通等摄 -k 尾进一步弱化为 -ʔ，则九摄韵尾都变成 -ʔ，如万年旁边的弋阳清湖，与今天的上海话相同。

2.2 以曾梗摄韵尾 -t 化为基础的 -ʔ 化

以曾梗摄韵尾 -t 化为基础的 -ʔ 化类型目前比较少，暂时只发现与此相关的一种演变过程。即奉新冯川在曾摄及梗摄三四等部分韵尾 -t 化后，梗摄二等及部分三四等和宕江通摄韵尾 -ʔ 化（类型分析见第三章第三节 2.1.2 小节）。分析其演变过程可以构成珠海—奉新线，具体请看下文 2.3.4 小节的相关分析。

2.3 以咸深曾梗摄韵尾 -t 化为基础的 -ʔ 化

2.3.1 珠海—铜鼓线

客家话铜鼓片是较晚时期从南客家话区迁到赣西北的，远离大本营后其韵尾变得很快，所呈现的演变路线具有一定的代表性。第三章第三节 2.1.4 小节指出铜鼓三都咸摄一二等及深摄、曾三韵尾 -t 化，咸山摄三四等、宕江梗通及曾摄一等韵尾 -ʔ 化。结合周边方言分析，铜鼓三都的演变过程如图 6-5 所示的第①、②、③、④、⑤步。

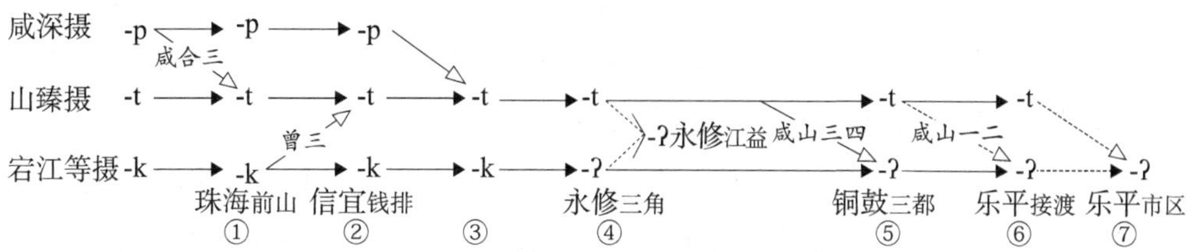

图 6-5　韵尾 -ʔ 化路线四

从珠海前山出发，铜鼓三都咸合三 -t 化后曾摄三等开始 -t 化，与客家话大本营的信宜钱排相同，即图 6-5 中的第②步。曾三 -t 化后咸深摄开口并入山臻摄，形成“咸深、曾三韵尾 -t 化”，即第③步。本书材料中暂时尚无方言属于此合并类型，但存在此类的弱化型“咸深、曾三韵尾 -t 化，宕江曾一梗通韵尾 -ʔ 化”，如永修三角，即第④步。可能是“咸深、曾三韵尾 -t 化”类型刚一形成，韵尾 -ʔ 化就开始了。这一推测有个侧面例证：合并方向下的“咸深曾梗摄韵尾 -t 化”数量非常少，而弱化方向下的“咸深曾梗摄韵尾 -t 化”数量很多。

以上推测是基于分析认为铜鼓三都现有演变类型是从“咸深、曾三韵尾 -t 化，宕江曾一梗通韵尾 -ʔ 化”发展来的。首先是李如龙、张双庆（1992）提供的材料显示当时铜鼓三都咸深摄已 -t 化但咸山摄无 -ʔ 化且宕江曾一梗通摄还保持 -k 尾，如咸深山臻摄：合 hat^{5} ｜塔 tʰat^{1} ｜插 tsʰat^{1} ｜接 tɕiɛt^{1} ｜贴 tʰiɛt^{1} ｜法 fat^{1}、粒 lit^{5} ｜十 ʂət^{5} ｜急 tɕit^{1}、割 kɔt^{1} ｜八 pat^{1} ｜切 tsʰiɛt^{1} ｜活 vɔt^{5} ｜雪 siɛt^{1} ｜月 niɛt^{5}、笔 pit^{1} ｜骨 kut^{1} ｜出 tʂʰət^{1}。其次铜鼓三都周边方言如上高塔下、新干金川、樟树临江、永修三角及靖安罗湾属于“咸深、曾三韵尾 -t 化，宕江曾一梗通韵尾 -ʔ 化”类型（见第三章第三节 2.1.3 小节），是佐证。

咸深摄韵尾 -t 化后咸摄跟随山摄一起三四等 -ʔ 化，即第⑤步。铜鼓三都咸山摄三四等主元音与曾摄一等的相同，因此受元音类同影响而先于一二等弱化。至此，五步形成了铜鼓三都现有的演变类型。

珠海—铜鼓线所代表的演变过程具有一定的解释力和发展空间。如果咸山摄一二等弱化的话，就可形成“深臻、曾三韵尾 -t 化，咸山宕江曾一梗通韵尾 -ʔ 化”，如乐平接渡，即图 6-5 中的第⑥步。

乐平位于赣东北，北靠韵尾消失的徽语，东南接近九摄韵尾 -ʔ 化的江山、广丰等吴语。从其深摄韵尾 -t 化及周边方言咸深摄韵尾 -t 化的情况看，咸山摄的 -ʔ 尾可能是咸深摄先韵尾 -t 化并入山臻摄然后咸摄和山摄一起 -ʔ 化，即 -p、-t → -t → -ʔ。而从铜鼓三都咸山摄三四等先韵尾 -ʔ 化的情况看，乐平接渡咸山摄可能走过了三四等、一二等先后韵尾 -ʔ 化的弱化过程。乐平接渡咸山、宕江梗通摄及曾摄一等韵尾已 -ʔ 化，剩下读 -t 尾的深臻及曾摄三等如果进一步弱化，则变为乐平市区的“九摄韵尾 -ʔ 化”，即图 6-5 中的第⑦步。

此外，图 6-5 还提供了一条“路程比较短”的演变路线，即珠海—永修线。经过第①、②、③、④步演变成永修三角的“咸深、曾三韵尾 -t 化，宕江曾一梗通韵尾 -ʔ 化”后，今读 -t 尾的咸深山臻及曾三有可能一起 -ʔ 化从而使九摄韵尾 -ʔ 化，如同永修三角旁边的永修江益。

2.3.2 珠海—武平线

客家话福建武平岩前咸深山臻宕江曾梗八摄韵尾 -ʔ 化，只有通摄 -k 尾不变，演变类型极为特殊，详见第三章第三节 1.3 小节。特殊的演变类型可能蕴含着特殊的演变过程。

武平岩前入声韵以前、央、后三类主元音为条件分化。咸摄主元音只有 a，与山摄一二等相同，山摄三四等主元音为 ɛ，深臻摄主元音为 i、e；曾摄一等主元音与山摄三四等相同，曾摄三等（非庄组）主元音与深臻摄相同。这样咸深山臻及曾摄主元音为前元音 i、e、ɛ、a，宕江梗摄主元音为后元音 ɔ、ɒ，通摄为央元音 ə。结合南边广东客家话的韵尾类型，推测武平岩前可能发生过“咸深、曾摄韵尾 -t 化”演变，然后主元音为后元音的宕江梗摄弱化为 -ʔ，主元音为前元音的咸深山臻及曾摄 -t 尾接着弱化为 -ʔ，主元音为央元音 ə 的通摄 -k 尾不变。这是以央元音与非央元音为条件的韵尾分化。周边的武平桃溪九摄韵尾 -ʔ 化（见第三章第三节 3.2.2 小节），因此武平岩前通摄的 -k 尾不久也会弱化。具体演变过程请看图 6-6。

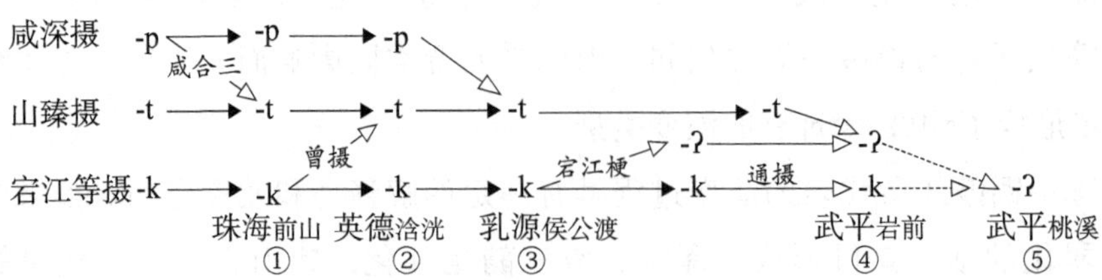

图 6-6　韵尾 -ʔ 化路线五

2.3.3 珠海—上高线

珠海—铜鼓线一个重要的演变转折点是刚从珠海前山出发后曾摄三等就 -t 化，如果不是曾三 -t 化而是曾梗摄三四等 -t 化，则形成珠海—上高线。上高敖阳咸摄一二等及深摄、曾梗摄三四等韵尾 -t 化，咸山摄三四等、宕江通及曾梗一二等韵尾 -ʔ 化。上高敖阳与铜鼓三都地理位置相距不远但演变路线不一样，请看图 6-7。

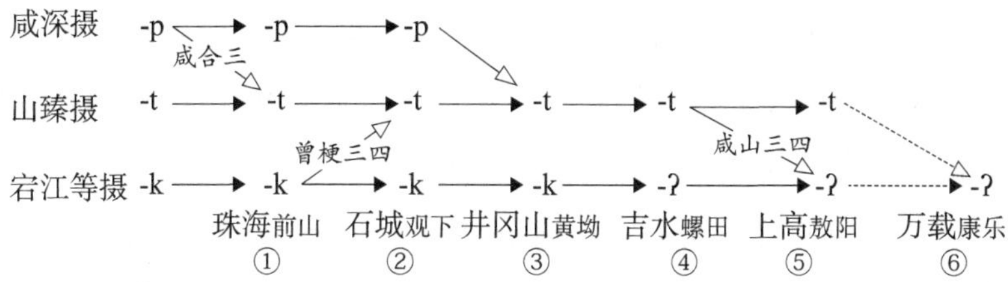

图 6-7　韵尾 -ʔ 化路线六

根据图 6-7，从珠海前山出发进入江西后上高敖阳首先是曾梗摄三四等 -t 化，如同石城观下，即第①、②步。之后咸深摄开口 -t 化并入山臻摄，这样就形成了井冈山黄坳的“咸深、曾梗三四韵尾 -t 化”，即第③步。第②、③步都是在客家话区形成的类型，一离开客家话进入赣语，宕江通及曾梗摄一二等 -k 尾就弱化为 -ʔ，即第④步，如吉水螺田。至此，经过第①、②、③、④步演变到吉水螺田时，-t 尾只要进一步弱化就可实现九摄韵尾 -ʔ 化。但是上高敖阳的类型说明咸深山臻摄及曾梗摄三四等的 -t 尾不是突变成 -ʔ 的。它是以元音类同为条件，咸山摄三四等先 -ʔ 化并入主元音为 ɛ 的曾梗摄一二等（详见第三章第三节 2.1.4 小节），即第⑤步。最后剩下的 -t 尾只要进一步弱化就能形成九摄韵尾 -ʔ 化，如同上高敖阳西边的万载康乐。

2.3.4 珠海—高安线

赣语高安村前深曾摄及梗摄主元音为的 ɛ 韵尾 -t 化，宕江通摄及梗摄主元音为 a 的韵尾 -ʔ 化，见第三章第三节 2.1.3 小节。高安村前咸摄 -p 尾不变，而深摄部分韵尾 -t 化部分保持 -p 尾，说明 -t 化在进行之中，两项说明其早期的韵尾类型是曾、梗摄部分韵尾 -t 化。结合客家话及其周边方言的韵尾类型，分析其演变过程如图 6-8 所示的珠海—高安线。

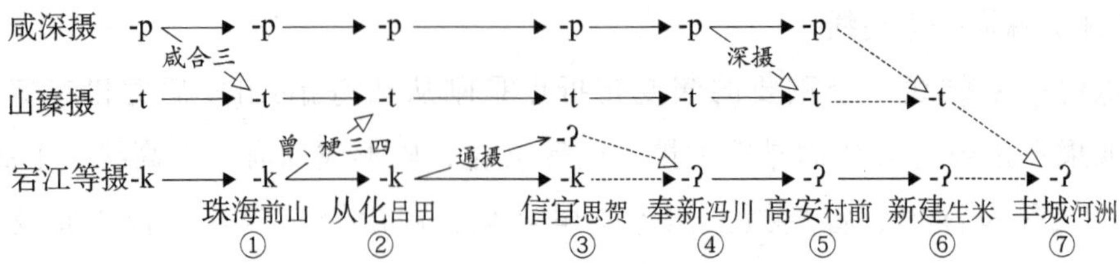

图 6-8　韵尾 -ʔ 化路线七

从珠海前山出发，高安村前首先是曾、梗摄部分韵尾 -t 化。第二章第一节 2.2.2 小节指出“曾、梗三四韵尾 -t 化”向“曾梗摄韵尾 -t 化”发展存在中间阶段，这个中间阶段放在“曾、梗三四韵尾 -t 化”一类，因此拿从化吕田作为第②步演变的代表。从发展角度说，这也能反映曾梗摄逐步 -t 化的过程。

经过第①、②步的合并之后宕江通及梗摄二等开始弱化。弱化的过程是词汇突变还是词汇渐变，信宜思贺的通摄率先弱化提供了一个观察角度。经过第③步的弱化中间阶段后到了第④步就形成了奉新冯川的“曾、梗三四韵尾 -t 化、宕江梗二通韵尾 -ʔ 化”。第①、②、③、④步所代表的珠海—奉新线可以解释前文 2.2 小节奉新冯川的韵尾演变过程。

从第④步到第⑤步，咸深摄 -p 尾开始变化。在音系中结构不平衡、地位较为孤立的深摄受主元音为高元音 i 的协同发音影响先于咸摄韵尾 -t 化，从而形成了高安村前现在的演变类型。如果继深摄之后咸摄韵尾 -t 化的话，就会形成新建生米的“咸深、曾、梗部分韵尾 -t 化，宕江梗部分通韵尾 -ʔ 化”类型。最后随着 -t 尾的弱化就形成了九摄韵尾 -ʔ 化，如丰城河洲。

2.3.5 珠海—新干线

新干三湖的演变比较特殊，咸摄一二等、曾梗摄三四等韵尾 -t 化，咸山摄三四等、深摄、宕江通摄及曾梗摄一二等韵尾 -ʔ 化。结合前面关于铜鼓三都韵尾演变的分析，新干三湖咸摄应该是在曾梗三四等韵尾 -t 化后先全部并入山摄，而深摄没有发生 -t 化，即图 6-9 中的第①、②、③步。之所以判断深摄没有发生 -t 化，是因为深摄主元音和臻摄部分入声韵相同，但深摄韵尾 -ʔ 化而臻摄没有，这说明二者没有处在同一个演变起点上，即深摄直接从 -p 尾弱化为 -ʔ 而没有经过先 -t 化再弱化的演变。咸摄 -t 化后，宕江通及曾梗一二等韵尾 -ʔ 化，即第④步。然后咸摄和山摄一起出现三四等 -t 尾弱化为 -ʔ，而这次深摄 -p 尾也弱化（当然二者的 -ʔ 化过程可能有先有后，因为主元音不同，咸山摄三四等主元音为 e 而深摄主元音为 ʅ、i、u），从而形成现在新干三湖的类型，即第⑤步。

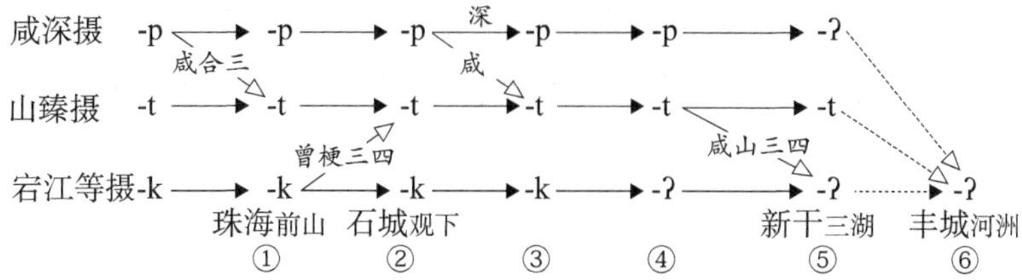

图 6-9　韵尾 -ʔ 化路线八

图 6-9 中的第③步说明新干三湖可能曾经发生过咸摄韵尾全部 -t 化而深摄没有韵尾 -t 化的演变过程，这在一定程度上弥补了韵尾 -t 化演变链上“咸摄韵尾 -t 化”的空缺。而珠海—新干线的演变过程提供了一种关于韵尾 -ʔ 化的新演变模式。语音史上可能发生过类似珠海—新干线这样的演变过程，但现在已无法观察到了。

以上根据所掌握的韵尾 -ʔ 化类型，结合相关方言推测了八条 -p、-t、-k 尾经过合并演变之后的弱化路线，它们一定程度地反映了韵尾 -ʔ 化的过程。从它们各自涉及的方言点数量看，珠海—抚广线、珠海—金溪线、珠海—铜鼓线、珠海—上高线和珠海—高安线五条路线反映了韵尾 -ʔ 化的主流演变过程，珠海—万年线、珠海—武平线和珠海—新干线三条路线是比较有特色的演变过程。总结这八条路线的特点可以看到，入声韵尾 -p、-t、-k 经过韵尾 -t 化合并演变后，一般最早从宕江曾梗通摄的 -k 尾开始 -ʔ 化，弱化到一定程度后 -t 尾及 -p 才相继 -ʔ 化。韵尾 -ʔ 化过程中，基本以摄、等为条件。

三　以声母清浊为条件消失

当 p、-t、-k 塞尾经过合并、弱化变为“九摄韵尾 -ʔ 化”后，在一定条件下就可能走向韵尾消失的演变过程。入声韵消失辅音韵尾最终使音节响音化符合汉语音系的发展趋势。

根据本书材料，韵尾消失的方式主要有两类：一类是以声母清浊为条件的消失，其中又分为两小类，即浊入先消失、清入先消失；另一类是以摄、等为条件的消失。然而从数量来看，以摄、等为条件的消失类型相当少见，以声母清浊为条件的消失类型占绝大多数，其中又以浊入先消失的类型为主。下面分析以声母清浊为条件的韵尾消失过程。

3.1 浊入喉塞尾先消失

第五章第一节 3.3.1 小节指出浊音声母影响韵尾演变的机制在于当音节的声母

（浊音属于响音）和韵腹都是响音时，整个音节发声时声带从声母开始就一直振动，而喉塞尾发声时声门必须紧闭，因此连续振动的声带迫使形成 -ʔ 尾的紧闭声门打开，从而推动 -ʔ 尾消失。

3.1.1 保持浊音的浊入喉塞尾先消失

吴语全浊声母基本保持着浊音，这为观察浊入 -ʔ 尾的消失提供了条件。浊入因浊音声母的类别、演变方式不同而对喉塞尾的演变产生了不同的影响。下面结合入声的调类分化分析几条有特色的浊入喉塞尾消失过程。

（1）开化—兰溪线

浊音对喉塞尾的影响首先表现在减弱 -ʔ 尾的强度。图 6-10 展示了部分吴语方言在清浊对立情况下浊音声母影响喉塞尾强度进而促进其消失的过程。

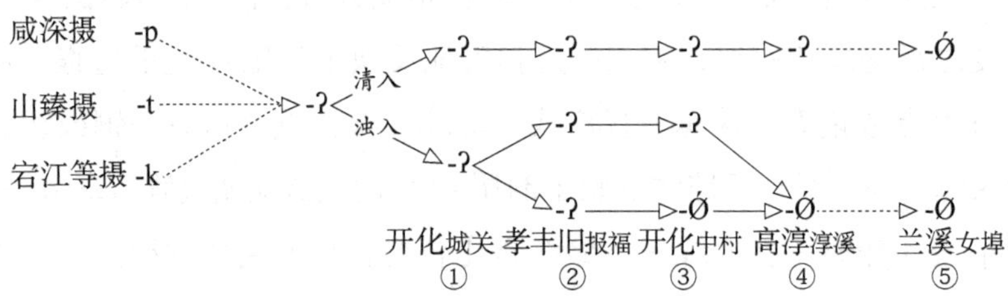

图 6-10 韵尾消失路线一

吴语咸深、山臻、宕江曾梗通九摄 -p、-t、-k 塞尾经过一定的合并、弱化过程变成今天的 -ʔ 尾，如开化城关。由于 -ʔ 尾在入声韵中的作用是使音节短促，进而使超音段的声调短促。故当 -ʔ 尾强度减弱时阳入调值由非常短促变得略微舒缓并拉长，即第②步。如孝丰旧报福阴入读短促高调 [5]，阳入读短促低调 [2]，但来自九摄的部分浊入把 [2] 拉长变成 [13]，如下：

	咸	深	山	臻	宕江	曾	梗	通
主元音	ə		əo				ə	əo
清	-ʔ，阴入 [5]							
浊	-ʔ，阳入甲 [2] ~ 乙 [13]							

阴入 [5]：塔 tʰəʔ^{5} ｜急 tɕiəʔ^{5} ｜节 tɕiəʔ^{5} ｜骨 kuəʔ^{5} ｜托委托 tʰoʔ^{5} ｜剥 poʔ^{5} ｜色 səʔ^{5} ｜客 kʰəʔ^{5} ｜哭 kʰoʔ^{5}；阳入甲 [2]：盒 ɦəʔ^{2} ｜舌 zəʔ^{2} ｜罚 vəʔ^{2} ｜月 ȵiəʔ^{2} ｜贼 zəʔ^{2} ｜麦 məʔ^{2} ｜毒 doʔ^{2} ｜肉 ȵioʔ^{2}；

阳入乙 [13]：叶 Øiə^{ʔ13} ｜十 zə^{ʔ13} ｜辣 lə^{ʔ13} ｜药 Øiə^{ʔ13} ｜学 Øo^{ʔ13} ｜墨 mə^{ʔ13} ｜直 dzə^{ʔ13} ｜木 mo^{ʔ13}。

浊入由短促调值 [2] 稍微拉长变成 [13]，说明喉塞尾由强变弱、短促性大大减弱，从而使短促调值出现舒化。这预示着喉塞尾可能先从浊入开始消失并以词汇渐变为方式逐步扩展，即第③步，如开化中村。开化中村清入读短促高调 [5]，如：接 tɕiɐʔ^{5} ｜急 tɕieʔ^{5} ｜八 pɒʔ^{5} ｜七 tsʰɐʔ^{5} ｜托委托 tʰɒʔ^{5} ｜剥 pɒʔ^{5} ｜北 pɐʔ^{5} ｜摘 tieʔ^{5} ｜烛 tsuɒʔ^{5}；浊入只有小部分有喉塞尾读阳入甲 [23]，大部分浊入喉塞尾消失、调值拉长变为阳入乙 [341]，如：立 lieʔ^{23} ｜舌 dʑiɐʔ^{23} ｜热 ȵiɐʔ^{23} ｜木 mɒʔ^{23} ｜局 dzuɒʔ^{23}、盒 xɛ^{341} ｜十 ʑyᴇ^{341} ｜辣 lɑ^{341} ｜月 ȵyᴇ^{341} ｜药 Øiɑ^{341} ｜学 xuɒ^{341} ｜直 di^{341} ｜白 bɑ^{341} ｜毒 tu^{341}。但是消失喉塞尾、变读 [341] 的浊入字部分在词中仍然带喉塞尾，如：辣 [lɑ^{341}] →辣椒 [lɐʔ^{2}tɕiɑɔ^{334}]。这说明浊入喉塞尾的消失以词汇渐变为方式还在进行。而一旦词汇渐变式的演变完成，浊入就全部消失喉塞尾，从而形成第④步，如高淳淳溪。高淳淳溪的清入喉塞尾如果进一步消失，就会形成兰溪女埠的类型，即第⑤步。

（2）永修—嘉鱼线

不同类型的浊音对喉塞尾演变起着不同的作用，从而形成另一种消失过程，如图 6-11：

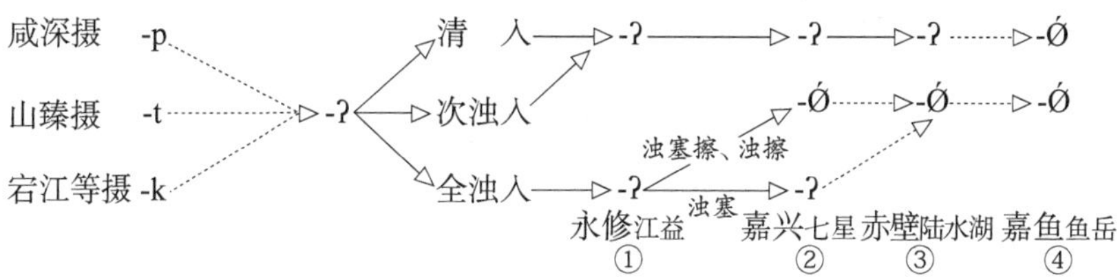

图 6-11　韵尾消失路线二

嘉兴七星古全浊声母保持浊音，今读浊塞音的保持喉塞尾、读阳入甲 [2]，今读浊塞擦音、浊擦音的喉塞尾消失、拉长调值由 [2] 变为阳入乙 [12]。嘉兴七星的材料显示，浊音声母中的浊塞擦音、浊擦音最早使入声韵喉塞尾消失。如果浊塞音继续推动喉塞尾消失，就会形成图 6-11 的第③步并最终实现所有的韵尾消失。

（3）开化—池州线

当然浊音声母在推动喉塞尾消失的过程中如果出现浊音清化，则声母清化后的浊入就会归到清入，如图 6-12 中的第②步。而随着剩余浊入的喉塞尾消失，这时归到清入的部分浊入的喉塞尾反而在一定时间内得以保留，即第③步。

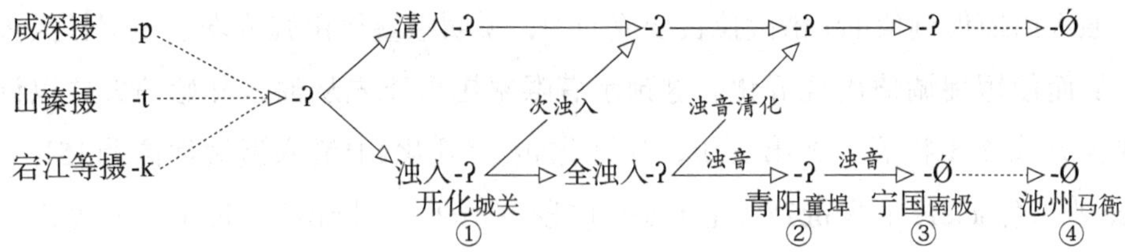

图 6-12　韵尾消失路线三

开化—池州线显示了浊入喉塞尾消失的另一途径，它主要出现在吴语宣州片与江淮官话洪巢片接触地带。

以上三条路线显示了保持浊音声母条件下浊入喉塞尾的消失过程。但部分方言在浊音清化的情况下，浊入仍然先消失喉塞尾。

3.1.2 浊音清化的浊入喉塞尾先消失

（1）崇阳—阳新线

崇阳—阳新线显示了在调值相同条件下浊入先消失喉塞尾的过程，请看图 6-13。

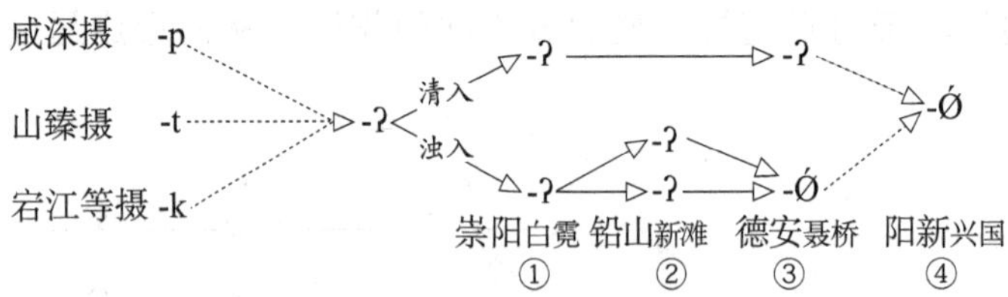

图 6-13　韵尾消失路线四

首先，经过一定的合并、弱化及入声调类演变之后九摄韵尾 -ʔ 化，清、浊入调值相同，即第①步，如崇阳白霓。接着浊入的喉塞尾率先出现变化，部分喉塞尾强度减弱，同时调值略微舒化，即第②步，如铅山新滩。铅山新滩部分浊入调值由短促高调 [4] 略微舒化拉长变为 [$\underline{34}$]，这说明喉塞尾的强度减弱，如下：

		咸	山	深	臻	曾	梗	宕江	通
主元音		ɛ æ ɔ		e		e æ	æ a	ɔ ʊ	ə ʊ
浊	清	-ʔ，入声甲 [4]							
	浊	-ʔ，入声乙 [$\underline{34}$]							

清入：接 tɕieʔ^{4} ｜急 tɕiʔ^{4} ｜八 paʔ^{4} ｜七 tɕʰiʔ^{4} ｜托委托 tʰaʔ^{4} ｜剥 poʔ^{4} ｜北 peʔ^{4} ｜摘 tseʔ^{4} ｜烛 tʃəuʔ^{4}；浊入：盒 heʔ^{4} ｜粒 liʔ^{4} ｜拔 poʔ^{4} ｜袜 maʔ^{4} ｜日 ȵiʔ^{4} ｜薄 pʰoʔ^{4} ｜浊 tʃʰoʔ^{4} ｜食 seʔ^{4} ｜木 məuʔ^{4} ｜育 Øiəuʔ^{4}，杂 tsʰa$^{ʔ\underline{34}}$ ｜叶 Øie$^{ʔ\underline{34}}$ ｜集 tsʰie$^{ʔ\underline{34}}$ ｜十 se$^{ʔ\underline{34}}$ ｜辣 la$^{ʔ\underline{34}}$ ｜绝 tɕʰie$^{ʔ\underline{34}}$ ｜凿 tsʰa$^{ʔ\underline{34}}$ ｜药 Øia$^{ʔ\underline{34}}$ ｜学 ho$^{ʔ\underline{34}}$ ｜特 tʰe$^{ʔ\underline{34}}$ ｜力 li$^{ʔ\underline{34}}$ ｜

直 ʦʰe$^{\underline{ʔ34}}$ ｜白 pʰe$^{\underline{ʔ34}}$ ｜石 se$^{\underline{ʔ34}}$ ｜笛 tʰi$^{\underline{ʔ34}}$ ｜毒 tʰəu$^{\underline{ʔ34}}$ ｜六 ləu$^{\underline{ʔ34}}$ ｜局 ʧʰəuʔ$^{\underline{34}}$。

浊入喉塞尾在强度减弱后就朝消失方向发展，到了第③步浊入喉塞尾就消失，如德安聂桥。而继浊入之后清入也接着消失喉塞尾，如位于崇阳白霓东北方向的阳新兴国。

（2）上杭—连城线

位于闽西、赣南、湘东南的客家话汀州、宁龙、于桂三片处于弱化、消失阶段，它们的喉塞尾消失过程构成了上杭—连城线，请看图 6-14。

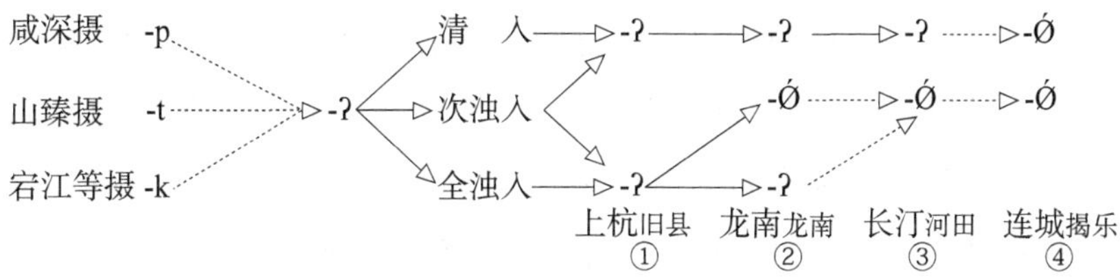

图 6-14　韵尾消失路线五

图 6-14 中的第②步最为关键。属于第②步的龙南龙南部分次浊入与清入保持喉塞尾，今读短促高调阴入 [$\underline{43}$]；部分次浊入与全浊入今读短促低调阳入 [$\underline{23}$]，其喉塞尾以主元音为条件分化：主元音为 ʊ、a 的喉塞尾消失、调值舒化拉长读 [22] 并入阳去，主元音为其他的保持喉塞尾。如下：

		咸	山	深	臻	曾	梗	宕江	通
主元音		ɛ æ ɔ		e		e æ	æ a	ɔ ʊ	ə ʊ
次浊	清	-ʔ，阴入 [$\underline{43}$]							
	全浊	-ʔ，阳入 [$\underline{23}$]/-Ǿ，阳去 [22]							

清入：塔 tʰæʔ$^{\underline{43}}$ ｜急 ʨieʔ$^{\underline{43}}$ ｜雪 ɕioiʔ$^{\underline{43}}$ ｜七 ʨʰieʔ$^{\underline{43}}$ ｜削 ɕiɔʔ$^{\underline{43}}$ ｜北 pæʔ$^{\underline{43}}$ ｜壁 piaʔ$^{\underline{43}}$ ｜足 ʨiɔʔ$^{\underline{43}}$；次浊入：木 məʔ$^{\underline{43}}$ ｜六 tiəʔ$^{\underline{43}}$，叶 Ǿiɛʔ$^{\underline{23}}$ ｜立 leʔ$^{\underline{23}}$ ｜辣 læʔ$^{\underline{23}}$ ｜月 ȵiɔiʔ$^{\underline{23}}$ ｜药 Ǿiɔʔ$^{\underline{23}}$ ｜墨 mæʔ$^{\underline{23}}$ ｜力 leʔ$^{\underline{23}}$ ｜绿 ləʔ$^{\underline{23}}$，麦 ma^{22}；全浊入：盒 xɔiʔ$^{\underline{23}}$ ｜十 seʔ$^{\underline{23}}$ ｜活 fæʔ$^{\underline{23}}$ ｜罚 fæʔ$^{\underline{43}}$ ｜贼 ʦʰæʔ$^{\underline{23}}$ ｜直 ʦʰeʔ$^{\underline{23}}$ ｜局 ʨʰiəʔ$^{\underline{23}}$，学 xʊ^{22} ｜白 pʰa^{22} ｜毒 tʰʊ^{22}。

龙南龙南剩下的浊入喉塞尾如果继续消失，就形成第③步，如长汀河田。长汀河田旁边的连城揭乐喉塞尾则全部消失。

3.2 清入喉塞尾先消失

与前述浊入喉塞尾先消失相比，位于闽北、闽中、闽西北的部分闽语清入由于调值比浊入的低而率先消失喉塞尾，形成了长乐—三明线，如下：

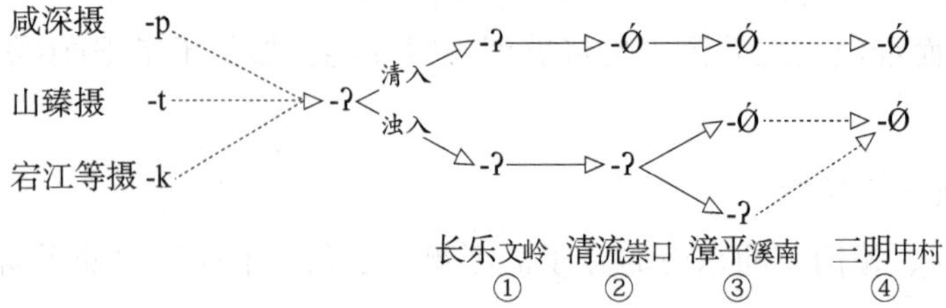

图 6-15 韵尾消失路线六

长乐—三明线首先从闽东长乐文岭出发，长乐文岭九摄韵尾 -ʔ 化、清入今读阴入 [2] 浊入今读阳入 [5]。到了闽西清流嵩口，其清入率先消失喉塞尾，即图 6-15 中的第②步。清流嵩口东南方向的漳平溪南在清入消失喉塞尾归入去声 [31] 后，部分浊入开始消失喉塞尾、调值拉长由 [5] 变为 [55] 并入阳上，如下：

	咸	深	山	臻	曾	梗	宕江	通
主元音	ɛ a		i e ɛ a ɔ		ɛ a		e ɛ a ɔ ɯ	
清	-Ø，去声 [31]							
浊	-Ø，阳上 [55]/-ʔ，入声 [5]							

清入：塔 tʰa^{31} ｜八 pi^{31} ｜雪 sue^{31} ｜七 tɕʰiɛ^{31} ｜恶 Øɔ^{31} ｜剥 pa^{31} ｜刻 kʰiɛ^{31} ｜锡 ɕia^{31} ｜縠 kɔ^{31}；浊入：辣 lua^{55} ｜月 ŋue^{55} ｜药 ŋiɯ^{55} ｜学 Øɯ^{55} ｜墨 ma^{55} ｜直 tiɛ^{55} ｜白 pa^{55} ｜木 mɔ^{55}，盒 Øaʔ^{5} ｜立 liɛʔ^{5} ｜十 tsaʔ^{5} ｜罚 xuaʔ^{5} ｜毒 tɔʔ^{5} ｜局 kiɛʔ^{5}。

如果漳平溪南的浊入喉塞尾消失完的话，就形成了第④步，如三明中村。

四 混合型演变路线

前面根据所掌握的韵尾演变类型及地理分布特点，再结合韵尾演变原因归纳了若干条非闽语型韵尾演变的主要路线，这些演变路线在很大程度上能够解释入声韵尾的演变过程。但复杂的汉语方言有时并不是按照这些演变路线一步一步地演变，如赣语新余水西咸深、曾摄三等韵尾 -t 化而宕江梗通摄及曾摄一等韵尾消失，是在前述弱化路线之一珠海—铜鼓线的第④步基础上就消失了喉塞尾；又如诏安秀篆的韵尾演变过程，请看图 6-16：

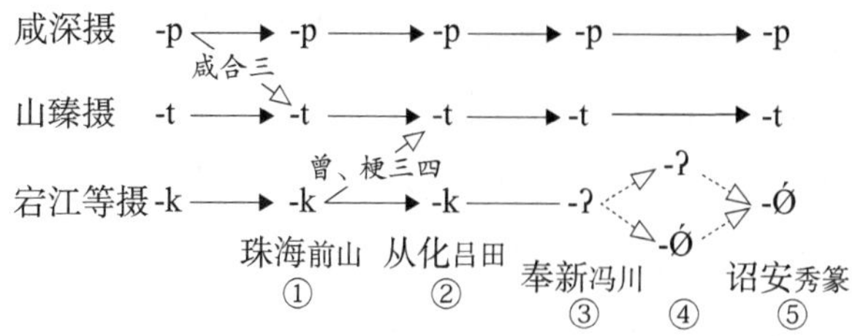

图 6-16 诏安秀篆方言韵尾演变过程

有少数方言综合多种演变过程，显示了韵尾演变的多样性。以金华曹宅为例，结合周边方言来分析其在九摄韵尾 -ʔ 化后以摄、等为条件的消失过程。金华曹宅浊入韵尾全部消失，咸山两摄主要读阳去 [113]，深臻、宕江曾梗通七摄读阳平 [313]；清入中，深臻、宕江曾梗通七摄保持 -ʔ 尾读阴入 [5]，咸山两摄清入消失韵尾、调值舒化拉长为长阴入 [55]，如下：

	咸	山	深	臻	曾	梗	宕江	通
主元音	ᴇ a ɒ ɤ		ə				ɔ	
清	-Ǿ，长阴入 [55]		-ʔ，阴入 [5]					
浊	-Ǿ，阳去 [113]		-Ǿ，阳平 [313]					

咸山清入：搭 tua⁵⁵ ｜鸭 Ǿua⁵⁵ ｜接 ʦiᴇ⁵⁵ ｜贴 tʰia⁵⁵ ｜法 fɤa⁵⁵ ｜八 pɤa⁵⁵ ｜结 ʨiᴇ⁵⁵ ｜刷 ɕyɤ⁵⁵ ｜雪 siᴇ⁵⁵，浊入：盒 Ǿua¹¹³ ｜叶 Ǿiᴇ¹¹³ ｜辣 lua¹¹³ ｜热 ȵiᴇ¹¹³ ｜活 Ǿua¹¹³ ｜月 ȵyɤ¹¹³ ｜罚 vɤa¹¹³；深臻、宕江曾梗通清入：急 ʨiəʔ⁵ ｜骨 kuəʔ⁵ ｜托 tʰɔʔ⁵ ｜壳 kʰɔʔ⁵ ｜北 pəʔ⁵ ｜织 ʨiəʔ⁵ ｜客 kʰəʔ⁵ ｜锡 siəʔ⁵ ｜穀 kɔʔ⁵，浊入：十 ʑiə³¹³ ｜药 Ǿiɔ³¹³ ｜学 Ǿɔ¹¹³ ｜贼 zə³¹³ ｜直 dʑiə³¹³ ｜白 bə³¹³ ｜毒 dɔ³¹³。咸摄一等见系往往与其他声母在韵尾演变乃至调值变化方面的表现有所不同。

结合周边龙游罗家、寿昌旧寿昌、兰溪女埠等吴语的韵尾演变类型，分析金华曹宅的韵尾演变过程如图 6-17 所示。

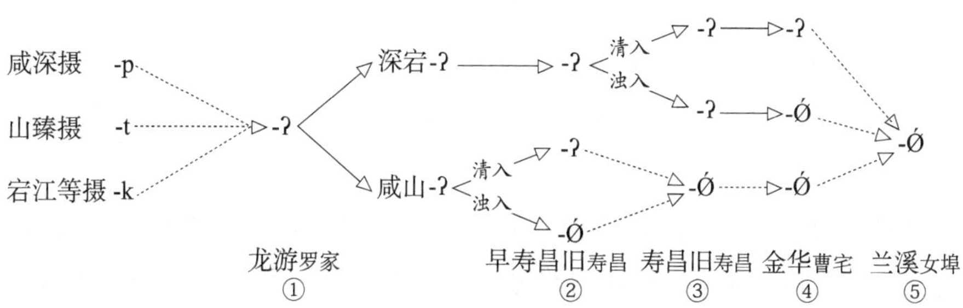

图 6-17 金华曹宅方言韵尾演变过程

与西北的龙游罗家相同，金华曹宅九摄塞尾经过合并、弱化等演变后全部变为 -ʔ，即图 6–17 中的第①步。在此基础上金华曹宅咸山摄开始消失，其西边的寿昌旧寿昌咸山摄喉塞尾已消失，即第③步。从寿昌旧寿昌 -ʔ 尾消失后调值的变化来看，咸山摄是浊入先消失喉塞尾的，因为浊入 -ʔ 尾消失后已并到舒声调阴上 [24] 而清入 -ʔ 尾消失后还保持着独立入声调，即图 6–17 中的第②步，具体情况第四章第一节 2.1.1 小节有分析。咸山摄韵尾消失后，深臻、宕江曾梗通摄的 -ʔ 尾继续按浊入先消失的规律发展，浊入先消失喉塞尾，即第④步。而金华曹宅深臻、宕江曾梗通摄的清入 -ʔ 尾也将消失，最终九摄韵尾全部消失，如其北边的兰溪女埠。

第二节　闽语型演变过程

前文指出，沿着福建、广东海岸线从北向南依次分布的沿海闽语闽东、莆仙、闽南、琼文四区及少数与闽语关系密切的方言以弱化和消失演变为主，弱化、消失演变的基础合并类型与非闽语型有一定差别。经过有限合并后，沿海闽语就超越韵尾的限制进行弱化、消失。与非闽语型的相比，这种演变过程有特色。

一　闽语型的合并

1.1 类型特殊的合并

闽语型合并演变的特殊性表现在两方面：曾摄韵尾 -t 化有特色，韵尾 -k 化源自闽语。

弱化方向下的合并有曾摄韵尾 -t 化，属于这一类型的闽语主要分布在福建东南沿海和台湾的闽南区泉漳片。第二章第一节 2.1.2 小节指出闽语曾摄韵尾 -t 化与非闽语的有所不同：在主元音相同情况下主元音为低元音的一等部分 -t 化或主元音为高元音的三等部分没有 -t 化而不限于庄组，从而打破了曾摄 -t 化从三等推及到一等的一般性规律。这种韵尾 -t 化的规律与非闽语型韵尾 -t 化规律差异很大。

在合并方向，闽语与非闽语的不同还表现在韵尾 -k 化。韵尾 -k 化的演变类型、演变过程及其地理分布等说明韵尾 -k 化源自闽语，并对闽语周边的粤语等产生影响，使之感染闽语的这一特点。

1.2 韵尾 -k 化

1.2.1 韵尾 -k 化的过程

根据第二章第二节合并方向下的韵尾 -k 化类型及第三章弱化、第四章消失方向下的韵尾 -k 化类型作出韵尾 -k 化过程图，请看图 6-18。

（1）韵尾 -k 化涉及咸深摄和山臻摄，九摄可以出现韵尾全部读 -k 的现象。韵尾 -k 化最早从山摄开始，一般是从主元音为低元音的一二等向高元音的三四等推进，进而从山摄推进到臻摄，演变过程的具体类型请参看第二章第二节第二小节。山臻摄韵尾 -k 化波及咸深摄，会引起咸摄主元音为低元音的韵尾 -k 化，并在一定条件下将这一演变推进到深摄。

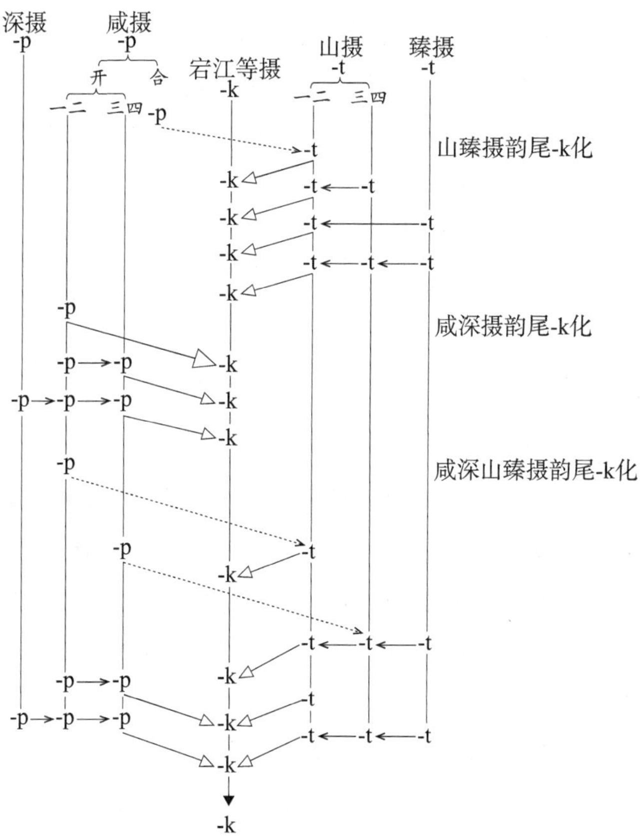

图 6-18　韵尾 -k 化演变过程

（2）从现有材料看，“咸深山臻摄韵尾 -k 化”的类型形成过程有两种：a. 咸深摄先韵尾 -t 化并入山臻摄，然后跟随山臻摄一起 -k 化，如仁化县城、新界锦田；b. 山臻摄和咸深摄先后韵尾 -k 化，如中山三角、宁德城区。

a. 第二章第三节 2.2.2 小节指出仁化县城咸山摄一二等及合口三等非组以主元音 a 为条件韵尾 -k 化，咸摄开口三四等和深摄韵尾 -t 化。如下：

<table>
<tr><td></td><td>咸开三四</td><td>咸开一二合三</td><td>山开一二合二三</td><td>山其他</td><td>梗低</td><td>宕江</td><td>梗高</td><td>曾</td><td>通</td><td>臻</td><td>深</td></tr>
<tr><td>主元音</td><td>i</td><td>a</td><td>a</td><td>iɔu</td><td>a</td><td>œɔ</td><td>ɛ</td><td>ɛɐ</td><td>o</td><td colspan="2">iɐœu</td></tr>
<tr><td>韵尾</td><td>-t</td><td colspan="2">-k</td><td>-t</td><td colspan="2">-k</td><td colspan="3">-k</td><td colspan="2">-t</td></tr>
<tr><td>清</td><td colspan="6">阳入 [22]</td><td colspan="5">上阴入 [55]</td></tr>
<tr><td>浊</td><td colspan="11">阳入 [22]</td></tr>
</table>

从咸山摄韵尾与主元音之间的对应关系看，主元音相同韵尾相同。这说明咸摄先是韵尾 -t 化，全部并入山臻摄后再和山摄一起以主元音 a 为条件韵尾 -k 化。否则难以解释咸摄 -p 尾和山摄 -t 尾为何能同时韵尾 -k 化，即使主元音相同。有的方言如吴川吴阳山摄和咸摄都有主元音 a，但山摄韵尾 -k 化而咸摄没有。

b. 第二章第二节 3.1 小节指出新界锦田咸摄三四等和山臻摄韵尾 -k 化，咸摄一二等和深摄 -p 尾不变。如下：

<table>
<tr><td></td><td>深</td><td>咸一二</td><td>咸三四</td><td>咸合</td><td>山一二</td><td>山三四</td><td>臻</td><td>曾</td><td>梗</td><td>宕江</td><td>通</td></tr>
<tr><td>主元音</td><td>ə</td><td>ʌ ə</td><td>i</td><td>æ</td><td>y æ ə ʊ</td><td>y i æ</td><td>ə ʊ</td><td>æ ə</td><td>ɛ æ ə</td><td>œ o ɔ</td><td>o</td></tr>
<tr><td>韵尾</td><td colspan="2">-p</td><td colspan="9">-k</td></tr>
<tr><td>清</td><td colspan="11">阴入 [35]</td></tr>
<tr><td>浊</td><td colspan="11">阳入 [22]</td></tr>
</table>

从 -k 化韵的主元音来看，咸摄三四等先以高元音 i 为条件韵尾 -t 化，然后跟随山臻摄一起 -k 化。如果说主元音为 i 的咸摄三四等直接从 -p 尾变成 -k，就无法解释主元音与山摄部分韵同为 ə 的咸摄一等见系及深摄为何未变，如：盒咸开一 həp^{22} ≠ 辖山开二 hək^{22} ｜鸽咸开一 kəp^{35}= 急深三 kəp^{35} ≠ 吉臻开三 kək^{35} ｜立深三 ləp^{22} ≠ 栗臻开三 lək^{22} ｜湿深三 səp^{35} ≠ 率臻合三 sək^{35}。

c. 第二章第三节 2.4 小节指出中山三角咸摄和主元音为 ɛ 的山摄一二等及合口三等非组韵尾 -k 化，山摄主元音为高元音 i、u、ø 的 -t 尾不变。深摄和臻摄主元音都是 ɐ，分别保持 -p、-t 不变。咸山两摄 -k 化的层次不同。咸合三主元音与山摄 -k 化的主元音相同，说明它是先韵尾 -t 化并入山摄后跟随主元音相同的山摄入声韵一起 -k 化，即从 -t>-k；-k 化的咸摄开口主元音 i、a 都有，而山摄主元音没有 a 而主元音是 i 的没有变化，说明咸摄开口是直接 -p>-k。

d. 第二章第二节 3.2.1 小节指出宁德城区山臻摄 -t 尾已全部 -k 化而咸深摄韵尾

处在部分保持 -p、部分读 -k 的过渡状态，这说明咸深摄的 -p 尾是在山臻摄 -k 化后直接变为 -k。第五章第二节第四小节指出《宁德市志》（1995）记载情况说明了宁德方言四十年里山臻摄和咸深摄先后韵尾 -k 化的过程。

以上 4 点的演变过程请看图 6-18。

（3）上面分析的演变过程说明韵尾 -k 化最早从山臻摄开始。一是分析显示咸深摄或是先并入山臻摄后跟随山臻摄一起 -k 化或是后于山臻摄 -k 化；二是现有材料显示还没有哪个方言只有咸深摄韵尾 -k 化而无其他合并等现象，咸深摄韵尾 -k 化都是与别的演变类型一起出现，具体类型的分析详见第二章第二、三节。

1.2.2 源于闽语的韵尾 -k 化

本书掌握的 859 点材料中有 46 点出现韵尾 -k 化，涉及合并、弱化和消失三大方向（涉及的具体方言点请看第二、三、四章中相关小节的描写）；各方言出现韵尾 -k 化的数量依次是闽语 24 点、粤语 17 点、客家话 3 点、吴语 1 点、平话 1 点。结合表 6-1 的分布特点及类型分析，初步认为韵尾 -k 化主要出现在闽语及与闽语密切接触的粤语等，是源于闽语的合并类型。

表 6-1 韵尾 -k 化类型地理分布

<table>
<tr><td colspan="2"></td><td>合并型</td><td>弱化型</td><td>消失型</td></tr>
<tr><td>北</td><td>闽东</td><td>咸深山臻摄韵尾 -k 化</td><td>咸深山臻摄韵尾 -k 化</td><td></td></tr>
<tr><td rowspan="11">↓</td><td rowspan="4">潮汕</td><td rowspan="4"></td><td></td><td rowspan="4"></td></tr>
<tr><td>山摄韵尾 -k 化</td></tr>
<tr><td>山臻摄韵尾 -k 化</td></tr>
<tr><td>咸深山臻摄韵尾 -k 化</td></tr>
<tr><td rowspan="4">珠三角</td><td>咸深摄韵尾 -k 化</td><td rowspan="2"></td><td rowspan="2"></td></tr>
<tr><td>山摄韵尾 -k 化</td></tr>
<tr><td>山臻摄韵尾 -k 化</td><td>山臻摄韵尾 -k 化</td><td>山臻摄韵尾 -k 化</td></tr>
<tr><td>咸深山臻摄韵尾 -k 化</td><td></td><td>咸深山臻摄韵尾 -k 化</td></tr>
<tr><td rowspan="4">雷州半岛</td><td rowspan="4">山臻摄韵尾 -k 化</td><td rowspan="4"></td><td></td></tr>
<tr><td>山摄韵尾 -k 化</td></tr>
<tr><td>山臻摄韵尾 -k 化</td></tr>
<tr><td>南</td><td></td></tr>
</table>

（1）从地理分布特点看

表 6-1 显示出现韵尾 -k 化的闽语主要分布在三个地区：闽东、潮汕地区、雷州半岛。出现韵尾 -k 化的粤语主要分布在潮汕地区和雷州半岛之间的珠三角，雷州半岛有 2 点。客家话惠州市区、翁源新江、兴宁大坪 3 点散布在与粤语或闽语接触

的地区，其他客家话及与客家话关系密切的赣语无此演变；浙南泰顺新浦吴语与闽语密切接触；平话临桂五通远在侗台语分布区的广西北部。这样，韵尾 -k 化的方言大致形成了从北向南的“闽东——潮汕——珠三角——雷州”不连续地理分布。这条分布链在广东境内的南北两端是闽语雷州片和潮汕片，夹在它们之间的是粤语。云惟利（1987：5，转引自符玉川 1996）认为：“闽南方言的传入海南岛，当然和移民有关。闽南人之移民广东，最先是在韩江流域，也就是潮汕地区，经雷州半岛而达海南岛。”结合移民史，上述地理分布特征是否可以说明，由带有韵尾 -k 化特点的闽语从潮汕地区迁移到雷州半岛的过程中，粤语与之接触从而形成韵尾 -k 化特点？

闽语是广东省的第二大方言，仅次于粤语。二十世纪八十年代时使用人口有 1370 多万（熊正辉 1987），而到了二十一世纪第一个十年里，使用人口已经达到 1895 万（甘于恩等 2010）。闽语主要分布在广东东部潮汕地区和西部雷州半岛，但许多地区都有小块闽语分布，如珠三角的粤语分布区内又有许多闽语散处其间（熊正辉 1987），甘于恩等（2010）明确指出中山、清远、韶关和惠州地区有闽方言岛。出现韵尾 -k 化的粤语主要散布在这四大地区，请看表 6-1。作为广东的第二大方言，闽语对粤语，尤其是它周边的粤语施加影响是可能的。甘于恩等（2004）分析了广东闽语对粤语的影响作用，与之接触的粤语在语音、词汇、语法等方面出现了闽语成分。

（2）从 -k 化类型看

以上方言分布只是造成粤语与闽语有接触的机会，但谁受谁的影响而感染了对方的特征，还需从闽语与粤语韵尾 -k 化的类型差异来判断。

如果不考虑各方言其他摄韵尾演变情况，把闽语和粤语 -k 化的类型对比分析，就会发现彼此存在差异，而差异与地理分布有一定的对应关系。表 6-1 显示，在韵尾 -k 化的“闽东——潮汕——珠三角——雷州”分布链上，闽语闽东区的韵尾 -k 化涉及咸深山臻四摄，属于韵尾 -k 化最完整的类型；离开闽东区后，潮汕片几乎全是山臻摄韵尾 -k 化，雷州片也全是山臻摄韵尾 -k 化。粤语中，有 8 点山摄韵尾 -k 化，有 5 点山臻摄韵尾 -k 化，有 1 点咸摄韵尾 -k 化，咸摄和山摄出现韵尾 -k 化的有 1 点，韵尾 -k 化涉及咸深山臻摄的有 2 点。这说明粤语主要是山摄 -k 化类型占主体。

闽语韵尾 -k 化类型比较完整且地理分布相对集中，粤语以山摄韵尾 -k 化为主体且分布相对分散。从语言影响角度来说，如果某方言的某种特征不具有很强的优势，那么它对别的方言施加影响的可能性较小，反倒是可能受别的方言影响。因此，粤语是受闽语的影响产生韵尾 -k 化类型。

二 跨越韵尾限制的弱化、消失

上文讨论了闽语型较为有特色的合并类型，在这些合并类型基础上闽语进行了弱化、消失演变。与非闽语型弱化、消失演变主要或先后以某一韵尾为单位相比，闽语的弱化或消失在一定程度上不受韵尾的限制。

2.1 以韵尾 -t 化为基础的 -ʔ 化、消失

闽语的韵尾 -t 化类型主要是“咸合三韵尾 -t 化”和打破一三等界限的“曾摄韵尾 -t 化”，两类的分布区域不同。不过就韵尾 -t 化后的弱化、消失演变过程看，这两类较为一致。因演变起点不同，可分为两条演变路线。

2.1.1 琼海—澄迈线

属于合并方向下韵尾 -t 化类型的闽语比较少见，本书掌握的 116 个闽语点中仅有一个：“咸合三韵尾 -t 化”的邵将区建宁里心。邵将区受客赣方言的影响比较明显。

消失方向下的闽语有“咸合三韵尾 -t 化”，主要分布在海南岛上的琼文区。前文分析非闽语型韵尾演变过程时指出，“咸合三韵尾 -t 化”类型反映了韵尾演变过程的最早阶段，之后各摄在此基础上逐步合并、弱化、消失。闽语型演变不同，它们大部分在咸合三 -t 化之后直接进行弱化、消失。首先请看图 6–19 中的琼海—澄迈线。

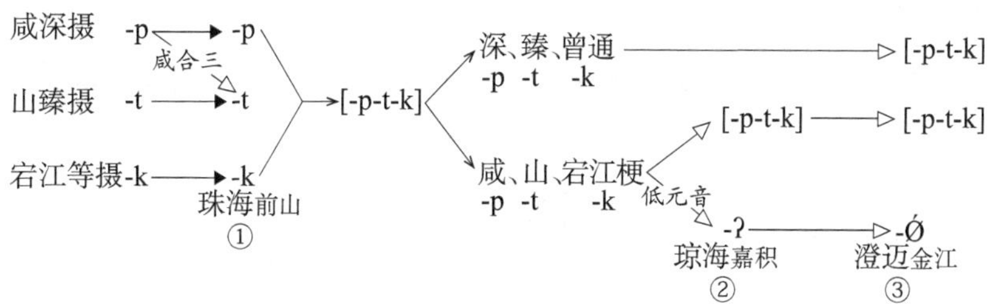

图 6–19 闽语型韵尾演变路线一

琼文区琼海嘉积曾摄只有一等少数字 -t 化，故暂把它归入“咸合三韵尾 -t 化”一类。咸合三 -t 化后，琼海嘉积深摄、臻摄和曾通摄分别保持 -p、-t、-k 尾不变，咸摄、山摄和宕江梗摄部分入声韵 -p、-t、-k 尾不变但部分韵尾 -ʔ 化；韵尾 -ʔ 化的入声韵主元音为低元音 ɛ、a、ɔ，弱化后清入调值由原来的 [5] 拉长变为长入

[45]，浊入调值不变。如下：

<table>
<tr><td colspan="2"></td><td>咸开</td><td>咸合</td><td>山</td><td>宕江梗</td><td>通曾</td><td>臻</td><td>深</td><td rowspan="2">广宁东乡</td></tr>
<tr><td colspan="2">主元音</td><td>a</td><td>a</td><td>iεaɔu</td><td>εaɔ</td><td>iεaɔ</td><td>iu</td><td>ao</td></tr>
<tr><td rowspan="2">清</td><td>阴入 [5]</td><td>-p</td><td colspan="2">-t</td><td>-k</td><td>-k</td><td>-t</td><td>-p</td><td>上阴入 [55]</td></tr>
<tr><td>长入 [45]</td><td colspan="4" rowspan="2">-ʔ，[ε a ɔ]</td><td colspan="3" rowspan="2">——</td><td>下阴入 [33]</td></tr>
<tr><td rowspan="2">浊</td><td rowspan="2">阳入 [3]</td><td>下阳入 [214]</td></tr>
<tr><td>-p</td><td colspan="2">-t</td><td>-k</td><td>-k</td><td>-t</td><td>-p</td><td>上阳入 [22]</td></tr>
</table>

琼海嘉积的这一演变属于图 6-19 中的第②步。第②步显示，琼海嘉积的 -ʔ 尾来自 -p、-t、-k，不限于具体哪一个韵尾。第三章第三节 2.1.5 小节、第五章第一节 2.3 小节和第二节 3.3 小节分别分析了闽语咸摄、山摄和宕江梗摄部分韵尾 -ʔ 化、消失的过程和原因是：咸山宕江梗五摄主元音为低、较低元音入声韵的 -p、-t、-k 尾在文白层次竞争过程中由于受文读层的挤压分别 -ʔ 化继而消失喉塞尾。

琼海嘉积的 -ʔ 尾或继续保持或消失。第四章第一节 1.1.1 小节指出澄迈金江咸合三韵尾 -t 化后咸山宕江梗五摄部分韵尾消失而部分保持着 -p、-t、-k 塞尾。通过与琼海嘉积的入声韵对比可发现二者在演变类型上的对应和相承。澄迈金江的韵尾消失过程是咸山宕江梗五摄部分入声韵的 -p、-t、-k 塞尾先弱化为 -ʔ，琼海嘉积处在这一阶段，然后 -ʔ 尾消失；而深臻曾通及咸山宕江梗五摄的部分入声韵 -p、-t、-k 塞尾一直保持不变，即图 6-19 中的第③步。

有一个问题，澄迈金江 -ʔ 尾的消失过程是突变还是渐变，即从第②步发展到第③步中有没有中间段？下面的惠安—琼中线演变过程提供了参考。

2.1.2 惠安—琼中线

惠安—琼中线是以曾摄部分韵尾 -t 化为基础的弱化、消失路线，请看图 6-20。

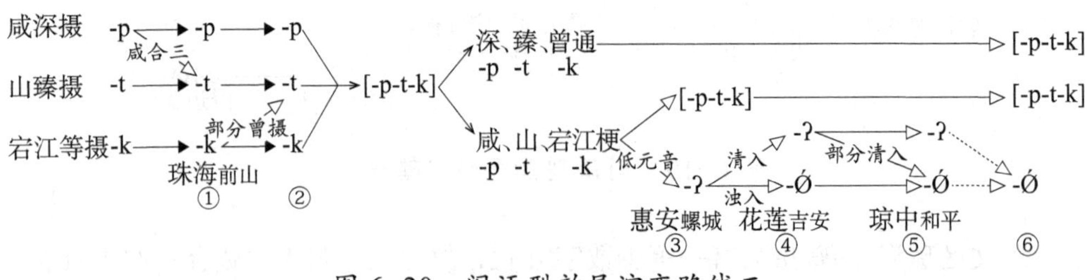

图 6-20　闽语型韵尾演变路线二

图 6-20 显示，惠安—琼中线从咸合三韵尾 -t 化开始，接着曾摄部分韵尾 -t 化，即第①、②步。经过合并后，咸山宕江梗五摄部分入声韵的 -p、-t、-k 塞尾以

低元音为条件分别 -ʔ 化，部分入声韵的 -p、-t、-k 塞尾不变，即第③步，以惠安螺城为代表。之后来自咸山宕江梗五摄的 -ʔ 尾继续消失，花莲吉安率先以浊入为条件消失喉塞尾而清入不变，即第④步。浊入消失后，清入 -ʔ 尾继续消失。琼中和平以词汇渐变的方式部分清入消失 -ʔ 尾，即第⑤步。如果琼中和平剩下的清入把 -ʔ 尾也消失的话，就会形成第⑥步，不过目前还没发现相关的代表点。

2.2 以韵尾 -k 化为基础的 -ʔ 化、消失

与以韵尾 -t 化为基础的 -ʔ 化、消失演变过程相同，以韵尾 -k 化为基础的演变是在 -k 化基础上塞尾直接 -ʔ 化进而消失。

2.2.1 潮阳—遂溪线

潮汕片与雷州片以山臻摄韵尾 -k 化为基础形成了 -ʔ 化、消失过程。结合相关方言的演变类型，画出潮阳—遂溪线，请看图 6-21。

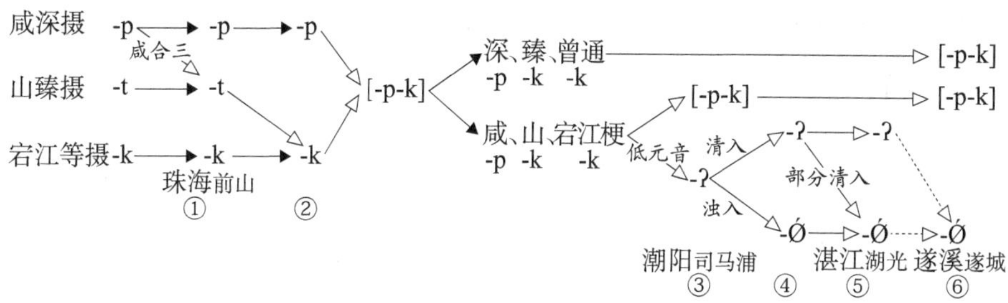

图 6-21　闽语型韵尾演变路线三

潮阳—遂溪线首先是咸合三韵尾 -t 化，之后咸合三跟随山臻摄一起 -k 化，即图 6-21 中的第①、②步，合并后咸山宕江梗五摄部分入声韵的 -p、-k 尾以低元音为条件分别 -ʔ 化，部分入声韵的 -p、-k 尾不变，即第③步，以潮阳司马浦为代表。来自咸山宕江梗五摄的 -ʔ 尾进一步以浊入为条件消失，即第④步。不过目前尚未发现此类的代表点。但是湛江湖光咸山宕江梗摄部分入声韵韵尾 -ʔ 化后，浊入和部分清入进一步演变消失喉塞尾，而部分来自清入的 -ʔ 尾韵还保持着喉塞尾。如下：

<table>
<tr><td colspan="2"></td><td>咸</td><td>山</td><td>宕江梗</td><td>曾通</td><td>臻</td><td>深</td><td rowspan="2">广宁东乡</td></tr>
<tr><td colspan="2">主元音</td><td>a</td><td>i e ɛ a ɔ</td><td>ɛ a ɔ</td><td>e ɛ a ɔ</td><td>e ɛ a u</td><td>ɛ a</td></tr>
<tr><td rowspan="3">清</td><td>阴入 [5]</td><td>-p</td><td colspan="2">-k</td><td colspan="2">-k</td><td>-p</td><td>上阴入 [55]</td></tr>
<tr><td>长入 [554]</td><td colspan="3">-ʔ，[i ɛ a ɔ]</td><td colspan="3" rowspan="3">——</td><td rowspan="2">下阴入 [33]</td></tr>
<tr><td rowspan="2">阳去 [42]</td><td colspan="3" rowspan="2">-Ǿ，[i ɛ a ɔ]</td></tr>
<tr><td rowspan="2">浊</td><td>下阳入 [214]</td></tr>
<tr><td>阳入 [3]</td><td>-p</td><td colspan="2">-k</td><td colspan="2">-k</td><td>-p</td><td>上阳入 [22]</td></tr>
</table>

这说明湛江湖光是先从浊入消失 -ʔ 尾，之后清入接着消失，只是清入的 -ʔ 尾尚未全部消失，即图 6-21 中的第⑤步。如果湛江湖光剩下的清入 -ʔ 尾也消失的话，就会形成第⑥步，湛江湖光旁边的遂溪遂城目前咸山宕江梗五摄部分入声韵的韵尾已经全部消失。

2.2.2 连江—澄海线

连江—澄海线是以咸深山臻摄韵尾 -k 化为基础的韵尾 -ʔ 化、消失过程，请看图 6-22。

连江—澄海线首先是咸合三韵尾 -t 化，之后跟随山臻摄一起 -k 化，即图 6-22 中的第①、②步，但是第②步中的宁德城区在山臻摄 -k 化后咸深摄 -p 尾继续 -k 化，只是尚未完成演变。而到了第③步，咸深摄 -p 尾全部 -k 化从而形成了九摄都读 -k 尾的状态，连江苔菉属于此类。

九摄韵尾都变作 -k 后，咸山宕江梗五摄部分入声韵以低元音为条件 -ʔ 化、部分入声韵保持 -k 尾不变，即第④步的澄海莲下。

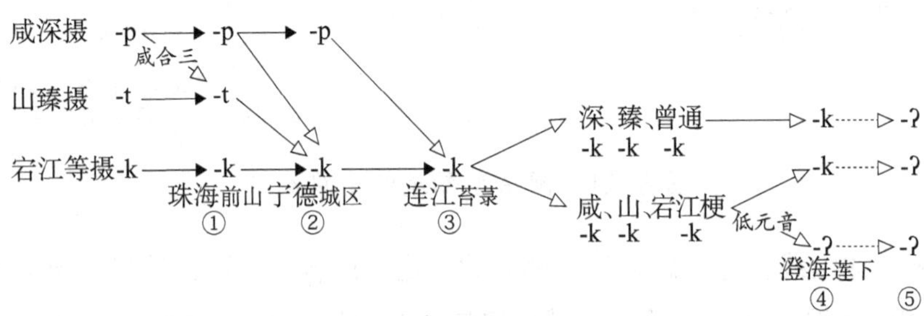

图 6-22 闽语型韵尾演变路线四

从共时层面看，澄海莲下的 -ʔ 尾可能有两种来源。一是刚才所分析的第④步，即 -k → -ʔ；二是在咸深山臻四摄尚未发生韵尾 -k 化之前，咸摄、山摄、宕江梗摄各自独立发生弱化，即 -p、-t、-k → -ʔ；然后没有弱化的咸深山臻四摄部分入声韵再分别韵尾 -k 化，从而形成现在的类型。澄海莲下的 -ʔ 尾走的是第一条路线。如果是第二条演变路线的话，-p、-t 尾就有可能因词汇渐变而在音系中留有残余，但音系中没有。而且前面指出韵尾 -k 化是从低元音入声韵向高元音入声韵逐步推进的，而韵尾 -ʔ 化以低元音入声韵为主，这样的话韵尾 -k 化就是要从高元音入声韵进行，这与目前所观察到的韵尾 -k 化一般性规律不一致。

连江—澄海线演变到澄海莲下后如何进一步发展具有方向标意义。从前面闽语型三条演变路线看，澄海莲下的韵尾有两种可能发展方向。第一，-ʔ 尾进一步消失

而 -k 尾保持，目前本书还没发现这一类型的实证；第二，澄海莲下的 -k 尾进一步 -ʔ 化，从而形成九摄韵尾 -ʔ 化类型。从汉语方言入声韵尾的弱化趋势看，第二条路线的可能性比较大。

2.3 以九摄韵尾 -ʔ 化为基础的消失

上面分析了闽语分别以韵尾 -t 化和韵尾 -k 化为基础的四条韵尾弱化、消失路线。此外闽语以九摄韵尾 -ʔ 化为基础的消失过程也比较有特色。请看图 6-23。

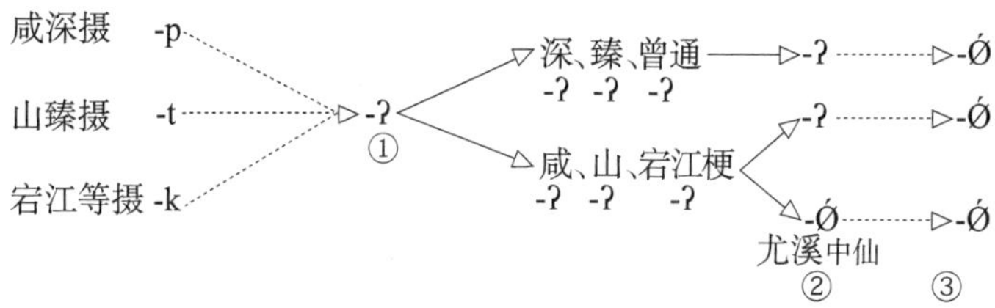

图 6-23　闽语型韵尾演变路线五

第四章第一节 2.3.2 小节指出闽东区尤溪中仙深臻曾通四摄韵尾 -ʔ 化，咸山宕江梗五摄部分韵尾弱化为 -ʔ、部分韵尾消失。在韵尾消失方式上，此条路线与前四条路线具有很明显的对应性。图 6-23 中第①步蕴含着多种可能性。前面所分析的四条演变路线都有可能在相应的阶段改变演变路线而实现九摄韵尾 -ʔ 化。

三　小结

在前文全面整理所掌握的入声韵尾演变类型基础上，本章结合韵尾演变类型的地理分布特点、演变原因及汉语语音史等分析入声韵尾的演变过程。入声韵尾的演变过程有两大类型：从南向北分布的非闽语型和从北向南分布的闽语型。

非闽语型入声韵尾演变起始于以主元音高元音为条件的韵尾 -t 化，韵尾 -t 化一般从三四等推及到一二等；韵尾 -t 化后，一般是处在韵尾 -t 化不同阶段的宕江通摄及未 -t 化的曾梗摄 -k 尾率先韵尾 -ʔ 化，之后未发生合并的塞尾或继续韵尾 -t 化而后韵尾 -ʔ 化或直接韵尾 -ʔ 化。非闽语型合并、弱化时受摄、等的限制较为明显。当九摄韵尾 -ʔ 化后，-ʔ 尾以声母清浊为条件消失，浊入先消失 -ʔ 尾；如果清入调值低，则清入 -ʔ 尾先消失。在 -ʔ 尾消失的主流路线之外，少数方言主元音为低元音的摄、等先消失 -ʔ 尾，体现了韵尾演变的多样性。

闽语型韵尾演变较为特殊。合并类型较少，曾摄韵尾 -t 化打破了从三等推及一等的一般性演变规律，不受一三等的限制；演变类型和地理分布特点说明韵尾 -k 化源自闽语并影响周边粤语等方言出现此类现象。在有限合并的基础上，闽语咸山宕江梗五摄 -p、-t、-k 塞尾在文读层挤压下，以主元音为低、较低元音为条件直接弱化为喉塞尾，不受具体的韵尾限制；之后喉塞尾以清浊为条件消失，一般是浊入先消失。

第七章　结语

一　研究结论

本书整体研究思路是通过对入声韵尾演变类型的详细分析，宏观上抓住韵尾演变的方向，微观上厘清韵尾演变的细节，寻找影响韵尾演变的因素，进而推测入声韵尾演变过程。

本书首先研读前修时贤的研究成果，发现二十世纪以来入声韵尾演变研究主要侧重于描写某一方言或方言区的韵尾读音类型，而反映音系结构变化的韵尾演变类型还有很大的探讨空间。因此本书以“汉语方言地图集数据库”中的579点入声韵尾材料为基础，结合现有文献280点和实地调查的20点材料，采用语言地图及语图分析等方法，分析韵尾演变类型，探讨韵尾演变过程。

汉语方言入声韵尾整体演变方向一般是合并、弱化、消失。

入声韵有 -p、-t、-k 三种塞尾，因此理论上应有三种合并类型，即韵尾 -p 化、韵尾 -t 化、韵尾 -k 化。分析大量材料后发现韵尾合并主要以韵尾 -t 化和韵尾 -k 化为主，韵尾 -p 化的现象极少。分析韵尾 -t 化和韵尾 -k 化的演变类型发现，二者涉及的摄不同，演变趋势也不同。韵尾 -t 化主要出现在咸深摄和曾梗摄，从三四等向一二等发展；韵尾 -k 化主要出现在咸深摄和山臻摄，从一二等向三四等发展。两大合并类型的分布范围存在差异，韵尾 -t 化类型主要分布于两广地区的粤语、平话及客家话，韵尾 -k 化类型主要分布于从北向南分布的闽语及与闽语密切接触的粤语等。

从韵尾演变过程来看，经过合并演变之后、走向消失之前，塞尾一般要经过弱化阶段。根据韵尾的音值特点，将塞尾变成边音尾、鼻音尾和 -ʔ 尾定为韵尾弱化。从地理分布看，韵尾 -ʔ 化的分布范围最广，是弱化的主流；韵尾边音化和鼻音化的分布范围有限，前者出现在赣语及江淮官话，后者主要出现于赣语的通城、余干及与客赣方言关系密切且方言属性有争议的邵武和光泽方言。

分析边音韵尾时，本书认为边音韵尾一般是从 -t 尾弱化来的。现有的边音化类型都是在韵尾 -t 化类型基础上进一步弱化产生的。江淮官话只有主元音为高元音的深臻曾梗摄入声韵有边音尾，是韵尾边音化后咸山等摄低元音入声韵率先消失边音尾后形成的共时现象。本书认为要从发展的角度看待江淮官话的边音尾演变类型。

对于入声韵尾鼻音化现象，本书以田野调查获得的第一手材料为基础，分析通城、余干、邵武和光泽鼻音韵尾的本质和演变过程。通城境内 10 点方言的入声韵尾演变很复杂，但透过表面复杂的韵尾读音类型，本书发现通城 10 点方言在韵尾鼻音化过程中，因受周边方言影响而走了三条不同的演变途径，从而形成现在的韵尾演变类型。本书用语图分析了余干方言各种入声鼻尾的语音性质及发声机制，并结合地理分布探讨了入声鼻尾的演变过程。适当结合语图分析特殊的韵尾类型，可以解决一定的问题。邵武、光泽方言咸深摄鼻音韵尾的演变类型和演变过程都说明了其与赣语的密切关系。从现有材料看，语音层面的入声鼻音韵尾主要出现在赣语里。

分析韵尾 -ʔ 化类型发现，闽语与非闽语方言存在类型差异。非闽语方言一般是在韵尾合并类型基础上，宕江通及曾梗摄的 -k 尾先弱化。而闽语一般是在有限合并基础上，保持着 -p、-t、-k 塞尾的咸、山和宕江梗摄部分入声韵韵尾 -ʔ 化，即 -p、-t、-k>-ʔ。

经过一定合并、弱化之后韵尾继而消失。韵尾消失分为两个阶段，部分消失和全部消失。部分消失类型和全部消失类型的地理分布特点反映了韵尾消失的渐变过程。在分析消失类型时，本书发现部分方言因塞尾与主元音之间的协同发音作用而使入声韵增生了一个与塞尾发音部位接近的元音。这个元音在塞尾演变过程中起着重要作用。它推动了塞尾的弱化、消失，并最终取代辅音韵尾成为入声韵元音韵尾。本书从历时演变角度将之定义为元音尾化。元音尾化是塞尾消失后在入声韵里留下痕迹的表现。

当然，汉语方言入声韵尾整体演变方向一般是合并、弱化、消失，但不是意味着汉语方言入声韵尾的演变过程必然是先合并、接着弱化、最后消失。汉语各地的方言所处的语言环境不一样、语言演变的条件不一样、自身发展的状态不一样等因素，可能会产生各种演变过程，比如先出现弱化或消失、之后才出现合并等。

在韵尾演变过程中，影响韵尾演变的因素有语言内部的语音因素和音系因素，语言外部的语言、方言之间的接触等因素。影响韵尾演变的语音因素中，作用最大的是入声韵主元音。在韵尾合并阶段，元音起着改变塞尾发音部位的作用，高元音改变 -p、-k 的发音部位使之变成舌尖韵尾 -t，低元音改变 -p、-t 的发音部位使之变成 -k；在韵尾弱化或消失阶段，元音和声母清浊一起发挥作用。后低元音使塞尾弱化、喉塞尾消失，而浊入声母推动韵尾 -ʔ 化进而消失。清入如果调值很低，其喉塞尾会早于浊入消失。不过，影响韵尾演变的语音因素在一定程度上受制于汉语的音系结构特点及音系发展趋势，如在音系中地位孤立的深摄会较早发生变化；层次之间的竞争推动了闽语白读层低元音入声韵塞尾的弱化、消失；边音化、鼻音化、韵尾 -ʔ 化符合汉语音节响音化的发展趋势。这些都说明了超越语音层面的音系因素对韵尾演变的作用。汉语与北方阿尔泰语系语言、南方侗台语族语言接触，对入声韵尾的演变起着一定的推动或牵制作用。而汉语北方官话与东南方言、东南方言之间的相互接触，对韵尾演变亦起着一定的影响作用。

本书最后提出了入声韵尾演变过程的两种类型：非闽语型与闽语型。非闽语型的演变过程能够解释大部分汉语方言入声韵尾的演变过程，闽语型所反映的演变过程涉及范围小但极具特色，对于思考汉语方言入声韵尾演变过程具有很大的启发性。

二 研究展望

入声韵尾作为汉语音系中一个重要组成部分，其演变对音系有着重要的影响作用。在分析韵尾演变类型及演变原因时，发现其他音节成分的发展与韵尾的演变有着密切关系。下面尝试从两个角度来阐述一下本书的初步思考，并对未来韵尾演变的研究提出展望。

2.1 紧元音化

2.1.1 伍巍（2006）指出江淮官话有一类方言在喉塞尾消失后入声调值没有舒化、仍读短调。这些方言入声韵的本质如何，非常值得关注。

声调的承载体是韵母主元音及其过渡段。（林茂灿 1995、1996）入声如果在辅音韵尾消失后还保持短促入声调，那么短促调的产生原因可能是入声韵主元音性质与舒声韵主元音的性质不同。邢公畹（1984）分析安庆话入声韵时发现，相同的主元音在入声韵里变得比较紧而在舒声韵里比较松，与藏缅语黎语支语言一样，只是松紧元音不是音位对立性质。王求是（1997）认为湖北孝感方言入声韵主元音也存在着紧元音。

入声韵紧元音的声学本质如何？产生入声韵紧元音的原因是什么？它与入声韵尾之间是什么关系？目前还没见到相关分析。

2.1.2 本书暂时将韵尾消失后入声韵主元音变紧的现象，称为“紧元音化”。存在紧元音化的入声韵的语音表现是：无韵尾，但主元音时长短、声调时长短。

第四章分析韵尾消失时，将韵尾消失分为部分消失和全部消失。在全部消失类型中，又尝试分析了元音尾化现象。元音尾化在一定程度上是辅音韵尾的发音部位在入声韵中留下痕迹的表现。“紧元音化”是韵尾消失后，辅音韵尾的发音方法对入声韵主元音产生影响留下的痕迹。这样，入声韵尾的消失可分为如下三个阶段：

- 韵尾消失
  - 部分消失
  - 全部消失
    - 紧元音化：发音方法留下痕迹
    - 元音尾化：发音部位留下痕迹

入声韵紧元音化对于考证《中原音韵》有无入声有一定启发：《中原音韵》的入声是不是入声塞尾已消失但还处在紧元音化阶段？主元音为紧元音的入声韵虽无辅音韵尾，但仍以紧元音与舒声韵有所不同，从而使周德清认为口语之中还存在入声？

2.2 元音长短

2.2.1 汉藏语中，壮侗语族有着丰富的元音长短对立。元音分长短是壮语语音的重要特征之一，但是壮语元音的长短一般要在带韵尾的情况下才能显示出来。（覃晓航 1989）因此元音长短与韵尾演变有着一定关系。如金平傣语的 -k 尾在长元音后弱化为 -ʔ 或消失，但在短元音后仍旧保留（石林、黄勇 1997），请看表 7-1。

表 7-1 金平傣语 -k 尾演变与长短元音的关系

	鸟	菜	果子	根	儿女
版纳	nok^8	p^hak^7	$maːk^9$	$haːk^{10}$	$luːk^{10}$
金平白傣	nok^8	p^hak^7	$maʔ^9$	$haːʔ^{10}$	$luʔ^{10}$
金平黑傣	nok^8	p^hak^7	ma^5	ha^6	lu^6

原始侗台语带韵尾韵母元音长短对立的特征有消失的趋势，元音长短的区别被元音舌位高低区别代替的语言比较多。（张均如 1986）侗台语这种元音长短对立特征被高低对立特征代替的现象，引起了本书对于汉语方言入声韵尾演变与音节中元音之间关系的思考。

2.2.2 有学者认为汉语上古时期有长短元音之分，如郑张尚芳（1987）；王力先生关于上古入声的长入与短入说，更是被引用来证明这个观点。汉语方言中也有关于韵母主元音分长短的报告，如晋语山西襄垣城关的入声韵。

襄垣城关九摄韵尾 -ʔ 化，有阴入 [3] 和阳入 [$\underline{213}$]，次浊入及少部分全浊入归阴入，大部分全浊入归阳入。入声韵合并后只有两个主元音：后半低不圆唇元音 [ʌ] 和央元音 [ə]，前者舌位低后者舌位高。[ʌ] 主要分布在咸山宕江摄及梗二等，有 [ʌʔ iʌʔ uʌʔ yʌʔ] 四韵；[ə] 主要分布在深臻曾通摄梗三四等，有 [əʔ iəʔ uəʔ yəʔ] 四韵。但与阴入不同的是，阳入主元音在舌位不变的情况下变为长元音，即 ʌ → ʌː、ə → əː，相应的入声韵变为 [ʌːʔ iʌːʔ uʌːʔ yʌːʔ] 和 [əːʔ iəːʔ uəːʔ yəːʔ]。如下：

<table>
<tr><td colspan="2"></td><td>咸山宕江、梗二</td><td>深臻曾通、梗三四</td></tr>
<tr><td colspan="2">韵尾</td><td colspan="2">-ʔ</td></tr>
<tr><td>清、次浊</td><td rowspan="2">阴入 [3]</td><td rowspan="2">ʌ</td><td rowspan="2">ə</td></tr>
<tr><td rowspan="2">全浊</td></tr>
<tr><td>阳入 [$\underline{213}$]</td><td>ʌː</td><td>əː</td></tr>
</table>

阴入 [3]：接 tɕiʌʔ^{3} ｜急 tɕiəʔ^{3} ｜八 pʌʔ^{3} ｜七 tɕʰiəʔ^{3} ｜托委托 tʰuʌʔ^{3} ｜剥 pʌʔ^{3} ｜北 piəʔ^{3} ｜摘 kʌʔ^{3} ｜烛 tsuəʔ^{3}，立 liəʔ^{3} ｜辣 lʌʔ^{3} ｜月 Øyʌʔ^{3} ｜墨 miəʔ^{3} ｜力 liəʔ^{3} ｜麦 miʌʔ^{5} 麦粒｜木 məʔ^{3} ｜绿 lyəʔ^{3}，狭 ɕiʌʔ^{3} ｜集 tɕiəʔ^{3} ｜拔 pʌʔ^{3} ｜突 tʰuəʔ^{3} ｜昨 tsuʌʔ^{3} ｜浊 tsuəʔ^{3} ｜特 tʰəʔ^{3} ｜夕 ɕiəʔ^{3} ｜逐 tsuəʔ^{3}；阳入 [$\underline{213}$]：十 səːʔ$^{\underline{213}}$ ｜活 xuʌːʔ$^{\underline{213}}$ ｜罚 fʌːʔ$^{\underline{213}}$ ｜学 ɕiʌːʔ$^{\underline{213}}$ ｜贼 tsəːʔ$^{\underline{213}}$ ｜直 tsəːʔ$^{\underline{213}}$ ｜白 piʌːʔ$^{\underline{213}}$ ｜毒 tuəːʔ$^{\underline{213}}$ ｜局 tɕyːəʔ$^{\underline{213}}$。阴入 [3] 有词性变调，部分表小义的名词变读高调 [5]，如：夹 tɕiʌʔ^{5} 夹子｜帖 tʰiʌʔ^{3}/tʰiʌʔ^{5} 请帖｜辣 lʌʔ^{3}/lʌʔ^{5} ｜裂 liʌʔ^{3}/liʌʔ^{5} 手上的裂口｜折 tsʌʔ^{3}/tsʌʔ^{5} 存折｜刷 suʌʔ^{5} 刷子｜刮 kuʌʔ^{3}/kuʌʔ^{5} 耳刮｜络 luʌʔ^{5} 用麻绳做成的送饭网兜｜角 tɕiʌʔ^{3}/tɕiʌʔ^{5} 豆角｜拍 pʰiʌʔ^{3}/pʰiʌʔ^{5} 蝇拍｜尺 tsʰəʔ^{3}/tsʰəʔ^{5} 尺子｜秃 tʰuəʔ^{3}/tʰuəʔ^{5} 秃子。

结合周边方言韵尾演变类型及音系内入声调值特点，初步认为襄垣城关入声韵长元音是因喉塞尾强度减弱引起的。襄垣位于山西东南部，靠近河南境内的晋语邯新片。第四章第一节 3.2.2 小节指出河南境内的晋语邯新片属于韵尾部分消失，部分浊入混入清入后剩余的浊入韵尾消失。周边方言韵尾演变特点可以预测襄垣城关韵尾的演变方向。襄垣城关受周边方言影响，阳入喉塞尾正处在强度减弱、趋于消失阶段。

前文分析指出音节具有时长补偿机制。在音节时长保持相对不变的情况下，如果音节内某个音素的时长变短则其他音素的时长就会相应的增加。因此，襄垣城关阳入喉塞尾强度减弱、趋于消失的变化使得喉塞尾时长缩小，入声韵主元音开始拉长，形成长元音以保持音节的相对时长不变。

2.2.3 元音时长是一个相当复杂的问题。元音的绝对时长与元音高低有关，而元音的相对时长与所在韵母时长有关。襄垣城关的长元音是韵尾趋于消失引起的，与所在入声韵的时长有关系。谭克让、孔江平（1991）指出藏语拉萨话开音节中长短元音的对立应该视为单元音韵母的对立。该文把带喉塞尾音节视为开音节，喉塞尾已具有响音性，与本书观点一致。

襄垣城关入声韵长元音的形成原因对思考徽语长元音的产生过程有一定的启发意义。

徽语中屯溪、休宁、黟县、祁门等地有长元音韵母，这些韵母大多来自中古咸山摄开合口三四等、山摄合口一二等、臻摄合口一三等、梗摄三四等、宕江摄及效假摄三等的部分字，长元音韵母中的长元音都是高元音。（赵日新 2005）从来源看以阳声韵和入声韵为主。可以入声韵为切入点尝试推测徽语的长元音产生过程。如果徽语入声韵辅音韵尾消失之时，由于音节补偿机制，主元音出现拉长现象，如同襄垣城关，从而形成长元音。William Labov（2007）提出元音链移音变的三条通则：长元音高化、短元音低化、后元音前化。徽语入声韵的长元音如果遵循了“长元音高化”，进一步高化，就可能形成今天的长元音类型。

2.3 研究展望

上面初步分析了两种与音节发展有关系的韵尾演变现象。无论是紧元音化还是长短元音，都缺少材料作进一步考察，也没有关于这些音变现象本质的分析，如入声韵紧元音的声学本质如何？此外，前文第三章第一节指出，韵尾边音化主要分布在江西赣江中下游和抚河流域及鄱阳湖地区的赣语核心区昌靖片、抚广片等和江苏北部洪泽湖、安徽南部巢湖附近的江淮官话。这里有两个问题需要解答。为什么唐五代西北方言里出现的韵尾边音化，现在只出现在赣语及江淮官话？与赣语关系密切的客家话是没有此类演变，还是存在但未发现？赣语与江淮官话这类现象与唐五代西北方言里的现象是历时的传承关系还是相同演变机制在异时异地引起的？所有这些本书研究中遇见的问题值得进一步思考。结合本书研究，入声韵尾演变研究可从两个角度继续探讨：一是深入调查、分析，二是注重与其他语言对比研究。

2.3.1 深入调查、分析需要关注两方面：入声韵尾的读音类型和演变类型。

本书在现有材料基础上分析了各种类型的韵尾。但是汉语方言是否还有其他类型的入声韵尾，尚待进一步深入调查。当前各种方言研究对于入声韵尾的描写局限于传统思维，对于可能的新韵尾重视不够。赵元任等在二十世纪 40 年代就发现广州话等方言的 -p、-t、-k 尾发音时带有喉塞音，说明深入、细致调查的重要性。汉语方言分布在如此广阔且环境各异的地区里，自身演变受到的影响因素众多，新的读音类型尚待去发掘。《汉语方言地图集》（曹志耘主编 2008）报告的 -lʔ、-nʔ 韵尾，江西余干一县之内众多鼻音韵尾类型说明入声韵尾的调查还有很大的拓展空间。

在发掘新材料时，还要注意对已发现的韵尾读音类型进行跟踪调查、研究。语音演变的条件不同演变结果就不同。对于已有调查结果的方言点，尤其是韵尾读音类型特殊的方言点，要跟踪调查。二十世纪 40 年代通城方言入声读边音尾，40 年后就发现边音尾已是鼻音尾。（陈有恒 1987）通城、余干等方言入声韵尾将来如何发展，还需跟踪调查。

入声韵尾的研究需要适当采用新的调查手段和分析方法。对于一些比较复杂的韵尾现象，应该尝试语音实验分析等方法。比如，边音韵尾的声学性质如何，与入声塞音韵尾、鼻音韵尾有何异同，与边音声母有何异同，与阴声韵的元音韵尾有何异同？目前尚未见到相关的研究分析。这是努力的方向。

入声韵尾演变类型的共时分布在一定程度上能反映韵尾的历时演变过程。不断调查、发现新的演变类型，有助于进一步厘清入声韵尾的历时演变过程。在分析韵尾演变类型时发现还有一些理论上可能出现的演变类型。这些可能的演变类型是否存在，还需要扩大调查范围，深入分析。

从本书的分析来看，汉语方言中比较特殊的韵尾演变类型，如江淮官话中只有深臻曾梗摄三四等高元音入声韵有边音尾的现象，与韵尾的演变类型有关系。如果单从共时角度看待问题，则会得出不符合语音发展规律的结论；如果从韵尾的历时演变过程分析共时现象，则可厘清韵尾演变的发展脉络。因此，扩大调查范围，尽可能发现新的韵尾演变类型，不但有助于分析一些比较特殊的现象，还有助于分析韵尾历时演变过程。

2.3.2 与其他语言对比研究，从语言共性看汉语入声韵尾演变的个性。

作为汉藏语中的重要成员，汉语与其他语言有着密切关系。在韵尾演变中强调与其他语言对比研究，就是要抓住汉语方言和汉藏语其他语言在入声韵尾演变方面的共性和个性。就韵尾读音类型而言，汉藏语各分支语言的个性比较突出。但是就韵尾演变与音节发展的关系而言，共性比较多。前面提及的韵尾演变与长短元音、紧元音的关系，在汉语及其他汉藏语中都有表现。以汉语方言入声韵尾演变研究为出发点，探讨韵尾演变与音节发展乃至语言发展的关系，为普通语言学的研究提供新的思考点，是一项重要的研究工作。同时通过与韵尾演变类型丰富的语言，如侗台语、藏缅语对比分析，可以为研究汉语历时和共时的韵尾演变提供非常好的参照点。

参 考 文 献

爱德华·萨丕尔著、陆卓元译　1985　《语言论——言语研究导论》，商务印书馆。

曹瑞芳　1996　山西阳泉方言入声舒化的初步分析，《语文研究》第3期。

曹志耘　1996　《严州方言研究》，日本好文出版社。

曹志耘　2002a　《南部吴语语音研究》，商务印书馆。

曹志耘　2002b　吴徽语入声演变的方式，《中国语文》第5期。

曹志耘　2004　汉语方言中的韵尾分调现象，《中国语文》第1期。

曹志耘　2011　湖北通城方言的语音特点，《语言研究》第1期。

曹志耘主编　2008　《汉语方言地图集》，商务印书馆。

曾春蓉　2009　湖南泸溪浦市话中的嘎裂声，《湘潭师范学院学报》（社会科学版）第1期。

陈　旻　2000　淮阴话入声韵的k尾，《首届官话方言国际学术讨论会论文集》（钱曾怡、李行杰主编），青岛大学出版社。

陈昌仪　1991　《赣方言概要》，江西教育出版社。

陈昌仪　1992　余干方言入声调的不连续成分，《方言》第2期。

陈贵麟　2006　中古入声字在南部吴语缙云西乡方言的演变规律，《声韵论丛》第14辑，学生书局。

陈世铙　2005　广西玉林方言入声塞音韵尾的消失，《第十届国际粤方言研讨会论文集》。

陈肖霞　1997　普通话音段协同发音研究，《中国语文》第5期。

陈晓锦　1987　广东莞城话“变入”初析，《中国语文》第1期。

陈晓锦　1993　宝安沙井话入声舒化现象，《中国语文》第4期。

陈晓锦　1999　广西玉林白话古阳声韵尾、入声韵尾脱落现象分析，《中国语文》第1期。

陈晓锦　2001　广东粤语的鼻音韵尾和入声韵尾，《方言》第2期。

陈有恒　1987　通城入声的复辅音韵尾，《咸宁师专学报》第2期。

陈章太　1983　邵武方言的入声，《中国语文》第2期。

陈章太　1991　邵武市内的方言，《闽语研究》，语文出版社。

陈支平　1995　闽江上下游经济的倾斜性联系，《中国社会经济史研究》第2期。

陈忠敏　1995　上海市区话语音一百多年来的演变，《吴语和闽语的比较研究》第1辑，上海教育出版社。

陈忠敏　2007　语音层次的定义及其鉴定的方法,《历史层次与方言研究》(丁邦新主编),上海教育出版社。
崔振华　1997　桂东方言同音字汇,《方言》第1期。
戴维·克里斯特尔著、沈家煊译　2000《现代语言学词典》,商务印书馆。
邓晓华　1986　通城黄袍语音特点,《龙岩师专学报》第2期。
丁邦新　1998a　汉语方言区分的条件,《丁邦新语言学论文集》,商务印书馆。
丁邦新　1998b　论官话方言研究中的几个问题,《丁邦新语言学论文集》,商务印书馆。
董绍克　1985　试论入声 -ʔ 尾的语音性质,《山东师范大学报》(社科版)第3期。
董为光　1987　湘鄂赣三界方言的"l"韵尾,《语言研究》第1期。
范慧琴　2004　从山西定襄方言看晋语入声的演变,《西南民族大学学报》(人文社科版)第4期。
方孝岳　1979《汉语语音史概要》,商务印书馆(香港)。
冯　隆　1985　北京话语流中声韵调的时长,《北京语音实验录》(林焘、王理嘉主编),北京大学出版社。
冯　蒸　1989《切韵》祭泰夬废四韵带辅音韵尾说,《湖南师范大学社会科学学报》第6期。
冯爱珍　1993　福州方言的入声,《方言》第2期。
符玉川　1996　海南古代移民与海南方言,《海南大学学报》(人文社会科学版)第2期。
甘于恩、简倩敏　2010　广东方言的分布,《学术研究》第9期。
甘于恩、刘　倩　2004　粤方言中的闽语成分,《华侨大学学报》第3期。
高本汉　1923　答马斯贝罗论切韵之音,《国学季刊》第1卷第3号。
高本汉　1927　谐声说,《国学论丛》第1卷第2号,清华研究院;赵元任译,转引自《赵元任语言学论文集》,商务印书馆,2002年。
高本汉著、赵元任等译　1940《中国音韵学研究》,商务印书馆。
高本汉著、赵元任译　1928　上古中国音当中的几个问题,《历史语言研究所集刊》第1本第3分。
光泽县地方志编纂委员会编　1994《光泽县志》,群众出版社。
郭必之　2008　邵武话动态助词"度"的来源—兼论邵武话和闽语的关系,《中国语文》第2期。
郭建荣　1989　孝义方言降升调韵母中的间歇,《方言》第1期。
哈杜默德·布斯曼　2007《语言学词典》,商务印书馆。
贺　巍　1995　汉语官话方言入声消失的成因,《中国语文》第3期。
侯精一　1986　晋语的分区(稿),《方言》第4期。
侯精一　1999　晋语入声韵母的区别性特征与晋语区的分立,《中国语文》第2期。
侯精一主编　2002《现代汉语方言概论》,上海教育出版社。
侯兴泉　2005　关于广州话-k塞尾入声变化的调查实验,《暨南学报》(人文科学与社会科学版)第2期。
后藤朝太郎　1931　中国入声之地理研究,《岭南学报》第2卷第1期。
胡　适　1929　入声考,《新月》第1卷第11号。
黄艾榕、张盛如　1999　从回鹘文《玄奘传》看西北方言入声的演化,《武汉教育学院学报》第1期。
黄家教　1984　从"等"来看广州入声消失的迹象,《音韵学研究》第1辑,中华书局。
黄雪贞　1997　客家方言古入声字的分化条件,《方言》第4期。

焦妮娜 2007 晋城话中的入声字，《语言研究》第 2 期。

蓝小玲 1999 《闽西客家方言》，厦门大学出版社。

黎新第 1991 北纬 37° 以南的古 -k 韵尾字与二合元音，《语言研究》第 2 期。

李 荣 1956 《切韵音系》，科学出版社。

李 荣 1985 官话方言的分区，《方言》第 1 期。

李范文 1994 《宋代西北方音》，中国社会科学出版社。

李方桂 1971 独山话的塞音韵尾，《历史语言研究所集刊》第 43 本第 2 分；译文收中国社会科学民族研究所编《汉藏语系语言学论文选译》，1980。

李敬忠 1989 试论汉藏语系辅音韵尾的消失趋势，《贵州民族研究》第 4 期。

李敬忠 1990 珠江三角洲粤语疑母及辅音韵尾的演变趋势，《广东技术师范学院学报》第 1 期。

李如龙、陈章太 1985 论闽方言内部的主要差异，《中国语言学报》第 2 期，商务印书馆。

李如龙、陈章太 1991 闽西北七县市的方言，《闽语研究》，语文出版社。

李如龙、张双庆主编 1992 《客赣方言调查报告》，厦门大学出版社。

李如龙、张双庆 1996 客赣方言的入声韵和入声调，《方言与音韵论集》，香港中文大学中国文化研究所吴多泰中国语文研究中心。

李如龙 1996 声韵调的演变是互制互动的，《方言与音韵论集》，香港中文大学中国文化研究所吴多泰中国语文研究中心。

李如龙 2001a 《福建县市方言志 12 种》，福建教育出版社。

李如龙 2001b 《汉语方言学》，高等教育出版社。

李小平 1998 从音系的辅音含量看晋语保留入声的原因，《语文研究》第 4 期。

李新魁 1983 《汉语等韵学》，中华书局。

李新魁 1990 数百年来粤方言韵母的发展，《学术研究》第 4 期。

李永明 1986 从今南方诸方言推测古入声韵尾脱落的过程，《湘潭大学学报》（哲社版）第 2 期。

梁猷刚 1983 古阳声韵入声韵海南府城话今读阴声韵初探，《中国语文》第 3 期。

林茂灿、颜景助 1994 普通话带鼻尾零声母音节中的协同发音，《应用声学》第 1 期。

林茂灿 1995 北京话声调分布区的知觉研究，《声学学报》（中文版）第 6 期。

林茂灿 1996 普通话两音节 F0 过渡及其感知，《中国社会科学》第 4 期。

刘 坚主编 1998 《二十世纪的中国语言学》，北京大学出版社。

刘纶鑫 1999 客赣方言史简论，《南昌大学学报》（社会科学版）第 3 期。

刘伦鑫 2000 客赣方言的声调系统综述，《南昌大学学报》（社会科学版）第 4 期。

刘文炳 1941 入声研究与太原盆地人之读入声，《说文月刊》第 3 卷 1 期。

刘晓南 2002 从宋代邵武文士用韵看历史上邵武方言的特点及其归属，《中国语文》第 3 期。

刘勋宁 1983 古入声在清涧话中的分化与广州话的长短入，《语言学论丛》第 10 辑，商务印书馆。

刘育林 1986 今陕北话之古入声，《延安大学学报》（社会科学版）第 3 期。

龙安隆 2007 《福建邵将区方言语音研究》，福建师范大学博士学位论文。

龙安隆 2010 福建邵武方言浊平入化的性质，《方言》第 4 期。

鲁国尧 1988 泰州方音史与通泰方言史研究，*Computational Analyses of Asian and African Languages* 第 30 号。

罗常培　王　均　1981《普通语音学纲要》，商务印书馆。
罗常培　1932　关于广州话入声的讨论，《国语周刊》第41期。
罗常培　1933《唐五代西北方音》，国立中央研究院历史语言研究所。
罗常培　1941《临川音系》，科学出版社；后载于《罗常培文集》第一卷，山东教育出版社，1999年。
罗常培　1949《中国音韵学导论》，国立北京大学出版部。
罗常培　1950《语言与文化》，国立北京大学出版部。
罗杰瑞　1982　The Classification of the Shaowu Dialect，《历史语言研究所集刊》第53本第3分。
罗莘田　1933　查尔默的汉语入声声尾说，《东方杂志》第38卷第22号。
罗伟豪　2000《广韵》咸深二摄广州话今读[-n][-t]韵尾字音分析，《第七届国际粤方言研讨会论文集（〈方言〉增刊）》（单周尧、陆镜光主编），商务印书馆。
罗香林　1933《客家研究导论》，希山书藏。
马文忠　1984　中古入声字在大同方言的变化，《语文研究》第2期。
麦　耘　2009　从粤语的产生和发展看汉语方言形成的模式，《方言》第3期。
麦　耘　2011　黄阁四种粤方言语音述略，《南方语言学》第三辑，暨南大学出版社。
麦　耘　2013　软腭辅音与硬腭过渡音的亲和性——一项语音演化研究，《方言》第3期。
梅　耶著、岑麒祥译　1957《历史语言学中的比较方法》，科学出版社。
宁德市地方志编纂委员会　1995《宁德市志》，中华书局。
潘家懿　1984　从交城方言看汉语入声消失的历史，《音韵学研究》第1辑，中华书局。
潘家懿　1996　海丰方言三十年来的演变，《方言》第4期。
潘家懿　1998　鼻/塞韵尾的消变及其粤东闽语模式，《语文研究》第4期。
潘茂鼎等　1963　福建汉语方言分区略说，《中国语文》第6期。
朴万圭　1999　就汉梵对音收-t/-l韵尾试论韩汉入声译音收-l韵尾，《声韵论丛》第8辑，学生书局。
平田昌司主编　1998《徽州方言研究》，日本好文出版社。
乔全生　2008《晋方言语音史研究》，中华书局。
桥本万太郎、孙以芗、陈庆延、温端政　1982　西北方言和中古汉语的硬软颚音韵尾—中古汉语的鼻音韵尾和塞音韵尾的不同作用，《语文研究》第1期。
桥本万太郎著、余志鸿译　1985《语言地理类型学》，北京大学出版社。
邱尚仁　1991　南城方言的语音系统，《方言》第1期。
瞿霭堂　1991《藏语韵母研究》，青海民族出版社。
冉启斌　2005　汉语鼻音韵尾的实验研究，《南开语言学刊》第1期。
邵慧君　2003　粤方言阳声韵尾及入声韵尾的分化模式及成因初探，《第八届国际粤方言研讨会论文集》（詹伯慧主编），中国社科出版社。
邵武市地方志编纂委员会编　1993《邵武市志》，群众出版社。
申东月　2004　汉韩对音中为何*-t>*-l，《民族语文》第4期。
沈　明　1995《山西晋语入声韵的研究》，中国社科院语言研究所博士学位论文。
沈　明　2005　晋东南晋语入声调的演变，《语文研究》第4期。
沈　明　2007　晋语五台片入声调的演变，《方言》第4期。

沈向荣、刘 博 2010 汉藏语中的塞尾爆破现象,《民族语文》第1期。
石 林、黄 勇 1997 论汉藏语系语言塞音韵尾的发展演变,《民族语文》第6期。
石绍浪 2007 《江淮官话入声研究》,北京语言大学博士学位论文。
宋益丹 2009 南京方言中的入声喉塞尾实验研究,《南京师范大学文学院学报》第2期。
孙锐欣 2005 廿八都话的中塞调的实验研究,《常州工学院学报》(社会科学版)第1期。
孙小花 2004 五台方言的入声,《语文研究》第4期。
孙宜志 2006 《安徽江淮官话语音研究》,黄山书社。
孙宜志 2007 《江西赣方言语音研究》,语文出版社。
孙玉卿 2003 珠江三角洲粤方言入声韵尾舒化过程中的几种类型及阳声韵尾的关系,《第八届国际粤方言研讨会论文集》(詹伯慧主编),中国社科出版社。
孙玉卿 2005 山西晋语入声舒化情况分析,《山西师大学报》(社会科学版)第4期。
覃晓航 1989 壮语元音的长短在方言中与声、韵母的关系,《贵州民族研究》第1期。
谭克让、孔江平 1991 藏语拉萨话元音、韵母的长短及其与声调的关系,《民族语文》第2期。
谭其骧 1934 晋永嘉丧乱后之民族迁徙,《燕京学报》第15期。
田希诚 1989 大同方言的辅音韵尾,《山西方言研究》。
汪 平 2010 江苏通州方言音系探讨,《方言》第3期。
王 力 1980 《汉语史稿》,中华书局。
王 力 1985 《汉语语音史》,中国社会科学出版社。
王 利 2008 晋东南晋语的入声舒化现象,《语文研究》第3期。
王福堂 2009 文白异读和层次区分,《语言研究》第1期。
王洪君 1990 入声韵在山西方言中的演变,《语文研究》第1期。
王莉宁 2011 粤语中的元音分调现象,《中国语文》第1期。
王求是 1997 孝感入声的紧元音性质,《孝感学院学报》第2期。
王世华 1992 宝应方言的边音韵尾,《方言》第4期。
王希哲 1996 左权方言古入声字今舒声化现象,《语文研究》第2期。
王育德 1968 《闽音系研究》,东京大学博士论文,收在王育德《台湾语音の历史的研究》,东京第一书房,1987年。
温端政 1986 试论山西晋语的入声,《中国语文》第2期。
温端政 2000 晋语的“分立”与汉语方言分区问题,《语文研究》第1期。
温端政主编 1982—1995 《山西方言志丛书》,语文出版社。
吴 波 2007 江淮方言的边音韵尾,《语言研究》第1期。
吴 芳 2009 粤东闽语 -n(-t) 韵尾消失的轨迹,《第七届潮学国际研讨会论文集》(黄挺主编),花城出版社。
吴瑞文、林英津 2007 闽语方言辅音韵尾今读的历史分析,《中国语文研究》第1期。
吴宗济 林茂灿主编 1989 《实验语音学概要》,高等教育出版社。
伍 巍 2006 江淮官话入声发展演变的轨迹,《中国方言学报》第1期。
伍 巍 2003 广东曲江县龙归土话的小称,《方言》第1期。
谢·叶·雅洪托夫著 1986 十一世纪的北京音,《汉语史论集》(唐作藩、胡双宝编选),北京大学出版社。

辛世彪 2004 《东南方言声调比较研究》，上海教育出版社。

邢公畹 1962 论调类在汉台语比较研究上的重要性，《中国语文》第1期。

邢公畹 1984 安庆方言入声字的历史语音学研究，《中国语言学报》第2期，商务印书馆。

邢向东、孟万春 2006 陕北甘泉、延长方言入声字读音研究，《中国语文》第5期。

熊正辉、张振兴 2008 汉语方言的分区，《方言》第2期。

熊正辉 1960 光泽、邵武话里的古入声字，《中国语文》第10期。

熊正辉 1987 广东方言的分区，《方言》第3期。

徐 越、朱晓农 2011 喉塞尾入声是怎么舒化的——孝丰个案研究，《中国语文》第3期。

徐通锵 1990 结构的不平衡性和语言演变的原因，《中国语文》第1期。

徐通锵 1991 《历史语言学》，商务印书馆。

徐通锵 1993 语言发展的不平衡性和历史比较研究，《徐通锵自选集》，河南教育出版社。

徐通锵 1994a 音系的结构格局和内部拟测法（上）——汉语的介音对声母系统的演变的影响，《语文研究》第3期。

徐通锵 1994b 音系的结构格局和内部拟测法（下）——汉语的介音对声母系统的演变的影响，《语文研究》第4期。

徐通锵 1996 音系的非线性结构原理和语音史的研究，《民族语文》第6期。

徐通锵 2004 音变的规律和汉语方言的分区，《南开语言学刊》第2期。

许宝华 1984 论入声，《音韵学研究》第1辑，中华书局。

许宝华 1998 现代吴语入声变化述略，《语言研究的新思路》，上海教育出版社。

薛凤生 1978 论入声字之演化规律，《屈万里先生七秩荣庆论文集》，中国台北联经出版社。

岩田礼 1992 汉语方言入声音节的生理特征—兼论入声韵尾的历时变化，《中国境内语言暨语言学》第1辑，中央研究院历史语言研究所编印。

颜 森 1986 江西方言的分区（稿），《方言》第1期。

颜 森 1993 《黎川方言研究》，社会科学文献出版社。

颜景常、鲍明炜 1988 江淮方言北沿的入声——兼论北方话入声消失过程，《语言研究集刊》第2期，江苏教育出版社。

颜逸明、严振洲 钱文俊 1984 吴语在江西省境内的分布，《方言》第4期。

杨 蔚 2003 粤语古入声分化情况考察，《第八届国际粤方言研讨会论文集》（詹伯慧主编），中国社会科学出版社。

杨时逢 1971 江西方言声调的调类，《历史语言研究所集刊》第43本第3分。

杨时逢 1974 《湖南方言调查报告》，中研院历史语言研究所。

杨述祖 1982 山西方言入声的现状及其发展趋势，《语文研究》第1期。

杨信川 1997 试论入声的性质及其演变，《广西大学学报》（哲学社会科学版）第1期。

杨增武 1990 《山阴方言志》，山西高校联合出版社。

杨自翔 1989 安徽桐城方言入声的特点，《中国语文》第5期。

游汝杰 1997 古文献所见吴语的鼻音韵尾和塞音韵尾，《桥本万太郎纪念——中国语学论集》，日本内山书店。

游汝杰 1998 西洋传教士著作所见上海话的塞音韵尾，《中国语文》第2期。

余干县志编纂委员会编 1991 《余干县志》，新华出版社。

袁家骅 1981 汉藏语声调的起源和演变,《语文研究》第2期。

袁家骅等 2001 《汉语方言概要》,语文出版社。

远藤光晓 1994 元音与声调,《中国境内语言暨语言学》第2辑。

云惟利 1987 《海南方言》,澳门东亚大学。

詹伯慧主编 2002 《广东粤方言概要》,暨南大学出版社。

张光宇 1984 说邵武方言,《语言研究》第2期(署名雷伯长),收入《切韵与方言》,台湾商务印书馆。

张光宇 1989 海口方言的声母,《方言》第1期。

张光宇 1999 东南方言关系综论,《方言》第1期。

张洪年 2002 21世纪的香港粤语:一个新语音系统的形成,《暨南学报》(哲学社会科学版)第2期。

张吉生 2007 汉语韵尾辅音演变的音系理据,《中国语文》第4期。

张均如 1986 壮侗语族语音演变的趋向性、阶段性、渐变性,《民族语文》第1期。

张盛裕 1981 潮阳方言的语音系统,《方言》第1期。

张世禄 1929 从日本译音研究入声韵尾的变化,《中山大学语言历史研究所周刊》第9集第99期。

张双庆、万 波 1996 从邵武方言几个语言特点的性质看其归属,《语言研究》第1期。

张益梅 1986 介休方言的入声字和古入声字比较,《语文研究》第3期。

张振兴 1982 漳平(永福)方言同音字汇,《方言》第3期。

张振兴 1985 闽语的分区(稿),《方言》第3期。

张振兴 1989a 闽语的分布和人口,《方言》第1期。

张振兴 1989b 漳平(永福)方言的文白异读(一),《方言》第3期。

张振兴 1989c 漳平(永福)方言的文白异读(二),《方言》第4期。

张振兴 1990 漳平(永福)方言的文白异读(三),《方言》第1期。

张振兴 1997 重读《中国语言地图集》,《方言》第4期。

张振兴 2000 闽语及其周边的方言,《方言》第1期。

赵秉璇 1963 太原话中的促音韵尾和入声,《学术通讯》第2期。

赵日新 2005 徽语中的长元音,《中国语文》第1期。

赵日新 2008 安徽省的汉语方言,《方言》第4期。

赵元任、丁声树 杨时逢 1948 《湖北方言调查报告》,商务印书馆。

赵元任 1934 音位标音法的多能性,《历史语言研究所集刊》第4本第4分。

赵元任 1956 《现代吴语的研究》,科学出版社。

郑张尚芳 1987 上古韵母系统和四等、介音、声调的发源问题,《温州师范学院学报》第4期。

中国社会科学院、澳大利亚人文科学院合编 1987 《中国语言地图集》,(香港)朗文出版(远东)有限公司。

钟 奇 2003 中古、广州 [-m/p]、[-n/t]、[-ŋ/k] 互变特字成因试析,《第八届国际粤方言研讨会论文集》(詹伯慧主编),中国社科出版社。

周 磊 2003 从非音节性词尾看入声韵尾 [ʔ] 的脱落,《中国语文》第5期。

周振鹤、游汝杰 1986 《方言与中国文化》,上海人民出版社。

周祖谟　1966　宋代汴洛语音考，《问学集》，中华书局。
朱　蕾　2007　皖南泾县吴语入声的演变，《语言科学》第 5 期。
朱晓农、寸　熙　2003　韶关话的嘎裂声和小称调，《汉语方言语法研究和探索——首届国际汉语方言语法学术研讨会论文集》，黑龙江人民出版社。
朱晓农、焦　磊、严至诚、洪　英　2008　入声演化三途，《中国语文》第 4 期。
朱晓农　2004　浙江台州方言中的嘎裂声中折调，《方言》第 3 期。
朱晓农、严至诚　2010　入声唯闭韵尾的共时变异和历时演化——香港粤语个案研究，《南方语言学》第 1 辑。
庄初升　2004　《粤北土话音韵研究》，中国社会科学出版社。
邹　珣　2007　《澄海方言咸深二摄闭口韵尾的地理分布研究》，暨南大学硕士学位论文。

Patricia A. Keating 著、曹建芬译　1990　协同发音和时域调节，《国外语言学》第 4 期。
R. L. 特拉斯克著、鲍怀翘等译　2000　《语音学和音系学词典》，语文出版社。
William Labov　2007　《语言变化原理：社会因素》，北京大学出版社。

Bauer, Laurie. 1988. What is lenition? *Journal of Linguistics*. 24: 381—392.
Campbell, Lyle. 1999. *Historical Linguistics: An Introduction*. Cambridge, MA: The MIT Press.
Chen, Matthew. 1973. Cross-dialectal comparison: A case study and some theoretical considerations, *Journal of Chinese Linguistics*. 1(1): 38—63.
Chomsky, N. & Halle, M. 1968. *The Sound Pattern of English*. New York: Harper and Row.
Edkins, Joseph. 1853. *A Grammar of Colloquial as Exhibited in the Shanghai Dialect*, Shanghai: Presbyterian Mission Press. Second Edition, Corrected 1868.
Harris, John. 1994. *English Sound Structure*. Oxford, UK: Blackwell.
Ladefoged, Peter. 2005. *Vowel and Consonants: An Introduction to the Sounds of Languages*. Second Edition, Blackwell Publishing Ltd.
Lindblom, B. & Sundberg, J. 1971. Acoustical consequences of lip, tongue, jaw, and larynx movement. *The Journal of the Acoustical Society of America*, 50(4): 1166—1179.
Wu, Zongji & Sun, Guohua. 1989. An experimental study of coarticulation of unaspirated stops in CVCV contexts in Standard Chinese, Report of Phonetic Research, RPR-IL (CASS), China.

附　　录

本书共使用了879点方言材料，其中579点来自“地图集数据库”，280点来自已公开的调查报告及学位论文，还有本书调查的通城、余干、邵武、光泽、都昌五县20点方言。

本附录列举所使用的280点材料的出处、调查的20点方言及发音人信息，凡是本附录没有列举的方言均来自“地图集数据库”，具体信息请参看《汉语方言地图集》（曹志耘主编 2008）“附录”。在此向所有材料的调查者及本书调查时的发音人致谢！

附录一　公开发表的材料

晋语

①温端政、侯精一　1993《山西方言调查报告》，山西联合高校出版社。

山西　娄烦　平定　阳城　汾阳　岚县　离石　石楼
隰县　高平　代县　五台　五寨

②山西省方言志丛刊，山西省社会科学院语言研究室编，语文出版社。

山西　郭建荣　1989《孝义方言志》　孝义旧城
侯精一　1985《长治方言志》　长治市区
胡双宝　1988《文水方言志》　文水城关
马文忠、梁述中　1986《大同方言志》　大同城内
田希诚　1989《和顺方言志》　和顺东区
温端政　1985《忻州方言志》　忻州城区

③山西省方言志丛刊，山西省社会科学院语言研究室编，《语文研究》增刊。

山西 陈润兰、李唯实 1984 《襄垣方言志》 襄垣城关
金梦茵 1983 《陵川方言志》 陵川城内
沈慧云 1983 《晋城方言志》 晋城城里
温端政 1983 《怀仁方言志》 怀仁城关
杨述祖、王艾录 1984 《祁县方言志》 祁县城关
杨述祖 1983 《太谷方言志》 太谷城关
赵秉旋 1984 《寿阳方言志》 寿阳城关

④山西方言志丛刊，山西高校联合出版社。

山西 江荫禔 1991 《朔县方言志》 朔州城关
李小平 1991 《临县方言志》 临县县城
乔全生 1990 《汾西方言志》 汾西城关
史素芬、李奇 1990 《武乡方言志》 武乡城关
宋欣桥 1991 《盂县方言志》 盂县城关
王希哲 1991 《左权方言志》 左权城关
谢自立 1990 《天镇方言志》 天镇城关
杨增武 1990 《山阴方言志》 山阴岱岳
张益梅 1991 《介休方言志》 介休城关
张振铎 1990 《沁县方言志》 沁县城关
潘耀武 1990 《清徐方言志》 清徐清源
张振铎 1991 《屯留方言志》 屯留

⑤候精一主编 1982 《平遥话音档》，上海教育出版社。 平遥

⑥贺巍 1989 《获嘉方言研究》，商务印书馆 河南 获嘉县城

江淮官话

①江苏省和上海市方言调查指导组编 1960 《江苏省和上海市方言概况》，江苏人民出版社。

江苏 高邮 淮阴 如皋 泰州 盐城 扬州

②鲍明炜主编 1998 《江苏省志·方言志》，南京大学出版社。

江苏 东海牛山 阜宁 连云港 灌南新安 镇江

③孟庆惠 1997 《安徽省志·方言志》，方志出版社。

安徽 巢县 怀远 淮南

④石绍浪 2007 《江淮官话入声研究》，北京语言大学博士学位论文。

安徽 庐江盛桥 青阳九华 枞阳汤沟

⑤孙宜志 2006 《安徽江淮官话语音研究》，黄山书社。

安徽 滁州担子 当涂城关 定远大桥 含山林头 六安孙岗 全椒二郎口 舒城龙河
天长城关 无为泥汊

⑥赵元任、丁声树、杨时逢 1948 《湖北方言调查报告》，商务印书馆。

湖北 黄梅李陵口 蕲春漕河 英山金家铺

⑦江西省地方志编纂委员会编 2005 《江西省志·方言志》，方志出版社。

江西 瑞昌市

⑧同音字汇等

王世华 1992 宝应方言的边音韵尾，《方言》第4期。 江苏 宝应

顾 黔 1990 泰兴方言同音字汇，《方言》第4期。 江苏 泰兴县城

吴语

①曹志耘、秋谷裕幸、太田斋、赵日新 2000 《吴语处衢方言研究》，日本好文出版社。

江西 玉山冰溪

浙江 常山天马 开化城关 龙游龙游 庆元松源 遂昌妙高 云和云和

②蒋冰冰 2003 《吴语宣州片方言音韵研究》，华东师范大学出版社。

安徽 池州灌口 池州茅坦 当涂湖阳 当涂年陡 繁昌城关 黄山甘棠 黄山广阳
泾县厚岸 泾县茂林 南陵溪滩 宁国南极 宁国庄村 青阳童埠
石台七都 铜陵太平 芜湖湾址 宣城裘公

③钱乃荣 1992 《当代吴语研究》，上海教育出版社。

江苏 丹阳城内 吴江黎里 宜兴城内

浙江 湖州双林 嘉兴城内 靖江城内 余姚城内 诸暨王家井

④秋谷裕幸 2001 《吴语江山广丰方言研究》，日本爱媛大学法文学部综合政策学科。

江西 广丰永丰 浙江 江山三光堆

⑤秋谷裕幸等 2002 《吴语兰溪东阳方言调查报告》，神户市外国语大学。

浙江 东阳魏山 兰溪诸葛

⑥同音字汇

陈忠敏 1990 鄞县方言同音字汇，《方言》第1期。 浙江 宁波鄞州区

徽语

①曹志耘 1996 《严州方言研究》，日本好文出版社。

浙江 淳安淳城 建德梅城 遂安狮城

②江西省地方志编纂委员会 2005 《江西省志·方言志》，方志出版社。

江西 德兴程营 浮梁浮梁 婺源高沙

③平田昌司主编 1998 《徽州方言研究》，日本好文出版社。

安徽 歙县徽城 祁门祁山 屯溪城里 休宁海阳 江西 婺源紫阳

客家话

①陈晓锦 2004 《广西玉林市客家方言调查研究》，中国社会科学出版社。

广西 北流西埌 博白新田 陆川横山 容县县底 兴业高峰 玉林新桥

②江西省地方志编纂委员会编 2005 《江西省志·方言志》，方志出版社。

江西 会昌县城 宁都县城 石城观下 兴国县城 寻乌县城 崇义县城 上犹油石

③李如龙、张双庆 1992 《客赣方言调查报告》，厦门大学出版社。

福建 宁化 武平岩前 诏安秀篆

广东 河源河源 连南 梅县

江西 赣县蟠龙

④李如龙等 1999 《粤西客家方言调查报告》，暨南大学出版社。

广东 电白沙琅 高州新垌 化州新安 廉江青平 信宜思贺 阳春三甲 阳西塘口

⑤刘纶鑫主编 1999 《客赣方言比较研究》，中国社会科学出版社。

江西 南康蓉江 全南城厢 铜鼓丰田 井冈山黄坳

⑥詹伯慧、张日昇 1987 《珠江三角洲方言字音对照》，广东人民出版社。

广东 从化吕田 东莞清溪 惠州市区 中山南蓢

⑦谢建猷 2007 《广西汉语方言研究》，广西人民出版社。

广西 北流塘岸 马山片联

⑧同音字汇

邓玉荣 1996 广西贺县（莲塘）客家话音系，《方言》第4期。 广西 贺县莲塘

卢绍浩 1995 井冈山客家话音系，《方言》第2期。 江西 井冈山下七

魏宇文 1997 五华方言同音字汇，《方言》第3期。 广东 五华横陂

周日健 1987 广东省惠阳客家话音系，《方言》第3期。 广东 惠阳

赣语

①陈昌仪 1991 《赣方言概要》，江西教育出版社。

江西 都昌土塘 抚州市区 余干县城

②江西省地方志编纂委员会编 2005 《江西省志·方言志》，方志出版社。

江西 靖安双溪 新建长堎 安义龙津 崇仁石庄 东乡邓家 广昌盱江 金溪秀谷 进贤梅庄 乐安鳌溪 南丰琴城 宜黄凤冈 万安县城 上高敖阳 万载康乐 新干三湖 新余观巢 宜春市区 宜丰新昌 丰城市区 横峰上坑源 乐平市区 铅山新滩 万年青云 余江潢溪 星子蛟塘 黎川日峰

③李如龙、张双庆 1992 《客赣方言调查报告》，厦门大学出版社。

江西 安义县城 都昌县城 吉水螺田

安徽 宿松河塔 湖南 平江南江

④刘纶鑫主编 1999 《客赣方言比较研究》，中国社会科学出版社。

江西 高安县城 修水义宁 永修江益 南丰琴城 宜黄凤凰 奉新冯川

⑤赵元任、丁声树、杨时逢 1948 《湖北方言调查报告》，商务印书馆。

湖北 通城十里市

⑥卢继芳 2007 《都昌阳峰方言研究》，中国社会科学出版社。

江西 都昌阳峰

⑦同音字汇

钟明立 2004 江西武宁礼溪话音系，《方言》第4期。 江西 武宁礼溪

闽语

①林伦伦 1996 《广东闽方言语音研究》，汕头大学出版社。

广东 电白霞洞 揭阳榕城 中山隆都 汕头市区

②冯爱珍 1993 《福清方言研究》，社会科学文献出版社。

福建 福清融城

③龙安隆 2007 福建邵将区方言语音研究，福建师范大学博士学位论文。

福建 光泽司前

④詹伯慧、张日昇 1987 《珠江三角洲方言字音对照》，广东人民出版社。

广东 隆都

⑤同音字汇

林伦伦 1994 广东省澄海方言同音字汇，《方言》第2期。 广东 澄海澄城

沙 平 1999 福建省宁德方言同音字汇，《方言》第4期。 福建 宁德城区

张振兴 1982 漳平(永福)方言同音字汇，《方言》第3期。 福建 漳平永福

庄初升 1996 乐昌市塔头坝方言音系，《方言》第3期。 广东 乐昌河南

粤语

①詹伯慧、张日昇 1987 《珠江三角洲方言字音对照》，广东人民出版社。

广东 从化城内 东莞莞城 番禺市桥 高明明城 广州市区 花都花山 南海沙头 三水西南 顺德大良 增城县城 斗门斗门 斗门上横 恩平牛江 鹤山雅瑶 台山台城 新会会城 中山石岐

香港 香港市区 新界锦田

②詹伯慧、张日昇 1994 《粤北十县市粤方言调查报告》，暨南大学出版社。

广东 连山布田 佛冈县城 乐昌县城 连县清水 曲江马壩 仁化县城 韶关市区

③詹伯慧、张日昇 1998《粤西十县市粤方言调查报告》，暨南大学出版社。

广东 德庆城关 封开南丰 广宁东乡 怀集怀城 罗定罗城 郁南平台 四会四会 新兴县城 云浮云城 高要县城

④谢建猷 2007《广西汉语方言研究》，广西人民出版社。

广西 北流唐僚 百色市内 贵港南江 横县县城 北海市内 灵山县城 钦州市内 桂平县城 宁明县城

平话

谢建猷 2007《广西汉语方言研究》，广西人民出版社。

广西 崇左四排

土话

谢建猷 2007《广西汉语方言研究》，广西人民出版社。

广西 融水县城 宜州德胜

说明：由于行政区划变更，本书引用的材料中部分方言点名称与“地图集数据库”里同一点的名称不一致。本书将其县市级名称改为与“地图集数据库”一致，文中举例用修改后的名称。修改如下：

非“地图集数据库”材料修改地名记录

	原名	改名	材料来源
1	巢县	巢湖巢县	孟庆惠 1997《安徽省志·方言志》，方志出版社。
2	贵池灌口	池州灌口	蒋冰冰 2003《吴语宣州片方言音韵研究》，华东师范大学出版社。
3	贵池茅坦	池州茅坦	
4	花县花山	花都花山	詹伯慧、张日昇 1987《珠江三角洲方言字音对照》，广东人民出版社。
5	梅县	梅州	李如龙、张双庆 1992《客赣方言调查报告》，厦门大学出版社。
6	连县清水	连州清水	詹伯慧、张日昇 1994《粤北十县市粤方言调查报告》，暨南大学出版社。
7	贺县莲塘	贺州莲塘	邓玉荣 1996 广西贺县（莲塘）客家话音系，《方言》第4期。

附录二 20点信息表

调查点乡镇/行政村/自然村	姓名	性别	出生年月	语言、教育背景及其他
湖北通城				
隽水镇桃源村	程绪平	男	1958年12月	会说普通话，初中文化。现工作于县方志局。
关刀镇春雷村放球场	刘汉林	男	1932年12月	会说一点普通话，扫盲班毕业。
	刘汉甫	男	1938年06月	会说普通话，小学文化。刘汉林之弟。
塘湖镇龙印村夏家老屋	夏阳春	男	1948年10月	会说不标准的普通话，初中文化。
石南镇湾曲村湾曲屋	胡金保	男	1940年10月	会说一点普通话，师范毕业。
北港镇庄前村	周火生	男	1948年11月	不会说普通话，初中文化。
	胡国雄	男	1941年03月	不会说普通话，初中文化。
	胡 力	男	1995年05月	会说普通话，调查时初中毕业。
沙堆镇石冲村三队	雷文良	男	1945年10月	不会说普通话，小学文化。
沙堆镇石冲村八队	李拔萃	男	1941年04月	会说不标准的普通话，高中文化。
四庄乡四庄村二组	邱道秋	男	1938年10月	会说一点普通话，读私塾4年。
五里镇锡山村石板铺	何炎武	男	1945年07月	不会说普通话，读小学4年
	胡金明	男	1958年04月	不会说普通话，高中文化。
	胡华炳	男	1972年11月	会说普通话，初中文化。
马港镇白竹村李家老屋	刘大放	男	1957年08月	不会说普通话，高中文化。
江西余干				
瑞洪镇小山村小山	陈细根	男	1933年02月	会说不标准的普通话，读私塾3年。
瑞洪镇联兴村莲池	黄三轲	男	1962年05月	不会说普通话，镇干部。
三塘镇联兴村赤朱	朱老根	男	1949年03月	会说不标准的普通话，初中文化。
玉亭镇得胜村周桥	卢富林	男	1955年06月	不会说普通话，高中文化。
玉亭镇东街	何爱英	女	1955年	会说普通话，小学文化，现住玉亭詹家村。
玉亭镇锞岭村徐湾	徐芳菲	女	1990年07月	会说普通话，高中文化。
玉亭镇得胜村	张天兴	男	1952年06月	会说普通话，村支书，简单调查。
古埠镇高门村	张笑华	女	1963年01月	会说普通话，大专文化。
白马桥乡詹湾村	李锡球	男	1937年11月	不会说普通话，中专文化。
杨埠镇坪上村二组	傅国胜	男	1951年01月	会说不标准的普通话，小学文化。
黄金埠镇塘背村	徐树永	男	1934年12月	会说不标准的普通话，小学文化。

续表

调查点乡镇/行政村/自然村	姓名	性别	出生年月	语言、教育背景及其他
江西都昌				
土塘镇万老屋村	万金安	男	1947年	不会说普通话，读过私塾。
土塘镇土塘街	刘早立	男	1987年08月	会说普通话，大学文化。
土塘镇土塘街	刘美玲	女	1986年	会说普通话，初中文化。
福建邵武				
沿山镇古山村	宁敦文	男	1944年09月	会说普通话，退休镇干部，初中文化。
拿口镇拿口村拿口街	蓝天文	男	1936年11月	会说不标准的普通话。
和平镇朱源村外朱源	张瑞兴	男	1942年03月	会说普通话，初中文化。
福建光泽				
寨里镇小寺州村寨里村	王九江	男	1947年12月	会说普通话，初中文化。

说明：附表中有灰色底的发音人是同一调查点的主要发音人，提供了音系和入声字材料，文章以他们的材料为主。

后　记

《汉语方言入声韵尾演变研究》是在我的同名博士学位论文（2011 年）基础上修改而成的。

2008 年我有幸进入北京语言大学语言研究所跟随曹志耘老师攻读博士学位。当时曹老师主编的《汉语方言地图集》刚刚出版，我没能赶上这个重大课题的研究过程，很遗憾。后来曹老师指导我们进行博士学位论文选题，我刚开始提交的题目是“汉语方言入声演变研究”。曹老师说这个题目太大了！因为入声涉及入声调、入声韵两个方面，而入声韵又包括入声韵元音和入声韵韵尾两个方面。等我写完这本论文，感觉真要是写“汉语方言入声演变研究”这个题目，估计要写个百八十万字才行。

记得论文写作过程是惊心动魄的：要驾驭 1050 个方言点（写入论文的只有 879 个点）的入声韵尾材料，要顾及方方面面。现在回头想一想，写博士论文的那一段时间是到目前为止我最为投入的一段时间，虽然苦辣酸甜咸五味杂陈。现在回头看自己当年写的学位论文，手心捏汗。整体架构还是可以再优化的，具体细节有太多需要修理，等等。说实话，如果能给我一段整块的时间……可惜工作后就没有整块的时间了。

感谢学位论文开题、答辩时的五位先生：侯精一先生、张振兴先生、张双庆先生、沈明先生、赵日新先生！

感谢论文所用材料的调查者！感谢“汉语方言地图集数据库”的材料整理人！没有你们辛苦的田野调查和材料整理工作，本文也只是想想而已。感谢刘晓海先生为本书绘制语言地图，满足我各种要求。

这些年来，先后把这本书里的若干内容提炼出来投稿各语言学期刊，得到了各家期刊的匿名审稿人及期刊编辑、主编的宝贵修改意见，深表谢意！

感谢商务印书馆语言学出版基金审稿专家提供的修改意见，不同高度的审视会有不同角度的观点和建议！感谢商务印书馆给了本文这一难得的出版机会！

最后，感谢我的老师曹志耘先生！

栗华益

2024 年 7 月 7 日